Gottfried Wilhelm Leibniz

Neue Abhandlungen über den menschlichen Verstand

Gottfried Wilhelm Leibniz: Neue Abhandlungen über den menschlichen Verstand

»Nouveaux essais sur l'entendement humain« Entstanden 1701-1704. Erstdruck in: Œuvres philosophiques latines et françoises, Amsterdam/Leipzig 1765. Der Text folgt der ersten deutschen Übersetzung durch Carl Schaarschmidt von 1873. Bei den »Neuen Abhandlungen über den menschlichen Verstand« handelt es sich um Leibniz' Entgegnung auf John Lockes »Versuch über den menschlichen Verstand«. Der Aufbau der »Neuen Abhandlungen« folgt Lockes Schrift bis hin zur Zählung der Paragraphen.

Neuausgabe mit einer Biographie des Autors
Herausgegeben von Karl-Maria Guth
Berlin 2017

Der Text dieser Ausgabe folgt:
Gottfried Wilhelm Leibniz: Neue Abhandlungen über den menschlichen Verstand. Ins Deutsche übersetzt, mit Einleitung, Lebensbeschreibung des Verfassers und erläuternden Anmerkungen versehen von C. Schaarschmidt. Zweite Auflage. Leipzig: Dürr, 1904 (Philosophische Bibliothek, Bd. 69).

Die Paginierung obiger Ausgabe wird hier als Marginalie zeilengenau mitgeführt.

Umschlaggestaltung von Thomas Schultz-Overhage unter Verwendung des Bildes: Christoph Bernhard Francke, Bildnis des Philosophen Gottfried Wilhelm Freiherr von Leibniz, um 1695

Gesetzt aus der Minion Pro, 11 pt

Verlag: Henricus - Edition Deutsche Klassik GmbH
Mörchinger Str. 33, 14169 Berlin, info@henricus-verlag.de
Druck: Libri Plureos GmbH, Friedensallee 273, 22763 Hamburg

Die Ausgaben der Sammlung Hofenberg basieren auf zuverlässigen Textgrundlagen. Die Seitenkonkordanz zu anerkannten Studienausgaben machen Hofenbergtexte auch in wissenschaftlichem Zusammenhang zitierfähig.

ISBN 978-3-7437-0805-1

Bibliografische Information der Deutschen Nationalbibliothek

Die Deutsche Nationalbibliothek verzeichnet diese Publikation in der Deutschen Nationalbibliografie; detaillierte bibliografische Daten sind im Internet über www.dnb.de abrufbar.

Inhalt

Erstes Buch. Von den angeboreren Vorstellungen 29
   I. Ob es im menschlichen Geiste angeborene Vorstellungen gibt 29
   II. Dass es keine angeborenen praktischen Grundsätze gibt 49
   III. Fernere Betrachtungen über die angeborenen Grundsätze, sowohl die, welche die Theorie betreffen, als die welche der Praxis angehören 63

Zweites Buch. Von den Vorstellungen 70
   I. Worin von den Vorstellungen im allgemeinen gehandelt und gelegentlich untersucht wird, ob die Seele des Menschen immer denke 70
   II. Von den einfachen Vorstellungen 81
   III. Von den Vorstellungen, welche wir durch einen einzigen Sinn erhalten 82
   IV. Von der Dichtigkeit 83
   V. Von den einfachen Vorstellungen, welche aus verschiedenen Sinnen stammen 89
   VI. Von den einfachen Vorstellungen, welche aus der Reflexion stammen 89
   VII. Von den Vorstellungen, die aus der sinnlichen Empfindung und der Reflexion stammen 90
   VIII. Weitere Betrachtungen über die einfachen Vorstellungen 90
   IX. Von den Wahrnehmungen 95
   X. Von dem Vermögen des Behaltens 102
   XI. Von der Fähigkeit, die Vorstellung zu unterscheiden ... 103
   XII. Von den zusammengesetzten Vorstellungen 106
   XIII. Von den einfachen Modi und zunächst von denen des Raumes 108
   XIV. Von der Dauer und deren einfachen Modi 114

XV. Von der Dauer und der Ausdehnung
zusammengenommen 117
XVI. Von der Zahl 118
XVII. Von der Unendlichkeit 120
XVIII. Von einigen anderen einfachen Modi 123
XIX. Von den Modi, welche das Denken betreffen 123
XX. Von den Modi der Lust und des Schmerzes 125
XXI. Von der Macht und von der Freiheit 133
XXII. Von den gemischten Modi 180
XXIII. Von den zusammengesetzten Vorstellungen der
Substanzen 184
XXIV. Von den Kollektivvorstellungen der Substanzen 194
XXV. Von der Relation 194
XXVI. Von der Ursache und Wirkung und einigen anderen
Relationen 196
XXVII. Was Identität und Verschiedenheit ist 197
XXVIII. Von einigen anderen Relationen und vor allem von
den moralischen 216
XXIX. Von den klaren und dunklen, deutlichen und
verworrenen Vorstellungen 224
XXX. Von den wirklichen und den chimärischen
Vorstellungen 233
XXXI. Von vollständigen und unvollständigen Vorstellungen
.... 236
XXXII. Von den wahren und falschen Vorstellungen 239
XXXIII. Von der Assoziation der Vorstellungen 240
Drittes Buch. Von den Worten 243
I. Von den Worten oder der Sprache im allgemeinen 243
II. Von der Bedeutung der Worte 248
III. Von den allgemeinen Ausdrücken 258
IV. Von den Namen der einfachen Vorstellungen 267
V. Von den Namen der gemischten Modi und der
Relationsbegriffe 272

VI. Von den Namen der Substanzen 276
VII. Von den Umstandswörtern 306
VIII. Von den abstrakten und konkreten Ausdrücken 310
IX. Von der Unvollkommenheit der Worte 311
X. Vom Mißbrauch der Worte 318
XI. Über die gegen die besprochenen Unvollkommenheiten und Mißbrauche anzuwendenden Mittel 330
Viertes Buch. Von der Erkenntnis 335
I. Von der Erkenntnis im allgemeinen 335
II. Von den Graden unserer Erkenntnis 341
III. Von der Ausdehnung der menschlichen Erkenntnis 356
IV. Über die Realität unserer Erkenntnis 374
V. Von der Wahrheit im allgemeinen 379
VI. Von den allgemeinen Sätzen, ihrer Wahrheit und ihrer Gewißheit 381
VII. Von den Sätzen, welche man Maximen oder Axiome nennt 391
VIII. Von den inhaltsleeren Sätzen 415
IX. Von der Erkenntnis unseres eigenen Daseins 421
X. Von unserer Erkenntnis des Daseins Gottes 423
XI. Von unserer Erkenntnis der übrigen Dinge 432
XII. Von den Mitteln, unsere Erkenntnisse zu vermehren .. 438
XIII. Weitere Betrachtungen über unsere Erkenntnis 447
XIV. Über das Urteilen 447
XV. Von der Wahrscheinlichkeit 448
XVI. Von den Graden der Zustimmung 451
XVII. Von der Vernunft 468
XVIII. Vom Glauben, von der Vernunft und deren bestimmten Grenzen 492
XIX. Vom Enthusiasmus 499
XX. Vom Irrtum 506
XXI. Von der Einteilung der Wissenschaften 520

Vorrede

Da die von einem berühmten Engländer veröffentlichte Abhandlung über den menschlichen Verstand eines der schönsten und geschätztesten Werke unserer Zeit ist, so habe ich mich entschlossen, Bemerkungen dazu zu machen, weil ich, nach langem Nachdenken über denselben Gegenstand und den größten Teil der davon berührten Materien, dies für eine gute Gelegenheit halte, darüber etwas unter dem Titel »Neue Abhandlungen über den Verstand« erscheinen zu lassen und meinen Gedanken eine günstige Aufnahme zu verschaffen, indem ich sie in so gute Gesellschaft bringe. Auch glaubte ich die Arbeit eines anderen dazu gebrauchen zu dürfen, um nicht nur die meinige zu verringern (weil es in der Tat weniger Mühe macht, dem Wege eines guten Schriftstellers zu folgen, als in allen Stücken auf eigene Kosten zu arbeiten), sondern um auch dem, was er uns gegeben hat, etwas hinzuzufügen, was immer leichter ist, als von vorn anzufangen. Denn ich glaube, einige von ihm übrig gelassene Schwierigkeiten gehoben zu haben. So gereicht mir sein Ruf zum Vorteil, übrigens gern geneigte Gerechtigkeit zu üben und weit entfernt, die Achtung, welche man für jenes Werk hegt, herabzusetzen, würde ich sie vielmehr vergrößern, wenn mein Beifall von Gewicht wäre.

Allerdings bin ich oft ganz anderer Ansicht als er; aber weit entfernt, das Verdienst jenes berühmten Schriftstellers darum in Abrede zu stellen, lasse ich ihm vielmehr Gerechtigkeit widerfahren, indem ich angebe, worin und warum ich mich von seiner Meinung entferne, wann ich es zu verhüten für notwendig halte, daß sein Ansehen in einigen wesentlichen Punkten der Sache selbst Abbruch tue. Indem man ausgezeichneten Männern Genugtuung widerfahren läßt, macht man die Wahrheit nur um so willkommener, denn für sie, wie man anzunehmen hat, haben sie ja besonders sich bemüht. Obgleich der Verfasser der Abhandlung außerordentlich viel Gutes beibringt, dem ich beistimme, so sind doch in der Tat unsere Systeme bedeutend voneinander verschieden. Das seinige hat mehr Verwandtschaft mit Aristoteles, und das meinige mit Plato, obwohl wir uns in vielen Stücken alle beide von der Lehre dieser zwei Alten entfernen. Er ist allgemein verständlicher, und ich für meinen Teil bin mitunter gezwungen, ein wenig mehr akroamatisch und abstrakt zu sein, was für mich, zumal ich in einer lebenden Sprache schreibe, kein Vorteil ist. Indessen glaube ich dadurch, daß ich zwei Personen redend einführe, wovon die eine die aus der Abhandlung unseres Verfassers gezogenen Ansichten vorträgt, die andere meine Bemerkungen hinzufügt, die Parallele dem Leser zugänglicher zu machen, als es ganz trockene Bemerkungen tun würden, deren Lektüre in jedem Augenblick durch die Notwendigkeit unterbrochen würde, auf sein Buch zurückzugehen, um das meinige zu verstehen. Es wird jedoch gut sein, mitunter unsere Schriften noch zu vergleichen und seine Ansichten nur aus seinem eigenen Werke zu beurteilen, obgleich ich in der Regel dessen Ausdrücke beibehalten habe. Allerdings hat der durch den fremden Vortrag auferlegte Zwang, daß man mit seinen Bemerkungen dem Faden jenes folgen muß, bewirkt, daß ich das Anmutige des dialogischen Vertrags zu treffen nicht erwarten durfte, aber ich hoffe, daß der Inhalt selbst das Mangelhafte der Form gut machen wird.

Die Verschiedenheit unserer Ansichten betrifft gar wichtige Gegenstände. Es handelt sich darum, zu wissen, ob nach Aristoteles und dem Verfasser der Abhandlung die Seele an und für sich ganz leer ist, wie eine noch unbeschriebene Schreibtafel (*tabula rasa*), und ob alles, was darauf verzeichnet ist, einzig von den Sinnen und der Erfahrung herrührt, oder ob die Seele ursprünglich die Prinzipien mehrerer Begriffe und Lehren, welche die äußeren Gegenstände nur gelegentlich in ihr wieder erwecken, in sich erhält, wie ich es mit Plato und selbst mit der Schulphilosophie und mit allen denen glaube, welche in dieser Bedeutung die Stelle des h. Paulus (Br. a. d. Röm. K. 2 V. 15) nehmen, worin er bemerkt, daß das Gesetz Gottes in die Herzen geschrieben sei. Die Stoiker, nannten diese Prinzipien Gemeinbegriffe (*Notiones communes, prolêpseis*) d.h. Grundannahmen oder das, was man von vornherein als zugestanden setzt. Die Mathematiker nennen sie auch Gemeinbegriffe (*notiones communes, koinas ennoias*). Die neueren Philosophen geben ihnen andere schöne Namen, und Julius Scaliger insbesondere nannte sie *semina aeternitates* (Samenkörner der Ewigkeit), ebenso Zopyra, als ob er sagen wollte: lebendiges Feuer, leuchtende, in unserem Innern verborgene Züge, welche die Begegnung der Sinne mit den äußeren Gegenständen gleich den aus einem Gewehr durch das Losdrücken springenden Funken hervorbringt und nicht ohne Grund glaubt man, daß diese Geistesblitze etwas Göttliches und Ewiges zu bedeuten haben, welches vor allem in den notwendigen Wahrheiten erscheint. Daraus entsteht eine andere Frage, ob nämlich alle Wahrheiten von der Erfahrung, d.h. von der Induktion und den Beispielen abhängen, oder ob es deren gibt, welche noch einen anderen Grund haben. Denn wenn manche Ereignisse ohne jede damit gemachte Probe vorher gesehen werden können, so ist offenbar, daß wir etwas von unserer Seite dazu beitragen. Die Sinne mögen zwar für alle unsere tatsächlichen Erkenntnisse notwendig sein, sind aber doch nicht ausreichend, um sie uns alle zu gewähren, weil sie, die Sinne, stets nur Beispiele, d.h. besondere oder individuelle Wahrheiten geben. Nun genügen aber alle Beispiele, die eine allgemeine Wahrheit bestätigen, mögen sie noch so zahlreich sein, nicht, um die allgemeine Notwendigkeit eben dieser Wahrheit darzutun, denn es folgt nicht, daß das, was geschehen ist, immer ebenso geschehen werde. Die Griechen und Römer und alle übrigen Völker haben z.B. von jeher bemerkt, daß vor Ablauf von 24 Stunden der Tag sich in Nacht und die Nacht in Tag wandle. Man würde sich aber sehr geirrt haben, wenn man geglaubt hätte, daß dieselbe Regel überall zutrifft da beim Besuch von Nova Zembla das Gegenteil bemerkt worden ist. Und auch derjenige würde sich sehr täuschen, der da glauben wollte, daß dies wenigstens in unserer Zone eine notwendige und ewige Wahrheit sei, weil man annehmen muß, daß die Erde und selbst die Sonne nicht notwendig existieren, und vielleicht einmal eine Zeit kommt, wo dies schöne Gestirn mit seinem ganzen System, wenigstens in seiner gegenwärtigen Gestalt, nicht mehr sein wird. Daraus erhellt, daß die notwendigen Wahrheiten, wie man solche in der reinen Mathematik, besonders in der Arithmetik und in der Geometrie findet, auf Grundsätzen ruhen müssen, deren Beweis nicht von den Beispielen und folglich auch nicht vom Zeugnis der Sinne abhängt, obgleich man ohne die Sinne niemals darauf gekommen sein würde, daran zu denken. Dies muß man also sorgfältig unterscheiden und das hat denn auch Euclid sehr wohl begriffen, indem er das, was man durch die Erfahrung und die sinnlichen Bilder hinlänglich erkennen kann, aus der Vernunft beweist. Auch die Logik nebst der Metaphysik und der Moral wovon die erstere die natürliche Theologie die andere die natürliche Rechtswissenschaft bildet, sind voll solcher Wahrheiten, und folglich kann deren Beweis nur aus inneren Grundsätzen, welche man angeboren nennt, stammen. Allerdings darf man sich nicht einbilden, daß man diese ewigen Vernunftgesetze in der Seele wie in einem offenen Buche lesen könne so wie das Edikt des Prätors sich ohne Mühe und Untersuchung aus seinem Album lesen läßt, aber es reicht hin, daß man sie mittels der Aufmerksamkeit in uns entdecken kann, wozu die Sinne die Gelegenheiten bieten. Das Resultat der Erfahrungen dient der Vernunft zur Bestätigung, ungefähr so, wie die Proben in der Arithmetik dazu dienen, Rechnungsfehler besser zu vermeiden, wenn die Berechnung lang ist.

Eben hierin unterscheiden sich denn auch die Erkenntnisse der Menschen von denen der Tiere. Die Tiere sind bloß auf die Erfahrung angewiesen und richten sich nur nach Beispielen denn soviel sich urteilen läßt, kommen sie niemals dahin, notwendige Sätze zu bilden, während die Menschen zu demonstrativen Wissenschaften fähig sind. Das Vermögen der Tiere, Folgerungen zu ziehen, ist daher etwas der den Menschen innewohnenden Vernunft nicht Ebenbürtiges. Die Folgerungen, welche die Tiere machen, sind gleichsam nur die einfacher Empiriker welche behaupten, daß das, was einige Male geschehen ist, noch einmal geschehen werde, wo das ihnen Auffällige wiederkehrt, ohne daß sie dabei beurteilen können, ob wieder dieselben Ursachen obwalten. Das ist der Grund, warum es den Menschen so leicht ist, Tiere zu fangen, und warum es den einfachen Empirikern so leicht ist, Fehler zu machen. Selbst durch Alter und Erfahrung gewiegte Leute sind davon nicht frei, wenn sie sich zu sehr auf ihre Erfahrung verlassen, wie dies manchen in bürgerlichen und kriegerischen Dingen vorgekommen ist. Man zieht alsdann nicht genug in Erwägung, daß die Welt sich ändert und die Menschen geschickter werden, indem sie tausend neue Kunstgriffe erfinden, während die Hirsche und Hasen der Gegenwart nicht schlauer sind, als die der Vergangenheit. Die Folgerungen der Tiere sind nur ein Schatten von Vernunftschlüssen, nämlich nur eine Verknüpfung in der Phantasie und der Übergang von einem Bilde zum anderen, indem sie bei einem neuen Falle, der dem vorhergehenden ähnlich scheint, wieder das erwarten, was sie früher damit verbunden gefunden haben, gleich als ob die Dinge in der Wirklichkeit miteinander verbunden wären, weil ihre Phantasiebilder es im Gedächtnis sind. Allerdings läßt uns die Vernunft erwarten daß das, was einer langen Erfahrung der Vergangenheit entspricht, in der Regel zukünftig wieder geschehen aber dies ist darum doch keine notwendige und untrügliche Wahrheit, und das Resultat kann ausbleiben, wo man es am wenigsten erwartet, wenn nämlich die Ursachen, welche es hervorgebracht haben, wechseln. Aus diesem Grunde verlassen sich die klügsten Leute nicht allzusehr darauf und suchen vielmehr womöglich zur Ursache der Tatsache vorzudringen, um zu beurteilen, wann man Ausnahmen machen muß. Denn die Vernunft allein ist imstande, sichere Regeln aufzustellen und, was den als unsicher erfundenen fehlt, durch Beobachtung der Ausnahmen zu ergänzen, sowie endlich, gewisse Gedankenverbindungen von der Stärke notwendiger Folgerungen zu finden, wodurch man häufig das Mittel erhält, ein Ereignis vorherzusehen, ohne über die sinnlichen Zusammenhänge der Bilder Versuche anstellen zu müssen, worauf die Tiere angewiesen sind. Dergestalt dient das, was die inneren Grundsätze der notwendigen Wahrheiten rechtfertigt, auch zur Unterscheidung des Menschen vom Tiere.

Vielleicht möchte sich unser gelehrter Verfasser von meines Ansicht nicht ganz entfernen. Denn nach dem er sein ganzes erstes Buch darauf verwendet hat, die angeborenen Erkenntnisse, sofern man sie in einem gewissen Sinne nimmt, zu verwerfen, gesteht er gleichwohl zu Anfang des zweiten und in der Folge, daß diejenigen Vorstellungen, welche nicht in der sinnlichen Empfindung ihren Ursprung haben, aus der Reflexion stammen. Nun ist aber die Reflexion nichts anderes als die Aufmerksamkeit auf das, was in uns ist; die Sinne aber gewähren uns das nicht, was wir schon bei uns haben. Ist dies so, kann man dann leugnen, daß es in unserem Geiste viel Angeborenes gebe, da wir sozusagen uns selbst angeboren sind? Und daß es in uns gibt: Sein, Einheit, Substanz, Dauer, Veränderung, Tätigkeit, Wahrnehmung, Vergnügen und tausend andere Gegenstände unserer intellektuellen Vorstellungen? Da eben diese Gegenstände unmittelbare und unserem Verstande stets gegenwärtige sind (obgleich wir uns wegen unserer Zerstreuungen und Bedürfnisse ihrer nicht immer bewußt sind), so kann man sich nicht wundern, wenn wir sagten, daß diese Vorstellungen mit allem, was davon abhängt, uns angeboren sind. Ich habe mich auch der Vergleichung mit einem Stücke Marmor, das Adern hat, lieber bedient, als der mit einem ganz einartigen Marmorstücke oder einer leeren Tafel, nämlich einer solchen, welche bei den Philosophen *tabula rasa* heißt; denn wenn die Seele dieser leeren Tafel gliche, so würden die Wahrheiten in uns enthalten sein, wie die Figur des Herkules im Marmor, wenn der Marmor vollständig gleichgültig dagegen ist, diese oder irgend eine andere Gestalt zu erhalten. Gäbe es aber in dem Stein Adern, welche die Gestalt des Herkules eher als andere Gestalten anzeigten, so würde dieser Stein dazu mehr angelegt sein, und Herkules wäre ihm in gewissem Sinne wie angeboren, wenn auch Arbeit nötig wäre, um diese Adern zu entdecken und sie durch die Politur zu säubern, indem man alles entfernt, was sie zu erscheinen hindert. In dieser Weise sind uns die Vorstellungen und Wahrheiten als Neigungen, Anlagen, Fertigkeiten oder natürliche Kräfte angeboren, nicht aber als Tätigkeiten, obgleich diese Kräfte immer von gewissen, oft unmerklichen Tätigkeiten, welche ihnen entsprechen, begleitet sind. –

Unser gelehrter Verfasser scheint zu behaupten, daß es in uns nichts Potentielles gebe und sogar nichts, dessen wir uns nicht immer tatsächlich bewußt seien. Aber er kann dies nicht ganz streng nehmen, sonst würde seine Ansicht zu paradox sein, da wir auch die erworbenen Wertigkeiten und Gedächtnisvorräte, obgleich wir uns ihrer nicht immer bewußt sind, und sie uns nicht einmal immer nach Bedürfnis zu Hilfe kommen, häufig doch mit leichter Mühe bei irgend einer kleinen Gelegenheit, die uns dann erinnert, in den Geist zurückrufen, wie man z.B. nur den Anfang eines Liedes, um sich des übrigen wieder zu erinnern, nötig hat. Auch schränkt er an anderen Stellen seinen Satz durch die Bemerkung ein, es gebe in uns nichts, dessen wir uns zum wenigsten nicht früher bewußt gewesen wären. Außerdem aber, daß niemand durch die bloße Vernunft bestimmen kann, bis wie weit unsere ehemaligen Bewußtseinsakte, die wir möglicherweise vergessen haben, sich erstreckt haben mögen, – zumal wenn man der Wiedererinnerungstheorie der Platoniker folgt, welche, so fabelhaft sie auch sein mag, mit der Vernunft, rein für sich genommen, nicht im Widerspruch steht, – außerdem, sage ich, warum müssen wir denn alles durch die Auffassung äußerer Dinge erworben und warum können wir nichts in uns selbst innerlich entdeckt haben? Ist denn unsere Seele allein so leer, daß sie ohne die von außen entlehnten Bilder nichts ist? Das ist doch sicherlich eine Ansicht, welche unser scharfsinniger Verfasser nicht billigen kann. Und wo kann man eine Tafel finden, die nicht in sich irgend eine Unebenheit bietet? Kann man jemals eine vollkommen einartige und gleichmäßige Fläche sehen? Warum sollten wir uns also nicht auch einige Gegenstände des Denkens aus unserem eigenen Grunde verschaffen können, wenn wir darin nachsuchen wollten. Im Grunde genommen ist also, wie ich zu glauben geneigt bin, seine Ansicht über diesen Punkt von der meinigen oder vielmehr von der allgemeinen Ansicht nicht verschieden, sofern er zwei Quellen unserer Erkenntnisse annimmt, die Sinne und die Reflexion.

Ich weiß nicht, ob es so leicht sein wird, jenen Autor mit uns und mit den Kartesianern in Übereinstimmung zu bringen, wenn er annimmt, daß der Geist nicht immer denke, und besonders, daß er ohne sinnliche Empfindung sei, wenn man ohne Träume zu haben schläft. Er sagt, da die Körper ohne Bewegung sein können, könnten die Seelen ebensogut ohne Denken sein. Aber da antworte ich ein wenig anders, als gewöhnlich geschieht. Ich nehme nämlich an, daß eine Substanz von Natur nicht ohne Tätigkeit sein kann, und daß es selbst niemals einen Körper ohne Bewegung gibt. Schon die Erfahrung unterstützt mich, und man braucht nur das Buch des berühmten Herrn Boyle gegen die absolute Ruhe zu Rate zu ziehen, um sich davon zu überzeugen. Aber ich glaube auch, daß die Vernunft dafür ist. Und dies ist einer der Gründe, warum ich die Atome verwerfe. Übrigens gibt es gar viele Anzeichen, aus denen wir schließen müssen, daß es in jedem Augenblicke in unseres Innern eine unendliche Menge von Wahrnehmungen, jedoch ohne Bewußtsein und Reflexion, d.h. Veränderungen in der Seele selbst gibt, deren wir uns nicht bewußt werden, weil diese Eindrücke entweder zu schwach und zu zahlreich oder zu vereint sind, so daß sie nichts besonderes Unterscheidendes an sich haben, jedoch mit anderen verbunden darum ihre Wirkung dennoch nicht verfehlen und in ihrer Gesamtheit wenigstens auf verworrene Weise empfunden werden. So bewirkt die Gewohnheit, daß wir auf die Bewegung einer Mühle oder eines Wasserfalles nicht achtgeben, wenn wir einige Zeit lang ganz nahe dabei gewohnt haben. Dies geschieht nicht, weil jene Bewegung nicht immer unsere Sinnes Werkzeuge träfe und sich nicht auch in der Seele etwa zutrüge, das vermöge der Harmonie der Seele und des Körpers dem entspricht, sondern die auf die Seele und den Körper geschehenden Eindrücke, wenn sie den Reiz der Neuheit verloren haben, sind nicht stark genug, um unsere Aufmerksamkeit und unser Gedächtnis die sich nur mit fesselnderen Gegenständen befassen, auf sich zu ziehen. Jedwede Aufmerksamkeit verlangt Gedächtnis und wenn wir, sozusagen, nicht darauf hingewiesen werden, auf einige unserer eigenen Wahrnehmungen als uns gegenwärtig zu achten, so lassen wir sie ohne Reflexion und selbst ohne sie zu bemerken, vorübergehen; wenn uns jedoch jemand sofort darauf hinweist und uns z.B. auf irgend einen Lärm aufmerksam macht, der sich gerade hören ließ, so erinnern wir uns daran und werden uns bewußt, davon soeben eine Empfindung gehabt zu haben. Also waren es Wahrnehmungen, deren wir uns nur nicht gleich bewußt waren, indem das Bewußtsein davon nur in diesem Falle des Hingewiesenwerdens, nach einer sei es auch noch so winzigen Zwischenzeit, uns kommt. Um die geringfügigen Wahrnehmungen, die wir in der Menge nicht unterscheiden können, noch besser zu fassen, bediene ich mich gewöhnlich des Beispiels vom Getöse oder Geräusch des Meeres, welches man vom Ufer aus vernimmt. Um dieses Geräusch, wie tatsächlich geschieht, zu hören, muß man sicherlich die dieses Ganze bildenden Teile, d.h. das Geräusch einer jeden Welle hören, obgleich jedes dieser geringen Geräusche nur in der verworrenen Gemeinschaft mit allen übrigen zusammen erkannt werden kann, und man es nicht bemerken würde, wenn die es verursachende Welle die einzige wäre. Denn man muß von der Bewegung dieser Welle ein wenig affiziert worden sein und von jedem dieser Geräusche, mögen sie auch noch so gering sein, einige Wahrnehmung haben, sonst würde man nicht die von hunderttausend Wellen haben, da hunderttausend Nichtse auch nichts wirken können. Übrigens schläft man niemals so fest, daß man nicht irgend eine schwache und verworrene Empfindung hätte, und würde niemals durch das stärkste Geräusch der Welt erweckt werden, wenn man nicht eine gewisse Wahrnehmung seines Anfangs hätte, der freilich geringfügig ist; wie man auch niemals durch die größtmögliche Anstrengung eine Schnur zerreißen würde, wenn man sie nicht durch geringere Anstrengungen ein wenig gespannt und verlängert hätte, mag auch diese kleine ins Werk gesetzte Spannung unmerklich sein.

Solche geringe Wahrnehmungen sind also von mehr Wirksamkeit, als man denken mag. Sie sind es, welche dies wunderbare Etwas, diese Geschmacksempfindungen, diese Bilder der sinnlichen Qualitäten erzeugen, die in ihrem Zusammensein klar, jedoch ihren einzelnen Teilen nach verworren sind, diese Eindrücke, welche die uns umgebenden Körper auf uns machen und die Unendliches in sich schließen, diese Verknüpfung, welche jedes Wesen mit dem ganzen übrigen Universum hat. Man kann sogar sagen, daß infolge dieser geringen Wahrnehmungen die Gegenwart der Zukunft voll und mit der Vergangenheit erfüllt, daß alles miteinander zusammenstimmend ist (*sympnoia panta* – wie Hippokrates sagte), und daß so durchdringende Augen, wie die Gottes, in der geringsten Substanz die ganze Reihenfolge der Begebenheiten des Universums: *was ist, was war, und was die Zukunft bringt*, lesen können. Diese unmerklichen Vorstellungen bezeichnen auch und bilden das nämliche durch diejenigen Spuren charakterisierte Individuum, die sie von den vergangenen Zuständen desselben Individuums aufbewahren, indem sie die Verbindung mit seinem gegenwärtigen Zustand herstellen; sie können auch durch einen höheren Geist erkannt werden, selbst wenn dies Individuum sie nicht bemerkte, nämlich wenn die ausdrückliche Erinnerung an sie nicht mehr da wäre. Sie geben sogar das Mittel ab, durch periodische Entwicklungen, die einmal eintreten können, im Notfall das Andenken wieder zu finden. Dies ist der Grund, weshalb der Tod ein bloßer Schlaf sein kann und nicht einmal ein solcher bleiben wird, indem die Wahrnehmungen nur hinlänglich deutlich zu sein aufhören und in einen Zustand der Verworrenheit bei den Lebewesen geraten, der das Bewußtsein zwar für eine Weile aufhebt, aber nicht immer dauern kann um hier nicht vom Menschen zu reden, welcher darin, um seine Persönlichkeit aufrecht zu erhalten, großen Vorzug genießt.

Durch die unmerklichen Wahrnehmungen erläutere ich auch jene wunderbare vorherbestimmte Harmonie der Seele und des Körpers und selbst aller Monaden oder einfachen Substanzen, die an die Stelle des unhaltbaren gegenseitigen Eingusses tritt, und die nach dem Urteil des Verfassers des trefflichsten Wörterbuches die Größe der göttlichen Vollkommenheit weit über das hinaus erhöht, was man je davon begriffen hat. Ich muß dem noch hinzufügen, daß diese schwachen Wahrnehmungen es sind, die uns bei vielen Vorfällen, ohne daß man daran denkt, *bestimmen* und den großen Haufen durch den Schein einer *Gleichgewichtsindifferenz* täuschen, wie wenn es uns beispielsweise gleichgültig wäre, ob wir uns zur Rechten oder zur Linken wenden. Es ist nicht nötig, hier noch bemerklich zu machen, wie in dem Buch selbst geschehen ist, daß sie jene *Unruhe* verursachen, die, wie ich zeige, doch in etwas besteht, vom Schmerz sich nur wie das Kleine vom Großen unterscheidet und gleichwohl oft unser Verlangen und selbst unser Vergnügen ausmacht, indem sie ihm gleichsam ein Salz als Reizmittel gibt. Eben diese unmerklichen Teile unserer sinnlichen Wahrnehmungen sind es, welche die Vorstellungen der Farben, Wärmegrade und anderer sinnlichen Eigenschaften mit den entsprechenden Bewegungen in den Körpern in Verbindung setzen, während die Kartesianer mit unserem Autor, so scharfsinnig er auch ist, die Wahrnehmungen, welche wir von diesen Eigenschaften haben, als willkürliche betrachten, d.h. als ob Gott sie deshalb nach seinem Belieben ohne Rücksicht auf irgend eine wesentliche Beziehung zwischen den Wahrnehmungen und deren Gegenständen der Seele gegeben hätten eine mich befremdende Ansicht, die mir der Weisheit des Urhebers der Dinge, welcher nichts ohne Zusammenhang und vernünftige Absicht tut wenig würdig erscheint.

Die unmerklichen Wahrnehmungen sind mit einem Worte in der Pneumatik (Lehre vom Geister) von ebenso großem Gewicht, wie die kleinsten Körper in der Physik; und es ist ebenso unvernünftig, die einen wie die anderen unter dem Verwände, daß sie außerhalb des Bereiches unserer Sinne fallen, zu verwerfen. Nichts geschieht auf einen Schlage und es ist einer meiner wichtigen und entschiedensten Grundsätze, *daß die Natur niemals Sprünge macht*. Ich habe dies das *Kontinuitätsgesetz* genannt, als ich einmal in den neuen Nachrichten aus der Gelehrtenrepublik davon sprach; und der Nutzen dieses Gesetzes in der Physik ist sehr bedeutend. Ihm zufolge geht man immer durch einen mittleren Zustand vom Kleinen zum Großen und umgekehrt, sowohl den Graden wie den Teilen nach und entsteht eine Bewegung niemals unmittelbar aus der Ruhe noch geht sie dazu anders über, als durch eine noch kleinere Bewegung, wie man niemals eine Linie oder Länge zu Ende läuft, ehe man eine kleinere Linie zurückgelegt hat. Diejenigen freilich, welche die Gesetze der Bewegung aufgestellt haben, haben dies Gesetz nicht bemerkt, indem sie glauben, daß ein Körper in einem Augenblick eine der vorausgegangenen entgegengesetzte Bewegung annehmen kann. Alles dies berechtigt zu dem Schluß, daß die *bemerkbaren Wahrnehmungen* stufenweise aus denjenigen entstehen, welche zu schwach sind, um bemerkt zu werden. Urteilt man anders, so zeugt dies von geringer Erkenntnis der unendlichen Feinheit der Dinge, die stets und überall eine wirkliche Unendlichkeit in sich schließt.

Ich habe ferner bemerkt, daß infolge der unmerklichen Verschiedenheiten zwei Individuen nicht vollkommen gleiche sein können und sich durch mehr als die bloße *Zahl* unterscheiden müssen. Dieser Satz hebt die leere Tafel der Seele, eine Seele ohne Gedanken, eine Substanz ohne Tätigkeit, den leeren Raum, die Atome und selbst die nicht wirklich geschiedenen Teilchen in der Materie, die völlige Einförmigkeit in einem Zeit-, Orts- oder Stoffteile, die aus ursprünglichen vollkommenen Würfeln gewordenen, vollkommenen Kugeln des zweiten Elements und tausend andere Phantasiegebilde der Philosophen auf, die aus ihren unvollständigen Begriffen stammen. Davon will die Natur der Dinge nichts wissen, und nur unsere Unwissenheit und unsere geringe Aufmerksamkeit auf das Unmerkliche läßt dergleichen zu; man kann es nur erträglich machen indem man es auf bloße Abstraktionen des Geistes beschränkt, der ausdrücklich erklärt, nicht zu leugnen, was er beiseite legt und in irgend eine augenblickliche Erwägung eintreten zu lassen nicht für nötig erachtet. Sonst, wenn man es ganz als bare Münze annähme, daß nämlich alles, dessen man sich nicht bewußt ist, auch nicht in der Seele oder im Körper sei, würde man in der Philosophie wie in der Politik einen Fehler begehen, indem man *to mikron* die unmerklichen Fortschritte, überginge, während es als bloße Abstraktion kein Irrtum ist, wenn man nur weiß, daß das doch wirklich da ist, was man verleugnet. Es verhält sich damit so, wie wenn die Mathematiker davon Gebrauch machen, daß sie von den anzunehmenden vollkommenen Linien, gleichmäßigen Bewegungen und anderen regelrechten Wirkungen reden, obschon die Materie, d.h. die Mischung der Wirkungen des uns umgebenden Unendlichen, immer eine gewisse Ausnahme macht. Man verfährt aber so, um die einzelnen Beobachtungen voneinander zu unterscheiden, um so viel als uns möglich ist, die Wirkungen auf die Ursachen zurückzuführen und um gewisse zukünftige Folgerungen daraus herzuleiten: denn je sorgfältiger man sich hütet bei den Beobachtungen, welche methodisch angestellt werden können, nichts zu versäumen, desto mehr entspricht die Praxis der Theorie. Aber nur der höchsten Vernunft, welcher nichts entgeht, kommt es zu, die ganze Unendlichkeit, alle Ursachen und alle Folgen, deutlich zu begreifen. Alles, was wir über das Unendlichviele vermögen, ist, es verworren zu erkennen und das wenigstens bestimmt zu wissen, daß es da ist; sonst würden wir über die Schönheit und Größe des Weltalls sehr falsch urteilen und auch keine gute Physik, um die Natur der Dinge im Allgemeinen zu erklären, und noch weniger eine gute Lehre vom Geist besitzen, welche die Erkenntnis Gottes, der Seelen und der einfachen Substanzen überhaupt umfassen soll.

Eine solche Erkenntnis der unmerklichen Wahrnehmungen dient ferner zu erklären, warum und wie zwei Menschenseelen oder zwei Dinge derselben Gattung nie vollständig gleich aus den Händen des Schöpfers hervorgehen, und eine jede stets ihre ursprüngliche Beziehung zu ihrem künftigen Stand im Weltall habe. Dies folgt aber schon aus dem, was ich von den zwei Individuen bemerkt habe, daß nämlich ihr *Unterschied* stets *mehr als eins bloß numerischer ist.* Dabei ist noch ein anderer Punkt aufzufassen, in dem ich mich nicht allein von den Ansichten unseres Autors, sondern auch der meisten Neuern zu entfernen gezwungen bin: ich glaube nämlich mit den meisten Alten, daß alle Geister, alle Seelen, alle einfachen geschaffenen Substanzen stets mit einem Körper verbunden sind, und daß es niemals Seelen gibt, die gänzlich davon los sind. Ich habe dafür Gründe *a priori*. Aber man wird auch bei dieser Lehre den Vorteil finden, daß sie alle philosophischen Schwierigkeiten über den Zustand der Seelen, deren immerwährende Erhaltung, über deren Unsterblichkeit und Wirksamkeit auflöst, indem der Unterschied von dem einen ihrer Zustände gegen den anderen immer nur der Unterschied eines mehr oder weniger sinnlichen oder mehr oder weniger vollkommenen oder umgekehrt ist oder gewesen ist, was ihren vergangenen oder zukünftigen Zustand ebenso erklärlich als ihren gegenwärtigen macht. Auch bei einer noch so geringen Überlegung merkt man hinlänglich, daß dies vernunftgemäß ist, und ein Sprung von dem einen Zustand zu einem anderen unendlich davon verschiedenen nicht natürlich sein kann. Ich bin erstaunt, daß die Schulphilosophie ohne Grund die Natur verlassen hat, um sich recht mutwillig in gewaltige Schwierigkeiten zu stürzen und dem Scheinsiege der starken Geister vorzuarbeiten, deren sämtliche Gründe durch diese Erklärung der Dinge mit einem Male zusammenfallen, indem es so nicht mehr Schwierigkeit macht, die Erhaltung der Seelen (oder vielmehr nach meinem System des lebendigen Wesens) zu begreifen, als die der Verwandlung der Raupe in den Schmetterling und die Erhaltung des Denkens im Schlafe, mit dem Jesus Christus den Tod göttlich schön verglichen hat. Auch habe ich schon gesagt, daß kein Schlaf immerfort dauern kann, und er wird kürzer oder fast gar nicht für die vernunftbegabten Seelen dauern, die stets dazu bestimmt sind, ihre Persönlichkeit und ihre Erinnerung, welche ihnen im Reiche Gottes verliehen ist, zu erhalten, um eben dadurch für die Belohnungen und Strafen empfänglicher zu sein. Ich füge noch hinzu, daß überhaupt keine Unordnung in den sichtbaren Organen imstande ist, eine gänzliche Verwirrung in einem lebenden Wesen hervorzurufen, oder alle Organe zu zerstören und die Seele ihres ganzen organischen Körpers und der unauslöschbaren Rest aller früheren Spuren zu berauben. Die

Leichtigkeit aber, mit der man die alte Lehre von den mit den Engeln verbundenen feinen Körpern verlassen hat (welche man mit der Körperlichkeit der Engel selbst verwechselte), und das Einführen angeblicher unkörperlicher Geister unter den Kreaturen (wozu diejenigen, welche die Himmelssphären des Aristoteles sich bewegen lassen, viel beigetragen haben) und endlich die übel verstandene Meinung, daß man die Seelen der Tiere nicht erhalten lassen werden dürfe, ohne in die Seelenwanderung zu verfallen, haben meiner Ansicht nach bewirkt, daß man die naturgemäße Art, die Erhaltung der Seele zu erklären, vernachlässigt hat. Man ist damit auch der natürlichen Religion sehr zu nahe getreten und hat mehrere Leute glauben gemacht, daß unsere Unsterblichkeit, von der auch unser berühmter Autor, wie ich bald erwähnen werde, mit einigem Zweifel geredet hat, nur eine Gnade göttlichen Wunders sei. Aber es wäre zu wünschen, daß alle diejenigen, welche dieser Ansicht sind, sich ebenso vorsichtig und aufrichtig wie er ausgedrückt hätten, denn es ist zu fürchten, daß mehrere, die von der Unsterblichkeit durch Gnade sprechen, es nur tun, um den Schein zu retten und sich im Grunde jenen Averroïsten und einigen schlechtgesinnten Quietisten annähern, die sich eine Auflösung und Wiedervereinigung der Seele mit dem Ozean der Gottheit einbilden, eine Vorstellung, deren Unmöglichkeit mein System vielleicht allein klar zeigt.

Auch in Ansicht der Materie scheinen wir verschiedener Ansicht zu sein, indem der Verfasser urteilt, daß der leere Raum für die Bewegung nötig ist, weil er die kleinen Teile der Materie für unnachgiebig hält. Ich gebe zu, daß wenn die Materie aus solchen Teilen bestände, die Bewegung in vollem Raume unmöglich sein würde, wie wenn ein Zimmer mit einer Masse kleiner Kieselsteine erfüllt wäre, ohne daß der geringste leere Platz darin bleibt. Aber man gebe doch nicht jene Voraussetzung zu, wozu es meiner Meinung nach auch gar keinen Grund gibt. Freilich versteigt sich unser gelehrter Autor bis zu dem Glauben, daß die Unnachgiebigkeit oder die Kohäsion der keinen Teile das Wesen des Körpers ausmacht. Man muß sich den Raum vielmehr als von einer ursprünglich flüssigen, jeder Teilung fähigen und in Wirklichkeit bis ins Unendliche der Teilungen und Unterteilungen unterworfenen Materie erfüllt vorstellen, jedoch mit diesem Unterschiede, daß sie infolge der darin schon vorhandenen mehr oder weniger harmonischen Bewegungen an verschiedenen Punkten ungleich teilbar und geteilt ist, was ihr überall einen gewissen Grad sowohl von Unnachgiebigkeit als von Flüssigkeit gibt und macht, daß kein Körper im höchsten Grade hart oder flüssig ist, nämlich, daß man kein Atom von unüberwindlicher Härte darin findet, noch irgend eine gegen die Teilung vollkommen gleichgültige Masse. Auch hebt die Ordnung der Natur und besonders das Kontinuitätsgesetz in gleicher Weise das eine wie das andere auf.

17 Ich habe ferner gezeigt, daß die *Kohäsion*, wenn sie nicht selbst die Wirkung des Anstoßes oder der Bewegung wäre, eine Anziehung, dieselbe ganz im eigentlichen Sinne genommen, verursachen würde. Denn wenn es einen ursprünglich unnachgiebigen Körper gäbe, z.B. ein Atom des Epikur, der einen hervorstehenden Teil in Gestalt eines Lakens hätte (da man sich Atome von allen Arten Gestalt denken kann), so würde dieser Haken, wenn er angestoßen würde, den übrigen Teil des Atoms nach sich ziehen, nämlich den Teil, der nicht angestoßen wird und nicht in die Anstoßlinie fällt. Indessen erklärt sich unser gelehrter Autor selbst gegen diese von der Philosophie angenommenen Anziehungen der Art, wie man sie sonst der Furcht vor dem leeren Raum zuschrieb, er bringt sie auf Anstöße zurück, indem er mit den Neueren daran festhält, daß ein Teil der Materie auf den anderen unmittelbar nur dadurch wirkt, daß er ihn von nahe her anstößt. Ich gebe ihnen darin recht, weil sich sonst bei der Wirkung nichts Verständliches denken läßt.

Gleichwohl darf ich nicht verhehlen, daß ich bei unserem trefflichen Autor eine Art von Widerruf in bezug auf diesen Gegenstand bemerkt habe, und kann mich nicht enthalten, seine bescheidene Offenheit dabei zu preisen, ebenso wie ich bei anderen Gelegenheiten seinen durchdringenden Geist bewundert habe. In der Antwort auf den zweiten Brief des verstorbenen Bischofs von Worcester, der im Juli 1699 gedruckt worden ist, sagt er, um die gegen diesen gelehrten Prälaten von ihm behauptete Meinung, nämlich daß die Materie denken könne, aufrechtzuerhalten, unter anderem folgendes: »*Ich gebe zu, behauptet zu haben* (Buch II der Abhandlung über den Verstand Kap. 8 § 11), *daß der Körper durch Anstoß und anders nicht wirke. Auch war dies meine Ansicht, als ich schrieb, und jetzt noch kann ich keine andere Art der Tätigkeit mir vorstellen. Aber ich bin seitdem durch das unvergleichliche Buch des scharfsinnigen Newton überzeugt worden, daß es zu viel Anmaßung wäre, die Macht Gottes durch unsere beschränkten Begriffe einengen zu wollen. Die Gravitation der einen Materie gegen die andere auf mir unbegreifliche Weise ist nicht allein ein Beweis, daß Gott, wenn es ihm gut scheint, in die Körper Kräfte und Wirkungsarten legen kann, die über das, was vielleicht aus unserer Vorstellung des Körpers abgeleitet oder durch unsere Kenntnis der Materie erklärt werden kann, hinausgehen, sondern es gibt auch noch einen unbestreitbaren Umstand, daß er es wirklich getan hat. Darum werde ich dafür sorgen daß in der nächsten Ausgabe meines Buches jene Stelle verbessert werde.«* Ich finde denn auch, daß man sie in der französischen Übersetzung dieses Buches, die zweifelsohne nach der letzten Ausgabe gemacht worden ist, im erwähnten § 11 folgendermaßen geändert hat: »*Wenigstens ist, soviel wir es begreifen können, ersichtlich, daß die Körper durch den Anstoß und nicht auf andere Weise aufeinander wirken, denn es ist uns unmöglich zu begreifen, daß ein Körper auf das, was er nicht berührt, wirken könne, was so viel ist, als sich einbilden, er könne wirken, wo er nicht ist.*«

Ich kann nicht umhin, diese bescheidene Frömmigkeit unseres berühmten Schriftstellers zu loben, der da anerkennt, daß Gott über das hinaus, was wir verstehen können, wirken und es also in den Glaubensartikeln unbegreifliche Geheimnisse geben kann; aber ich möchte nicht, daß man im gewöhnlichen Lauf der Natur zu Wundern seine Zuflucht zu nehmen und schlechthin unerklärliche Kräfte und Wirkungsarten zuzulassen gezwungen wäre. Sonst würde man zugunsten dessen, das Gott tun kann, den schlechten Philosophen zu viel Spielraum geben, und wenn man diese *zentripetalen Kräfte* oder diese *unmittelbaren Anziehungen* aus der Ferne, ohne sie begreiflich machen zu können, zulassen wollte, so sehe ich nicht ein, wie man untere Schulphilosophen verhindern will zu behaupten, daß alles ganz einfach durch die Vermögen geschieht, und ihre »intentionellen Spezies« aufrechtzuerhalten, die von den Gegenständen her auf uns loskommen und bis in unsere Seelen einzudringen Mittel finden. Wenn das angeht, so wird geschehen, was alles mir unmöglich schien. Dergestalt scheint es mir, daß unser Verfasser, so scharfsinnig er sein mag, hier von einem Extrem ein wenig zu weit ins andere geht. Bei den Wirkungen der Seele macht er Schwierigkeiten, wo es sich bloß darum handelt, das, was *nicht sinnlich* ist, zuzulassen, und hier legt er den *Körpern*, was nicht einmal *denkbar* ist, bei, indem er ihnen Kräfte und Tätigkeiten einräumt, die meiner Meinung nach über alles was ein erschaffener Geist tun und verstehen kann, hinausgehen. Denn er räumt ihnen Anziehungskraft und zwar selbst auf große Entfernungen ein, ohne sich auf irgend eine Sphäre der Tätigkeit zu beschränken, und zwar, um eine um nichts weniger erklärbare Ansicht aufrechtzuerhalten, nämlich die Möglichkeit, daß die Materie der Naturordnung gemäß denke. Die Streitfrage, welche er mit dem berühmten Prälaten, der ihn angegriffen hatte, verhandelt, ist, *ob die Materie denken kann* und da es ein auch für das vorliegende Werk wichtiger Punkt ist, kann ich mich nicht enthalten, ein wenig darauf einzugehen und von ihrem Streit Notiz zu nehmen. Ich werde das Wesentliche über diesen Gegenstand darlegen und was ich davon halte, mir zu sagen die Freiheit nehmen. In der Befürchtung, daß unseres Autors Lehre von den Vorstellungen manchem dem christlichen Glauben schädlichen Mißbrauche ausgesetzt sei, – wozu aber meiner Meinung nach kein besonderer Grund vorliegt – unternahm der verstorbene Bischof von Worcester, einige Stellen desselben in seiner Rechtfertigung der Dreieinigkeitslehre zu prüfen. Nachdem er diesem ausgezeichneten Schriftsteller für das Anerkenntnis, daß er das Dasein des Geistes für ebenso sicher als das des Körpers hält, obgleich die eine dieser Substanzen ebensowenig erkannt sei wie die andere, hat Gerechtigkeit widerfahren lassen, fragt er (pag. 241 u. ff.), wie die Region uns vom Dasein des Geistes überzeugen kann, wenn Gott nach der Ansicht unseres Verfassers (Buch IV, Kap. 8) der Materie das Vermögen zu denken verleihen kann, weil auf diese Weise der Gedankengang, welcher zur Erwägung dessen dient, was der Seele und was dem Körper zukommt, unnütz würde statt daß, wie er im 2. Buch der Abhandlung über den Verstand Kap. 23, § 15. 27. 28 gesagt hatte, die Verrichtungen der Seele uns die Vorstellung des Geistes geben, und Verstand nebst Wille uns die Vorstellung des Geistes ebenso verständlich macht, wie das Wesen des Körpers uns durch Dichtigkeit und Anstoß verständlich gemacht wird. Darauf antwortet unser Verfasser in seinem ersten Brief (p. 65 ff.) in dieser Weise: »*Ich glaube bewiesen zu haben, daß wir eine geistige Substanz in uns haben, denn wir erfahren in uns das Denken; nun kann diese Verrichtung oder dieser Modus nicht der Gegenstand der Vorstellung eines für sich bestehenden Dinges sein, und folglich bedarf dieser Modus eines Trägers oder Subjekts der Inhärenz, und die Vorstellung eines solchen Trägers führt auf das, was wir Substanz nennen. Denn da die allgemeine Vorstellung der Substanz durchweg dieselbe ist, so folgt, daß, wenn die Denken oder Denkvermögen genannte Modifika-*

tion sich damit verbindet, dies einen Geist ausmacht, ohne daß man dabei noch irgendwelche andere Modifikation in Betracht zu ziehen braucht, ob nämlich Dichtigkeit oder nicht damit verbunden ist, und auf der anderen Seite wird die Substanz, welche die Dichtigkeit genannte Modifikation hat, Materie sein, mag damit das Denken verbunden sein oder nicht. Verstehen Sie aber unter einer geistigen Substanz eine immaterielle Substanz, so gebe ich zu, nicht bewiesen zu haben, daß sich eine solche in uns findet, und daß man sie nach meinen Grundsätzen nicht auf bündige Art erweisen kann, obgleich das, was ich über die Systeme der Materie gesagt habe (Buch IV, Kap. 10, § 16), indem ich die Immaterialität Gottes dartat, es im höchsten Grade wahrscheinlich macht, daß die in uns denkende Substanz immateriell ist.... indessen habe ich gezeigt (fügt der Verfasser p. 68 hinzu), daß die großen Zwecke der Religion und der Moral durch die Unsterblichkeit der Seele gesichert sind, ohne daß man ihre Immaterialität vorauszusetzen nötig hat.«

Um zu zeigen, daß unser Verfasser anders gedacht habe, als er das zweite Buch seiner Abhandlung schriebe führt der gelehrte Bischof in seiner Antwort auf diesen Brief pg. 51 folgende daraus entnommene Stelle (aus dem genannten Buch K. 23, § 15) an, wo es heißt, »*daß wir durch die einfachen Vorstellungen, welche wir von den Verrichtungen unseres Geistes abstrahiert haben, die zusammengesetzte Vorstellung eines Geistes bilden können und durch die Zusammenstellung der Vorstellungen des Denkens, der Wahrnehmung, der Freiheit und des Vermögens, unseren Körper zu bewegen, einen ebenso klaren Begriff von immateriellen wie von materiellen Substanzen haben.*« Er führt noch andere Stellen an, um zu zeigen, daß der Verfasser den Geist dem Körper entgegensetzte, und sagt (p. 54), daß der Zweck der Religion und der Moral besser gesichert ist, wenn man beweist, daß die Seele von Natur unsterblich, nämlich immateriell ist. Auch die Stelle führt er an (p. 70), daß alle Vorstellungen, welche wir von den einzelnen und bestimmten Arten der Substanzen haben, nichts anderes als verschiedene Verbindungen einfacher Vorstellungen sind, und daß unser Verfasser also geglaubt hat, die Vorstellungen des Denkens und Wollens ergäben eine andere und von der, welche die Vorstellung der Dichtigkeit und des Anstoßes gibt, verschiedene Substanz, sowie daß er (p. 17) bemerkt, diese Vorstellungen bildeten den Körper im Gegensatz zum Geiste.

Der Bischof von Worcester hätte noch hinzusetzen können, daraus, daß die *allgemeine Vorstellung* der Substanz im Körper und im Geiste liege, folge noch nicht, daß ihre *Verschiedenheiten Modifikationen* desselben Dinges seien, wie unser Autor in der aus dem ersten Briefe von mir angezogenen Stelle eben gesagt hat. Man muß zwischen Modifikationen und Attributen wohl unterscheiden. Die Vermögen des Wahrnehmens und Handelns, die Ausdehnung, die Dichtigkeit sind Attribute oder beständige und wesentliche Prädikate, aber das Denken, die Heftigkeit, die Gestalten, die Bewegungen sind Modifikationen dieser Attribute. Man muß ferner zwischen *physischer* oder vielmehr realer *Art* und logischer oder idealer Art unterscheiden. Die Dinge, welche zu derselben physischen Art gehören oder welche *homogen* sind, sind sozusagen von derselben *Materie* und können oft durch die Veränderung der Modifikation einander verwandelt werden, wie die Kreise und die Vierecke. Aber zwei *heterogene Dinge* können doch dieselbe logische Art miteinander gemein haben, und dann sind ihre *Verschiedenheiten* nicht bloß zufällige Modifikationen desselben Subjekts oder desselben metaphysischen oder physischen Materie. So sind Zeit und Raum sehr heterogene Dinge, und man würde unrecht haben, sich irgendwelches reale gemeinsame Subjekt zu denken, das nur die kontinuierliche Größe überhaupt besäße und aus dessen Modifikationen Zeit oder Raum hervorgingen. Vielleicht könnte sich jemand über diese philosophische Unterscheidung von zwei Arten lustig machen, wovon die eine bloß logisch, die andere auch real ist, und von zwei Materien, der einen physischen, welche die der Körper ist, und der anderen nur metaphysischen oder allgemeinen, wie wenn jemand sagte, daß zwei Teile des Raumes von derselben Materie, oder daß zwei Stunden auch unter sich von derselben Materie sind. Dennoch sind diese Unterschiede nicht allein Unterschiede von Worten, sondern der Dinge selbst, und kommen hier augenscheinlich sehr gelegen, wo ihre Verwirrung eine falsche Konsequenz ergeben würde. Diese beiden Arten haben einen gemeinsamen Begriff, und zwar ist der der realen Art den beiden Materien gemeinsam, so daß ihr Stammbaum folgender sein wird:

Art
 - nur *logische*, nach einfachen *Unterschieden* vermannigfaltigt
 - *reale*, deren Unterschiede *Modifikationen* sind nämlich *Materie*
 - - bloß *metaphysische*, wo Homogenität stattfindet
 - - *physische*, wo sich eine solide homogene Masse findet.

Den zweiten Brief des Verfassers an den Bischof habe ich nicht gesehen. Die von dem Prälaten darauf gegebene Antwort berührt den Punkt nicht, der sich auf das Denken der Materie bezieht. Aber die *Entgegnung unseres Autors* auf diese zweite Antwort kehrt dazu zurück. »*Gott* (sagt er p. 397 ungefähr in diesen Ausdrücken) *legt dem Wesen der Materie die Eigenschaften und Vollkommenheiten nach seinem Wohlgefallen nach einigen Teilen die bloße Bewegung, den Pflanzen aber die Vegetation und den Tieren die Empfindung. Diejenigen, welche soweit damit übereinstimmen, sträuben sich sofort wenn man noch einen Schritt weitergeht, um zu sagen, daß Gott der Materie Denken, Vernunft, Willen geben kann, wie wenn dies das Wesen der Materie zerstörte. Aber um dies zu beweisen, berufen sie sich darauf, daß das Denken oder die Vernunft nicht im Wesen der Materie liege, was doch nichts ausmacht, da die Bewegung und das Leben ebensowenig darin liegen. Sie berufen sich ferner darauf, man könne nicht begreifen, daß die Materie denke. Aber unser Begreifen ist nicht das daß der Macht Gottes.*« Darauf zieht er (p. 99) das Beispiel der Anziehungskraft der Materie herbei; aber besonders p. 408, wo er von der Gravitation der einen Materie gegen die andere, die Newton entdeckt haben soll, in den von mir oben schon erwähnten Ausdrucken spricht, indem er zugibt, daß man davon das Wie niemals begreifen kann. Das heißt doch in der Tat zu den verborgenen oder, was mehr sagen will, unerklärlichen Eigenschaften zurückkehren. Er fügt p. 401 hinzu, daß nichts geeigneter ist, die Denkweise der Skeptiker zu begünstigen, als das, was man nicht versteht, zu leugnen; und p. 402 daß man sogar nicht begreift, wie die Seele denkt, Pap. 403 behauptet er, daß da die beiden Substanzen, die materielle und die immaterielle, in ihrem reinen Wesen ohne irgend eine Tätigkeit begriffen werden können, es von Gott abhänge, der einen und der anderen das Vermögen des Denkens zu geben, und will sich dabei das Zugeständnis seines Gegners zunutze machen, welcher den Tieren zwar die sinnliche Empfindung zugestanden hatte, aber keine immaterielle Substanz zugestehen wollte. Er behauptet, daß die Freiheit, das Bewußtsein (p. 408) und das Vermögen des Abstrahierens (p. 409) der Materie verliehen werden können, aber nicht als der Materie, sondern sofern sie durch eine himmlische Macht bereichert sei. Endlich bringt er p. 434 die Bemerkung eines so ansehnlichen, scharfsinnigen Reisenden, wie Heer de la Loubère, bei, daß die beiden im Orient die Unsterblichkeit der Seele erkennen, ohne deren Immaterialität begreifen zu können.

24 Über dies alles will ich, ehe ich zur Darlegung meiner Meinung komme, bemerken, daß die Materie sicherlich ebenso wenig auf mechanischem Wege Empfindung hervorzubringen fähig ist, als Vernunft, wie unser Autor auch zugesteht; daß ich der Wahrheit gemäß anerkenne, man dürfe nicht leugnen, was man nicht versteht, aber hinzufüge, daß man gern wenigstens in der natürlichen Ordnung das, was schlechthin unverständlich und unerklärlich ist, zu leugnen das Recht hat. Auch halte ich den Satz aufrecht, daß die Substanzen (materielle wie immaterielle) in ihrem reinen Wesen ohne Tätigkeit nicht begriffen werden können, daß die Tätigkeit das Wesen der Substanz überhaupt ist, und daß endlich die Begriffe der Geschöpfe nicht das Maß für die flacht Gottes sind, sondern daß ihre Konzeptivität oder Fassungskraft das Maß für die flacht der Natur ist, indem alles, was der Naturordnung gemäß ist, durch irgend ein Geschöpf begriffen und verstanden werden kann.

Wer mein System begreift, wird einsehen, daß ich mich nicht in allen Stücken dem einen oder dem anderen dieser beiden ausgezeichneten Autoren anschließen kann, deren Streit indessen sehr lehrreich ist. Um mich jedoch deutlich zu erklären, so muß man vor allen Dingen erwägen, daß die Modifikationen, welche auf natürliche Weise oder ohne Wunder dem nämlichen Subjekt zukommen können, von den Beschränkungen oder den Abwandlungen einer realen Art oder einer ursprünglichen stetigen und absoluten Wesenheit herstammen müssen; denn so unterscheidet man bei den Philosophen die Modi eines absoluten Wesens von diesem Wesen selbst, wie man weiß, daß die Größe, die Gestalt und die Bewegung offenbar die Beschränkungen und Abwandlungen der körperlichen Natur sind. Es ist klar, wie eine beschränkte Ausdehnung die Gestalten ergibt, und daß die dabei vor sich gehende Veränderung nichts als die Bewegung ist, und so oft man irgend eine Beschaffenheit an einem Subjekt fändet, muß man glauben, daß wenn man die Natur dieses Subjekts und dieser Beschaffenheit kennte, man auch begreifen würde, wie diese Beschaffenheit sich daraus ergibt. So hängt es in der Ordnung der Natur (von den Wundern abgesehen) nicht von Gottes Willkür ab, den Substanzen diese oder jene Beschaffenheiten beliebig zu verleihen, und er wird ihnen niemals andere verleihen, als die ihnen natürlich sind, d.h. solche, die aus ihrer Natur als erklärliche Modifikationen hergeleitet werden können. So muß man annehmen, daß die Materie nicht von Natur die oben erwähnte Anzie-

25

hung haben und nicht von selbst in krummer Linie sich bewegen wird, weil es nicht möglich ist zu begreifen, wie das geschehen sollte, d.h. es auf mechanischem Wege zu erklären, während das, was natürlich ist, sich deutlich muß begreifen lassen können, wenn man in die verborgenen Tiefen der Dinge Zugang erhielte. Diese Unterscheidung zwischen dem, was natürlich und erklärlich, und dem, was unerklärlich und wunderbar ist, hebt alle Schwierigkeiten. Weist man sie zurück, so würde man etwas Schlimmeres, als die verborgenen Beschaffenheiten behaupten und insofern der Philosophie und Vernunft absagen müssen, indem man der Unwissenheit und Trägheit durch ein dunkles System eine Freistätte eröffnete, welches nicht nur das Vorhandensein von unverständlichen Beschaffenheiten zuläßt, deren es darin nur zu viele gibt, sondern auch derartige Beschaffenheiten, daß der größte Geiste wenn ihm Gott alle mögliche Erleuchtung gäbe, sie nicht begreifen könnte, d.h. die entweder wunderbar oder ungereimt sein würden. Und selbst das wäre ungereimt, daß Gott für gewöhnlich Wunder tut. Somit würde diese faule Hypothese in gleicher Weise unsere Philosophie, welche die Gründe aufsucht, wie die göttliche Weisheit, welche sie ins Leben ruft, zerstören.

Was jetzt das Denken anbetrifft, so ist es sicher, und der Verfasser erkennt es mehr als einmal an, daß es keine begriffliche Modifikation der Materie sein kann, d.h. daß das empfindende oder denkende Wesen nicht eine Maschine wie eine Uhr oder eine Mühle ist, so daß man die Größen, Gestalten und Bewegungen begreifen könnte, deren mechanische Verknüpfung etwas Denkendes und selbst nur Empfindendes in einem Stoffe hervorbrächte, in dem sonst nichts der Art wäre, und was denn auch von selbst durch die Unordnung dieser Maschine aufhören würde. Es ist also der Materie nicht natürlich zu fühlen und zu denken, und es könnte dies bei ihr nur auf zwei Arten geschehen, davon die eine ist, daß Gott eine Substanz damit verbindet, der zu denken natürlich ist, und die andere, daß Gott das Denken durch ein Wunder hineinlegt. In diesem Punkte bin ich also gänzlich der Ansicht der Kartesianer, ausgenommen, daß ich es bis auf die Tiere ausdehne und glaube, auch sie haben Empfindung und immaterielle (um eigentlich zu sprechen) und ebensowenig vergängliche Seelen, als die Atome bei Demokrit oder Gassendi vergänglich sind. Die Kartesianer dagegen, ohne Grund über die Seelen der Tiere in Verlegenheit und ungewiß, was sie bei deren Fortdauer daraus machen sollen (da sie an die Erhaltung des ins Kleine zurückgebrachten Tieres nicht denken) sind gezwungen gewesen, den Tieren selbst die Empfindung gegen allen Anschein und das allgemeine Urteil der Menschen abzusprechen. Wenn aber jemand entgegnete, daß Gott einer dazu vorbereiteten Maschine das Denkvermögen beilegen wenigstens könnte, so würde ich antworten, daß wenn dies geschähe und Gott der Maschine dieses Vermögen beilegte, ohne zugleich eine Substanz ihr einzufügen, welche Subjekt und Träger eben dieses Vermögens wäre, wie ich es verstehe, d.h. ohne ihr eine immaterielle Seele beizufügen, die Materie, um eine Kraft, deren sie von Natur nicht fähig ist, zu empfangen, durch ein Wunder erhöht werden müßte, einige Scholastiker haben etwas dem sich Annäherndes behauptet, daß nämlich Gott das Feuer so weit erhöhe, um ihm die Kraft zu geben, unmittelbar die von den Körpern geschiedenen Geister zu brennen, was doch ein ganz reines Wunder sein würde. Ebensowenig kann man behaupten, daß die Materie denkt, ohne eine unvergängliche Seele oder doch ein Wunder hinzuzutun, und somit folgt die Immaterialität unserer Seelen aus dem, was natürlich ist, weil man deren Untergang nur durch ein Wunder aufrecht erhalten kann, sei es durch Erhöhung der Materie, sei es durch Vernichtung der Seele; denn wir wissen wohl, daß die Macht Gottes unsere Seelen sterblich machen kann, so immateriell (oder durch die Natur allein unsterblich) sie immer sein mögen, weil er sie vernichten kann.

Nun ist diese Wahrheit von der Immaterialität der Seele ohne Zweifel von Wichtigkeit. Denn es ist zumal in der Zeit, wo wir leben, für die Religion und Moral unendlich viel vorteilhafter zu zeigen, daß die Seelen von Natur unsterblich sind, und daß es ein Wunder sein würde, wenn sie es nicht wären, als zu behaupten, daß unsere Seelen von Natur sterben müssen, aber kraft einer wunderbaren, allein auf die Verheißung Gottes gegründeten Gnade nicht sterben. Auch weiß man längst, daß diejenigen, welche die natürliche Religion zerstören und alles auf die geoffenbarte zurückführen wollten, wie wenn die Vernunft uns darüber nichts lehrte, als verdächtig gegolten haben, und dies nicht immer ohne Grund. Aber unser Autor gehört nicht zu ihnen. Er hält den beweis für das Dasein Gottes aufrecht und erkennt der Immaterialität der Seele *den höchsten Grad von Wahrscheinlichkeit* zu, der folglich als eine moralische Gewißheit gelten darf daher ich glaube, daß er bei seiner ebenso großen Aufrichtigkeit wie Scharfsinnigkeit sich mit der von mir soeben auseinandergesetzten Lehre wohl einverstanden erklären könnte, die für die gesamte Vernunftwissenschaft grundlegend ist. Sonst sehe ich nicht, wie man sich davor schützen wollte, entweder der *Lehre der Schwärmer* zu verfallen, wie etwa der mosaischen Philosophie Fludds, der alle Erscheinungen Gott unmittelbar und als Wunder zuschreibt, um sie aufrechtzuerhalten, oder der *barbarischen* Philosophie, wie die gewisser Philosophen und Ärzte der Vergangenheit war, die noch nach der Barbarei ihres Jahrhunderts schmeckte, heutzutage aber mit Recht verachtet ist – die Lehre derer, welche, um die Erscheinungen zu retten, geheime Beschaffenheiten oder Vermögen besonders ersannen, welche sie sich in der Phantasie kleinen Dämonen oder Kobolde, die ohne weiteres alles Verlangte zu tun imstande wären, ähnlich dachten. Letzteres klingt so, wie wenn die Taschenuhren die Stunde durch ein stundenzeigendes Vermögen angeben, ohne Räder nötig zu haben, oder wie wenn die kühlen das Korn durch ein »Mahlvermögen« klein machten, ohne etwas, was einem Mühlstein gleicht, zu brauchen.

Was die Schwierigkeit mancher Völker im Begreifen einer immateriellen Substanz anbetrifft, so wird diese, wenigstens zu einem großen Teil, aufhören, wenn man nicht Substanzen verlangen wird, die von der Materie getrennt sind wie ich denn in der Tat glaube, daß es deren von Natur unter den geschaffenen Wesen niemals gibt. 28

Erstes Buch: Von den angeboreren Vorstellungen

I. Ob es im menschlichen Geiste angeborene Vorstellungen gibt

Philalethes. Nach Beendigung meiner Geschäfts in England und Rückkehr von dort habe ich gleich daran gedacht, Sie, mein Herr, zu besuchen, um unsere alte Freundschaft fortzusetzen und uns über die Dinge zu unterhalten, welche uns beiden so sehr am Herzen liegen und über die ich während meines Aufenthaltes in London neue Aufschlüsse erlangt zu haben glaube. Als wir einst zu Amsterdam ganz nahe beieinander wohnten, machte es uns allen beiden viel Vergnügen, Untersuchungen über die Grundsätze und Mittel anzustellen, um in das Wesen der Dinge einzudringen. Waren unsere Ansichten auch oft verschieden, so vermehrte diese Verschiedenheit eben nur unsere Befriedigung, wenn wir miteinander verhandelten, ohne daß der Gegensatz, der sich mitunter zeigte, etwas Unangenehmes einmischte. Sie waren für Descartes und für die Meinungen des berühmten Verfassers der »Erforschung der Wahrheit«, und ich für meinen Teil fand die durch Bernier erläuterten Ansichten Gassendis leichter faßlich und natürlicher. Gegenwärtig fühle ich mich durch das ausgezeichnete Werk ganz besonders bestärkt, welches ein berühmter Engländer, den ich persönlich zu kennen die Ehre habe, seitdem veröffentlicht hat, und welches mehrmals in England unter dem bescheidenen Titel der »*Abhandlung über den menschlichen Verstand*« wieder gedruckt worden ist. Man versichert sogar, daß es binnen kurzem in Latein und Französisch erscheint, worüber ich mich sehr freue, denn es kann so von ausgebreiteterem Nutzen sein. Ich habe aus der Lektüre dieses Werkes und selbst aus der Unterhaltung mit dem Verfasser großen Nutzen gezogene oft bin ich mit ihm zu London und mitunter zu Oates bei Mylady Masham zusammengetroffen, der würdigen Tochter des berühmten Cudworth, eines großen englischen Philosophen und Theologen und Verfassers des Intellektualsystems dessen spekulativen Geist und dessen Liebe zu höherer Erkenntnis sie geerbt hat, welche besonders in der mit dem Verfasser der besagten Abhandlung unterhaltenen Freundschaft erscheint – und als er von einigen verdienstvollen Gelehrten angegriffen worden ist, habe ich auch mit Vergnügen die Verteidigungsschrift gelesen, welche eine sehr gescheute und geistreiche Dame für ihn verfaßt hat, außer denen, welche er selbst verfaßt hat. Im ganzen folgt er dem System Gassendis, welches im Grunde das des Demokrit ist. Er ist für den leeren Raum und für die Atome; er glaubt, daß die Materie lenken könne; daß es keine angeborenen Vorstellungen gebe daß unser Geist eine *Tabula rasa* sei, und daß er nicht beständig denke; auch bezeigt er sogar Lust, die Einwürfe, welche Gassendi gegen Descartes erhoben, größtenteils zu billigen. Er hat dies System mit zahlreichen vortrefflichen Bemerkungen bereichert und verstärkt, und ich zweite nicht, daß gegenwärtig unsere Partei über ihre Gegner, die Peripatetiker und Kartesianer, den entschiedenen Sieg davontrage. Dies ist der Grund, warum ich Sie, wenn Sie dieses Buch noch nicht gelesen haben, dazu auffordere, und wenn Sie es gelesen haben, mir Ihre Ansicht darüber zu sagen inständig bitte.

Theophilus. Ich freue mich, Sie nach langer Abwesenheit wieder zurückgekehrt zu sehen, nach glücklichem Ablauf Ihres wichtigen Geschäftes, gesund, in Ihrer Freundschaft für mich beständig und immer mit gleichem Eifer auf die Erforschung der wichtigsten Wahrheiten gerichtet. Ich habe mein Nachdenken nicht minder in demselben Geiste fortgesetzt, und glaube (ohne mir zu schmeicheln), ebensoweit und vielleicht weiter als Sie gekommen zu sein. Es war auch für mich nötiger als für Sie, denn Sie waren mir voraus. Sie hatten mehr Umgang mit den spekulativen Philosophen und ich mehr Neigung zur Moral. Aber ich habe mehr und mehr gelernt, wieviel Stärke die Moral aus den wohlbefestigten Grundsätzen der wahren Philosophie empfängt Darum habe ich sie seitdem mit größerem Eifer studiert und bin auf ganz neue Gedanken gekommen. Es wird uns also ein gegenseitiges und langdauerndes Vergnügen machen, wenn wir uns einander die erhaltenen Aufklärungen mitteilen. Ich muß Ihnen aber als etwas Neues mitteilen, daß ich nicht mehr Kartesianer bin und gleichwohl mehr als jemals von Ihrem Gassendi mich entfernt habe, dessen Wissen und Verdienst ich übrigens anerkenne. Ich bin auf ein neues System gestoßen, wovon ich etwas in den gelehrten Zeitschriften von Paris, Leipzig und Holland und in dem bewundernswürdigen Wörterbuch

Bayles art. Rorarius gelesen habe. Seitdem glaube ich einen neuen Anblick des inneren Wesens der Dinge gewonnen zu haben. Dies System scheint Plato mit Demokritus, Aristoteles mit Descartes, die Scholastiker mit den Neueren, die Theologie und Moral mit der Vernunft zu versöhnen. Von allen Seiten scheint es das Beste zu nehmen und dann weiterzukommen, als man jemals gekommen ist. Ich habe darin eine verständliche Erklärung der Einheit von Seele und Leib gefunden, etwas, an dem ich bisher verzweifelt war. Die wahren Gründe der Dinge finde ich in der von diesem System eingeführten Einheit der Substanzen und in deren durch die Ursubstanz vorherbestimmter Harmonie. Ich habe darin eine so erstaunliche Einfachheit und Übereinstimmung gefunden, daß man sagen kann, es sei alles und immer nach verschiedenen Graden der Vollkommenheit dasselbe, jetzt begreife ich, was Plato darunter verstand, wenn er die Materie für ein unvollkommenes und wandelbares Wesen nahm, was Aristoteles durch seine Entelechie sagen wollte, was jenes Versprechen eines anderen Lebens sagen will, das nach Plinius selbst Demokritus machte, wieweit die Skeptiker recht hatten, wenn sie sich gegen die Sinne aussprachen, wie die Tiere nach Descartes Automaten sind, und wie sie nach der allgemeinen Meinung der Menschen doch Seelen und Empfindung haben, wie man diejenigen, welche allen Dingen Leben und Wahrnehmung verliehen haben, vernunftgemäß erklären kann, wie Cardan, Campanella und besser als sie die verstorbene Gräfin von Connaway, eine Anhängerin Platos, und unser verstorbener Freund Franz Mercurius van Helmont, der übrigens freilich durch viele unverständliche und paradoxe Meinungen dunkel bleibt, mit seinem verstorbenen Freund Heinrich Morus, wie die Gesetze der Natur, wovon man vor dem Auftreten dieses Systems einen guten Teil nicht kannte, ihrem Ursprung nach aus Grundsätzen hergeleitet werden müssen, welche über das Materielle hinausgehen, wenn sich gleich im Materiellen alles auf mechanische Weise vollzieht. Im letzteren Punkte haben die spiritualisierenden Schriftsteller, die ich eben genannt habe, mit ihren »Archeen« und selbst mit den Kartesianern gefehlt, indem sie glaubten, daß die immateriellen Substanzen, wo nicht die Kraft, so doch wenigstens die Richtung oder Bestimmung der Bewegung der Körper änderten, während nach dem neuen System die Seele und der Körper ihre Gesetze, jedes von beiden die seinigen, vollkommen einhalten und nichtsdestoweniger doch, soviel es nötig ist, einander folgen. Endlich hat mich das Nachdenken über dies System aufzufinden veranlaßt, wie die Annahme von Seelen und sinnlichen Empfindungen bei den Tieren gegen die Unsterblichkeit der menschlichen Seele nicht spricht, oder vielmehr, wie nichts geeigneter ist, unsere natürliche Unsterblichkeit zu sichern, als die Annahme, daß alle Seelen unvergänglich sind (*morte carent animae*), ohne daß wir deshalb doch die Seelenwanderungen zu fürchten hätten, da nicht allein die Seelen, sondern auch die Tiere lebend, empfindend, handelnd bleiben und bleiben werden. Es ist überall wie hier, und immer und überall, wie bei uns, gemäß dem, was ich Ihnen schon gesagt habe nur daß die Zustände der Tiere mehr oder weniger vollkommen und entwickelt sind ohne daß man je ganz und gar vom Körper getrennte Seelen anzunehmen braucht, während wir nichtsdestoweniger immer eine soviel wie möglich reine Geistigkeit haben, unbeschadet unserer Organe, die durch ihren Einfluß nie die Gesetze unserer Spontaneität stören können. Ich finde den leeren Raum und die Atome ganz anders, als durch den Trugschluß der Kartesianer, ausgeschlossen, welcher sich auf die angebliche Gleichbedeutung der Vorstellung des Körpers und der Ausdehnung gründet Ich erblicke alles in Ordnung und Harmonie, mehr als man es bis jetzt jemals begriffen hat überall organische Materie, nichts Leeres, Unfruchtbares und Vernachlässigtes, nichts zu Einförmiges, alles mannigfaltig, aber in Ordnung, und, was über die Phantasie hinausgeht, das ganze Weltall im kleinen, jedoch von einem ganz verschiedenen Anblick in jedem seiner Teile und selbst in jeder seiner substantiellen Einheiten. Außer dieser neuen Analyse der Dinge habe ich die der Begriffe oder Vorstellungen und der Wahrheiten besser begriffen. Ich verstehe, was eine wahre, klare, bestimmte und, wenn ich dies Wort gebrauchen darf adäquate Vorstellung ist. Ich verstehe, welches die ursprünglichen Wahrheiten und die wahren Grundsätze sind, die Unterscheidung der notwendigen und der tatsächlichen Wahrheiten, des Vernunftgebrauchs der Menschen und der *Folgerungen* der Tiere, die nur ein Schatten von jenem sind. Kurz, Sie werden erstaunt sein, alles zu hören, was ich Ihnen zu sagen habe, und vor allen Dingen zu erkennen, wie die Erkenntnis der Größe und der Vollkommenheit Gottes dadurch erhöht wird. Denn ich kann Ihnen nicht verhehlen, da ich vor Ihnen kein Geheimnis habe, wie ich gegenwärtig von Bewunderung und (wenn wir uns dieses Ausdruckes zu bedienen wagen) von Liebe für diese oberste Quelle aller Dinge und Schönheiten durchdrungen bin, nachdem ich gefunden habe, daß diejenigen Vollkommenheiten Gottes, welche dieses System enthüllt, alles übertreffen, was man bis jetzt davon begriffen hat. Sie wissen, daß ich ehemals ein wenig zu weit gegangen bin und mich auf die Seite der Spinozisten zu schlagen anfing die Gott nur eine unendliche Macht beilegen, ohne Vollkommenheiten und Weisheit bei ihm anzuerkennen und, indem sie die Erforschung der Zweckursachen vernachlässigen, alles von einer blinden Notwendigkeit ableiten. Aber diese neue Aufklärung hat mich davon geheilt, und seitdem nehme ich mitunter den Namen *Theophilus* an. Ich habe das Buch jenes berühmten Engländers gelesen, wovon Sie eben gesprochen haben. Ich schätze es sehr und habe Vortreffliches darin gefunden; man muß aber weitergehen und sich sogar seiner Ansichten entschlagen, weil er oft solche angenommen hat, welche uns mehr als nötig beschränken und nicht allein die Stellung des Menschen, sondern auch die des Weltalls ein wenig zu sehr herabsetzen.

Philalethes. Sie setzen mich in der Tat durch alle die Wunder in Erstaunen, von denen Sie mir Bericht abstatten; er klingt etwas zu günstig, als daß ich so leicht daran glauben könnte. Indessen will ich hoffen, daß unter so viel Neuem, von dem Sie mich unterrichten wollen, etwas haltbares sein wird. In diesem Falle werden Sie mich ganz gelehrig finden. Sie wissen, daß es immer meine Neigung war, mich an die Vernunft zu halten, und ich mir mitunter den Namen Philalethes gab. Deswegen wollen wir uns jetzt, wenn es Ihnen recht ist, dieser beiden Namen, die so viel Beziehung haben, bedienen. Um zum Ziele zu gelangen, schlage ich Ihnen ein Mittel vor. Da Sie das Buch des berühmten Engländers gelesen haben, welches mir so viel Befriedigung gewährt, und er darin die Gegenstände, wovon wir eben gesprochen haben, großenteils behandelt, und vor allem die Analyse unserer Vorstellungen und Erkenntnisse, so wird es das kürzeste sein, dem Faden desselben zu folgen und zuzusehen, was Sie zu bemerken haben.

Theophilus. Ich billige Ihren Vorschlag. Hier ist das Buch.

§ 1. *Philalethes.* Ich habe es so oft gelesen, daß ich es bis auf die Ausdrücke im Gedächtnisse habe, denen ich sorgfältig folgen werde. Ich werde also nur nötig haben, bei gewissen Streitfragen, wo wir es für notwendig erachten werden, nachzuschlagen. Zuerst wollen wir von dem Ursprung der Vorstellungen oder Begriffe reden (erstes Buch); darauf von den verschiedenen Arten der Vorstellungen (zweites Buch), und der Worte, deren wir uns, um sie auszudrücken, bedienen (drittes

Buch) endlich von den Erkenntnissen und Wahrheiten, die daraus folgen (viertes Buch) und zwar wird dieses letzte Buch uns am meisten beschäftigen.

Was den Ursprung der Vorstellungen betrifft, so glaube ich mit diesem Schriftsteller und vielen andern Gelehrten, daß es ebensowenig angeborene Vorstellungen als angeborene Grundsätze gibt. Und um den Irrtum derjenigen, welche solche annehmen, zu widerlegen, genügt es, wie in der Folge sich zeigen wird, nachzuweisen, daß man derselben gar nicht bedarf, und daß die Menschen alle ihre Erkenntnisse ohne die Hilfe irgend eines angeborenen Eindruckes erlangen können.

Theophilus. Sie wissen, Philalethes, daß ich seit langer Zeit anderer Meinung bin, daß ich beständig, wie auch jetzt noch für die angeborene Vorstellung Gottes bin, wie sie Descartes aufrechterhalten hat, und folglich auch für andere angeborene Vorstellungen, die von den Sinnen nicht stammen können. Gegenwärtig gehe ich im Anschluß an das neue System noch viel weiter und glaube sogar, daß alle Gedanken und Tätigkeiten unserer Seele aus ihrem eigenen Innern stammen, da sie ihr, wie Sie in der Folge sehen werden, nicht durch die Sinne gegeben werden können. Gegenwärtig jedoch will ich diese Untersuchung beiseite setzen und mich den einmal angenommenen Ausdrücken anbequemen, da sie in der Tat gut und haltbar sind, und man in einem gewissen Sinne sagen kann, daß die äußeren Sinne zum Teil Ursache unserer Gedanken sind, – um zu prüfen, wie man meiner Ansicht nach auch bei dem gewöhnlichen System (indem man von der Tätigkeit der Körper auf die Seele redet, wie die Anhänger des Copernicus mit den übrigen Menschen von der Bewegung der Sonne, und zwar mit Grund, reden) sagen muß, daß es Vorstellungen und Grundsätze gibt, die nicht von den Sinnen stammen und welche wir in uns, ohne sie zu bilden, verenden, wenngleich die Sinne uns Gelegenheit geben, uns derselben bewußt zu werden. Wie ich mir denke, hat unser gelehrter Schriftsteller die Bemerkung gemacht, daß man unter dem Namen angeborener Grundsätze häufig seine Vorurteile festhält und sich damit der Mühe der Untersuchungen überheben will und dieser Mißbrauch wird seinen Eifer gegen jene Voraussetzung entzündet haben. Er wird die Trägheit und oberflächliche Denkungsart derer haben bekämpfen wollen, die unter dem gleitenden Vorwand angeborener Vorstellungen und dem Geiste von Natur eingeprägter Wahrheiten, denen wir ohne Schwierigkeit beistimmen, sich nicht die Mühe nehmen, die Quellen, Verbindungen und die Gewißheit dieser Kenntnisse zu erforschen und zu untersuchen. Darin bin ich ganz seiner Ansicht und gehe sogar noch weiter. Ich wünschte, daß man unsere Analyse gar nicht beschränkte, von allen Bezeichnungen, die dessen fähig sind, die Begriffsbestimmungen gäbe, und alle Grundsätze, die nicht fundamental sind, bewiese oder zu beweisen Anstalt machte, ohne auf die Meinung der Menschen darüber zu sehen und sich darum zu bekümmern, ob sie damit übereinstimmen oder nicht. Damit würde mehr Nutzen verbunden sein, als man denkt, Mir scheint aber, daß der Verfasser durch seinen sonst sehr löblichen Eifer zu weit nach der anderen Seite geführt worden ist. Er hat meiner Ansicht nach den Ursprung der notwendigen Wahrheiten, deren Quelle im Verstande ist, nicht genug von den tatsächlichen unterschieden, die man aus den Erfahrungen der Sinne und selbst aus den in uns vorhandenen verworrenen Wahrnehmungen gewinnt. Sie sehen also ich gebe nicht zu, was Sie als Tatsache hinstellen, daß wir alle unsere Erkenntnisse, ohne angeborene Eindrücke nötig zu haben, erlangen können und die Folge wird zeigen, wer von uns recht hat.

§ 2. *Philalethes.* Das werden wir in der Tat sehen. Ich gebe Ihnen zu, lieber Theophil, daß es keine allgemeiner angenommene Meinung gibt als die, wonach gewisse Grundsätze der Wahrheit vorhanden sind, über welche die Menschen allgemein übereinkommen; darum werden sie *Gemeinbegriffe* (*koinai ennoiai*) genannte man schließt daraus, daß diese Grundsätze ebensoviel Eindrücke seien, welche unsere Seelen mit dem Dasein empfangen.

§ 3. Aber falls die Tatsache sicher wäre, daß es von dem ganzen Menschengeschlecht angenommene Grundsätze gibt, so würde diese allgemeine Übereinstimmung doch nicht beweisen, daß sie angeboren sind, wenn man, wie ich glaube einen anderen Weg zeigen kann, auf dem die Menschen zu dieser Übereinstimmung in ihrer Ansicht haben gelangen können.

§ 4. Was aber noch viel schlimmer ist, diese allgemeine Übereinstimmung endet gar nicht statt, selbst nicht in bezug auf jene beiden berühmten *Grundsätze der Spekulation* (denn von denen der Praxis werden wir nachher sprechen), *daß alles, was ist, ist, und daß etwas zur selben Zeit unmöglich sein und nicht sein kann*; denn einem großen Teil des Menschengeschlechts sind diese beiden Grundsätze, die Ihnen ohne Zweifel als *notwendige Wahrheiten* und Grundsätze gelten, nicht einmal bekannt.

Theophilus. Ich gründe die Gewißheit der angeborenen Grundsätze nicht auf die allgemeine Übereinstimmung, denn ich habe Ihnen schon gesagt, Philalethes, daß man meiner Meinung nach darauf hinarbeiten müsse, alle Grundsätze, die nicht fundamentale sind, beweisen zu können. Auch gebe ich Ihnen zu, daß eine sehr allgemeine Übereinstimmung, die aber nicht ganz durchgängig ist, aus einer über das ganze Menschengeschlecht verbreiteten Überlieferung stammen könne, wie die Sitte des Tabakrauchens von fast allen Völkern in weniger als einem Jahrhundert angenommen worden ist, obgleich man einige Inselbewohner gefunden hat, die, da sie nicht einmal das Feuer kannten, auch nicht rauchen konnten. So haben einige Gelehrte selbst unter den Theologen, jedoch von der Sekte des Arminius, geglaubt, daß die Gotteserkenntnis aus einer sehr alten und sehr allgemeinen Überlieferung stammte, und ich bin in der Tat zu glauben geneigt, daß der Unterricht diese Kenntnis befestigt und berichtigt hat. Gleichwohl scheint es, daß die Natur auch ohne Lehre dazu anleite; die Wunder des Weltalls sind die Ursache gewesen, an eine höhere Macht zu denken. Man hat ein taubstumm geborenes Kind dem Vollmond seine Anbetung bezeugen sehen und Völker gefunden, die nichts anderes kannten, und wieder andere Völker, welche sich vor unsichtbaren Mächten fürchteten. Ich gebe Ihnen zu, lieber Philalethes, daß dies noch nicht die Idee Gottes sei, wie wir sie haben und fordern diese Idee ist jedoch nichtsdestoweniger im Grunde unserer Seele, ohne, wie wir sehen werden, hineingebracht zu sein. Auch die ewigen Gesetze Gottes sind zum Teil auf eine noch lesbarere Art und durch eine Art von Instinkt derselben eingeprägt. Aber dies sind Grundsätze des Handelns, von denen wir noch zu reden Gelegenheit haben werden. Man muß indessen gestehen, daß unsere Neigung zur Anerkennung der Idee Gottes in der menschlichen Natur liegt. Und wenn wir den ersten Unterricht darin auch der Offenbarung zuschreiben wollten, so kommt doch immer die Leichtigkeit, welche die Menschen in der Annahme dieser Lehre gezeigt haben, aus der Naturanlage ihrer Seele. Aber wir werden in der Folge zu dem Urteil gelangen, daß die äußere Lehre dabei das, was in uns ist, hier nur erwecke. Ich schließe also, daß eine allgemeine Übereinstimmung unter den Menschen ein Zeichen und nicht ein Beweis für einen angeborenen Grundsatz ist, der strikte und entscheidende Beweis dieser Grundsätze aber darin besteht, aufzuzeigen, daß deren Gewißheit nur von dem uns Innewohnenden stammt. Um noch auf das zu antworten, was Sie gegen die allgemeine Zustimmung zu den beiden großen Grundsätzen der Spekulation geltend machen, die doch aufs beste festgestellt sind, so kann ich Ihnen sagen, daß sie, seihst wenn sie nicht bekannt wären, doch angeboren wären, weil man sie anerkennt, sobald man sie vernommen hat. Aber ich will noch hinzufügen, daß im Grunde genommen jedermann sie kennt, und man sich z.B. jeden Augenblick des Grundsatzes des Widerspruchs, ohne besonders darauf acht zu haben, bedient. Kein Mensch ist so roh, daß er nicht in einer ernsten Sache von dem Betragen eines Lügners, der sich selbst widerspricht, verletzt werden sollte. So wendet man diese Grundsätze an, ohne sie ausdrücklich ins Auge zu fassen, und das ist ungefähr, wie wenn man in den Enthymemen die nicht ausgedrückten Vordersätze nur der Möglichkeit nach im Geiste hat, indem man sie nicht nur im Ausdruck, sondern selbst im Denken beiseite läßt.

§ 5. *Philalethes.* Was Sie von diesen möglichen Kenntnissen und dem inneren Unterdrücken derselben sagen, überrascht mich; denn zu behaupten, daß es in die Seele eingeprägte Wahrheiten gibt, deren sie sich nicht bewußt ist, das scheint mir wahrlich ein Widerspruch.

Theophilus. Wenn Sie in diesem Vorurteil befangen sind, so wundere ich mich nicht, daß Sie die angeborenen Erkenntnisse verwerfen. Aber ich bin erstaunt, wie es Ihnen noch nicht eingefallen ist, daß wir unendlich viele Erkenntnisse haben, deren wir uns nicht immer bewußt sind, selbst nicht, wenn wir sie brauchen; das Gedächtnis muß sie aufbewahren und die Wiedererinnerung sie uns darbieten, wie nach Bedürfnis oft, aber nicht immer geschieht. Man nennt dies sehr gut »beikommen«, denn die Wiedererinnerung verlangt Beistand. Und sicherlich müssen wir bei dieser Menge unserer Erkenntnisse durch etwas bestimmt werden, eine davon eher als die andere wieder zu erwecken, weil es unmöglich ist, an alles, was wir wissen, ganz zu derselben Zeit deutlich zu denken.

Philalethes. Darin, glaube ich, haben Sie recht, und diese zu allgemeine Vorstellung, *daß wir uns immer aller Wahrheiten, die in unserer Seele sind, bewußt seien*, ist mir entgangen, ohne daß ich hinlänglich Aufmerksamkeit darauf gehabt habe. Aber Sie werden etwas mehr Mühe haben, auf das, was ich Ihnen jetzt vorlegen will, zu erwidern. Wenn man nämlich von einem einzelnen Satz sagen kann, daß er angeboren ist, so wird man mit demselben Grunde behaupten können, daß alle Sätze, welche vernunftgemäß sind und die der Geist jemals als solche wird betrachten können, der Seele bereits eingeprägt sind.

Theophilus. Ich gebe Ihnen dies hinsichtlich der reinen Vorstellungen zu, die ich den phantastischen Erscheinungen der Sinne entgegensetze, sowie in betreff der notwendigen oder Vernunftwahrheiten, welche ich den tatsächlichen Wahrheiten entgegensetze. In diesem Sinne muß man sagen, daß die ganze Arithmetik und die ganze Geometrie angeboren und auf eine potentielle Weise in uns sind, dergestalt, daß man sie, wenn man aufmerksam das im Geiste schon Vorhandene betrachtet und ordnet, darin auffinden kann, ohne sich irgend einer durch die Erfahrung oder Überlieferung von einem anderen lernten Wahrheit zu bedienen, wie Plato dies in einem Gespräch gezeigt hat, wo er den Sokrates ein Kind durch bloße Fragen, ohne es etwas zu lehren, zu fernliegenden Wahrheiten führen läßt. Man kann also diese Wissenschaften in seinem Zimmer und sogar mit geschlossenen Augen sich bilden, ohne durch das Gesicht oder selbst das Gefühl die nötigen Wahrheiten zu lernen, obgleich man allerdings die Vorstellungen, um die es sich handelt, nicht gewahr werden würde, wenn man niemals etwas gesehen oder berührt hätte. Denn durch eine bewunderungswürdige Einrichtung der Natur geschieht es, daß wir niemals abstrakte Gedanken haben können, ohne dazu etwas Sinnliches zu bedürfen, wären es auch nur solche reichen, wie die Gestalten der Buchstaben oder die Töne sind, wenngleich zwischen solchen willkürlichen Zeichen und jenen Gedanken keine notwendige Verknüpfung besteht. Und wenn die sinnlichen Spuren nicht erforderlich wären, so würde die vorherbestimmte Harmonie zwischen der Seele und dem Körper, womit ich Sie noch ausführlicher zu unterhalten Gelegenheit haben werde, nicht stattfinden. Dies hindert aber keineswegs, daß der Geist die notwendigen Wahrheiten aus sich selbst schöpfe. Auch sieht man mitunter, wie weit er ohne irgend eine Hilfe durch eine rein natürliche Logik und Arithmetik kommen kann, wie jener schwedische Knabe durch Ausbildung der seinigen bis zu großen Rechnungen, die er sofort im Kopfe macht, gekommen ist, ohne die gewöhnliche Rechenkunst, noch selbst lesen und schreiben gelernt zu haben, wenn ich mich dessen, was man mir davon erzählt hat, recht erinnere. Allerdings könnte er nicht mit der Auflösung so schwieriger Probleme fertig werden, welche das Ausziehen der Wurzeln erfordern. Aber das hindert nicht, daß er sie nicht durch irgend einen neuen Kunstgriff des Geistes aus sich selbst hätte lösen können. Also beweist das nur, daß es in der Schwierigkeit, sich dessen, was in uns ist, bewußt zu werden, verschiedene Grade gibt. Es gibt angeborene Grundsätze, die allen bekannt und sehr leicht faßlich sind es gibt Lehrsätze, die man auch gleich entdeckt, und aus denen die natürlichen Wissenschaften bestehen, welche bei dem einen ausgebreiteter sind als bei dem anderen. Endlich können in einem noch weiteren Sinne, den anzuwenden gut ist, um umfassendere und bestimmtere Begriffe zu haben, alle diejenigen Wahrheiten angeborene genannt werden, die man aus den ursprünglichen angeborenen Erkenntnissen ziehen kann, weil der Geist sie aus seinem eigenen Innern zu schöpfen vermag, was freilich oft keine leichte Sache ist. Wenn aber jemand den Ausdrücken einen anderen Sinn beilegt, so will ich nicht mit ihm über Worte streiten.

Philalethes. Ich habe Ihnen zugegeben, daß man in der Seele manches, dessen man sich nicht bewußt ist, haben kann, denn man erinnert sich nicht immer, wenn es gerade ein muß, alles dessen, was man weiß. Aber man muß es doch einmal gelernt und vordem ausdrücklich gekannt haben. Wenn man also sagen kann, daß etwas in der Seele ist, obgleich diese es noch nicht gekannt hat, so kann dies nur dadurch sein, daß sie die Fähigkeit oder das Vermögen, es zu erkennen, besitzt.

Theophilus. Warum könnte dies nicht noch eine andere Ursache haben, nämlich die, daß die Seele etwas in sich haben kann, ohne daß man sich desselben bewußt wäre? Denn da eine erworbene Erkenntnis mittels des Gedächtnisses darin verborgen sein kann, wie Sie es zugeben, warum sollte nicht auch die Natur eine ursprüngliche Erkenntnis darin haben verbergen können muß denn alles, was einer sich erkennenden Substanz natürlich ist, sogleich wirklich von ihr erkannt werden? Kann und muß nicht eine Substanz, wie unsere Seele, verschiedener Eigenschaften und Regungen haben, welche alle sofort und alle gleich gewahr zu werden unmöglich ist? Die Platoniker meinten, daß alle unsere Erkenntnisse aus der Erinnerung und zwar so herrühren, daß die Wahrheiten, welche die Seele mit der Geburt des Menschen auf die Welt gebracht hat und die man angeborene nennt, Reste einer ausdrücklichen vorhergegangenen Erkenntnis sein müssen. Aber diese Meinung ist ohne Grund, und es ist leicht einzusehen, daß die Seele schon in dem vorhergegangenen Zustand (wenn die Präexistenz stattfand), so entfernt er auch sein mochte, ganz wie hier bereits angeborene Erkenntnisse haben mußte diese müßten sich also auch aus einem vorhergegangenen Zustand herschreiben, wo sie am Ende angeboren oder wenigstens mit anerschaffen sein würden; oder aber man müßte bis ins Unendliche gehen und die Seele als von Ewigkeit herannehmen, in welchem Falle diese Kenntnisse in der Tat angeboren sein würden, weil sie dann in der Seele niemals einen Anfang gehabt haben würden. Wollte jemand noch behaupten, daß jeder frühere Zustand etwas von einem noch früheren gehabt habe, was er den folgenden nicht zurückgelassen hat, so würde man ihm antworten, daß offenbar gewisse evidente Wahrheiten allen diesen Zuständen hätten zukommen müssen, und daß, wie man die Sache auch nehme, in allen Zuständen der Seele die notwendigen Wahrheiten ganz gewiß angeboren seien und aus dem Inneren bewiesen werden, da sie durch Erfahrungen, wie man durch solche die tatsächlichen Wahrheiten begründet, nicht begründet werden konnten. Warum sollte man denn auch in der Seele nichts besitzen können, wovon man niemals Gebrauch gemacht hat? Ist es denn einerlei, etwas haben, ohne es zu gebrauchen, und nur das Vermögen, es sich anzueignen, besitzen? Wäre dies der Fall, so würden wir immer nur das besitzen, was wir gebrauchen. Statt dessen weiß man, daß außer dem Vermögen und dem Gegenstande oft eine gewisse Anlage in der Fähigkeit oder in dem Gegenstande, oder in allen beiden nötig ist, damit die Fähigkeit sich auf den Gegenstand anwenden lasse.

Philalethes. Wenn man es auf diese Art nimmt, wird man behaupten können, es seien der Seele gewisse Wahrheiten eingeprägt, welche sie gleichwohl niemals gekannt hat und sogar niemals erkennen würde, was mir befremdlich erscheint.

Theophilus. Ich sehe darin nichts Widersinniges, obgleich man auch nicht versichern kann, daß es solche Wahrheiten gibt. Denn es möchten sich dereinst noch erhabenere Dinge, als wir im gegenwärtigen Lebenslauf erkennen können, in unseren Seelen entwickeln, wenn sie in eiern anderen Zustande sein werden.

Philalethes. Gesetzt nun, es gebe Wahrheiten, welche dem Verstande ohne daß er sich ihrer bewußt ist, eingeprägt sein können, so sehe ich nicht ein, wie sie hinsichtlich ihrer Entstehung von den Wahrheiten, welche zu erkennen er allein fähig ist, verschieden sein können.

Theophilus. Der Geist ist nicht allein fähig, sie zu erkennen, sondern auch, sie in sich aufzufinden, und hätte nur die bloße Fähigkeit, die Erkenntnisse in sich aufzunehmen oder die leidende Möglichkeit dazu, die so unbestimmt wäre, als die des Wachses, formen anzunehmen, und die der leeren Tafel, Buchstaben aufzunehmen, so würde er nicht die Quelle der notwendigen Wahrheiten sein, wie er sie doch nach meinem eben gelieferten Beweis ist, denn es ist unbestreitbar, daß die Sinne nicht ausreichen, um deren Notwendigkeit einzusehen, und daß also der Geist eine sowohl tätige als leidende Anlage hat, sie aus seinem eigenen Inneren selbst zu schöpfen, wenn auch die Sinne notwendig sein mögen, um ihm Gelegenheit dazu und Aufmerksamkeit dafür zu geben und ihn auf die einen eher als auf die anderen zu lenken. Sie sehen also, daß diejenigen sonst sehr gescheiten Leute, welche anderer Ansicht sind, nicht genug über die Tragweite des Unterschiedes nachgedacht zu haben scheinen, der, wie ich schon bemerkt habe, und wie unser ganzer Streit zeigt, zwischen den notwendigen oder ewigen Wahrheiten und den Erfahrungs-Wahrheiten obwaltet. Der ursprüngliche Beweis der notwendigen Wahrheiten kommt allein vom Verstande, und die übrigen Wahrheiten stammen aus den Erfahrungen oder Beobachtungen der Sinne. Unser Geist ist fähig, die einen und die anderen zu erkennen, aber er ist die Quelle der ersteren, und so zahlreiche einzelne Erfahrungen man von einer allgemeinen Wahrheit haben mag, so kann man sich doch derselben durch Induktion nicht für immer versichern, ohne ihre Notwendigkeit durch die Vernunft zu erkennen.

Philalethes. Wenn aber diese Worte *im Verstande sein* etwas Positives in sich schließen, müssen sie dann nicht so viel bedeuten, als daß der Verstand ihrer sich bewußt ist und sie begreift?

Theophilus. Sie bedeuten für uns etwas ganz anderes; es genügt, daß das, was im Verstande ist, auch darin gefunden werden könne, und daß die ursprünglichen beweise der Wahrheiten, um die es sich handelt, nur im Verstande seien die Sinne können diese Wahrheiten anregen, rechtfertigen und bestätigen, aber nicht ihre unfehlbare und immerwährende Gewißheit beweisen.

Philalethes. Gleichwohl werden alle die, welche sich die Mühe geben, mit einiger Aufmerksamkeit auf das Verfahren des Verstandes zu achten, finden, daß diese vom Geiste *ohne weiteres* gewissen Wahrheiten erteilte Zustimmung von dem Vermögen des menschlichen Geistes abhängt.

Theophilus. Ganz rechte aber eben dieses besondere Verhältnis des menschlichen Geistes zu diesen Wahrheiten macht die Anwendung des Vermögens auf sie leicht und natürlich, und bewirkt, daß man sie angeborene nennt. Es ist also kein nacktes Vermögen, welches in der bloßen Möglichkeit, sie zu begreifen, besteht; es ist eine Anlage, eine Fertigkeit, eine Keimbildung, welche unsere Seele bestimmt und bewirkt, daß sie aus ihr gewonnen werden können. Ganz so, wie es zwischen den Gestalten, welche man dem Stein oder dem Marmor willkürlich gibt, und zwischen denen, welche seine Adern schon bezeichnen oder zu bezeichnen angelegt sind, wenn der Künstler davon Gebrauch machen will, einen Unterschied gibt.

Philalethes. Ist es aber nicht wahr, daß die Wahrheiten den Vorstellungen, aus denen sie hervorgehen, nachfolgen? Es stammen also die Vorstellungen von den Sinnen ab.

Theophilus. Die intellektuellen Vorstellungen, welche die Quelle der notwendigen Wahrheiten sind, stammen nicht von den Sinnen ab, und Sie müssen anerkennen, daß es Vorstellungen gibt, welche der Reflexion des Geistes verdankt werden, wenn er über sich selbst nachdenkt. Es ist übrigens wahr, daß die deutliche Erkenntnis der Wahrheiten der deutlichen Erkenntnis der Vorstellungen (*tempore vel natura*, nach Zeit und Wesen) erst folgt, wie das Wesen der Wahrheiten von dem der Vorstellungen abhängt, ehe man die einen und die anderen deutlich bildet, und wie die Wahrheiten, zu denen die aus den Sinnen stammenden Vorstellungen mitwirken, wenigstens zum Teil von den Sinnen abhangen. Es sind aber die aus den Sinnen stammenden Vorstellungen verworren und die davon abhängigen Wahrheiten, zum Teil wenigstens, auch, während die intellektuellen Vorstellungen und die davon abhängigen Wahrheiten deutlich bestimmt sind und weder die einen, noch die anderen ihren Ursprung aus den Sinnen haben, obgleich wir allerdings ohne die Sinne niemals an sie denken würden.

Philalethes. Nach Ihrer Meinung sind jedoch die Zahlen intellektuelle Vorstellungen und dennoch hängt die dabei vorkommende Schwierigkeit von der deutlichen Bildung der Vorstellungen ab. Ein Erwachsener z.B. weiß, daß 18 und 19 zusammen gleich 37 sind, mit derselben Evidenz, wie er weiß, daß 1 und 2 zusammen 3 machen; gleichwohl erkennt aber ein Kind den ersteren Satz nicht so reicht als den zweiten, weil es die Vorstellungen nicht so schnell gebildet hat als die Worte.

Theophilus. Ich kann Ihnen zugeben, daß die Schwierigkeit in der deutlichen Bildung der Wahrheiten oft von der abhängt, welche man bei der deutlichen Bildung der Vorstellungen hat. Gleichwohl glaube ich, daß es in Ihrem Beispiel sich darum handelte schon gebildete Vorstellungen anzuwenden, denn die, welche bis 10 zu zählen und die

Art, mittels einer gewissen Verdoppelung der Zehner weites zu gehen, gelernt haben verstehen ohne Mühe, daß 18 und 19 = 37 nämlich ist, nämlich ein- zwei- oder dreimal 10 mit 8 oder 9 oder 7 aber um daraus zu schließen, daß 18 und 19 37 macht, bedarf es mehr Aufmerksamkeit, als um zu wissen, daß 1 und 2 = 3 sind, was im Grunde nur die Definition von 3 ist.

§ 18. *Philalethes.* Es ist kein den von Ihnen intellektuell genannten Zahlen oder Vorstellungen anhaftendes Vorrecht, Sätze zu liefern, denen man, sobald man sie hört, unfehlbar beistimmt. Es gibt deren auch in der Physik und in allen anderen Wissenschaften, und selbst die Sinne liefern uns solche. So z.B. ist der Satz: *Zwei Körper können nicht zugleich an demselben Orte sein,* eine Wahrheit, von der man auf keine andere Weise überzeugt ist, als von folgenden Grundsätzen: *Unmöglich kann etwas zu der nämlichen Zeit sein und nicht sein; Weiß ist nicht Rot; ein Viereck ist kein Kreis; die gelbe Farbe ist nicht die Süßigkeit.*

Theophilus. Diese Sätze enthalten doch Unterschiede. Der erste, welcher die Unmöglichkeit der Durchdringlichkeit der Körper ausspricht, bedarf eines Beweises. In der Tat verwerfen ihn alle die, welche, wie die Peripatetiker und der verstorbene Ritter Digby, an wirkliche und im eigentlichen Sinn genommene Verdichtungen und Verdünnungen glauben, ohne von den Christen zu sprechen, welche meistens das Gegenteil glauben, daß nämlich die Durchdringung des Ausgedehnten für Gott möglich, die anderen Sätze aber sind *identische* oder doch beinahe, und die identischen oder unmittelbaren bedürfen keines Beweises. Was diejenigen betrifft, welche von den Sinnen geliefert werden, wie der, welcher aussagt, daß die gelbe Farbe nicht die Süßigkeit ist, so wenden diese nur den allgemeinen Identitätssatz auf besondere Fälle an.

Philalethes. Jeder aus zwei verschiedenen Vorstellungen gebildete Satz, deren eine die andere aufhebt, wie z.B. daß das Viereck kein Kreis ist, das Gelbsein nicht Süßsein ist, wird ebenso sicher als unzweifelhaft angenommen werden, sobald man die Ausdrücke darin versteht, wie jener allgemeine Grundsatz: »*Unmöglich kann etwas zur nämlichen Zeit sein und nicht sein*«.

Theophilus. Dies kommt daher, daß der eine (nämlich der allgemeine Grundsatz) und der andere (nämlich die Aufhebung einer Vorstellung durch eine andere entgegengesetzte) davon die Anwendung ist.

43

Philalethes. Mir scheint vielmehr, daß der Grundsatz von jener Aufhebung, welche ihn begründet, abhängig ist, und daß er noch leichter zu verstehen ist als der Satz: *Was dasselbe ist, ist nicht verschieden*, oder der Grundsatz des zu vermeidenden Widerspruches. Auf diese Weise würde man ja eine zahllose Menge von Sätzen dieser Art, welche eine Vorstellung der anderen absprechen, ohne von den übrigen Wahrheiten zu reden, als angeborene Wahrheiten annehmen müssen. Dazu kommt, daß, weil kein Satz angeboren sein kann. wenn nicht die ihn bildenden Vorstellungen angeboren sind, man voraussetzen müßte, daß alle Vorstellungen, welche wir von Farben, Tönen, Geschmäcken, Gestalten usw. haben, angeboren sind.

Theophilus. Ich sehe gar nicht ein, wie der Satz: »*Einerlei ist nicht verschieden*« der Ursprung des Grundsatzes des Widerspruches und leichter begreiflich, als er, sein sollte; denn mir scheint, man nimmt sich mehr Freiheit, wenn man behauptet, daß A nicht B ist, als wenn man sagt, daß A nicht A ist. Der Grund, der A, B zu sein, hindert, ist, daß B nicht A in sich enthält. Übrigens ist nach dem Sinne, welchen wir diesem Ausdruck »angeborene Wahrheit« gegeben haben, der Satz: »*Das Süße ist nicht das Bittere*« nicht angeboren. Denn die Empfindungen des Süßen und des Bitteren stammen von den äußeren Sinnen. Also ist es ein gemischter Schluß (*hybrida conclusio*) wo der Grundsatz auf eine sinnliche Wahrheit angewendet worden ist. Was aber jenen Satz anbetrifft: »Das Viereck ist kein Kreis«, so kann man sagen, daß er angeboren ist; denn indem man ihn ins Auge faßt, macht man eine Subsumtion oder Anwendung des Grundsatzes des Widerspruchs auf das, was der Verstand selbst liefert, sobald man sich bewußt ist, daß diese angeborenen Vorstellungen Begriffe in sich schließen, die miteinander unverträglich sind.

§ 19. *Philalethes.* Wenn Sie annehmen, daß diese besonderen und durch sich selbstevidenten Sätze, deren Wahrheit man erkennt, sobald man sie aussprechen hört, wie z.B. daß das Grüne nicht das Rote ist, als Folgerungen jener anderen noch allgemeineren Sätze, welche man als ebenso viele angeborene Grundsätze betrachtet, angenommen werden, so scheinen Sie nicht in Erwägung zu ziehen, daß diese besonderen Sätze von denen, welche keine Erkenntnis jener allgemeineren Grundsätze haben, als unzweifelhafte Wahrheiten angenommen werden.

Theophilus. Darauf habe ich bereits vorhin geantwortet: man beruft sich auf diese allgemeinen Grundsätze, wie man sich auf die Obersätze beruft, welche man beim Schließen durch Enthymeme voraussetzte denn obgleich man gar häufig beim Schließen nicht deutlich an das, was man tut, denkt, ebensowenig wie an das, was man beim Gehen und beim Springen tut, so ist doch immer wahr, daß die Kraft des Schlusses zum Teil in dem besteht, was man unterdrückt, und was nirgends sonst her gewonnen werden kann, – wie man finden wird, wenn man ihn zu rechtfertigen sucht.

§ 20. *Philalethes.* Es scheint aber, daß die allgemeinen und abstrakten Vorstellungen unserem Geiste fremder sind als die besonderen Begriffe und Wahrheiten; also müssen diese besonderen Wahrheiten dem Geiste natürlicher sein als der Grundsatz des Widerspruchs, von dem sie Ihrer Meinung nach nur die Anwendung sein sollen.

Theophilus. Allerdings beginnen wir früher der besonderen Wahrheiten uns bewußt zu sein, sowie wir mit den zusammengesetzteren und gröberen Vorstellungen beginnen dies hindert aber nicht, daß die Ordnung der Natur mit dem Einfachsten beginne und die Begründung der besonderen Wahrheiten von den allgemeineren abhange, wovon sie nur die Beispiele sind. Und wenn man in Betracht ziehen will, was in uns der Anlage nach und jedwedem *Bewußtsein* vorausliegt, so hat man Ursache, mit dem Einfachsten anzufangen. Denn die allgemeinen Grundsätze sind in unserem Denken enthalten und bilden deren Seele und Zusammenhalt. Sie sind so notwendig, wie die Muskeln und Sehnen zum Gehen sind, wenn man auch nicht daran denkt. Der Geist stützt sich jeden Augenblick auf diese Grundsätze; aber es gelingt ihm nicht so leicht, sie sich klar zu machen und sich deutlich und gesondert vorzustellen, weil dies eine große Aufmerksamkeit auf sein Tun erfordert, welche die meisten Menschen, zum Nachdenken wenig gewöhnt, nicht besitzen. Haben nicht die Chinesen artikulierte Laute wie wir? Und dennoch sind sie bei ihrer Gewöhnung an eine andere Schreibweise noch nicht darauf gekommen, von diesen Lauten ein Alphabet zu machen. So haben wir vieles in unserem Besitz, ohne es zu wissen.

§. 21. *Philalethes.* Wenn der Geist gewissen Wahrheiten so schnell zustimmt, könnte das nicht eher von der Betrachtung der Natur der Dinge selbst herkommen, die ihm anders zu urteilen nicht erlaubt, als davon, daß diese Sätze von Natur unserem Geist eingepflanzt sind?

Theophilus. Eines und das andere ist richtig. Die Natur der Dinge und die Natur des Geistes tragen dazu bei. Und wenn Sie die Betrachtung der Sache dem Bewußtsein des unserem Geist Eingepflanzten entgegensetzen, so zeigt dieser Einwand selbst, daß die, deren Partei Sie ergreifen, unter den *angeborenen Wahrheiten* nur das verstehen, was man von Natur wie *durch Instinkt* und sogar bei nur verworrener Erkenntnis gutheißen würde. Es gibt Wahrheiten von dieser Art, und wir werden davon zu sprechen noch Gelegenheit haben; was man jedoch *das natürliche Licht* nennt, setzt eine deutliche Erkenntnis voraus, und sehr oft ist die Betrachtung des Wesens der Dinge nichts anderes, als die Betrachtung des Wesens unseres Geistes und jener angeborenen Vorstellungen, die man auswärts zu suchen nicht nötig hat. Also nenne ich diejenigen Wahrheiten angeboren, welche nur einer solchen Inbetrachtnahme bedürfen, um als wahr anerkannt zu werden. Auf den § 22 gemachten Einwurf habe ich schon im § 5 geantwortet. Dieser Einwurf besagt, daß, wenn man behauptet, die angeborenen Begriffe seien implicite im Geiste, dies nur bedeuten dürfe, er habe sie zu erkennen das Vermögen; ich habe dagegen die Bemerkung gemacht, daß er außerdem sie in sich zu finden das Vermögen; und, wenn er sie gehörig denkt, sie anzuerkennen die Neigung hat.

§ 23. *Philalethes.* Wie es scheint, nehmen Sie also an, daß diejenigen, welchen man jene allgemeinen Grundsätze zuerst vorträgt, nichts erfahren, was ihnen völlig neu ist. Es ist aber klar, daß sie zuerst die Bezeichnung darauf die Wahrheiten und selbst die Vorstellungen, von denen diese Wahrheiten abhangen, lernen.

Theophilus. Es handelt sich hier nicht um die Bezeichnungen, welche gewissermaßen willkürlich sind, während die Vorstellungen und die Wahrheiten natürlich sind. Was aber diese Vorstellungen und Wahrheiten anbetrifft, so messen sie uns eine Lehre bei, von der wir weit entfernt sind; denn ich gebe zu, daß wir die angeborenen Vorstellungen und Wahrheiten, sei es durch Aufmerken auf ihre Quelle, sei es durch Bestätigung aus der Erfahrung, kennen lernen. Ich mache also gar nicht die von Ihnen erwähnte Voraussetzung, als ob wir in dem von Ihnen besprochenen Fall nichts Neues lernten, und würde auch den Satz: »*Alles, was man lernt, ist nicht angeboren*« nicht zugeben. Die arithmetischen Wahrheiten sind in uns, und dennoch lernt man sie, indem man sie entweder aus ihrer Quelle auf dem Wege demonstrativen Nachweises herleitet (was ihr Angeborensein zeigt) oder durch Beispiele erhärtet, wie die gewöhnlichen Rechner es tun, die, weil sie die Gründe nicht wissen, ihre Regeln nur durch Überlieferung lernen und höchstens, ehe sie sie lehren, durch die Erfahrung rechtfertigen, welche sie so weit treiben, als sie für angemessen erachten. Und mitunter ist selbst ein sehr geschickter Mathematiker, wenn er die Quelle der Entdeckung eines anderen nicht kennt, gezwungen, sich zu ihrer Prüfung mit dieser Induktionsmethode zu begnügen. So verfuhr ein berühmter Schriftsteller zu Paris, als ich dort war der die Untersuchung meines arithmetischen Tetragonismus durch Vergleichung mit den Ludolphschen Zahlen in dem Glauben sehr weit trieb, einen Fehler darin zu finden und er hatte auch Grund zu zweifeln, bis ihm der Beweis davon mitgeteilt wurde, der uns solcher Untersuchungen, die man immer fortsetzen könnte, ohne jemals vollkommen sicher zu sein, überhebt. Und selbst das letztere, nämlich die Unvollkommenheit der Induktionen, kann man noch durch die Beispiele aus der Erfahrung ausgleichen, denn es gibt Progressionen, in denen man sehr weit vorwärts gehen kann, ehe man die darin vorkommenden Veränderungen und Gesetze bemerkt.

Philalethes. Wäre es aber nicht möglich, daß nicht allein die Ausdrücke oder Worte, deren man sich bedient, sondern auch die Vorstellungen uns von außen kommen.

Theophilus. Dann müßten wir ja selbst außer uns sein, da die intellektuellen oder Reflexions-Vorstellungen aus unserem Geiste hergeleitet werden; und ich möchte wohl wissen, wie wir die Vorstellung des Seins haben könnten, wenn wir nicht selbst Seiendes wären und so das Sein in uns fänden.

Philalethes. Was sagen Sie aber zu dieser Herausforderung eines meiner Freunde? Wenn jemand, so sagt er, einen Satz finden kann, worin die Vorstellungen angeborene sind, so nenne er ihn mir, er könnte mir keinen größeren Gefallen erweisen.

Theophilus. Ich würde ihm die Sätze der Arithmetik und Geometrie nennen, welche alle von dieser Art sind, und auf dem Gebiete der notwendigen Wahrheiten würde man gar keine anderen finden.

§ 25. *Philalethes.* Das wird vielen Leuten sonderbar vorkommen. Kann man sagen, daß die schwierigsten und tiefsten Wissenschaften angeboren sind.

Theophilus. Ihre wirkliche Erkenntnis ist es nicht, wohl aber das, was man die mögliche Erkenntnis nennen kann, wie die durch die Adern des Marmors vorgezeichnete Gestalt im Marmor ist, ehe man sie beim Arbeiten entdeckt.

Philalethes. Aber ist es möglich, daß die Kinder, wenn sie die ihnen von außen kommenden Begriffe empfangen und ihnen zustimmen, keine Erkenntnis von denjenigen haben, welche man als ihnen angeboren und gleichsam einen Teil ihres Geistes bildend voraussetzt, wo sie – so sagt man – in unauslöschlichen Zügen, um als Grundlage zu dienen, eingeprägt sind? Wäre das der Fall, so hätte sich die Natur unnütze Mühe gegeben oder wenigstens diese Züge schlecht eingeprägt, da sie von Augen, die anderes doch sehr gut sehen, nicht bemerkt werden können.

Theophilus. Das Bewußtsein dessen, was in uns liegt, hängt von einer bestimmten Aufmerksamkeit und Ordnung ab. Nun ist es nicht allein möglich, sondern selbst angemessen, daß die Kinder den gegriffen der Sinne mehr Aufmerksamkeit schenken, weil die Aufmerksamkeit durch das Bedürfnis geleitet wird. Indessen zeigt die Erfahrung in der Folge, daß die Natur sich nicht unnütz die Mühe gegeben hat, uns angeborene Erkenntnisse einzuprägen, da es ohne diese kein Mittel geben würde, zur wirklichen Erkenntnis der notwendigen Wahrheiten in den demonstrativen Wissenschaften und zu den Erkenntnisgründen der Tatsachen zu gelangen und wir würden nichts vor den Tieren voraushaben.

§ 26. *Philalethes.* Wenn es angeborene Wahrheiten gibt, muß es dann nicht auch angeborene Gedanken geben?

Theophilus. Durchaus nicht, denn die Gedanken sind Handlungen und die Erkenntnisse oder die Wahrheiten, sofern sie selbst dann in uns sind, wenn man nicht an sie denkt, sind nur Wertigkeiten oder Anlagen, und gar viele Dinge wissen wir, an die wir nicht denken.

Philalethes. Es ist schwer zu begreifen, daß im Geiste eine Wahrheit sei, wenn er an diese Wahrheit niemals gedacht hat.

Theophilus. Das ist ebenso, wie wenn jemand sagen wollte, es ist schwer zu begreifen, daß es im Marmor Adern gibt, bevor man sie entdeckt. Dieser Einwurf scheint sich auch einem Zirkelschluß allzusehr zu nähern. Alle diejenigen, welche angeborene Wahrheiten annehmen, ohne sie auf die Platonische Wiedererinnerung zu begründen, nehmen auch solche an, an die man noch nicht gedacht hat. Übrigens beweist dieser Schluß zu viel; denn wenn die Wahrheiten Gedanken sind, so wird man nicht nur der Wahrheiten, an die man niemals gedacht hat, sondern auch deren beraubt werden, an die man gedacht hat und an die man gegenwärtig nicht mehr denkt, und wenn die Wahrheiten nicht Gedanken, sondern natürliche oder erworbene Fertigkeiten oder Geschicklichkeiten sind, so hindert nichts, daß solche in uns seien, an die man niemals gedacht hat, noch jemals denken wird.

§ 27 *Philalethes.* Wenn die allgemeinen Grundsätze angeboren wären, so müssten sie im Geiste gewisser Menschen mit größerer Helligkeit erscheinen, worin wir doch davon keine Spur sehen – ich meine der Kinder, Blödsinnigen und Wilden – denn von allen Menschen ist bei diesen der Geist am wenigsten durch die Gewohnheit und den Eindruck fremder Meinungen verfälscht und verderbt.

Theophilus. Man muß, glaube ich, hier ganz anders urteilen. Die angeborenen Grundsätze treten nur durch die Aufmerksamkeit, welche man ihnen schenkt, ans Licht, aber die haben jene Menschenklassen nicht, oder haben sie nur für etwas ganz anderes. Sie denken fast nur an die körperlichen Bedürfnisse, und es ist vernunftgemäß, daß die reinen und übersinnlichen Gedanken der Preis edlerer Bemühungen seien. Allerdings ist in Kindern und Wilden der Geist durch die Gewohnheiten weniger verderbt, aber dafür auch durch die geistige Bildung, welche Aufmerksamkeit verleiht, weniger gehoben. Es würde sehr ungerecht sein, wenn die lebendigsten Erkenntnisse in denjenigen Geistern mehr glänzten, welche sie weniger verdienen und in dickeren Nebel gehüllt sind. Ich wünschte also nicht, daß man der Unwissenheit und Roheit so viel Ehre antäte, wenn man so gescheit ist wie Sie, Philaleth, und wie unser trefflicher Autor. Das würde die Gaben Gottes erniedrigen heißen. Sonst würde man sagen können: je unwissender einer ist, desto mehr nähert er sich dem Vorzug eines Marmorblockes oder eines Stückes Holz, die unfehlbar und sündlos sind. Aber unglücklicherweise nähert man sich auf diese Weise jenen Eigenschaften nicht und sündigt, insofern man der Erkenntnis fähig ist, dadurch, daß man sie zu erwerben vernachlässigt, und wird, je weniger man unterrichtet ist, es desto leichter darin fehlen lassen.

II. Dass es keine angeborenen praktischen Grundsätze gibt

Philalethes. Die Moral ist eine demonstrative Wissenschaft, hat aber dennoch keine angeborenen Grundsätze. Es würde sogar schwer sein, eine moralische Vorschrift von der Art aufzustellen, daß sie mit einer so allgemeinen und so schnellen Zustimmung, wie der Satz: *Was da ist, ist,* aufgenommen würde.

Theophilus. Es ist schlechthin unmöglich, daß es so evidente Vernunftwahrheiten, wie die *identischen* oder unmittelbaren, gebe. Und obgleich man in Wahrheit sagen kann, daß die Moral unerweisbare Grundsätze hat, und davon einer der ersten und der brauchbarsten der ist, daß man die Lust suchen und die Unlust fliehen solle, so muß man doch hinzufügen, daß dies keine durch die Vernunft allein erkannte Wahrheit ist, da sie sich auf die innere Erfahrung oder auf verworrene Erkenntnis gründet, denn was Lust und Unlust ist, läßt sich nicht empfinden.

Philalethes. Nur durch Vernunftbetrachtungen, Verhandlungen und eine gewisse Geistesanstrengung kann man sich der praktischen Wahrheiten versichern.

Theophilus. Wenn dies der Fall wäre, so würden sie darum nicht weniger angeboren sein. Indessen scheint die Maxime, welche ich eben angezogen habe, von einer anderen Art zu sein, man kennt sie nicht durch die Vernunft, sondern, sozusagen, durch einen *Instinkt*. Es ist ein angeborener Grundsatz, aber er macht keinen Teil des natürlichen Lichtes aus, denn man kennt ihn nicht auf eine lichtvolle Art. Indes, wenn dieser Grundsatz einmal aufgestellt ist, so kann man wissenschaftliche Folgerungen daraus ziehen, und ich stimme dem, was Sie soeben von der Moral, als einer demonstrativen Wissenschaft, gesagt haben, durchaus bei. Wie wir denn auch sehen, lehrt sie so evidente Wahrheiten, daß Räuber, Piraten und Banditen sie unter sich zu beobachten gezwungen sind.

§ 2. *Philalethes.* Aber die Banditen beobachten unter sich die Regeln der Gerechtigkeit, ohne sie als angeborene Grundsätze zu betrachten.

Theophilus. Was liegt daran? Kümmert sich die Welt etwa um diese theoretischen Fragen?

Philalethes. Jene beobachten die Gesetze der Gerechtigkeit nur als angemessene Regeln, deren Ausübung für die Erhaltung ihrer Gemeinschaft schlechthin notwendig ist.

Theophilus. Sehr richtig. Man kann sich hinsichtlich aller Menschen im allgemeinen gar nicht besser ausdrücken. Also sind diese Gesetze der Seele eingeprägt, nämlich als Folgerungen aus unserer Selbsterhaltung und unseren wahren Gütern. Soll man nun die Annahme machen, daß in unserem Verstande die Wahrheiten wie unabhängig voneinander sich verenden und gleichsam so, wie die Edikte des Prätors in seinem Anschlag oder Album verzeichnet waren? Ich setze dabei den sogleich zu besprechenden Instinkt, welcher den einen Menschen treibt, den anderen zu lieben, beiseite, denn jetzt will ich nur von den Wahrheiten reden, insofern sie von der Vernunft erkannt werden. Auch erkenne ich an, daß gewisse Regeln der Gerechtigkeit in ihrer ganzen Ausdehnung und Vollkommenheit nur unter der Voraussetzung des Daseins Gottes und der Unsterblichkeit der Seele bewiesen werden können und diejenigen zu denen der Instinkt der Menschlichkeit uns nicht anhält, sind der Seele nur wie andere abgeleitete Wahrheiten eingeprägt. Diejenigen indessen, welche die Gerechtigkeit nur auf die Notwendigkeiten dieses Lebens und das Bedürfnis gründen, statt auf die Lust, welche sie darin finden sollen, eine Lust, welche, da Gott den Grund davon bildet, eine der größten ist – die freilich sind einigermaßen mit der Gesellschaft der Banditen zu vergleichen.

Sit spes fallendi, miscebunt sacra profanis

An schlimmsten Übeltaten wird's nicht fehlen,
Ist Hoffnung nur, der Welt sie zu verhehlen.

§ 3. *Philalethes.* Ich gebe zu, daß die Natur in alle Menschen den Wunsch, glücklich zu sein, und eine starke Abneigung gegen das Elend gelegt hat. Das sind also wahrhaft angeborene praktische Grundsätze, welche nach der Bestimmung aller praktischen Prinzipien einen beständigen Einfluß auf alle unsere Handlungen haben. Aber sie sind doch Neigungen der Seele gegen das Gute und nicht Eindrücke irgend einer unserem Verstand, eingeprägten Wahrheit.

Theophilus. Ich freue mich außerordentlich zu sehen, daß Sie in der Tat, wie ich gleich erläutern werde, angeborene Wahrheiten anerkennen. Dieser Grundsatz kommt mit dem, dessen ich eben erwähnt habe, wohl überein, demgemäß wir der Lust nachzugehen und die Unlust zu meiden getrieben werden. Denn das Glück ist nichts anderes, als eine beständige Lust. Indessen geht unsere Neigung nicht eigentlich auf das Glück, sondern auf die Lust, d.h. in der Gegenwart, während uns die Vernunft auf die Zukunft und das Beständige richtet. Nun geht die durch den Verstand sich ausdrückende Neigung in eine Vorschrift oder in eine praktische Wahrheit über, und wenn die Neigung angeboren ist, ist es also die Wahrheit auch, da es in der Seele nichts gibt, was sich nicht im Verstande ausdrückte, wenn auch nicht immer mittelst einer tatsächlichen, deutlich bestimmten Betrachtung, wie ich schon genugsam gezeigt habe. Auch sind die Instinkte nicht immer praktischer Art; einige davon enthalten theoretische Wahrheiten, und dieser Art sind die inneren Grundsätze der Wissenschaften und des Vernunftgebrauchs, wenn wir sie, ohne den Grund, davon zu erkennen, aus natürliches Instinkt anwenden. Und in diesem Sinne können Sie sich der Anerkennung angeborener Grundsätze nicht entschlagen, selbst wenn Sie leugnen wollten, daß die abgeleiteten Wahrheiten angeboren sind. Aber das würde nach der von mir gegebenen Erklärung dessen, was ich angeboren nenne, nur ein Streit um Worte sein. Und will jemand diese Bezeichnung nur denjenigen Wahrheiten geben, welche man sofort durch Instinkt empfängt, so würde ich ihm nicht widersprechen.

Philalethes. Ich bin damit zufrieden. Wenn es aber in unserer Seele gewisse von Natur eingeprägte Züge als ebenso viele Erkenntnisgrundsätze gäbe, so würden wir uns derselben nur bewußt werden, wenn sie in uns wirken, wie wir den Einfluß der beiden Grundsätze, welche beständig in uns wirken, nämlich den Wunsch, glücklich zu sein, und die Furcht, elend zu sein, empfinden.

Theophilus. Es gibt Erkenntnisgrundsätze, welche ebenso beständig auf unseren Vernunftgebrauch Einfluß haben, als die praktischen auf unseren Willen: so wendet z.B. jedermann die Regeln des Schließens durch eine natürliche Logik an, ohne sich dessen bewußt zu sein.

Philalethes. Die Moralgesetze müssen bewiesen werden, also sind sie nicht angeboren, wie jenes Gesetz, welches die Quelle aller gesellschaftlichen Tugenden ist: *Was du nicht willst, daß dir geschieht, das tue auch dem andern nicht.*

Theophilus. Sie wiederholen immer den von mir schon widerlegten Einwand. Ich gebe Ihnen zu, daß es Moralgesetze gibt, welche keine angeborenen Grundsätze sind, aber das hindert sie nicht, angeborene Wahrheiten zu sein; denn eine abgeleitete Wahrheit ist angeboren, wenn wir sie aus unserem Geiste schöpfen können. Es gibt aber angeborene Wahrheiten, welche wir auf zwei Arten in uns finden, durch das Licht der Vernunft und durch Instinkt. Die, welche ich soeben bezeichnet haben, werden aus unseren Vorstellungen bewiesen, welches Sache des natürlichen Lichtes ist. Aber es gibt *Folgerungen aus dem natürlichen Lichte,* welche in Beziehung *auf den Instinkt* Grundsätze sind. So werden wir zu Handlungen der Menschlichkeit durch den

Instinkt getrieben, weil uns dies angenehm ist, und durch die Vernunft, weil es recht ist. Es gibt in uns also instinktmäßige Wahrheiten, welche angeborene Grundsätze sind, die man, auch ohne den Beweis dafür zu haben, empfindet und anerkennt, welchen Beweis man gleichwohl aber erhält, wenn man sich von diesem Instinkt Rechenschaft ablegt. So bedient man sich der Gesetze des Schließens infolge einer verworrenen Erkenntnis und gleichsam aus Instinkt; die Logiker aber zeigen den Grund derselben auf, wie auch die Mathematiker von dem, was man beim Gehen und Springen, ohne daran zu denken, tut, den Grund angeben. Was jenes Gesetz anbetrifft, wonach *man den anderen nur das antun darf, was man von ihnen getan haben mag*, so bedarf dies nicht allein eines Beweises, sondern auch noch einer Erklärung. Wenn man Herr wäre, würde man von den anderen zu viel verlangen; sind wir ihnen dann aber auch zu viel schuldig? Man wird mir einwenden, daß dies Gesetz nur von einem gerechten Willen zu verstehen ist. Dann wäre aber diese Regel, weit entfernt zu genügen, als Maßstab zu dienen, eines solchen vielmehr bedürftig. Der wahre Sinn derselben ist, daß, um billig zu urteilen, der Platz des anderen der wahre Gesichtspunkt ist, auf den man sich stellen muß.

§ 9. *Philalethes.* Man begeht oft schlechte Handlungen ohne Gewissensbisse, z.B. wenn man Städte mit Sturm nimmt, begehen die Soldaten, ohne sich zu bedenken, die schlimmsten Handlungen. Gebildete Völker haben ihre Kinder ausgesetzt; einige Karaibenstämme kastrieren die ihrigen, um sie zu mästen und zu verzehren. Garcilasso de la Vega erzählt, daß gewisse Völker in Peru Weiber gefangen nehmen, um sie zu Konkubinen zu machen, und die Kinder bis zum 13. Jahre erzögen, worauf sie sie verzehrten und es mit den Müttern ebenso machten, sobald sie nicht mehr Kinder bekämen. In Baumgartens Reise ist erzählt, daß es in Ägypten einen Derwisch gegeben habe, der für einen Heiligen galt, weil er sich niemals zu Weibern oder Knaben, sondern nur zu Eselinnen und Mauleselinnen gehalten habe.

Theophilus. Die Moralwissenschaft (die Instinkte ausgenommen, wie den, der Lust nachzutrachten und die Unlust zu fliehen) ist nicht auf andere Weise als die Arithmetik angeboren, denn auch sie hängt von Beweisen ab, welche das innere Licht darbietet. Und da die Beweise nicht sofort ins Auge springen, so ist es kein großes Wunder, wenn die Menschen nicht immer und sofort sich alles dessen, was sie in sich besitzen, bewußt sind, und nicht immer schnell genug *die Züge des natürlichen Gesetzes, welches Gott, nach St. Paulus, in ihr Herz gegraben hat,* lesen. Da indessen die Moral wichtiger als die Arithmetik ist, hat Gott dem Menschen Instinkte gegeben, die ihn sofort und ohne vernünftige Überlegung auf das Vernunftgemäße leiten. So gehen wir auch nach den Gesetzen der Mechanik einher, ohne dieser Gesetze zu gedenken, und essen nicht allein, weil das uns nötig ist sondern auch und erst recht darum, weil das Essen uns Vergnügen macht. Aber diese Instinkte treiben uns nicht auf eine unwiderstehliche Weise zum Handeln; man leistet ihnen durch die Leidenschaften Widerstand, aber man verdunkelt sie durch die Vorurteile und verderbt sie durch widrige Gewohnheiten. Indessen erkennt man diese Instinkte des Bewußtseins meistens an und folgt ihnen sogar, wenn nicht stärkere Eindrücke sie überwinden. Der größte und sittlich gesundeste Teil des menschlichen Geschlechts zeugt für sie. Orientalen und Griechin oder Römer, Bibel und Alkoran stimmen darin überin; die Polizei der Mohammedaner bestraft gewöhnlich das, was Baumgarten erzählt, und man müßte ebenso vertiert wie die wilden Amerikaner sein, um ihre Sitten, deren Grausamkeit selbst die der Tiere übertrifft, gut zu heißen. Gleichwohl fühlen diese Wilden bei anderen Gelegenheiten recht gut, was Gerechtigkeit ist, und mag es vielleicht auch keine schlimme Handlungsweise geben, die nicht irgendwo und bei gewissen Vorfällen Billigung erfährt, so gibt es doch deren wenige, welche nicht in den meisten Fällen und von dem größten Teil der Menschheit verurteilt werden. Das geschieht zwar nicht ohne Vernunft, da es aber nicht durch den bloßen Gebrauch derselben geschieht, muß es zum Teil natürlichen Instinkten zugeschrieben werden. Die Gewohnheit, die Überlieferung, die Erziehung tragen dazu bei, aber das Naturell ist die Ursache, daß die Sitte sich in bezug auf diese Reichten allgemeiner nach dem Rechten wendet. Das *Naturell* ist auch Ursache, daß die *Überlieferung* vom Dasein Gottes entstanden ist. Nun gibt die Natur dem Menschen und selbst den meisten Tieren Liebe und Sanftmut gegen die, welche ihres Geschlechts sind. Selbst der Tiger »*parcit cognatis maculis*« (schont seinesgleichen). Daher kommt das schöne Wort eines römischen Juristen: *quia inter omnes homines natura cognationem constituit, inde hominem homini insidiari nefas esse* (weil die Natur unter allen Menschen Verwandtschaft gestiftet hat, ist es Unrecht, daß ein Mensch dem anderen Nachstellungen bereite). Fast die Spinnen allein machen davon eine Ausnahme und fressen sich untereinander auf, so zwar, daß das Weibchen das Männchen frißt, nachdem es mit ihm der Lust gepflogen hat. Nach diesem allgemeinen *Sozial-Instinkt*, welchen man beim Menschen *Menschenliebe* nennen kann, gibt es noch besondere, wie die Liebe zwischen Mann und Weib, die Liebe der Väter und Mütter gegen ihre Kinder, welche die Griechen *storgên* nennen, und andere ähnliche Neigungen, welche jenes natürliche Recht oder vielmehr jenes Bild des Rechts bilden, das den römischen Juristen zufolge die Natur die lebendigen Wesen gelehrt hat. Aber besonders im Menschen findet sich eine gewisse Sorge um Würde und Anstand, welche uns antreibt, das, was uns erniedrigt, zu verbergen, schamhaft zu sein, gegen Blutschande Widerwillen zu haben, die Leichname zu begraben, Menschen überhaupt nicht und keine lebendigen Tiere zu essen. Man ist auch geneigt, für seinen Ruf Sorge zu tragen, selbst über Bedürfnis und Leben hinaus, Gewissensbissen unterworfen zu sein und jene *laniatus et ictus* jene Martern und Schmerzen, von denen Tacitus nach Platos Vorgange spricht, zu fühlen – außerdem noch Furcht vor der Zukunft und einer höchsten Macht, die gleichfalls ganz natürlich entsteht. In dem allen ist etwas Wirkliches; aber im Grunde sind diese Eindrücke, so natürlich sie auch sein können, nur Hilfen für die Vernunft und Zeichen eines von der Natur erteilten Rates. Die Gewohnheit, die Erziehung, die Überlieferung, die Vernunft trügen viel dazu bei; aber die menschliche Natur hat nicht weniger teil daran. Allerdings würden diese Hilfen ohne die Vernunft nicht hinreichen, um der Moral eine vollständige Gewißheit zu verleihen. Will man endlich leugnen, daß der Mensch von Natur getrieben werde, z.B. von häßlichen Dingen sich fernzuhalten – unter dem Vorwande, daß es Leute gibt, die nur gern von unflätigen Dingen reden, daß es selbst solche gibt, deren Lebensberuf sie veranlaßt, mit Unrat umzugehen, und daß es Völker in Butan gibt, welche die Exkremente des Königs für wohlriechend halten? Ich denke mir, daß Sie in Hinsicht dieser natürlichen Instinkte für das sittlich Gute der Ehrbarkeit im Grunde meiner Ansicht sind, wenn Sie vielleicht auch, wie Sie in Hinsicht auf den Instinkt des Strebens nach Glück erklärt haben, sagen werden, daß jene Eindrücke nicht angeborene Wahrheiten sind. Aber ich habe schon darauf geantwortet, daß jedes Gefühl die Wahrnehmung feiner Wahrheit ist, und daß das natürliche Gefühl das einer angeborenen, aber sehr oft verworrenen Wahrheit ist, wie die Erfahrungen der äußeren Sinne auch: man kann also die *angeborenen Wahrheiten* von dem *natürlichen Licht* welches nur deutlich Erkennbares enthält so unterscheiden, wie der Geschlechtsbegriff vom Artbegriff unterschieden werden muß, da die *angeborenen Wahrheiten* sowohl die *Instinkte* als das *natürliche* Licht in sich begreifen.

§ 11. *Philalethes.* Wer die natürlichen Grenzen von Recht und Unrecht kennte und sich dennoch nicht enthielte, sie untereinander zu wirren, der könnte nur als ein erklärter Feind der Ruhe und des Glücks der Gesellschaft, an welcher er teilnimmt, betrachtet werden. Da aber die Menschen sie in jedem Augenblick verwirren, kennen sie sie also nicht.

Theophilus. Das heißt die Sachen doch ein wenig zu theoretisch nehmen. Täglich geschieht es, daß die Menschen ihren Erkenntnissen, indem sie dieselben vor sich selbst verbergen, zuwiderhandeln, wenn sie, um ihren Leidenschaften zu folgen, ihrem Geist eine andere Richtung geben. Sonst würden wir niemals die Leute das essen und trinken sehen, was ihnen doch, wie sie wissen, Krankheiten und selbst den Tod bringen muß; sie würden ihre Geschäfte nicht vernachlässigen, sie würden nicht handeln, wie in mancher Hinsicht doch ganze Nationen getan haben. Die Zukunft und die Vernunft haben selten soviel Gewalt über uns, wie die Gegenwart und die Sinne. Das wußte jener Italiener sehr wohl, welcher, als er auf die Tortur gebracht werden sollte, sich vornahm, beständig den Galgen vor Augen zu halten, und den man öfter sagen hörte: Jo ti vedo (ich sehe dich), was er nachher, als er freigekommen war, erklärte. Ohne den festen Entschluß zu ergreifen, das wahrhaft Gute und das wahrhaft Schlechte immer ins Auge zu fassen, um ihnen nachzustreben oder sie zu vermeiden, findet man sich fortgerissen und erfährt in Hinsicht der wichtigsten Aufgaben dieses Lebens dasjenige, was in Hinsicht auf Paradies und Hölle denen begegnet, welche am meisten daran glauben:

Cantantur haec laudantur haec
Dicuntur, audiuntur
Scribuntur haec, leguntur haec
Et lecta – negliguntur.

Man singt es und man lobt es viel,
Man sagt's und hört's in jedem Stil;
Man schreibt davon und ließt es
Man ließt's und doch – vergißt es.

Philalethes. Jeder Grundsatz, welchen man als angeboren voraussetzt, muß von einem jeden als recht und vorteilhaft erkannt werden.

Theophilus. Das heißt ja immer auf die von mir so oft widerlegte Voraussetzung zurückkommen, daß jede angeborene Wahrheit immer und allgemein bekannt sein müsse.

§ 12. *Philalethes.* Aber eine öffentliche Erlaubt, das Gesetz zu verletzen, beweist, daß dies Gesetz nicht angeboren ist: so ist z.B. das Gesetz, die Kinder zu lieben und zu erhalten, bei den Alten verletzt worden, als sie die Aussetzung derselben erlaubten.

Theophilus. Auch diese Verletzung einmal vorausgesetzt, folgt daraus nur, daß man jene in unsere Seelen gegrabenen, aber mitunter durch unsere Übertretungen ganz verhüllten Züge der Natur nicht recht gelesen hat; außerdem muß man, um die Notwendigkeit der Pflichten auf unüberwindliche Art wahrzunehmen, deren Beweis ins Auge fassen, was nicht ganz gewöhnlich ist. Wenn die Geometrie unseren Leidenschaften und gegenwärtigen Interessen ebenso wie die Moral zuwider liefe, würden wir sie nicht weniger bestreiten und verletzen, trotz aller Beweise des Euklides und Archimedes, die man als Träumereien behandeln und als voll von logischen Fehlern ansehen würde; und Joseph Scaliger, Hobbes und andere, die gegen Euklides und Archimedes geschrieben haben, würden nicht so wenige Nachfolger finden, wie es der Fall ist. Nur die Ruhmsucht, welche diese Schriftsteller in der Quadratur des Kreises und anderen schwierigen Aufgaben zu befriedigen glaubten, war es, was Männer von so großem Verdienst bis zu solchem Grade verblenden konnte. Und wenn andere dasselbe Interesse hätten, würden sie es ebenso machen.

Philalethes. Jede Pflicht führt auf die Vorstellung des Gesetzes, und wie man annimmt, kann es nicht ein Gesetz ohne einen Gesetzgeber geben, der es vorgeschrieben hat, ebensowenig, wie ohne Belohnung und Strafe.

Theophilus. Er kann *natürliche Belohnungen* und *Strafen* ohne Gesetzgeber geben; so wird die Unmäßigkeit z.B. durch Krankheiten bestraft. Wie sie indessen nicht allen sogleich schadet, gebe ich auch zu, daß keine Vorschrift, an die man unwiderruflich gebunden wäre, bestehen könnte, wenn es nicht einen Gott gäbe, der kein Verbrechen ungestraft und keine gute Handlung unbelohnt läßt.

Philalethes. Also müssen die Vorstellungen von Gott und einem zukünftigen Leben auch angeboren sein.

Theophilus. In dem von mir schon erklärten Sinne bin ich damit einverstanden.

Philalethes. Aber diese Ideen sind so weit entfernt, von Natur in den Geist aller Menschen eingegraben zu sein, daß sie selbst nicht einmal sehr klar und deutlich in dem Geiste mancher Gelehrten und solcher Männer erscheinen, die ein Geschäft daraus machen, die Dinge genau zu untersuchen; so viel fehlt daran, daß sie jedem menschlichen Wesen bekannt seien.

Theophilus. Das heißt wieder auf dieselbe Voraussetzung zurückkommen, nach deren Vorgaben das, was nicht bekannt ist, auch nicht angeboren sein soll, die ich indessen schon oft widerlegt habe. Das Angeborene ist nicht von vornherein klar und deutlich als solches bekannt; man hat oft viel Aufmerksamkeit und Methode nötig, um sich desselben bewußt zu werden. Solche wird aber nicht immer von den Geloben angewendet und von den anderen Menschen noch weniger.

§ 13. *Philalethes.* Wenn aber die Menschen das, was angeboren ist, ignorieren oder bezweifeln können, so redet man vergebens von angeborenen Grundsätzen und gibt vergebens deren Notwendigkeit zu zeigen vor. Weit entfernt, daß sie dazu dienen könnten, uns, wie man vorgibt, von der Wahrheit und Gewißheit der Dinge zu unterrichten, würden wir mit diesen Grundsätzen uns in demselben Zustand von Ungewißheit befinden, als wenn wir sie gar nicht in uns hätten.

Theophilus. Man kann gar nicht alle angeborenen Grundsätze in Zweifel ziehen. Sie haben dies hinsichtlich der identischen oder des Grundsatzes vom Widerspruch zugegeben, indem Sie gestanden, daß es unbestreitbare Grundsätze gebe, obgleich Sie dieselben damals nicht als angeboren anerkannten; aber es folgt daraus nicht, daß alles, was angeboren und mit diesen angeborenen Grundsätzen notwendig verbunden ist, auch sofort von zweifelloser Evidenz sei.

Philalethes. Soviel ich weiß, hat bisher noch niemand unternommen, von diesen Grundsätzen ein genaues Verzeichnis zu entwerfen.

Theophilus. Hat man uns denn etwa ein vollständiges und genaues Verzeichnis der Grundsätze der Geometrie entworfene?

§ 15. *Philalethes.* Lord Herbert hat einige dieser Grundsätze aufzeichnen wollen, nämlich folgendes 1) es gibt ein höchstes göttliches Wesen; 2) man muß diesem dienen; 3) die mit der Frömmigkeit verbundene Tugend ist der beste Gottesdienst; 4) man muß seine Sünden bereuen; 5) es gibt Belohnungen und Strafen nach diesem Leben. – Ich gebe zu, dies sind Wahrheiten von Evidenz und von solcher Art, daß, wenn man sie recht erklärt, kein vernünftiges Geschöpf umhin kann, ihnen zuzustimmen. Aber nach unserer Ansicht fehlt noch viel daran, daß sie ebensoviel angeborene Eindrücke sind. Und wenn diese fünf Sätze allgemeine Begriffe sind, welche Gottes Ringer in unsere Merzen prägte, so gibt es deren noch andere, welchen man gleichen Rang zuerkennen muß.

Theophilus. Ich gebe dies zu, denn ich halte alle *notwendigen Wahrheiten* für angeboren und füge sogar die *Instinkte* hinzu. Aber ich gestehe, daß jene fünf Sätze keine angeborenen Grundsätze sind, denn ich halte dafür, daß man sie beweisen kann und muß.

§ 18. *Philalethes.* Im dritten Satz, daß die Tugend der Gott angenehmste Dienst ist, bleibt es dunkel, was man unter Tugend versteht. Versteht man sie in dem Sinne, welchen man ihr am gewöhnlichsten gibt, ich meine in dem, was nach den verschiedenen Meinungen, die in verschiedenen Ländern herrschen, für löblich gilt, so ist dieser Satz so weit entfernt, evident zu sein, daß er nicht einmal wahr ist. Nennt man Tugend die Handlungen, welche dem Willen Gottes gemäß sind, so wäre dies fast ein *idem per idem* (dasselbige für dasselbige), und wir würden aus dem Satze nicht viel lernen; denn er würde nur besagen, daß Gott das angenehm ist, was seinem Willen gemäß ist. Es verhält sich dies mit dem Begriff der *Sünde* im vierten Satze ebenso.

Theophilus. Ich erinnere mich nicht, bemerkt zu haben, daß man das Wort Tugend gemeiniglich für etwas von den Meinungen Abhängiges annimmt; wenigstens nehmen es die Philosophen nicht so. Allerdings hängt der Name Tugend von der Meinung derer ab, welche ihn verschiedenen Wertigkeiten oder Handlungsweisen beilegen, je nachdem sie sie für gut oder schlimm erachten und von ihrer Vernunft Gebrauch machen; aber alle stimmen über den begriff der Tugend im allgemeinen genugsam überein, wenn sie auch in dessen Anwendung verschiedener Meinung sind. Nach Aristoteles und mehren anderen ist die Tugend eine Wertigkeit, die Leidenschaften durch die Vernunft zu mäßigen, und noch einfacher, eine Wertigkeit, nach der Vernunft zu handeln. Und dies ist ohne Zweifel demjenigen angenehm, welcher die oberste und letzte Ursache der Dinge ist, dem nichts gleichgültig ist und die Handlungen aller vernünftigen Geschöpfe weniger als aller übrigen gleichgültig sind.

§ 20. *Philalethes.* Man sagt gewöhnlich, daß die Sitten, die Erziehung und die allgemeinen Meinungen derer, mit denen man verkehrt, diese als angeboren vorausgesetzten Grundsätze der Moral verdunkeln können. Ist aber dieser Satz richtig, so vernichtet er den Beweis, den man aus der allgemeinen Zustimmung zu ziehen vorgibt. Das Beweisverfahren vieler Leute läßt sich auf folgendes zurückbringen. Die Grundsätze, welche Menschen von gesundem Verstande anerkennen, sind angeboren; wir und die von unserer Partei sind Leute von gesundem Verstande, also sind unsere Grundsätze angeboren. Eine lustige Manier, Schlüsse zu machen, welche auf Unfehlbarkeit gerade losgeht.

Theophilus. Was mich anbetet, so bediene ich mich der allgemeinen Zustimmung nicht als eines eigentlichen Beweises, sondern nur als einer Bestätigung denn die angeborenen Wahrheiten, sofern man sie für das *natürliche Licht* der Vernunft nimmt, tragen ihre Charakterzüge, wie die Geometrie, an sich; denn sie sind in den unmittelbaren Grundsätzen, welche Sie selbst als unbestreitbar betrachten, gleichsam eingehüllt. Ich gestehe aber, daß es schwerer ist, die *Instinkte* und einige andere natürliche Wertigkeiten von den Gewohnheiten zu unterscheiden, obgleich dies meistenteils möglich zu sein scheint. Mir scheinen übrigens die Völker, welche ihren Geist ausgebildet haben, Grund zu haben, sich den Gebrauch des gesunden Menschenverstandes vor den rohen Völkern zuzuschreiben, da sie durch deren fast ebenso leichte Unterwerfung, wie die der Tiere, ihre Überlegenheit zeigen. Wenn man mit ihnen nicht immer zum Ziele kommen kann, so geschieht dies, weil sie sich wie die wilden Tiere in dichte Wälder retten, wo es schwer ist, sie zu bezwingen, und der Preis nicht der Mühe lohnt. Ohne Zweifel ist es ein Vorteil, seinen Geist ausgebildet zu haben, und wenn es erlaubt ist, für die Roheit gegen die Kultur zu sprechen, so wird man auch das Recht haben, die Vernunft zugunsten der wilden Tiere zu bekämpfen und die geistreichen Scherze Despréaux' in einer seiner Satiren für bare Münze zu nehmen, wo er, um dem Menschen seinen Vorzug vor den Tieren streitig zu machen, fragt:

Flieht wohl der Bär den Wanderer oder dieser ihn?
Und würden auf Befehl der Hirten Lybiens
Die Liebe aus Numidiens Waldgebirgen ziehn?

Man muß indessen zugeben, daß in wichtigen Stücken die rohen Völker uns überlegen sind, vor allem in Betracht der körperlichen Stärke, und selbst in bezug auf die Seele kann man sagen, daß in gewisser Hinsicht ihre praktische Moral besser ist als die unserige, weil sie weder den Geiz, zusammenzuscharren, noch die Lust zu herrschen, haben. Man kann sogar noch hinzufügen, daß der Verkehr mit den Christen sie in vielen Dingen schlimmer gemacht hat. Man hat sie, indem man ihnen Branntwein zuführte, sich zu betrinken, zu schwören, zu lästern und andere Laster gelehrt, die ihnen wenig bekannt waren. Bei uns gibt es mehr Gutes und mehr Schlimmes als bei ihnen; ein schlechter Europäer ist schlimmer als ein Bilder, da er das Böse durch Verfeinerung verschlimmert. Indessen hindert nichts die Menschen, die Vorteile, welche die Natur jenen Völkern gibt, mit denen, welche die Vernunft verleiht, zu verbinden.

Philalethes. Aber wie wollen Sie folgendem Dilemma eines meiner Freunde antworten: Ich wünschte, sagt er, daß die Verfechter der angeborenen Vorstellungen mir sagten, ob diese Grundsätze durch Erziehung und Gewohnheit vertilgt werden können oder nicht können sie es nicht, so müssen wir sie bei allen Menschen finden, und sie müssen im Geiste eines jeden einzelnen Menschen im besonderen klar erscheinen; können sie aber durch fremde Begriffe verderbt werden, so müssen sie deutlicher und glänzender erscheinen, wenn sie noch ihrer Quelle näher sind, ich meine bei den Kindern und Unwissenden, auf welche die fremden Meinungen am wenigsten Eindruck gemacht haben. Welche Partei sie auch ergreifen wollen, so werden sie schließlich klar sehen, daß sie durch die immer gleichen Tatsachen und eine beständige Erfahrung Lügen gestraft wird.

Theophilus. Ich bin erstaunt, daß Ihr scharfsinniger Freund *verdunkeln* und *vertilgen* miteinander verwechselt hat, wie man auf Ihrer Seite *nicht sein* und *nicht erscheinen* miteinander verwechselt. Die angeborenen Vorstellungen und Wahrheiten können nicht vertilgt, aber bei allen Menschen, wie sie gegenwärtig sind, durch ihre Neigung zu körperlichen Bedürfnissen und oft nach mehr durch die dazukommenden schlimmen Angewohnheiten verdunkelt werden. Diese Züge inneren Lichtes würden den Verstand immer erleuchten, den Willen immer erwärmen, wenn die verworrenen Wahrnehmungen der Sinne sich nicht unserer Aufmerksamkeit bemächtigten. Das ist jener Streit, von dem die heilige Schrift nicht weniger als die alte und neuere Philosophie redet.

Philalethes. Wir beenden uns also in ebenso dichter Finsternis und in einer ebenso großen Ungewißheit, als wenn es eine solche Erleuchtung gar nicht gäbe.

Theophilus. Gott bewahret wir würden dann weder Wissenschaften noch Gesetze, und würden sogar keine Vernunft haben.

§§ 21. 22. *Philalethes.* Hoffentlich werden Sie wenigstens die Macht der Vorurteile zugeben. Diese lassen oft das als natürlich erscheinen, was von schlechtem Unterricht, dem man die Kinder ausgesetzt hat, oder von schlechten Gewohnheiten, welche die Erziehung und der Umgang ihnen gegeben haben, herrührt.

Theophilus. Ich gebe zu, daß der vortreffliche Autor, dem Sie folgen, darüber viel Schönes und, wenn man es richtig nimmt Wertvolles sagt; aber ich glaube nicht, daß er der recht verstandenen Lehre vom Naturell oder den angeborenen Wahrheiten widerspricht. Und sicherlich wird er mit seinen Bemerkungen nicht zu weit gehen wollen, wie ich denn ebenso überzeugt bin, daß viele Meinungen als Wahrheiten gelten, die nur die Wirkungen der Gewohnheiten und der Leichtgläubigkeit sind, als daß es auch deren viele gibt, welche gewisse Philosophen als Vorurteile gelten lassen wollen, und die gleichwohl in der gesunden Vernunft und in der Natur begründet sind. Man hat ebensoviel oder mehr Ursache, sich vor denen zu hüten, welche meist aus Ehrgeiz Neuerungen anstreben, als gegen alte Eindrücke Mißtrauen zu hegen. Und nachdem ich lange genug über das Alte und das Neue nachgedacht habe, habe ich gefunden, daß die meisten angenommenen Lehren einen guten Sinn zulassen. Ich wünschte daher, die geistreichen Leute möchten ihren Ehrgeiz lieber damit zu befriedigen suchen, daß sie sich mit Bauen und Vorwärtsgehen, als mit Zurückschreiten und Zerstören beschäftigten. Mich verlangt auch, daß man mehr den Römern, die so schöne öffentliche Bauwerke errichteten, als jenem Vandalen-Könige gleichen möchte, dem seine Mutter empfahl, da er nicht auf den Ruhm rechnen könne, diese großen Bauwerke zu erreichen, sie lieber zu zerstören zu suchen.

Philalethes. Der Zweck derjenigen Gelehrten, welche die angeborenen Wahrheiten bekämpft haben, ist gewesen, zu verhindern, daß man unter diesem schönen Namen Vorurteile gewähren lasse und die Trägheit damit zu verdecken trachte.

Theophilus. Über diesen Punkt sind wir einige denn weit entfernt zu billigen, daß man sich zweifelhafte Grundsätze bilde, wünsche ich, daß man mit den Beweisen bis zu Euklides' Axiomen zu gelangen suche, wie einige Alte auch getan haben. Und wenn man nach dem Mittel fragt, die angeborenen Grundsätze zu erkennen und zu prüfen, so antworte ich gemäß dem schon vorhin bemerkten, daß man sie mit Ausnahme der Vernunftinstinkte, deren Grund unbekannt ist, auf erste Grundsätze, d.h. auf identische oder unmittelbar Axiome mittels der Definitionen zurückzuführen suchen müsse, welche Definitionen nichts anderes als eine deutliche Auseinandersetzung der Vorstellungen sind. Ich zweifle selbst nicht, daß Ihre Freunde, welche bisher den angeborenen Vorstellungen entgegen waren, diese Methode billigen, die ihrem Hauptzweck zu entsprechen scheint.

III. Fernere Betrachtungen über die angeborenen Grundsätze, sowohl die, welche die Theorie betreffen, als die welche der Praxis angehören

§ 3. *Philalethes.* Sie wollen die Wahrheiten auf die erstes Grundsätze zurückgeführt haben, und ich gestehe, daß, wenn es einen Grundsatz gibt, es ohne Widerrede folgender ist: *Ein Ding kann zur nämlichen Zeit unmöglich sein und nicht sein.* Indessen scheint es schwierig zu behaupten, daß er angeboren ist, da man zugleich überzeugt sein muß, daß die Vorstellungen der Unmöglichkeit und der Identität angeboren seien.

Theophilus. Freilich müssen diejenigen, welche für die angeborenen Wahrheiten sind, behaupten und überzeugt sein, daß diese Vorstellungen es auch sind; und ich gestehe ihrer Ansicht zu sein. Die Vorstellungen des *Seins*, des *Möglichen*, des *Selbigen* sind so sehr angeboren, daß sie an allen unseren Gedenken und Schlüssen teilhaben, und ich betrachte sie als unserem Geiste wesentlich; aber ich habe schon gesagt, daß man ihnen nicht immer eine besondere Aufmerksamkeit schenkt und sie nur mit der Zeit unterscheiden lernt. Ich habe schon ausgesprochen, daß wir sozusagen uns selbst angeboren sind, und daß die Erkenntnis des Seins in derjenigen, welche wir von uns selbst haben, eingewickelt ist. Etwas Ähnliches findet bei anderen Gemeinbegriffen statt.

§ 4. *Philalethes.* Wenn die Vorstellung der *Identität* natürlich und *folglich* so evident und dem Geiste so gegenwärtig ist, daß wir sie von der Wiege an kennen müßten, so möchte ich gern von einem Kinde von 7 Jahren und selbst von einem Greise von 70 Jahren hören, ob ein Mensch, der ein aus Leib und Seele zusammengesetztes Geschöpf ist, derselbe bleibt, wenn sein Körper gewechselt hat, und ob, die Seelenwanderung vorausgesetzt, Euphorbus derselbe ist wie Pythagoras.

Theophilus. Ich habe schon hinlänglich erklärt, daß das, was uns natürlich ist, uns darum nicht von der Wiege an bekannt ist, und eine Vorstellung uns selbst bekannt sein kann, ohne daß wir sogleich alle Fragen, die man daran knüpfen kann, zu beantworten imstande wären. Das wäre so, als wenn jemand behauptete, ein Kind könne nicht wissen, was das Quadrat und seine Diagonale sei, weil es zu erkennen Mühe haben wird, daß die Diagonale mit der Seite des Quadrates inkommensurabel ist. Was die Frage an sich selbst betrifft, so scheint sie mir durch die Monadenlehre, die ich an anderer Stelle deutlich gemacht habe, auf dem Wege des Beweises gelöst zu sein. Von diesem Gegenstande werden wir in der Folge weitläufiger sprechen.

Philalethes. Ich sehe wohl, daß ich Ihnen vergebliche den Einwurf machen würde, der Grundsatz: *das Ganze ist größer als sein Teil*, sei nicht angeboren, weil die Vorstellungen des Ganzen und des Teiles relativ und von denen der Zahl und der Ausdehnung abhängig sind – da Sie sicherlich behaupten werden, daß es angeborene Relativvorstellungen gibt, und auch die der Zahlen und der Ausdehnung angeboren sind.

Theophilus. Sie haben recht, und ich glaube sogar, daß der Vorstellung der Ausdehnung die des Ganzen und des Teiles vorausgeht.

§ 8. *Philalethes.* Was sagen Sie von der Wahrheit, daß Gott verehrt werden müsse? Ist sie angeborene?

Theophilus. Meines Erachtens bedeutet die Pflicht der Gottesverehrung, daß man bei jeder Gelegenheit bemerken muß, wir ehren ihn mehr als jeden anderen Gegenstand; und daß dies eine notwendige Folge aus seiner Vorstellung und seinem Dasein ist, was bei mir das Angeborensein dieser Wahrheit bedeutet.

Philalethes. Die Atheisten scheinen durch ihr Beispiel zu beweisen, daß die Vorstellung Gottes nicht angeboren ist. Und von denen nicht zu sprechen, deren die Alten erwähnt haben, hat man nicht ganze Völker entdeckt, die von Gott keine Vorstellung hatten und auch nicht Worte, Gott oder die Seele zu bezeichnen, wie im soldanischen Meerbusen, in Brasilien, auf den karaibischen Inseln, in Paraguay?

Theophilus. Der selige Fabricius, ein berühmter Heidelberger Theologe, hat eine Apologie des Menschengeschlechts geschrieben, um es von dem Vorwurfe des Atheismus zu reinigen. Es war das ein Schriftsteller von vieler Genauigkeit und über viele Vorurteile weit erhabene indessen will ich auf diese Untersuchung von Tatsachen mich nicht einlassen, deinetwegen mögen ganze Völker niemals an das höchste Wesen, noch an das, was die Seele ist, gedacht haben. Und ich erinnere mich, daß, als man auf meine von dem berühmten Witsen unterstützte Bitte in Holland für mich eine Übersetzung des Vaterunsers in der Sprache von Barantola anfertigen wollte, man bei der Stelle: *Dein Name werde geheiligt,* stecken blieb, weil man den Barantolern nicht begreiflich machen konnte, was »heilig« bedeuten solle. Auch erinnere ich mich, daß in dem für die Hottentotten angefertigten Glaubensbekenntnis man den heiligen Geist durch die Worte der Landessprache auszudrücken gezwungen war, welche einen sanften und angenehmen Wind bezeichnen, was nicht ohne Grund war; denn unsere griechischen und lateinischen Worte *pneuma,* anima, Spiritus, bezeichnen ursprünglich nur die Luft oder den Wind, den man einatmet, als einen der feinsten durch die Sinne uns bekannten Stoffe und durch die Sinne beginnt man die Menschen nach und nach zu dem, was über die Sinne hinausgeht, zu führen. Diese ganze Schwierigkeit indessen, zu abstrakten Erkenntnissen zu gelangen, spricht nicht gegen die angeborenen Erkenntnisse. Es gibt Völker, welche kein dem *Sein* entsprechendes Wort haben; zweifelt man nun, daß sie wissen, was das Sein ist, obgleich sie nicht besonders daran denken? Übrigens finde ich das, was ich bei unserem vortrefflichen Autor über die Idee Gottes gelesen habe, so schön und mir zusagend (Abh. über den Verstand B. I, c. 3, § 9), daß ich es anzuführen nicht umhin kann. Es lautet: »*Die Menschen können nicht umhin, eine gewisse Vorstellung von dem zu haben, womit die, mit denen sie umgehen, sie unter gewissen Namen oft zu unterhalten Gelegenheit haben, und wenn dies etwas ist, was die Vorstellung der Vortrefflichkeit, Größe oder irgend einer anderen außerordentlichen Eigenschaft mit sich bringt, was irgendwie interessiert und sich dem Geiste unter der Vorstellung einer absoluten und unwiderstehlichen Macht einprägt, die man zu fürchten nicht umhin kann* (ich füge hinzu: und unter der Vorstellung einer allergrößten Güte, die man zu lieben nicht umhin kann), *so muß eine solche Vorstellung allem Anschein nach die stärksten Eindrücke liefern und sich weiter als irgendwelche andere verbreiten, zumal wenn es eine Vorstellung ist, welche sich mit den einfachsten Vernunft-Wahrheiten verträgt und aus jedem Teile unserer Erkenntnis auf natürliche Weise folgt. Nun ist die Vorstellung von Gott eine solche, denn die in die Augen springenden Wichen einer außerordentlichen Weisheit und Macht erscheinen in allen Werken der Schöpfung so sichtlich, daß jedes vernünftige Geschöpf, welches sein Nachdenken darauf richtet, den Urheber aller dieser Wunder zu entdecken nicht verfehlen kann, und der Eindruck, welchen die Entdeckung eines solchen Wesens naturgemäß auf die Seele aller derer machen muß, die ein einziges Mal davon sprechen gehört haben, ist so groß und bringt Gedanken von so großem Gewicht und so allgemeiner Verbreitungsfähigkeit mit sich, daß es mir ganz sonderbar vorkommt, wenn sich auf der Erde ein ganzes Volk von so geistesarmen Menschen finden soll, daß sie keine Vorstellungen von Gott haben. Dies, sage ich, scheint mir ebenso erstaunlich, als sich Menschen zu denken, die keine Vorstellung von den Zahlen oder dem Feuer haben.«*

Ich wünschte, daß es mir stets vergönnt wäre, Wort für Wort eine Anzahl anderer vortrefflicher Stellen unseres berühmten Autors abzuschreiben, die wir zu übergehen gezwungen sind. Ich will hier nur sagen, daß der Verfasser, wenn er *von den einfachsten Vernunftwahrheiten spricht,* die mit der Vorstellung von Gott sich vertragen, und von dem, was naturgemäß daraus folgt, sich von meiner Ansicht über die angeborenen Wahrheiten nicht zu entfernen scheint, und darüber, daß es ihm ebenso sonderbar erscheint, daß es Menschen ohne eine Vorstellung von Gott gibt, als es überraschend sein würde, Menschen zu finden, die keine Vorstellung von den Zahlen oder dem Feuer haben, will ich bemerken, daß die Einwohner der marianischen Inseln, denen man den Namen der Königin von Spanien, welche die Mission dort begünstigte, gegeben hat, keine Kenntnis vom Feuer hatten, als man sie entdeckte, wie dies aus dem Gericht hervorgeht, den P. Gobien, ein französischer, mit der Sorge für die entfernten Missionen betrauter Jesuit veröffentlicht und mir zugesandt hat.

§ 16. *Philalethes.* Wenn man daraus, daß alle verständigen Leute die Vorstellung Gottes gehabt haben, zu schließen das Recht hat, daß diese Vorstellung angeboren ist, so muß die Tugend auch angeboren sein, weil die verständigen Leute davon stets eine wahrhaftige Vorstellung gehabt haben.

Theophilus. Nicht die Tugend, sondern die Vorstellung der Tugend ist angeboren, und vielleicht wollen Sie nur das sagen.

Philalethes. Daß es einen Gott gibt, ist ebenso gewiß, als es gewiß ist, daß die durch das Sichschneiden zweier geraden Linien entstehenden Winkel einander gleich sind. Auch hat niemals ein vernünftiges Geschöpf gegeben, welches sich aufrichtig mit der Prüfung der Wahrheit dieser beiden Sätze abgegeben und ihnen seine Zustimmung zu geben verfehlt hat. Gleichwohl ist es außer Zweifel, daß es viele Menschen gibt, welchen, da sie ihre Gedanken nicht dahin gerichtet haben, diese beiden Wahrheiten in gleicher Weise unbekannt sind.

Theophilus. Ich gebe es zu doch hindert dies nicht, daß sie angeboren sind, ohne daß man sie in sich finden kann.

§ 18. *Philalethes.* Es würde auch ersprießlich sein, eine angeborene Vorstellung von der *Substanz* zu haben; aber es zeigt sich, daß wir sie weder als angeboren, noch als erworben besitzen, da wir sie weder durch die Sinnlichkeit, noch aus der Reflexion haben.

Theophilus. Ich bin der Meinung, daß die Region hinreicht, um die Vorstellung der Substanz in uns selbst zu finden, die wir ja Substanzen sind. Und zwar ist dieser begriff einer der wichtigsten. Wir werden aber vielleicht in der Folge unserer Zusammenkunft noch weiter davon sprechen.

§ 20. *Philalethes.* Gibt es angeborene Vorstellungen, die im Geiste sein sollen, ohne daß der Geist wirklich daran denkt, so müssen sie wenigstens im Gedächtnis sein, aus dem sie mit Hilfe der *Wiedererinnerung* gezogen werden, d.h. – wenn man sich ihr Andenken zurückruft, – als ebensoviel Wahrnehmungen erkannt werden müssen, die vordem in der Seele gewesen sind; sonst müßte die Wiedererinnerung ohne Wiedererinnerung sein können. Denn diese innerlich vorhandene Überzeugung, daß die und die Vorstellung vordem in unserem Geiste gewesen ist, unterscheidet recht eigentlich die Wiedererinnerung von jeder anderen Art des Denkens.

Theophilus. Es ist gar nicht nötig, daß, damit die Erkenntnisse, Vorstellungen oder Wahrheiten in unserem Geiste seien, wir jemals wirklich an sie gedacht haben; es sind nur natürliche Fertigkeiten, d.h. tätige und leidendliche Anlagen und Zustände, jedoch mehr als eine *tabula rasa.* Die Platoniker haben allerdings geglaubt, daß wir schon wirklich einmal das gedacht hätten, was wir in uns verenden, und um sie zu widerlegen, genügt nicht zu sagen, daß wir uns nicht daran erinnern, denn es lehren uns sicherlich unendlich viele Gedanken ins Bewußtsein zurück, die wir gehabt zu haben vergessen haben. Es ist vorgekommen, daß jemand einen neuen Vers zu machen geglaubt hat, von dem sich fand, daß er ihn lange vorher Wort für Wort in irgend einem alten Dichter gelesen hatte. Und oft haben wir eine ungewöhnliche Leichtigkeit, Dinge zu begreifen, weil wir sie früher, ohne daß wir uns dessen erinnern, begriffen hätten. So kann ein blindgewordenes Kind das Licht und die Farben jemals gesehen zu haben vergessen, wie es im Alter von 2 1/2 Jahren durch die blättern dem berühmten Ulrich Schönberg geschah, der, zu Weide in der Oberpfalz gebürtig, im Jahre 1649 zu Königsberg in Preußen starb, wo er die Philosophie und die mathematischen Wissenschaften zur Bewunderung aller Welt gelehrt hatte. Einem solchen können auch die Wirkungen der alten Eindrücke verbleiben, ohne daß er sich daran erinnert. Ich glaube, daß die Träume auf diese Weise uns oft alte Gedanken wieder erneuern. Als Julius Scaliger die berühmten Männer Versen in Versen verherrlicht hatte, erschien ihm ein gewisser Brugnolus mit Namen, der, von Geburt ein Bayer, später in Verona sich niedergelassen hatte, im Traume und beklagte sich, vergössen worden zu sein. Julius Scaliger erinnerte sich zwar nicht, von ihm vorher reden gehört zu haben, unterlaß aber nicht, auf diesen Traum hin zu seiner Ehre elegische Verse zu machen. Endlich erfuhr sein Sohn Joseph Scaliger auf einer Reise durch Italien das Nähere, daß es ehemals zu Verona einen berührten Grammatiker oder gelehrten Kritiker dieses Namens gegeben habe, der zur Wiederherstellung der schönen Wissenschaften in Italien beigetragen, diese Geschichte findet sich in den Gedichten des Scaliger Vater mit der Elegie und in den Gedichten des Sohnes. Auch ist sie in den Scaligerana, welche aus den Unterhaltungen des Joseph Scaliger gesammelt worden sind, mitgeteilt. Wahrscheinlich hatte Julius Scaliger vom Brugnolus etwas gewußt, dessen er sich nicht mehr erinnerte, und war der Traum zum Teil nur die Wiedererinnerung einer alten Vorstellung, obgleich nicht eine eigentlich sogenannte *Wiedererinnerung* dabei stattgefunden hatte, welche uns kundgibt, daß wir schon diese nämliche Idee gehabt haben; wenigstens sehe ich keine Notwendigkeit, welche uns zu glauben zwingt, daß von einer Vorstellung keine Spur übrig bleibt, wenn nicht mehr so viel davon da ist, um sich zu erinnern, daß man sie schon gehabt hat.

§ 24. *Philalethes.* Ich muß anerkennen, daß Sie den Schwierigkeiten, die wir gegen die angeborenen Wahrheiten ausgestellt haben, auf recht natürliche Weise begegnen. Vielleicht bestreiten auch die Schriftsteller unserer Partei dieselben nicht in dem Sinne, in welchem Sie sie behaupten. Ich komme also nur darauf zurück, Ihnen zu sagen, daß man zu befürchten Ursache hat, die Meinung von den angeborenen Wahrheiten werde den Trägen zum Vorwand dienen, sich der Mühe der Untersuchungen zu entschlagen, und Lehrern und Schulmeistern die Bequemlichkeit verschaffen, als *Grundsatz aller Grundsätze* hinzustellen, daß die Grundwahrheiten nicht in Frage gestellt werden dürfen.

Theophilus. Ich habe schon bemerkt, daß, wenn es der Vorsatz Ihrer Gesinnungsgenossen ist zu verlangen, daß man Beweise für diejenigen Wahrheiten sucht, welche solche zulassen, ohne Unterschied, ob sie angeboren sind oder nicht, wir miteinander vollkommen einig sind. Die Annahme angeborener Wahrheiten in der Weise, wie ich sie verstehe, darf niemand davon abwendig machen denn außerdem, daß man gut daran tut, die Ursache der *Instinkte* auszusuchen, ist es für mich eine maßgebende Maxime, daß die Beweise auch der *ersten Grundsätze* aufzusuchen wichtig ist; und ich erinnere mich, daß, als man sich zu Paris über den seligen, damals schon alten Herrn Roberval deswegen lustig machte, weil er nach dem Beispiele des Apollonius und des Proclus die Grundsätze des Euklides beweisen wollte, ich den Nutzen dieser Untersuchung zeigte. Was den Grundsatz derjenigen betrifft, welche sagen, daß man gegen den die Grundsätze Leugnenden nicht streiten müsse, so gilt er nur hinsichtlich derjenigen Prinzipien, die weder Zweifel noch beweis zulassen. Allerdings kann man, um Ärgernis und Unordnungen zu vermeiden, Regeln für öffentliche Disputationen und anderweitige Konferenzen aufstellen, auf Grund deren es verboten ist, gewisse anerkannte Wahrheiten zum Gegenstand des Streites zu machen. Aber das gehört mehr in das Gebiet der Polizei als der Philosophie.

Zweites Buch: Von den Vorstellungen

I. Worin von den Vorstellungen im allgemeinen gehandelt und gelegentlich untersucht wird, ob die Seele des Menschen immer denke

§ 1. *Philalethes.* Nachdem wir untersucht haben, ob die Vorstellungen angeboren sind, wollen wir ihr Wesen und ihre Unterschiede betrachten. Nicht wahr, die Vorstellung ist der Gegenstand des Denkens?

Theophilus. Ich gebe es zu, wenn Sie hinzufügen, daß es ein unmittelbarer innerer Gegenstand, und dieser Gegenstand ein Ausdruck des Wesens oder der Eigenschaften der Dinge ist. Wenn die Vorstellung die *Form* des Denkens wäre, so würde sie mit den wirklichen Gedanken, die ihr entsprechen, entstehen und aufhören; aber indem sie deren Gegenstand ist, wird sie den Gedanken voraussehen und nachfolgen können. Die äußeren sinnlichen Gegenstände sind nur *mittelbare*, weil sie nicht unmittelbar auf die Seele wirken können. Gott allein ist der *unmittelbare* äußere Gegenstand. Man könnte sagen, daß die Seele selbst ihr unmittelbarer *innerer* Gegenstand ist aber sie ist dies insofern sie die Vorstellungen oder das, was den Dingen entspricht, enthält, denn sie ist eine kleine Welt, worin die deutlichen Vorstellungen ein Bild Gottes und die verworrenen ein Bild des Universums sind.

§ 2. *Philalethes.* Unsere Partei fragt in der Voraussetzung, daß die Seele zu Anfang eine *tabula rasa* ist, leer von allen Schriftzügen und ohne irgend eine Vorstellung, wie sie dazu komme, Vorstellungen zu enthalten und durch welches Mittel sie deren eine so außerordentliche Menge erwerbe? Darauf antwortet sie mit einem Wortes durch die Erfahrung.

Theophilus. Diese *tabula rasa* von der man so viel spricht, ist nach meiner Meinung nichts als ein Phantasiegebilde, das in der Natur nicht vorkommt und nur in den unvollständigen Begriffen der Philosophen begründet ist, ebenso wie der leere Raum, die Atome, die unbedingte oder die relative Ruhe zweier Teile eines Ganzen gegeneinander, oder ebenso wie die erste Materie, die man sich ohne Formen denkt. Das einförmige und keine Mannigfaltigkeit in sich Schließende ist immer nur eine Abstraktion, wie die Zeit, der Raum und die übrigen Wesen der reinen Mathematik. Es gibt keinen Körper, dessen Teile in Ruhe sind, und es gibt keine Substanz, die sich nicht in irgend etwas von jeder anderen unterschiede. Die menschlichen Seelen sind nicht allein von den Seelen anderer Wesen, sondern auch untereinander verschieden, obgleich dieser Unterschied nicht von derjenigen Art ist, welchen man spezifisch nennt. Und nach den Beweisen, welche ich zu haben glaube, hat jedes substantielle Wesen, es sei Seele oder Körper, zu allem übrigen ein ihm eigentümliches Verhältnis, und das eine muß sich von dem anderen immer durch *innerliche* Bestimmungen unterscheiden. Diejenigen aber, welche von jener *tabula rasa* reden, können, nachdem sie ihr die Vorstellungen genommen haben, nicht sagen, was ihr dann noch bleibt, wie die Schulphilosophen ihrer ersten Materie auch nichts Übrig lassen. Man wird mir vielleicht entgegnen, diese *tabula rasa* der Philosophen wolle sagen, daß die Seele von Natur und ursprünglich nur nackte Vermögen habe. Aber die Vermögen ohne irgend eine Handlung, mit einem Worte, die bloßen Möglichkeiten der Schule sind auch nur Nabeln, von welchen die Natur nichts weiß und die man nur durch Abstraktionen erhält. Denn wo wird man jemals in der Welt ein Vermögen finden, das die bloße Möglichkeit, ohne irgend eine Handlung auszuüben, in sich enthält? Es gibt immer eine besondere Disposition zur Handlung, und zwar zu einer Handlung mehr als zu einer anderen. Und außer der Disposition gibt es noch eine Strebung zum handeln, deren es sogar stets eine unendliche Menge in jedem Subjekte zugleich gibt; und diese Strebungen sind niemals gänzlich ohne Wirkung. Ich gebe zu, daß die Erfahrung notwendig ist, damit die Seele zu diesen oder jenen Gedanken bestimmt werde und auf die in uns vorhandenen Vorstellungen acht habe; aber wie können denn Erfahrung und Sinnlichkeit Vorstellungen geben? Hat die Seele Fenster? gleicht sie einer Tafel? ist sie wie Wachs? Es ist einleuchtend, daß alle die, welche so von der Seele denken, sie im Grunde für körperlich halten. Man wird mir den von den Philosophen angenommenen Grundsatz entgegenhalten, *daß in der Seele nichts sei, das nicht von den Sinnen kommt.* Aber man muß die Seele und ihre Zustande selbst davon ausnehmen. *Nihil est in intellectu quod non fuerit in sensu, excipe: nisi ipse intellectus* (das Denken selbst ausgenommen). Die Seele enthält also das Sein, die Substanz, das Eine, das Selbige, die Ursache, die

Wahrnehmung, das Denken und eine Menge anderer Vorstellungen, welche die Sinne nicht verleihen können. Dies stimmt recht gut mit Ihrem Verfasser der Abhandlung, welche einen guten Teil der Vorstellungen in der Reflexion des Geistes über sein eigenes Wesen sucht.

Philalethes. Ich hoffe doch, Sie werden diesem gelehrten Schriftsteller zugeben, daß alle Vorstellungen aus der Sinnlichkeit oder aus der Reflexion stammen, d.h. aus den Beobachtungen, die wir entweder über die äußeren und sinnlichen Gegenstände oder über die inneren Verrichtungen unserer Seele machen.

Theophilus. Um einen Streit, der uns schon allzulange aufgehalten hat, zu vermeiden, erkläre ich Ihnen zum voraus, daß, wenn Sie sagen, die Vorstellungen stammen auf der einen oder anderen dieser Ursachen, ich dies von ihrer wirklichen Wahrnehmung verstehe, da ich gezeigt zu haben glaube, daß sie in uns sind, ehe man sich ihrer, sofern sie nur etwas für sich Besonderes haben, bewußt ist.

§ 9. *Philalethes.* Hierauf wollen wir zusehen, wann man sagen müsse, daß die Seele anfange, Wahrnehmung zu haben und wirklich an die Vorstellungen zu denken. Ich weiß wohl, daß die Behauptung aufgestellt wird, die Seele denke immer, und daß das wirkliche Denken von der Seele ebenso untrennbar sei, als die wirkliche Ausdehnung untrennbar vom Körper (§ 10). Aber ich kann nicht begreifen, daß es für die Seele notwendiger sein soll, immer zu denken, als für die Körper, immer in Bewegung zu sein, indem nämlich die Wahrnehmung für die Seele das ist, was die Bewegung für den Körper. Dies scheint mir wenigstens sehr vernünftig, und ich möchte gern Ihre Ansicht darüber wissen.

Theophilus. Sie haben sie eben ausgesprochen. Die Tätigkeit ist nicht mehr mit der Seele als mit dem Körper verknüpft, und ein Zustand ohne Denken in der Seele und eine unbedingte Ruhe im Körper scheint mir gleich sehr naturwidrig und beispiellos in der Welt. Eine Substanz, die einmal in Tätigkeit ist, wird es immer sein, denn alle Eindrücke dauern fort und vermischen sich nur mit anderen neuen. Wenn man einen Körper anstößt, so erregt man oder bringt man vielmehr zum Ausdruck eine unendliche Menge von Wirbelbewegungen wie in einer Flüssigkeit; denn im Grunde hat jeder feste Körper einen Grad von Flüssigkeit und jede Flüssigkeit einen Grad von Festigkeit, und man kann diese inneren Wirbelbewegungen niemals ganz aufhören machen. Man kann daher glauben daß, wenn der Körper niemals in Ruhe ist, die ihm entsprechende Seele auch niemals ohne Wahrnehmung sein werde.

Philalethes. Vielleicht ist es aber ein besonderes Vorrecht des Urhebers und Erhalters aller Dinge, daß er, als in seinen Vollkommenheiten unendlich, niemals schläft und schlummert. Einem endlichen Wesen, oder wenigstens einem solchen Wesen, wie der Seele des Menschen, kommt dies aber nicht zu.

Theophilus. Sicherlich schlafen und schlummern wir und Gott nicht; aber daraus folgt nicht, daß wir im Schlummer ohne irgend welche Wahrnehmung seien. Vielmehr findet, wenn man wohl darauf achtet, das Gegenteil statt.

Philalethes. Es gibt in uns etwas, was das Vermögen zu denken hat, aber daraus folgt nicht, daß wir stets in wirklicher Denktätigkeit seien.

Theophilus. Die wahren Vermögen sind niemals bloße Möglichkeiten. Mit ihnen ist immer Strebung und Tätigkeit verbunden.

Philalethes. Aber dieser Satz: *Die Seele denkt immer*, ist nicht durch sich selbst evident.

Theophilus. Das sage ich auch nicht. Man hat, ihn zu finden, ein wenig Aufmerksamkeit und Nachdenken nötig. Der gemeine Mann ist sich desselben ebensowenig bewußt, als des Druckes der Luft oder der Kugelgestalt der Erde.

Philalethes. Ich zweifle daran, daß ich in der vergossenen Nacht gedacht habe: Es handelt sich dabei um eine Untersuchung der Tatsache; man muß darüber durch sinnliche Erfahrungen entscheiden.

Theophilus. Man entscheidet darüber, wie man beweist, daß es nicht wahrnehmbare Körper und unsichtbare Bewegungen gibt, obgleich gewisse Leute dies als lächerlich betrachten. Ebenso gibt es unklare Wahrnehmungen, welche sich nicht so viel voneinander unterscheiden, daß man sich derselben bewußt werden oder erinnern könnte; aber durch gewisse Resultate werden sie erkannt.

Philalethes. Ein gewisser Schriftsteller hat uns den Vorwurf gemacht, daß wir behaupteten, die Seele höre auf zu sein, weil wir ihr Dasein während des Schlafes nicht fühlen; aber dieser Einwurf kann nur aus einem seltsamen Vorurteil entspringen; denn wir sagen nicht, daß der Mensch keine Seele in sich habe, weil wir ihr Dasein während des Schlafes nicht empfinden, sondern behaupten nur, daß der Mensch nicht denken kann, ohne sich desselben bewußt zu sein.

Theophilus. Ich habe das Buch nicht gelesen, welches diesen Einwurf enthält, aber man würde nicht unrecht daran haben, ihn zu machen, weil daraus, daß man sich des Denkens nicht bewußt ist, nicht folgt, daß es darum aufhöre, denn sonst könnte man mit demselben Grunde sagen, es gebe keine Seele, solange man sich derselben nicht bewußt ist. Und um diesen Vorwurf zurückzuweisen, müßte man besonders vom Denken zeigen, daß es ihm wesentlich ist, ins Bewußtsein zu fallen.

§ 11. *Philalethes.* Es ist nicht leicht, sich vorzustellen, daß ein Wesen denken kann und nicht merkt, daß es denkt.

Theophilus. Darin steckt ohne Zweifel der Knoten der Frage und die Schwierigkeit, welche auch gescheite Leute in Verlegenheit gesetzt hat. Aber nun auch das Mittel, herauszukommen: man muß erwägen, daß wir an eine Menge Dinge zugleich denken, aber nur auf diejenigen Gedanken, welche am meisten hervortreten, achthaben; und anders kann es sich nicht verhalten, denn wenn wir auf alles achtgäben, müßten wir an unendlich vieles zu gleicher Zeit mit Aufmerksamkeit denken, was wir alles empfinden und was auf unsere Sinne Eindruck macht. Ich behaupte noch mehr: von allen unseren vergangenen Gedanken bleibt etwas übrig, und keiner derselben kann jemals vollständig ausgelöscht werden. Wenn wir also ohne Traum schlafen oder durch einen Schlag, Fall, Krankheitszustand oder anderen Zufall betäubt sind, so bildet sich in uns eine unendliche Menge von kleinen verworrenen Empfindungen, und der Tod selbst könnte auf die Seelen der Tiere keine andere Wirkung hervorbringen, da sie ohne Zweifel früher oder später, denn in der Natur geht alles ordentlich zu, zu deutlich bestimmten Wahrnehmungen zurückkehren müssen. Indessen gebe ich zu, daß in jenem Zustand von Verwirrung die Seele ohne Lust und ohne Schmerz sein wird; denn das sind merkbare Wahrnehmungen.

§ 12. *Philalethes.* Nicht wahr, diejenigen, mit welchen wir gegenwärtig zu tun haben, nämlich die Kartesianer, die da glauben, daß die Seele immer denke, gestehen allen vom Menschen verschiedenen Tieren das Leben zu, ohne ihnen eine erkennende und denkende Seele zu geben, und finden ebenso keine Schwierigkeit darin, zu behaupten, daß die Seele, ohne an einen Körper gebunden zu sein, denken könne?

Theophilus. Ich für meinen Teil bin anderer Ansicht; denn obgleich ich darin der der Kartesianer folge, daß sie behaupten, die Seele denke beständig, entferne ich mich doch von ihnen in zwei anderen Punkten. Ich glaube, daß die Tiere unvergängliche Seelen haben, und daß die menschlichen Seelen, wie die anderen alle, niemals ohne allen Körper sind; ich nehme sogar an, daß Gott allein, da er reine Tätigkeit ist, davon gänzlich befreit ist.

Philalethes. Wenn Sie der Ansicht der Kartesianer wären, so hätte ich in Ihrem Sinne geschlossen, daß die Körper des Kastor und Pollux, da sie bald mit, bald ohne Seele sein können, obwohl sie immer leben bleiben und ihre Seele bald in einem Körper und bald außer demselben sein kann, nur eine einzige Seele hätten, die abwechselnd den Körper dieser beiden Menschen, da sie umwechselnd einschlafen und erwachen, regierte, folglich würden sie zwei so verschiedene Personen, wie Kastor und Herkules sein könnten, ausmachen dürfen.

Theophilus. Ich will Ihnen meinerseits eine viel natürliche scheinende Annahme vorschlagen. Nicht wahr, man muß immerhin zugeben, daß man nach irgend einer Zwischenzeit oder einer großen Veränderung in ein vollständiges Vergessen sinken kann? So sagt man, daß Sleidan vor seinem Tode alles, was er wußte, vergab. Und es gibt noch andere zahlreiche Beispiele dieses traurigen Halles. Nehmen wir nun an, daß ein solcher Mensch wieder jung würde und alles von neuem kennen lernte. Wird er dann ein anderer Mensch sein? Das Gedächtnis also ist es nicht, was gerade denselbigen Menschen ausmacht. Indessen ist die phantastische Annahme einer Seele, die abwechselnd verschiedene Körper belebt, ohne daß das, was ihr in dem einen dieser Körper begegnet, den anderen angeht, eine jener naturwidrigen Erdichtungen, die aus den unvollständigen Begriffen der Philosophen stammen, wie der Raum ohne Körper und der Körper ohne Bewegung. Sie verschwinden, wenn man ein wenig tiefer eindringt, denn man muß wissen, daß jede Seele alle vergangenen Eindrücke bewahrt und sich auf eben berührte Art nicht zweiteilen kann. In jener Substanz hat die Zukunft eine vollständige Verbindung mit der Vergangenheit. Darin besteht die Identität des Individuums; indessen ist sich zu erinnern gar nicht nötig und wegen der Menge der gegenwärtigen und vergangenen Eindrücke, welche mit unseren gegenwärtigen Gedanken sich verbinden, selbst nicht immer möglich, denn es gibt meiner Überzeugung nach im Menschen keine Gedanken, die nicht irgend eine wenigstens verwegene Wirkung haben und einen den folgenden Gedanken beigemischten Rest bilden. Man kann wohl etwas vergessen, aber man kann sich auch immer aus noch so werter Ferne wieder daran erinnern, wenn man in der richtigen Weise darauf zurückgeführt wird.

§ 13. *Philalethes.* Wer ohne irgendwelchen Traum geschlafen hat, wird sich niemals überzeugen lassen, daß seine Gedanken in Tätigkeit gewesen seien.

Theophilus. Man ist niemals ohne irgend eine schwache Empfindung, wenn man schläft selbst wenn man dabei nicht träumt. Dies zeigt selbst das Erwachen; und je näher man dem Erwachen ist, desto mehr Empfindung hat man von dem, was sich außer uns zuträgt, obgleich diese Empfindung nicht immer stark genug sein mag, uns zu erwecken.

§ 14. *Philalethes.* Es erscheint mir sehr schwer begreiflich, daß die Seele in diesem Augenblick in einem schlafenden und im nächsten Augenblick in einem wachenden Menschen denke, ohne sich daran zu erinnern.

Theophilus. Das ist nicht nur sehr leicht zu begreifen, sondern es läßt sich sogar tagtäglich, wahrend man wacht, etwas Ähnliches beobachten; denn alsdann wirken fortwährend Gegenstände auf unsere Augen oder Ohren, und folglich ist, ohne daß wir darauf achtgeben, auch die Seele davon berührt, weil unsere Aufmerksamkeit von anderen Gegenständen in Anspruch genommen ist, bis der Gegenstand mächtig genug wird, sie durch Verstärkung seiner Tätigkeit oder durch irgendeine andere Ursache auf sich zu ziehen, das wäre gleichsam ein teilweiser Schlaf in bezug auf solchen Gegenstand, und dieser Schlaf wird ein allgemeiner, wenn unsere Aufmerksamkeit in bezug auf alle Gegenstände zusammen aufhört. Es ist ja auch ein Mittel, sich einzuschläfern, daß man die Aufmerksamkeit verteilt, um sie zu schwächen.

Philalethes. Ich habe von einem Menschen gehört, der sich in seiner Tugend dem Studium gewidmet und ein sehr glückliches Gedächtnis gehabt hatte – daß diesem, ehe er das Fieber gehabt hatte, niemals geträumt habe; und davon war er in der Zeit, als ich mit ihm sprach, im Alter von etwa 25 oder 26 Jahren gerade geheilt worden.

Theophilus. Man hat mir auch von einem Gelehrten von noch viel vorgerückterem Alter erzählt, der niemals einen Traum gehabt hatte. Aber man muß nicht auf die Träume allein die ununterbrochene Stetigkeit der Wahrnehmung der Seele gründen, da ich schon gezeigt habe, wie sie selbst im Schlaf eine gewisse Wahrnehmung dessen, was außer ihr vorgeht, besitzt.

§ 15. *Philalethes.* Oft denken und nicht einen einzigen Augenblick das Andenken dessen, was man denkt, sich erhalten, heißt recht unnütz denken.

Theophilus. Alle Eindrücke haben ihre Wirkung, aber nicht alle Wirkungen sind immer bemerkbar wenn ich mich eher nach der einen Seite wende als nach der anderen, so geschieht dies wohl häufig durch die Verkettung kleiner Eindrücke, deren ich mir nicht bewußt bin und welche die eine Bewegung ein wenig unbequemer als die andere machen. Alle von uns ohne Überlegung ausgeführten Handlungen sind Resultate eines Zusammenwirkens schwacher Wahrnehmungen, und selbst unsere Gewohnheiten und Leidenschaften, die auf unsere Entschlüsse so viel Einfluß haben, stammen daher; denn diese Angewöhnungen entstehen nach und nach, und man, würde folglich ohne die schwachen Wahrnehmungen zu merklichen Neigungen gar nicht kommen. Ich habe schon einmal bemerkt, daß, wenn man diese Wirkungen in der Moral leugnen wollte, man den schlecht unterrichteten Leuten gleichen würde, die in der Physik die unsichtbaren Körperchen leugnen und gleichwohl gibt es darunter, wie ich bemerke, solche, welche, ohne auf diese unmerklichen Eindrücke, die doch imstande sind, die Wage nach einer Seite zu neigen, achtzuhaben, von der Freiheit sprechen, indem sie phantastischerweise eine vollständige Indifferenz in den moralischen Handlungen annehmen, wie die des Buridanschen Esels zwischen seinen zwei Wiesen ist. Aber diesen Punkt werden wir in der Folge noch mehr reden. Ich gebe allerdings zu, daß diese Eindrücke uns nur nach einer Seite neigen machen ohne Zwang auszuüben.

Philalethes. Vielleicht wird man sagen, daß in einem wachen Menschen, der denkt, der Körper etwas dabei leistet, und das Gedächtnis durch die Spuren im Gehirn sich erhält, daß aber, wenn er schläft, die Seele ihre Gedanken für sich allein hat.

Theophilus. Dies zu behaupten, bin ich weit entfernt, da ich vielmehr glaube, daß stets eine genaue Übereinstimmung zwischen Körper und Seele stattfindet, und ich nach der Eindrücke des Körpers, deren man weder im Erwachen noch im Schlaf sich bewußt ist, bediene, um zu beweisen, daß die Seele ähnliche hat. Ich halte sogar dafür, daß in der Seele etwa der Blutzirkulation und allen inneren Bewegungen der Eingeweide Entsprechendes geschieht, dessen man sich freilich gar nicht bewußt ist, ganz so, wie diejenigen, welche neben einer Wassermühle wohnen, des Lärmes, den sie macht, sich auch gar nicht bewußt sind. Gäbe es in der Tat Eindrücke im Körper während des Schlafens oder Wachens, wovon die Seele überhaupt gar nicht berührt oder getrogen würde, so müßte man die Einheit der Seele und des Körpers einschränken, als ob die körperlichen Eindrücke eine bestimmte Gestalt und Größe haben müßten, damit die Seele dieselben bemerken könnte; dies ist aber, wenn die Seele unkörperlich ist, nicht aufrechtzuerhalten, denn zwischen einer unkörperlichen Substanz und dieser oder jener Modifikation der Materie gibt es kein Proportionsverhältnis. Mit einem Worte, der Glaube, daß es in der Seele keine anderen Wahrnehmungen gibt, als die, deren sie sich bewußt ist, ist eine große Quelle von Irrtümern.

§ 16. *Philalethes.* Die meisten Träume, deren wir uns erinnern, sind unordentlich und schlecht verbunden, man müßte also behaupten, daß die Seele das Vermögen, vernünftig zu denken, dem Körper verdankt oder von ihren vernünftigen Selbstgesprächen nichts behält.

Theophilus. Der Körper entspricht allen Gedanken der Seele, mögen sie vernünftig sein oder nicht. Und die Träume haben ebensogut ihre Spuren im Gehirn, wie die Gedanken der Wachenden.

§ 17. *Philalethes.* Da Sie so sicher sind, daß die Seele wirklich immer denkt, so möchte ich von Ihnen hören, welches denn die Vorstellungen sind, die in der Seele eines Kindes, ehe sie mit dem Körper verbunden ist, oder gerade in der Zeit ihrer Verbindung mit ihm, ehe sie irgend eine Vorstellung auf dem Wege der sinnlichen Empfindung erhalten hat, vorkommen.

Theophilus. Nach unseren Prinzipien ist es leicht, Ihnen zu genügen. Die Wahrnehmungen der Seele entsprechen natürlicherweise immer der Verfassung des Körpers, und wenn es im Gehirn eine Menge verworrener und wenig deutlicher Bewegungen gibt, wie bei denen der Fall ist, welche wenig Erfahrung haben, so können die Gedanken der Seele nach der Ordnung der Dinge nicht deutlicher sein. Die Seele ist indessen der Unterstützung durch die Sinnlichkeit niemals beraubt, weil sie immer ihren Körper ausdrückt und dieser Körper stets durch andere Körper, die ihn umgeben, auf unendlich mannigfache Weise, aber oft nur mit der Wirkung eines verworrenen Eindrucks in Bewegung gesetzt wird.

Philalethes. Aber da wirft der Verfasser der Abhandlung noch eine andere Frage auf. Ich möchte gerne, sagt er, von denen, welche mit so viel Zuversicht behaupten, daß die Seele des Menschen oder, was dasselbe ist, der Mensch immer denkt, erfahren, woher Sie das wissen.

Theophilus. Ich weiß nicht, ob man nicht mehr Zuversicht bedarf, um zu leugnen, daß sich in der Seele etwas zuträgt, dessen wir uns nicht bewußt sind; denn damit etwas bemerkbar sei, muß es aus Teilen bestehen, die nicht bemerkbar sind, weil nichts, der Gedanke so wenig wie die Bewegung, auf einmal entstehen kann. Übrigens klingt dies so, als wenn heutzutage jemand fragte wie wir die unsichtbaren Körperchen erkennen.

§ 19. *Philalethes.* Ich erinnere mich nicht, daß diejenigen, welche behaupten, daß die Seele immer denke, uns jemals sagen, daß der Mensch immer denke.

Theophilus. Ich meine, dies geschieht, weil sie es auch von der vom Körper gesonderten Seele verstehen. Indessen werden sie leicht zugeben, daß während der Vereinigung beider der Mensch immer denkt. Ich für meinen Teil, der ich daran festzuhalten Gründe habe, daß die Seele niemals von aller Körperlichkeit geschieden ist, glaube, man könne schlechthin sagen, daß der Mensch denkt und immer denken wird.

Philalethes. Zu sagen, daß der Körper ausgedehnt sei, ohne Teile zu haben, und daß ein Ding denke, ohne sich seines Denkens bewußt zu sein, sind zwei Behauptungen, welche mir gleich sehr unverständlich scheinen.

Theophilus. Verzeihen Sie mir, ich bin gezwungen, Ihnen zu sagen, daß, wenn Sie behaupten, es gebe in der Seele nichts, dessen sie sich nicht bewußt sei, dies ein Zirkelschluß ist, der schon während unserer ganzen ersten Zusammenkunft geherrscht hat, wo er zur Widerlegung der angeborenen Vorstellungen und Wahrheiten dienen sollte. Geben wir dies Prinzip zu, so würden wir nicht nur gegen Erfahrung und Vernunft zu verstoßen glauben, sondern auch ohne Grund unserer Ansicht entsagen, die ich doch hinreichend verständlich gemacht zu haben glaube. Außerdem aber, daß unsere Gegner trotz aller ihrer Geschicklichkeit keinen beweis dessen beigebracht haben, was sie in dieser Hinsicht so oft und so positiv behaupten, ist es auch leicht, ihnen das Gegenteil zu zeigen, d.h. daß es für uns nicht möglich ist, über alle unsere Gedanken immer ausdrücklich zu reflektieren: sonst würde der Geist über jede Reflexion eine neue Reflexion bis ins Unendliche anstellen, ohne jemals zu einem neuen Gedanken übergehen zu können. Indem ich mir z.B. irgend einer gegenwärtigen Empfindung bewußt wäre, müßte ich immer denken, daß ich daran denke, und wieder auch denken, daß ich daran zu denken denke, und so bis ins Unendliche. Aber ich muß wohl über alle diese Reflexionen zu reflektieren aufhören und endlich einmal einen Gedanken haben, den man, ohne daran zu denken, vorüberläßt sonst würde man immer bei derselben Sache bleiben.

Philalethes. Würde es dann aber nicht ebensowohl begründet sein zu behaupten, daß der Mensch immer hungert, indem man sagt, es sei möglich zu hungern, ohne sich dessen bewußt zu sein?

Theophilus. Dabei ist ein großer Unterschieds der Junger hat besondere Gründe, die nicht immer obwalten. Gleichwohl ist es doch wahr, daß man auch Hunger haben kann, ohne jeden Augenblick daran zu denken aber, wenn man daran denkt, ist man sich dessen bewußt, da er eine sehr bemerkbare Stimmung ist. Es gibt immerfort Irritationen im Magen aber sie müssen ziemlich stark werden, um den Junger zu verursachen. Dieselbe Unterscheidung muß man zwischen dem Denken überhaupt und den merkbaren Gedanken machen. So dient daß, was man vorbringt, um unsere Ansicht ins Lächerliche zu ziehen, dazu, sie zu bestätigen.

§ 23. *Philalethes.* Man kann nun fragen, wann der Mensch in seinem Denken Vorstellungen zu haben anfange? Und mir scheint, man muß antworten, es geschehe, sowie er Empfindung hat.

Theophilus. Ich bin derselben Ansicht; aber das ist ein etwas eigentümlicher Grundsatz: ich glaube nämlich, daß wir niemals ohne Denken und auch niemals ohne Empfindung sind. Ich unterscheide nur zwischen Empfindungen und Gedanken, denn wir haben stets alle unsere Gedanken rein oder von den Sinnen unabhängig bestimmt, aber die Gedanken entsprechen immer irgend einer Empfindung.

§ 25. *Philalethes.* Leidend aber ist der Geist doch nur in der Wahrnehmung der einfachen Vorstellungen, welche die Fundamente oder Materialien der Erkenntnis sind, während er tätig ist, wenn er zusammengesetzte Vorstellungen bildet.

Theophilus. Wie kann er denn hinsichtlich der Wahrnehmung aller einfachen Vorstellungen leidend sein, da es nach Ihrem eigenen Geständnis einfache Vorstellungen gibt, deren Wahrnehmung aus der Reflexion stammt, und der Geist sich also wenigstens die Gedanken der Reflexion selbst gibt, denn er ist es ja doch, welcher reflektiert? Ob er sie sich versagen kann, das ist eine andere Frage; ohne Zweifel kann er es nicht ohne irgend einen Grund, der ihn auf gegebene Veranlassung davon entfernt.

Philalethes. Bis jetzt haben wir, wie es scheint, ex professo verhandelt. Nunmehr, wo wir zu den Vorstellungen im einzelnen kommen wollen, hoffe ich, werden wir miteinander einiger sein und nur in gewissen Besonderheiten voneinander abweichen.

Theophilus. Mich soll es freuen, gescheite Männer an den Ansichten, welche ich für wahr halte, teilnehmen zu sehen denn sie sind dazu angetan, jenen Geltung zu verschaffen und sie in das rechte Licht zu setzen.

II. Von den einfachen Vorstellungen

Philalethes. Ich hoffe also, Sie werden mir darin beistimmen daß es einfache und zusammengesetzte Vorstellungen gibt; so liefern uns Warme und Weichheit im Wachs und. Kälte im Eise einfache Vorstellungen, denn die Seele hat davon einen einförmigen Begriff, der nicht verschiedene Vorstellungen zerlegt werden kann.

Theophilus. Man kann, glaube ich, sagen, daß diese empfindbaren Vorstellungen dem Anscheins nach einfach sind weil sie dem Geiste nicht das Mittel bieten, das Verworrene zu unterscheiden, was sie enthalten. Das verhält sich so, wie wenn uns das Entfernte rund erscheint, weil man die Ecken daran nicht unterscheiden kann, da man einen verworrenen Eindruck davon empfängt. Es ist z.B. offenbar, daß das Grüne aus der Mischung des Blauen und Gelben entsteht, so kann man also auch glauben, daß die Vorstellung des Grünen aus diesen beiden Vorstellungen zusammengesetzt ist. Und doch erscheint uns die Vorstellung des Grünen ebenso einfach als die des Blauen oder die des Warmen. Also ist zu glauben, daß diese Vorstellungen des Blauen oder des Warmen auch nur dem Anscheine nach einfach sind. Gleichwohl will ich gern dem zustimmen, daß man diese Vorstellungen als einfache behandelt, weil unser Bewußtsein wenigstens sie nicht teilte man muß aber in dem Maße, als man sie verständlicher machen kann, aus anderen Erfahrungen und Gründen zu ihrer Analyse schreiten. Und daraus sieht man auch, daß es Wahrnehmungen gibt, deren man sich nicht bewußt ist. Denn die Wahrnehmungen der scheinbar einfachen Vorstellungen sind zusammengesetzt aus den

Vorstellungen der Teile, aus denen jene Wahrnehmungen bestehen, ohne daß der Geist sich dessen bewußt ist, denn jene verworrenen Vorstellungen erscheinen ihm als einfache.

III. Von den Vorstellungen, welche wir durch einen einzigen Sinn erhalten

Man kann nun die einfachen Vorstellungen nach den Mitteln ordnen, welche uns ihre Wahrnehmungen gewähren, denn dies geschieht entweder 1) mittels eines Sinnes, oder 2) mittels mehr als eines Sinnes, oder 3) durch die Reflexion, oder 4) auf allen Wegen der Sinnlichkeit so gut wie durch die Reflexion. Was die anbetrifft, welche durch einen einzigen Sinn uns zukommen, der besonders dazu angelegt ist, sie aufzunehmen, so kommen uns das Licht und die Farben einzig durch die Augen zu; alle Arten Geräusch, Klänge und Töne durch die Ohren die verschiedenen Geschmäcke durch den Gaumen und die Gerüche durch die Nase. Die Organe oder Nerven bringen sie zum Gehirn und wenn das eine oder andere dieser Organe zerstört worden ist, können diese sinnlichen Empfindungen nur durch eine Hintertür eingelassen werten. Die wichtigsten Beschaffenheiten für das Gefühl sind die Kälte, die Wärme und die Dichtigkeit. Die anderen bestehen entweder in der Anordnung der sinnlich empfindbaren Teile, die das Glatte und das Rauhe, oder in ihrer Verbindung, die das Feste, Weiche, Harte, Zerbrechliche ausmacht.

Theophilus. Ich gebe, was Sie sagen, bereitwillig zu, obgleich ich bemerken könnte, daß es nach dem Experiment des verstorbenen Mariotte über das fehlendes Sehens an der Stelle des Gesichtsnerven scheint, daß die Membranen mehr als die Nerven die sinnliche Empfindung erhalten, sowie, daß es für das Hören und für den Geschmack eine Hintertür gibt, da die Zähne und der *Scheitel* dazu beitragen, einen Ton vernehmlich zu machen, und die Geschmäcke sich wegen der inneren Verbindungen dieser Organe einigermaßen durch die Nase erkennen lassen. Aber dies alles ändert hinsichtlich der Erklärung der Vorstellungen im Grunde nichts. Und was die fühlbaren Beschaffenheiten angeht, so kann man sagen, daß das Glatte oder Rauhe, und das

Harte oder Weiche nur Modifikationen des Widerstandes oder der Dichtigkeit sind.

IV. Von der Dichtigkeit

Philalethes. Sie werden zweifelsohne auch zugeben, daß die Empfindung der Dichtigkeit durch den Widerstand verursacht wird, den wir an einem Körper finden, bis er die von ihm eingenommene Stelle verlassen hat, wenn ein anderer Körper wirklich dieselbe hinnimmt. Also nenne ich Dichtigkeit das, was das Nachgeben zweier Körper, wenn sie sich gegeneinander bewegen, verhindert. Findet jemand es passender, es *Undurchdringlichkeit* zu nennen, so habe ich auch nichts dagegen. Aber ich glaube, daß der Ausdruck Dichtigkeit etwas Bestimmteres bedeutet. Diese Vorstellung scheint die wesentlichste und dem Körper am engsten verbundene, und man kann sie nur in der Materie finden.

Theophilus. Allerdings finden wir bei der Berührung Widerstand, wenn es einem anderen Körper Mühe kostet, dem unserigen Platz zu machen, und es widerstrebt allerdings auch den Körpern, an einem und demselben Orte zusammen zu sein. Dennoch zweifeln manche an der Unüberwindlichkeit dieses Widerstandes, und freilich ist es nicht unwichtig zu bemerken, daß der Widerstand, den die Materie leistet, von verschiedener Art sein und aus sehr verschiedenen Ursachen herrühren kann. Ein Körper leistet dem anderen Widerstand, wenn er entweder den schon eingenommenen Platz räumen muß, oder wenn er einen Platz, in welchen er zu treten bereit war, deswegen nicht einnehmen kann, weil auch ein anderer in ihn zu treten sich bestrebte in welchem Falle es sich ereignen kann, daß, wenn der eine dem anderen nicht weicht, sie beide stille stehen oder sich einander zurückstoßen. Der Widerstand wird in der Veränderung dessen erkannt, dem Widerstand geleistet wird, sei es, daß er von seiner Kraft verliert, sei es, daß er seine Richtung ändert, sei es, daß beides zu gleicher Zeit eintritt. Nun kann man im allgemeinen sagen, daß dieser Widerstand daher kommt, daß zwischen zwei Körpern ein Widerstreben, an demselben Orte zu sein, stattfindet, welches man Undurchdringlichkeit nennen könnte. Wenn also der eine in einen Ort zu treten sich bestrebt, so bestrebt er sich zugleich, den anderen daraus zu verdrängen oder ihn am Eintritt zu hindern. Aber diese Art von Unverträglichkeit, welche den einen vor dem anderen oder beide zusammen weichen macht, einmal vorausgesetzt, gibt es außer diesem noch mehrere andere Gründe, aus welchen ein Körper dem, welcher ihn zu verdrängen strebte Widerstand leistet. Sie liegen entweder in ihm selbst oder in den benachbarten Körpern. Deren, die in ihm selbst liegen, gibt es zwei: der eine ist passiv und immerwährend, der andere tätig und wechselnd. Der erste ist das, was ich nach Kepler und Descartes die *Trägheit* nenne, welche Ursache ist, daß die Materie der Bewegung widersteht, und man Kraft verlieren muß, um einen Körper zu bewegen, wenn weder Schwere noch Anhaften dabei stattfände. So muß ein Körper, welcher einen anderen zu verdrängen strebt, deswegen einen sollen Widerstand erfahren. Die andere Ursache, welche tätig und wechselnd ist, besteht in der Impetuosität (dem Bewegungsdrang) des Körpers selbst, der nicht weicht, ohne einem Augenblick, daß seine eigene Impetuosität ihn in einen Ort treibt, Widerstand zu leisten. Dieselben Gründe finden auch für die benachbarten Körper statt, wenn der Körper, welcher widerstrebt, nicht weichen kann, ohne noch andere weichen zu machen. Aber dabei kommt dann noch eine andere Beobachtung in Betracht, nämlich die der *Festigkeit* oder des Umstandes, daß ein Körper dem anderen anhaftet. Dies Anhaften ist häufig die Ursache, daß man einen Körper nicht forttreiben kann, ohne zu gleicher Zeit einen anderen ihm anhaftenden mit zu bewegen, was hinsichtlich dieses anderen eine Art von *Anziehung* ergibt. Dies Anhaften macht auch, daß selbst dann noch, wenn man die bemerkbare Trägheit und Impetuosität beiseite setzen wollte, Widerstand da sein würde, denn hat man sich den Raum von einer vollkommen flüssigen Materie voll gedacht und setzt einen einzigen festen Körper hinein (vorausgesetzt, daß in der Flüssigkeit weder Trägheit noch Impetuosität statthat), so wird er, ohne irgend einen Widerstand zu finden, darin bewegt werden; war aber der Raum voll kleiner Würfel so würde der Widerstand, den der fest, zwischen den Würfeln zu bewegende Körper finden würde, daher kommen, daß die kleinen harten Würfel, eben ihrer Härte wegen oder wegen des Anhaftens ihrer Teile aneinander, sich nur mühsam, soviel als nötig ist, teilen würden, um einen Bewegungskreis zu bilden und den Platz des beweglichen Körpers, sobald er weiterrückt, auszufüllen. Wenn aber beide Körper zu gleicher Zeit in eine zu beiden Seiten offene Röhre an den beiden Enden einträten und die Höhlung gleichmäßig erfüllten, so würde die in dieser Röhre handliche Flüssigkeit, so flüssig sie auch sein möchte, wessen ihrer Undurchdringlichkeit allein Widerstand leisten. Also muß man in dem Widerstand, um den es sich hier handelt, die Undurchdringlichkeit der Körper, die Trägheit, die Impetuosität und das Anhaften in Betracht ziehen. Allerdings kommt dies Anhaften der Körper meiner Meinung nach aus einer feineren Bewegung des einen Körpers gegen den anderen her; aber da dies ein bestreitbarer Punkt ist, so muß man ihn nicht von vornherein voraussetzen. Und aus demselben Grunde darf man ebensowenig von vornherein voraussetzen, daß es eine ursprüngliche wesentliche Dichtigkeit gibt, welche dem Körper den (von ihm eingenommenen) Raum immer gleich macht, d.h. daß die Unverträglichkeit oder, um richtiger zu reden, die *Unmöglichkeit* der Körper, *an demselben Ort zu sein*, eine vollständige Undurchdringlichkeit ist, welche kein Mehr und kein Weniger zuläßt, während mehrere behaupten, daß die *sinnlich empfindbare Dichtigkeit* von dem Widerstreben der Körper, sich an demselben Orte zu beenden, kommen kann, die aber nicht unüberwindlich zu sein braucht. Denn alle die gewöhnlichen Peripatetiker und manche andere glauben, daß eine und dieselbe Materie mehr oder weniger Raum einnehmen kann, was sie Verdünnung und Verdichtung nennen, und zwar nicht bloß eine scheinbare (wie wenn man durch das Zusammendrücken eines Schwammes das Wasser heraustreibt), sondern eine ganz eigentliche, wie die Schule sie sich hinsichtlich der Luft denkt. Ich bin zwar nicht dieser Ansicht, finde aber nicht, daß man von vornherein die entgegengesetzte Ansicht voraussetzen darf, da die Sinne ohne Vernunftgebrauch nicht hinreichen, um diese vollständige Undurchdringlichkeit auszumachen, welche ich wohl für richtig in der Ordnung der Natur halte, die man aber durch die sinnliche Empfindung allein nicht kennen lernt. Auch könnte jemand behaupten, daß der Widerstand der Körper beim Zusammendrücken von einer Anstrengung herkomme, mit welcher die Teile, wenn sie nicht ihre ganze Freiheit haben, sich auszudehnen streben. Um diese Eigenschaften noch zu beweisen, helfen übrigens die Augen viel, indem sie dem Gefühl zu Hilfe kommen. Und im Grunde begreift man die Dichtigkeit, sofern sie einen deutlich bestimmten Begriff gibt, durch die bloße Vernunft, obgleich die Sinne der Vernunft das Beweismittel liefern, daß sie in der Natur vorkommt.

§ 4. *Philalethes*. Wir sind wenigstens darüber einig, daß die *Dichtigkeit* eines Körpers bedeutet, er erfülle den von ihm eingenommenen

Platz dergestalt, daß er jeden anderen Körper schlechthin davon ausschließt (wenn er nicht einen Platz finden kann, wo er vorher nicht war), während die *Härte* oder vielmehr die Konsistenz, welche einige *Festigkeit* nennen, eine enge Vereinigung gewisser Teile der Materie ist, die in der Weise Haufen von sinnlich wahrnehmbarem Umfang bilden, daß die ganze Masse ihre Gestalt nicht leicht verändert.

Theophilus. Diese *Konsistenz*, wie ich bereits bemerkt habe, ist eigentlich das, was einen Teil eines Körpers ohne den anderen zu bewegen erschwert, dergestalt, daß, wenn man den einen anstößt, es vorkommt, daß der andere, der nicht angestoßen ist und gar nicht in die Richtungslinie fällt, nichtsdestoweniger auch nach derselben Seite hin durch eine Art von *Anziehung* sich zu bewegen veranlaßt ist und ferner, wenn dieser letztere Teil einem Hindernis begegnet, das ihn zurückhält oder zurückstößt, so zieht oder hält er auch den ersteren zurück und zwar ist dies stets wechselseitig. Dasselbe begegnet mitunter zweien Körpern, die sich nicht berühren und keinen zusammenhängenden Körper bilden, wovon sie zusammenhängende Teile wären und dennoch macht der Anstoß des einen, daß der andere ohne Anstoß sich bewegt, soweit die Sinne es erkennbar machen. Davon geben der Magnet, die elektrische und diejenige Anziehung, welche man früher der Furcht vor dem leeren Raum zuschrieb, Beispiele ab.

Philalethes. Wie es allgemein scheint, sind das Harte und das Weiche Bezeichnungen, welche wir den Dingen nur hinsichtlich unserer besonderen Körperbeschaffenheit beizulegen pflegen.

Theophilus. Auf diese Art würden aber viele Philosophen ihren Atomen nicht die Härte zuschreiben. Der Begriff der Härte hängt nicht von den Sinnen ab, und man kann deren Möglichkeit durch die Vernunft begreifen, obgleich wir auch durch die Sinne überzeugt werden, daß sie sich tatsächlich in der Natur vorfindet. Indessen würde ich den Ausdruck *Festigkeit* (wenn es mir erlaubt wäre, mich desselben in diesem Sinne zu bedienen) dem der Härte vorziehen, denn es gibt immer noch einige Festigkeit auch in den weichen Körpern. Ich suche sogar ein noch bequemeres und allgemeineres Wort, *wie Konsistenz* oder *Kohäsion*. Also würde ich das *Harte* dem *Weichen* und das *Feste* dem *Flüssigen* gegenüber setzen, denn das Wachs ist weich; aber ohne durch die Hitze geschmolzen zu werden, ist es nicht flüssig und bewahrt seine Gestalt; und in den Flüssigkeiten sogar gibt es gewöhnlich Kohäsion, wie die Wasser- und Quecksilbertropfen zeigen. Ich bin auch der

Meinung, daß alle Körper einen gewissen Grad von *Kohäsion* haben, ebenso wie ich glaube, daß es keine Körper gibt, welche nicht eine gewisse *Flüssigkeit* enthalten und deren Kohäsion unüberwindlich wäre so daß nach meiner Ansicht die Atome Epikurs, deren Härte als unüberwindlich vorausgesetzt wird, ebensowenig statthaben können, als die vollständig flüssige, feine Materie der Kartesianer. Aber es ist hier nicht der Ort, diese Ansicht zu rechtfertigen oder die Ursache der Kohäsion aufzuklären.

Philalethes. Die vollkommene *Dichtigkeit* der Körper scheint sich aus der Erfahrung rechtfertigen zu lassen. So drang das Wasser, da es nicht ausweichen konnte, durch die Poren einer hohlen goldenen Kugel, worin man es eingeschlossen, hindurch, als man diese Kugel, zu Florenz unter die Presse brachte.

Theophilus. Aber die Folgerung, welche Sie aus diesem Experiment und dem ziehen, was dem Wasser geschehen ist, läßt sich noch etwas sagen. Auch die Luft ist ein Körper so gut wie das Wasser und ist gleichwohl, wenigstens ad sensum (für den Sinn), zusammendrückbar; und diejenigen, welche eine eigentliche Verdünnung und Verdichtung aufrechterhalten wollen, werden sagen, daß das Wasser schon zu sehr zusammengedrückt ist, um unseren Maschinen zu weichen, wie eine sehr zusammengedrückte Luft auch einer weiteren Pressung Widerstand leisten würde. Ich gestehe andererseits dennoch zu, daß, wenn man eine kleine Veränderung des Volumens am Wasser bemerken würde, man sie der darin eingeschlossenen Luft zuschreiben müßte, ohne auf die Streitfrage, ob das reine Wasser nicht selbst zusammendrückbar ist, wie man es ausdehnbar findet, wenn es verdunstet, gegenwärtig einzugehen, bin ich im Grunde doch der Ansicht derer, welche glauben, daß die Körper vollkommen undurchdringlich sind, und daß alle Verdichtung und Verdünnung nur scheinbar ist. Aber Experimente dieser Art sind so wenig imstande, es zu beweisen, wie die Röhre Toricellis oder die Maschine Guerickes genügen, um einen vollkommen leeren Raum nachzuweisen.

Philalethes. Wäre der Körper im eigentlichen Sinne verdünnbar und verdichtbar, so könnte er sein Volumen oder seine Ausdehnung ändern, aber da dies nicht der Fall ist, so wird er immer in demselben Raume gleich und seine Ausdehnung dennoch stets von der des Raumes bestimmt unterschieden sein.

Theophilus. Der Körper könnte eine ihm eigene Ausdehnung haben, aber daraus folgt nicht, daß sie immer bestimmt oder demselben Raume gleich wäre. Obgleich man indessen, wenn man den Körper denkt, allerdings etwas mehr als den bloßen Raum denkt, so folgt daraus doch keineswegs, daß es zwei Ausdehnungen gibt, die des Raumes und die des Körpers, denn das wäre, wie wenn man, indem man mehrere Dinge zugleich denkt, noch etwas mehr als die Zahl, nämlich die *res numeratas* (gezählten Dinge) begriffe, während es doch nicht zwei Mehrheiten gibt, die eine abstrakte, nämlich die der Zahl, die andere konkrete, nämlich die der gezählten Dinge. Ebenso kann man sagen, daß man sich nicht zwei Ausdehnungen in der Einbildung vorstellen darf, die eine abstrakte des Raumes und die andere konkrete des Körpers indem die konkrete nur durch die abstrakte eine solche ist. Und wie der Körper von einer Stelle des Raumes zur anderen übergehen, nämlich in ihrer Ordnung untereinander wechseln, so gehen auch die Dinge von einer Stelle der Ordnung oder der Zahl zur anderen über, wenn z.B. das erste das zweite wird und das zweite das dritte usw. In der Tat sind Zeit und Raum nur Weisen der Ordnung, und in diesen Ordnungen würde der freie Platz (den man in bezug auf den Raum das Leere nennt) wenn es einen solchen gäbe, nur die Möglichkeit dessen bezeichnen, was in bezug auf die Wirklichkeit fehlt.

Philalethes. Ich bin immer sehr erfreut, wenn Sie mit mir im Grunde darin eins sind, daß die Materie im Volumen sich nicht verändert. Sie scheinen mir aber zu weit zu gehen, wenn Sie nicht zwei Ausdehnungen anerkennen, und den Kartesianern sich zu nähern, welche den Raum von der Materie gar nicht unterscheiden. Wenn sich nun Leute fänden, welche diese deutlichen Vorstellungen (vom Raume und der ihn füllenden Dichtigkeit) nicht hätten, sondern sie vermischten und daraus nur eine machten, so sehe ich nicht, wie dieselben sich mit den anderen verständigen könnten. Sie verhielten sich wie der Blinde in Hinsicht auf einen anderen Menschen, der ihm von der Scharlachfarbe spricht, sich verhalten würde, während dieser Blinde glaubte, sie gleiche dem Ton einer Trompete.

Theophilus. Ich nehme aber zugleich an, daß die Vorstellungen der Ausdehnung und der Dichtigkeit nicht, wie die des Scharlachs, in einem *undenkbaren Etwas* bestehen. Gegen die Ansicht der Kartesianer unterscheide ich Ausdehnung und Materie. Indessen glaube ich nicht, daß es zwei Ausdehnungen gibt, und da diejenigen, welche über die Verschiedenheit der Ausdehnung und der Wichtigkeit miteinander streiten, über diesen Gegenstand in mehreren Wahrheiten übereinkommen und bestimmte Begriffe haben, so können sie dadurch das Mittel finden, ihre Uneinigkeit fahren zu lassen. So sollte die angebliche Mißhelligkeit über die Vorstellungen ihnen nicht zum Vorwande dienen, die Streitigkeiten zu verewigen, wie ich weiß, daß einige Kartesianer, die doch sonst recht gescheit sind, sich hinter ihren vermeinten Vorstellungen zu verschanzen die Gewohnheit haben. Wenn sie sich jedoch des von mir vordem angegebenen Mittels bedienen wollten, um die Richtigkeit und Unrichtigkeit der Vorstellungen zu erkennen, wovon wir auch in der Folge reden werden, so würden sie ihren unhaltbaren Standpunkt verlassen.

V. Von den einfachen Vorstellungen, welche aus verschiedenen Sinnen stammen

Philalethes. Die Vorstellungen, deren Wahrnehmung aus mehr als einem Sinne stammt, sind die des Raumes, der Ausdehnung, der Gestalt, der Bewegung und der Ruhe.

Theophilus. Diese Vorstellungen, von denen man sagt, daß sie aus mehr als einem Sinne stammen, wie die des Raumes, der Gestalt, der Bewegung, stammen für uns vielmehr aus dem Gemeinsinn her, d.h. aus dem Geiste selbst; denn sie sind Vorstellungen des reinen Verstandes, die sich aber auf das Äußere beziehen und deren wir durch die Sinne uns bewußt werden, auch sind sie fähig definiert und nachgewiesen zu werden.

VI. Von den einfachen Vorstellungen, welche aus der Reflexion stammen

Philalethes. Die einfachen Vorstellungen, welche aus der Reflexion stammen, sind die Vorstellungen des Verstandes und des Willens, denn wir werden uns ihrer nur bewußt, indem wir über uns selbst reflektieren.

Theophilus. Man kann zweifeln, ob alle die Vorstellungen einfach sind, denn es ist z.B. klar, daß die Vorstellung des Willens die des Verstandes in sich schließt, und die Idee der Bewegung die der Gestalt enthält.

VII. Von den Vorstellungen, die aus der sinnlichen Empfindung und der Reflexion stammen

§ 1. *Philalethes.* Es gibt einfache Vorstellungen, welche im Geiste auf allen Wegen der sinnlichen Empfindung und auch der Reflexion zum Bewußtsein gelangen, nämlich der Lust, der Schmerz, die Kraft, das Dasein und die Einheit.

Theophilus. Die Sinne scheinen uns ohne die Hilfe der Vernunft nicht von dem *Dasein* der sinnlichen Dinge überzeugen zu können. Auch möchte ich glauben, daß die Erwägung des Daseins aus der Reflexion stammt. Die der *Kraft* und der *Einheit* stammen auch aus der nämlichen Quelle, und wie mir Einheit, sind diese Vorstellungen von einer ganz anderen Art als die Wahrnehmungen der Lust und des Schmerzes.

VIII. Weitere Betrachtungen über die einfachen Vorstellungen

§ 2. *Philalethes.* Was werden wir von den Vorstellungen der *negativen Eigenschaften* sagen? Mir scheint, daß die Vorstellungen der Ruhe, der Finsternis und der Kälte ebenso positiv sind, wie die der Bewegung, des Lichtes und der Wärme. Wenn man indessen diese Negationen als Ursachen der positiven Vorstellungen hinstellt, bin ich der gewöhnlichen Meinung, aber im Grunde wird es zu bestimmen schwer sein, ob wirklich eine Vorstellung dabei ist, welche aus einer negativen Ursache stammt, bis man nämlich bestimmt hat, ob die Ruhe eher als die Bewegung eine Negation ist.

Theophilus. Ich hätte nicht geglaubt, daß man an dem negativen Wesen der Ruhe zu zweifeln Veranlassung haben könnte. Es genügt dazu, daß man die Bewegung beim Körper aufhebt, aber zur Bewegung genügt nicht, daß man die Ruhe aufhebt, denn man muß noch etwas anderes hinzufügen, um den Grad der Bewegung zu bestimmen, weil es zu ihrem Wesen gehört, davon mehr oder weniger zu erhalten, während alle Arten Ruhe gleich sind. Etwas anderes ist es, von der Ursache der Ruhe zu reden, welche in der zweiten Materie oder Masse positiv sein muß. Ich möchte auch glauben, daß selbst die Vorstellung der Ruhe negativ ist, d.h. daß sie nur in einer Negation besteht. Allerdings ist die Handlung des Verneinens etwas Positives.

§ 9. *Philalethes.* Da die *Eigenschaften* der Dinge die Vermögen sind, in uns die Wahrnehmung der Vorstellungen hervorzubringen, so ist es zweckmäßig, sie voneinander zu unterscheiden. Es gibt erste und zweite Eigenschaften. Die Ausdehnung, die Dichtigkeit, die Gestalt, die Zahl, die Beweglichkeit sind ursprüngliche und vom Körper untrennbare Eigenschaften, welche ich *erste* nenne.

§ 10. Aber *zweite Eigenschaften* nenne ich die Vermögen oder Kräfte des Körpers, gewisse sinnliche Empfindungen in uns oder gewisse Wirkungen in anderen Körpern hervorzubringen, wie z.B. das Feuer im Wachs hervorbringt, indem es dasselbe schmelzt.

Theophilus. Man könnte, glaube ich, sagen, daß, wenn die Kraft wohl zu verstehen ist und deutlich erklärt werden kann, sie unter die *ersten Eigenschaften* gerechnet werden müsse, wenn sie aber nur sinnlich ist und nur eine verworrene Vorstellung bietet, wird man sie unter die *zweiten Eigenschaften* setzen müssen.

§ 11. *Philalethes.* Diese ersten Eigenschaften zeigen, wie die Körper aufeinander wirken. Nun wirken die Körper nur durch Anstoß, wenigstens soweit, als wir es begreifen können; denn unmöglich ist zu begreifen, daß die Körper auf das, was sie nicht berühren, wirken können, was ebensoviel wäre, als sich einbilden, der Körper könne wirken, wo er nicht ist.

Theophilus. Ich bin auch der Ansicht, daß die Körper nur durch Anstoß wirken. Indessen liegt in dem soeben vernommenen Beweis noch eine Schwierigkeit, denn die Anziehung findet nicht immer ohne Berührung statt, und man kann berühren und fortbewegen ohne sichtbaren Anstoß, wie ich oben, als ich von der Härte sprach, gezeigt habe. Wenn es die Atome des Epikur gäbe, so würde ein angestoßener Teil den anderen mit sich fortbewegen und ihn berühren, indem er ihn ohne Anstoß in Bewegung setzte; und bei der gegenseitigen Anziehung der einander naheliegenden Dinge kann man nicht sagen, daß das, was ein anderes mit sich fortbewegt, da, wo es nicht ist, wirkt. Dieser Grund würde nur gegen die Anziehung aus der Ferne streiten, wie auch hinsichtlich dessen, was man die *vires centripetas* (zentripetalen Kräfte) nennt, die von einigen Gelehrten vorgebracht worden sind.

§ 13. *Philalethes*. Gewisse Teile, die auf eine gewisse Art unsere Organe treffen, verursachen in uns gewisse Empfindungen von Farben oder Geschmäcken oder anderen sekundären Eigenschaften, welche das Vermögen haben, diese Empfindungen hervorzubringen. Und es ist nicht schwerer zu begreifen, daß Gott solche Vorstellungen (wie die der Wärme) mit Bewegungen verknüpfen könne, mit denen sie keine Ähnlichkeit haben, als zu begreifen schwer ist, daß er die Vorstellung des Schmerzes mit der Bewegung eines Stückes Eisen verbunden hat, das unser Fleisch zerteilt, einer Bewegung, welcher der Schmerz in keiner Weise gleicht.

Theophilus. Man darf sich nicht einbilden, daß diese Vorstellungen der Farbe oder des Schmerzes willkürlich und ohne Beziehung oder natürliche Verbindung mit ihren Ursachen sind; mit so wenig Ordnung und Vernunft zu handeln, ist nicht Gottes Gewohnheit Ich möchte vielmehr sagen, daß dabei eine Art von Ähnlichkeit ist, zwar keine gänzliche und sozusagen *in terminis*, aber doch eine in Ausdruck zu fassende oder eine Art von Beziehung der Anordnung, wie eine Ellipse und selbst eine Parabel oder Hyperbel in gewisser Beziehung dem Kreise gleichen, dessen Projektion auf der Ebene sie sind, da zwischen dem, was projiziert wird, und der Projektion, die davon gemacht wird, jeder Punkt des einen jedem Punkte der anderen nach einer gewissen Beziehung entspricht. Dies beachten die Kartesianer nicht genüge und Sie haben diesmal ihnen mehr als gewöhnlich nachgegeben und mehr, als Grund dazu war.

§ 15. *Philalethes*. Ich nehme an, was mir richtig erscheint und der Augenschein lehrt, daß die Vorstellungen der ersten Eigenschaften der Körper diesen Eigenschaften gleichen, aber daß die in uns durch die zweiten Eigenschaften erzeugten Vorstellungen ihnen in keiner Weise gleichen.

Theophilus. Ich habe eben bemerkt, wie in Hinsicht der zweiten ebensogut als in Hinsicht der ersten Eigenschaften Ähnlichkeit und genaue Beziehung stattfindet. Es ist ganz vernünftig, daß die Wirkung ihrer Ursache entspreche, und wie kann man das Gegenteil versichern, da man weder die sinnliche Empfindung des Blauen, noch die Bewegungen, welche sie hervorrufen, genau kennt? Allerdings gleicht der Schmerz nicht den Bewegungen einer Nadel, er kann aber sehr wohl den Bewegungen, welche diese Nadel in unserem Körper verursacht, gleichen und diese Bewegungen in der Seele darstellen, wie ich gar nicht zweite, daß es der Fall ist. Deswegen sagen wir auch, daß der Schmerz in unserem Körper und nicht in der Nadel ist. Wir sagen aber, das Licht ist im Feuer, weil es im Feuer Bewegungen gibt, die zwar nicht auf bestimmte Art besonders wahrnehmbar sind, aber deren Vermischung oder Verbindung wahrnehmbar wird und durch die Vorstellung des Lichtes sich uns darstellt.

§ 21. *Philalethes.* Wenn aber die Beziehung zwischen Gegenstand und sinnlicher Empfindung natürlich wäre, wie könnte es doch geschehen, daß, wie wir in der Tat wahrnehmen, das nämliche Wasser der einen Hand warm und der andern kalt erscheinen kann? Was auch zeigt, daß die Wärme nicht mehr im Wasser ist, als der Schmerz in der Nadel.

Theophilus. Das Angeführte zeigt höchstens, daß die Wärme keine sinnlich empfindbare Qualität oder Kraft ist, welche ganz und gar für sich empfunden werden kann, sondern daß sie sich auf die ihr angemessenen Organe bezieht: denn eine eigene Bewegung in der Hand kann sich damit verbinden und ihre Erscheinung ändern. Auch erscheint das Licht Augen von schlechter Beschaffenheit nicht, und wenn sie selbst schon von starkem Licht erfüllt sind, ist ein schwächeres für sie nicht mehr empfindbar. Selbst die nach Ihrer Bezeichnung ersten Eigenschaften, z.B. die Einheit und die Zahl, brauchen nicht immer in gehöriger Weise zu erscheinen. Denn, wie schon Descartes erwähnt hat, erscheint eine mit den Fingern auf eine gewisse Art berührte Kugel doppelt, und die fazettiert geschliffenen Spiegel oder Gläser vervielfältigenden Gegenstand. Es folgt daraus also nicht, daß das, was immer ebenso erscheint, eine Beschaffenheit des Gegenstandes sei und daß sein Bild ihm gleiche. Und was die Wärme anbetrifft, so läßt sich, wenn unsere Hand sehr heiß ist, die mittlere Wärme des Wassers nicht bemerken und mäßigt vielmehr die der Hand, und das Wasser erscheint uns folglich kalt, wie das Salzwasser des Baltischen leeres, wenn es mit dem Wasser des Portugiesischen leeres gemischt wird, dessen spezifischen Salzgehalt vermindert, obgleich das erstere selbst salzhaltig ist. So kann man in einer Hinsicht sagen, daß die Wärme dem Wasser eines Bades angehört, obgleich es jemand kalt erscheinen kann, wie der Honig schlechthin süß genannt wird und das Silber weiß, obgleich manchem Kranken der eine bitter, das andere gelb erscheint, denn die Bezeichnung geschieht nach dem Gewöhnlichsten. Dennoch bleibt es wahr, daß, wenn das Organ und das Mittel gehörigermaßen beschaffen sind, die inneren Bewegungen und die der Seele sie darstellenden Vorstellungen den Bewegungen des Gegenstandes gleichen, welche die Farbe, den Schmerz usw. bewirken, oder, was hierbei dasselbe ist, ihn durch einen ganz genauen Rapport ausdrücken, obgleich dieser Rapport uns nicht deutlich erscheint, weil wir jene Menge kleiner Eindrücke weder in unserer Seele, noch in unserem Körper, noch in dem, was außer uns ist, voneinander unterscheiden können.

§ 24. *Philalethes.* Die Eigenschatten der Sonne, das Wachs zu bleichen und zu erweichen oder den Kot zu verhärten, betrachten wir nur als einfache Kräfte, ohne in der Sonne etwas vorzustellen, was dieser Weiße oder dieser Weichheit oder dieser Härte gleicht: die Wärme aber und das Licht werden gemeiniglich als wirkliche Eigenschaften der Sonne betrachtet. Erwägt man indessen die Sache wohl, so sind diese Eigenschaften des Lichts und der Wärme, welche in mir Wahrnehmungen sind, auf keine andere Art in der Sonne, als die im Wachs hervorgebrachten Veränderungen, wenn es gebleicht oder geschmolzen wird.

Theophilus. Diese Lehre haben einige so weit getrieben, daß sie uns haben überreden wollen, jemand, der die Sonne berühren könne, würde darin gar keine Wärme finden. Die nachgeahmte Sonne, welche sich im Fokus eines Spiegels oder eines Brennglases fühlbar macht, kann diesen Irrtum widerlegen. Was aber die Vergleichung zwischen dem Vermögen des Erwärmens und dem des Schmelzens anbetrifft, so wage ich zu behaupten, daß, wenn das geschmolzene oder gebleichte Wachs Empfindung hätte, es auch etwas dem Ähnliches empfinden würde, was wir empfinden, wenn die Sonne uns wärmt, und, wenn es könnte, würde es sagen, daß die Sonne heiß sei – nicht, weil seine Weiße der Sonne ähnlich ist, denn wenn die Gesichter von der Sonne gebrannt werden, würde deren dunkle Farbe ihr auch gleichen müssen, sondern weil im Wachs Bewegungen geschehen, welche zu den sie verursachenden der Sonne eine Beziehung haben. Seine Weiße könnte aus einer anderen Ursache stammen, aber nicht die Bewegungen, welche es gehabt hat, als es jene von der Sonne empfing.

IX. Von den Wahrnehmungen

§ 1. *Philalethes.* Wir wollen jetzt zu den Reflexions-Vorstellungen im besonderen kommen. Die *Wahrnehmung* ist das erste Vermögen der mit unseren Vorstellungen beschäftigten Seele. Sie ist auch die erste und einfachste Vorstellung, die wir von der Reflexion empfangen. Das *Denken* bezeichnet oft die Wirkung des Geistes auf seine eigenen Vorstellungen, wenn er tätig ist und etwas mit einem gewissen Grad freiwilliger Aufmerksamkeit betrachtet, aber in dem, was man *Wahrnehmung* nennt, verhält der Geist sich gewöhnlich rein leidend, da er sich dessen bewußt zu sein nicht vermeiden kann, wessen er sich augenblicklich bewußt ist.

Theophilus. Vielleicht könnte man hinzufügen, daß die Tiere Wahrnehmungen haben und daß sie nicht notwendigerweise denken, d.h. Reflexion oder das haben, was deren Gegenstand sein kann. Wir haben auch selber schwache Wahrnehmungen, deren wir uns in unserem gegenwärtigen Zustand nicht bewußt werden. Allerdings könnten wir uns sehr wohl derselben bewußt werden und darauf reflektieren, wenn wir nicht durch deren Menge, die uns zerstreut macht, davon abgelenkt, oder wenn sie nicht durch stärkere verwischt oder vielmehr verdunkelt würden.

§ 4. *Philalethes.* Ich gestehe, daß, wenn der Geist stark damit beschäftigt ist, gewisse Gegenstände zu betrachten, er sich in keiner Weise des Eindruckes bewußt wird, den gewisse Körper auf das Gehörorgan machen, obgleich dieser Eindruck ziemlich stark sein mag; er bringt aber keine Wahrnehmung hervor, wenn die Seele nicht davon Notiz nimmt.

Theophilus. Ich würde vorziehen, zwischen *Wahrnehmung* und *Bewußtsein* zu unterscheiden. Die *Wahrnehmung* des Lichts oder der Farbe z.B., deren wir uns bewußt sind, ist aus einer Menge kleiner Wahrnehmungen zusammengesetzt, deren wir uns nicht bewußt sind, und ein Geräusch, von dem wir Wahrnehmung haben, aber auf das wir nicht achtgeben, wird durch eine kleine Zugabe oder Vermehrung fähig, *ins Bewußtsein zu fallen.* Denn wenn das, was vorhergeht, nicht auf die Seele wirkte, so würde diese kleine Zugabe auch nicht darauf wirken, und das Ganze auch nicht. Ich habe diesen Punkt schon § 11, 12, 15 usw. des zweiten Kapitels dieses Buches berührt.

§ 8. *Philalethes.* Es ist hier der Ort zu bemerken, daß die Vorstellungen, welche aus der Sinnlichkeit stammen, bei Erwachsenen oft durch das Urteil des Geistes, ohne daß sie sich dessen bewußt sind, verändert werden. Die Vorstellung einer Kugel von gleichmäßiger Farbe stellt einen flachen Kreis von verschiedener Schattierung und Beleuchtung dar. Aber da wir die Bilder der Körper und die Veränderungen der Lichtreflexe nach der Gestaltung ihrer Oberfläche zu unterscheiden gewohnt sind, so setzen wir an Stelle dessen, was uns erscheint, die Ursache des Bildes selbst und verwechseln so das Urteil mit dem Anblick.

Theophilus. Dies ist vollkommen wahr, und darin besteht das Mittel der Malerei, uns durch den Kunstgriff einer richtig verstandenen Perspektive zu täuschen. Wenn die Ränder des Körpers platt sind, so kann man sie darstellen, ohne Schatten anzuwenden, indem man sich nur der Konturen bedient und die Malereien einfach nach der Weise der Chinesen, aber mit besserer Proportion, als jene, entwirft. Auf eben diese Art pflegt man Medaillen zu zeichnen, damit der Zeichner sich weniger von den genauen Zügen der Antiken entferne. Aber genau läßt sich das innere eines Kreises von dem Innern einer von diesem Kreise begrenzten sphärischen Fläche ohne Hilfe von Schatten nicht unterscheiden, da das Innere des einen wie der anderen weder hervorstehende Punkte noch unterscheidende Züge hat, obgleich zwischen ihnen freilich ein sehr großer, bemerkenswerter Unterschied besteht. Herr v. Argues hat deswegen über die Stärke der Farbentöne und Schatten eigene Vorschriften gegeben. Wenn uns also ein Gemälde täuscht, so irren wir auf zweifache Art in unserem Urteil. Zuerst nämlich setzen wir die Ursache für die Wirkung und glauben das, was die Ursache des Bildes ist, unmittelbar zu sehen, worin wir ein wenig jenem Bunde gleichen, welcher gegen einen Spiegel anbellt. Denn eigentlich sehen wir nichts weiter als das Bild und werden nur von den Strahlen affiziert. Da nun die Lichtstrahlen eine, wenn auch nur geringe Zeit bedürfen, so ist es möglich, daß der Gegenstand in dieser Zwischenzeit zerstört und nicht mehr da ist, wenn der Strahl zum Auge gelangte was aber nicht mehr ist, kann auch nicht ein dem Gesichte gegenwärtiger Gegenstand sein. Zweitens täuschen wir uns auch, indem wir die eine Ursache für die andere setzen und etwa glauben, daß das, was nur von einem flachen Gemälde kommt, von einem Körper abgeleitet sei, dergestalt, daß in diesem Falle unsere Urteile zugleich eine

Metonymie und eine *Metapher* begehen, denn auch die rhetorischen Figuren werden zu *Sophismen*, wenn sie uns täuschen. Diese Verwechslung der Wirkung mit der Ursache, sei sie die wahre oder die vorgebliche kommt auch sonst noch bei unseren Urteilen vor. So glauben wir, wenn wir unseren Körper oder das, was ihn berührt, fühlen, oder wenn wir durch einen unmittelbaren physischen Einguß unsere Arme bewegen, daß darin die Verbindung der Seele mit dem Körper erscheine, während wir in Wahrheit nur das dabei fühlen und verändern, was in uns selbst enthalten ist.

Philalethes. Bei dieser Gelegenheit will ich Ihnen ein *Problem* vorlegen, welches der gelehrter *Molineux*, der seinen herrlichen Geist so nützlich dem Fortschritt der Wissenschaften widmet, dem berühmten *Locke* mitgeteilt hat. Folgendes sind ungefähr seine eigenen Worte: Denken wir uns einen Blindgeborenen, der jetzt erwachsen ist. Diesen hat man gelehrt, durch Berührung einen Würfel von einer Kugel desselben Metalls und fast von gleicher Größe zu unterscheiden, so daß er, wenn er den einen oder die andere berührt, sagen kann, was der Würfel und was die Kugel ist. Man nehme nun an, daß, wenn der Würfel und die Kugel auf einen Tisch gesetzt sind, dieser Blinde plötzlich das Licht erhalte. Es fragt sich, ob er sie nun, wo er so sieht, ohne sie zu berühren, unterscheiden und sagen kann, dies ist der Würfel, dies ist die Kugel. Ich bitte Sie, mir Ihre Meinung darüber zu sagen.

Theophilus. Diese Frage zu überlegen, die mir sehr merkwürdig erscheint, würde ich mir Bedenkzeit ausbitten müssen; da Sie mich aber sofort zu antworten drängen, will ich Ihnen aufs Geratewohl unter vier Augen als meine Ansicht bekennen, daß der blinde, wenn er weiß, das die von ihm erblickten zwei Figuren die des Würfels und der Kugel sind, sie wird unterscheiden und ohne sie zu berühren sagen können: dies ist die Kugel, dies der Würfel.

Philalethes. Ich fürchte, man wird Sie unter diejenigen zählen müssen, welche Herrn Molineux falsch geantwortet haben. Denn in dem diese Frage enthaltenden Schreiben bemerkt er, daß, nachdem er sie bei Gelegenheit der Lockeschen Schrift über den menschlichen Verstand verschiedenen höchst scharfsinnigen Männern vorgelegt habe, kaum einer ihm darauf so geantwortet habe, wie seiner Meinung nach darauf geantwortet werden muß, wenngleich sie sich, nachdem sie seine Gründe vernommen, von ihrem Irrtum überzeugt hätten. Die Antwort dieses scharfsinnigen und durchdringenden Schriftstellers ist verneinend, denn, fügt er hinzu, mag auch jeder Blinde durch Erfahrung gelernt haben, auf welche Weise die Kugel und der Würfel seinen Tastsinn affizieren, so weiß er doch noch nicht, daß das, was den Tastsinn auf diese oder jene Weise affiziert, den Augen so oder so erscheinen müsse, noch, daß die vorspringende Ecke eines Würfels, welche seine Hand auf ungleiche Weise drückt, seinen Augen so erscheinen müsse, wie sie am Würfel erscheint. Der Verfasser des Versuchs erklärt, daß er ganz derselben Ansicht ist.

Theophilus. Vielleicht sind Molineux und der Verfasser des Versuchs über den menschlichen Verstand von meiner Meinung nicht so weit entfernt, als es von vornherein scheint; und die Gründe ihrer Ansicht, in dem Briefe des ersteren offenbar enthalten, der sich derselben mit Erfolg bedient hat, um die Leute von ihrem Irrtum zu überzeugen, sind im zweiten eigens unterdrückt worden, um den Lesern Übung des Nachdenkens zu verschalen. Wenn Sie meine Antwort erwägen wollen, so werden Sie finden, daß ich eine Bedingung hinzugefügt habe, welche man als in der Frage inbegriffen betrachten kann, daß es sich nämlich nur um die Unterscheidung handle, und daß der Blinde wisse, daß die beiden Körper, die er unterscheiden soll, vor ihm seien, und daß somit von den beiden Erscheinungen, welche er sieht, die eine die des Würfels oder die andere die der Kugel sei. In diesem Falle scheint es mir unzweifelhaft, daß der Blinde, welcher blind zu sein aufgehört hat, sie durch die Grundsätze der Vernunft unterscheiden kann, wenn er diese mit dem, was ihm an sinnlicher Erkenntnis der Tastsinn vorher geliefert hat, verbindet. Denn ich rede nicht von dem, was er in der Tat und auf der Stelle tun wird, da er vielleicht durch die Neuheit geblendet und verwirrt oder sonst wenig daran gewöhnt ist, Schlüsse zu ziehen. Der Grund meiner Ansicht ist, daß bei der Kugel an ihrem Rande keine hervortretenden Punkte vorkommen, da alles daran einförmig und ohne Ecken ist, während an dem Würfel acht von allen andern unterschiedene Punkte sind. Gäbe es nicht dies Mittel, die Gestalten zu unterscheiden, so könnte ein Blinder nicht die Anfangsgründe der Geometrie durch den Tastsinn lernen. Gleichwohl sehen wir, daß die geborenen Blinden imstande sind, die Geometrie zu erlernen, und sie besitzen sogar immer gewisse Anfangsgründe einer natürlichen Geometrie, und daß man meistens die Geometrie bloß durch den Blick erlernt, ohne sich des Tastsinns zu bedienen, wie ein Gelähmter oder jemand, dem das Tasten so gut wie versagt ist, es machen könnte und müßte. Und diese zwei Arten der Geometrie nun, die des Blinden und des Gelähmten, müssen sich begegnen und zueinander stimmen und sogar auf dieselben Vorstellungen zurückkommen, obgleich sie keine gemeinsamen Bilder haben. Dies läßt auch erkennen, wie man die *Bilder* und die in Definitionen gefaßten *genau bestimmten* Vorstellungen unterscheiden muß. Es würde in der Tat etwas sehr Merkwürdiges und Unterrichtendes sein, die Vorstellungen eines blind Geborenen wohl zu untersuchen und die Beschreibungen, die er von den Gestalten macht, zu vernehmen. Denn so weit kann er kommen und selbst die Wissenschaft der Optik verstehen, insofern sie von deutlichen und mathematischen Vorstellungen abhängig ist, obschon er nicht dazu gelangen kann zu begreifen, was *gebrochenes Licht* ist, d.h. das Bild des Lichts und der darben. Deshalb antwortete ein gewisser blind Geborener, nachdem er Unterricht in der Optik gehabt hatte, den er wohl zu verstehen schien, jemand, der ihn nach seiner Meinung über das Licht fragte, daß er sich einbilde, es müsse etwas Angenehmes sein, wie der Zucker. Es würde sogar sehr wichtig sein, die Vorstellungen zu prüfen, welche ein taubstumm Geborener von den nicht mit Gestalt versehenen Dingen haben kann, von denen wir die Beschreibung gewöhnlich in Worten haben, und die er auf eine durchaus verschiedene Art haben muß, obgleich sie mit der unserigen gleiche Geltung haben mag, wie die Schrift der Chinesen eine unserem Alphabete gleiche Bedeutung hat, obgleich sie davon unendlich verschieden ist und durch einen Tauben erfunden zu sein scheinen könnte. Ich erfahre durch die Güte eines großen Fürsten, daß in Paris ein geborener Taubstummer, der endlich den Gebrauch der Ohren wiedererlangt und gegenwärtig das Französische gelernt hat (denn man hat ihn vor kurzem von seifen des französischen Hofes kommen lassen), sehr merkwürdige Dinge über die Vorstellungen, die er in seinem früheren Zustand hatte, und über die Veränderung seiner Vorstellungen, als der Gehörsinn geübt zu werden anfing, erzählen kann. Diese geborenen Taubstummen können weiter kommen, als man denkt. Es gab einen solchen zu Oldenburg zur Zeit des letzten Grafen, der ein guter Maler geworden war und sich auch sonst sehr intelligent zeigte. Ein großer Gelehrter, von Geburt ein Bretone, hat mir erzählt, daß es 10 französische Meilen von Nantes zu Blainville, das dem Herzog von Rohan gehört, ungefähr um 1690 einen Armen gab, der in einer Hütte nahe am Schloß vor der Stadt wohnte und, ein geborener Taubstummer, Briefe und andere Gegenstände in die Stadt trug. Er fand die Häuser, indem er gewissen Zeichen folgte, welche ihm die Leute gaben, die ihn zu benutzen pflegten. Endlich wurde der arme Mensch noch blind, hörte aber nicht auf, gewisse Dienste zu leisten und die Briefe in die Stadt zu tragen auf das hin, was man ihm durch den Tastsinn bemerklich machte. Er hatte in seiner Hütte ein Brett, welches von der Tür bis zu dem Orte lief, wo er die Füße hatte und das ihm durch die Bewegung, welche es empfing, erkennen ließ, ob jemand bei ihm eintrat. Es ist eine große Nachlässigkeit, sich nicht eine genaue Kenntnis der Weise, wie solche Menschen denken, zu verschaffen. Wenn er nicht mehr lebt, so würde allem Anschein nach jemand an Ort und Stelle noch darüber Nachricht geben und uns wissen lassen können, wie man ihm das, was er ausführen sollte, bezeichnete. Aber um auf das zurückzukommen, was jener Blindgeborene, der zu sehen anfängt, von der Kugel und dem Würfel urteilen würde, wenn er sie sieht, ohne sie zu berühren, so antworte ich, daß er sie, wie ich eben gesagt habe, unterscheiden werde, wenn ihm jemand angibt, daß die eine oder die andere Erscheinung oder Wahrnehmung, die er davon hat, der Kugel oder dem Würfel zukommt, aber ohne diese vorgängige Anweisung wird er, gestehe ich, nicht sogleich darauf verfallen zu denken, daß diese Arten von Bildern, welche er sich in der Tiefe seiner Augen davon macht und die von einer flachen Zeichnung auf dem Tische herrühren können, Körper darstellen, bis der Tastsinn ihn davon überzeugt, oder er infolge des Nachdenkens über die Strahlen auf Grund der Optik durch die Lichter und Schatten begreifen wird, daß etwas da sein muß, was diese Strahlen aufhält und daß dies gerade das sein muß, was ihm beim Betagten bleibt; – dann wird er endlich dazu gelangen, wenn er diese Kugel und diesen Würfel sich wird bewegen sehen, und der Bewegung gemäß Schatten und Erscheinungen wechseln, oder selbst dann, wenn das Licht, das diese Körper erleuchtet, während sie selbst in Ruhe verharren, seinen Platz wechselt, oder seine Augen in ihrer Lage sich ändern. Denn das sind ungefähr die Mittel, mit denen wir von fern ein Bild oder eine Perspektive, die einen Körper darstellt, von dem wirklichen Körper unterscheiden können.

§ 11. *Philalethes.* Kommen wir nun zur *Wahrnehmung* im allgemeinen. Sie unterscheidet die Tiere von den niedrigen Wesen.

Theophilus. Ich bin zu glauben geneigt, daß auch die Pflanzen eine gewisse Wahrnehmung und Begehrung haben, der großen Analogie wegen, die zwischen den Pflanzen und Tieren obwaltete gibt es, wie die allgemeine Meinung ist, eine Pflanzenseele, so muß diese Wahrnehmung haben. Indessen schreibe ich doch alles, was in dem Körper der Pflanzen und Tiere geschieht, dem Mechanismus zu – ihre erste Bildung ausgenommen. Ich gebe also zu, daß diejenige Bewegung der Pflanze, welche man sensitiv nennt, vom Mechanismus stammt, und billige es nicht, wenn man zur Seele seine Zuflucht nimmt, sobald es sich darum handelt, die Erscheinungen bei Pflanzen und Tieren im einzelnen zu erklären.

§ 14. *Philalethes.* Ich kann mich selbst nicht enthalten zu glauben, daß solche Tierarten, wie die Austern und Muscheln sind, nur einige schwache Wahrnehmung haben, denn lebhafte Empfindungen würden ein Tier nur belästigen, das gezwungen ist, stets an dem Orte zu bleiben, wohin der Zufall es gesetzt hat und wo es von kaltem oder warmem Wasser, reinem oder trübem, je nachdem es zu ihm gelangt, benetzt wird.

Theophilus. Ganz recht; und ich glaube, daß man fast dasselbe von den Pflanzensagen kann; was aber den Menschen anbetrifft, so sind seine Wahrnehmungen von dem Reflexionsvermögen begleitet, welches, sobald sich dazu Gelegenheit bietet, in Wirksamkeit tritt. Wenn er aber in einen Zustand verfällt, wo er wie in einer Lethargie und fast ohne Empfindung sich beendet, hören Reflexion und Bewußtsein auf, und man denkt dann nicht mehr an die allgemeinen Wahrheiten. Die angebotenen und erworbenen Fähigkeiten und Dispositionen und selbst die Eindrücke, welche man in diesem Zustand der Verwirrung empfängt, hören indes darum doch nicht auf und verwischen sich nicht, obwohl man sie vergißt; sie können selbst an die Reihe kommen, um einmal zu einer merkbaren Wirkung beizutragen; denn in der Natur ist nichts unnütz, jede Verwirrung muß sich lösen, die lebendigen Wesen sogar, nachdem sie in einen Zustand der Stumpfheit gelangt sind, müssen wieder einmal zu höheren Wahrnehmungen zurückkehren, und da die einfachen Substanzen immer währen, darf man nicht aus der Erfahrung einiger Jahre über die Ewigkeit urteilen.

X. Von dem Vermögen des Behaltens

§ 1. 2. *Philalethes*. Das andere Geistesvermögen, wodurch derselbe in der Erkenntnis der Dinge mehr vorwärts kommt, als durch die bloße Wahrnehmung, ist das, was ich das *Behalten* nenne. Dies bewahrt die durch die Sinne oder die Reflexion empfangenen Erkenntnisse. Das *Behalten* geschieht auf zwei Weisen, indem man die gegenwärtige Vorstellung behält, was ich *Betrachtung* (*contemplation*) nenne; und indem man die Möglichkeit bewahrt, sie, die Vorstellungen, wieder vor den Geist zurückzuführen, das, was ich das *Gedächtnis* nenne.

Theophilus. Man behält auch und betrachtet (*kontempliert*) die angeborenen Erkenntnisse und kann sehr oft das Angeborene vom Erworbenen nicht unterscheiden. Es gibt auch eine Wahrnehmung der Bilder, sowohl derer, welche uns schon einige Zeit innewohnen, als derer, die sich neu in uns bilden.

§ 2. *Philalethes.* Unsere Partei glaubt, daß diese Bilder oder Vorstellungen etwas zu sein aufhören, wenn sie nicht mehr tatsächlich bemerkt werden; und daß die Behauptung von im Gedächtnis aufbewahrten Vorstellungen im Grunde nichts anderes bedeutet, als daß die Seele bei verschiedenen Gelegenheiten die *Macht* hat, Wahrnehmungen wieder zu erwecken, welche sie schon mit einer Empfindung gehabt hat, durch welche sie zugleich überzeugt sein kann, solcherlei Wahrnehmungen bereits früher gehabt zu haben.

Theophilus. Wenn die Vorstellungen nur die Normen oder Gestalten der Gedanken wären, so würden sie mit ihnen aufhören; Sie haben aber selbst anerkannt, daß sie deren innere Gegenstände sind, und auf diese Art bestehen bleiben können. Ich wundern mich, wie Sie immer von diesen bloßen *Vermögen* oder *Fähigkeiten* reden können, welche Sie bei den Schulphilosophen sicherlich verwerfen würden. Man müßte ein wenig deutlicher erklären, worin diese *Fähigkeit* besteht und wie sie ausgeübt wird; dies würde zeigen, daß es Dispositionen gibt, welche Reste der früheren Eindrücke sowohl in der Seele als im Körper sind, deren man sich aber nur dann bewußt ist, wenn das Gedächtnis dazu Anlaß findet. Und wenn nichts von den früheren Gedanken übrig bliebe, sobald man nicht mehr daran denkt, so würde es nicht möglich sein zu erklären, wie man das Andenken daran bewahren kann; deswegen heißt, auf jene bloße Fähigkeit zurückgehen, etwas Unverständliches behaupten.

XI. Von der Fähigkeit, die Vorstellung zu unterscheiden

§ 1. *Philalethes.* Von der Unterscheidung der Vorstellungen hängt die Evidenz und Gewißheit mehrerer Sätze ab, die für angeborene Wahrheiten gelten.

Theophilus. Ich gebe zu, daß man, um diese angeborenen Vorstellungen zu denken und klar einzusehen, Unterscheidung nötig hat, darum hören sie aber nicht auf, angeboren zu sein.

§ 2. *Philalethes.* Die *Lebendigkeit* des Geistes nun besteht darin, Vorstellungen sich schnell zu vergegenwärtigen, aber es gehört *Urteil* dazu, sie sich deutlich zu vergegenwärtigen und genau voneinander zu unterscheiden.

Theophilus. Vielleicht ist das eine oder das andere *Lebendigkeit* der Einbildungskraft, und besteht das Urteil in der vernunftgemäßen Prüfung der Sätze.

Philalethes. Ich stehe dieser Unterscheidung von Geist und Urteil gar nicht fern. Mitunter besteht das Urteil darin, es nicht zu sehr anzuwenden. Es wäre z.B. für manche geistreiche Gedanken gewissermaßen ein Schaden, wenn man sie nach den strengen Regeln der Wahrheit und des triftigen Urteils prüfen wollte.

Theophilus. Das ist eine gute Bemerkung. Geistreiche Gedanken müssen eine gewisse, wenigstens scheinbare Begründung in der Vernunft haben; aber man muß sie nicht mit allzugroßer Ängstlichkeit zerlegen, wie man ein Gemälde nicht allzunahe betrachten darf. In diesem Punkte scheint mir P. Bonhours mehr als einmal in seinem Buche über die Art und Weise, über Werke des Geistes richtig zu denken, zu fehlen, wie wenn er das schöne Wortspiel des Lucan verächtlich behandelt: *Victrix causa Diis placuit, sed victa Catoni.*

§ 4. *Philalethes.* Ein anderes Verfahren des Geistes hinsichtlich seiner Vorstellungen ist die *Vergleichung* zwischen einer Vorstellung und einer zweiten in Absicht der Ausdehnung, der Grade, der Zeit, des Ortes oder irgend eines anderen Umstandes: davon hängt jene große Zahl von Vorstellungen ab, die unter der Benennung der *Relation* (*Beziehung*) begriffen werden.

Theophilus. Meinem Sinne nach ist die *Relation* (*Beziehung*) allgemeiner als die Vergleichung. Denn die *Relationen* sind entweder Beziehungen der *Vergleichung* oder des *Zusammenhanges*. Die ersten betroffen die *Übereinstimmung* oder *Nichtübereinstimmung* (ich nehme diese Ausdrücke in einem weniger ausgedehnten Sinne), was die Ähnlichkeit, Gleichheit, Ungleichheit usw. umfaßt. Die anderen beziehen sich auf irgendeine *Verknüpfung*, wie der Ursache und Wirkung, des Ganzen und der Teile, der Lage, Ordnung usw.

§ 6. *Philalethes.* Die *Zusammenstellung* der einfachen Vorstellungen zu zusammengesetzten ist auch noch eine Vefahrungsweise unseres Geistes. Man kann darauf das Vermögen beziehen, *die Vorstellungen zu erweitern*, indem man diejenigen verbindet, welche von derselben Art sind, wie wenn man z.B. aus mehreren Einheiten ein Dutzend bildet.

Theophilus. Ohne Zweifel ist auch die eine ebensogut zusammengesetzt wie die andere, aber die Zusammenstellung gleicher Vorstellungen ist einfacher als die verschiedener.

§ 7. *Philalethes.* Eine Hündin ernährt wohl junge Füchse, schwatzt mit ihnen und hat für sie ganz dieselbe Leidenschaft wie für ihre Zungen, wenn man es nur bewirken kann, daß die Füchslein ganz wie es sein muß, an ihr sangen, damit die Milch sich durch ihren ganzen Körper verbreitet. Auch scheint es nicht, daß die Tiere, welche mehrere Zungen zu gleicher Zeit haben, irgend eine Kenntnis von *deren Zahl* besitzen.

Theophilus. Die Liebe der Tiere stammt aus einem Lustgefühl, welches durch die *Gewohnheit* erhöht wird. Was jedoch die genaue *Zahl* betrifft, so können selbst die ansehen die Zahlen der Dinge nur durch irgend ein künstliches Hilfsmittel erkennen, wie wenn sie sich der Zahlwörter zum Zählen bedienen, welche gleich ohne Zählen erkennen lassen, ob etwas fehlt.

§ 10. *Philalethes.* Ebensowenig bilden die Tiere Abstraktionen.

Theophilus. Ich bin derselben Meinung. Sie erkennen augenscheinlich die Weiße und bemerken sie in der Kreide wie im Schnee, aber das ist noch keine Abstraktion, denn diese fordert eine Auffassung des von dem Besonderen getrennten Gemeinsamen, und folglich gehört die Erkenntnis der allgemeinen Wahrheiten dazu, die den Tieren nicht verliehen ist. Auch bemerkt man sehr wohl, daß die Tiere, welche sprechen, sich der Worte nicht bedienen, um allgemeine Vorstellungen auszudrücken, und daß die des Gebrauchs der Sprache und der Worte beraubten Menschen deswegen doch nicht unterlassen, sich andere allgemeine Zeichen zu machen. Ich freue mich außerordentlich, Sie hier, wie auch sonst, die Vorzüge der menschlichen Natur so richtig bemerken zu sehen.

§ 11. *Philalethes.* Wenn die Tiere Vorstellungen haben und nicht bloße Maschinen sind, wie einige es vorgeben, so können wir nicht leugnen, daß sie bis zu einem gewissen Grade Vernunft haben. Und was mich anbetrifft, so scheint es mir ebenso klar, daß sie Vernunft gebrauchen, als mir scheint, daß sie Gefühl haben. Aber ihr Vernunftgebrauch bezieht sich allein auf die besonderen Vorstellungen, je nachdem ihre Sinne sie ihnen darstellen.

Theophilus. Die Tiere gehen von einem Phantasiebild zu einem anderen durch die Verknüpfung über, welche sie früher bemerkt haben; wenn z.B. der Herr einen Stock nimmt, fürchtet der Hund, geschlagen zu werden. Und in vielen Fällen haben die Kinder ebenso wie die übrigen Menschen bei ihrem Übergang von einem Gedanken zum anderen kein anderes Verfahren. Dies könnte man in einem sehr erweiterten Sinn *Folgerung* und *Vernunftgebrauch* nennen. Aber ich ziehe vor, mich dem einmal angenommenen Gebrauch zu fügen, indem ich diese Worte den Menschen weihe und sie der Erkenntnis eines Grundes bei der Verknüpfung der Wahrnehmungen vorbehalte, welche die bloßen sinnlichen Empfindungen nicht geben können. Denn deren Wirkung ist nur, daß man naturgemäß ein anderes Mal dieselbe Verknüpfung, die man vorher bemerkt hat, erwartet, wenn auch die Gründe vielleicht nicht mehr dieselben sind: ein Umstand, welcher diejenigen oft täuscht, die sich nur durch die Sinne leiten lassen.

§ 13. *Philalethes.* Die *Geistesschwachen* entbehren der Lebhaftigkeit, Tätigkeit und Beweglichkeit im Denkvermögen, wodurch sie sich des Gebrauchs der Vernunft beruht finden. Die *Narren* scheinen in dem entgegengesetzten Extrem zu sein, denn mir scheint nicht, daß sie das Vermögen des vernünftigen Denkens verloren haben, sondern sie nehmen gewisse von ihnen falsch verbundene Vorstellungen für Wahrheiten und täuschen sich auf dieselbe Art wie diejenigen, welche auf Grund falscher Prinzipien richtig schließen. So sehen Sie, daß ein Narr, welches König zu sein sich einbildet, durch eine richtige Folgerung verlangt, seiner Würde gemäß Bedienung, Ehre und Gehorsam zu finden.

Theophilus. Die *Geistesschwachen* gebrauchen nicht die Vernunft und unterscheiden sich darin von den *Dummen* eines gewissen Schlages, welche zwar ein gutes Urteil haben, aber, da sie nicht schnell fassen, verachtet und unbequem sind, wie derjenige sein würde, welcher mit angesehenen. Leuten L'hombre spielen wollte und zu lange und zu oft darüber nachdenken müßte, was er spielen soll. Ich erinnere mich, daß ein gescheiter Mann, welcher durch den Gebrauch starker Medikaments sein Gedächtnis verloren hatte, in diesen Zustand vorbei, aber seine Urteilskraft ließ sich immer erkennen. Einem Narren schlechthin fehlt dagegen fast bei jeder Gelegenheit das Urteil. Es gibt indessen Narren in Einzelheiten, welche sich eine falsche Voraussetzung über einen bedeutenden Punkt ihres Lebens bilden und darüber wie Sie sehr gut bemerkt haben, richtig weiter denken. Solch einer ist ein wohlbekannter Mann an einem gewissen Hofe, welcher sich dazu bestimmt glaubt, die Angelegenheiten der Protestanten zu ordnen und Frankreich zur Vernunft zu bringen, und daß Gott zu diesem Zweck die größten Persönlichkeiten durch seinen Körper hindurchgehen läßt, um ihn zu veredeln: er verlangt alle ihm bekannten heiratsfähigen Prinzessinnen zu heiraten, aber erst nachdem er sie heilig gemacht hat, damit er eine heilige Nachkommenschaft erhalte, welche die Erde beherrschen soll. Er schreibt alle Übel des Krieges der geringen Beachtung seiner Ratschläge zu. Spricht er mit einem Souverän, so trifft er alle nötigen Maßregeln, um seiner Würde nichts zu vergeben. Wenn man mit ihm in Unterhaltung tritt, verteidigt er sich endlich so gut, daß ich mehr als einmal ungewiß gewesen bin, ob seine Narrheit nicht Verstellung ist, denn er macht es gar zu gut. Die ihn indessen besser kennen, versichern mir, daß es ehrlich gemeint sei.

XII. Von den zusammengesetzten Vorstellungen

Philalethes. Der Verstand läßt sich nicht übel mit einem ganz dunklen Zimmer vergleichen, welches nur einige kleine Öffnungen hat, um von außen die äußeren sichtbaren Bilder einzulassen, dergestalt, daß wenn diese Bilder, welche sich in dem dunklen Zimmer abbilden, dort bleiben und in Ordnung aufgestellt werden könnten, so daß man sie gelegentlich finden könnte, zwischen diesem Zimmer und dem menschlichen Verstande große Ähnlichkeit sein würde.

Theophilus. Um die Ähnlichkeit noch zu vergrößern, müßte man annehmen, daß in dem dunklen Zimmer eine Leinwand, die Bilder aufzunehmen, ausgespannt wäre, die aber nicht eine ganz ebene, sondern eine durch Halten, welche die angeborenen Erkenntnisse darstellen, unterbrochene Fläche bildete, daß weiter diese ausgespannt Leinwand oder Haut eine Art Elastizität oder Wirkungskraft und selbst eine sowohl den älteren Falten als den neugekommenen Eindrücken der Bilder angepaßte Tätigkeit oder Reaktionskraft habe. Und zwar müßte diese Tätigkeit in gewissen Schwingungen oder Oszillationen bestehen, wie man solche an einer ausgespannten Saite bemerkt, wenn man sie berührt, dergestalt, daß sie eine Art von musikalischem Ton von sich gäbe. Denn wir empfangen nicht allein Bilder oder Spuren in unserem Gehirn, sondern formen auch neue, wenn *wir zusammengesetzte* Vorstellungen auffassen. So muß also die unser Gehirn veranschaulichende Leinwand tätig und elastisch sein. Diese Vergleichung würde das, was im Gehirn vor sich geht, ziemlich gut erklären, was aber die Seele anbetrifft, welche eine einfache Substanz oder *Monade* ist, so stellt diese ohne Ausdehnung dieselben Mannigfaltigkeiten der ausgedehnten Massen vor und hat eine Wahrnehmung desselben.

§ 3. *Philalethes.* Die zusammengesetzten Vorstellungen sind nun entweder *Modi* oder *Substanzen* oder *Relationen* (Beziehungen).

Theophilus. Diese Unterscheidung der Gegenstände unseres Denkens in Substanzen, Modi und Relationen (Beziehungen) hat ganz meinen Beifall. Ich glaube, daß die Eigenschaften nur Modifikationen der Substanzen sind, und diesen fügt der Verstand die Relationen noch hinzu. Es folgt daraus mehr, als man denkt.

Philalethes. Die *Modi* sind entweder *einfache* (wie ein Dutzend, ein Schock, welche aus einfachen Vorstellungen derselben Art, d.h. aus Einheiten gebildet sind) oder *gemischte* (wie die Schönheit), zu denen einfache Vorstellungen verschiedener Arten gehören.

Theophilus. Vielleicht sind *Dutzend* und *Schock* nur Relationen und nur durch das Verhältnis zum Verstande gebildet. Die Einheiten sind für sich, und der Verstand faßt sie zusammen, mögen sie auch noch so zerstreut sein. Obgleich jedoch die Relationen aus dem Verstande stammen, sind sie doch nicht ohne Grund und Wirklichkeit. Denn der erste Verstand ist der Ursprung der Dinge, und selbst die Wirklichkeit aller Dinge, die einfachen Substanzen ausgenommen, besteht nur auf Grund der Wahrnehmungen der Erscheinungen der einfachen Substanzen, hinsichtlich der gemischten Modi verhält es sich häufig ebenso, d.h. man muß sie lieber den Relationen zuweisen.

§ 6. *Philalethes.* Die Vorstellungen der *Substanzen* sind gewisse Verknüpfungen einfacher Vorstellungen, durch welche man besondere und bestimmte Dinge dargestellt werden läßt, die durch sich selbst bestehen – unter wichen Vorstellungen man immer als den ersten und ursprünglichen den dunklen Begriff der *Substanz* betrachtet, die man, was sie auch an und für sich sein mag, ohne sie zu erkennen, voraussetzt.

Theophilus. Die Vorstellung der *Substanz* ist nicht so dunkel, als man denkt. Man kann von ihr erkennen, was nötig ist und was man an anderen Dingen auch erkennt; auch ist die Erkenntnis des Konkreten sogar immer früher, als die des Abstrakten; man erkennt das Warme eher, als die Wärme.

§ 7. Hinsichtlich der Substanzen gibt es noch zwei Arten von Vorstellungen. Die eine ist die der einzelnen Substanzen, wie die eines Menschen oder eines Schafes, die andere die von mehreren Substanzen zusammengenommen, wie die eines Heeres von Menschen oder einer Schafherde; diese Sammelvorstellungen bilden auch eine einzige Vorstellung.

Theophilus. Mit dieser Vorstellungseinheit der Aggregate hat es ganz seine Richtigkeit, aber im Grunde muß man gestehen, daß solche Einheit von Sammelvorstellungen nur ein Rapport oder eine Relation ist, deren Begründung in dem liegt, was jede der einzelnen Substanzen für sich hat. So haben also *diese aus Aggregation entstandenen Wesen* keine andere völlige Einheit als eine geistige, und folglich ist auch ihre *Wesenheit* gewissermaßen eine geistige oder Erscheinungswesenheit, wie die des Regenbogens am Himmel.

XIII. Von den einfachen Modi und zunächst von

denen des Raumes

§ 3. *Philalethes.* Der Raum, wenn er hinsichtlich der Länge, welche zwei Körper trennt, betrachtet wird, heißt *Entfernung*; hinsichtlich der

Länge, Breite und Tiefe kann man ihn Raumerfüllung (*Kapazität*) nennen.

Theophilus. Um genauer zu sprechen, so ist die *Entfernung* zweier in räumlicher Lage befindlichen Dinge (mögen es Punkte oder Flächen sein) die Länge der möglich kleinsten Linie, welche man von dem einen zum andern ziehen kann. Diese Entfernung kann man entweder für sich oder in einer gewissen Figur, die die beiden voneinander entfernten Dinge mit in sich begreift, betrachten. Die gerade Linie z.B. ist für sich genommen die Entfernung zwischen zwei Punkten. Aber sind diese beiden Punkte in derselben Kugeloberfläche, so ist die Entfernung dieser beiden Punkte auf dieser Oberfläche die Länge des kleinsten Kreisbogens, welchen man von dem einen Punkte zum andern ziehen kann. Auch ist wichtig zu bemerken, daß die Entfernung nicht bloß zwischen zwei Körpern, sondern auch zwischen den Flächen, Linien und Punkten stattfindet. Man kann sagen, daß die *Raumerfüllung* oder vielmehr der Zwischenraum zwischen zwei Körpern oder zwei anderen Flächen oder zwischen einer Flache und einem Punkte der durch alle diejenigen kürzesten Linien hergestellte Raum ist, welche man zwischen den Punkten des einen oder des anderen Gegenstandes ziehen kann. Dieser Zwischenraum ist erfüllt, ausgenommen, wenn die beiden in räumlicher Lage befindlichen Gegenstände in derselben Fläche liegen, und die kürzesten Linien zwischen den Punkten der in räumlicher Lage befindlichen Gegenstände müssen auch in diese Fläche fallen, wo sie für sich genommen werden müssen.

§ 4. *Philalethes.* Außer dem, was es in der Wirklichkeit gibt, haben die Menschen in ihrem Geiste die Vorstellungen gewisser bestimmter Längen festgesetzt, wie die eines Zolles oder Fußes.

Theophilus. Das können sie nicht. Denn es ist unmöglich, die deutlich bestimmte Vorstellung einer Länge zu haben. Man kann mittels des Geistes weder sagen noch begreifen, was ein Zoll oder ein Fuß ist. Und man kann die Bedeutung dieser Namen auch nur durch die wirklichen Maße berechnen, welche man als unveränderlich annimmt und durch die man sie immer wieder finden kann. Darum hat der englische Mathematiker Greave sich der ägyptischen Pyramiden, die schon lange gedauert haben und sicherlich noch eine Zeit dauern werden, zur Erhaltung unserer Masse bedienen wollen, indem er der Nachwelt die Verhältnisse bemerkte, welche sie zu gewissen bestimmten, auf einer dieser Pyramiden verzeichneten Längen haben. Allerdings hat man seit kurzem gefunden, daß die Pendel dazu dienen, die Masse zu verewigen (*mensuris rerum ad posteros transsmittendis*), wie die Herren Huygens, Ponton und Buratini, weiland Münzmeister von Polen, zu zeigen unternommen haben, indem sie das Verhältnis unserer Längenmaße zur Länge eines Pendels berechneten, welches genau eine Sekunde lang schwingt, d.h. den 86,400sten Teil einer Drehung des Fixsternhimmels oder eines astronomischen Tages, worüber Buratini eine besondere Schrift abgefaßt hat, welche ich im Manuskript gesehen habe. Aber bei diesem Pendelmaß findet noch die Unvollkommenheit statt, daß man sich auf gewisse Länder beschränken muß, denn um die gleiche Zeit zu schwingen, bedürfen die Pendel unter dem Äquator eine kleinste Länge. Auch muß man noch die beständige Gleichheit des wirklichen Fundamentalmaßes voraussetzen, d.h. der Tagesdauer oder der Dauer einer Achsendrehung der Erde und sogar der Ursache ihrer Schwere, von anderen Umständen nicht zu reden.

§ 5. *Philalethes.* Indem wir bemerken, wie die äußersten Grenzen entweder durch gerade Linien, welche bestimmte Winkel bilden, oder durch krumme Linien, wobei man keinen (bestimmten) Winkel bemerken kann, endigen, bilden wir die Vorstellung der *Figur*.

Theophilus. Eine *Flächenfigur* wird durch eine oder mehrere Linien begrenzt, aber die *Figur eines Körpers* kann ohne bestimmte Linien begrenzt werden, wie z.B. die einer Kugel. Eine einzige gerade Linie oder ebene Fläche kann keinen Raum einschließen oder eine Figur ausmachen. Aber eine einzige Linie kann eine Flächenfigur einschließen, z.B. den Kreis, das Oval, ebenso wie eine einzige krumme Oberfläche eine körperliche Figur umschließen kann, wie die Kugel oder das Sphaeroid. Indessen können nicht allein mehrere gerade Linien oder ebene Oberflächen sondern auch mehrere krumme Oberflächen zusammentreffen und sogar miteinander Winkel bilden, wenn die eine nicht die Tangente der anderen ist. Es ist nicht leicht, von der *Figur* im allgemeinen nach dem Gebrauch der Geometer die Definition zu geben. Zu sagen, sie sei ein begrenztes Ausgedehntes, würde zu allgemein sein, denn eine gerade Linie z.B. wenngleich sie an beiden Enden begrenzt ist, ist keine Figur, und selbst zwei gerade Linien können nicht eine solche bilden. Zu sagen, sie sei ein durch ein Ausgedehntes begrenztes Ausgedehntes, ist nicht allgemein genug, denn die gesamte Kugeloberfläche ist eine Figur, und dennoch ist sie nicht durch irgend ein Ausgedehntes begrenzt. Man kann ferner sagen, daß die *Figur* ein solches begrenztes Ausgedehntes ist, in welchem es unendlich viel Wege von einem Punkte zum anderen gibt. Dies umfaßt die ohne Begrenzungslinien endigenden Oberflächen, welche die vorhergehende Definition nicht umfaßte und schließt die bloßen Linien aus, weil es von einem Punkte zum anderen bei einer Linie nur einen Weg oder doch eine bestimmte Anzahl von Wegen gibt. Aber noch besser wird es sein zu sagen, daß die Figur ein solches begrenztes Ausgedehntes ist, welches einen ausgedehnten Schnitt zuläßt oder auch, welches *Breite* hat, ein Ausdruck, von dem man bis jetzt auch noch keine Definition gegeben hat.

§ 6. *Philalethes.* Wenigstens sind alle Figuren nichts anderes als einfache Modi des Raumes.

Theophilus. Die einfachen Modi wiederholen Ihrer Ansicht nach dieselbe Vorstellung, aber bei den Figuren kommt nicht immer die Wiederholung desselbigen vor. Die krummen sind von den geraden Linien und untereinander sehr verschieden. Somit weiß ich nicht, wie die Definition des einfachen Modus hier paßt.

§ 7. *Philalethes.* Man muß unsere Definitionen nicht allzustreng nehmen. Gehen wir aber von der Figur auf den Ort über. Wenn wir alle die Schachfiguren auf denselben Geldern des Schachbrettes wiederfinden, wo wir sie gelassen haben, so sagen wir, daß sie alle an derselben Stelle sind, obgleich das Schachbrett selbst versetzt sein mag. Wir sagen auch, daß das Schachbrett an demselben Orte steht, falls es an derselben Stelle der Kajüte des Schiffes bleibt, wenn auch das Schiff weitergesegelt ist. Man sagt auch, daß das Schiff an demselben Orte ist, vorausgesetzt, daß es dieselbe Entfernung hinsichts der benachbarten Ländersteile innehält, wenn die Erde sich auch vielleicht gedreht hat.

Theophilus. Der *Ort* ist entweder ein *besonderer*, wenn man ihn hinsichtlich bestimmter Körper in Betracht zieht; oder ein *allgemeiner*, wenn er sich auf das Ganze bezieht und hinsichtlich dessen alle Veränderungen in bezug auf jeden beliebigen Körper in Rechnung gezogen werden. Und wenn es auch nichts Festes in der Welt gäbe, so würde der Ort eines jeden Dinges darum doch durch Vernunftschluß bestimmt werden können, wenn es möglich wäre, alle Veränderungen zu verzeichnen, oder wenn das Gedächtnis eines Geschöpfes dazu genügen könnte, wie man sagt, daß die Araber aus dem Gedächtnis und im Reiten Schach spielen. Auch was wir nicht begreifen können, kann darum dennoch durch die Wahrheit der Dinge bestimmt sein.

§ 15. *Philalethes.* Wenn mich jemand fragt, was der *Raum* ist, so bin ich ihm das zu sagen bereit, wenn er mir erst sagt, was die *Ausdehnung* ist.

Theophilus. Ich würde ebensogut zu sagen wissen, was das Fieber oder irgend eine andere Krankheit ist, als ich glaube, daß die Natur des Raumes klar ist. *Ausdehnung* ist das Abstraktum von Ausgedehnt. Das Ausgedehnte ist aber ein Zusammenhangendes, dessen Teile koexistent sind oder zugleich da sind.

§ 17. *Philalethes.* Wenn man fragt, ob der Raum körperlos ist, ob er Substanz oder Akzidenz ist, so antworte ich ohne Zögern, daß ich davon nichts weiß.

Theophilus. Ich habe Ursache zu fürchten, daß ich der Eitelkeit angeklagt werde, indem ich bestimmen will, was Sie nicht zu wissen gestehen. Aber man kann mit Grund annehmen, daß Sie davon mehr wissen, als Sie sagen oder glauben. Einige haben geglaubt, daß Gott der Ort der Dinge ist. Dieser Ansicht waren Lessius und Guericke, wenn ich nicht irre; aber dann enthält der Ort etwas mehr, als wir dem Raum zuschreiben, dem wir jede Tätigkeit abzusprechen pflegen; und auf diese Weise ist er nicht mehr eine Substanz, als die Zeit, und wenn er Teile hat, kann er nicht Gott sein. Er ist eine Beziehung, eine Ordnung, nicht allein für die wirklichen, sondern auch für die möglichen Dinge, wie wenn sie wären. Aber seine Wahrheit und Wirklichkeit ist in Gott begründet, wie alle die ewigen Wahrheiten.

Philalethes. Ich stehe Ihrer Ansicht nicht fern, und Sie kennen den Spruch des h. Paulus, daß wir in Gott leben, weben und sind. So kann man den verschiedenen Betrachtungsweisen gemäß sagen, daß der Raum Gott ist, und ebenso kann man sagen, daß er nur eine Ordnung oder Relation ist.

Theophilus. Das Beste wird also sein zu sagen, daß der Raum eine Ordnung, Gott aber deren Quelle ist.

§ 19. *Philalethes.* Um jedoch zu wissen, ob der Raum eine Substanz ist, müßte man wissen, worin die Natur der Substanz im allgemeinen besteht. Aber das hat seine Schwierigkeit. Wenn Gott, die endlichen Geister und die Körper gemeinsam an demselben Wesen der Substanz teilnehmen, folgt daraus nicht, daß sie nur durch die verschiedene Modifikation dieser Substanz sich voneinander unterscheiden?

Theophilus. Wenn diese Folgerung gälte, so würde auch daraus folgen, daß Gott, die endlichen Geister und die Körper, da sie gemeinschaftlich an demselben Wesen des Seins teilnehmen, nur durch die verschiedene Modifikation dieses Seins sich voneinander unterscheiden.

§ 19. *Philalethes.* Diejenigen, welche zuerst darauf gekommen sind, die Akzidenzien als eine Art realer Wesen zu betrachten, welche eines Dinges bedürfen, dem sie verknüpft sein müssen, sind gezwungen gewesen, das Wort Substanz zu ermüden, um den Akzidenzien als Stütze zu dienen.

Theophilus. Glauben Sie also, daß die Akzidenzien ohne Substanz bestehen könnend Oder wollen Sie, daß sie keine realen Wesen sein sollen? Es scheint, daß Sie sich ohne Grund Schwierigkeiten machen; auch habe ich schon darüber bemerkt, daß die Substanzen oder Concreta eher als die Akzidenzien oder Abstracta begriffen werden.

Philalethes. Die Worte Substanz und Akzidenz sind meiner Ansicht nach in der Philosophie von geringem Nutzen.

Theophilus. Ich gestehe anderer Meinung zu sein und glaube, daß die Betrachtung der Substanz einer der bedeutendsten und fruchtbarsten Punkte der Philosophie ist.

§ 21. *Philalethes.* Wir haben jetzt von der Substanz nur gelegentlich der Frage gesprochen, ob der Raum eine Substanz ist. Aber es genügt hier, daß er kein Körper ist. Auch wird niemand wagen, den Körper unendlich zu machen, wie den Raum.

Theophilus. Descartes und seine Anhänger haben gleichwohl erklärt, daß die Substanz keine Schranken hat, indem sie die Welt unbestimmt – unendlich machten, dergestalt, daß es uns nicht möglich sei, ihre äußersten Grenzen zu begreifen. Sie haben auch den Ausdruck unendlich mit einigem Grunde in unbestimmt – unendlich verändert, denn es gibt niemals ein unendliches Ganze in der Welt, obgleich es darin immer bis ins Unendliche Ganze gibt, von denen das eine größer ist als das andere. Sogar das Universum kann nicht für ein Ganzes gelten, wie ich anderswo gezeigt habe.

Philalethes. Diejenigen, welche die Materie und das Ausgedehnte für ein und dasselbe nehmen, behaupten, daß die inneren Wände eines leeren hohlen Körpers sich berühren müßten. Der Raum aber zwischen zwei Körpern genügt, um ihre gegenseitige Berührung zu verhindern.

Theophilus. Ich bin Ihrer Meinung, denn obwohl ich keinen leeren Raum zugebe, unterscheide ich doch die Materie von der Ausdehnung und gestehe, daß, wenn es in einer Kugel einen leeren Raum gäbe, die entgegengesetzten Pole in der Höhlung sich dann doch nicht berühren würden. Ich glaube aber, daß dies kein Fall ist, den die göttliche Vollkommenheit zuläßt.

§ 23. *Philalethes.* Dennoch scheint die Bewegung den leeren Raum zu beweisen. Wenn der geringste Teil des geteilten Körpers so groß ist wie ein Senfkorn, so muß es einen leeren, der Größe eines Senfkornes gleichen leeren Raum geben, um zu bewirken, daß die Teile dieses Körpers zu freier Bewegung Platz haben. Es würde sich ebenso verhalten, wenn die Teile der Materie hundertmillionenmal kleiner wären.

Theophilus. Wenn die Welt voll harter Körperchen wäre, die nicht nachgeben noch geteilt werden könnten, wie man die Atome beschreibt, so würde es allerdings unmöglich sein, daß Bewegung stattfände. Aber es gibt in Wahrheit keine ursprüngliche Härter im Gegenteil ist die Flüssigkeit ursprünglich und teilen die Körper sich nach Bedürfnis, wenn nichts ist, was sie daran hindert. Dieser Umstand raubt dem von der Bewegung hergenommenen Argument für den leeren Raum jede Bedeutung.

XIV. Von der Dauer und deren einfachen Modi

§ 10. *Philalethes.* Der Ausdehnung entspricht die *Dauer.* Und einen Teil der Dauer, in dem wir keine Abfolge von Vorstellungen bemerken, nennen wir einen Augenblick.

Theophilus. Diese Definition des *Augenblicks* muß, wie ich glaube, von dem volkstümlichen Begriff verstanden werden, wie die, welche der gemeine Mann vom *Punkt* hat. Denn streng genommen sind Punkt und Augenblick keine Teile von Raum und Zeit und haben ebensowenig Teile. Es sind nur äußerste Grenzen.

§ 16. *Philalethes.* Nicht die Bewegung, sondern eine beständige Reihenfolge von Vorstellungen gibt uns die Vorstellung der Dauer.

Theophilus. Eine Reihenfolge von Wahrnehmungen erweckt in uns die Vorstellung der Dauer, bringt sie aber nicht hervor. Unsere Wahrnehmungen haben niemals eine so beständige und regelmäßige Folge, um der der Zeit zu entsprechen, welche ein einförmiges, einfaches Kontinuum ist, wie eine gerade Linie. Die Veränderung der Vorstellungen gibt uns Gelegenheit, an die Zeit zu denken, und man mißt sie durch gleichmäßige Veränderungen: aber wenn es auch nichts Gleichmäßiges in der Natur gäbe, so würde die Zeit dann doch bestimmt sein, wie der Ort darum nicht weniger bestimmt sein würde, wenn es keinen festen oder unbeweglichen Körper gäbe. Der Grund ist, daß, wenn man die Gesetze der ungleichmäßigen Bewegungen kennt, man dieselben immer auf denkbare gleichmäßige Bewegungen zurückbringen und mittels dessen voraussehen kann, was durch die verschiedenen miteinander verbundenen Bewegungen herauskommen wird. In diesem Sinne ist denn auch die Zeit das Maß der Bewegung, d.h. die gleichmäßige Bewegung ist das Maß der ungleichmäßigen.

§ 21. *Philalethes.* Man kann nicht auf sichere Weise erkennen, daß zwei Zeitteile an Dauer einander gleich sind; und man muß gestehen, daß die Beobachtungen nur auf das Ungefähre gehen können. Nach genauer Untersuchung hat man entdeckt, daß in den täglichen Sonnenumläufen Unregelmäßigkeit vorkommt, und wir gewissen nicht, ob nicht die jährlichen Umläufe auch ungleich sind.

Theophilus. Der Pendel hat die Ungleichheit der Tage von einem Mittag zum anderen sinnlich bemerkbar und sichtbar gemacht: *solem dicere falsum audet.* Man wußte es allerdings schon und auch, daß diese Ungleichheit ihre Regeln habe. Was den jährlichen Umlauf anbetrifft, welcher die Ungleichheiten der Sonnentage ausgleicht, so könnte er in der Folgezeit wechseln. Die Umwälzung der Erde um ihre Achse, die man gewöhnlich dem Primum mobile zuschreibt, ist bis jetzt unser bestes Maß, und die Uhren und Zeiger dienen dazu, sie einzuteilen. Indessen kann selbst auch diese tägliche Umwälzung der Erde in der Folgezeit wechseln, und wenn irgend eine Pyramide lange genug dauern könnte, oder wenn man deren wieder neue baute, so könnte man es bemerken, indem man darauf die Länge der Pendel aufbewahrte, von denen eine bekannte Zahl von Schwingungen jetzt während dieser Umwälzung stattfindet; man würde auch einigermaßen die Veränderung erkennen, indem man diese Umwälzung mit anderen vergliche, wie mit dem Umlauf der Jupitertrabanten; denn es scheint unwahrscheinlich, daß, wenn in den einen oder in den anderen Veränderung vorkommt, diese stets proportional sein werde.

Philalethes. Unser Zeitmaß würde richtiger sein, wenn man einmal einen vergangenen Tag aufbewahren könnte, um ihn mit den zukünftigen Tagen zu vergleichen, wie Man die räumlichen Maße aufbewahrt.

Theophilus. Statt dessen sind wir aber darauf angewiesen, die Körper aufzubewahren und zu beobachten, die ihre Bewegungen in einer ungefähr gleichen Zeit vollziehen. Auch werden wir nicht behaupten können, daß ein räumliches Maß, wie z.B. eine Elle, welche man in Holz oder Metall aufbewahrt, vollkommen dieselbe bleibe.

§ 22. *Philalethes.* Da nun alle Menschen die Zeit sichtbarlich durch die Bewegung der himmlischen Körper wessen, ist es gar seltsam, daß man die Zeit als Maß der Bewegung zu definieren nicht aufhört.

Theophilus. Ich sagte eben (§ 16), wie das verstanden werden muß. Allerdings sagt Aristoteles, daß die *Zeit* die *Zahl* und nicht das Maß der *Bewegung* ist. Und Man kann in der Tat behaupten, daß die Dauer durch die Zahl der periodischen, gleichen Bewegungen erkannt wird, von denen eine anfängt, wenn die andere schließt, z.B. durch so und so viel Umläufe der Erde oder der Gestirne.

§ 24. Philalethes. Indessen antizipiert man hinsichts dieser Umläufe; und sagen, daß Abraham im Jahre 2712 der Julianischen Periode geboren wurde, heißt ebenso unverständlich sprechen, als wenn man vom Beginn der Welt an rechnen wollte, obschon man voraussetzt, daß die Julianische Periode mehrere hundert Jahre eher angefangen hat, als es durch irgend einen Sonnenumlauf bezeichnete Tage, Nächte oder Jahre gab.

Theophilus. Diese Leere, welche man in der Zeit denken kann, zeigt wie die des Raumes, daß Zeit und Raum ebensogut auf das Mögliche als auf das Wirkliche gehen. Übrigens ist von allen chronologischen Methoden die, die Jahre seit dem Anfang der Welt zu rechnen, die ungeeignetste, wäre es auch nur wegen des starken Widerspruchs zwischen den Septuaginta und dem hebräischen Texte, anderer Gründe nicht zu gedenken.

§ 26. *Philalethes.* Man kann den Anfang der Bewegung denken, obgleich man den der Dauer, dieselbe in ihrer ganzen Ausdehnung genommen, nicht begreifen kann. Ebenso kann man dem Körper Grenzen geben, aber nicht ebenso hinsichtlich des Raumes verfahren.

Theophilus. Darum, weil, wie ich eben bemerkt habe, die Zeit und der Raum Möglichkeiten über die Annahme von Wirklichkeiten hinaus zeigen. Die Zeit und der Raum haben die Natur ewiger Wahrheiten, welche sich ebensowohl auf das Mögliche wie auf das Wirkliche beziehen.

§ 27. Philalethes. In der Tat stammt die Vorstellung Zeit und die der Ewigkeit aus derselben Quelle, denn wir können in unserem Geiste bestimmte Längen der Zeitdauer, soviel es uns gefällt, aneinanderfügen.

Theophilus. Aber um den *Begriff der Ewigkeit* daraus zu ziehen, muß man ferner bedenken, daß derselbe Grund immer bleibt, um weiter zu gehen, Diese Erwägung der Gründe vollendet den Begriff des Unendlichen oder des Unbestimmt-Unendlichen in dem mögliche fortschreiten. Die Sinne allein also können nicht genügen, um die Bildung dieser Begriffe zu bewerkstelligen. Und im Grunde kann man sagen, daß die *Vorstellung des Absoluten* in der Natur der Dinge der der hinzugefügten *Schranken* vorausgeht. Aber wir bemerken die erstere nur, indem wir mit dem beginnen, was beschränkt ist und uns in die Sinne fällt.

XV. Von der Dauer und der Ausdehnung zusammengenommen

§ 4. *Philalethes.* Man läßt leichter eine unendliche Zeitdauer zu, als eine unendliche Ausdehnung des Raumes, weil wir eine unendliche Dauer in Gott denken, und Ausdehnung nur der Materie, die endlich ist, zuschreiben, die *Räume* außerhalb des Weltalls aber als bloß *eingebildete* betrachten. Aber (§ 2) Salomon scheint andere Gedanken zu haben, indem er von Gott redend sagt: *Die Himmel und die Himmel der Himmel fassen dich nicht*; und ich für meinen Teil glaube, daß sich derjenige eine zu hohe Vorstellung von der Fassungsgabe seines eigenen Verstandes macht, welcher sich einbildet, mit seinen Gedanken weiter gehen zu können als an den Ort, wo Gott ist.

Theophilus. Wenn Gott ausgedehnt wäre, würde er Teile haben. Aber die Dauer gibt nur seinen Wirkungen Teile. Indessen muß man ihm rücksichtlich des Raumes die Unmöglichkeit zuschreiben, welche auch den unmittelbaren Wirkungen Gottes Teile und Ordnungen gibt. Er ist die Quelle der Möglichkeiten wie der Wirklichkeiten, der einen durch sein Wesen und der anderen durch seinen Willen. So hat der Raum wie die Zeit ihre Wirklichkeit nur von ihm, und er kann das Leere nach seinem Belieben ausfüllen. In dieser Hinsicht ist er also überall.

§ 11. *Philalethes.* Wir wissen nicht, welche Beziehungen die Geister zu dem Raum haben, noch wie sie daran teilnehmen. Wir wissen aber, daß sie an der Dauer teilnehmen.

Theophilus. Alle endlichen Geister sind immer mit irgend einem organischen Körper verbunden und stellen die übrigen Körper durch Beziehung zu den ihrigen dar. So ist ihre Beziehung zum Raum ebenso offenbar, als die der Körper. Übrigens möchte ich, ehe wir diesen Gegenstand verlassen, eine Vergleichung der Zeit und des Orts zu den von Ihnen gegebenen hinzufügen, daß man nämlich, wenn es im Raum ein Leeres gäbe (wie z.B. wenn eine Kugel innerlich hohl wäre), man die Größe davon bestimmen könnte; aber wenn es in der Zeit eine Leere gäbe, d.h. eine Dauer ohne Veränderungen, deren Länge zu bestimmen unmöglich sein würde. Deshalb kann man denjenigen widerlegen, welcher sagen würde, daß zwei Körper, zwischen denen es eine Leere gibt, sich berühren, denn zwei einander entgegengesetzte Pole einer leeren Kugel können sich nicht berühren, das verbietet die Geometrie; man würde aber denjenigen nicht widerlegen können, welcher sagte, daß zwei Welten, von denen die eine nach der anderen ist, sich hinsichtlich der Dauer berühren, dergestalt, daß die eine notwendig beginnt, wann die andere endet, ohne daß es dabei einen Zwischenraum gibt. Man würde ihn nicht widerlegen können, sage ich, weil dieser Zwischenraum sich nicht bestimmen läßt. Wenn der Raum nur eine Linie und der Körper unbeweglich wäre, so würde es ebensowenig möglich sein, die Länge des leeren Raumes zwischen zwei Körpern zu bestimmen.

XVI. Von der Zahl

§ 4. *Philalethes.* Bei den Zahlen sind die Vorstellungen bestimmter und eher zur Unterscheidung voneinander geeignet als bei der Ausdehnung, wo man nicht jede Gleichheit oder Ungleichheit der Größe so leicht wie bei den Zahlen beobachten oder messen kann, aus dem Grunde, daß wir im Raum durch das Denken nicht bis zu einer bestimmten geringen Größe gelangen können, über welche wir nicht hinausgehen könnten, wie die Einheit in der Zahl eine solche ist.
Theophilus. Das muß von den *ganzen* Zahlen verstanden werden. Denn sonst ist die *Zahl in ihrer ganzen Ausdehnung* gefaßt, mit Einschluß der irrationalen, gebrochenen und transzendenten und allem, was sich als zwischen zwei ganzen Zahlen liegend auffassen läßt, der Linie proportional, und findet dabei ebensowenig ein *Kleinstes* statt

wie im Kontinuierlichen. Auch gilt jene Definition, daß die *Zahl* eine Menge Einheiten ist, nur für die ganzen. Die genaue Unterscheidung der Vorstellungen in der Ausdehnung besteht nur in der *Größe*; denn um die Größe bestimmt zu erkennen, muß man auf die ganzen Zahlen oder zu den anderen zurückgehen, welche man mittels der ganzen erkannt hat, wie man von der *kontinuierlichen Größe* zur *diskreten* seine Zuflucht nehmen muß, um eine deutliche Erkenntnis der Größe zu erlangen. Die Modifikationen der Ausdehnung können also, wenn man sich nicht der Zahlen bedient, nur durch die Gestalt unterschieden werden, wenn man dabei dies Wort so allgemein nimmt, daß es alles das bezeichnet, was bewirkt, daß zwei ausgedehnte Dinge nicht einander gleich sind.

§ 5. *Philalethes.* Wenn man die Vorstellung der Einheit wiederholt und zu einer Einheit eine andere fügt, so machen wir daraus eine *Kollektivvorstellung*, welche wir *zwei* nennen. Und wer dies tun und immer eins weiter bis zur letzten Kollektivvorstellung gehen kann, welcher er einen besonderen Namen gibt, kann *zählen*, solange es eine Folge von Namen gibt, und er Gedächtnis genug hat um dieselbe zu behalten.

Theophilus. Auf diese Art allein wird man nicht weit kommen. Denn das Gedächtnis würde *zu sehr beschwert* werden, wenn man für jede Zuzählung einer neuen Einheit einen ganz neuen Namen behalten müßte. Daher ist eine gewisse Ordnung und eine bestimmte *Wiederholung* in diesen Namen nötig, indem man einer bestimmten Progression gemäß wieder von neuem anfängt.

Philalethes. Die verschiedenen Modi der Zahlen sind keiner anderen Verschiedenheit fähig als der des Mehr oder Weniger; darum sind es einfache Modi, wie die der Ausdehnung.

Theophilus. Das kann man von der Zeit und von der geraden Linie sagen, aber keineswegs von den Figuren und noch weniger von den Zahlen, die nicht allein an Größe verschieden, sondern auch einander unähnlich sind. Eine gerade Zahl kann in zwei gleiche geteilt werden, aber nicht eine ungerade. Drei und sechs sind Dreieckszahlen, vier und neun sind Quadratzahlen, acht ist eine Kubikzahl usw., und das gilt von den Zahlen noch mehr als bei den Figuren; denn zwei ungleiche Figuren können einander vollkommen ähnlich sein, niemals aber zwei ungleiche Zahlen. Aber ich wundere mich nicht, daß man sich so oft darüber tuscht, weil man gewöhnlich keine deutliche Vorstellung von dem hat, was *ähnlich* und *unähnlich* ist. Sie sehen also, daß Ihre Vorstellung oder Ihre Anwendung der *einfachen* und *gemischten Modifikationen* einer bedeutenden Abänderung bedarf.

§ 6. *Philalethes*. Sie haben recht, zu bemerken, daß es gut sei, den Zahlen Eigennamen zu geben, um sie zu behalten. Ich halte es also für passend, daß man beim Zählen, statt Million mal Million zu sagen, der Abkürzung wegen Billion sage, und statt Million mal Million mal Million oder Million mal Billion, Trillion sage, und so fort bis zur Nonillion; denn beim Gebrauch der Zahlen weiter zu gehen, hat man nicht nötig.

Theophilus. Diese Bezeichnungen sind ganz gut. Wenn $x = 10$ ist, so wäre eine Million $= x^6$ eine Billion $= x^{12}$, eine Trillion $= x^{18}$ usw. und eine Nonillion $= x^{54}$.

XVII. Von der Unendlichkeit

§ 1. *Philalethes*. Einer der wichtigsten Begriffe ist der des *Endlichen* und des *Unendlichen*, welche als Modi der Größe betrachtet werden.

Theophilus. Eigentlich zu sprechen, gibt es allerdings eine Unendlichkeit von Dingen, d.h. stets mehr, als man bezeichnen kann. Aber es gibt keine unendliche Zahl noch Linie, noch irgend eine andere unendliche Menge, wenn man sie für wirkliche Ganze nimmt, wie leicht zu zeigen ist. Das haben die Schulen sagen wollen oder sollen, indem sie ein syncategorematisches Unendliches, wie sie sich ausdrücken, zuließen. Das wahre Unendliche ist, strenggenommen, nur im *Absoluten*, welches jeder Zusammensetzung vorausgeht und nicht durch Zusammenfügen von Teilen gebildet ist.

Philalethes. Wenn wir unsere Vorstellung des Unendlichen auf das erste Seiende anwenden, so tun wir es gewöhnlich in Hinsicht auf seine Dauer und seine Allgegenwart, und figürlicher hinsichtlich seiner Macht, Weisheit, Güte und seiner übrigen Attributs.

Theophilus. Nicht figürlicher, sondern weniger unmittelbar, weil die anderen Attribute ihre Größe durch die Beziehung zu denen erkennbar machen, bei denen die Inbetrachtnahme der Teile stattfindet.

§ 2. *Philalethes*. Ich nahm es für ausgemacht, daß der Geist das Endliche und das Unendliche als Modifikationen der Ausdehnung und der Dauer betrachtet.

Theophilus. Ich finde nicht, daß dies ausgemacht wäre. Die Inbetrachtnahme des Endlichen und des Unendlichen findet überall da statt, wo es Größe und Menge gibt. Auch ist das wahrhafte Unendliche keine *Modifikation*; es ist das Absoluter dagegen, so wie man modifiziert, beschränkt man sich oder bildet ein Endliches.

§ 3. *Philalethes.* Wir haben geglaubt, daß, da die Macht des Geistes, seine Vorstellung des Raumes durch neue Zusätze ohne Ende auszudehnen, immer dieselbe ist, er die Vorstellung des unendlichen Raumes daher entlehnt.

Theophilus. Man tut wohl, dabei hinzuzufügen, daß dies der Fall ist, weil man sieht, daß dasselbe Verhältnis immer bleibt. Nehmen wir eine gerade Linie und verlängern wir sie dergestalt, daß sie das Doppelte von der ersten ist, so ist klar, daß die zweite, welche der ersten vollkommen gleich ist, ebenso verdoppelt werden kann, um eine dritte zu haben, welche auch den früheren gleich ist, und da dasselbe Verhältnis immer statt hat, so wird man unmöglich jemals aufgehaltene es kann also die Linie bis ins Unendliche dergestalt verlängert werden, daß die Anschauung des Unendlichen aus der der Ähnlichkeit oder des nämlichen Verhältnisses entspringt, und ihr Ursprung derselbe ist, wie der der allgemeinen und notwendigen Wahrheiten. Dies zeigt, daß dasjenige welche dem Begreifen dieser Vorstellung Vollzug gibt, sich in uns findet und aus Sinneserfahrungen nicht kommen kann, ganz so, wie die notwendigen Wahrheiten weder durch Induktion, noch durch Sinnlichkeit bewiesen werden können. Die Vorstellung des Absoluten ist innerlich in uns, wie die des Seins. Diese Bestimmungen des Absoluten sind nichts anderes als die Attribute Götter und man kann sagen, daß sie nicht weniger die Quelle der Vorstellungen sind, als Gott selbst das Prinzip der Wesen ist. Die Vorstellung des Absoluten hinsichtlich des Raumes ist nichts anderes als die der Unermeßlichkeit Gottes, und so der anderen. Aber man täuscht sich, wenn man sich einen absoluten Raum in der Einbildung vorstellen will, der ein aus Teilen zusammengesetztes unendliches Ganze sein soll. So etwas gibt nicht. Es ist das ein Begriff, der in sich widersprechend ist, und jene unendlichen Ganzheiten und ihr Gegenteil, die unendlichen Kleinheiten, haben nur in der mathematischen Berechnung Sinn, ganz wie die eingebildeten Wurzeln der Algebra.

§ 6. *Philalethes.* Man erkennt auch die Größe, ohne in derselben Teile außer den Teilen anzunehmen. Wenn ich meiner vollkommensten

Vorstellung vom blendendsten Weiß eine andere von gleichem, nicht minder lebhaftem Weiß hinzufüge (denn ich kann derselben nicht die Vorstellung eines mehr Weißen als dessen, wovon ich schon die Vorstellung habe, hinzufügen, da ich das schon als das blendendste voraussetze, was ich wirklich vorzustellen vermag), so vermehrt oder vergrößert dies meine Vorstellung in keiner Weiser man nennt darum die verschiedenen Vorstellungen des Weißen *Grade.*

Theophilus. Ich verstehe nicht die Beweiskraft dieser Betrachtung, denn es hindert doch nichts, daß man die Wahrnehmung einer noch blendenderen Weiße empfangen mag, als die, welche man wirklich hat. Die wahre Ursache, warum man Grund zu glauben hat, daß die Weiße nicht bis ins Unendliche gesteigert werden kann, ist, daß es keine ursprüngliche Eigenschaft ist, indem die Sinne nur eine verwirrte Erkenntnis davon geben und man, wenn man eine deutliche davon haben würde, sehen würde, daß sie von der Struktur der Körper stammt und sich auf die des Sehorgans beschränkt. Hinsichtlich der ursprünglichen oder deutlich erkennbaren Eigenschaften sieht man aber, daß man mitunter bis zum Unendlichen nicht nur da gehen kann, wo *Ausdehnung* (Extension) stattfindet oder, wenn Sie wollen, *Ausbreitung* (Diffusion) oder das, was die Schule ›*partes extra partes*‹ nennt (Teile außer den Teilen), wie bei der Zeit und dem Orte, sondern auch da, wo *Intension* ist oder *Grade* sind, wie z.B. hinsichtlich der Schnelligkeit.

§ 8. *Philalethes.* Wir haben nicht die Vorstellung eines unendlichen Raumes, und nichts ist klarer, als der Widersinn einer wirklichen Vorstellung einer unendlichen Zahl.

Theophilus. Ich bin derselben Ansicht. Aber das ist nicht der Fall, weil man nicht die Vorstellung des Unendlichen haben kann, sondern weil ein Unendliches nicht ein wahres Ganze sein kann.

134

§ 16. *Philalethes.* Aus dem nämlichen Grunde haben wir also keine positive Vorstellung einer unendlichen Dauer oder der Ewigkeit, ebensowenig wie der Unermeßlichkeit.

Theophilus. Ich glaube, daß wir die positive Vorstellung der einen und der anderen haben, und daß diese Vorstellung wahr ist, falls man sie nicht als ein unendliches Ganze versteht, sondern als ein absolutes oder schrankenloses Attribut, welches sich hinsichtlich der *Ewigkeit* in der Notwendigkeit des Daseins Gottes findet, ohne daß man darin Teile wahrnimmt oder den Begriff davon durch eine Zusammenzählung der Zeiten bildet, Man sieht daraus auch, wie ich schon gesagt habe, daß der Ursprung des Begriffs des Unendlichen aus derselben Quelle stammt wie der der notwendigen Wahrheiten.

XVIII. Von einigen anderen einfachen Modi

Philalethes. Es gibt noch viele einfache Modi, welche aus einfachen Vorstellungen gebildet werden. Solcher Art sind (§ 2) die Modi der Bewegung, wie: gleiten, rollen; die der Töne (§ 3), welche durch die Noten und Melodien modifiziert werden, wie die darben durch die Grade, ohne von den Geschmäcken und Gerüchen zu sprechen. (§ 6). Es gibt dabei ebensowenig immer bestimmte Maße und Namen, wie bei den zusammengesetzten Modi (§ 7), weil man sich nach dem Gebrauche richtet. Wir werden weiter davon sprechen, wenn wir zu den *Worten* kommen werden.

Theophilus. Die meisten Modi sind nicht so einfach und könnten unter die zusammengesetzten gerechnet werden; z.B. um zu erklären, was gleiten oder rollen ist, muß man außer der Bewegung noch den Widerstand der Oberfläche in Betracht ziehen.

XIX. Von den Modi, welche das Denken betreffen

§ 1. *Philalethes.* Von den aus den Sinnen stammenden Modi wollen wir zu denen übergehen, welche die Region uns gibt. Die *Sinnlichkeit* ist sozusagen der wirkliche Eingang der Vorstellung in den Verstand mittels der Sinne. Wenn dieselbe Vorstellung in den Geist zurückkehrt, ohne daß der äußere Gegenstand, der sie zuerst entstehen ließ, auf unsere Sinne wirkt, so heißt dieser Akt des Geistes *Wiedererinnerung*; wenn der Geist sie sich zurückzurufen sucht und endlich nach einiger Anstrengung sie findet und sich vergegenwärtigt, so ist das: *Sich auf etwas besinnen.* Wenn der Geist lange mit Aufmerksamkeit die Vorstellung verfolgt, so ist das *Betrachtung* (Kontemplation) wenn die Vorstellung, welche wir im Geiste haben, daselbst sozusagen schwankt, ohne daß der Verstand darauf merkt, so kann man das *Träumen* nennen. Wenn er auf die Vorstellungen reflektiert, die sich von selbst darbieten, und man sie im Gedächtnis sozusagen einregistriert, so ist das *Aufmerksamkeit*, und wenn der Geist sich auf eine Idee mit viel Nachdenken vertieft, so daß er sie von allen Seiten betrachtet und sich nicht von ihr wenden will, trotzdem daß andere Vorstellungen ihm in die Quere kommen, so nennt man das *Studium* oder Anspannung des Geistes. Der von keinem Traum begleitete *Schlaf* ist ein Auf hören von diesem allem, und *träumen* heißt, Vorstellungen im Geiste haben, während die äußeren Sinne verschlossen sind, so daß sie den Eindruck der äußeren Gegenstände nicht mit derjenigen Lebhaftigkeit empfangen, welche ihnen gewöhnlich ist. Träumen ist, sage ich, Vorstellungen haben, ohne daß sie durch irgend einen Gegenstand von außen oder durch irgend eine bekannte Veranlassung dargeboten und ohne daß sie vom Verstand gewählt oder in irgend einer Weise bestimmt worden sind. Was die sogenannte *Ekstase* anbetrifft, so überlasse ich anderen, darüber zu urteilen, wenn es nicht etwa ein Träumen mit offenen Augen ist.

Theophilus. Es ist wichtig, diese Begriffe klar zu machen, und ich will dazu beizutragen versuchen. Ich sage also: *Sinnliche Wahrnehmung* ist, wenn man eines äußeren Gegenstandes sich bewußt wird; die *Wiedererinnerung* aber ist die Wiederholung davon, ohne daß der Gegenstand wiederkehrte wenn man aber weiß, daß man sie gehabt hat, so ist es *Angedenken*. Man nimmt gewöhnlich das *Sichbesinnen* in einem anderen als in dem von Ihnen aufgestellten Sinne, nämlich für einen Zustand, wo man sich von Handlungen fernhält, um sich mit Nachdenken zu beschäftigen. Da es aber, soviel ich weiß, kein Wort gibt, das mit Ihrem Begriffe übereinstimmt, so könnte man das von Ihnen angewandte dazu gebrauchen. Wir haben auf diejenigen Gegenstände *Aufmerksamkeit*, welche wir von den übrigen unterscheiden und ihnen vorziehen. Wenn die Aufmerksamkeit im Geiste andauert, mag nun der äußere Gegenstand verharren oder nicht, und gleichviel, ob er selbst vorhanden sein mag oder nicht, so heißt das *Betrachtung*, welche, wenn sie zur bloßen Erkenntnis ohne Beziehung zum handeln strebt, *Kontemplation* heißen mag. Diejenige *Aufmerksamkeit*, deren Zweck ist zu lernen (d.h. Erkenntnisse zu erwerben, um sie zu behalten), heißt *Studium*. Betrachtung, um irgend einen Entwurf zu bilden, heißt *Nachdenken* (Meditieren); aber Träumen scheint nichts anderes zu sein, als gewissen bedanken des Vergnügens wegen, das man an ihnen hat, nachgehen, ohne einen anderen Zweck dabei zu haben. Damm kann das Träumen zur Narrheit führen; man vergißt sich, vergißt das ›*dic cur hic*‹, gelangt an Traumbilder und

Chimären und baut Luftschlösser. Wir können die *Träume* von den sinnlichen Empfindungen nur dadurch unterscheiden, daß sie mit ihnen nicht verbunden sind, sondern eine besondere Welt für sich bilden. Der *Schlaf* ist ein Aufhören sinnlicher Empfindungen, und auf diese Weise ist die *Ekstase* ein sehr tiefer Schlaf, aus dem man nur mühsam geweckt werden kann, und der aus einer vorübergehenden inneren Ursache stammt. Dies wird hinzugefügt, um dadurch jenen tiefen Schlaf auszuschließen, der von einem narkotischen Mittel oder irgend einer dauernden Verletzung der Lebensverrichtungen herkommt, wie es in der Lethargie der Fall ist. Die Ekstasen sind mitunter von *Gesichten* begleitet, aber deren gibt es auch ohne Ekstase, und das *Gesicht* ist, wie es scheint, nichts anderes als ein Traum, welcher für eine sinnliche Wahrnehmung gilt, als ob er uns wahrhaftige Gegenstände darstellte. Und wenn diese Gesichte göttliche sind, so ist in der Tat Wahrheit darin enthalten, was erkannt werden kann, wenn sie z.B. ins einzelne eingehende Weissagungen enthalten, welche der Ausgang bestätigt.

§ 4. *Philalethes.* Aus den verschiedenen Graden der Anspannung oder Abspannung des Geistes folgt, daß der Gedanke die Handlung und nicht die Wesenheit der Seele ist.

Theophilus. Zweifelsohne ist der Gedanke eine Handlung und kann nicht das Wesen sein; aber er ist eine wesentliche Handlung, und alle Substanzen haben dergleichen. Ich habe vorhin gezeigt, daß wir immer eine Unendlichkeit von schwachen Wahrnehmungen haben, ohne uns derselben bewußt zu sein. Wir sind niemals ohne *Wahrnehmungen*, aber wir sind notwendigerweise oft ohne *Bewußtsein* derselben, wenn wir nämlich nicht deutlich hervortretende Wahrnehmungen haben. Aus mangelnder Erwägung dieses wichtigen Punktes hat eine mattherzige und ebenso unedle wie oberflächliche Philosophie bei so vielen wackeren Geistern dazu geführt, daß wir bisher fast nichts von dem Allerbesten, was es in den Seelen gibt, gewußt haben. Dies ist auch der Grund, daß man in jenem Irrtum, welcher die Vergänglichkeit der Seelen lehrt, so viele Wahrscheinlichkeit gefunden hat.

XX. Von den Modi der Lust und des Schmerzes

§ 1. *Philalethes.* Ebenso, wie die Empfindungen des Körpers, sind auch die Gedanken des Geistes entweder dem Gefühle gleichgültig, oder aber von Lust oder Schmerz begleitet. Die Vorstellungen davon kann man ebensowenig als alle anderen einfachen Vorstellungen beschreiben, noch eine Definition der Ausdrücke geben, deren man sich zu ihrer Bezeichnung bedient.

Theophilus. Ich glaube, es gibt keine Wahrnehmungen, welche uns ganz und gar gleichgültig sind; aber es ist genug, daß, um sie so nennen zu können, ihre Wirkung nicht merkbar sei, denn die *Lust* oder der *Schmerz* scheint in einer merkbaren Hilfe oder in einem merkbaren Hindernis zu bestehen. Ich gebe zu, daß diese Definition keine nominale ist, und man auch keine solche geben kann.

§ 2. *Philalethes. Gut* ist dasjenige, welches in uns Lust hervorzubringen und zu vermehren oder Schmerz zu vermindern und abzukürzen dient. *Schlimm* ist das, was den Schmerz in uns hervorzurufen oder zu vermehren oder eine Lust zu vermindern dient.

Theophilus. Ich bin auch dieser Meinung, Man teilt das Gute in das Ehrbare, Angenehme und Nützliche ein, aber im Grunde glaube ich, daß es entweder selbst angenehm sein oder zu etwas anderem dienen müsse, was uns eine angenehme Empfindung verleihen kann, d.h. das Gute ist das Angenehme oder Nützliche, und das ehrbare selbst besteht in einer Lust des Geistes.

§§ 4. 5. *Philalethes.* Von der Lust und dem Schmerz stammen die Leidenschaften: *Liebe* hat man zu dem, was Lust hervorbringen kann, und der Gedanke der Unlust oder des Schmerzes, welchen eine gegenwärtige oder abwesende Ursache hervorrufen kann, ist der *Haß.* Aber derjenige *Haß* und diejenige *Liebe,* die sich auf des Glückes oder des Unglücks fähige Wesen beziehen, sind oft eine Lust oder eine Befriedigung, die wir in uns selbst als durch die Betrachtung ihres Daseins oder des Glückes, das sie genießen, in uns entstanden fühlen.

Theophilus. Auch ich habe fast dieselbe Definition der Liebe gegeben, als ich in der Vorrede meines *Codex juris gentium diplomaticus* die Grundsätze der Gerechtigkeit erläuterte, nämlich, daß *Lieben* sei getrieben werden, an der Vollkommenheit, dem Wohl oder Glück des geliebten Gegenstandes Lust zu haben. Und deshalb erwägt und verlangt man (in der Liebe) keine andere eigene Lust als die, welche man in dem Wohlsein oder der Lust dessen, was man liebt, findet, aber in diesem Sinne lieben wir das, was der Lust oder des Glückes unfähig ist, eigentlich nicht und genießen Dinge dieser Art, ohne sie darum zu lieben, es sei denn durch eine phantastische Personifizierung, und wie wenn wir uns einbildeten, daß sie selbst ihrer Vollkommenheit genießen. Es ist also eigentlich nicht Liebe, wenn man sagt, daß man ein schönes Gemälde um der Lust willen liebt, welche man beim Empfinden seiner Vollkommenheiten erfährt. Es ist aber erlaubt, den Sinn der Ausdrücke zu erweitern, und der Gebrauch ist darin wandelbar. Die Philosophen und selbst die Theologen unterscheiden auch zwei Gattungen der Liebe, nämlich diejenige *Liebe*, welche sie die *der Begehrlichkeit* nennen, die nichts anderes ist als das Bestreben oder das Gefühl für alles das, was uns Lust verschafft, ohne daß wir uns darum bekümmern, ob es seihst deren empfängt; und die *Liebe des Wohlwollens*, welche das Gefühl für dasjenige ist, das uns durch seine Lust oder sein Glück Lust und Glück gewährt. Die erstere läßt uns unsere Lust, die zweite die des anderen im Auge halten, jedoch so, daß sie die unsrige macht oder vielmehr ausmachte denn wenn sie nicht in irgend einer Art auf uns zurückginge, würden wir uns nicht dafür interessieren können, da, sage man, was man wolle, es unmöglich ist, sich von seinem eigenen Wohlsein loszulösen. Auf diese Weise aber muß man die *uneigennützige* und nicht nach Lohnhaschende *Liebe* verstehen, um ihren Adel wohl zu begreifen und dennoch nicht auf Chimären zu verfallen.

§ 6. *Philalethes*. Das *Unbehagen* (auf Englisch: uneasiness), welches jemand in sich wegen des Mangels eines Dinges, das ihm Lust erwecken würde, wenn es gegenwärtig wäre, empfindet, wird das *Verlangen* genannt. Dieses *Unbehagen* ist der erste, um nicht zu sagen, einzige Antrieb, welcher den Fleiß und die Tätigkeit der Menschen aufstachelte denn welches Gut man auch immer dem Menschen vorhalten mag, wenn die Abwesenheit desselben weder von Unlust, noch von Schmerz begleitet ist, und derjenige, welcher desselben beraubt ist, ohne es zu besitzen, zufrieden sein und sich wohlbefinden kann, so wird er auch nicht danach verlangen und noch weniger Anstrengungen machen, um es zu genießen. Er empfindet für diese Art von Gut nur eine bloße *Willensneigung*, welchen Ausdruck man angewendet hat, um den untersten Grad des Verlangens auszudrücken, der sich demjenigen Zustand am meisten nähert, in welchem sich die Seele hinsichtlich eines ihr gänzlich gleichgültigen Dinges befindet, wenn die Unlust über die Abwesenheit eines Dinges so unbedeutend ist, daß sie nur zu schwachen Wünschen führt, ohne zu veranlassen, sich der Mittel, es zu erhalten, zu bedienen. Das Verlangen ist noch tot oder aufgehalten durch die noch vorhandene Ansicht, daß das gewünschte Gut nur in dem Maße, als das Unbehagen der Seele durch diese Erwägung geheilt oder vermindert wird, erlangt werden kann. Übrigens habe ich, was ich jetzt von dem Unbehagen rede, in dem berühmten englischen Schriftsteller, dessen Ansichten ich Ihnen vielfach vortrage, gefunden. Ich habe in der Bedeutung des englischen Wortes ›uneasiness‹ ein wenig Schwierigkeit gefunden. Der französische Übersetzer aber, dessen Geschicklichkeit in der Erledigung seiner Aufgabe nicht in Zweifel gezogen werden kann, bemerkt am Ende der Seite (Kap. 20 § 6), daß der Verfasser durch dies englische Wort den Zustand eines Menschen bezeichne, der sich nicht wohlbefindet, den Mangel an *Wohlsein* und Ruhe der in dieser Hinsicht rein leidenden Seele; und daß er dies Wort durch den Ausdruck *Unbehagen* (inquiétude) habe wiedergebend müssen, der zwar nicht dieselbe Vorstellung ausdrückt, sich ihr aber am meisten nähert. Diese Bemerkung, wie er hinzufügt, ist vor allem nötig in bezug auf das folgende Kapitel über die *Macht*, wo der Verfasser über diese Art von Unbehagen viel spricht; denn wenn man mit diesem Worte die eben bezeichnete Vorstellung nicht verbindet, so würde es nicht möglich sein, die Gegenstände ordentlich zu fassen, die in diesem Kapitel abgehandelt werden, und welche die bedeutendsten und die schwierigsten des ganzen Werkes sind.

Theophilus. Der Übersetzer hat recht, und die Lektüre seines trefflichen Autors hat mir gezeigt, daß diese Erwägung des *Unbehagens* ein Hauptpunkt ist, wo der Verfasser ganz besonders den Scharfsinn und die Tiefe seines Geistes zeigt. Aus diesem Grunde habe ich meine Aufmerksamkeit darauf gewendet, und nachdem ich die Sache wohl erwogen habe, scheint es mir fast, daß das Wort ›*Unbehagen*‹, wenn es den Sinn des Verfassers nicht hinlänglich ausdrückt, meiner Meinung nach doch hinlänglich mit der Natur der Sache übereinkommt, und das Wort ›uneasiness‹, wenn es eine Unlust, einen Verdruß eine Unannehmlichkeit, mit einem Wort irgend einen wirklichen Schmerz bezeichnete, würde damit nicht übereinkommen. Denn ich würde lieber sagen, daß in dem Verlangen an sich eher eine Disposition und eine Vorbereitung zum Schmerze als Schmerz selbst liegt. Allerdings unterscheidet sich diese Empfindung mitunter von der, welche man im Schmerze hat, nur durch das Weniger gegen das Mehr, aber das Wesen des Schmerzes besteht eben im Grade, denn er ist eine bemerkbare Empfindung. Man sieht dies auch an dem Unterschiede zwischen dem

Appetit und dem Hunger; denn wenn die Erregung des Magens zu stark wird, so wird sie störend, so daß man also auch hier unsere Lehre von den für das Bewußtsein zu geringen Wahrnehmungen anwenden muß, denn wenn das, was in uns vorgeht, sobald wir Appetit und Verlangen haben, hinlänglich angewachsen ist, würde es uns Schmerz verursachen. Aus diesem Grunde hat der unendlich weise Urheber unseres Daseins es zu unseres lösten so eingerichtet, daß wir uns oft in der Unwissenheit und in verworrenen Vorstellungen beenden, damit wir um so schneller aus Instinkt handeln und nicht durch die zu deutlichen Empfindungen einer Menge von Gegenständen belästigt werden, die uns nicht eigentlich angehen, und deren doch die Natur zur Erreichung ihrer Zwecke nicht hat entbehren können. Wie viele Insekten verschlucken wir nicht, ohne es gewahr zu werden, wie viele Personen sehen wir nicht dadurch in Mißbehagen versetzt, daß sie einen zu feinen Geruch haben, und wie viele ekelerregende Gegenstände würden wir sehen, wenn unser Gesicht durchdringend genug wäre! Aus eben dieser Kunst hat uns die Natur den Antrieb des Verlangens, wie die Anfänge oder Elemente des Schmerzes oder sozusagen halbe Schmerzen oder, wenn Sie mißbräuchlich reden wollen, um sich stärker auszudrücken, geringe, unbewußte Schmerzen gegeben, damit wir den *Vorteil des Übels genießen*, ohne dessen Unbequemlichkeit zu erfahren, denn man würde sonst, wenn diese Wahrnehmung zu deutlich wäre, in Erwartung des Guten immer elend sein, statt daß dieser beständige Sieg über jene halben Schmerzen, welche man empfindet, indem man seinem Verlangen folgt und in irgend einer Art diesem Triebe oder diesem Reize genugtut, uns eine Menge halber Lustempfindungen gewährt, deren Fortsetzung und Anhäufung (wie bei der Fortsetzung des Anstoßes eines schweren, im Fall begriffenen und dadurch an Geschwindigkeit zunehmenden Körpers) endlich eine ganze und wahrhafte Lust wird. Und ohne diese halben Schmerzen würde es im Grunde genommen keine Lust und kein Mittel geben, sich dessen bewußt zu werden, daß uns etwas unterstützt und Erleichterung verschafft, wenn Widerstand vorhanden ist, der uns zum Wohlbefinden zu gelangen verhindert. Auch erkennt man gerade darin die nahe Verwandtschaft von Lust und Schmerz, die Sokrates in Platos Phaedo bemerkt, als die Füße ihm versagen. Diese Inbetrachtnahme der kleinen Hilfen oder kleinen Befreiungen und unmerklichen Auslösungen des aufgehaltenen Strebens, woraus endlich eine merkbare Lust sich ergibt, dient auch dazu, eine deutlichere Erkenntnis der verworrenen Vorstellung zu gewähren, die wir von der *Lust* und dem *Schmerz* haben und haben müssen, ganz wie die Empfindung der Wärme oder des Lichtes aus einer Menge von kleinen Bewegungen folgt, welche gemäß dem oben von mir Bemerkten (Kap. IX, § 13) die der Gegenstände ausdrücken und sich davon nur dem Scheine nach und weil wir uns dieser Analyse nicht bewußt werden, unterscheiden. Freilich glauben heutzutage mehrere, daß unsere Vorstellungen der sinnlichen Eigenschaften von den Bewegungen selbst und dem, was in den Gegenständen vorgeht, gänzlich verschieden und etwas Ursprüngliches und Unerklärliches, ja selbst etwas Willkürliches sind, als wenn Gott der Seele nach bloßer Willkür Empfindungen gäbe und nicht nach dem, was im Körper vorgeht: eine von der wahren Analyse unserer Vorstellungen sehr entfernte Ansicht der Sache.

Um aber zum *Unbehagen* zurückzukehren, d.h. zu jenen kleinen, unmerklichen Erregungen, die uns beständig in Atem erhalten, so sind dies verworrene Bestimmungen, dergestalt, daß wir oft nicht wissen, was uns fehlt, während wir bei den *Neigungen* und *Leidenschaften* wenigstens wissen, was wir wollen, obschon die verworrenen Wahrnehmungen auch auf die ihnen eigene Art zu handeln einwirken, und die Leidenschaften selbst auch noch diese Unruhe oder Reizung verursachen. Diese Antriebe sind gleichsam ebensoviel Federn, die sich abzuspannen versuchen und unsere Maschine in Gang setzen. Ich habe auch darüber schon bemerkt, daß wir aus diesem Grunde niemals ganz gleichgültig sind, wenn wir es am meisten zu sein scheinen, wie wenn wir uns z.B. am Ende einer Allee auf die rechte statt auf die linke Seite wenden. Denn die von uns ergriffene Entscheidung kommt von diesen unmerklichen, aus den Wirkungen der Gegenstände und des Innern unseres Körpers gemischten Entschlüssen her, wonach wir es für uns leichter finden, uns nach der einen als nach der anderen Seite zu kehren. Im Deutschen nennt man den Pendel einer Uhr die *Unruhe*. Man kann sagen, daß es sich mit unseres Körper ebenso verhält, der sich auch niemals vollkommen im Wohlbehagen beendet, weil, wenn ein neuer Eindruck von Gegenständen, eine kleine Veränderung in den Organen, in den Eingeweiden, in den Gefäßen vorkäme, dies sofort das Gleichgewicht verändern und sie zu irgend einer kleinen Anstrengung, um sich in den möglich besten Zustand zu versetzen, führen würde. Dies bringt aber einen beständigen Kampf hervor, der, sozusagen, die *Unruhe* unseres Uhrwerkes macht, daher ich diese Benennung ganz nach meinem Geschmack finde.

§ 7. *Philalethes.* Die *Freude* ist eine Lust, welche die Seele empfindet, wenn sie den Besitz eines gegenwärtigen oder zukünftigen Gutes als gesichert betrachtet, und wir sind im *Besitz* eines Gutes, wenn wir es dergestalt in unserer Macht haben, daß wir, wenn wir wollen, dasselbe genießen können.

Theophilus. In den Sprachen fehlen die Ausdrücke, die geeignet sind, einander naheliegende Begriffe gehörig zu unterscheiden. Vielleicht nähert sich dieser Definition der Freude das lateinische *Gaudium* mehr als *Laetitia*, die man auch durch das Wort *Freude* wiedergibt, aber dann scheint sie mir einen Zustand zu bezeichnen, wo die Lust in uns vorherrscht, denn während der tiefsten Traurigkeit und inmitten der quälendsten Ärgernisse kann man sich eine gewisse Lust verschaffen, wie wenn man trinkt oder Musik hört, während freilich die Unlust vorherrschte und selbst inmitten der heftigsten Schmerzen kann der Geist doch freudig sein, wie den Märtyrern geschah.

§ 8. *Philalethes.* Die *Traurigkeit* ist eine Unruhe der Seele, wenn sie an ein verlorenes Gut denkt, dessen sie länger hätte genießen können, oder wenn sie von einem wirklich gegenwärtigen Übel gequält wird.

Theophilus. Nicht allein das gegenwärtige, wirkliche Übel, sondern auch die Furcht vor einem zukünftigen Übel kann traurig machen, so daß ich glaube, daß die Definition der Freude und der Traurigkeit, die ich oben gegeben habe, mit dem Sprachgebrauch mehr zusammenstimmen. Was die *Unruhe* betrifft, so ist im Schmerz und folglich in der Traurigkeit etwas mehr: und die Unruhe ist selbst bei der Freude, denn sie macht den Menschen munter, tätig, voll Hoffnung weiterzuschreiten. Die *Freude* hat sich schon fähig erwiesen, durch zu heftige Aufregung zu töten, und dabei war dann in ihr noch mehr als bloße Unruhe.

§ 9. *Philalethes.* Die *Hoffnung* ist die Befriedigung der Seele, wenn sie an den Genuß denkt, den sie der Wahrscheinlichkeit nach von etwas haben muß, was ihr Lust zu gewähren geeignet ist; und die *Furcht* ist eine Unruhe der Seele, wenn sie an ein zukünftiges Übel denkt, das sich ereignen kann.

Theophilus. Wenn die Unruhe eine Unlust bezeichnet, so gestehe ich, daß sie die Furcht immer begleitete nimmt man sie aber für jenen unmerklichen Antrieb, der uns vorwärts treibt, so kann man sie auch mit der Hoffnung verbünde denken. Die Stoiker nahmen die Leidenschaften für Meinungen. So war ihnen die Hoffnung die Meinung von einem zukünftigen Gute und die Furcht die Meinung von einem zukünftigen Übel. Aber lieber sage ich, daß die Leidenschaften weder Befriedigungen noch Mißbehagen noch Meinungen sind, sondern Strebungen, oder vielmehr Modifikationen von Strebungen, die aus der Meinung oder dem Gefühl stammen und von Lust oder Unlust begleitet sind.

§ 11. *Philalethes.* Die *Verzweiflung* ist der Gedanke, den man hat, daß ein Gut nicht zu erlangen ist, was Betrübnis und mitunter Gefühllosigkeit verursachen kann.

Theophilus. Nimmt man die Verzweiflung als eine Leidenschaft an, so wird sie eine Art starker Strebung sein, welche sich auf einmal angehalten endete dies verursacht einen heftigen Kampf und viel Unlust. Wenn aber die Verzweiflung von Ruhe und Gefühllosigkeit begleitet wird, wird sie mehr eine Meinung als eine Leidenschaft sein.

§ 12. *Philalethes.* Der *Zorn* ist diejenige Unruhe oder Unordnung, welche wir empfinden, nachdem wir irgend eine Beleidigung empfangen haben, und die von dem augenblicklichen Verlangen, uns zu rächen, begleitet wird.

Theophilus. Der Zorn scheint etwas Einfacheres und Allgemeineres zu sein, da die Tiere desselben fähig sind, denen man doch keine Beleidigung zufügt. Im Zorne liegt eine gewaltsame Anstrengung, welche sich des Übels zu entschlagen strebt. Das Verlangen der Rache kann auch bei kaltem Blute bleiben, und wenn man viel mehr Haß als Zorn hat.

§ 13. *Philalethes.* Der *Neid* ist die Unruhe (die Unlust) der Seele, welche aus der Betrachtung eines von uns erstrebten, aber von einem anderen besessenen Gutes kommt, der unserer Ansicht nach es nicht vor uns hätte haben sollen.

Theophilus. Nach dieser Fassung würde der Neid stets eine löbliche und wenigstens unserer Meinung nach immer auf der Gerechtigkeit begründete Leidenschaft sein. Aber ich weiß nicht, ob man nicht mitunter auf ein anerkanntes Verdienst neidisch ist, das man, wenn man es besäße, zu mißachten sich nicht scheuen würde. Man beneidet andere selbst um ein Gut, das zu haben man sich gar nicht wünschen würde. Man wäre zufrieden, sie desselben beraubt zu sehen, ohne daran zu denken, das von ihnen, Verlorene zu gewinnen, und selbst ohne dies hoffen zu können. Denn manche Güter sind wie Freskogemälde, welche man wohl zerstören, aber nicht wegnehmen kann.

§ 17. *Philalethes.* Die meisten Leidenschaften verursachen bei manchen Personen Eindrücke auf den Körper und bringen in ihm verschiedene Veränderungen hervor, aber diese Veränderungen sind nicht Turner bemerkbar. So ist z.B. die *Scham* nicht immer vom Erröten begleitet, jene Unruhe der Seele, welche man fühlt, wenn man etwas Unanständiges oder sonst etwas, was uns in der Achtung anderes heruntersetzt, getan zu haben innewird.

Theophilus. Wenn die Menschen sich die äußeren Bewegungen mehr zu beobachten bemühten, welche die Leidenschaften begleiten, so würde es schwer sein, sie zu verheimlichen. Was die Scham anbetrifft, so ist es der Bemerkung wert, daß sittsame Menschen mitunter Bewegungen, welche denen der Scham ähnlich sind, empfinden, wenn sie nur Zeugen einer unanständigen Handlung sind.

XXI. Von der Macht und von der Freiheit

§ 1. *Philalethes.* Indem der Geist beobachtet, wie ein Ding zu sein aufhört, und wie ein anderes, das vorher nicht war, da zu sein anfängt, und indem er schließt, daß es mit gleichen Dingen, die durch gleiche Mittel hervorgebracht werden, ebenso sein werde, kommt er dabei auf den Gedanken, es sei möglich, daß in einem Dinge eine seiner einfachen Vorstellungen sich ändere, und wiederum, es sei möglich, daß ein anderes diese Veränderung hervorbringe; dadurch bildet der Geist sich die Vorstellung der Macht.

Theophilus. Wenn die *Macht* dem lateinischen *Potentia* entspricht, so ist sie der *Tatsache* entgegengesetzt, und der Übergang von der Macht zur Tatsache ist die Veränderung. Das ist es, was Aristoteles unter dem Ausdruck *Bewegung* versteht, wenn er sagt, sie sei die Tatsache oder vielleicht die Betätigung dessen, was eine Macht hat. Man kann also sagen, daß die Macht im allgemeinen die Möglichkeit der Veränderung sei. Da nun die Veränderung oder die Betätigung dieser Möglichkeit in einem Subjekt Handlung und in einem anderen Leiden ist, so wird es auch zwei Arten von Macht geben, die eine leidend und die andere tätig. Die *tätige* wird *Vermögen* genannt werden können, und die leidende könnte vielleicht *Fähigkeit* oder *Rezeptivität* genannt werden. Allerdings wird die tätige Macht mitunter in einem noch höheren Sinne genommen, wenn außer dem einfachen Vermögen noch eine Strebung dabei ist, und so nehme ich sie in meinen *dynamischen* Betrachtungen. Man könnte ihr den Ausdruck *Kraft* besonders beilegen, und die *Kraft* würde entweder *Entelechie* oder *Kraftäußerung* (effort) sein, denn die Entelechie (obgleich Aristoteles sie so allgemein nimmt, daß sie noch die ganze Tätigkeit und Kraftäußerung umfaßt) scheint mir eher den *ursprünglichen wirkenden Kräften* zuzukommen und das Wort *Kraftäußerung* den *abgeleiteten*. Es gibt selbst auch noch eine Art *leidender Macht*, die *noch spezieller* und von Realität erfüllter ist; dies ist diejenige, welche in der Materie waltet, worin nicht allein die Beweglichkeit vorhanden ist, welches die Tätigkeit oder Rezeptivität der Bewegung ist, sondern auch die *Widerstandskraft*, welche die *Undurchdringlichkeit* und die *Trägheit* umfaßt. Die *Entelechien* d.h. die ursprüngliches oder substantiellen Strebungen, sofern sie mit Wahrnehmung verbunden sind, *sind die Seelen.*

§ 3. *Philalethes.* Die Vorstellung der *Macht* drückt etwas Relatives aus. Aber haben wir irgend eine Vorstellung, von welcher Art sie auch immer sei, die nicht etwas Relatives in sich schließt? Unsere Vorstellungen von Ausdehnung, Dauer, Zahl – enthalten sie nicht alle in sich eine stillschweigende Beziehung auf Teile? Dasselbe läßt sich auf eine noch sichtbarere Weise bei der Gestalt und der Bewegung bemerken. Sind die sinnliches Eigenschaften etwas anderes als die Machtäußerungen verschiedener Körper in bezug auf unsere Wahrnehmung und nicht an sich selbst von der Größe, Gestalt, der inneren Bildung und der Bewegung der Teile abhängig? Dies bewirkt eine Art von Beziehung unter ihnen. So kann denn meiner Meinung nach die Vorstellung der Macht sehr wohl unter die übrigen einfachen Vorstellungen gesetzt werden.

Theophilus. Im Grunde genommen sind die Vorstellungen, welche soeben aufgezählt wurden, zusammengesetzt. Die der sinnlichen Eigenschaften behaupten ihren Rang unter den einfachen Vorstellungen nur infolge unserer Unwissenheit, und die übrigen, welche man deutlich erkennt, behalten ihre Stelle dort nur durch eine Nachsicht, welche man lieber nicht ausüben sollte. Es verhält sich damit ungefähr, wie in betreff der gewöhnlichen Grundsätze, welche unter den Lehrsätzen stehen könnten und bewiesen zu werden verdienten, und welche man dennoch als Grundsätze gelten läßt, als ob es ursprüngliche Wahrheiten wären. Diese Nachsicht ist schädlicher, als man denkt, aber man ist allerdings nicht immer imstande, ihrer zu entbehren.

§ 4. *Philalethes.* Wenn wir dabei recht achtgeben, so gewähren uns die Körper mittels der Sinne keine so klare und deutliche Vorstellung von der tätigen Macht, als wir sie durch die Reflexionen haben, die wir über die Wirkungen unseres Geistes anstellen. Es gibt meiner Überzeugung nach nur zwei Arten von Handlungen, wovon wir Vorstellung haben, nämlich Denken und Bewegen. Was das Denken anbetrifft, so gibt uns der Körper davon keine Vorstellung, und wir haben sie nur durch Vermittelung der Reflexion. Ebensowenig haben wir durch Vermittelung des Körpers irgend eine Vorstellung vom Anfang der Bewegung.

Theophilus. Diese Betrachtungen sind sehr triftig, sind obgleich das *Denken* dabei auf so allgemeine Weise genommen wird, daß es jede Wahrnehmung umfaßt, so will ich doch den Gebrauch der Worte nicht anfechten.

Philalethes. Wenn der Körper selbst in Bewegung ist, so ist diese im Körper eher eine Tätigkeit als ein Leiden. Aber wenn eine Billardkugel dem Stoß des Queues nachgibt, so ist dies keine Tätigkeit der Kugel, sondern ein bloßes Leiden.

Theophilus. Darüber ließe sich etwas sagen; denn die Körper würden durch den Anstoß keine Bewegung empfangen, gemäß den dabei zu bemerkenden Gesetzen, wenn sie nicht schon in sich Bewegung hätten. Wir wollen jedoch jetzt diesen Punkt übergehen.

Philalethes. Ebenso, wenn ein Ball einen anderen, der sich auf seinem Wege findet, anstößt und in Bewegung setzt, so teilt er ihm nur die empfangene Bewegung mit und verliert ganz ebensoviel.

Theophilus. Ich sehe, daß diese irrige Meinung, welche die Kartesianer aufgebracht haben, wie wenn die Körper so viel Bewegung verlören, als sie abgeben, die heutzutage durch die Erfahrungen und die Vernunftgründe zerstört und selbst von dem berühmten Verfasser der ›Untersuchung über die Wahrheit‹ aufgegeben worden ist (der eine kleine Abhandlung ganz besonders zu dem Zweck hat drucken lassen, sie zurückzunehmen) dennoch nicht unterläßt, vielen einsichtigen Leuten Gelegenheit zu Mißverständnis zu geben, indem sie auf so gebrechlichem Grunde ihr Lehrgebäude errichten.

Philalethes. Das Übertragen der Bewegung gibt nur eine ganz dunkle Vorstellung von einer tätigen Macht der Bewegung im Körper, indem wir nichts weiter sehen, als daß der Körper die Bewegung, ohne sie irgendwie hervorzubringen, überträgt.

Theophilus. Ich weiß nicht, ob hier behauptet wird, Maß die Bewegung von Körper zu Körper übergeht und dieselbe Bewegung *(idem numero)* dabei übertragen wird. Ich weiß, daß einige gegen die Ansicht der ganzen Schule so weit gegangen sind, unter anderen der Jesuitenpater Casati. Ich zweifle jedoch, daß dies Ihre Meinung oder die Ihrer gelehrten Freunde ist, die in der Regel von solchen Einbildungen weit entfernt sind. Wenn indessen dieselbe Bewegung nicht übertragen wird, so muß man zugeben, daß sich in dem Körper der sie empfängt, eine neue Bewegung erzeugte also würde der, welcher sie erteilt, wirklich tätig sein, obwohl er zu gleicher Zeit Kraftverlust erleiden würde. Denn obgleich der Körper allerdings nicht so viel Bewegung verliert, als er erteilte, so bleibt es doch immer wahr, daß er deren verliert und zwar so viel Kraft verliert, als er abgibt, wie ich anderswo erklärt habe, so daß man stets in ihm Kraft oder tätige Macht zugeben muß. Ich verstehe die Macht in einen höheren Sinne, den ich ein wenig vorher erläutert habe, wo nämlich die Strebung mit dem Vermögen sich verbindet. Indessen stimme ich mit Ihnen immer darin überein, daß wir die klarste Vorstellung der tätigen Macht durch den Geist empfangen. Auch ist sie nur in desjenigen Wesen, welche mit dem Geiste Analogie haben, nämlich in den Entelechien, denn der Stoff bezeichnet eigentlich nur die leidende Macht.

§ 5. *Philalethes.* Wir finden in uns selbst die Macht, gewisse Handlungen unserer Seele und gewisse Bewegungen unseres Körpers anzufügen oder nicht anzufangen, fortzusetzen oder abzubrechen, und zwar einfach durch einen Gedanken oder eine Wahl unseres Geistes, der sozusagen bestimmt und befehlt, daß solch eine besonders Handlung geschehe oder nicht geschehe. Diese Macht nennen wir den *Willen*. Die tatsächliche Ausübung dieser Macht nennt man *Wollen*; das Abbrechen oder hervorbringen der einem solchen Befehl der Seele folgenden Handlung nennen wir das *Freiwillige*, und jede Handlung, die ohne eine solche Leitung der Seele geschielt, heißt *unfreiwillig*.

Theophilus. Ich finde dies alles sehr gut und richtig. Um es indessen runder auszudrücken und vielleicht ein wenig weiterzugehen, möchte ich sagen, daß das *Wollen* die Anstrengung oder Strebung *(conatus)* ist, auf das, was man für gut hält, loszugehen und sich von dem zu entfernen, was man für schlimm hält, so daß diese Strebung unmittelbar aus dem Bewußtsein, welche man von ihr hat, folgt, und das Korollarium dieser Definition ist der berühmte Grundsatz, *daß aus dem Wollen und Können zusammengenommen die Handlung folgt*, da aus jeder Strebung die Handlung folgt, wenn sie nicht Hindernis findet. So folgen vermöge der Einheit von Seele und Leib, wovon ich anderswo die Begründung gegeben habe, nicht allein die inneren freiwilligen Handlungen unseres Geistes, sondern auch die äußeren aus diesem *Conatus*, d.h. die freiwilligen Bewegungen unseres Körpers. Es gibt auch noch aus unmerklichen Wahrnehmungen entspringende Anstrengungen, deren man sich nicht bewußt ist; ich möchte diese lieber *Begehrungen* als *Wollen* (obgleich auch dabei bemerkbare Begehrungen vorkommen) nennen, denn freiwillige Handlungen nennt man nur solche, deren man sich bewußt sein und auf welche unsere Reflexion bei der Erwägung dessen, was gut und schlimm ist, verfallen kann.

Philalethes. Die Macht des Bewußtseins nennen wir *Verstand*: dieser besitzt die Wahrnehmung der Vorstellungen, die der Bedeutung der Zeichen und endlich die der Übereinstimmung oder Nichtübereinstimmung unter einigen unserer Vorstellungen.

Theophilus. Wir sind uns vieler Dinge in uns und außer uns bewußt, die wir nicht verstehen, und wir verstehen sie, wenn wir in uns deutliche Vorstellungen davon haben nebst dem Vermögen, zu reflektieren und die notwendigen Wahrheiten daraus zu gewinnen. Darum haben die Tiere keinen Verstand, wenigstens in diesem Sinne, obgleich sie das Vermögen haben, sich der bemerklichsten und hervortretendsten Eindrücke bewußt zu sein, wie das Wildschwein jemand bemerkt, der ihm zuruft, und auf ihn losgeht, von dem es schon vorher eine bloße, aber nur verworrene Wahrnehmung wie von allen den übrigen Gegenständen hatte, die ihm in die Augen fielen und deren Strahlen seine Kristalllinse trafen. So entspricht denn nach meiner Erklärung *der Verstand* dem, was bei den Lateinern *intellectus* heißt, und die Ausübung dieses Vermögens heißt das *Verstehen*, welches eine mit dem Vermögen der Reflexion verbundene bestimmte Wahrnehmung ist, welche sich bei den Tieren nicht findet. Jede mit diesem Vermögen verbundene Wahrnehmung ist Denken, welches ich den Tieren ebensowenig zusprechen kann, als den Verstand, so daß man sagen darf, das Verstehen finde dann statt, wenn das Denken deutlich ist. Übrigens verdient die Wahrnehmung der Bedeutung der Zeichen von der

Wahrnehmung der bezeichneten Vorstellungen hier gar nicht unterschieden zu werden.

§ 6. *Philalethes.* Gewöhnlich sagt man, daß Verstand und Wille zwei *Vermögen* der Seele sind, ein ganz bequemer Ausdruck, wenn man sich desselben bedient, wie man sich aller Worte bedienen muß, indem man sich davor in acht nimmt, daß sie im menschlichen Denken Verwirrung anrichten, was, wie ich fürchte, hier beim Seelenleben geschehen ist. Und wenn man uns sagt, daß der Wille jene höhere Fähigkeit der Seele sei, welche alles regelt und anordnet, daß er frei sei oder nicht, daß er die unteren Vermögen bestimme, daß er *dem Gebot des Verstandes* folge (obgleich auch diese Ausdrücke in einem klaren und bestimmten Sinn verstanden werden können), so fürchte ich doch, daß sie bei verschiedenen Leuten die verworrene Idee von ebensoviel besonderen *tätigen Wesen*, die in uns jedes für sich wirken, hervorgerufen haben.

Theophilus. Das ist eine Streitfrage, welche den Schulen schon lange zu tun gemacht hat. Nämlich, ob zwischen der Seele und deren Vermögen ein realer Unterschied obwalte, und ob das eine Vermögen von den anderen real verschieden sei. Die Realisten haben es bejaht, die Nominalisten verneint. Und dieselbe Streitfrage ist über das wirkliche dasein von noch mehreren anderen abstrakten Wesen, die demselben Schicksal anheimfallen müssen, angestellt worden. Ich meine aber nicht, daß hier diese Frage zu entscheiden und sich in diese dornige Untersuchung zu vertiefen nötig sei, obgleich, wie ich mich erinnere, Episcopius sie für so wichtig erachtet hat, daß er glaubte, man könne die Freiheit des Menschen nicht aufrecht erhalten, wenn die Seelenvermögen wirkliche Wesen seien. Indessen, wenn sie auch wirkliche und voneinander verschiedene Wesen wären, so dürften sie doch nicht als reale *wirkende Wesen* gelten, wenn man sich nicht ganz mißbräuchlich ausdrücken will. Nicht die Vermögen oder Eigenschaften sind es, welche wirken, sondern die Substanzen mittels der Vermögen.

§ 8. *Philalethes.* Sofern der Mensch die Macht hat zu denken oder nicht zu denken, sich entsprechend der vorziehenden Entscheidung oder Wahl seines eigenen feistes zu bewegen oder nicht zu bewegen, sofern ist er frei.

Theophilus. Der Ausdruck *Freiheit* ist sehr zweideutig. Es gibt eine Freiheit des Rechts und eine tatsächliche. Nach der des Rechts ist ein Sklave nicht frei und ein Untertan nicht ganz, aber ein Armer ist so frei wie ein Reicher. Die *tatsächliche Freiheit* besteht entweder in der Macht zu wollen, wie man soll, oder in der Macht zu handeln, wie man kann. Das ist die Freiheit des Handelns, von der Sie sprechen, und diese hat ihre Grade und Verschiedenheiten. Im *Allgemeinen* ist derjenige, welcher mehr Mittel hat, freier, das zu tun, was er will, aber im *besonderen* versteht man *die Freiheit* von dem Gebrauch der Dinge welche man gewöhnlich in seiner Gewalt hat, und vor allem von deren freien Gebrauch unseres Körpers. So beeinträchtigen der Kerker und die Krankheiten unsere Freiheit, indem sie uns verhindern, unserem Körper und unseren Gliedern diejenige Bewegung zu geben, die wir ihnen geben wollen und gewöhnlich geben können; also ist auf diese Weise ein Gefangener und ein Gelähmter, der keinen freien Gebrauch seiner Glieder hat, unfrei. Die *Freiheit des Wollens* wird auch in zwei verschiedenen Bedeutungen genommen. Die eine findet statt, wenn man sie der Unvollkommenheit oder demjenigen Gebrauch des Geistes entgegensetzt, der ein Zwang oder ein Hindernis, aber ein inneres ist, wie dasjenige, welches von den Leidenschaften stammt. Die andere findet statt, wenn man die Freiheit der Notwendigkeit entgegensetzt. Im ersten Sinne sagten die Stoiker, daß der Weise allein frei sei, und man hat in der Tat keinen freien Geist, wenn er von einer großen Leidenschaft in Anspruch genommen ist, denn alsdann kann man nicht wollen, wie man sollte, d.h. mit der nötigen Überlegung. Auf diese Weise ist Gott allein vollkommen frei, und die erschaffenen Geister sind es nur in dem Maße, als sie über die Leidenschaften erhaben sind. Und diese Freiheit betrifft eigentlich unseren Verstand. Diejenige Freiheit des Geistes aber, welche der Notwendigkeit entgegengesetzt ist, betrifft bloß den Willen und zwar, sofern er vom Verstande sich unterscheidet. Diese ist, was man die *freie Willkür* nennt, womit gemeint sein soll, daß die stärksten Gründe oder Eindrücke, welche der Verstand dem Willen vorhält, den Willensakt nicht verhindern zufällig zu sein und ihm nicht eine absolut und sozusagen metaphysische Notwendigkeit verleihen. Und in diesem Sinne pflege ich zu sagen, daß der Verstand den Willen, gemäß dem Vorwiegen der Wahrnehmungen und Gründe, bestimmen kann, jedoch auf eine Art, daß er, wenn auch sicher und untrüglich, doch nur geneigt macht, ohne mit Notwendigkeit zu wirken.

§ 9. *Philalethes.* Wie dabei zu bemerken gut ist, hat sich noch niemand herbeigelassen, eine Kugel, mag sie nun durch den Anstoß einer

Rakete in Bewegung gesetzt oder in Ruhe sein, für ein *frei wirkendes* Wesen zu nähmen. Dies kommt daher, daß wir einem Ball weder Denken, noch irgend einen Willensakt, demgemäß er die Bewegung der Ruhe vorzieht, beimessen.

Theophilus. Wenn das *frei* wäre, was ohne Hindernis wirkt, so würde die Kugel, wenn sie in einem gleichmäßigen Horizont einmal in Bewegung wäre, ein frei wirkendes Wesen sein. Aber Aristoteles hat schon richtig bemerkt, daß, um die Handlungen frei zu nennen, wir nicht allein verlangen, daß sie *spontan*, sondern auch, daß sie *überlegt* seien.

Philalethes. Aus diesem Gründe betrachten wir die Bewegung oder die Ruhe der Kugeln unter der Vorstellung eines *Notwendigen*.

Theophilus. Die Bezeichnung *notwendig* fordert ebensoviel Umsicht, als die von *frei*. Jene bedingungsweise geltende Wahrheit, nämlich: ›*Gesetzt, daß die Kugel in einem gleichmäßigen Horizont einmal ohne Hindernis in Bewegung ist, so wird sie dieselbe Bewegung fortsetzen*‹, kann gewissermaßen für notwendig angesehen werden, obgleich diese Folgerung im Grunde genommen nicht ganz geometrisch ist, da sie sozusagen nur unter einer Voraussetzung angenommen und auf die Weisheit Gottes gegründet ist, der ohne vernünftigen Grund seinen Einfluß nicht ändert, welcher jetzt vermutlich nicht eintreten wird. Aber jener schlechthin aufgestellte Satz: ›*Die Kugel hier ist gegenwärtig in dieser Ebene in Bewegung*‹ ist nur eine zufällige Wahrheit, und in diesem Sinne ist die Kugel ein zufälliges, nicht frei wirkendes Wesen.

§ 10. *Philalethes.* Nehmen wir an, daß man einen Menschen während eines tiefen Schlafes in ein Zimmer trägt, wo sich jemand beendet, den er sehr zu sehen und zu sprechen wünscht, und daß man die Tür hinter ihm zuschließt, so wird dieser Mensch beim Erwachen froh sein, mit jener Person sich zu treffen, und also mit Vergnügen im Zimmer bleiben. Ich denke nicht, daß man darüber in Ungewißheit sein werde, ob er an jenem Orte freiwillig bleibt. Gleichwohl steht es ihm nicht frei, sich, wenn er will, daraus zu entfernen. Also ist die Freiheit keine Vorstellung, die dem Willen zukommt.

Theophilus. Ich finde das Beispiel sehr gut gewählt, um zu zeigen, daß in einem gewissen Sinne eine Handlung oder ein Zustand *freiwillig* sein kann, ohne frei zu sein. Indessen, wenn die Philosophen und Theologen über die freie Willkür streiten, haben sie einen ganz anderen Sinn im Auge.

§ 11. *Philalethes.* Die Freiheit fehlt, wenn die Lähmung die Beine verhindert, der Bestimmung des Geistes zu gehorchen, obgleich es in dem Gelähmten selbst etwas freiwilliges sein kann, sitzen zu bleiben, solange er das Sitzen der Ortsverändernng vorzieht. *Freiwillig* ist also nicht dem *Notwendigen*, sondern dem *Unfreiwilligen* entgegengesetzt.
Theophilus. Diese Genauigkeit im Ausdruck würde mir schon gefallen, wenn nicht der Sprachgebrauch sich daß von entfernter diejenigen, welche die *Freiheit der Notwendigkeit* entgegensetzen, wollen dies nicht von den äußeren Handlungen, sondern von dem Willensakte selbst verstanden wissen.

§ 12. *Philalethes.* Ein wachender Mensch besitzt nicht mehr Freiheit zu denken oder nicht zu denken, als er frei ist, zu verhindern oder nicht zu verhindern, daß sein Körper einen anderen Körper berührt. Aber seine Gedanken von einer Vorstellung zur anderen übertragen – das steht oft zu seiner Disposition. Und in diesem Fall hat er soviel Freiheit in Hinsicht seiner Vorstellungen, als in Hinsicht der Körper, auf welche er sich stützt, indem er, wie es ihm in den Sinn kommt, sich von dem einen zum anderen fortbewegen kann. Gleichwohl gibt es Vorstellungen, welche wie gewisse Bewegungen dergestalt dem Geiste eingepflanzt sind, daß man sie in gewissen Umständen, man mag sich anstrengen, wie man will, nicht entfernen kann. Ein Mensch auf der Folter hat nicht die Freiheit, der Vorstellung des Schmerzes sich zu entschlagen, und mitunter wirkt eine heftige Leidenschaft auf unseren Geist, wie der wütendste Wind auf unseren Körper wirkt.

Theophilus. In den Vorstellungen findet Ordnung und Zusammenhang statt, wie in den Bewegungen, denn das eine entspricht dem anderen vollkommen, obgleich die Bestimmung in den Bewegungen ohne Bewußtsein geschieht, frei aber oder mit Wahl im denkenden Wesen, welchem die Güter und die Übel nur Neigung verursache, ohne es zu zwingen. Denn indem die Seele die Körper vorstellt, bewahrt sie ihre Vollkommenheiten; und obgleich sie – wohlverstanden – in den unfreiwilligen Handlungen vom Körper abhängig ist, so ist sie doch in den übrigen unabhängig und macht den Körper von sich abhangen. Aber diese Abhängigkeit ist nur *metaphysisch* und besteht in den Rücksichten Gottes auf die eine, intern er den anderen regelt, oder mehr auf die eine als auf den anderen nach Maßgabe der ursprünglichen Vollkommenheiten eines jeden, während die *physische Abhängigkeit* in einem unmittelbaren Einguß bestehen würde, den der eine vor der anderen, von welcher er abhängt, empfangen müßte. Übrigens kommen uns unfreiwillige Gedanken teils von außen durch die Gegenstände, welche unsere Sinne treffen, teils von innen auf Grund der (oft unmerklichen) Eindrücke, welche von den früheren Wahrnehmungen zurückgeblieben sind, die ihre Wirksamkeit fortsetzen und sich mit den neu hinzukommenden vermischen. In dieser Hinsicht verhalten wir uns leidend, und selbst wenn wir *wachen*, kommen uns ungerufen Bilder (worunter ich nicht allein die Darstellungen von Gestalten, sondern auch der Töne und anderer sinnlicher Eigenschatten begreife) wie in den Träumen. Die deutsche Sprache nennt sie ›fliegende Gedanken‹, die nicht in unserer Macht sind und wobei mitunter Widersinnigkeiten vorkommen, die wohlgesinnten Leuten Bedenken erregen und den Kasuisten und Gewissensräten zu schaffen machen. Das ist wie in einer *Laterna magica*, welche die Gestalten auf der Mauer erscheinen läßt, je nachdem man inwendig etwas vorbeischiebt. Aber wenn unser Geist sich eines Bildes bewußt wird, das ihm kommt, kann er ihm Halt gebieten und es sozusagen festhalten. Ferner kann der Geist, wenn es ihm gut scheint, auf gewisse Gedanken näher eingehen, die ihn zu anderen führen. Aber dies gilt nur, wenn die inneren oder äußeren Eindrücke nicht das Übergewicht haben. Allerdings sind die Menschen darin sehr verschieden, sowohl ihrem Temperamente als der Übung in der Selbstbeherrschung nach, dergestalt, daß der eine die Eindrücke überwinden kann, wo der andere sich hingibt.

§ 13. *Philalethes. Notwendigkeit* hat überall da statt, wo das Denker fehlte Und wenn diese Notwendigkeit sich in einem des Wollens fähigen wirkenden Wesen findet, und der Anfang oder die Fortsetzung einer Handlung seiner inneren Wahl widerspricht, so nenne ich das *Zwang*, und wenn die Verhinderung oder das Aufhören einer Handlung dem *Wollen* dieses wirkenden Wesens zuwiderläuft, so erlaube man mir, dies *Einhalten* (Kohibition) zu nennen. Was aber die Wesen betrifft, welche durchaus kein Denken und kein Wollen haben, so sind diese in jeder Hinsicht *aus Notwendigkeit wirkende Wesen*.

Theophilus. Mögen die Willensakte auch zufällig sein, so scheint doch, eigentlich zu reden, die *Notwendigkeit* nicht dem Wollen, sondern dem *Zufall* entgegengesetzt werden zu müssen, wie ich schon in § 9 bemerkt habe, und die Notwendigkeit nicht mit dem Bestimmtsein (Determination) verwechselt werden zu dürfen, denn beim Denken findet nicht weniger Verknüpfung oder Bestimmtsein statt, als bei den

157 Bewegungen. (Bestimmt – determiniert – zu werden, ist etwas ganz anderes, als mit Gewalt gestoßen oder durch Zwang vergewaltigt zu werden.) Und wenn wir nicht immer die Ursache bemerken, welche uns bestimmt oder um derentwillen wir uns bestimmen, so ist der Grund davon, daß wir ebensowenig fähig sind, uns des ganzen Spieles unseres Geistes und unserer meist unvernehmlichen und verworrenen Gedanken bewußt zu werden, als wir den ganzen Mechanismus, welchen die Natur in unserem Körper spielen läßt, erkennen können. Wenn man daher unter der Notwendigkeit das feste Bestimmtwerden des Menschenverstände, welches durch eine vollkommene Erkenntnis aller Umstände von dem, was in und außer dem Menschen vorgeht, einen vollkommenen Geist zur Voraussicht bringen könnte, so würde jeder freie Akt ein notwendiger sein, da die Gedenken sicherlich ebensogut, wie die von ihnen dargestellten Bewegungen bestimmt werden. Aber man muß das Notwendige von dem, wenn auch bestimmten *Zufälligen* unterscheiden; und nicht allein die zufälligen Wahrheiten sind nicht notwendig, sondern auch ihre Verknüpfungen haben nicht immer eine absolute Notwendigkeit; denn in der Art und. Weise, die Konsequenzen zu bestimmen, die in notwendigen Verhältnissen stattfinden, und denen, die in zufälligen stattfinden, gibt es ohne Zweifel, einen Unterschied. Die geometrischen und metaphysischen Konsequenzen bestimmen mit Notwendigkeit, die physischen und moralischen aber machen nur geneigt, ohne mit Notwendigkeit zu bestimmen, indem das Physische selbst etwas Moralisches und Gewolltes ist hinsichtlich Gottes, da die Gesetze der Bewegung keine andere Notwendigkeit als (die Wahl) des Besten haben. Nun wählt Gott frei, obgleich er das Beste zu wählen bestimmt wird, und da die Körper selbst keine Wahl haben (indem Gott für sie gewälzt hat), so hat der Sprachgebrauch gewollt, daß man sie *notwendig Wirkendes* nennt. Ich widersetze mich dem nicht, sofern man nur nicht das Notwendige und das Bestimmte verwechselt und so weit geht, sich einzubilden, daß die freien Wesen auf unbestimmte Weise wirken, ein Irrtum, der bei manchem sich geltend gemacht hat und die wichtigsten Wahrheiten, ja sogar jenen

158 fundamentalen Satz zerstört, *daß nichts ohne Ursache geschieht–* ohne welchen weder das Dasein Gottes, noch andere große Wahrheiten recht bewiesen werden können. Was den *Zwang* anbetrifft, so ist es gut, zwei Arten desselben zu unterscheiden: den einen *physischen*, wie wenn man einen Menschen gegen seinen Willen ins Gefängnis bringt oder

in einen Abgrund wirft, den anderen *moralischen*, wie z.B. den Zwangmittels (Androhung) eines größeren Übels, denn die Handlung, welche dadurch veranlaßt wird, hört nicht auf freiwillig zu sein. Man kann auch durch die Erwägung eines größeren Gutes gezwungen werden, wie wenn man einen Menschen durch Versprechen eines unverhältnismäßig großen Vorteils in Versuchung führt, obgleich man dies gewöhnlich nicht Zwang zu nennen pflegt.

§ 14. *Philalethes.* Sehen wir jetzt zu, ob man nicht den seit so lange geführten, meines Erachtens aber sehr unvernünftigen, weil unverständlichen Streit endigen kann, *ob der Wille des Menschen frei ist oder nicht?*

Theophilus. Man hat alle Ursache, sich über das sonderbare Verfahren der Menschen zu wundern, die sich durch Aufwerfen schlecht verstandener Streitfragen quälen. *Sie suchen, was sie wissen, und wissen nicht, was sie suchen.*

Philalethes. Die Freiheit, welche bloß eine Macht ist, gehört einzig und alleinwirkenden Wesen an und kann nicht ein Attribut oder eine Modifikation des Willens sein, der selbst nichts anderes als eine Macht ist.

Theophilus. Nach der eigentlichen Wortbedeutung haben Sie recht. Indessen kann man den angenommenen Sprachgebrauch auch einigermaßen entschuldigen. In derselben Weise pflegt man ja auch der Wärme oder anderen Eigenschaften die Macht zuzuschreiben, nämlich dem Körper, sofern er diese Eigenschaften besitzt, und ebenso ist hier die Absicht zu fragen, ob der Mensch frei ist, indem er will.

§ 15. *Philalethes.* Die *Freiheit* besteht in der Macht des Menschen, eine Handlung seinem Willen gemäß zu tun oder zu unterlassen.

Theophilus. Wenn die Menschen nur das unter Freiheit verständen, wenn sie fragen, ob der Wille oder die Willkür frei sei, so würde ihre Streitfrage in der Tat widersinnig sein, aber man wird bald sehen, was sie eigentlich wollen, und ich habe es sogar schon berührt. Allerdings fordern sie hierbei (aber kraft eines anderen Grundsatzes) etwas Widersinniges und Unmögliches, indem sie eine durchaus nur eingebildete und nicht zu verwirklichende *Freiheit des Gleichgewichts* verlangen, die ihnen auch nichts nützen würde, wenn es möglich wäre, daß sie sie hätten, d.h. die Freiheit besitzen könnten, im Gegensatz zu allen Eindrücken, die aus dem Verstande stammen können, zu wollen. Dies würde die wahre Freiheit zugleich mit der Vernunft zerstören und uns unter die Tiere erniedrigen.

§ 17. *Philalethes.* Wer da sagen wollte, daß die Macht zu sprechen die Macht zu singen leite, und daß die Macht zu singen der Macht zu reden gehorche, würde sich ebenso schicklich und ebenso verständlich ausdrücken, als wer sagte, wie man zu sagen pflegt, daß der Wille den Verstand leitet und der Verstand dem Willen gehorcht oder nicht gehorcht. – § 18. Indessen hat diese Art zu reden den Vorzug erhalten und, wenn ich nicht irre, viel Verwirrung verursacht, obgleich die Macht zu denken ebensowenig auf die Macht zu wählen wirkt, wie die Macht zu singen auf die Macht zu tanzen. – § 19. Ich gestehe zu, daß dieser oder jener Gedanke dem Menschen Gelegenheit geben kann, seine Macht des Wählens zu gebrauchen, und daß die Wahl des Geistes Ursache sein kann, daß er an dies oder jenes wirklich denkt, ebenso wie das Singen einer gewissen Melodie die wirkliche Veranlassung sein kann, einen bestimmten Tanz zu tanzen.

Theophilus. Es kommt hier noch auf etwas mehr an, als auf das Darbieten von Gelegenheiten, da eine gewisse Abhängigkeit dabei stattfindet; denn man kann nur das wollen, was man für gut hält, und je nachdem das Verstandesvermögen fortgeschritten ist, fällt die Wahl des Wissens besser aus, wie auf der anderen Seite der Mensch, je nachdem er *im Wollen kräftig* ist, die Gedanken nach seiner Wahl bestimmt, statt durch unfreiwillige Wahrnehmungen bestimmt und fortgerissen zu werden.

Philalethes. Die Macht ist eine Relation und kein wirkendes Wesen.

Theophilus. Wenn die wesentlichen Vermögen nur Relationen sind und der Wesenheit nichts mehr hinzufügen, so sind die zufälligen oder der Veränderung unterworfenen Eigenschaften und Fähigkeiten etwas ganz anderes, Man kann von diesen letzteren sagen, daß die einen in der Ausübung ihrer Verrichtungen von den anderen oft abhangen.

§ 21. *Philalethes.* Meines Erachtens darf nicht gefragt werden, ob der Wille frei sei, was eine unangemessene Ausdrucksweise ist, sondern ob der Mensch frei sei. Dies einmal gesetzt, behaupte ich, daß jemand so lange frei ist, als er durch die Richtung oder die Wahl seines Geistes das Dasein einer Handlung dem Nichtdasein dieser Handlung vorziehen kann und umgekehrt, d.h. so lange, als er machen kann, daß sie seinem Willen gemäß sei oder nicht sei. Und wir würden kaum die Möglichkeit behaupten können, ein noch freieres Wesen zu denken, als ein solches, das fähig wäre, das zu tun, was es will, so daß der Mensch ebenso frei zu sein scheint hinsichtlich der Handlungen, welche von diesen in ihm sich verendenden Vermögen abhangen, als es der Freiheit, wenn ich mich so ausdrücken darf, ihn frei zu machen möglich ist.

Theophilus. Wenn man über die Freiheit des Willens oder über die *freie Willkür* spricht, so fragt man nicht, ob der Mensch tun kann, was er will, sondern ob er in seinem Willen selbst Unabhängigkeit hat. Man fragt nicht, ob er freie Füße und Hände hat, sondern ob sein Geist frei ist, und worin dies besteht. In dieser Beziehung wird das eine geistige Wesen freier sein können als das andere, und der höchste Geist wird in einer vollkommenen Freiheit sich beenden, deren die Kreaturen nicht fähig sind.

§ 22. *Philalethes.* Die Menschen, von Natur neugierig und bestrebt, soviel sie können, aus ihrem Geist den Gedanken zu entfernen, daß sie schuldbefleckt seien, obgleich sie sich dadurch in einen Zustand schlimmer als den einer Schicksalsnotwendigkeit versetzen, sind dennoch damit nicht zufrieden. Wenn die Freiheit sich nicht noch weiter erstreckt, so sind sie nicht damit zufrieden, und ihrer Ansicht nach ist es eine sehr starke Probe, daß der Mensch überhaupt nicht frei ist, wenn er nicht ebenso gut die Freiheit hat zu wollen als die, was er will, zu tun.

§ 23. Darüber glaube ich, daß der Mensch hinsichtlich dieses besonderen Aktes, eine Handlung zu wollen, die in seiner Macht steht, nicht frei sein kann, wenn er diese Handlung einmal in seinem Geists sich vorgesetzt hat. Die Ursache davon ist ganz klar; denn da die Handlung von seinem Willen abhängt, so muß sie ganz notwendigerweise sein oder nicht sein, und da ihr Sein oder ihr Nichtsein nicht umhin kann, der Bestimmung und der Wahl seines Willens zu folgen, so kann er es nicht vermeiden, das Sein oder Nichtsein dieser Handlung zu wollen.

Theophilus. Ich möchte glauben, daß man seine Wahl suspendieren kann und daß dies auch recht oft geschieht, besonders wenn anderweitige Gedanken die Überlegung unterbrechen. Wenn daher auch die Handlung, welche man überlegt, sein oder nicht sein muß, so folgt daraus nicht, daß man notwendig deren Sein oder Nichtsein beschließen müsse, denn das Nichtsein kann auch aus Mangel eines Beschlusses eintreten. Das wäre so, wie die Areopagiten in der Wirklichkeit jenen freisprachen, dessen Prozeß zu entscheiden sie zu schwierig gefunden hatten, indem sie ihn auf einen sehr entfernten Zeitpunkt verschoben und sich hundert Jahre zur Überlegung nahmen.

Philalethes. Wenn man den Menschen auf diese Art frei macht, ich meine, indem man die Handlung des Wollens vom Willen abhängig macht, so muß er einen anderen Willen oder ein anderes Vermögen des Wollens vorher haben, um die Akte dieses Willens zu beschließen, und wieder einen anderen, um dieses zu beschließen, und so bis ins Unendliche fort; denn wo man auch immer anhält, können die Handlungen des letzten Willens nicht frei sein.

Theophilus. Allerdings spricht man ungenau, wenn man sagt, wir wollten, was wir wollen. Wir können nicht wollen wollen, sondern wir wollen handeln und wenn wir wollen wollen könnten, so würden wir wollen wollen wollen können, und das würde bis ins Unendliche fortgehen; indessen dürfen wir uns nicht verhehlen, daß wir durch freiwillige Handlungen oft indirekt zu anderen freiwilligen Handlungen beitragen, und obwohl man das, was man will, nicht wollen kann, wie man selbst nicht über das urteilen kann, was man will, so kann man dennoch dies dergestalt im voraus tun, daß man nämlich in der Folge das urteile oder wolle, was man in der Gegenwart wollen oder urteilen zu können wünschen möchte. Man gewöhnt sich an Menschen, an Lektüre, an Lieblingsbetrachtungen, an einen gewissen Gesichtspunkt, man beachtet nicht, was vom entgegengesetzten Gesichtspunkt kommt, und gewinnt durch diese Mittel und tausend andere Umstände, die man meistens ohne bestimmten Vorsatz und ohne daran zu denken, anwendet, es über sich, sich zu täuschen oder wenigstens zu ändern und sich nach seinen Begegnissen zu bessern oder zu verschlimmern.

§ 25. *Philalethes.* Da es also ausgemacht ist, daß der Mensch nicht die Freiheit hat zu wollen, daß er will oder nicht will, so ist jetzt zunächst zu fragen, *ob der Mensch die Freiheit hat, dasjenige von zweien Dingen zu wollen, was ihm gefällt, z.B. die Bewegung oder die Ruhe.* Aber diese Frage ist in sich selbst so offenbar widersinnig, daß sie genügt, jeden, welcher darüber nachdenkst, zu überzeugen, daß die Freiheit in keinem Falle den Willen angeht. Denn fragen, ob der keusch die Freiheit habe zu wollen was ihm gefällt, die Bewegung oder die Ruhe, das Reden oder das Schweigen – das heißt fragen, ob ein Mensch das wollen kann, was er will, oder ob ihm das gefällt, was ihm gefällt – eine Frage, die meiner Ansicht nach keiner Beantwortung bedarf.

Theophilus. Trotz alledem schaden die Menschen allerdings sich hierin eine Schwierigkeit, welche gelöst zu werden verdient. Sie sagen, daß, nachdem sie alles erkannt und erwogen haben, es noch in ihrer flacht stehe, nicht nur das zu wollen, was am meisten zusagt, sondern auch das grade Gegenteil, bloß um ihre Freiheit zu zeigen. Man muß aber dabei bedenken, daß, wenn diese Laune oder dieser Eigensinn oder wenigstens dies Motiv, welches sie den übrigen Motiven zu folgen hindert, in die Wagschale geworfen wird und sie das anzunehmen veranlaßt, was ihnen sonst nicht annehmbar erscheinen würde, ihre Wahl doch noch immer durch die Wahrnehmung bestimmt ist. Man will also nicht das, was man wollen möchte, sondern was gefällt; obgleich der Wille indirekt und gleichsam von ferne dazu beitragen kann, zu machen, daß etwas gefalle oder nicht gefalle, wie ich schon bemerkt habe. Und da die Menschen diese verschiedenen Erwägungen nicht gehörig zu sondern wissen, so ist es nicht zu verwundern, daß der Verstand sich über diesen Gegenstand, der viele verborgene Schwierigkeiten enthält, in Unklarheit verwirrt.

§ 29. *Philalethes.* Wenn man fragt, was denn den Willen bestimme, so besteht die wahre Antwort darin, zu sagen, daß der Geist es ist, welcher ihn bestimmt. Wenn diese Antwort nicht genügt, so ist klar, daß der Sinn dieser Frage sich darauf zurückführen läßt, *was denn den Geist bei jeder besonderen Gelegenheit antreibt, seine allgemeine Macht, womit er seine Fähigkeiten auf diese Ruhe oder auf jene Bewegung richtet, zu einer solchen Bewegung oder einer solchen Ruhe zu bestimmen?* Ich antworte darauf, daß das, was uns veranlaßt, in demselben Zustand zu bleiben oder dieselbe Handlung fortzusetzen, allein die gegenwärtige *Befriedigung* sei, welche man darin findet. Im Gegenteil ist das Motiv zur Veränderung immer eine gewisse *Unruhe*.

Theophilus. Diese Unruhe, wie ich schon im vorigen Kapitel gezeigt habe, ist nicht immer ein Mißvergnügen, wie die ruhige Stimmung, in der man sich befindet, nicht immer eine Befriedigung oder ein Vergnügen ist. Oft veranlaßt uns eine unmerkliche Wahrnehmung, die man nicht klar und deutlich unterscheiden kann, uns eher nach der einen als nach der anderen Seite zu neigen ohne daß man sich darüber Rechenschaft ablegen kann.

§ 30. *Philalethes.* Der *Wille* und das *Verlangen* dürfen nicht miteinander verwechselt werden. Jemand hat das Verlangen, von der Gicht befreit zu sein, da er aber begreift, daß die Entfernung dieses Schmerzes die Übertragung eines gefährlichen Krankheitsstoffes in einen edleren Teil verursachen kann, so wird sein Wille sich zu keiner Handlung bestimmen lassen, die diesen Schmerz zu entfernen dienen kann.

Theophilus. Dieses Verlangen ist eine Art von *Willensneigung* im Vergleich mit dem vollen Wollen; man möchte z.B. wollen, wenn man nicht ein viel größeres Übel zu fürchten hätte, im Fall man das, was man will, erlangte, oder man nicht ein viel größeres Gut zu hoffen hätte, wenn man sich dessen entschlüge. Man kann indessen sagen, daß der Mensch mit einem gewissen Grad des Willens von der Gicht befreit sein will, der aber nicht bis zur entscheidend letzten Anstrengung reicht. Diese Art Willen nennt man *Velleität*, insofern er eine gewisse Unvollkommenheit oder Ohnmacht in sich schließt.

§ 31. *Philalethes.* Man muß indessen bemerken, daß dasjenige, was den Willen zum handeln bestimmt, nicht das größte Gut ist, wie man gewöhnlich annimmt, sondern vielmehr eine gewisse, gerade vorhandene Unruhe und für gewöhnlich diejenige, welche am meisten drängt. Diese kann man Verlangen nennen, welches in der Tat eine Unruhe des Geistes ist, verursacht durch die Entbehrung eines abwesenden Gutes, außer dem Verlangen, vom Schmerze befreit zu werden. Nicht jedes abwesende Gut erzeugt einen dem Grade der in ihm liegenden oder von uns bei ihm vorausgesetzten Vortrefflichkeit angemessenen Schmerz, während jeder Schmerz ein ihm gleiches Verlangen verursachte denn die Abwesenheit eines Gutes ist nicht immer ein Übel, wie es die Anwesenheit des Schmerzes ist. Dies ist der Grund, warum man ein abwesendes Gut ohne Schmerz betrachten und ins Auge fassen kann, aber in dem Maße, als es irgendwo Verlangen gibt, gibt es dabei auch Unruhe. – § 32. Wer sollte nicht beim Verlangen das empfunden haben, was der Weise von der Hoffnung sagt (Sprichw. Salom. XIII, 12): ›Die Hoffnung, die da verziehet, ängstigt das Herz?‹ Rahel ruft aus (1. Buch Mos. XXX, 1): ›Schaffe mir Kinder, oder ich sterbe!‹ – § 34. Wenn der Mensch in dem Zustande, in welchem er sich findet, vollständig befriedigt ist, oder wenn er vollkommen von aller Unruhe frei ist, was kann ihm dann noch für ein Wille bleiben, als der, in diesem Zustande zu verharren? So hat der weise Urheber unseres Wesens die Unbequemlichkeit des Hungers und des Durstes und die anderen natürlichen Triebe in die Menschen gepflanzt, um ihren Willen zur Selbsterhaltung und Fortpflanzung ihres Geschlechtes aufzuregen und zu bestimmen. ›Es ist besser freien, denn Brunst leiden‹, sagt St.

Paulus (1. Cor. VII, 9). So wahr ist es, daß die gegenwärtige Empfindung einer kleinen Wunde mehr Gewalt über uns hat, als der Reiz der größten Vergnügungen, wenn man dieselben von fern betrachtet.

§ 35. Allerdings ist der Grundsatz, daß das Gute und zwar das größte Gut den Willen bestimme, ein so allgemein angenommener, daß ich mich gar nicht darüber wundere, ihn sonst als unzweifelhaft vorausgesetzt zu haben. Indes bin ich nach einer gründlichen Untersuchung zu schließen gezwungen, daß das Gute und zwar das größte Gut, wenn es auch als solches beurteilt und anerkannt wird, nicht den Willen bestimmt, wenn uns nicht, indem wir auf eine seiner Vortrefflichkeit angemessene Art danach verlangen, dies Verlangen darüber beunruhigt, daß wir desselben entbehren müssen. Setzen wir den Fall, ein Mensch sei von dem Nutzen der Tugend so sehr überzeugte daß er sie für jeden, welcher etwas Großes in dieser Welt sich vorsetzt oder in der anderes glücklich zu sein hofft, für notwendig erachtet, so wird sich doch der Wille dieses Menschen, bevor ihn noch hungert und dürstet nach der Gerechtigkeit, niemals zu irgend einer Handlung bestimmen, die ihm zur Verfolgung dieses vortrefflichen Gutes dient, und irgend eine andere Unruhe, die ihm in die Quere kommt, wird seinen Willen zu anderen Dingen fortreißen. Setzen wir auf der anderen Seite den Fall, jemand, der dem Trunk ergäben ist, erwäge, daß er durch die Lebensweise, welche er führt, seine Gesundheit zerstöre und sein Vermögen vergeude, daß er sich vor der Welt entehre, sich Krankheiten zuziehe und endlich so weit in Mangel fallen werde, um nicht einmal seiner festgewurzelten Leidenschaft des Trunkes mehr nachhangen zu können – gleichwohl bringt ihm die Wiederkehr der von ihm darüber gefühlten Unruhe, daß er von seinen Zechbrüdern entfernt sein soll, ins Wirtshaus zurück zu den Stunden, an welchen er dorthin zu gehen gewohnt ist, obgleich er dann den Verlust seiner Gesundheit und seines Vermögens und vielleicht sogar den des Glückes im anderen Leben vor Augen hat – eines Glückes, das er gewiß nicht als ein an sich unbedeutendes Gut betrachten kann, weil es nach seinem eigenen Geständnis viel vortrefflicher ist als das Vergnügen zu trinken und das leere Geschwätz einer Gesellschaft von Trinkern. Nicht also, weil er seine Augen auf daß höchste Gut zu richten unterläßt, beharrt er in seinem unordentlichen Leben, denn er versteht die Vortrefflichkeit jenes und erkennt sie an, soweit, daß er während der Zeit, die zwischen den zum Trinken angewandten Stunden verstreicht, sich entschließt,

166 der Verfolgung dieses höchsten Gutes nachzuleben, sondern wenn das Unbehagen, des gewohnten Vergnügens zu entbehren, ihn zu quälen kommt, so hat dies Gut, welches er als viel vortrefflicher anerkennt als das des Trinkens, keine Gewalt mehr über seinen Geist, und diese augenblickliche Unruhe bestimmt seinen Willen zur gewohnten Handlung. Ja, sie macht eben dadurch noch einen stärkeren Eindruck und überwiegt bei der ersten Gelegenheit, obgleich er sich zur selben Zeit sozusagen durch geheime Gelübde selbst angelobt, nicht mehr dasselbe zu tun, und sich einbildet, dies werde das letzte Mal sein, daß er gegen sein höchstes Interesse handelt. So findet er sich denn von Zeit zu Zeit darauf angewiesen zu sagen:

*Video meliora proboque
Deteriora sequor.*

(Ich sehe das Bessere und billige es, folge aber dem Schlechteren.) Dieser Spruch, den man als wahrhaftig kennt und der nur zu sehr durch fortlaufende Erfahrung bestätigt wird, ist auf diesem Wege leicht zu begreifen, in irgend einem anderen Sinne aber vielleicht nicht.

Theophilus. In diesen Betrachtungen liegt etwas Richtiges und Wohlbegründetes. Ich möchte indessen nicht dadurch zu dem Glauben veranlassen, daß man jene alten Grundsätze fahren lasse, wonach der Wille dem größten Gute folgt oder das größte Übel vermeidet, das er Empfindet. Der Umstand, daß man den wahren Gütern wenig zugetan ist, kommt zum guten Teile daher, daß bei den Gegenständen und den Umständen, wo die Sinne nicht wirken, unsere meisten Gedanken sozusagen taub sind (auf Latein nenne ich sie *cogiatationes caecas* – blinde Gedanken) d.h. leer von Verständnis und Gefühl und in der bloßen Anwendung von reichen bestehend, wie es denjenigen ergeht, die algebraische Berechnungen machen, ohne daran zu denken, daß die geometrischen Figuren und die Wörter von Zeit zu Zeit dabei dieselbe Wirkung haben wie die arithmetischen oder algebraischen Zeichen. Man denkt oft in Worten, fast ohne den Gegenstand nur im Geiste zu haben. Nun hat diese Art von Erkenntnis nichts Rührende: es ist etwas Lebendiges nötig, um ergriffen zu werden. Indessen ist

167 dies die Art, wie die Menschen meistens an Gott, die Tugend, die Glückseligkeit denken; sie reden und denken ohne bestimmt ausgeprägte Vorstellungen. Dies ist nicht deswegen der Fall, weil sie keine haben

könnten: sie sind ja ihrem Geiste innewohnend, aber sie geben sich nicht die Mühe, die Analyse weit genug zu treiben. Sie haben mitunter die Vorstellungen eines abwesenden Gutes oder Übels, aber nur sehr schwache. Kein Wunder also, daß sie davon nicht berührt werden. Wenn wir also das Schlechtere vorziehen, so geschieht es, weil wir das darin enthaltene Gute empfinden, ohne das darin enthaltene Übel und das ihm entgegengesetzte Gute zu fühlen. Wir nehmen an und glauben oder vielmehr wir wiederholen nur auf fremden Glauben oder höchstens auf Glauben an das Andenken unserer früheren Gedanken, daß das größte Gut auf der besseren Seite, und das größte Übel auf der entgegengesetzten sei. Fassen wir sie aber nicht fest ins Auge, so sind unsere Gedanken und Räsonnements, entgegengesetzt dem Gefühle, eine Art von *Psittacismus*, der im Augenblicke für den Geist nichts ausmacht, und wenn wir nicht Maßregeln zur Abhilfe dagegen ergreifen, so sind sie wie im Winde verlogen, was ich schon oben bemerkt habe (B. I. Kap. 2 § 11). Die schönsten Vorschriften der Moral nebst den besten Klugheitsregeln haften nur in einer Seele, welche dafür empfindet (entweder *direkt* oder, weil dies nicht immer geschehen kann, wenigstens *indirekt*, wie ich bald zeigen werde) und für das Gegenteil nicht mehr empfindet. Cicero sagt irgendwo sehr gut, daß, wenn unsere Augen die Schönheit der Tugend sehen könnten, wir sie mit Inbrunst lieben würden: aber da weder dies noch etwas Dementsprechendes geschieht, so muß man sich nicht wundern, wenn in dem Kampfe zwischen Fleisch und Geist der Geist so oft unterliegt, weil er seiner Vorteile nicht lebendig innegeworden ist. Dieser Kampf ist nichts anderes als der Gegensatz der verschiedenen Strebungen, welche aus verworrenen und aus deutlichen Gedanken hervorgehen. Die verworrenen Gedanken lassen sich oft sehr klar empfinden, aber unsere deutlichen Gedanken sind gewöhnlich nur der Möglichkeit nach klar. Sie könnten es freilich sein, wenn wir uns die Mühe geben wollten, in den Sinn der Worte oder Zeichen einzudringen, aber da man es entweder aus Nachlässigkeit oder wegen der Kürze der Zeit nicht tut, so setzt man bloße Worte oder wenigstens zu schwache Bilder lebhaften Empfindungen entgegen. Ich habe einen in der Kirche und im Staate bedeutenden Mann gekannt, den sein schwächlicher Zustand veranlaßt hatte, sich mit bloßer Pflanzenkost zu begnügen, aber er gestand, daß er dem Geruch der Fleischspeisen nicht habe widerstehen können, die man an seinem Zimmer vorbei den anderen auftrug. Das ist ohne

Zweifel eine schmähliche Schwäche, aber so sind die Menschen nun einmal angetane Wenn indessen der Geist seiner Vorteile sich recht bedienen wollte, so würde er den entschiedensten Sieg davontragen. Man müßte mit der Erziehung den Anfang machen, welche in der Art geregelt werden sollte, daß man die wahren Güter und die wahren Übel, so viel als möglich ist, zur Empfindung brühte, indem man die über sie gebildeten Begriffe auf die zu diesem Zweck möglichst passenden Umstände anwendete, und ein schon Erwachsener, dem eine solche treuliche Erziehung fehlt, muß lieber spät als niemals erleuchtete und vernünftige Vergnügungen zu suchen beginnen, um sie denen der Sinne, welche verworren, aber eindringlich sind, entgegenzusetzen. Auch ist in der Tat die göttliche Gnade selbst eine Lust, welche Erleuchtung verleiht. Wenn also ein Mensch gute Regungen hat, so muß er sich für die Zukunft Gesetze und Regeln machen und sie mit Strenge durchführen, sich den Umständen, welche ihn verderben könnten, entziehen, sei es auf einmal oder allmählich, je nach der Natur der Sache. Eine ganz besonders zu diesem Zweck unternommene Reise kann einen Verliebten heilen, ein Rückzug in die Einsamkeit uns vom Umgang befreien, welcher uns in irgend einer schlechten Neigung festhielt. Der Jesuitengeneral Franz von Borgia, welcher schließlich kanonisiert worden ist, war gewohnt, stark zu zechen, als er noch in der großen Welt lebte; nach und nach aber, als er sich zurückzuziehen gedachte, gewöhnte er sich an Mäßigkeit, indem er täglich einen Tropfen Wachs in den Pokal tröpfelte, welchen er zu leeren gewohnt war. Gefährlichen sinnlichen Vergnügungen muß man irgend ein anderes unschuldiges sinnliches Vergnügen, wie Ackerbau oder Gärtnerei, entgegensetzen, man muß den Müßiggang fliehen, Merkwürdigkeiten der Natur und der Kunst sammeln, Erfahrungen und Untersuchungen machen, sich zu einer Beschäftigung, der man sich nicht entziehen darf, verpachten, wenn man keine hat, oder irgend eine nützliche und angenehme Unterhaltung oder Lektüre anstellen. Mit einem Worte: man muß die guten Regungen als Gottes Stimme, die uns ruft, benutzen, um wirksame Beschlüsse zu fassen. Und da man nicht immer die Begriffe, die wahren Güter und die wahren Übel bis zur Wahrnehmung der in ihnen enthaltenen Lust und des in ihnen enthaltenen Schmerzes, um davon ergriffen zu werden, analysieren kann, so muß man es sich ein für allemal zum Gesetz machen, auf die Schlüsse der gesunden Vernunft zu achten und ihnen zu folgen, nachdem man sie einmal gut begriffen hat, selbst wenn man sich ihrer in der Folge und gewöhnlich nicht oder nur mittels *tauber* und von sinnlichen Reizen entblößter *Gedanken* bewußt ist. Dadurch wird man sich endlich ebensosehr in den Besitz der Herrschaft über die *Leidenschaften* als über die *unmerklichen Neigungen* oder Unruhen setzen, indem man jene Wertigkeit erlangt, der Vernunft gemäß zu handeln, welche die Tugend angenehm und gleichsam natürlich machte Aber es handelt sich hier nicht darum, moralische Vorschriften oder geistliche Ratschläge und Aufforderungen zur Übung wahrer Frömmigkeit zu erteilen, es ist genug, daß bei der Betrachtung der Vorgänge in unserer Seele die Quelle unserer Schwächen, deren Erkenntnis zu gleicher Zeit die Heilmittel dagegen gewährt, erblickt werde.

§ 36. *Philalethes.* Die uns in der Gegenwart bedrängende Ursache wirkt allein auf den Willen und bestimmt ihn auf natürliche Weise hinsichtlich des Glückes, nach dem wir alle in allen unseren Handlungen streben, weil jeder den Schmerz und die *uneasiness* (d.h. die Unruhe oder vielmehr Unannehmlichkeit, welche uns nicht zum Gefühl der Behaglichkeit kommen läßt) als mit der Glückseligkeit unverträgliche Dinge ansieht. Ein geringer Schmerz reicht hin, alles Vergnügen, dessen wir genießen, zu verderben, folglich wird, was die Wahl unseres Willens zur folgenden Handlung unaufhörlich bestimmt, immer die Entfernung des Schmerzes sein, solange wir noch einen Angriff desselben fühlen; diese Entfernung ist der erste Schritt zum Glück.

Theophilus. Wenn Sie Ihre *uneasiness* oder Unruhe für eine wahre Unlust nehmen, so gebe ich nicht zu, daß sie die alleinige Triebfeder sei. Dies sind am häufigsten jene geringen unmerklichen Wahrnehmungen, welche man unbewußte Schmerzen nennen könnte, wenn der Begriff des *Schmerzes* nicht das *Bewußtsein* einschlösse. Diese kleinen Anregungen bestehen darin, sich fortwährend von kleinen Hemmungen zu befreien, woran unsere Natur, ohne daß man daran denkt, immer arbeitet. Darin besteht in Wahrheit jene Unruhe, die man, ohne sie zu erkennen, empfindet, die uns in den Leidenschaften ebensogut, als wenn wir am ruhigsten erscheinen, tätig macht, denn wir sind niemals ohne irgendwelche Handlung und Bewegung, was nur daher kommt, daß die Natur immer darauf hinarbeitet, sich in einen befriedigenderen Zustand zu versetzen. Und sie bestimmt uns denn auch vor jeder Beratschlagung in denjenigen *Fällen, welche uns die gleichgültigsten* scheinen, weil wir niemals vollkommen im Gleichgewicht sind und nie zwischen zwei Fällen genau in der Mitte uns beenden können. Wenn uns diese Elemente des Schmerzes (die in wahren Schmerz oder in wahre Unlust mitunter ausarten, wenn sie zu sehr anwachsen) wahre Schmerzen wären, so würden wir stets elend sein, indem wir das Gute, das wir mit Unruhe und Eifer suchen, verfolgen. Aber es findet ganz das Gegenteil statt, indem, wie ich darüber schon gesagt habe (§ 6 des vorigen Kapitels), die Anhäufung dieser kleinen beständigen Erfolge der Natur, die sich immer je mehr und mehr bequem macht, indem sie auf das Gute hinzielt und dessen Schattenbild genießt oder das Gefühl des Schmerzes vermindert, selbst schon eine bedeutende Lust und oft mehr wert ist, als der Genuß eines Gutes selbst. *Weit entfernt also, daß man diese Unruhe als etwas mit dem Glück Unverträgliches betrachten darf*, finde ich sie vielmehr als zum Glück der erschaffenen Kreaturen wesentlich. Denn diese besteht niemals in einem vollkommenen Besitze, welcher sie unempfindlich und gleichsam stumpfsinnig machen würde, sonder in einem beständigen, ununterbrochenen Fortschritt zu größeren Gütern, der nicht umhin kann, mit einem immerwährenden Verlangen oder wenigstens einer unaufhörlichen Unruhe verbunden zu sein, aber einer solchen, wie ich eben erläutert habe, die nicht so weit geht, beschwerlich zu fallen, sondern sich auf jene teilweise *unbewußten* Elemente oder Rudimente des Schmerzes beschränkt, welche zum Antrieb zu dienen und den Willen zu erregen hinreichen. Ebenso macht es bei einem gesunden Menschen der Appetit, wenn er nicht bis zu jener Unbequemlichkeit geht, die uns ungeduldig macht und durch eine zu starke Eingabe an die Vorstellung dessen plagt, was uns fehlt. Diese schwachen oder starken *Begehrungen* nennt man in den Schulen *motus primo primi* sie sind in Wahrheit die ersten Schritte, welche uns die Natur nicht sowohl auf das Glück als die Lust zu tun läßt, da man dabei nur die Gegenwart im Auge hält, aber Erfahrung und Vernunft lehren diese Begehrungen regeln und mäßigen, damit sie zum Glück führen mögen. Ich habe davon schon etwas gesagt (Bd. I, K. 2, § 3); diese Begehrungen sind wie das Streben eines Steins, der zwar immer den geraden, aber nicht immer den besten Weg gegen den Mittelpunkt der Erde zu geht, da er nicht voraussehen kann, daß er reisen auf seinem Wege treten wird, an denen er zerschellen muß, während er sich seinem Ziele mehr genähert haben würde, wenn er den Geist und das Mittel, einen Umweg zu nehmen, gehabt hätte. So fallen wir mitunter, indem wir auf eine gegenwärtige Lust gerade losgehen, in den Abgrund des Elends. Deswegen hält uns die Vernunft dabei die Bilder größerer zukünftiger Güter oder Übel und einen festen Entschluß, sowie die Gewohnheit entgegen, zu überlegen, ehe wir handeln, und dann dem zu folgen, was wir als das Beste erkannt haben werden, selbst dann, wenn die empfindbaren Gründe unserer Entschlüsse unserem Geiste nicht mehr gegenwärtig sein und fast nur in schwachen Bildern oder selbst *tauben Gedanken* bestehen sollten, die uns nur Worte oder Zeichen ohne tatsächliche Erklärung derselben geben. Demnach besteht alles in dem: ›*Bedenke es wohl*‹ und in dem: ›*Sei eingedenk!*‹, das erste, um sich die Gesetze zu machen, das zweite, um ihnen selbst dann zu folgen, wenn man nicht mehr an den Entstehungsgrund derselben denkt. Es ist inzwischen gut, daran so viel als möglich zu denken, um die Seele von einer vernunftgemäßen Freude und einer erleuchteten Lust erfüllt zu haben.

§ 37. *Philalethes.* Diese Vorsichtsmaßregeln sind ohne Zweifel um so nötiger, als die Vorstellung eines abwesenden Gutes die Empfindung von Unruhe und Unlust wovon wir gerade belästigt werden, nur insofern aufwiegen können, als jenes Gut in uns Verlangen erweckt. Wieviel Leute gibt es nicht, denen man die unaussprechlichen Freuden des Paradieses in lebhaften Bildern darstellt, welche sie für möglich und wahrscheinlich anerkennen – die sich gleichwohl gern mit der Glückseligkeit, deren sie in dieser Welt genießen, begnügen würden. Weil nämlich die Unruhe ihres gegenwärtigen Verlangens die Oberhand behält und sich der Lust dieses Lebens mit Ungestüm zukehrt, so beschließt ihr Wille, diese zu verfolgen, und so sind sie mittlerweile ganz unempfindlich gegen die Güter des anderen Lebens.

Theophilus. Zum Teil kommt dies daher, daß die Menschen oft wenig überzeugt sind, und im Grunde ihrer Seele, was sie auch sagen mögen, eine verborgene Ungläubigkeit herrscht, denn sie haben nie die guten Gründe begriffen, welche jene der Gerechtigkeit Gottes, des wahren Grundpfeilers der wahren Religion, würdige Unsterblichkeit der Seelen, beweisen, oder sie erinnern sich nicht mehr, sie begriffen zu haben, wovon doch das eine oder andere der Fall sein muß, damit man überzeugt sei. Wenige fassen selbst, daß ein zukünftiges Leben, wie die wahre Religion und selbst die wahre Vernunft ein solches lehrt, *möglich* sei, weit entfernte die Wahrscheinlichkeit, um nicht zu sagen, die *Gewißheit* desselben zufassen. Alles, was sie darüber denken, ist nur *Psittazismus*, oder es sind grobsinnliche, eitle Bilder nach mohammedanischer Weise, denen sie selbst wenig Glauben beimessen, denn sie sind weit entfernt, davon ergriffen zu werden, wie es nach der Sage die Krieger des Assassinenfürsten waren, des Alten vom Berge, welche im tiefen Schlafe an einen reizenden Ort gebracht wurden, wo sie sich im Paradies des Mohammed wähnten und durch zu Engeln oder zu heiligen Verkleidete solche Lehren empfingen, wie ihr Fürst sie bei ihnen wünschte, und welche dann wieder eingeschläfert an den Ort zurückgebracht wurden, woher man sie genommen hatte: dies gab ihnen alsdann die Kühnheit, alles zu unternehmen, sogar Angriffe auf das Leben der Fürsten, welche ihrem Herrn feind waren. Ich weiß nicht, ob man diesem Alten vom Berge nicht unrecht getan hat, denn man kann eben nicht viele bedeutende dürsten nennen, die er hätte töten lassen, man müßte denn den ihm zugeschriebenen Brief bei den englischen Geschichtschreibern in Betracht ziehen, durch welchen er König Richard I. von der Ermordung eines Grafen oder dürsten von Palästina freispricht, den dieser Alte vom Borge gesteht, töten gelassen zu haben, weil er von ihm beleidigt worden war. Dem sei nun, wie ihm wolle, es war vielleicht ein großer Eifer für die Religion der Grund, daß dieser Fürst der Assassinen seinen Leuten eine vorteilhafte Vorstellung vom Paradiese geben wollte, welche deren Gedanken stets begleitete und diese taub zu sein verhinderte, ohne darum zu verlangen, daß sie glauben müßten, sie seien wirklich im Paradies gewesen. Aber gesetzt, daß er es verlangt hätte, so dürfte man sich nicht wundern, daß dieser fromme Betrug mehr Wirkung gehabt habe als die schlecht angebrachte Wahrheit. Gleichwohl würde nichts stärker sein als die Wahrheit, wenn man sich ihrer Erkenntnis und Geltendmachung widmete, und es würde ohne Zweifel Mittel geben, ihr die Menschen kräftig zuzuführen. Wenn ich in Betracht ziehe, was Ehrgeiz oder Habsucht bei allen denen vermag, die sich einmal auf solche Lebensführung eingelassen haben, welche doch von sinnlichen und lebendigen Reizen fast ganz bar ist, so verzweifle ich an nichts mehr und behaupte, daß die Tugend, begleitet wie sie ist von so vielen echten Gütern, unendlich mehr Wirkung haben würde, wenn irgend eine glückliche Umwälzung der Menschheit sie einmal empor- und sogar in die Mode bringen würde. Es ist ganz gewiß, daß man die Tugend daran gewöhnen könnte, in der Ausübung der Tugend ihre größte Lust zu suchen. Und selbst die Erwachsenen könnten sich Gesetze und eine Gewohnheit daraus machen, ihr zu folgen, was sie, wenn sie davon abgebracht würden, ebenso stark und mit ebensoviel Unruhe, ihr nachzuleben, veranlassen müßte, als ein Trunkenbold empfindet, wenn er ins Wirtshaus zu gehen verhindert ist. Diese Betrachtungen über die Möglichkeit und selbst über die Leichtigkeit der Heilmittel gegen unsere Übel habe ich gern hinzugefügt, um nicht dazu beizutragen, die Menschen in der Verfolgung der wahren Güter durch die bloße Darlegung unserer Schwachheiten mutlos zu machen.

§ 39. *Philalethes.* Fast alles kommt darauf an, daß man das *Verlangen* nach den wahren Gütern erweckt. Und selten geschieht es, daß eine freiwillige Handlung in uns zustande kommt, ohne von irgend einem Verlangen begleitet zu sein, darum werden der *Wille* und das *Verlangen* so oft miteinander verwechselt. Indessen darf man die Sache nicht so ansehen, als ob die Unruhe, welche an den meisten Leidenschaften teilhat oder wenigstens deren Folge ist, wie gänzlich dabei ausgeschlossen sei; denn Haß, Furcht, Zorn, Neid und Scham haben jedes seine Unruhe und wirken dadurch auf den Willen. Daß irgend eine dieser Leidenschaften ganz allein bestehe, bezweifle ich; ich glaube sogar, daß man Mühe haben würde, eine Leidenschaft zu finden, die nicht vom *Verlangen* begleitet wäre. Und da unsere Ewigkeit nicht vom gegenwärtigen Augenblick abhängt, so werfen wir unseren Blick, welches auch die Lust sein möge, die wir gerade genießen, über das Jetzt hinaus, und das Verlangen, das diese die Zukunft im voraus umfassenden Anschauungen begleitet, zieht den Willen immer nach sich, so daß selbst inmitten der Freude der Wunsch, die Lust fortzusetzen und die Furcht, derselben beraubt zu werden, die Handlung unterhält, von der diese gegenwärtige Lust abhängt, und so oft eine größere Unruhe als jene sich des Geistes zu bemächtigen kommt, bestimmt sie sogleich den Geist zu einer neuen Handlung, und die gegenwärtige Lust wird hintangesetzt.

Theophilus. Zur Bildung eines vollkommenen Willensaktes gehören mehrere Wahrnehmungen und Neigungen, aus deren Kampf er als Resultat hervorgeht. Es gibt darunter solche, die für sich nicht wahrzunehmen sind, deren Zusammenwirken eine Unruhe erzeugt, die uns, ohne daß man den Grund davon sieht, vorwärts treibt; mehrere von ihnen zusammengenommen lenken uns auf einen Gegenstand zu oder entfernen uns von ihm, und das ist dann Verlangen oder Furcht, die auch von einer Unruhe begleitet sind, aber niemals bis zur Lust geht.

Endlich gibt es Antriebe, die von Lust und Schmerz tatsächlich begleitet sind, und alle diese Wahrnehmungen sind entweder neue sinnliche Empfindungen oder Phantasiebilder, welche eine frühere sinnliche Empfindung zurückgelassen hat und die mit Wiedererinnerung verbunden sind oder nicht. Diese, indem sie die Reize erneuern, welche eben diese Bilder bei jenen früheren sinnlichen Empfindungen hatten, erneuern auch nach Maßgabe der Lebendigkeit der Einbildungskraft die alten Eindrücke. Und endlich folgt aus allen diesen Antrieben jene *durchschlagende* Kraftanstrengung, welche den vollen Willen ausmacht. Indessen werden die Akte des Verlangens und die Strebungen, deren man sich bewußt ist, oft auch *Willensakte* genannt, wenn auch *nicht volle*, mögen sie nun das Übergewicht erhalten und uns zum Handels bringen oder nicht. Daraus läßt sich leicht schließen, daß der Willensakt ohne *Verlangen* und ohne *Abkehr* nicht bestehen kann, denn so, glaube ich, kann man das Gegenteil des Verlangens nennen. Die Unruhe ist nicht allein mit den unbequemen Leidenschaften verbunden, wie dem Haß, der furcht, dem Zorn, dem Neide, der Scham, sondern auch mit den entgegengesetzten, wie der Liebe, der Hoffnung, der Gunst und dem Ruhm. Man kann sagen, daß überall, wo Verlangen ist, auch Unruhe sei, aber das Gegenteil ist nicht immer wahr, weil man oft Unruhe hat, ohne zu wissen, was man will, und dann das Verlangen noch nicht fertig ist.

§ 40. *Philalethes.* Gewöhnlich bestimmt die stärkst Unruhe, von der man sich dann zu befreien imstande zu sein glaubt, den Willen zur Handlung.

Theophilus. Da das Resultat des Abwägens die schließliche Entscheidung ergibt, so kann es, glaube ich, geschehen, daß die stärkste Unruhe nicht das Übergewicht erhält, denn wenn sie auch einer jeden der entgegengesetzten Strebungen, sie einzeln genommen, überlegen wäre, so können doch die übrigen, miteinander verbunden, sie übersteigen. Der Geist kann sogar des Kunstgriffs der *Dichotomien* sich bedienen, um bald die einen, bald die anderen vorherrschend zu machen, wie man in einer Versammlung irgend eine Partei durch die Mehrheit der Stimmen vorherrschend machen kann, je nachdem man die Ordnung der Fragen bildet. Allerdings muß der Geist schon im voraus dafür sorgen, denn im Augenblick des Kampfes ist es nicht mehr Zeit, diese Kunstgriffe anzuwenden. Alles, was sich dann im Innern meldet, drückt auf die Wage und trägt dazu bei, eine *Richtung* zu bilden, die beinahe wie in der Mechanik eine *zusammengesetzte* ist und sich ohne eine schleunige Abwehr nicht aufhalten läßt.

Fertur equis auriga nec audit currus habenas.

§ 41. *Philalethes.* Fragt man außerdem, *was denn das Verlangen errege,* so antworten wir: das Glück und weiter nichts. Das *Glück* und das *Unglück* sind die Namen der beiden äußersten Punkte, deren letzte Grenzen uns unbekannt sind. Sie sind, was kein Auge gesehen, kein Ohr gehört und das Herz des Menschen niemals begriffen hat. Aber wir erhalten in unserem Inneren lebhafte Eindrücke von dem einen und dem anderen durch verschiedene Arten von Befriedigung und Freude, von Qual und Verdruß, die ich der Kürze wegen unter den Namen der *Lust* und des *Schmerzes* begreife. Diese kommen dem Geiste ebensogut als dem Körper zu oder gehören genauer zu reden nur dem Geiste an, obgleich sie bald im Geiste bei Gelegenheit gewisser Gedanken, bald im Körper bei Gelegenheit gewisser Modifikationen der Bewegung ihren Ursprung haben.

§ 42. So ist das *Glück* in seinem ganzen Umfang genommen *die größte Lust,* deren wir fähig sind, und das *Unglück* ebenso genommen der größte Schmerz, den wir fühlen können. Und der unterste Grad dessen, was man *Glück* nennen kann, ist derjenige Zustand, wo man, von jedem Schmerze frei, ein solches Maß gegenwärtiger Lust genießt, daß man mit einem geringeren nicht zufrieden sein kann. Ein *Gut* nennen wir das, was in uns Lust hervorzubringen und ein *Übel* das, was in uns Schmerz hervorzubringen geeignet ist. Indessen geschieht es häufig, daß wir es nicht so nennen, wenn das eine oder andere dieser Güter oder Übel sich mit einem größeren Gute oder größeren Übel in Wettstreit beendet.

Theophilus. Ich weiß nicht, ob eine größte Lust möglich ist, und möchte vielmehr glauben, daß sie bis ins Unendliche wachsen kann, denn wir wissen nicht, bis wohin unsere Erkenntnisse und Organisation in jener ganzen Ewigkeit, die uns erwartet, gelangen können. Ich möchte also annehmen, daß das *Glück* eine dauernde Lust sei, die ohne ein beständiges Fortschreiten zu immer neuer Lust nicht stattfinden kann. So wird von zweien, von denen der eine unvergleichlich schneller und durch größere Lust als der andere fortschreitet, ein jeder in *sich selbst glücklich* sein, obgleich ihr Glück sehr ungleich sein mag. Das

Glück ist also, um so zu sagen, ein Weg von Lust zu Lust, und die Lust ist nur ein Schritt und eine Annäherung zum Glück – der kürzeste, der sich infolge der jedesmaligen Eindrücke machen läßt, aber nicht immer der beste, wie ich gegen das Ende des § 36 gesagt habe. Man kann den wahren Weg verfehlen, indem man den kürzesten aufsucht, wie der gradeaus fallende Stein nur zu bald Hindernissen begegnen kann, die ihn verhindern, sich dem Mittelpunkt der Erde hinlänglich anzunähern. Dies läßt uns erkennen, worin Vernunft und Wille bestehen, die uns zum Glucke führen, daß aber das Gefühl und die Begierde uns nur der Lust zuführen. Obgleich nun die Lust, ebensowenig wie das Licht oder die Farbe, eine Nominaldefinition zuläßt, so läßt sie doch wie sie eine genetische Definition zu; und so glaube ich, daß die *Lust* im Grunde genommen ein Gefühl der Vollkommenheit und der *Schmerz* ein Gefühl der Unvollkommenheit ist, wenn er nämlich so weit merklich ist, daß man sich desselben bewußt werden kann. Denn die kleinen unmerklichen Wahrnehmungen irgend einer Vollkommenheit oder Unvollkommenheit, die gleichsam die Elemente von Lust und Schmerz sind, und von denen ich schon so oft gesprochen habe, bilden die Triebe und Neigungen, aber noch nicht die Leidenschaften selbst. So gibt es unmerkliche und unbewußte Neigungen, so gibt es merkliche, deren Vorhandensein und Gegenstand man kennt, deren Bildung man aber nicht merkt, und das sind die verworrenen Neigungen, die wir dem Körper zuschreiben, obgleich immer etwas dabei ist, was im Geists damit parallel geht, endlich gibt es deutliche Empfindungen, welche die Vernunft uns verleiht, deren Stärke und Bildung wir empfinden; und die Freuden dieser Art, welche mit der Erkenntnis und Erzeugung von Ordnung und Harmonie verbunden sind, sind die schätzbarsten. Man hat Grund zu erklären, daß im allgemeinen alle diese Neigungen, Leidenschaften, diese Freuden und Schmerzen nur dem Geiste oder der Seele angehören; ich möchte sogar hinzufügen, daß ihr Ursprung in der Seele selbst liegt, wenn man die Dinge in einem gewissen streng metaphysischen Sinne nimmt, daß man aber nichtsdestoweniger zu sagen recht hat, die verworrenen Gedanken kämen vom Körper her, weil über sie die Betrachtung des Körpers und nicht die der Seele etwas Bestimmtes und Erklärliches bietet. Ein *Gut* ist das, was zur Lust dient oder beiträgt, wie ein *Übel* das, was zum Schmerz beiträgt. Aber im Kampfe mit einem größeren Gut würde dasjenige Gut, das uns desselben berauben würde, in Wahrheit ein

Übel werden, insofern es zu dem Schmerze beitragen würde, der daraus hervorgehen müßte.

§ 47. *Philalethes.* Die Seele hat die Macht, den Vollzug einiger dieser Begierden aufzuschieben, und besitzt folglich die Freiheit, sie eine nach der anderen zu betrachten und miteinander zu vergleichen. Darin besteht die *Freiheit des Menschen* und was wir (freilich meines Erachtens nach sehr uneigentlich) die *Willkür* nennen; und der schlechte Gebrauch, den wir davon machen, ist die Ursache aller der verschiedenen Verirrungen, Irrtümer und Fehler, in welche wir fallen, wenn wir unseren Willen zu schnell oder zu langsam entscheiden.

Theophilus. Die Ausübung unserer Begierde wird aufgeschoben oder aufgehalten, wenn diese Begierde nicht stark genug ist, uns in Bewegung zu setzen und die Mühe oder Unbequemlichkeit bei ihrer Befriedigung zu überwinden; und diese Mühe besteht mitunter nur in einer unmerklichen Trägheit oder Schlaffheit, welche uns unvermerkt zurückhält und welche größer ist bei Personen von weichlicher Erziehung oder phlegmatischem Temperament und bei solchen, welche durch das Alter oder ihre schlechten Erfolge verkümmert sind. Aber auch wenn das Verlangen an sich stark genug ist, um in Bewegung zu setzen, wenn ihm nichts in den Weg tritt, so kann es durch entgegengesetzte Neigungen aufgeholten werden, mögen sie nun in einem bloßen Hange bestehen, der gleichsam der Urstoff oder der Anfang des Verlangens ist, oder sei es, daß sie bis zum Verlangen selbst gehen. Da sich indessen diese entgegengesetzten Arten von Neigung, Hang und Verlangen schon in der Seele vorfinden müssen, so hat sie dieselben nicht in ihrer Macht und würde folglich nicht auf eine freie und spontane Weise, woran die Vernunft teilhaben kann, Widerstand leisten können, wenn sie nicht noch ein anderes Mittel hätte, nämlich den Geist anderswohin abzulenken. Wie soll man es aber anfangen, im Notfalle dies zu tun? Denn das ist gerade der Punkt, vor allem, wenn man von einer starken Leidenschaft erfüllt ist. Der Geist muß also im voraus gerüstet sein und sich schon im Gange beenden, von Gedanken zu Gedanken fortzuschreiten, um sich nicht mit ausgleitendem und unsicherem Tritt zu sehr aufzuhalten. Es ist darum gut, sich im allgemeinen anzugewöhnen, an gewisse Dinge gleichsam nur im Vorübergehen zu decken, um sich die Geistesfreiheit besser zu erhalten. Das Beste aber ist, an methodisches Vorgehen sich zu gewöhnen und in einen Gedankengang einzuleben, dessen Verbindung die Vernunft und nicht der Zufall (d.h.

die unmerklichen und zufälligen Eindrücke) stiften. Und darum ist die Gewohnheit gut, sich von Zeit zu Zeit zu sammeln und sich über den jedesmaligen Tumult der Eindrücke zu erhebe sich von der Stelle, wo man sich gerade beendet, sozusagen zu entfernen und sich zu sagen: *Die cur hic? respice finem!* wo sind wir denn? Schreiten wir zur Tat? Die Menschen hätten oft jemand mit einer Art amtlicher Befugnis nötig (wie Philipp, der Vater Alexanders des Großen, einen solchen hatte), um sie zu unterbrechen und sie zu ihrer Reicht zurückzurufen. Aber in Ermangelung eines solchen Beamten ist es gut, daß wir dazu angetan seien, dies Amt für uns selbst zu übernehmen. Denn sind wir einmal imstande, die Wirkung unserer Begierden und Leidenschaften aufzuhalten d.h. die Handlung aufzuschieben, so können wir auch die Mittel finden, sie zu bekämpfen, sei es durch entgegengesetzte Begierden und Neigungen, sei es durch Abkehr, d.h. durch Beschäftigungen anderer Art. Durch diese Verfahrungsweisen und Kunstgriffe werden wir gleichsam Herren unserer selbst und können uns mit der Zeit dazu bringen, zu denken und zu handeln, wie wir zu wollen wünschen und die Vernunft uns gebietet. Indessen geschieht es immer durch bestimmte, gewiesene Wege und niemals ohne Grund oder etwa durch das phantastische Prinzip einer vollkommenen Indifferenz oder eines Gleichgewichts, in welches manche das Wesen der Freiheit setzen, als ob man sich ohne Grund und selbst gegen jeden Grund bestimmen und geradezu gegen alles *Übergewicht* der Eindrücke und Neigungen angehen könnte. *Ohne Grund*, sage ich, d.h. ohne den Gegensatz anderer Neigungen, oder ohne daß man im voraus im Zuge sei, den Geist davon abzuwenden und ohne irgend ein anderes ähnliches erklärliches Mittel. Sonst hieße das zu einer Chimäre seine Zuflucht nehmen, wie bei den bloßen Vermögen oder verborgenen Eigenschaften der Scholastiker, die keinen Sinn und Verstand haben, der Fall war.

§ 48. *Philalethes.* Auch ich bin für diese vernunftgemäße Bestimmung des Willens durch das, was in der Wahrnehmung und im Verstände ist. Zu wollen und dem letzten Resultate einer ernstlichen Prüfung gemäß zu handeln, ist eher eine Vollkommenheit als ein Fehler unserer Natur. Und so viel fehlt daran, daß dadurch unsere Freiheit erstickt oder verkürzt werde, daß sie vielmehr gerade dadurch vollkommener und vorteilhafter wird. Auch sind wir, je mehr wir uns von dieser Weise, uns zu bestimmen, entfernen, desto näher dem Unglück und der Knechtschaft. Setzt man im Geiste eine vollständige und absolute

Indifferenz, die durch ein letztes Urteil über das, was Gut und Böse sein soll, nicht bestimmt werden kann, so bringt man ihn in einen sehr unvollkommenen Zustand.

Theophilus. Alles das ist ganz nach meinem Sinne und zeigt, daß der Geist nicht eine volle und direkte Macht habe, seine Begierden stets anzuhalten, denn sonst würde er niemals sich bestimmen, soviel er auch Prüfungen anstellen und so gute Gründe oder wirksame Gedanken er haben möchte – er würde immer unentschlossen bleiben und zwischen Furcht und Hoffnung ewig schwanken. Endlich muß er sich doch entschließen, und daher kann er sich seinen Begierden nur *indirekt* widersetzen, indem er sich im voraus die Waffen bereitet, welche sie, wie ich eben erklärt habe, nach Bedürfnis bekämpfen.

Philalethes. Indes besitzt der Mensch die Freiheit, seine Hand auf den Kopf zu legen oder sie in Ruhe zu lassen. Er ist vollständig gleichgültig in Hinsicht auf das eine und das andere von beiden, und es würde bei ihm eine Unvollkommenheit sein, wenn diese Macht ihm fehlte.

Theophilus. Genau zusprechen, ist man niemals gleichgültig in Hinsicht auf zwei Dinge, z.B. sich nach rechts oder links zu wenden, denn wir tun das eine oder andere, ohne daran zu denken, und es ist das ein Zeichen, daß ein *Zusammenwirken* innerer Zustände und äußerer Eindrücke (wenngleich unmerklich) uns zu der Entscheidung, die wir ergreifen, bestimmt, freilich ist das *Übergewicht* nur gering, und fast sieht es aus, als ob wir in dieser Hinsicht gleichgültig wären, da der geringste sinnlich wahrnehmbare Gegenstand, der sich uns darbietet, imstande ist, uns ohne Schwierigkeit zu dem einen statt zum anderen zu bestimmen; und mag es auch eine kleine Mühe sein, den Arm zu erheben, um die Hand auf den Kopf zu legen, so ist sie doch so gering, daß wir sie ohne Schwierigkeit überwinden; sonst gestehe ich, würde es eine große Unvollkommenheit sein, wenn der Mensch dabei weniger gleichgültig wäre und ihm die Macht fehlte, sich bis zum Erheben oder Nichterheben des Armes zu bestimmen.

Philalethes. Nicht weniger aber würde es eine große Unvollkommenheit sein, wenn er dieselbe Gleichgültigkeit in allen Begegnissen hätte, wie z.B. wenn er Kopf oder Augen vor einem Schlage schützen wollte, von dem er sich bedroht sähe, d.h. wenn es ihm eben so leicht wäre, diese Bewegung wie die anderen, von denen wir gesprochen haben, anzuhalten, bei denen es fast gleichgültig ist, denn das würde bedeuten, daß er nicht kräftig und schnell genug im Notfalle dazu schreiten würde. Also ist das Bestimmtwerden für uns nützlich und sehr oft sogar notwendig, und wenn wir bei jeder Art von Begegnungen wenig bestimmt und gleichsam gegen die Gründe unempfindlich wären, die aus der Wahrnehmung von Gut und Schlimm stammen, so würden wir ohne wirksame Wahl sein – ebenso wie wir nicht frei sein würden, wenn wir durch etwas anderes als durch das letzte, in unserem Geiste gemäß unserem Urteil über das Gute und Böse einer gewissen Handlung gebildete Resultat bestimmt würden.

Theophilus. Das ist vollständig wahr, und wer eine andere Freiheit sucht, weiß nicht, was er will.

§ 49. *Philalethes.* Die höheren Wesen, welche eine vollkommene Glückseligkeit genießen, werden stärker als wir zur Wahl des Guten bestimmt, und wir haben gleichwohl keinen Grund, uns vorzustellen, daß sie weniger frei seien als wir.

Theophilus. Deswegen sagen die Theologen, daß diese seligen Wesen im Guten befestigt und von jeder Gefahr des Falles frei sind.

Philalethes. Ich glaube sogar, daß, wenn es so armseligen Geschöpfen, wie wir sind, darüber zu urteilen zukäme, was eine unendliche Weisheit und Güte tun kann, wir sagen könnten, daß Gott selbst nichts wählen könnte, was nicht gut ist, und daß die Freiheit dieses allmächtigen Wesens es nicht verhindert, durch das, was das Beste ist, bestimmt zu werden.

Theophilus. Ich bin von dieser Wahrheit dergestalt überzeugt, daß ich glaube, wir können sie dreist als gesichert behaupten, so armselige und beschränkte Kreaturen wir immer sein mögen, und würden sogar sehr unrecht tun, daran zu zweifeln, denn wir würden eben dadurch seiner Weisheit, Güte und seinen übrigen unendlichen Vollkommenheiten Abbruch tun. Indessen darf diese Wahl, so sehr sie auch durch den Willen bestimmt sein mag, doch nicht im eigentlichen Sinne absolut notwendig genannt werden, da das Übergewicht der bewußten Güter den Willen lenkt, ohne ihn mit Notwendigkeit zu zwingen, mag auch, alles in Betracht gezogen, diese Lenkung bestimmend sein und niemals ihre Wirkung hervorzubringen verfehlen.

§ 50. *Philalethes.* Durch die Vernunft zum Besten bestimmt werden, heißt am freisten sein. Wer würde deswegen geistesschwach sein wollen, weil ein Geistesschwacher durch weise Überlegungen weniger bestimmt wird als ein Mensch von gesundem Geister Wenn die Freiheit darin besteht, das Joch der Vernunft abzuschütteln, so sind die Narren und Unsinnigen allein frei aber ich glaube nicht, daß aus Liebe zu einer solchen Freiheit jemand ein Narr werden möchte, den ausgenommen, welcher es schon ist.

Theophilus. Heutzutage gibt es Leute, welche es für geistreich halten, gegen die Vernunft zu predigen und sie als eine unbequeme Pedantin zu behandeln. Ich sehe kleine Broschüren, inhaltlose Gespräche, die sich damit groß tun, und mitunter sogar Verse, welche zu schön sind, um zu so unrechten Gedanken gebraucht zu werden. Wenn diejenigen, welche die Vernunft verspotten, im ernste redeten, so wäre das in der Tat eine neue, den vergangenen Jahrhunderten unbekannte Verirrung. Gegen die *Vernunft* sprechen, heißt gegen die Wahrheit sprechen, denn die Vernunft ist die Verkettung von Wahrheiten. Es heißt gegen sich selbst sprechen, gegen sein eigenes Wohl, da der Hauptzweck der Vernunft darin besteht, es zu erkennen und ihm nachzuleben.

§ 51. *Philalethes.* So wie also die höchste Vollkommenheit eines vernünftigen Wesens darin besteht, sich sorgfältig und beständig der Verfolgung seines wahren Glückes zu widmen, so ist die Sorge, welche wir anwenden müssen, um nicht eine eingebildete *Glückseligkeit* für eine wirkliche zu nehmen, der Grund unserer Freiheit. Je mehr wir zur unablässigen Verfolgung *des Glückes im allgemeinen verbunden sind, das niemals der Gegenstand unseres Verlangens zu sein aufhört,* desto mehr findet sich unser Wille von der Notwendigkeit entbunden, durch das Verlangen bestimmt zu werden, das uns auf irgend ein besonderes Gut hinrichtet, bis wir untersucht haben, ob es sich auf unser wahres Glück bezieht oder dagegen ist.

Theophilus. Das wahre Glück sollte immer der Gegenstand unseres Verlangens sein, aber man muß zweifeln, ob es das sei: denn oft denkt man nicht daran, und ich habe schon mehr als einmal bemerkt, daß der Trieb – es sei denn, daß er durch die Vernunft gelenkt wird, – auf die gerade gegenwärtige Lust und nicht auf das Glück d.h. auf die dauernde Lust geht, mag er auch danach streben, sie dauerhaft zu machen. (Siehe §§ 36 und 41.)

§ 53. *Philalethes.* Wenn irgend eine außerordentlich starke Störung sich unserer Seele ganz bemächtigt, wie z.B. der Schmerz einer grausamen Tortur sein würde, so sind wir nicht hinlänglich Herren unseres Geistes. Um indessen unsere Leidenschaften so viel als möglich zu mäßigen, müssen wir unseren Geist den Geschmack an dem wirklichen und wirksamen Guten und Schlimmen annehmen lassen und nicht zugeben, daß ein vortreffliches und bedeutendes Gut unserem Geiste entgehe, ohne ihm einigen *Geschmack* zurückzulassen, bis wir in uns ein seiner Vortrefflichkeit entsprechendes *Verlangen* erweckt haben, dergestalt, daß dessen Abwesenheit uns ebensogut *ruhig* macht, als die furcht es zu verlieren, wenn wir es genießen.

Theophilus. Dies kommt ganz mit den Bemerkungen überein, welche ich bei den §§ 31 – 35 gemacht habe, und mit dem, was ich mehr als einmal über die erleuchteten Lustgefühle gesagt habe, woraus man erkennt, wie sie uns vervollkommnen, ohne uns in die Gefahr einer größeren Unvollkommenheit zu bringen, wie die verworrenen Lustgefühle der Sinne. Vor diesen letzteren muß man sich hüten, besonders wenn man nicht durch die Erfahrung erkannt hat, daß man sich derselben auf sichere Weise bedienen kann.

Philalethes. Niemand sage dabei, daß er seine Leidenschaften nicht beherrschen, noch verhindern könne, daß sie ausbrechen und ihn zum handeln zwingen; denn was er in Gegenwart eines Fürsten oder eines angesehenen Cannes tun kann, das kann er auch, wenn er will, falls er allein oder in Gottes Gegenwart ist.

Theophilus. Diese Bemerkung ist sehr gut und verdient, daß man oft darüber nachdenke.

§ 54. *Philalethes.* Indessen beweisen die verschiedenen Wahlen, welche die Menschen in dieser Welt vornehmen, daß nicht dasselbe für jeden von ihnen gleich gut ist. Und wenn die Interessen der Menschen sich nicht über dies Leben hinaus erstreckten, so würde die Ursache dieser Verschiedenheit – welche z.B. bewirkt, daß die einen sich in Luxus und Schwelgerei stürzen und die anderen die Mäßigkeit der Wollust vorziehen – einzig daher kommen, daß sie ihr Glück in verschiedene Dinge setzen.

Theophilus. Sie kommt auch jetzt noch daher, obgleich alle diesen gemeinsamen Vorwurf des zukünftigen Lebens vor den Augen haben oder haben müssen. Allerdings würde die Betrachtung des wahren Glückes, selbst dieses Lebens, hinreichen, um die Tugend den uns von ihr entfernenden Wollüsten vorzuziehen, obwohl die Verpflichtung weder so stark noch so entscheidend dabei sein würde. Auch das ist wahr, daß der *Geschmack* der Menschen verschieden ist, und man sagt, über den Geschmack dürfe man nicht streiten. Aber da er nur in verworrenen Wahrnehmungen besteht, so darf man sich ihm nur in bezug auf solche Dinge hingeben, die man als sittlich gleichgültig und unschädlich erprobt hat; sonst würde es z.B. lächerlich sein zu sagen, wenn jemand an Giften Geschmack fände, die ihn töten oder elend machen würden, dürfe man ihm seinen Geschmack nicht streitig machen.

§ 55 *Philalethes.* Wenn es jenseits des Grabes nichts zu hoffen gibt, so ist ohne Zweifel jener Schluß sehr richtig: *Lasset uns essen und trinken,* laßt uns alles genießen, was uns Freude macht, *denn morgen sind wir tot.*

Theophilus. Meiner Meinung nach läßt sich über diesen Schluß noch manches sagen. Aristoteles und die Stoiker und mehrere andere alte Philosophen waren anderer Ansicht, und ich glaube in der Tat, daß sie recht hatten. Wenn es auch nichts jenseits dieses Lebens gäbe, so würde dennoch die Ruhe der Seele und die Gesundheit des Körpers darum nichtsdestoweniger den ihnen schädlichen Vergnügungen vorzuziehen sein. Daß ein Gut nicht immer dauern wird, ist kein Grund, es zu vernachlässigen. Ich gestehe aber, daß es Fälle gibt, wo man unmöglich beweisen kann, daß das Ehrenvollste zugleich auch das Nützlichste ist. Also ist es allein die Rücksicht auf Gott und die Unsterblichkeit, welche die Verpflichtungen zur Tugend und zur Gerechtigkeit absolut unentbehrlich macht.

§ 58. *Philalethes.* Mir scheint, daß das jedesmalige Urteil über Gut und Schlimm, das wir fällen, stets das richtige ist. Und was das gegenwärtige Glück oder gegenwärtige Unglück betrifft, so wählt der Mensch, wenn die Reflexion nicht weitergeht und alle Folgen gänzlich beiseite gesetzt werden, niemals falsch.

Theophilus. Das heißt, wenn alles auf diesen gegenwärtigen Augenblick sich beschränkte, so würde es keinen Grund geben, die sich darbietende Lust zurückzuweisen. In der Tat habe ich darüber schon bemerkt, daß jede Lust ein Gefühl der Vollkommenheit ist. Aber es gibt gewisse Vollkommenheiten, welche größere Unvollkommenheiten nach sich ziehen. Wenn sich jemand z.B. sein ganzes Leben damit beschäftigte, Erbsen gegen Nadeln zu werfen, um zu lernen, ihre Öhre nicht zu verfehle, nach dem Vorbilde dessen, dem Alexander der Große zur Belohnung einen ganzen Scheffel Erbsen geben ließ, so würde dieser Mensch zu einer gewissen Vollkommenheit gelangen, die aber sehr winzig ist und mit so vielen anderen sehr nötigen Vollkommenheiten, die er würde versäumt haben, nicht in Vergleich gestellt werden kann.

So muß denn die Vollkommenheit, die sich in gewissen Lustgefühlen des Augenblicks findet, vor allem der Fürsorge für die Vollkommenheiten weichen, welche nötig sind, damit man nicht in das Unglück verfalle d.h. in jenen Zustand, wo man von Unvollkommenheit zu Unvollkommenheit, von einem Schmerz zum anderen übergeht. Aber wenn es nur die Gegenwart gäbe, so müßte man sich mit der Unvollkommenheit genügen lassen, die sich in ihr gerade darbietet, d.h. mit der gegenwärtigen Lust.

§ 62. *Philalethes.* Niemand würde seinen Zustand freiwillig unselig machen, wenn er nicht durch *falsche Urteile* dazu gebracht würde. Ich rede nicht von denjenigen Täuschungen, welche die Folgen eines unüberwindlichen Irrtums sind und kaum den Namen falscher Urteile verdienen, sondern von demjenigen falschen Urteil, welches dem eigenen Bekenntnis nach ein solches ist, das ein jeder darüber in seinem eigenen Innern fällen muß. – § 63. Zuerst also *irrt* die Seele, wenn wir die gegenwärtige Lust oder Unlust mit einer zukünftigen Lust oder Unlust vergleichen, die wir nach der Verschiedenheit des Abstandes hinsichtlich unser messen – dem verlorenen Sohn ähnlich, der um des augenblicklichen Besitzes von wenigem willen einer großen Erbschaft, die ihm nicht entgehen konnte, entsagte. Jeder muß dies falsche Urteil anerkennen, denn die Zukunft wird zur Gegenwart werden und alsdann denselben Vorteil der größten Nähe haben. Wenn in dem Augenblick, wo der Mensch das Glas in die Hand nimmt, die Lust des Trinkens mit dem Kopfschmerz und Magenleiden begleitet wäre, das in wenigen Stunden sich einstellen wird, so würde er nicht im geringsten vom Wein kosten wollen. Wenn ein so kleiner Zeitunterschied so viel Täuschung verursachen kann, so wird mit um so viel mehr Recht eine größere Entfernung dieselbe Wirkung haben.

Theophilus. Zwischen der Entfernung des Ortes und der Zeit besteht eine gewisse Übereinstimmung. Aber es findet auch der Unterschied statt, daß die sichtbaren Gegenstände ihre Wirkung auf das Gesicht ungefähr nach Verhältnis der Entfernung äußern, und daß hinsichtlich der zukünftigen Gegenstände, welche auf die Phantasie und den Geist wirken, dies nicht ebenso der Fall ist. Die sichtbaren Strahlen sind gerade Linien, die sich nach Verhältnis entfernen, aber es gibt krumme Linien, die nach einiger Entfernung mit den geraden zusammenzufallen scheinen und sich nicht mehr sichtbar davon entfernen, wie die Asymptoten, deren scheinbarer Intervall von der geraden Linie verschwindet, obgleich sie in Wirklichkeit bis ins Unendliche davon geschieden bleiben. Wir machen sogar die Erfahrung, daß die erscheinenden Gegenstände sich nicht nach Verhältnis des Anwachsens der Entfernung verkleinern, denn ihre Erscheinung verschwindet gänzlich, wenn auch die Entfernung keine unendliche ist. Ebenso geschieht es, daß eine kleine Zeitentfernung uns die Zukunft ganz entzieht, ganz wie wenn der Gegenstand verschwunden wäre. Oft bleibt davon im Geiste nur das Wort und jene von mir bereits besprochene Art von Gedanken übrig, die taub und zu rühren unfähig sind, wenn man nicht methodisch und gewohnheitsmäßig dafür gesorgt hat.

Philalethes. Ich spreche hier nicht von jener Art falschen Urteils, durch welches das Abwesende im menschlichen Geiste nicht nur verringert, sondern gänzlich vernichtet wird, wenn man alles, was man in der Gegenwart erreichen kann, genießt und dabei den Schluß macht, daß kein Übel daraus erfolgen wird.

Theophilus. Das ist eine andere Art falschen Urteils, wenn die Erwartung des Guten oder Bösen vernichtet ist, indem man die aus der Gegenwart gezogene Folge leugnet oder in Zweifel zieht, aber außerdem ist der Irrtum, welcher die Empfindung des Zukünftigen vernichtet, dasselbe wie jenes falsche Urteil, von dem ich bereits gesprochen habe, das nämlich von einer zu schwachen Vorstellung der Zukunft, die man nur wenig oder gar nicht in Betracht zieht, herstammt, Man könnte übrigens hier vielleicht zwischen schlechtem Geschmack und falschem Urteil unterscheiden, denn oft stellt man nicht einmal die Untersuchung darüber an, ob das zukünftige Gute vorgezogen werden müsse, und handelt nur nach dem Eindruck, ohne sich auf die Prüfung einzulassen. Denkt man aber daran, so muß von zwei Dingen eines geschehen, daß man entweder nicht fortfährt, genug daran zu denken, und darüber hinweggeht, ohne die angefangene Untersuchung weiterzuführen, oder daß man die Untersuchung verfolgt und daraus einen Schluß zieht. Und mitunter bleibt in dem einen und anderen Fall eine mehr oder minder große Reue zurück; mitunter findet sich auch ganz und gar keine *formido oppositi* (Furcht des Gegenteils) oder *Bedenklichkeit,* sei es nun, daß der Geist sich ganz und gar davon abwendet oder durch Vorurteile irregeleitet ist.

§ 64. *Philalethes.* Die beschrankte Fassungskraft unseres Geistes ist die Ursache der falschen Urteile, die wir bei der Vergleichung der Güter und der Übel fällen. Wir können nicht gut zweierlei Lust zugleich genießen, und noch weniger können wir zu einer Zeit, wo wir von Schmerz überwältigt sind, irgend eine Lust genießen. Ein dem Becher beigemischter bitterer Tropfen hindert uns, dessen Süßigkeit zu schmecken. Das Übel, das Man gerade fühlt, ist uns immer das ärgster man ruft: Lieber jeden anderen Schmerz als diesen!

Theophilus. Bei diesem allen besteht je nach dem Temperament, je nach der Kraft der Empfindung und den angenommenen Gewohnheiten der Menschen ein großer Unterschieds Ein Mensch, der die Gicht hat, kann in Freude geraten, weil ihm ein großes Vermögen zufällt, und ein Mensch, der in allen Vergnügungen schwimmt und behaglich auf seinen Gütern leben könnte, wird wegen einer Ungnade bei Hofe in Trauer gestürzt Freude und Traurigkeit entstehen aus dem Resultate oder dem *Übergewicht* der Lust oder des Schmerzes, wenn eine Mischung stattfindet. Leander achtete nicht auf die Unannehmlichkeit und die Gefahr einer nächtlichen Schwimmfahrt durch das Meer, da die Reize der schönen Hero ihn dazu trieben. Es gibt Leute, die wegen irgend einer Krankheit oder eines Gebrechens nicht essen oder trinken dürfen und dennoch ihren Appetit über die Grenzen des Notwendigen und Richtigen hinaus befriedigen. Andere sind so weichlich oder so verzärtelt, daß sie die Vergnügungen, mit denen irgend ein Schmerz, Ekel oder eine Unbequemlichkeit verbunden ist, von sich stoßen. Es gibt Menschen, welche sich über die gegenwärtigen mittelmäßigen Schmerz-und Lustgefühle ganz hinwegsetzen und fast nur aus Furcht oder Hoffnung handeln. Andere sind so verweichlicht, daß sie sich über das kleinste Ungemach beklagen oder fast den hindern gleich der kleinsten sinnliches Lust der Gegenwart nacheilen. Das sind diejenigen, denn der Schmerz oder die Lust der Gegenwart immer die größte scheint; sie sind wie unbedachtsame Prediger oder Lobredner, bei denen das Sprichwort gilt: *Der Heilige, den sie loben, ist immer der größte heilige des Paradieses.* So groß indessen die Mannigfaltigkeit unter den Menschen sein mag, so bleibt es immer wahr, daß sie nur den gegenwärtigen Wahrnehmungen gemäß handeln, und daß, wenn die Zukunft sie bewegt, dies entweder durch das Bild, das sie von ihr haben, geschieht, oder durch den gefaßten Entschluß und die angenommene Gewohnheit, ihr bis auf das bloße Wort oder ein anderes willkürliches Zeichen zu folgen, ohne davon ein Bild oder natürliches Zeichen zu haben, weil dies nicht ohne Unruhe und mitunter ohne schmerzliche

Empfindung abgehen würde, welche sie einem schon gefaßten festen Entschluß und vor allem einer Gewohnheit entgegensetzen müßten.

§ 65. *Philalethes.* Die Menschen sind sehr geneigt, die zukünftige Lust zu zerkleinern und bei sich den Schluß zu machen, daß, wenn es auf die Probe ankommen würde, sie der von ihr erregten Hoffnung oder der im allgemeinen davon gehegten Meinung vielleicht nicht entsprechen würde. Sie haben nämlich oft aus ihrer eigenen Erfahrung gefunden, daß nicht allein die Lust, welche andere gepriesen haben, ihnen sehr geschmacklos erschienen ist, sondern daß auch das, was ihnen selbst zu einer Zeit viel Lust verursacht hat, zu einer anderen sie zurückgestoßen und ihnen mißfallen hat.

Theophilus. Das sind die Ansichten besonders der Lüstlinge, aber gewöhnlich findet man, daß die Ehrgeizigen und habsüchtigen von Ehre und Reichtum ganz anders urteilen, obgleich sie von eben diesen Gütern, wenn sie sie besitzen, nur einen mäßigen und oft sogar sehr geringen Genuß haben, da sie immer weiter zu eilen beschäftigt sind. Ich finde dies eine schöne Ermüdung der schöpferischen Natur, den Menschen so viel Empfindung für das, was die Sinne so wenig berührt, verliehen zu haben, und wenn die Menschen nicht ehrgeizig oder habsüchtig werden könnten, so würde es im gegenwärtigen Zustand ihrer Natur schwer halten, hinlänglich tugendhaft und vernünftig werden zu können, um trotz der Lüste des Augenblicks, welche sie von ihrer Vollkommenheit abwendig machen, daran zu arbeiten.

§ 66. *Philalethes.* Was nun diejenigen Dinge anbetrifft, welche in ihren *Folgen* gut oder böse und zwar darum sind, weil sie uns Gutes oder Böses zu verschaffen sich eignen, so urteilen wir darüber auf verschiedene Weise, indem wir entweder urteilen, daß sie unfähig sind, uns wirklich so viel Übles zuzufügen; oder daß die Sache, wenn auch ihre Folge von Wichtigkeit ist, nicht so sicher sei, daß es nicht auch anders kommen oder daß Man sie wenigstens durch irgendwelche Mittel, wie durch Fleiß, Geschicklichkeit oder Änderung des Lebenswandels oder Reue vermeiden könnte.

Theophilus. Wenn man unter der Wichtigkeit der Folge die des Erfolgenden versteht, d.h. die Größe des Guten oder des Übels, welches erfolgen kann, so muß man, wie es mir scheint, in die vorhergehende Art des falschen Urteilens verfallen, wo das zukünftige Gute oder Böse schlecht vorgestellt wird. So bleibt denn nur die zweite Art von falschem

Urteil übrig, um die es sich hier handelt, nämlich die, wo die Folge in Zweifel gezogen wird.

Philalethes. Es würde leicht sein, im einzelnen zu zeigen, daß die eben berührten Arten des Ausweichens ebensoviel vernunftwidrige Urteile sind, jedoch begnüge ich mich im allgemeinen zu bemerken, daß es geradezu gegen die Vernunft handeln heißt, wenn man ein größeres Gut gegen ein kleineres aufs Spiel setzt (oder sich dem Unglück aussetzt, um ein kleineres Gut zu erwerben und ein kleines Übel zu vermeiden), und zwar auf unsichere Vermutungen hin, und ehe man eine gehörige Untersuchung angestellt hat.

Theophilus. Da die Erwägung der Größe der Folge und der Größe des Erfolgenden zwei *heterogene* und nicht miteinander zu vergleichende Dinge sind, so haben sich die Moralisten bei deren Vergleichung vielfach verwirrt, wie bei denen zutage tritt, die von der Probabilität gehandelt haben. Die Wahrheit ist, daß hierbei, wie bei anderen *disparaten* und *heterogenen* und sozusagen aus mehr denn einer Dimension bestehenden Schätzungen die Größe dessen, worum es sich handelt, aus der einen und anderen Schätzung zusammengesetzt ist und einem Rechteck gleicht, wobei zwei Schätzungen, nämlich die der Länge und die der Breite stattfinden, und was die Größe der Folge und die Grade der Probabilität anbetrifft, so fehlt uns noch *derjenige Teil der Logik*, der ihre Schätzung lehren soll. So haben denn die meisten Kasuisten, welche über die *Probabilität* geschrieben haben, nicht einmal deren Wesen begriffen, indem sie es mit Aristoteles auf die Autorität gründeten, statt sie, wie sie hätten tun sollen, auf die Wahrscheinlichkeit zu gründen, da die Autorität nur einen Teil der Gründe ausmacht, welche die Wahrscheinlichkeit bilden.

§ 67. *Philalethes.* Hier einige der gewöhnlichen Ursachen dieses falschen Urteilens. Die erste ist die *Unwissenheit*, die zweite die *Unachtsamkeit*, wenn ein Mensch nicht einmal auf das, wovon er unterrichtet ist, merkt. Das ist eine angenommene und augenblickliche Unwissenheit, die das Urteil ebensosehr wie den Willen irreleitet.

Theophilus. Sie ist stets eine augenblickliche, aber nicht immer eine angenommene, denn man denkt nicht immer, wenn es sein muß, an das, was man weiß und dessen Andenken man sich zurückrufen sollte, wenn man davon Herr wäre. *Die angenommene Unwissenheit* ist während der Zeit, daß man sie annimmt, immer mit einer gewissen Achtsamkeit gemischte in der Folge kann allerdings gewöhnlich dabei Unachtsamkeit eintreten. *Die Kunst, sich nach Bedürfnis* dessen, was man weiß *zu bedienen,* wäre eine der wichtigsten, wenn sie erfunden wäre, aber ich sehe noch nicht, daß man bis jetzt auch nur daran gedacht habe, deren Anfänge zu bildet denn die Gedächtniskunst, über welche so viel Autoren geschrieben haben, ist etwas ganz anderes.

Philalethes. Wenn man also auf der einen Seite verworren und hastig die Gründe zusammenhält und sich dabei aus Nachlässigkeit mehrere Summen entgehen läßt, welche einen Teil der *Rechnung* bilden müssen, so bringt solch eine Übereilung nicht weniger falsche Urteile hervor, als wenn es eine vollständige Unwissenheit gewesen wäre.

Theophilus. Wenn es sich um das Abwägen der Gründe handelt, ist in der Tat vielerlei nötige um gehörig zu verfahren: es ist damit beinahe so wie bei den Rechnungsbüchern der Kaufleute. Denn da darf man keine Summe auslassen, man muß jede Summe besonders wohl berechnen, man muß sie wohl ordnen und endlich genau zusammenziehen. Aber man pflegt dabei mehrere wichtige Punkte zu versäumen: sei es, daß man überhaupt daran zu denken versäumt, sei es, daß man zu leicht darüber hinweggeht, oder man gibt nicht jedem seinen wahren Wert, ähnlich jenem Buchführer, der wohl Sorge trug, die Kolumnen jeder Seite richtig zu rechnen, aber die einzelnen dummen jeder Linie oder jedes Postens sehr falsch berechnete, ehe er sie in die Kolumne setzte, um damit die Revisoren zu täuschen, die besonders auf das, was in den Kolumnen steht, achten. Endlich, wenn man auch alles gut bemerkt hat, kann man sich auch noch beim Zusammenziehen der Summen der Kolumnen und selbst in der endlichen Zusammenzählung, wo die Summe aller Summen erscheint, irren. So müßten wir also noch die Kunst des Sichbesinnens und die der Abschätzung der Probabilitäten und ferner die Erkenntnis des Wertes der Güter und der Übel besitzen, um die Kunst der Schlüsse wohl anzuwenden; und nach dem allem hätten wir auch noch Aufmerksamkeit und Geduld nötig, um bis zum Abschluß zu gelangen. Endlich bedarf es eines festen und unveränderlichen Entschlusses, um das, was beschlossen worden ist, auszuführen, und Kunstgriffe, Methoden, besonderer Gesetze und durchgebildeter Fertigkeiten, um ihn auch in der Folge aufrechtzuerhalten, wenn die Erwägungen, um derentwillen er ergriffen wurde, dem Geiste nicht mehr gegenwärtig sind. Man hat Gott sei Dank in dem, was das Wichtigste ist und *das Oberste* betrifft, Glück und Unglück, allerdings nicht so viel Kenntnisse, Hilfen und Kunstgriffe nötig, wie man wohl haben müßte, um in einem Staats- oder Kriegsrat, in einem Justizhofe, bei einer ärztlichen Konsultation, in einer theologischen oder historischen Kontroverse oder bei einem mathematischen und mechanischen Streitpunkte richtig zu urteilen; dafür braucht man aber in dem, was jenen wichtigen Punkt des Glücks und der Tugend anbetrifft, mehr Festigkeit und Fertigkeit, um immer gute Entschlüsse zu fassen und ihnen zu folgen. Mit einem Worte genügt für das wahre Glück weniger Erkenntnis mit mehr gutem Willen, so daß der größte Idiot ebenso leicht dazu gelangen kann als der Gelehrteste und Gescheiteste.

Philalethes. Man sieht also, daß der Verstand ohne Freiheit von keinem Nutzen sein und die *Freiheit* ohne Verstand nichts bedeuten würde. Wenn ein Mensch das erblicken könnte, was ihm Gutes oder Übles bringen kann, ohne imstande zu sein, einen Schritt zu machen, um sich dem einen zu nähern oder von dem anderen sich zu entfernen, würde er dann um der Gabe dieses Blickes willen besser daran sein? Er würde sogar unglücklicher sein, denn er würde unnützerweise nach dem Guten schmachten und das Üble fürchten, was er als unvermeidlich erblicken würde: und derjenige, welcher die Freiheit hat, inmitten vollständiger Dunkelheit hierhin und dorthin zu laufen, worin ist er besser daran, als wenn er vom Winde hin und her geworfen würde?

Theophilus. Seinem Gelüste geschähe ein wenig mehr Befriedigung, aber er würde dennoch nicht besser imstande sein, das Gute zu finden und das Üble zu vermeiden.

§ 68. *Philalethes.* Eine andere Quelle des falschen Urteilens! Zufrieden mit der ersten Lust, die uns entgegenkommt oder welche die Gewohnheit angenehm gemacht hat, sehen wir nicht weiter um uns. Dies ist also auch noch eine Veranlassung für die Menschen, schlecht zu urteilen, wenn sie das nicht als zu ihrem Glücke notwendig betrachten, was in der Tat dazu nötig ist.

Theophilus. Diese Art falschen Urteils scheint mir unter der vorherigen Art begriffen zu sein, wenn man sich hinsichtlich der Folgen täuscht.

§ 69. *Philalethes.* Zu untersuchen ist noch, ob es in der Macht *eines Menschen* steht, das Angenehme oder Unangenehme, das irgend eine besondere Handlung begleitet, *zu verändern*. Es ist in mehreren Fällen möglich. Die Menschen können und müssen ihren Gaumen verbessern und ihm Geschmack beibringen. Man kann auch den Geschmack der Seele verändern. Eine gehörige Untersuchung, Übung, Fleiß, Gewohnheit haben diese Wirkung. Auf solche Weise gewöhnt man sich an den Tabak, den Gewohnheit oder Gebrauch endlich angenehm finden lassen. Ebenso steht es hinsichtlich der Tugend. Die Gewohnheiten haben großen Reiz, und man kann sich nicht ohne Unruhe von ihnen trennen. Vielleicht wird man die Behauptung als widersinnig betrachten, die Menschen könnten es dahin bringen, daß Dinge oder Handlungen ihnen mehr oder weniger angenehm seien – so sehr vernachlässigt man diese Pflicht.

Theophilus. Dasselbe habe ich schon oben bemerkt in § 37 gegen das Ende und § 47 auch gegen das Ende. Man kann machen, daß man etwas will, und sich seinen Geschmack bilden.

§ 70. *Philalethes.* Die auf ihren wahren Grundlagen aufgeführte Moral kann nur zur Tugend bestimmen; es genügt, daß ein ewiges Glück und ein ewiges Unglück nach diesem Leben möglich seien, Man muß zugeben, daß ein mit der Erwartung einer möglichen ewigen Glückseligkeit verbundenes gutes Leben einem schlimmen Leben vorzuziehen ist, das von der Furcht vor einem entsetzlichen Unglück oder wenigstens von der schrecklichen und unsicheren Hoffnung, vernichtet zu werden, begleitet wird. Alles dies ist von der äußersten Klarheit, selbst wenn die Rechtschaffenen in dieser Welt nur Übel zu erdulden hätten und die Bösen in ihr eine ewige Glückseligkeit genossen, während es doch für gewöhnlich sich ganz anders verhält. Denn wenn man alles wohl erwägt, so haben sie, glaube ich, selbst in diesem Leben den schlimmsten Teil.

Theophilus. So würde also, wenn es auch nichts jenseits des Grabes gäbe, das Leben eines Epikureers nicht das vernunftgemäßeste sein. Ich freue mich, daß Sie auf diese Weise das, was Sie darüber § 55 Gegenteiliges gesagt haben, berichtigen.

Philalethes. Wer würde närrisch genug sein, um bei ruhigem Nachdenken sich dazu zu entschließen, sich einer möglichen Gefahr auszusetzen, ewig unglücklich zu werden, so daß er dabei nichts für sich zu gewinnen hat, als dies einfache Nichts, statt sich in den Zustand des Rechtschaffenen zu versetzen, der auch nur die Vernichtung zu fürchten und eine ewige Glückseligkeit zu hoffen hat? Ich habe von der Gewißheit oder Wahrscheinlichkeit des zukünftigen Zustandes zu reden vermieden, weil ich bei dieser Gelegenheit keine andere Absicht hege, als das falsche Urteil zu zeigen, dessen sich ein jeder seinen eigenen Grundsätzen nach schuldig bekennen muß.

Theophilus. Die Bösen sind sehr geneigt zu glauben, daß ein anderes Leben unmöglich ist. Aber sie haben dafür keinen anderen Grund, als daß man sich auf dasjenige beschränken müsse, was man durch die Sinne erfährt, und daß ihres Wissens noch niemand aus der anderen Welt zurückgekommen sei. Es gab eine Zeit, wo man nach demselben Grundsatz die Antipoden verwerfen konnte, als man die Mathematik mit den Volksvorstellungen nicht verbinden wollte, und man konnte es mit ebensoviel Grund, als man jetzt haben kann, um das andere Leben zu verwerfen, wo man die wahre Metaphysik mit den Vorstellungen der Phantasie nicht vereinigen kann. Denn es gibt drei Stufen der Begriffe oder Vorstellungen, nämlich Volksvorstellungen, mathematische und metaphysische. Die erste Klasse genügte nicht, um den Glauben an die Antipoden hervorzubringen und die erste und zweite genügt noch nicht, um den Glauben an die andere Welt hervorzubringen. Allerdings liefern sie schon günstige Mutmaßungen, aber wenn die zweite Klasse die Antipoden vor der Erfahrung gewiß gemacht hat, die man jetzt darüber hat (ich rede nicht von den Bewohnern, sondern wenigstens von der Stelle, welche die Erkenntnis der Kugelform der Erde ihnen bei Geographen und Astronomen anwies), so gibt die letzte Klasse über ein anderes Leben schon jetzt und ehe noch jemand dahin gegangen ist, es zu besuchen, nicht weniger Gewißheit.

§ 72. *Philalethes.* Kommen wir jetzt auf die Macht zurück, welches eigentlich der allgemeine Gegenstand dieses Kapitels ist, da die Freiheit nur eine Spezies derselben ausmacht, aber freilich eine der wichtigsten. Um von der Macht bestimmtere Vorstellungen zu gewinnen, wird es nicht unpassend oder unnütz sein, eine genauere Kenntnis dessen, was man *Tätigkeit* nennt, sich zu verschaffen. Ich habe zu Anfang unserer Unterhaltung über die Macht gesagt, daß es nur zwei Arten von Tätigkeit gibt, von denen wir eine Vorstellung haben, nämlich Bewegung und Denken.

Theophilus. Ich glaube, man könnte einen allgemeineren Ausdruck als den des *Denkens* gebrauchen, nämlich den der *Wahrnehmung*, indem man das Denken nur den Geistern zuschreibt, während die Wahrnehmung allen Entelechien zukommt. Aber ich will dennoch niemand die Freiheit streitig machen, den Ausdruck lenken in derselben Allgemeinheit zu nehmen. Und ich selbst mag es mitunter getan haben, ohne darauf zu achten.

Philalethes. Obwohl man nun diesen beiden Dingen den Namen Tätigkeit gibt, wird man doch finden, daß er auf sie nicht immer vollkommen paßt, und daß man in gewissen Fällen sie vielmehr als *Leiden* anerkennen muß. Denn in diesen Fällen empfängt die Substanz, in der sich Bewegung oder Denken findet, lediglich von außen den Eindruck, durch welchen ihr die Tätigkeit mitgeteilt wird, und sie ist allein tätig durch ihre Fähigkeit, diesen Eindruck aufzunehmen, was nur eine *leidende Macht* ist. Mitunter setzt sich die Substanz oder das wirkende Wesen durch seine eigene Macht in Tätigkeit, und dies ist eigentlich eine *tätige Macht*.

Theophilus. Ich habe schon gesagt, daß, wenn man mit metaphysischer Strenge das Wort Tätigkeit für das annimmt, was der Substanz *auf spontane Weise* und aus ihrem eigenen Innern geschieht, alles, was eigentlich eine Substanz ist, nur tätig ist; denn nächst Gott kommt ihr alles von ihr selbst, indem es unmöglich ist, daß eine erschaffene Substanz auf die anders Einguß hat. Nehmen wir aber *Tätigkeit* als eine Ausübung der *Vollkommenheit* und *Leiden* für das Gegenteil, so gibt es in den wirklichen Substanzen nur dann *Tätigkeit*, wenn ihre Wahrnehmung (denn diese lege ich allen bei) sich entwickelt und deutlicher wird, wie es Leiden nur dann gibt, wenn sie verworrener wird, so daß in den der Lust und des Schmerzes obigen Substanzen jede Handlung eine Beförderung der Lust und jedes Leiden eine Beförderung des Schmerzes ist. Was die Bewegung anbetrifft, so ist sie ihrem Wesen nach eine wirkliche Erscheinung, weil die Materie und Masse, der die Bewegung zukommt, nicht im eigentlichen Sinn eine Substanz ist. Indessen bietet die Bewegung das Bild einer Tätigkeit dar, wie die Masse ein Bild der Substanz, und in dieser Beziehung kann man sagen, daß der Körper *tätig ist*, wenn in seiner Veränderung Spontaneität herrscht, und daß er *leidend ist*, wenn er durch einen anderen getrieben oder aufgehalten wird, wie man in der wirklichen Tätigkeit oder Leidenheit einer eigentlichen Substanz die Veränderung, wodurch sie ihrer Vollkommenheit zustrebt, für ihre Tätigkeit, welche man ihr als solcher zuschreiben muß, nehmen kann. Und ebenso kann man die Veränderung, wodurch ihr das Gegenteil widerfährt, für *Leiden* nehmen und einer fremden Ursache zuschreiben, obgleich diese keine unmittelbare ist, weil im ersten Falle die Substanz selbst und im zweiten die fremden Dinge dazu dienen, diese Veränderung auf verständliche Weise zu erklären. Ich teile den Körpern nur das Bild der Substanz und Tätigkeit zu, weil genau gesprochen das aus Teilen Zusammengesetzte ebensowenig für *eine* Substanz gelten kann, wie eine Herde; indessen kann Man sagen, daß etwas Substantielles darin ist, dessen Einheit, die daraus gleichsam ein Wesen macht, aus dem Denken stammt.

Philalethes. Ich hatte geglaubt, daß die Macht, Vorstellungen oder Gedanken durch die Wirksamkeit einer fremden Substanz zu erhalten, Macht zu denken genannt werde, obgleich dies im Grunde nur eine *passive Macht* oder einfache Fähigkeit ist, wenn man von den Reflexionen und inneren Veränderungen absieht, welche das aufgenommene Bild immer begleiten. Denn der in der Seele vorhandene Ausdruck ist so, wie der eines lebendigen Spiegels sein würde; unser Vermögen aber, nichts gegenwärtige Vorstellungen nach unserer Wahl zurückzurufen und diejenigen untereinander zu vergleichen, die wir für geeignet erachten, ist in Wahrheit ein *aktives Vermögen*.

Theophilus. Dies stimmt auch mit den von mir gegebenen Begriffen, denn dabei findet ein Übergang zu einem vollkommeneren Zustand statt. Indessen möchte ich glauben, daß auch bei den sinnlichen Empfindungen Tätigkeit sei, insofern sie uns deutlichere Wahrnehmungen und folglich die Gelegenheit geben, Bemerkungen zu machen und uns sozusagen zu entwickeln.

§ 73 *Philalethes.* Man wird jetzt, glaube ich, die ursprünglichen und originalen Vorstellungen auf folgende kleine Anzahl zurückbringen können: die *Ausdehnung*, die *Dichtheit*, die *Beweglichkeit* (d.h. die leidende Macht oder auch Fähigkeit, bewegt zu werden), die unser Geist auf dem Wege der Reflexion erhält, und endlich das *Dasein*, die *Dauer* und die *Zahl*, welche wir auf den beiden Wegen der sinnlichen Empfindung und der Reflexion erhalten; denn durch diese Vorstellungen würden wir, wenn ich mich nicht täusche, das Wesen der Farben, Töne, Geschmäcke, Gerüche und aller unserer anderen Vorstellungen erklären können, wenn unsere Organe fein genug wären, der verschiedenen Bewegungen der kleinen Körper, welche diese sinnlichen Empfindungen erzeugen, *bewußt zu werden*.

Theophilus. Um die Wahrheit zu sagen, so glaube ich, daß diese Vorstellungen, welche hier ursprüngliche und originale genannt werden, es zum größten Teile nicht ganz sind, da sie meiner Ansicht nach einer weiteren Auflösung fähig sind; indessen tadle ich Sie nicht, sich auf sie beschränkt und die Analyse nicht weitergetrieben zu haben. Ist es übrigens wahr, daß deren Zahl durch dies Mittel verringert werden kann, so glaube ich, daß sie auch durch die Hinzufügung anderer noch originalerer oder ebenso originaler Vorstellungen vermehrt werden könnte. Was ihre Anordnung anbetrifft, so möchte ich, der Ordnung der Analyse zufolge, das Dasein als den übrigen vorausgehend ansehen, die Zahl der Ausdehnung, die Dauer der *Motivität* oder Beweglichkeit, obgleich diese analytische Ordnung gewöhnlich nicht die der äußeren Gelegenheiten ist, welche uns an sie zu denken veranlassen.

Die Sinne liefern uns den Stoff zum Nachdenken, und wir würden gar nicht einmal an das Denken denken, wenn wir nicht an etwas anderes dächten, nämlich an die Besonderheiten, welche die Sinne liefern. Auch bin ich überzeugt, daß die Seelen und geschaffenen Geister niemals ohne Organe und niemals ohne sinnliche Empfindungen sind, wie sie niemals ohne Zeichen denken können. Diejenigen, welche eine gänzliche Loslösung und solche Denkweisen in der losgetrennten Seele haben aufrechterhalten wollen, die durch nichts im Umkreise unserer Erkenntnis erklärbar sind und nicht allein von unserer gegenwärtigen Erfahrung, sondern, was noch viel schlimmer ist, von der allgemeinen Ordnung der Dinge sich entfernen, – haben den vermeintlich starken Geistern in die Hände gearbeitet und vielen die schönsten und größten Wahrheiten verdächtig gemacht, indem sie sich dadurch sogar einiger guter Beweismittel, welche diese Ordnung der Dinge uns liefert, beraubt haben.

XXII. Von den gemischten Modi

§ 1. Gehen wir zu den *gemischten Modi* über. Ich unterscheide sie von den *einfacheren* Modi, die nur aus *einfachen Vorstellungen* derselben Gattung zusammengesetzt sind. Übrigens sind die gemischten Modi gewisse Verbindungen einfacher Vorstellungen, die man nicht als charakteristische Merkmale irgend eines wirklichen Wesens, das ein beständiges Dasein hat, sondern als lose und unabhängige Vorstellungen betrachtet, welche der Geist zusammenfaßt; und dadurch sind sie von den *zusammengesetzten Vorstellungen der Substanzen* verschieden.

Theophilus. Um dies richtig zu verstehen, muß man sich die vorher gemachten Einteilungen zurückrufen. Ihrer Ansicht nach sind die Vorstellungen einfach oder zusammengesetzt. Die zusammengesetzten sind entweder Substanzen oder Modi oder Relationen. Die Modi sind entweder einfache (aus einfachen Vorstellungen derselben Art zusammengesetzte) oder gemischte. Ihrer Ansicht nach gibt es also einfache Vorstellungen, Vorstellungen von Modi, sowohl der einfachen als der gemischten, Vorstellungen von Substanzen und Vorstellungen von Relationen. Vielleicht könnte man die Bezeichnungen oder Objekte der Vorstellungen in abstrakte und konkrete einteilen: die abstrakten in absolute und in solche, welche die Relationen ausdrücken, die absoluten in Attribute und Modifikationen; die einen wie die anderen in einfache und zusammengesetzte; die konkreten in Substanzen und in substantielle, zusammengesetzte oder aus wirklichen, einfachen Substanzen gebildete Dinge.

§ 2. *Philalethes.* Lediglich leidend ist der Geist in betreff seiner einfachen Vorstellungen, die er empfängt, je nachdem die sinnliche Empfindung und die Reflexion sie ihm darbieten. Aber oft ist er aus sich selbst in betreff der gemischten Modi tätig, denn er kann die einfachen Vorstellungen miteinander verbinden, indem er zusammengesetzte bildet, ohne in Betracht zu ziehen, ob sie so vereinigt in der Natur vorhanden sind. Aus diesem Grunde gibt man solchen Arten von Vorstellungen den Namen *Begriff.*

Theophilus. Die Reflexion aber, welche uns einfache Vorstellungen denken macht, ist oft auch freiwillig, und es können ferner die Verbindungen, welche die Natur nicht gemacht hat, wie von selbst in uns durch das bloße Gedächtnis in den Träumen und Phantasien gebildet werden, ohne daß der Geist dabei mehr als in den einfachen Vorstellungen tätig ist. Was aber das Wort *Begriff* anbetrifft, so wenden mehrere dasselbe bei allen Arten von Vorstellungen oder Denkbildern an, sowohl bei den ursprünglichen als den abgeleiteten.

§ 4. *Philalethes.* Die Bezeichnung mehrerer in eine einzige verknüpfter Vorstellungen heißt *Name.*

Theophilus. Das heißt, wenn sie verbunden werdende können, worin man oft fehlt.

Philalethes. Da das Verbrechen, einen Greis zu töten, keinen Namen, wie der Vatermord, hat, so betrachtet man das erstere nicht als eine zusammengesetzte Vorstellung.

Theophilus. Der Grund, warum der Mord eines Greises keinen Namen hat, ist, daß er, da die Gesetze keine besondere Strafe darauf gesetzt haben, von geringem Nutzen sein würde. Indessen hangen die Vorstellungen nicht von den Namen ab. Ein Moralist, der für das

Verbrechen einen erfinden und in einem besonderen Kapitel vom Greisenmord (der Gerontophonie) handeln wollte, indem er zeigte, was man den Greisen schuldig ist und welch eine barbarische Handlungsweise es ist, sie nicht zu verschonen, würde uns darum keine neue Vorstellung verschaffen.

§ 6. *Philalethes.* Der Umstand, daß die Sitten und Gebräuche einer Nation die ihr gewöhnlichen Verbindungen zuwege bringen, macht allerdings, daß jede Sprache besondere Ausdrücke hat und man wörtliche Übersetzungen nicht machen kann. So waren der *Ostrazismus* bei den Griechen und die *Proskription* beiden Römern Worte, welche die anderen Sprachen durch entsprechende Worte nicht ausdrücken können. Deshalb bringt die Veränderung der Sitten auch neue Wörter hervor.

Theophilus. Daran hat auch der Zufall seinen Teil, denn wenn z.B. die Franzosen sich der Pferde so gut wie andere benachbarte Völker bedienen, so sind sie doch gezwungen, da sie ihr altes Wort, das dem *cavalcar* der Italiener entsprach, aufgegeben haben, mit einer Umschreibung zu sagen: *aller à cheval.*

§ 9. *Philalethes.* Wir gewinnen die Vorstellungen der gemischten Modi durch die Beobachtung, wie wenn man zwei Menschen kämpfen sieht; wir gewinnen sie ferner durch Erfindung (oder *freiwillige Zusammensetzung* einfacher Vorstellungen), wie derjenige, welcher die Buchdruckerkunst erfand, die Vorstellung davon hatte, bevor diese Kunst bestand. Endlich erwerben wir sie durch die Erklärung der den Handlungen, die man niemals gesehen hat, beigelegten Ausdrücke.

Theophilus. Man kann sie auch noch gewinnen durch Träumen und Phantasieren, ohne daß die Verknüpfung freiwillig ist, z.B. wenn man im Traume goldene Paläste sieht, ohne vorher daran gedacht zu haben.

§ 10. *Philalethes.* Die am meisten modifizierten einfachen Vorstellungen sind die des Denkens, der Bewegung und der Macht, von der man die Tätigkeiten herkommend vorstellt, denn die große Angelegenheit des menschlichen Geschlechts besteht in der Tätigkeit. Alle Tätigkeiten sind Gedanken oder Bewegungen. Die Macht oder Fähigkeit, etwas zu tun, welche sich bei einem Menschen findet, bildet diejenige Vorstellung, welche wir *Fertigkeit* nennen, wenn man diese Macht dadurch erlangt hat, daß man oft dasselbe tut; und wenn man sie bei jeder sich darbietenden Gelegenheit ausüben kann, nennen wir sie *Disposition.* So ist die *Zärtlichkeit* eine Disposition zur Freundschaft oder zur Liebe.

Theophilus. Unter *Zärtlichkeit* verstehen Sie hier, glaube ich, das zärtliche Herz, aber übrigens, scheint mir, betrachtet man die *Zärtlichkeit* als eine Eigenschaft, welche man als Liebender besitzt, wodurch der Liebende für die Güter und Übel des geliebten Gegenstandes sehr empfindlich gestimmt ist; darin, wie mir scheint, besteht die Rolle des Zärtlichen in dem trefflichen Roman Clelia. Und da die Liebreichen ihren Nächsten mit einem gewissen Grad von Zärtlichkeit lieben, so sind sie gegen die Güter und Übel des Nächsten empfindlich; und überhaupt haben diejenigen, welche ein zärtliches Herz haben, die Disposition, mit Zärtlichkeit zu lieben.

Philalethes. Die *Kühnheit* ist das Vermögen, vor den anderen zu tun oder zu sagen, was man will, ohne sich einschüchtern zu lassen, welches Selbstvertrauen in bezug auf diesen letzteren Punkt, welcher das Reden betrifft, bei den Griechen einen besonderen Namen hatte.

Theophilus. Man würde gut tun, wenn man demjenigen Begriff, welchem man hier den Namen der *Kühnheit* beilegt, den man aber oft ganz anders anwendet wie bei der Bezeichnung »Karl der Kühner« ein besonderes Wort gäbe. Sich nicht einschüchtern zu lassen, ist eine Geistesstärke, welche aber die Bösen mißbrauchen, wenn sie bis zur Unverschämtheit gehen, wie, sich zu schämen, eine wenn auch entschuldbare und unter gewissen Umständen selbst löbliche Schwäche ist. Was die *Parrhesie* betrifft, welche Sie vielleicht mit dem griechischen Ausdruck meinen, so schreibt man sie auch den Schriftstellern zu, welche die Wahrheit ohne Scheu sagen, obgleich sie dann nicht vor den Leuten sprechen und also keine Veranlassung haben, eingeschüchtert zu sein.

§ 11. *Philalethes.* Wie die *Macht* die Quelle ist, aus der alle Tätigkeiten fließen, so gibt man den Namen *Ursache* den Substanzen, welche der Sitz der Macht und, wenn sie ihre *Macht betätigen*; und *Wirkungen* nennt man die auf diese Art hervorgebrachten Substanzen oder vielmehr die einfachen Vorstellungen (d.h. Gegenstände einfacher Vorstellungen), welche durch die Ausübung der Macht einem *Subjekt* zugeführt worden sind. Die *Wirksamkeit*, wodurch eine neue Substanz oder Vorstellung (Eigenschaft) hervorgebracht wird, wird in dem dies Vermögen ausübenden Subjekt *Handlung* genannt, und in einem Subjekt, wo eine einfache Vorstellung (Eigenschaft) verändert oder hervorgebracht wird, nennt man sie *Leiden.*

Theophilus. Wenn die *Macht* für die Quelle der Handlung genommen wird, so bedeutet sie etwas mehr als eine Fertigkeit oder Leichtigkeit, durch welche die Macht im vorigen Kapitel erklärt worden ist, denn sie schließt auch die Strebung noch in sich, wie ich schon mehr als einmal bemerkt habe. In diesem Sinne pflege ich ihr darum den Ausdruck *Entelechie* beizulegen, welche entweder *ursprünglich* ist und der Seele entspricht, wenn man sie für etwas Abstraktes ansieht, oder *abgeleitet*, so wie man sie in dem Versuch (Conatus) und der Kraft und Strebsamkeit betrachtet. Der Ausdruck *Ursache* wird hier nur von der *wirklichen Ursache* (*causa efficiens*) verstanden, aber man versteht sie auch noch von den *Endursachen* oder dem Motiv, um hier nicht von dem Stoffe und der Form zu reden, die man in den Schulen auch Ursache nennt. Ich weiß nicht, ob man sagen kann, daß dasselbe Wesen in dem Tätigen Handlung und in dem Leidenden Leiden genannt werden und sich so in zwei Subjekten zugleich vorfinden kann, wie es bei der Beziehung der Fall ist, und ob es nicht vorzuziehen ist zu sagen, daß es zwei Wesen sind, eines in dem Tätigen und das andere in dem Leidenden.

Philalethes. Verschiedene Worte, welche eine Handlung auszudrücken scheinen, bedeuten nur die *Ursache* und die Wirkung, wie die Schöpfung und Vernichtung keine Vorstellung von der Handlung oder Art und Weise zu handeln, sondern einfach von der Ursache und dem hervorgebrachten Dinge in sich schließen.

Theophilus. Ich gebe zu, daß, wenn man an die Schöpfung denkt, man darunter nicht eine näherer Auseinandersetzung fähige Art und Weise zu handeln, die dabei gar nicht stattfinden kann, versteht; sondern weil wir etwas Mehreres als bloß Gott und die Welt damit ausdrücken – denn man denkt, daß Gott die Ursache und die Welt die Wirkung ist, oder eigentlich, daß Gott die Welt hervorgebracht hat – so denkt man offenbar noch an die Handlung.

XXIII. Von den zusammengesetzten Vorstellungen

der Substanzen

§ 1. *Philalethes.* Der Geist bemerkt, daß eine gewisse Anzahl von *einfachen Vorstellungen* beständig zusammengeht, welche, da sie als einem einzigen Dinge angehörig betrachtet werden, *wenn sie so in einem Subjekt vereinigt sind*, mit einem einzigen Namen bezeichnet werden... Daher kommt es, daß, wenn dies auch in Wahrheit eine Zusammenhäufung mehrerer miteinander verbundener Vorstellungen ist, wir in der Folge aus *Unachtsamkeit* davon als von einer einfachen Vorstellung zu reden geneigt sind.

Theophilus. In den gangbaren Ausdrücken sehe ich nichts, was als *Unachtsamkeit* getadelt zu werden verdient, und obschon man nur ein Subjekt und eine Vorstellung annimmt, so nimmt man doch damit noch nicht eine einfache Vorstellung an.

Philalethes. Da wir uns nicht vorstellen können, wie diese einfachen Vorstellungen durch sich selbst bestehen können, so gewöhnen wir uns daran, etwas vorauszusetzen, was sie trägt (substratum), auf dem sie ruhen und woher sie stammen, dem man zu diesem Zweck den Namen *Substanz* gibt.

Theophilus. Ich glaube, daß man so zu denken recht hat, und wir uns nur daran zu gewöhnen oder es so vorauszusetzen haben, da wir von vornherein mehrere Prädikate desselben Subjektes denken und jene metaphorischen Worte von *Träger* oder *Substrat* nur dies bedeuten. Ich sehe also nicht, warum man hierbei Schwierigkeit erhebt. Im Gegenteil ist es eher das *Konkrete*, wie gelehrt, warm, leuchtend, welches uns in den Sinn kommt, als die *Abstraktionen* oder Eigenschaften (denn diese sind es, welche in dem Objekt substantiell sind und nicht die Vorstellungen), wie Gelehrsamkeit, Wärme, Licht usw., die viel schwerer zu begreifen sind. Man kann sogar bezweifeln, ob diese Akzidenzien wirkliche Wesen sind, wie sie in Wirklichkeit sehr oft nur Beziehungen sind. Auch weiß man, daß gerade diese Abstraktionen am meisten Schwierigkeiten machen, wenn man sie auflösen will. Das wissen diejenigen, welche mit den Spitzfindigkeiten der Scholastiker bekannt sind, deren dornigste Bedenklichkeiten auf einmal wegfallen, wenn man die abstrakten Wesen verbannt und sich entschließt, in der Regel nur in Concreto zu reden und in der Darlegung der Wissenschaften keine anderen Ausdrücke zuzulassen als diejenigen, welche substantielle Subjekte bezeichnen. So heißt dies dann ein *nodum quaerere in scirpo*, wenn ich es zu sagen wage, und die Sache umkehren, wenn man die Eigenschaften und andere abstrakte Ausdrücke für das Leichteste und die konkreten Wesen für etwas sehr Schweres nimmt.

§ 2. *Philalethes.* Es gibt keinen anderen Begriff von der bloßen *Substanz* im allgemeinen, als von einem gänzlich unbekannten Subjekt, von dem man voraussetzt, daß es der Träger der Eigenschaften sei. Wir drücken uns dabei wie Kinder aus, welche man nicht sobald gefragt hat, was eine gewisse, ihnen unbekannte Sache sei, als sie die ihrer Meinung nach sehr befriedigende Antwort geben, *es sei etwas,* was aber in dieser Weise angewendet, besagt, daß sie nicht wissen, was es sei.

Theophilus. Wenn man in der Substanz zweierlei unterscheidet, die Attribute oder Prädikate und das gemeinsame Subjekt dieser Prädikate, so ist kein Wunder, daß man bei diesem Subjekt sich nichts Besonderes denken kann. Es muß wohl so sein, weil man ja alle Attribute davon getrennt hat, durch die man etwas Besonderes dabei denken könnte. In diesem bloßen *Subjekt überhaupt* etwas mehr verlangen, als nötig ist, um zu denken, daß es dasselbige sei (d.h. welches vorstellt und will, Phantasie und Denkkraft ausübt) heißt Unmögliches verlangen und seiner eigenen Voraussetzung widersprechen, der gemäß man abstrahiert und das Subjekt von seinen eigenen Eigenschaften oder Akzidenzien gesondert aufgefaßt hat. Diese vorgebliche Schwierigkeit könnte man ebenso beim Begriff des *Seins* geltend machen und überhaupt bei allen ganz klaren ursprünglichen Begriffen, denn man könnte die Philosophen fragen, was sie sich denken, indem sie das *bloße Ding überhaupt* denken, da man auch davon, nachdem dadurch jede Besonderheit ausgeschlossen ist, ebensowenig zu sagen wissen wird als auf jene Frage, was die reine *Substanz überhaupt* sei. Ich glaube also, daß die Philosophen nicht verspottet zu werden verdienen, wie hiebei geschieht, indem man sie mit jenem indischen Weisen vergleicht, welcher auf die Frage, wodurch die Erde gehalten würde, antwortete, durch einem großen Elefanten, und dann auf die Frage, was den Elefanten halte, antwortete, es wäre eine große Schildkröte und endlich, als man ihn zu sagen drängte, worauf die Schildkröte sich stütze, zu erklären gezwungen war, es sei *etwas, was er nicht wisse.* Indessen ist diese Betrachtung von der Substanz, so unwichtig sie auch scheinen mag, nicht so leer und unfruchtbar, wie man denkt. Es gehen daraus für die Philosophie die bedeutendsten Folgerungen hervor, die ihr ein neues Aussehen zu geben fähig sind.

§ 4. *Philalethes.* Von der Substanz überhaupt haben wir keine klare Vorstellung, und § 5 vom Geiste haben wir eine ebenso klare Vorstellung wie vom Körper, denn die Vorstellung einer körperlichen Substanz in der Materie ist unseren Begriffen ebenso fern wie die einer geistigen Substanz. Es geht uns damit beinahe so wie jenem jungen Doktor der Rechte, dem der Promovent, als er ihm bei der Feierlichkeit zurief zu sagen, *utriusque* (»beider«), antwortete: Sie haben recht, denn Sie wissen von dem einen ebensoviel wie von dem anderen.

Theophilus. Was mich angeht, so glaube ich, daß diese Meinung von unserer Unwissenheit daher kommt, daß man eine Art der Erkenntnis fordert, welche der Gegenstand nicht zuläßt. Das sichere Merkmal eines klaren und deutlichen Begriffes von einem Dinge ist, daß man daraus durch Beweise a *priori* viel Wahrheiten erkennen kann, wie ich in einer Abhandlung über die Wahrheiten und die Vorstellungen, welche in die Acta Lipsiensia des Jahres 1684 eingerückt ist, gezeigt habe.

§ 12. *Philalethes.* Wären unsere Sinne scharf genug, so würden die sinnlichen Eigenschaften, z.B. die gelbe Farbe des Goldes, verschwinden, und wir statt deren eine gewisse bewunderungswürdige Fügung der Teile sehen. Das zeigt sich ganz augenscheinlich durch die Vergrößerungsgläser. Diese unsere gegenwärtige Erkenntnis entspricht dem Zustande, in welchem wir uns befinden. Eine vollkommene Erkenntnis dessen, was uns umgibt, übersteigt vielleicht die Fähigkeit eines jeden endlichen Wesens. Unsere Geistesvermögen genügen, uns den Schöpfer erkennen zu lassen und uns über unsere Pflichten zu unterrichten. Wenn unsere Sinne sehr viel lebhafter würden, so würde eine solche Veränderung mit unserer Natur unverträglich sein.

Theophilus. Das alles ist wahr, und ich habe darüber schon etwas gesagt. Indessen hört die gelbe Farbe darum nicht auf, eine Wirklichkeit zu sein, wie der Regenbogen, und augenscheinlich sind wir zu einem über den jetzigen weit erhabenen Zustande bestimmt und werden selbst bis ins Unendliche fortschreiten, denn es gibt in der körperlichen Natur keine eigentlichen Elemente. Gäbe es Atome, wie der Verfasser an einer anderen Stelle anzunehmen schien, so würde die vollkommene Erkenntnis der Körper nicht für jedes endliche Wesen zu hoch sein. Wenn übrigens manche Farben oder Eigenschaften unseren besser bewaffneten oder schärfer gewordenen Augen verschwinden würden, so würden offenbar andere entstehen, und ein neues Wachstum unserer Erkenntnisschärfe würde nötig sein, auch sie verschwinden zu machen, und das würde bis ins Unendliche so fortgehen, wie die Teilung der Materie tatsächlich so fortgeht.

§ 13. *Philalethes.* Vielleicht besteht einer der großen Vorteile gewisser Geister über uns darin, daß sie sich selbst Sinnesorgane bilden können, welche ihrem Zwecke in der Gegenwart entsprechen.

Theophilus. Wir tun es auch, indem wir uns Vergrößerungsgläser machen, aber andere Geschöpfe werden vielleicht noch weiter gehen können. Wenn wir unsere Augen selbst verwandeln könnten, wie wir in gewisser Weise tatsächlich tun, je nachdem wir in der Nähe oder aus der Ferne sehen wollen, so müßten wir, da der Geist nicht unmittelbar auf die Körper wirken kann, und alles auf mechanische Art sich zutragen muß, etwas uns noch Eigentümlicheres als sie besitzen, um sie durch dies Mittel zu bilden. Übrigens bin auch ich der Meinung, daß die *Geister* die Dinge auf eine der unserigen einigermaßen ähnliche Weise bemerken, selbst wenn sie den angenehmen Vorteil hätten, den der phantasiereiche Cyrano gewissen beseelten Naturen in der Sonne zuschreibt, die aus einer unendlichen Menge von kleinen fliegenden Wesen bestehen und durch deren nach dem Gebote der herrschenden Seele geschehenden Wechsel alle Arten von Körpern bilden. Es gibt nichts so Wunderbares, was der Mechanismus der Natur nicht imstande ist hervorzubringen, und ich glaube, daß die gelehrten Kirchenväter recht gehabt haben, den Engeln Leiber zuzuschreiben.

§ 15. *Philalethes.* Die Vorstellungen des Denkens und der Körperbewegung, welche wir in der des Geistes finden, können ebenso klar und deutlich verstanden werden wie die der Ausdehnung, der Dichtheit und der Beweglichkeit, welche wir in der Materie vorfinden.

Theophilus. Was die Vorstellung des Denkens anbetrifft, so stimme ich bei. Aber ich bin nicht dieser Ansicht hinsichtlich der Vorstellung der Körperbewegung, denn meinem System der vorherbestimmten Übereinstimmung zufolge sind die Körper so eingerichtet, daß sie, einmal in Bewegung gesetzt, von selbst darin verharren, je nachdem die Tätigkeiten des Geistes es fordern. Diese Hypothese ist verständlich, die andere nicht.

Philalethes. Jeder Empfindungsakt gibt uns in gleicher Weise Erkenntnis des Körperlichen und des Geistigen, denn während das Gesicht und das Gehör mich erkennen läßt, daß es ein körperliches Sein außer mir gibt, weiß ich auf noch gewissere Art, daß es in mir ein geistiges Wesen gibt, welches sieht und hört.

Theophilus. Sehr richtig; es ist ganz wahr, daß das Dasein des Geistes *sicherer* ist als das der sinnlichen Gegenstände.

§ 19. *Philalethes.* Die Geister können wie die Körper nur wirken, wo sie sind und in verschiedener Zeit und an verschiedenen Orten; daher muß ich auch die Ortsveränderung allen endlichen Geistern zuschreiben.

Theophilus. Das geschieht, glaube ich, mit Recht, da der Ort nur die Ordnung der zusammen existierenden Dinge ist.

Philalethes. Man braucht nur die Trennung von Seele und Körper im Tode zu erwägen, um von der Bewegung der Seele überzeugt zu werden.

Theophilus. Die Seele könnte aufhören in einem sichtbaren Körper zu wirken, und wenn sie zu denken gänzlich aufhören könnte, wie der Verfasser oben behauptet hat, so könnte sie sich von einem Körper trennen, ohne mit einem anderen vereinigt zu werden, so daß ihre Trennung ohne Bewegung sein würde. Was mich aber anbetrifft, so glaube ich, daß sie immer denkt und empfindet, daß sie immer mit einem Körper verbunden ist und selbst, daß sie niemals gänzlich und mit einem Mal den Körper verläßt, mit dem sie verbunden ist.

§ 21. *Philalethes.* Wenn jemand sagt, daß die Geister nicht *in loco, sed in aliquo ubi* (d.h. nicht an einem Orte, sondern in irgend einem Wo) sind, so glaube ich nicht, daß man heutzutage auf eine solche Redensart viel Gewicht legen wird. Wenn sich aber jemand einbildet, daß sie einen vernünftigen Sinn annehmen kann, so bitte ich ihn, in gewöhnlicher, verständlicher Sprache denselben auszudrücken und dann einen Grund herauszuziehen, welcher dartut, daß die Geister zur Bewegung nicht fähig sind.

Theophilus. Die Schulen haben drei Arten von *Ubietät* (Woheit) oder Arten, irgendwo zu sein, angenommen. Die erste wird *circumscriptive* (umschließend beschreibende) genannt, welche man denjenigen im Raume befindlichen Körpern zuschreibt, welche *punctatim* (Punkt für Punkt) darin sind, dergestalt, daß sie durch Bezeichnung der Grenzpunkte der im Raum befindlichen Sache, die den Punkten des Raumes entsprechen, gemessen werden können. Die zweite Art ist die *definitive* (bezeichnende), nach der man bezeichnen d.h. bestimmen kann, daß die örtlich vorhandene Sache sich in einem solchen Raume befindet, ohne die genauen Punkte oder die Stellen angehen zu können, welche dem daselbst Befindlichen ausschließlich eigen sind. Auf diese Weise hat man geurteilt, daß die Seele im Körper ist, indem man nicht an die Möglichkeit glaubte, einen bestimmten Punkt anzugeben, wo die Seele oder ein Teil der Seele sei, ohne daß sie auch an irgend einem anderen Punkte ist. Viele gescheite Leute denken darüber noch so. Allerdings hat Descartes der Seele engere Schranken geben wollen, indem er ihr die Zirbeldrüse als eigentlichen Sitz anwies, aber er hat gleichwohl nicht zu sagen gewagt, daß sie ausschließlich in einem Punkt dieser Drüse sich befinde; er hat damit also gar nichts gewonnen, und es ist gerade ebenso, als wenn man ihr den ganzen Körper zum Kerker oder Aufenthaltsorte anwiese. Ich glaube, daß das, was man von den Seelen sagt, sich ungefähr auch von den Engeln behaupten läßt, von denen der große Lehrer von Aquino annahm, daß sie nur der Wirksamkeit nach an einem Orte wären, welche Wirksamkeit meiner Ansicht nach keine unmittelbare ist und sich auf die vorherbestimmte Übereinstimmung zurückführen läßt. Die dritte Woheit ist die *repletive* (erfüllende), welche man Gott zuschreibt, der das ganze Universum in noch eminenterem Sinne erfüllt als die Geister ihre Körper, denn er wirkt unmittelbar auf alle Geschöpfe, indem er sie fortwährend hervorbringt, während die endlichen Geister einen unmittelbaren Einfluß oder eine unmittelbare Wirksamkeit nicht ausüben können. Ob diese Lehre der Schulen ins Lächerliche gezogen zu werden verdient, wie man sich, so scheint es, zu tun bestrebt, weiß ich nicht, immer wird man indessen den Seelen eine gewisse Art von Bewegung, wenigstens in Beziehung auf die mit ihnen verbundenen Körper oder hinsichtlich ihrer Weise wahrzunehmen, zuschreiben können.

§ 23. *Philalethes.* Wenn jemand sagte, er wisse nicht, wie er denkt, so würde ich antworten, daß er auch nicht wisse, wie die festen Körperteile aneinandergefügt sind, um ein ausgedehntes Ganzes zu bilden.

Theophilus. Die Erklärung der *Kohäsion* hat ihre große Schwierigkeit, aber diese *Kohäsion* der Teile scheint doch nicht nötig zu sein, um ein ausgedehntes Ganzes zu bilden, da man sagen kann, daß die vollkommen feine und flüssige Materie sich zu einem Ausgedehnten zusammensetzt, ohne daß die Teile dabei aneinander haften. Um aber die Wahrheit zu sagen, glaube ich, daß die vollkommene Flüssigkeit nur der *ersten Materie* zukommt, d.h. in der Abstraktion und als eine ursprüngliche Eigenschaft, ebenso wie die Ruhe, nicht aber der zweiten Materie, so wie sie sich in der Wirklichkeit findet, mit ihren abgeleiteten Eigenschaften bekleidet. Ich glaube nämlich nicht, daß es eine Masse von äußerster Feinheit gibt, und daß überall mehr oder weniger Zusammenhang vorkommt, der aus denjenigen Bewegungen stammt, welche miteinander übereinstimmen und behufs der Trennung gestört werden müssen, was ohne Gewaltsamkeit und Widerstand nicht abgehen kann. Übrigens liefert das Wesen der Wahrnehmung und weiter des Denkens einen der ursprünglichsten Begriffe. Wie ich glaube, wird indessen die Lehre von den substantiellen Einheiten oder Monaden ihn bedeutend aufklären.

Philalethes. Was die *Kohäsion* betrifft, so erklären manche sie durch die Oberflächen, an denen zwei Körper, die durch eine Umhüllung, z.B. die Luft, gegeneinander gepreßt werden, sich berühren. Allerdings kann der Druck (§ 24) einer Umhüllung verhindern, daß man zwei glatte Oberflächen voneinander in perpendikulärer Richtung entfernt, er kann aber nicht hindern, daß man sie durch eine diesen Oberflächen parallele Bewegung trennt.

Gäbe es keine andere Ursache der Kohäsion der Körper, so würde es darum leicht sein, alle Teile derselben dadurch voneinander zu sondern, daß man sie so zur Seite gleiten ließe, indem man irgend eine Fläche, welche einen Teil der Materie schneidet, dazu nimmt.

Theophilus. Ohne Zweifel ja, wenn alle die flachen, aufeinanderliegenden Teile sich in derselben Fläche oder in parallelen Flächen befänden; da dies aber nicht stattfindet und nicht stattfinden kann, so ist offenbar, daß, indem man versucht, die einen gleiten zu machen, man auf eine unendliche Menge anderer ganz anders wirkt, deren Fläche mit der ersten einen Winkel bildet; denn man muß wissen, daß man, um zwei aneinanderpassende Oberflächen zu trennen, Mühe anwenden muß, nicht allein, wenn die Richtung der Bewegung behufs der Trennung perpendikulär ist, sondern auch, wenn sie gegen die Oberfläche schräg ist. So muß man in den vielseitigen Körpern, welche die Natur in den Bergwerken und sonst bildet, auf blätterartige Schichten schließen, die in jeder Hinsicht aneinander haften. Ich gebe indessen zu, daß der Druck der Umhüllung auf die glatten, aneinanderhaftenden Oberflächen nicht genügt, um den Grund der *Kohäsion* überhaupt zu erklären, denn man setzt stillschweigend dabei voraus, daß diese aneinanderschließenden Tafeln schon Kohäsion haben.

§ 27. *Philalethes.* Ich hatte angenommen, daß die Ausdehnung des Körpers nichts anderes als die *Kohäsion* der festen Teile ist.

Theophilus. Dies scheint mir mit Ihren eigenen vorhergegangenen Erklärungen nicht übereinzukommen. Mir scheint, daß ein Körper, welcher innerliche Bewegungen hat, oder dessen Teile in der Tätigkeit, sich voneinander zu lösen, begriffen sind (wie meiner Überzeugung nach dies immer der Fall ist), darum nicht aufhört, ausgedehnt zu sein. Somit scheint mir der Begriff der *Ausdehnung* von dem der *Kohäsion* gänzlich verschieden.

§ 28. *Philalethes.* Eine andere Vorstellung, die wir vom Körper haben, ist das *Vermögen, die Bewegung durch Anstoß mitzuteilen,* und eine andere, welche wir von der Seele haben, *ist das Vermögen, durch das Denken Bewegung hervorzubringen.* Die Erfahrung liefert uns tagtäglich diese beiden Vorstellungen auf eine überzeugende Art; wenn wir aber tiefer nachforschen wollen, wie dies geschieht, so finden wir uns gleichfalls im Dunkeln. Denn in Hinsicht der Mitteilung der Bewegung, wodurch ein Körper so viel Bewegung verliert, als ein anderer empfängt, welches der gewöhnlichste Fall ist, verstehen wir darunter weiter nichts, als eine aus einem Körper in den anderen übergehende Bewegung; was ich für ebenso dunkel und unbegreiflich halte, als die Art, wie unser Geist durch das Denken unseren Körper bewegt oder anhält. Noch schwieriger ist es, die Zunahme der Bewegung mittels des Anstoßes zu erklären, wie man sie beobachtet oder in gewissen Fällen geschehen zu sehen glaubt.

Theophilus. Ich wundere mich nicht, wenn man da unübersteigliche Hindernisse findet, wo man etwas so Unbegreifliches vorauszusetzen scheint, wie den Übergang eines Akzidenz von einem Subjekt ins andere; ich sehe aber keinen Grund, welcher uns zu einer Voraussetzung nötigt, die nicht weniger befremdend ist, als die der Scholastiker von Akzidenzien ohne Subjekt, welche sie gleichwohl sich hüten, nur der wunderbaren Tätigkeit der göttlichen Allmacht zuzuschreiben, während jener Übergang hier nur ein gewöhnlicher sein würde. Ich habe darüber oben schon etwas gesagt (Kap. 21, § 4), wo ich auch bemerkt habe, daß der Körper keineswegs soviel Bewegung verliert, wie er einem anderen gibt, was man anzunehmen scheint, als ob die Bewegung etwas Substantielles wäre und im Wasser aufgelöstem Salze gliche, was, wenn ich nicht irre, die Vergleichung ist, deren Rohaut sich bedient hat. Ich füge hier hinzu, daß dies nicht einmal *der gewöhnlichste Fall* ist, denn ich habe anderswo gezeigt, daß dieselbe Quantität der Bewegung sich nur dann erhält, wenn die bei den aufeinander treffenden Körper vor dem Zusammenstoße nach derselben Richtung gehen wie nach demselben. Allerdings werden die wahren Gesetze der Bewegung von etwas Höherem, als die Materie ist, abgeleitet. Was *das Vermögen, durch das*

Denken Bewegung hervorzubringen, betrifft so haben wir meiner Überzeugung nach davon so wenig eine Vorstellung, als wir eine Erfahrung davon haben. Die Kartesianer selbst gestehen zu, daß die Seelen der Materie keine neue Kraft verleihen können; sie behaupten aber, daß sie derselben eine neue Bestimmung oder Richtung der von ihr schon besessenen Kraft geben. Ich für meinen Teil behaupte, daß die Seelen weder in der Kraft, noch in der Richtung der Körper etwas ändern, daß das eine so unbegreiflich und widersinnig ist wie das andere, und daß man sich der vorherbestimmten Übereinstimmung bedienen muß, um die Einheit von Seele und Leib zu erklären.

Philalethes. Es ist allerdings nichts unserer Untersuchung Unwürdiges, zuzusehen, ob die tätige Kraft das eigentliche Attribut der Geister und die leidende Kraft das der Körper ist. Daraus ließe sich die Vermutung gewinnen, daß die geschaffenen Geister, da sie sowohl tätig als leidend sind, nicht gänzlich von der nur leidenden Materie getrennt sind, und daß diejenigen anderen Wesen, welche zugleich tätig und leidend sind, an beiden teilnehmen.

Theophilus. Diese Gedanken sagen mir ungemein zu und drücken ganz meine Meinung aus, wenn man nur das Wort Geist so allgemein versteht, daß es alle Seelen umfaßt oder vielmehr (um noch allgemeiner sich auszudrücken) alle diejenigen substantiellen Entelechien oder Einleiten, welche mit den Geistern Analogie haben.

§ 31. *Philalethes.* Ich wünschte wohl, daß man mir in unserem Begriff von Geist etwas Verworrenes oder dem Widerspruch Näherliegendes zeigte, als was der Begriff selbst des Körpers, ich meine die Teilbarkeit ins Unendliche, in sich schließt.

Theophilus. Was Sie da sagen, um zu zeigen, daß wir die Natur des Geistes ebenso oder besser als die des Körpers verstehen, ist sehr wahr, und Fromond, der eigens ein Buch: *De compositione continui* (Über die Bildung des Zusammenhangenden) geschrieben hat, hat dasselbe mit Recht *Labyrinth* betitelt. Das kommt aber von einer falschen Vorstellung her, welche man, wie vom Raume, so von der körperlichen Natur hat.

§ 33. *Philalethes.* Selbst die Vorstellung von Gott entsteht uns ebenso wie die anderen, indem diese unsere zusammengesetzte Vorstellung von Gott aus den einfachen Vorstellungen gebildet wird, die wir durch die Region empfangen und durch unsere Vorstellung von der Unendlichkeit erweitern.

Theophilus. In Hinsicht dessen beziehe ich mich auf das, was ich schon mehrmals gesagt habe, um zu zeigen, daß alle diese Vorstellungen und besonders die von Gott ursprünglich in uns sind, und wir nur auf sie zu achten haben, sowie vor allem, daß die der Unendlichkeit sich nicht durch eine Erweiterung der endlichen Vorstellungen bilden läßt.

§ 37. *Philalethes.* Die meisten einfachen Vorstellungen, welche unsere zusammengesetzten Vorstellungen von den Substanzen bilden, sind recht betrachtet nur *Kräfte*, wenn wir auch noch so geneigt sind, sie für *positive Eigenschaften* zu halten.

Theophilus. Ich denke, daß die *Kräfte*, welche der Substanz nicht wesentlich sind und nicht bloß eine Fertigkeit, sondern auch eine gewisse *Strebung* in sich schließen, gerade das sind, was man unter *realen Eigenschaften* versteht oder verstehen muß.

XXIV. Von den Kollektivvorstellungen der Substanzen

§ 1. *Philalethes.* Nach den *einfachen* Substanzen wollen wir zu den *zusammengesetzten* kommen. Ist die Vorstellung desjenigen Menschenhaufens, welcher ein Heer bildet, nicht ebensogut eine einzige Vorstellung, wie die eines Menschen es ist?

Theophilus. Man hat recht zu sagen, daß dieses *Aggregat* (*ens per aggregationem*, um sich schulgemäß auszudrücken) eine einzige Vorstellung ausmacht, obgleich, eigentlich zu reden, dieser Haufe Substanzen nicht wirklich eine Substanz bildet. Es ist das vielmehr ein Resultat, dem die Seele durch ihre Wahrnehmung und ihr Denken den letzten Vollzug der Einheit verleiht. Man kann gleichwohl in gewisser Weise sagen, daß es etwas Substantielles sei, insofern es nämlich Substanzen in sich begreift.

XXV. Von der Relation

§ 1. *Philalethes.* Es ist noch übrig, die Vorstellungen der Relationen in Betracht zu ziehen, welche von Wirklichkeit das Geringste enthalten. Wenn der Geist ein Ding neben einem anderen ins Auge faßt, so ist das eine Relation oder Beziehung, und die darüber gebildeten Benennungen oder *Relationsbezeichnungen* sind wie ebenso viele Zeichen, welche unsere Gedanken über das Subjekt hinaus auf etwas davon Verschiedenes zu richten dienen; dies beides nennt man *Subjekte der Relation* (Relata).

Theophilus. Die Relationen und die Ordnungen haben etwas vom *Gedankenwesen* an sich, obgleich sie in den Dingen selbst ihren Grund haben; denn man kann sagen, daß ihre Realität, wie die der ewigen Wahrheiten und die der Möglichkeiten, aus der höchsten Vernunft stammt.

§ 5. *Philalethes.* Gleichwohl kann dabei eine Veränderung der Relation vorkommen, ohne daß in dem Subjekt irgend eine Veränderung geschieht. Titius, den ich heute als Vater betrachte, hört morgen, ohne daß sich in ihm irgend eine Veränderung zuträgt, allein dadurch auf, es zu sein, daß sein Sohn stirbt.

Theophilus. Man kann dies ganz mit Recht sagen Hinsicht auf das, dessen man sich bewußt ist, obgleich metaphysisch streng genommen es allerdings zufolge der wirklichen Verknüpfung aller Dinge keine gänzlich äußerliche Bezeichnung (*denominatio pure extrinseca*) gibt.

§ 6. *Philalethes.* Ich meine, daß die Relation nur zwischen zwei Dingen stattfindet.

Theophilus. Gleichwohl gibt es Beispiele von einer Relation zwischen mehreren Dingen zugleich, wie die der Ordnung oder die eines Stammbaumes, welche den Rang und die Verknüpfung aller Teile oder Ahnen ausdrücken, und sogar eine Figur, wie z.B. die eines Vielecks, schließt das gegenseitige Verhältnis aller Seiten in sich.

§ 8. *Philalethes.* Es ist auch gut, in Betracht zu ziehen, daß die Vorstellungen der Relationen oft viel klarer sind als die der Dinge, welche die Subjekte der Relation sind. So ist das Verhältnis des Vaters viel klarer als das des Menschen.

Theophilus. Dies ist der Fall, weil diese Relation so allgemein ist, daß sie auch anderen Substanzen zukommen kann. Wie übrigens ein Subjekt Klarheit und Dunkelheit haben kann, so wird auch die Relation auf der Klarheit begründet sein können. Wenn aber das Formelle selbst der Relation die Erkenntnis dessen, was in dem Subjekt dunkel ist, in sich enthielte, so würde sie an dieser Dunkelheit teilnehmen.

§ 10. *Philalethes.* Die Ausdrücke, welche den Geist *notwendig* auf andere Vorstellungen bringen, als diejenigen sind, welche man in dem

Dinge als wirklich vorhanden voraussetzt, auf das sich der Ausdruck oder das Wort bezieht, sind *relativ*, und die anderen sind *absolut*.

Theophilus. Sie haben jenes »*notwendig*« mit Recht hinzugefügt, und man könnte »*ausdrücklich*« oder »*von vornherein*« hinzufügen, denn man kann z.B. an das Schwarze denken, ohne an dessen Ursache zu denken. Dies kommt daher, daß man innerhalb der Schranken einer Erkenntnis sich hält, die sich von vornherein darbietet und verworren oder, wenn auch klar, doch unvollständig ist – das erstere, wenn die Vorstellung keine Analyse erfahren hat, und das letztere, wenn man sie einschränkt. Übrigens gibt es keinen so absoluten er so abgegrenzten Ausdruck, der nicht Relationen in sich schließt und dessen vollständige Analyse nicht auf anderes und sogar auf alles andere führt, dergestalt, daß man sagen kann, die *Relationsausdrücke* bezeichnen *ausdrücklich* die Beziehung, welche sie enthalten. Ich setze dabei das *Absolute* dem *Relativen* entgegen und zwar in einem anderen Sinne, als ich es oben dem *Beschränkten* entgegengesetzt habe.

XXVI. Von der Ursache und Wirkung und einigen anderen Relationen

§§ 1. 2. *Philalethes. Ursache* ist dasjenige, was eine einfache oder nicht zusammengesetzte Vorstellung hervorbringt, und *Wirkung* ist das, was hervorgebracht wird.

Theophilus. Ich sehe, daß Sie unter Vorstellung oft die objektive Realität der Vorstellung oder die von ihr vorgestellte Eigenschaft verstehen. Sie definieren nur die *wirkende Ursache*, wie ich schon oben bemerkt habe. Man muß zugehen, daß, wenn man sagt: *Wirkende Ursache* ist das, was hervorbringt, und *Wirkung* das, was hervorgebracht wird, – man nur gleichbedeutende begriffe braucht, freilich habe ich Sie ein wenig deutlicher sagen hören, *Ursache* sei, was da *macht*, daß etwas anderes dazusein anfange, obwohl auch dies Wort »*macht*« die hauptsächliche Schwierigkeit noch ganz bestehen läßt. Aber dies wird sich ein andermal besser erläutern lassen.

Philalethes. Um noch einige andere Relationen zu berühren, so bemerke ich, daß es Ausdrücke gibt die man zur Bezeichnung der Zeit anwendet. Man betrachtet diese gewöhnlich als nur positive Vorstellungen bezeichnend, die indessen doch relative sind, wie *jung, alt* usw.; denn sie schließen eine Beziehung zur gewöhnlichen Dauer der Substanz, welcher man sie zuschreibt, in sich. So wird ein Mensch im Alter von 20 Jahren jung genannt, und sehr jung im Alter von 7 Jahren. Alt nennen wir indessen ein Pferd von 20 und einen Hund von 7 Jahren. Aber wir sagen nicht, die Sonne und die Sterne, ein Rubin oder ein Diamant seien alt oder jung, weil wir die gewöhnlichen Zeitabschnitte ihrer Dauer nicht kennen. – § 5. Dasselbe findet hinsichtlich des Ortes und der Ausdehnung statt, wie wenn man sagt, daß etwas *hoch* oder *niedrig, groß* oder *klein* sei. So erscheint einem Flamänder ein Pferd sehr klein, welches nach der Vorstellung eines Wallisers groß wäre; jeder denkt an die Pferde, welche man in seinem Vaterlande zieht.

Theophilus. Diese Bemerkungen sind sehr triftig. Allerdings entfernen wir uns mitunter ein wenig von dieses Sinn, wie wenn wir sagen, daß etwas alt ist, indem wir es nicht mit Dingen seiner Art, sondern mit anderen Arten vergleichen. Wir sagen z.B., daß die Welt oder die Sonne sehr alt ist. Jemand fragte Galilei, ob er glaubte, daß die Sonne ewig sei. Er antworteten: *Eterno nò, ma ben antico* (Nicht ewig, aber sehr alt).

XXVII. Was Identität und Verschiedenheit ist

§ 1. *Philalethes.* Eine der wichtigsten relativen Vorstellungen ist die der *Identität* und der *Verschiedenheit.* Wir finden niemals und können nicht als möglich begreifen, daß zwei Dinge derselben Art zu gleicher Zeit an demselben Orte seien. Wenn wir deshalb fragen, *ob etwas dasselbe ist oder nicht,* so bezieht sich dies immer auf etwas, was in einer bestimmten Zeit an einem bestimmten Orte ist; woraus folgt, daß hinsichtlich der Zeit und des Ortes etwas nicht zwei Anfänge der Existenz, noch zweierlei einen einzigen Anfang haben kann.

Theophilus. Außer der Verschiedenheit von Zeit und Ort ist immer das Vorhandensein eines inneren *Prinzips der Unterscheidung* vonnöten, und obwohl es mehrere Dinge derselben Art gibt, bleibt es dennoch wahr, daß es niemals zwei vollkommen gleiche gibt; obgleich also Zeit und Ort (d.h. die Beziehung nach außen) uns dazu dienen, die Dinge zu unterscheiden, die wir für sich selbst nicht gut unterscheiden, so sind die Sachen darum doch an und für sich unterscheidbar. Das eigentliche Wesen der *Identität* und der *Verschiedenheit* besteht also nicht in der Zeit und dem Orte, obgleich die Verschiedenheit der Dinge allerdings von der der Zeit oder des Ortes begleitet ist, weil sie verschiedene Eindrücke über die Sache mit sich bringen, um nicht zu sagen, daß man vielmehr eine Zeit oder einen Ort von einem anderen durch die Dinge unterscheiden muß, denn an sich selbst sind sie vollkommen gleich, aber doch sind sie nicht vollständige Substanzen oder Realitäten. Die Unterscheidungsart, welche Sie hier als die bei den Dingen derselben Art einzige vorzuschlagen scheinen, ist auf jene Voraussetzung begründet, daß die Durchdringlichkeit nicht der Natur entspreche. Diese Voraussetzung ist vernunftgemäß, aber sogar die Erfahrung zeigt, daß man hier nicht daran gebunden ist, wo es sich um die Unterscheidung handelt. Wir sehen z.B. zwei Schatten oder zwei Lichtstrahlen, die einander durchdringen, und könnten uns eine Phantasiewelt, wo die Körper es ebenso machten, ausdenken. Indessen unterscheiden wir dennoch einen Strahl von dem anderen, selbst dann, wenn sie sich kreuzen, gerade durch die Verfolgung ihres Weges.

§ 3. *Philalethes.* Das, was man in den Schulen *Prinzip der Individuation* nennt, wo man sich so viel quält zu erfahren, was es sei, besteht in dem Dasein selbst, welches jedes Wesen zu einer besonderen Zeit an einen bestimmten Ort setzt, der zweien Wesen derselben Art nicht gemeinsam sein kann.

Theophilus. Das *Prinzip der Individuation* kommt in den Individuen auf das Prinzip der Unterscheidung zurück, wovon ich eben gesprochen habe. Wenn zwei *Individuen* vollkommen ähnlich und gleich und mit einem Worte an sich selbst *ununterscheidbar* wären, so würde es kein Prinzip der Individuation geben; und ich wage selbst zu behaupten, daß es unter dieser Bedingung keine individuelle Unterscheidung oder verschiedene Individuen geben würde. Darum ist der Begriff der Atome schimärisch und stammt nur aus den unvollständige Vorstellungen der Menschen. Denn wenn es Atome d.h. vollkommen harte und vollkommen unveränderliche oder zu innerem Wechsel unfähige und nur an Größe und Gestalt voneinander verschiedene Körper gäbe, so würde es offenbar bei der Möglichkeit, daß sie von gleicher Gestalt und Größe sind, dann unter ihnen solche geben, welche, an sich ununterscheidbar, nur durch äußere Bezeichnungen ohne inneren Grund voneinander getrennt werden könnten, was den wichtigsten Vernunftgrundsätzen zuwiderläuft. In Wahrheit ist aber jeder Körper veränderlich und wird sogar stets wirklich verändert, dergestalt, daß er an sich selbst von jedem anderen sich unterscheidet. Ich erinnere mich, daß eine geistvolle hohe Fürstin einmal auf einem Spaziergange in ihrem Garten sagte, sie glaube nicht, daß es zwei vollkommen gleiche Blätter gäbe. Ein gescheiter Edelmann, welcher den Spaziergang mitmachte, glaubte, es sei leicht, solche zu finden, aber obschon er viel danach suchte, mußte er sich durch seine eigenen Augen überzeugen, daß man stets dabei Verschiedenheit bemerken konnte. Man sieht aus diesen bisher vernachlässigten Betrachtungen, wie sehr man sich in der Philosophie von den natürlichsten Begriffen entfernt hat und wie sehr man von den wichtigsten Prinzipien der wahren Metaphysik fern ist.

§ 4. *Philalethes.* Die *Einheit* einer und derselben Pflanze besteht darin, eine solche Organisation von Teilen in einem einzelnen an einem gemeinsamen Leben teilnehmenden Körper zu haben, daß sie so lange dauert, als die Pflanze, wenn sie in ihren Teilen sich auch ändert, bestehen bleibt.

Theophilus. Die Organisation oder Ausgestaltung ohne ein subsistierendes Lebensprinzip, welches ich Monade nenne, würde nicht genügen, um ein *idem numero* (der Zahl nach eins) oder dasselbe Individuum beharren zu machen; denn die Ausgestaltung kann auf spezifische Art beharren, ohne auf individuelle Art zu beharren. Wenn sich ein Hufeisen in einem bestimmten Mineralwasser Ungarns in Kupfer verhandelt, so bleibt *dieselbe* Gestalt der Art nach, nicht aber bleibt dasselbe dem *Individuum* nach, denn das Eisen löst sich auf, und das Kupfer, mit dem das Wasser geschwängert ist, schlägt sich nieder und tritt unmerklich an seinen Platz. Nun ist die Gestalt nur ein Akzidenz, welches nicht von einem Subjekt zum anderen (*de subjecto in subjectum*) übergeht. Man muß also sagen, daß die organisierten Körper ebensogut wie die übrigen nur der Erscheinung nach beharren und nicht, wenn man es mit dem Ausdruck streng nimmt. Es ist das wie mit einem Fluß, dessen Nasser stets wechselt, oder wie mit dem Fahrzeug des Wesens, welches die Athener stets erneuerten. Was aber die Substanzen anbetrifft, die in sich selbst eine wahrhafte und wirkliche substantielle Einheit besitzen, der die eigentlich sogenannten *Lebensverrichtungen* zukommen können, und was die substantiellen Wesen betrifft, *quae uno spiritu continentur* (die von einem Geiste zusammengehalten werden), wie sich ein alter Rechtslehrer ausdrückt, d.h. welche ein gewisser unteilbarer Geist bereit, so hat man das Recht zu behaupten, daß sie vermittels dieser Seele oder dieses Geistes, welcher in den Seelen, die denken, das *Ich* ausmacht, vollständig *dasselbe Individuum* bleiben.

§ 5. *Philalethes.* Bei den Tieren und Pflanzen ist der Fall kein besonders davon verschiedener.

Theophilus. Wenn die Pflanzen und die Tiere keine Seele haben, so ist ihre Identität nur scheinbare sie haben aber eine solcher die individuelle Einheit findet ganz streng genommen bei ihnen wirklich statt, obgleich ihre organischen Körper dieselbe nicht behalten.

§ 6. *Philalethes.* Dies zeigt auch, worin die Identität eines und desselben Menschen besteht, nämlich allein darin, daß er das nämliche durch die materiellen Teilchen fortgesetzte Leben genießt, welche in einem fortwährenden Flusse begriffen, aber in dieser Aufeinanderfolge denselben organisierten Körper auf eine zu dessen *Leben dienende* Art verknüpft sind.

Theophilus. Das läßt sich auch in meinem Sinne verstehen. In der Tat ist der organisierte Körper länger als einen Augenblick nicht derselbe; er behält nur gleiche Geltung. Und wenn man die Seele nicht berücksichtigt, so findet auch nicht mehr dasselbe Leben und ebensowenig dieselbe *Lebenseinheit* statt. Diese Identität würde also nur eine scheinbare sein.

Philalethes. Wer die *Identität des Menschen* in etwas anderem sucht, als in einem zu einem bestimmten Moment wohlorganisierten Körper, welcher fortan in dieser *Lebensorganisation* durch eine Aufeinanderfolge verschiedener mit ihm verbundener Teilchen der Materie fortdauert, wird es schwerlich durchführen können, daß ein Embryo und ein Erwachsener, ein Wahnsinniger und ein Weiser derselbe Mensch sind, ohne daß übrigens aus dieser Voraussetzung die Möglichkeit fließt, daß Seth, Ismael, Sokrates, Pilatus, St. Augustin ein und derselbe Mensch seien. Dies würde sich noch schlechter mit den Begriffen derjenigen Philosophen vertragen, welche die Seelenwanderung anerkannten und da glaubten, daß die Seelen der Menschen zur Strafe ihrer Übertretungen in Tierleiber gebannt werden können; denn ich glaube nicht, daß jemand, der überzeugt wäre, daß die Seele Heliogabals in einem Schweine fortlebte, behaupten würde, daß dies Schwein ein Mensch und derselbe Mensch wie Heliogabal sei.

Theophilus. Es handelt sich dabei um eine Untersuchung des Wortes und um eine der Sache. Was die der Sache anbetrifft, so kann die

Identität derselben individuellen Substanz nur durch die Fortdauer derselben Seele aufrechterhalten werden, denn der Körper ist in einem beständigen Fluß, und die Seele wohnt nicht in bestimmten ihr zugewiesenen Atomen noch in einem kleinen unverweslichen Gebein, wie im sogenannten Luz der Rabbiner. Indessen gibt es keine *Seelenwanderung*, mittels deren die Seele ihren Körper gänzlich verläßt und in einen anderen übergeht. Sie behält immer, selbst im Tode, einen organisierten Leib, einen Teil des früheren, obgleich das, was sie behält, stets unmerklicher Zerstreuung und Wiederherstellung und selbst großer zu gewisser Zeit zu erleidender Veränderung unterworfen ist. So findet also statt einer Seelenwanderung Wandelung, Einhüllung oder Entwickelung und endlich ein fließen des Körpers dieser Seele statt. Der jüngere van Helmont glaubte, daß die Seelen von Körper zu Körper, aber immer in ihrer Art bleibend, wandern, so daß es immer dieselbe Zahl von Seelen derselben Art und folglich dieselbe Zahl Menschen und Wölfe gibt, und daß die Wölfe, wenn sie in England vermindert und vernichtet werden, sich entsprechend anderswo vermehren müßten. Gewisse in Frankreich veröffentlichte Betrachtungen scheinen eben dahin zu gehen. Wenn die Seelenwanderung nicht im strengen Sinne genommen wird, d.h. wenn jemand glaubte, daß die in demselben feinen Körper bleibenden Seelen nur den gröberen Körper wechseln, so würde sie möglich sein, sogar bis zum Übergänge derselben Seele in einen Körper anderer Art, wie die Ansicht der Brahmanen und der Pythagoreer ist. Aber alles, was möglich ist, ist darum nicht der Ordnung der Dinge entsprechend. Indessen die Frage, ob im Falle, daß eine solche Seelenwanderung wirklich stattfände, Kain, Ham und Ismael – vorausgesetzt, daß sie nach der Lehre der Rabbiner dieselbe Seele hätten – derselbe Mensch genannt zu werden verdienten, beträfe nur einen Wortstreite und ich habe bemerkt, daß der berühmte Schriftsteller, dessen Ansichten Sie aufrechterhalten haben, dies anerkennt und sehr gut erklärt (*im letzten Paragraphen dieses Kapitels*). Die Identität der Substanz würde dann stattfinden, aber im Falle, daß kein Zusammenhang der Erinnerung unter den verschiedenen Persönlichkeiten stattfände, welche von derselben Seele gebildet würden, würde auch nicht soviel *moralische Identität* dabei stattfinden, um zu sagen, es sei *dieselbe Person*. Und wenn Gott wollte, daß die menschliche Seele in den Leib eines Schweines führe, des Menschen vergessend und vernünftige Handlungen nicht ausübend, so würde sie nicht einen Menschen ausmachen. Wenn sie aber in dem Tierleib die Gedanken eines Menschen hätte und zwar desjenigen Menschen, den sie vor der Veränderung beseelte, wie der goldene Esel des Apulejus, so würde man vielleicht keine Schwierigkeit machen zu sagen, daß derselbe Lucius, der seine Freunde zu besuchen nach Thessalien gekommen war, unter der Haut des Esels, wohin ihn Photis, ohne es zu wollen, gebannt hatte, derselbe blieb und von einem Herrn zum andern wanderte, bis daß die verzehrten Rosen ihm seine natürliche Gestalt wiedergaben.

§ 8. *Philalethes.* Ich glaube dreist behaupten zu können, daß, wer von uns ein Geschöpf sähe, wie er selbst gemacht und gestaltet, wenn dies auch niemals mehr Vernunft zeigte als eine Katze oder ein Papagei, darum nicht unterlassen würde, es Mensch zu nennen, oder wenn er einen Papageien vernünftig und philosophisch sprechen hörte, würde er ihn doch nur einen Papageien nennen und dafür halten; er würde vom ersteren dieser Wesen sagen, es sei ein einfältiger, stumpfer und von Vernunft verlassener Mensch, und von letzterem, daß es ein geistvoller und gescheiter Papagei sei.

Theophilus. Ich würde über den zweiten Punkt eher derselben Meinung sein, als über den ersten, obgleich sich darüber noch etwas sagen läßt. Wenige Theologen würden kühn genug sein, ein Wesen von menschlicher Gestalt, aber ohne bemerkbare Vernunft, sofort und unbedingt zur Taufe zuzulassen, wenn man es im Walde fände, und ein katholischer Priester würde vielleicht mit Hinzufügung einer Bedingung sagen: *wenn du ein Mensch bist, so taufe ich dich*, denn man würde nicht wissen, ob es von menschlichem Geschlecht wäre und eine vernünftige Seele in ihm wohnte; es könnte ein *Orang-Utang* sein, jener dem menschlichen Äußeren so nahekommende Affe, solch einer, wie derjenige, von dem Tulpius redet, der ihn gesehen hat, und solch einer, wie derjenige, dessen Anatomie ein gelehrter Arzt veröffentlicht hat. Ich gebe allerdings zu, daß der Mensch sicherlich so dumm werden kann wie ein Orang-Utan, aber das Innere der vernünftigen Seele würde in ihm bleiben trotz der einstweiligen Aufhebung des Vernunftgebrauches, wie ich das oben erläutert habe: das also ist der Punkt, wo man nicht nach dem äußeren Scheine urteilen darf. Was den zweiten Fall angeht, so hindert nichts, daß es vernünftige Tiere einer von der unserigen verschiedenen Art gebe, wie jene Bewohner des poetischen Vogelreichs in der Sonne, wo ein aus dieser Welt nach seinem Tode hingekommener Papagei dem Reisenden das Leben rettete, der ihm hienieden wohlgetan hatte. Wenn es sich indessen zutrüge, wie im Lande der *Feen* und *meiner Mutter Gans* sich zuträgt, daß ein Papagei eine verwandelte Prinzessin wäre und sich durch die Sprache als solche zu erkennen gäbe, so würden ohne Zweifel Vater und Mutter ihn als ihre Tochter liebkosen, indem sie sie zu haben glaubten, wenngleich sie unter dieser fremdartigen Gestalt versteckt wäre. Gleichwohl würde ich mich demjenigen nicht widersetzen, welcher sagte, daß in dem goldenen Esel, wie das *Selbst* oder Individuum wegen der Einheit immateriellen Geistes, so Lucius oder die Person wegen des Bewußtseins dieses Ich geblieben, aber daß dies nicht mehr ein Mensch sei, wie es in der Tat scheint, daß man der Definition des Menschen etwas von der Gestalt und Körperbildung hinzufügen muß, wenn man sagt, es sei ein vernünftiges lebendiges Wesen; sonst würden meiner Ansicht nach auch die Geister Menschen sein.

§ 9. *Philalethes.* Das Wort *Person* bedeutet ein denkendes und vernünftiges, der Vernunft und Religion fähiges Wesen, welches sich selbst als ein *Selbiges*, als dasselbe Wesen betrachten kann, das zu verschiedenen Zeiten und an verschiedenen Grien denkt: dies geschieht einzig und allein durch das Bewußtsein seiner eigenen Handlungen. Und diese Erkenntnis begleitet immer unsere sinnlichen Empfindungen und gegenwärtigen Wahrnehmungen, wenn sie deutlich genug sind, wie ich schon vorhin mehr als einmal bemerkt habe; und aus diesem Grunde ist jeder für sich selbst das, was *er das eigene Ich* nennt. Man zieht bei dieser Gelegenheit nicht in Betracht, ob dasselbe *Ich* in derselben Substanz oder in verschiedenen Substanzen sich fortsetzt, denn da das Bewußtsein (*consciousness* oder Konsciosität) das Denken immer begleitet, und darin die Ursache liegt, daß jeder das ist, was er sein eigenes *Ich* nennt und wodurch er sich von jedem anderen denkenden Dinge unterscheidet, so besteht darin auch allein die persönliche Identität oder das, wodurch ein vernünftiges Wesen immer dasselbe ist, und so weit dies Bewußtsein sich auf die schon vergangenen Handlungen oder Gedanken erstrecken kann, so weit erstreckt sich die Identität dieser Person, und das Ich ist jetzt dasselbe, welches es damals war.

Theophilus. Auch ich bin dieser Meinung, daß die Konsciosität oder das *Selbstbewußtsein* eine moralische persönliche Identität beweist. Und hierin unterscheide ich das *Nichtaufhören* einer Tierseele von der *Unsterblichkeit* der Menschenseele: die eine wie die andere behält die *physische* und *wirkliche Identität*, aber was den Menschen anbetrifft, so bewahrt gemäß den Regeln der göttlichen Vorsehung dessen Seele gewiß noch die moralische Identität, die uns selbst als solche erscheint, um dieselbe Persönlichkeit zu bilden, welche folglich die Strafen und Belohnungen zu empfinden fähig ist. Sie scheinen anzunehmen, daß diese erscheinende Identität bewahrt bleiben kann, wenn es keine wirkliche geben sollte. Ich möchte glauben, daß dies vielleicht durch die Allmacht Gottes geschehen kann, aber nach der Ordnung der Dinge setzt die der Person, welche sich als dieselbe empfindet selbst erscheinende Identität die wirkliche Identität bei jedem *nächsten Übergang*, der von Reflexion und Selbstgefühl begleitet wird, voraus, da eine so innerliche, unmittelbare Wahrnehmung von Natur nicht täuschen kann. Könnte der Mensch nur Maschine sein und dabei Konsciosität haben, so müßte man Ihrer Ansicht sein, aber ich behaupte, daß dieser Fall wenigstens auf natürliche Weise nicht möglich ist. Ebensowenig möchte ich auch sagen, daß die *persönliche Identität* und selbst das *Ich* uns nicht bleiben, und daß ich nicht dieses *Ich* bin, das ich in der Wiege gewesen bin, unter dem Vorwand, daß ich mich alles dessen, was ich damals getan habe, nicht mehr erinnere. Um die moralische Identität durch sich selbst zu finden, genügt es, daß ein *mittlerer Zusammenhang des Bewußtseins* eines benachbarten oder selbst eines etwas entfernten Zustandes, wenn ein vergessener Sprung oder Zwischenraum dabei unterläuft, mit dem anderen stattfindet. Wenn z.B. eine Krankheit eine Unterbrechung in dem Zusammenhang der Verbindung des Bewußtseins herbeigeführt hätte, so daß ich nicht wüßte, wie ich in den gegenwärtigen Zustand gelangt bin, obschon ich mich noch entfernterer Dinge erinnere, könnte das Zeugnis der anderen die Lücke meiner Wiedererinnerung ausfüllen. Man könnte auf dieses Zeugnis hin mich selbst strafen, wenn ich in einer Zwischenzeit etwas absichtlich gedachtes Böses getan, was ich kurz darauf durch jene Krankheit vergessen hätte. Und wenn ich alles Vergangene vergessen hätte, so daß ich gezwungen wäre, es mich von neuem lehren zu lassen bis auf meinen Namen und bis aufs Lesen und Schreiben, so könnte ich immerhin von den anderen mein vergangenes Leben in meinem früheren Zustand erfahren, wie meine Rechte mir bewahrt bleiben, ohne daß ich mich in zwei Personen zu teilen und mich zu meinem eigenen Erben zu machen nötig habe. Alles das genügt, die *moralische* Identität aufrecht zu erhalten, welche dieselbe Person ausmacht. Wenn sich die anderen verschwören wollten mich zu täuschen, wie ich sogar selbst getäuscht werden kann, durch irgend eine Vision, einen Traum oder eine Krankheit, wenn ich glaube, daß das, was ich geträumt habe, mir wirklich widerfahren sei, so würde der Schein allerdings falsch sein; aber es gibt Fälle, wo man der Wahrheit in Umsicht auf einen anderen moralisch sicher sein kann, und bei Gott, mit dem verknüpft zu sein den Hauptpunkt der Moralität für uns ausmacht, kann der Irrtum nicht statthaben. Was das *Ich* anbetrifft, so wird es gut sein, zwischen *dessen Erscheinung* und dem Bewußtseinszustand zu unterscheiden. Das *Ich* macht die *reale* und physische *Identität*, und die von Wahrheit begleitete *Erscheinung des Ich* fügt die persönliche Identität hinzu. Will ich also nicht sagen, daß die persönliche Identität sich nicht weiter erstreckt als die Erinnerung, so werde ich noch weniger sagen können, daß das *Ich* oder die physische Identität davon abhängig ist. Die reale und persönliche Identität läßt sich auf die bei tatsächlichen Dingen mögliche sicherste Weise durch die gegenwärtige unmittelbare Reflexion beweisen; sie läßt sich für gewöhnlich hinlänglich durch unsere Erinnerung an die Zwischenzeit oder durch das übereinstimmende Zeugnis der anderen beweisen. Wenn aber Gott auf außerordentliche Weise die reale Identität veränderte, so würde die persönliche bleiben, falls der Mensch die Erscheinungen der Identität bewahrte, sowohl die inneren (d.h. des Bewußtseins) als die äußeren, sowie die, welche in dem den anderen Erscheinenden bestehen. So ist das Bewußtsein nicht das einzige Mittel, die persönliche Identität zu bilden, und das Verhältnis zu den anderen oder selbst andere Zeichen können dafür eintreten. Schwierigkeit entsteht aber, wenn unter diesen verschiedenen Erscheinungen sich Widerspruch findet. Das Bewußtsein kann schweigen wie beim Vergessen, wenn es aber ganz deutlich Dinge sagte, die den übrigen Erscheinungen zuwider wären, so würde man bei der Entscheidung in Verlegenheit und mitunter zwischen zwei Möglichkeiten gleichsam in der Schwebe sein, der des Irrens in unserem Gedächtnis und der irgend einer Täuschung in den äußeren Erscheinungen.

§ 11. *Philalethes.* Man wird sagen, daß die Gliedmaßen des Körpers eines jeden Menschen ein Teil von ihm sind, und der Mensch also, da der Körper sich in einem beständigen Fluß beendet, nicht derselbe bleiben kann.

Theophilus. Ich würde lieber sagen, daß das *Ich* und das *Er* ohne Teile sind, weil man sagt und zwar mit Recht, daß dieselbe Substanz oder dasselbe physische Ich sich wirklich erhält. Man kann aber nicht sagen, wenn man der genauen Wahrheit der Dinge gemäß redet, daß dasselbe Ganze sich erhält, wenn ein Teil zugrunde geht. Was also körperliche Teile hat, kann nicht umhin, in jedem Augenblick deren zu verlieren.

§ 13. *Philalethes.* Das Bewußtsein der früheren Handlungen kann nicht von einer denkenden Substanz auf die andere übertragen werden, und es wäre gewiß, daß dieselbe Substanz bleibt, da wir uns als dieselben empfinden, wenn dies Bewußtsein eine einzige und selbige individuelle Handlung wäre, d.h. wenn die Handlung des Reflektierens dieselbe wäre, wie die Handlung, über welche man, indem man sich ihrer bewußt wird, reflektiert. Aber da sie nur eine tatsächliche Darstellung einer früheren Handlung ist, so bleibt noch die Unmöglichkeit zu beweisen, daß das, was niemals stattgefunden hat, sich dem Geiste so darstellen könne, als ob es wirklich stattgefunden hätte.

Theophilus. Eine Erinnerung an einen der Vergangenheit angehörigen Zwischenfall kann täuschen; man erfährt dies oft und kann sich einen natürlichen Grund dieses Irrtums denken. Aber die gegenwärtige und unmittelbare Erinnerung oder die Erinnerung dessen, was sich soeben erst zugetragen hat, d.h. das Bewußtsein oder die Reflexion, welche die innere Tätigkeit begleitet, kann von Natur nicht täuschen, sonst würde man selbst nicht sicher sein, daß man dies oder jenes denkt, denn man sagt sich dies innerlich auch nur von der vergangenen Handlung und nicht bei der Handlung selbst. Wenn die inneren, unmittelbaren Erfahrungen nicht gewiß sein sollen, so gibt es gar keine tatsächliche Wahrheit, deren man versichert sein könnte. Und ich habe schon gesagt daß es von dem Irrtum, welcher bei den mittelbaren und äußeren Wahrnehmungen begangen wird, eine verständliche Ursache gibt, daß man aber in den inneren, unmittelbaren Wahrnehmungen keine solche finden kann, man müßte denn auf die göttliche Allmacht zurückgehen.

§ 14. *Philalethes.* Was die Frage betritt, ob es beim Fortbestehen derselben unkörperlichen Substanz zwei verschiedene Personen in ihr geben könne, so gründet sie sich auf Folgendes – nämlich, *ob dasselbe immaterielle Wesen jedweder Empfindung seines früheren Daseins beraubt werden* und sie gänzlich einbüßen kann, ohne sie jemals wiedererlangen zu können, dergestalt, daß es beim Anfang sozusagen einer neuen Rechnung seit einer neuen Lebensperiode ein Bewußtsein hat, das sich über diesen neuen Zustand nicht hinaus erstrecken hann. Alle diejenigen, welche an die *Präexistenz der Seele* glauben, folgen augenscheinlich diesem Gedanken. Ich habe einen Menschen gesehen, der überzeugt war, daß seine Seele die des Sokrates gewesen war und ich kann versichern, daß er in dem Posten, welchen er bekleidete und der von keiner geringen Bedeutung war, für einen sehr verständigen Mann gegolten hat und durch die von ihm herausgegebenen Werke zeigte, daß es ihm weder an Geist noch an Wissen fehlte. Sind also die Seelen *hinsichtlich irgend eines Teiles der Materie*, soweit wir es aus ihrem Wesen erkennen können, *gleichgültig*, so schließt jene Voraussetzung, daß eine und dieselbe Seele in verschiedene Leiber eingeht, keinen Widersinn, wie es scheint, in sich. Derjenige indessen, welcher gegenwärtig keine Empfindung von irgend etwas, das Nestor oder Sokrates jemals getan oder gedacht haben, hat, begreift er oder kann er denken, er sei dieselbe Person wie Nestor oder Sokrates? Kann er an den Handlungen dieser beiden alten Griechen teilnehmen? Kann er sie sich zuschreiben oder denken, daß sie eher seine eigenen Handlungen seien, als die irgend eines anderen Menschen, der schon dagewesen ist? Er ist nicht mehr dieselbe Person, wie einer von ihnen, als wenn die gegenwärtig in ihm lebende Seele damals geschaffen worden wäre, als sie den Körper, welchen sie gegenwärtig innehat, zu beleben anfing. Dies würde nicht mehr dazu beitragen, ihn zu derselben Person, wie Nestor, zu machen, als wenn einige Teilchen der Materie, die einmal am Nestor teilhatten, gegenwärtig einen Teil dieses Menschen bildeten. Denn dieselbe körperliche Substanz ohne das nämliche Bewußtsein macht nicht mehr dieselbe Person aus, um mit diesem oder jenem Körper vereint zu werden, als *dieselben Teilchen der Materie*, die zu irgend einem Körper ohne gemeinsames Bewußtsein verbunden sind, dieselbe Person ausmachen können.

Theophilus. Ein körperloses Wesen oder ein Geist *kann nicht* jeder Wahrnehmung seines früheren Auslandes *beraubt werden.* Es bleiben ihm Eindrücke von allem dem, was ihm einstmals begegnet ist, und er hat sogar Vorempfindungen von allem dem, was ihm widerfahren wird: aber diese Empfindungen sind sehr häufig zu gering, um vernehmlich zu sein und um ihrer bewußt werden zu können, obwohl sie sich vielleicht einmal entwickeln mögen. Diese Fortsetzung und

Verknüpfung von *Wahrnehmungen* macht dasselbe Individuum in Wirklichkeit aus, aber die *Bewußtseinsakte*, d.h. wenn man sich der früheren Empfindungen bewußt ist, beweisen noch die moralische Identität und lassen die wirkliche erscheinen. Die Präexistenz der Seelen tritt nicht durch unsere Wahrnehmungen in die Erscheinung, aber wenn sie in der Wahrheit begründet wäre, so könnte sie dereinst erkannt werden. Es ist also nicht der Vernunft gemäß, daß die Wiederherstellung des Gedächtnisses auf immer unmöglich werde, da die unmerklichen Wahrnehmungen, deren Nutzen ich bei so viel anderen wichtigen Gelegenheiten schon gezeigt habe, auch hier dazu dienen, die Keime davon zu bewahren. Der verstorbene Henry Morus, Theolog der englischen Kirche, war von der Präexistenz überzeugt und hat sie literarisch verteidigt. Der verstorbene van Helmont Sohn ging noch weiter, wie ich eben gesagt habe, und glaubte an die Seelenwanderung, aber immer in die Körper derselben Gattung, so daß nach seiner Meinung die menschliche Seele immer einen Menschen beseelte. Er glaubte mit einigen Rabbinern an den Übergang der Seele Adams in den Messias als in den neuen Adam. Und vermutlich glaubte er auch selbst irgend ein Alter gewesen zu sein, so gescheit er auch sonst war. Wenn also dieser Übergang der Seelen in der Wahrheit gegründet wäre, wenigstens in der vorher von mir erläuterten möglichen Weise (die aber nicht wahrscheinlich erscheint), d.h. daß die Seelen, indem sie feine Körper behalten, plötzlich in andere gröbere Körper übergingen, so wurde dasselbe Individuum immer im Nestor, im Sokrates und in irgend einem Menschen der neueren Zeit da sein, und er könnte selbst seine Identität demjenigen erkennbar machen, der hinlänglich in sein Wesen eindringen würde, auf Grund der Eindrücke oder Zeichen, die daselbst von allem dem, was Nestor oder Sokrates getan haben, geblieben sind und welche ein genugsam scharfsinniger Geist auch da lesen könnte. Wenn der Mensch der neuen Zeit indessen kein inneres oder äußeres Mittel hätte, um zu erkennen, was er gewesen ist, so würde dies hinsichtlich der moralischen Welt gerade so sein, wie wenn er es nicht gewesen wäre. Aber es hat den Anschein, daß im Universum nichts versäumt wird, gerade wegen der moralischen Welt, weil Gott, dessen Herrschaft eine vollkommene ist, darüber Monarch ist. Meinen Annahmen nach sind die Seelen nicht *gleichgültig* hinsichtlich irgend eines Teiles der Materie, wie es Ihnen zu sein scheint; sie drücke im Gegenteil ursprünglich diejenigen Teile aus, denen sie der Ordnung nach verknüpft sind und verknüpft sein müssen. Wenn sie also in einen neuen groben oder sinnlich wahrnehmbaren Körper übergingen, würden sie immer den Ausdruck alles dessen, wovon sie in den alten Körpern eine Wahrnehmung gehabt haben, bewahren, und der neue Körper müßte dies sogar immer empfinden, so daß die individuelle Fortdauer immer ihre wirklichen Spuren haben wird. Aber welches auch immer unser vergangener Zustand gewesen sein mag, die von ihm hinterlassene Wirkung kann uns nicht immer *vernehmbar* sein. Der geschickte Verfasser der *Abhandlung über den Verstand*, dessen Ansichten Sie zu den Ihrigen gemacht haben, hatte bemerkt (im zweiten Buch, Kapitel von der Identität, § 27), daß ein Teil seiner als möglich vorgestellten Annahmen oder Fiktionen vom Durchgang der Seelen sich darauf gründet, daß man den Geist gemeiniglich nicht allein als unabhängig von der Materie, sondern auch als gleichgültig gegen jegliche Art derselben betrachtet. Ich hoffe aber, daß dasjenige, was ich Ihnen über diesen Gegenstand hie und da gesagt habe, diesen Beitel aufzuklären und, was von Natur möglich ist, besser erkennen zu lassen dienen wird. Man begreift dadurch, wie die Handlungen eines Alten einem Menschen der Neuzeit angehören würden, der dieselbe Seele hätte, wenn er sich dessen auch nicht bewußt wäre. Wenn man sie aber als solche erkannt haben würde, würde überdies noch eine persönliche Identität daraus folgen. Übrigens macht ein von einem Körper in den anderen übergehender *Teil der Materie* nicht dasselbe menschliche Individuum aus, noch das, was man das *Ich* nennt, sondern die Seele ist es, die es ausmacht.

§ 16. *Philalethes.* Dennoch ist es wahr, daß ich für eine Handlung, die mir in der Gegenwart durch dies Bewußtsein (Konsciosität oder *conciousness*), das ich davon habe, als durch mich selbst vollbracht zugesprochen wird, wenn sich auch vor tausend Jahren begangen worden ist, dasselbe Interesse und dieselbe gerechte Verantwortung habe, als ich sie für das habe, was ich im eben verflossenen Augenblick getan habe.

Theophilus. Diese Meinung, etwas getan zu haben, kann bei entfernten Handlungen täuschen. Man hat infolge häufiger Wiederholung für wirklich genommen, was man geträumt oder was man erfunden hatte; diese falsche Meinung kann in Verlegenheit setzen, aber nicht machen, daß man strafbar wird, wenn andere nicht damit übereinkommen. Auf der anderen Seite kann man für das, was man getan hat, verantwortlich sein, wenn man es auch vergessen hätte, falls die Handlung nur sonst sich beglaubigen läßt.

§ 17. *Philalethes.* Jedermann erfährt es tagtäglich, daß, klänge sein kleiner Finger in diesem Bewußtsein inbegriffen ist, *er an dem Ich* ebensogut *teil*nimmt, wie ein beliebiger größter Teil.

Theophilus. Ich habe schon bemerkt (§ 11), warum ich nicht behaupten möchte, daß mein Finger ein Teil seines Ichs ist, aber allerdings gehört er mir zu und macht einen Teil meines Körpers aus.

Philalethes. Die, welche anderer Meinung sind, werden sagen, daß, wenn dieser kleine Finger vom übrigen Körper getrennt wird, falls jenes Bewußtsein ihn begleitete und den übrigen Körper verließe, der kleine Finger dann offenbar die *Person, dieselbe Person* sein und das *Ich* alsdann mit dem übrigen Körper nichts zu schaffen haben würde.

Theophilus. Die Natur läßt dergleichen erdichtete Fälle nicht zu. Diese zerfallen in sich durch das System der vorherbestimmten Übereinstimmung oder des vollkommenen Entsprechens von Seele und Leib.

§ 18. *Philalethes.* Dennoch scheint es, daß, wenn der Körper zu leben und sein besonderes Bewußtsein zu haben fortführe, an dem der kleine Finger keinen Anteil hätte, und dabei die Seele im Finger wäre, dieser Finger keine Handlung des übrigen Körpers als die seinige in Anspruch nehmen könnte und man ihm dieselbe auch nicht zurechnen dürfte.

Theophilus. Die Seele, die im Finger wäre, würde diesem Körper auch nicht angehören. Ich gebe zu, daß, wenn Gott machte, daß die Bewußtseinszustände auf andere Seelen übertragen würden, man sie nach den gegriffen der Moral so behandeln müßte, als ob sie dieselben wären; aber das würde heißen, die Ordnung der Dinge ohne Ursache verwirren und zwischen dem Bemerkbaren und der durch die unbemerkbaren Wahrnehmungen sich erhaltenden Wahrheit eine Scheidewand aufrichten, welche nicht in der Vernunft begründet wäre, weil die für den Augenblick unbemerkbaren Wahrnehmungen sich einmal entwickeln können; denn es gibt nichts Unnützes, und die Ewigkeit bietet zu Veränderungen ein großes Feld.

§ 20. *Philalethes.* Die menschlichen Gesetze bestrafen nicht einen Geisteskranken für die Handlungen, welche er als Mensch von gesundem Verstande begangen hat, noch einen Menschen von gesundem Verstande für das, was er als Geisteskranker getan hat; dadurch machen wie zwei Personen aus ihm. Es ist das so, wie man sagt: *er ist außer sich.*

Theophilus. Die Gesetze drohen Strafen und verheißen Belohnungen, um die schlimmen Handlungen zu verhüten und die guten zu fördern. Nun kann ein Geisteskranker in dem Maße ein solcher sein, daß Drohungen und Belohnungen nicht gehörig auf ihn wirken, da die Vernunft nicht mehr die Meisterin ist, also muß nach dem Maß der Geistesschwäche die Strenge der Strafe nachlassen. Auf der anderen Seite will man, daß der Verbrecher die Wirkung des von ihm begangenen Bösen empfinde, damit man von vornherein Verbrechen zu begehen fürchte; da aber der Geisteskranke nicht hinlänglich Verständnis dafür hat, so wartet man gern eine gehörige Zwischenzeit zur Ausführung des Urteils ab, das ihn für das bei gesundem Verstande Begangene bestraft. Demnach kommt, was die Gesetze oder die Richter bei solchen Gelegenheiten tun, nicht daher, daß man sich zwei Personen dabei denkt.

§ 22. *Philalethes.* Man macht sich in der Tat auf seifen derjenigen, deren Ansichten ich vor Ihnen vertrete, den Einwurf, daß, wenn jemand, der betrunken ist und es nachher nicht mehr ist, nicht dieselbe Person sein soll, man ihn dann auch nicht für das bestrafen dürfe, was er in der Trunkenheit getan hat, weil er davon nichts mehr weiß. Aber die Antwort darauf lautet, daß er doch ganz ebenso dieselbe Person ist, wie jemand, der während seines Schlummerns umherwandelt und allerlei anders Handlungen ausübt und für allen den Schaden, welchen er in diesem Zustande angerichtet hat, verantwortlich ist.

Theophilus. Zwischen den Handlungen eines Betrunkenen und denen eines wirklichen und als solchen anerkannten Nachtwandlers waltet ein Unterschied ob. Man straft die Betrunkenen, weil sie die Trunkenheit meiden und selbst während ihrer Trunkenheit eine gewisse Erinnerung an die Strafe haben können. Es ist aber nicht ebenso in der Macht der Nachtwandler, sich ihres nächtlichen Ganges und dessen, was sie tun, zu enthalten. Könnte man aber allerdings dadurch, daß man ihnen auf der Stelle die Rute gäbe, sie im Bette halten, so würde man dazu das Recht haben und auch nicht verfehlen, es zu tun, obgleich das mehr ein Heilmittel, als eine Züchtigung wäre. In der Tat soll dies Mittel geholfen haben.

Philalethes. Die menschlichen Gesetze bestrafen den einen wie den andern gemäß einer der Art entsprechenden Gerechtigkeit, wie die

Menschen die Dinge erkennen, weil sie in dieser Art Fällen zwischen dem, was wirklich ist und dem, was nur vorgegeben ist, nicht sicher unterscheiden können, also wird das Nichtwissen nicht als Entschuldigung für das, was man in der Trunkenheit oder im Schlaf getan hat, angenommen. Die Tatsache ist gegen den, der sie begangen hat, bewiesen, und man kann nicht zu seinen Gunsten den Mangel an Bewußtsein beweisen.

Theophilus. Es handelt sich nicht so sehr darum, als um das, was man tun muß, wenn es sicher festgestellt ist, daß der Trunkene oder der Nachtwandler außer sich gewesen sind, wie dies der Fall sein kann. In diesem Falle kann der Nachtwandler nur als ein Geisteskranker betrachtet werden, aber da die Trunkenheit freiwillig ist, die Krankheit jedoch nicht, so bestraft man den einen und nicht den andern.

Philalethes. An dem großen und furchtbaren Tage des Gerichts aber, wo die Geheimnisse aller Herzen aufgedeckt werden sollen, hat man recht zu glauben, daß niemand dasjenige zu verantworten haben wird, was ihm gänzlich unbekannt ist, und daß jeder empfangen wird, was er nach dem Zeugnis seines eigenen Gewissens verdient.

Theophilus. Ich halte es nicht für nötig, daß das Gedächtnis des Menschen am Tage des Gerichts so weit gesteigert werde, daß er sich alles dessen erinnert, was er vergessen hatte, und glaube, daß die Erkenntnis der anderen und vor allem des gerechten Richters, der sich nicht täuschen läßt, genügen werde. Man könnte einen der Wahrheit freilich wenig entsprechenden erdichteten Fall denken, der sich aber doch vorstellen läßt, nämlich daß ein Mensch am Tage des Gerichts schlecht gewesen zu sein glaubte, und daß allen übrigen geschaffenen Geistern, die darüber zu urteilen in der Lage wären, dasselbe als wahr erschiene, ohne daß es wahr wäre – würde man nun sagen können, daß der höchste gerechte Richter, der allein das Gegenteil weiß, diesen Menschen verdammen und seinen Taten entgegen richten könnte? Und doch würde dies aus dem von Ihnen über die moralische Persönlichkeit aufgestellten Begriff zu folgen scheinen. Man wird vielleicht sagen, daß, wenn Gott gegen den Schein richtet, er nicht genug Ruhm erhalten und den übrigen Unmut bereiten wird; aber man kann darauf erwidern, daß er sich selbst das einzige und höchste Gesetz ist, und in diesem Falle die übrigen urteilen müssen, daß sie sich getäuscht haben.

§ 23. *Philalethes.* Könnten wir entweder voraussetzen, daß *zwei* verschiedene und miteinander nicht in Verbildung stehende *Bewußt-*

seinsvermögen abwechselnd in demselben Körper tätig sind, das eine beständig ehrend des Tages und das andere während der Nacht, oder daß *dasselbe Bewußtsein* in Zwischenräumen in zwei verschiedenen Körpern tätig wäre, frage ich, ob im ersteren Falle der Tagesmensch und der Nachtmensch, daß ich mich so auszudrücken wage, nicht zwei ebenso verschiedene Personen wären, wie Sokrates und Plato, und ob er nicht im zweiten Fall eine einzige Person in zwei verschiedenen Körpern ist? Es verschlägt nichts, daß das nämliche Bewußtsein, welches zwei verschiedene Körper beherrscht und jene beiden Bewußtseinsvermögen die denselben Körper zu verschiedenen Zeiten beherrsche einer und derselben immateriellen Substanz und die beiden anderen zwei verschiedenen immateriellen Substanzen angehören, welche diese verschiedenen Bewußtseinsvermögen in jene Körper einführen, da die persönliche Identität in gleicher Weise durch das Bewußtsein bestimmt sein würden es, daß dies Bewußtsein mit irgend einer individuellen unkörperlichen Substanz verbunden wäre oder nicht. Übrigens muß ein unkörperliches Wesen, das denkt, mitunter sein vergangenes Bewußtsein aus dem Gesicht verlieren und es sich aufs neue zurückrufen. Nun nehme man an, daß diese Zwischenzeiten von Gedächtnis und Vergessen den ganzen Tag und die ganze Nacht wiederkehren, so wird man zwei Personen mit demselben unkörperlichen Geist haben. Daraus folgt, daß das Ich nicht durch die Identität oder Verschiedenheit der Substanz bestimmt wird, deren man nicht sicher sein kann, sondern nur durch die Identität des Bewußtseins.

Theophilus. Ich gebe zu, daß, wenn alle Erscheinungen gewechselt und von einem Geist auf den anderen übertragen würden, oder wenn Gott einen Tausch zwischen zwei Geistern machte, indem er den sichtbaren Leib und die Erscheinungen und das Bewußtsein des einen auf den anderen übertrüge, die persönliche Identität, statt an die der Substanz geknüpft zu sein, den sich gleichbleibenden Erscheinungen folgen würde, welche die menschliche Moral im Auge halten muß; aber diese Erscheinungen werden nicht bloß in den Bewußtseinsakten bestehen, und Gott würde nicht allein die Bewußtseinserscheinungen oder -vermögen der in Rede stehenden Individuen miteinander vertauschen müssen, sondern auch diejenigen Erscheinungen, welche sich anderen in Hinsicht auf diese Personen darbieten, sonst würde zwischen den Bewußtseinsvermögen der einen und dem Zeugnis der anderen Widerspruch stattfinden, was die moralische Weltordnung verwirren würde. Man muß mir indessen zugeben, daß die Scheidung zwischen der unsinnlichen und der sinnlichen Welt d.h. zwischen den unmerklichen Wahrnehmungen, die in denselben Substanzen bleiben würden, und den Bewußtseinsakten, die vertauscht werden würden, ein Wunder sein müßte, wie wenn man voraussetzt, daß Gott einen leeren Raum hervorbringt; denn ich habe vorher gesagt, warum dies nicht der Naturordnung gemäß ist. Hier eine annehmbarere Voraussetzung! Möglicherweise findet sich an einer anderen Stelle des Universums oder zu einer anderen Zeit eine Weltkugel, die auf bemerkbare Weise nicht von der von uns bewohnten Erdkugel sich unterscheidet, und wo sich jeder der sie bewohnenden Menschen auf keine bemerkbare Weise von jedem von uns, der ihm entspricht, unterscheidet. So gibt es zugleich mehr als hundert Millionen Paare einander gleicher Menschen d.h. von Menschen derselben äußeren Erscheinung und desselben Bewußtseins, und Gott könnte die Geister allein oder mit ihrem Körper von einer Kugel auf die andere, ohne daß sie es gewahr würden, übertragen – aber sei es, daß sie übertragen oder belassen werden – was wird man von ihrer Person oder ihrem *Ich* nach der Meinung Eurer Partei sagen? Sind es zwei Personen oder eine und dieselbe? da das Bewußtsein und die inneren und äußeren Erscheinungen der Menschen auf diesen Kugeln keinen Unterschied machen könnend Allerdings würden Gott und diejenigen Geister, welche die Zwischenräume und äußeren Beziehungen der Zeiten und der Orte und selbst die inneren, den Menschen der beiden Kugeln unmerklichen Verhältnisse zu erkennen fähig sind, sie unterscheiden können, aber da nach Euren Voraussetzungen der Umstand des Bewußtseins allein die Personen unterscheidet, ohne daß man sich um die wirkliche Identität oder Verschiedenheit der Substanz oder selbst dessen, was den anderen erscheinen würde, zu bekümmern braucht, wie kann man umhin zu sagen, daß diejenigen zwei Personen, welche zu gleicher Zeit auf den beiden einander entsprechenden, aber auf eine nicht auszudrückende Entfernung auseinandergelegenen Weltkugeln sich beenden, eine und dieselbe Person seien – was doch ein handgreiflicher Widersinn ist? Spricht man übrigens von dem, was von Natur möglich ist, so würden die beiden gleichen Weltkugeln und die beiden gleichen Seelen auf denselben es nur für eine Zeit bleiben. Denn da eine individuelle Verschiedenheit stattfindet, muß dieser Unterschied wenigstens in den unmerklichen Verhältnissen, welche sich in der Folge der Zeiten entwickeln müssen, bestehen.

§ 26. *Philalethes.* Denken wir einen Menschen, der in der Gegenwart für das, was er in einem anderen Leben getan hat, und worüber er durchaus nicht zum Bewußtsein gebracht werden kann, bestraft wird, welchen Unterschied gibt es zwischen solcher Behandlung und diejenigen, bei welcher man ihn unglücklich erschaffen hätte?

Theophilus. Die Platoniker, Origenisten, einige Juden und andere Verteidiger der Präexistenz der Seelen haben geglaubt, daß die Seelen dieser Welt in unvollkommen Körper gesetzt wären zur Strafe für die Verbrechen, welche sie in einer früheren Welt begangen haben. Aber wenn man darüber das Wahre weder weiß noch jemals erfahren wird, weder durch die Erinnerung des Gedächtnisses noch durch gewisse Spuren, noch durch das Wissen anderer, so wird man dies allerdings nicht eine Strafe nach den gewöhnlichen Begriffen nennen können. Wenn man indessen von der Strafe im allgemeinen spricht, so ist man zu zweifeln befugt, ob es absolut notwendig ist, daß diejenigen, welche leiden, selbst einmal die Ursache davon erfahren, und ob es nicht sehr oft genügen würde, daß andere besser unterrichtete Geister daraus Veranlassung nähmen, die göttliche Gerechtigkeit zu preisen. Es ist inzwischen wahrscheinlicher, daß die leidenden wenigstens im allgemeinen das Warum davon erfahren.

§ 29. *Philalethes.* Sie werden vielleicht beim Rechnungsabschluß mit meinem Gewährsmann sich einverstanden erklären, der sein Kapitel von der Identität folgendermaßen endet, daß die Frage, ob der Mensch derselbe bleibe, eine Wortfrage ist, je nachdem man unter Mensch den vernünftigen Geist allein versteht oder den Körper allein in derjenigen Form, welche Mensch genannt wird, oder endlich den mit einem solchen Körper verbundenen Geist. Im ersten Falle wird der abgetrennte Geist (wenigstens der von dem gröberen Körper abgetrennte Geist) noch der Mensch sein, im zweiten wird ein Organ Utan, der uns mit Ausnahme der Vernunft vollständig gliche, auch ein Mensch sein, und wenn der Mensch seiner vernünftigen Seele beraubt würde und eine Tierseele empfinge, so würde er derselbe Mensch bleiben. Im dritten Falle muß der eine und der andere in derselben Vereinigung bleiben, derselbe Geist und derselbe Körper zum Teil oder wenigstens ein entsprechender, was die sinnliche körperliche Form betrifft. So könnte man als dasselbe Wesen physisch oder moralisch verharren d.h. dieselbe Person bleiben, ohne Mensch zu bleiben, im Fall, daß man diese Gestalt diesem letzteren Sinne gemäß als dem Menschen wesentlich betrachtet.

Theophilus. Ich gestehe, daß es sich dabei um eine Wortfrage handelt, und daß es im dritten Falle so ist, wie wenn dasselbe Tier bald Raupe oder Seidenwurm und bald Schmetterling ist, und wie nach der Einbildung gewisser Leute die Engel dieser Welt Menschen in einer früheren Welt gewesen sind. Aber wir sind in dieser Zusammenkunft mit wichtigeren Untersuchungen als mit den über die Wortbedeutungen beschäftigt. Ich habe Ihnen die Quelle der wahren physischen Identität gezeigt, ich habe dargetan, wie die Moral ebensowenig wie das Gedächtnis dagegen spricht, daß sie nicht immer die psychische Identität derselben Person die es sich handelt, auch nicht denen, welche mit ihr in Verkehr stehen, anzeigen können, daß gleichwohl aber sie der psychischen Identität niemals widersprechen und sich von ihr niemals trennen; daß es immer erschaffene Geister gibt, welche erkennen oder doch erkennen können, wie es damit steht; aber daß man z.B. anzunehmen Grund hat, das, was hinsichtlich der Personen Gleichgültiges dabei ist, könne nur für eine Zeit gelten.

XXVIII. Von einigen anderen Relationen und vor allem von den moralischen

§ 1. *Philalethes.* Außer den auf die Zeit, den Ort und die Kausalität gegründeten Relationen, mit denen wir uns eben beschäftigt haben, gibt es noch unendlich viele andere, von denen ich einige vorführen will. Jede einfache, der Teilung und der Steigerungsgrade fähige Vorstellung gibt Gelegenheit, die Gegenstände, an denen sie sich findet, zu vergleichen, z.B. die Vorstellung des mehr (oder weniger oder gleich) Weißen. Diese Relation kann *proportional* genannt werden.

Theophilus. Gleichwohl gibt es ein Übermaß ohne Proportion, und zwar hinsichtlich *einer Größe*, die ich *unvollkommen* nenne, wie z.B. wenn man sagt, daß der Winkel, welchen der Radius mit seinem Kreisbogen macht, kleiner sei als ein Rechter, denn es ist nicht möglich, daß zwischen diesen beiden Winkeln oder zwischen dem einen von ihnen und ihrem Unterschiede, welches der Nebenwinkel ist, eine Proportion stattfinde.

§ 2. *Philalethes.* Eine andere Gelegenheit zum Vergleich wird durch die Umstände des Ursprungs gegeben, aus denen die Relationen von

Vater und Kind, Brüdern, Vettern, Landsleuten entspringen. Bei uns denkt man nicht daran zu sagen: Dieser Stier ist der Großvater dieses Kalbes, oder: Diese beiden Tauben sind rechte Geschwisterkinder, denn die Sprachen richten sich nach dem Gebrauch. Aber es gibt Länder, wo die Menschen, weniger um ihre eigene Genealogie bekümmert als um die ihrer Pferde, nicht nur Namen für jedes Pferd besonders, sondern auch für deren verschiedene Verwandtschaftsgrade haben.

Theophilus. Denen der Verwandtschaft kann man noch die Vorstellung der Familie und die Familiennamen hinzufügen. Man bemerkt allerdings unter der Regierung Karls des Großen und ziemlich lange vorher oder nachher noch nicht, daß es in Deutschland, Frankreich und der Lombardei Familiennamen gibt. Es ist noch nicht lange her, daß es selbst adlige Familien im Norden gegeben hat, die keinen Namen hatten, und wo man jemand an seinem Geburtsorte nur damit bezeichnete, daß man seinen Namen und den seines Vaters nannte und übrigens, wenn er sich anderswohin begab, seinem Namen den des Ortes, woher er kam, hinzufügte. Die Araber und Turkomanen haben, wie ich glaube, noch jetzt denselben Gebrauch, da sie keine besonderen Familiennamen haben und sich begnügen, den Vater und den Großvater usw. jemandes zu nennen, und dieselbe Ehre erzeigen sie ihren kostbaren Pferden, die sie bei ihrem Namen und dem des Vaters und selbst noch weiter hinauf benennen. Auf diese Art sprach man von den Pferden, welche der Großherr der Türken dem Kaiser nach dem Frieden von Carlowitz geschickt hatte, und der selige Graf von Oldenburg, der letzte seines Stammes, dessen Marställe berühmt waren, und der ein hohes Alter erreichte, hatte Stammbäume von seinen Pferden, so daß sie ihren *Adel* nachweisen konnten und sogar die Porträts ihrer Vorfahren (*imagines majorum*) besaßen, ein bei den Römern so gesuchter Artikel. Aber um auf die Menschen zurückzukommen, so gibt es bei den Arabern und Tataren Namen von *Stämmen*, welche wie große Familien sind, die sich im Laufe der Zeiten ausgebreitet haben. Und diese Namen sind entweder von dem Stammvater, wie aus der Zeit des Moses, oder von dem Wohnort oder irgend einem anderen Umstand hergenommen. Ein wißbegieriger Reisender Worsley, der sich von dem gegenwärtigen Zustand des wüsten Arabiens, wo er sich eine Zeitlang aufgehalten, unterrichtet hat, versichert, daß in dem ganzen Lande zwischen Ägypten und Palästina und wo Moses durchzog, es heutzutage nur drei Stämme gibt, die sich zusammen auf 5000 Menschen belaufen können. Der eine dieser Stämme nennt sich Sali von dem Stammvater her, glaube ich, dessen Nachkommenschaft das Grab wie das eines Heiligen verehrt, indem es davon Staub nimmt, den die Araber auf ihren Kopf und den ihrer Kamele streuen. Übrigens findet *Blutsverwandtschaft* da statt, wo derselbe Ursprung ist wie zwischen denen, deren Relation wir betrachten, aber man wird sagen können, daß *verwandtschaftlicher Zusammenhang* oder *Affinität* zwischen zwei Personen stattfindet, wenn sie mit der nämlichen Person Blutsverwandtschaft haben können, ohne sie deswegen untereinander zu haben, was sich durch Vermittlung der Heiraten so macht. Wie man jedoch nicht die Gewohnheit hat zu sagen, daß zwischen Mann und Frau Affinität stattfindet, obgleich deren Ehe Ursache der Affinität in Hinsicht auf andere Personen sein mag, so wird es vielleicht besser sein, zu sagen, daß unter denjenigen Affinität ist, die untereinander blutsverwandt sein würden, wenn Mann und Frau für eine und dieselbe Person genommen würden.

§ 3. *Philalethes.* Die Gründung einer *Beziehung* ist mitunter ein moralisches Recht, wie die eines Heerführers oder eines Bürgers. Diese Arten von Relationen, von den Verbindungen abhängig, welche die Menschen unter sich gemacht haben, sind *freiwillige* oder *eingeführte*, die man von den *natürlichen* unterscheiden kann. Mitunter haben die beiden gegeneinander in Relation, also in Korrelation stehenden jeder seinen besonderen Namen, die Patron und Klient, General und Soldat. Aber dies ist nicht immer so, wie man z.B. keinen Ausdruck für die hat, welche zu einem Kanzler in Beziehung stehen.

Theophilus. Es gibt mitunter *natürliche Relationen*, welche die Menschen mit moralischen Relationen bekleidet und bezeichnet haben, wie z.B. die Kinder das Recht haben, den gesetzlichen Teil an der Hinterlassenschaft ihrer Väter oder Mütter zu beanspruchen; junge Leute haben gewisse Beschränkungen, und alte Leute gewisse Freiheiten. Indessen geschieht es auch, daß man das für natürliche Relation nimmt, was es nicht ist, wie wenn die Gesetze sagen, daß derjenige der Vater ist, welcher mit der Mutter sich innerhalb der Zeit verheiratet hat, daß das Kind ihm zugeschrieben werden kann, und dieses Setzen dessen, was *eingeführte Sitte* ist, an die Stelle des *Natürlichen*, ist mitunter nur *Voraussetzung* (Präsumption), also ein Urteil, wodurch das als wahr angenommen wird, was es vielleicht nicht ist, so lange man nur nicht das Gegenteil beweisen kann. Und in diesem Sinne wird der Satz: *pater est, quem nuptiae demonstrant* (derjenige ist Vater, den die Eheschließung als solchen nachweist), im römischen Recht und bei den meisten Völkern genommen, die ihn angenommen haben. In England aber, wie man mir mitgeteilt hat, nutzt es nichts, sein Alibi zu beweisen, wenn man nur in einem der drei Königreiche gewesen ist, so daß die Voraussetzung sich in diesem Falle in eine *Fiktion* oder in das verwandelt, was einige Rechtslehrer *praesumtio juris et de jure* nennen.

§ 4. *Philalethes. Moralische Relation* ist die Übereinstimmung oder Nichtübereinstimmung zwischen den freiwilligen Handlungen der Menschen und einer Regel, welche das Urteil bestimmt, ob sie moralisch gut oder schlecht sind (§ 5), und das *moralisch Gute* oder *moralisch Schlechte* ist die Übereinstimmung oder der Gegensatz zwischen den freiwilligen Handlungen und einem bestimmten Gesetz, das uns nach Willen und Macht des Gesetzgebers (oder dessen, der das Gesetz aufrecht erhalten will) physisches Gutes oder Übles zuzieht: und dies ist dasjenige, was wir *Belohnung* und *Strafe* nennen.

Theophilus. So trefflichen Schriftstellern, wie der, dessen Ansichten Sie vertreten, ist erlaubt, die Ausdrücke nach Belieben zu wählen. Allein ebenso wahr ist, daß nach dem aufgestellten Begriff eine und dieselbe Handlung zu gleicher Zeit bei verschiedenen Gesetzgebern moralisch gut und moralisch schlimm sein kann, ganz wie unser vortrefflicher Autor vorher die *Tugend* für das erklärte, was gelobt wird, und folglich die nämliche Handlung, je nach den Meinungen der Leute, tugendhaft oder nicht sein mag. Da dies nun der gewöhnliche Sinn nicht ist, welchen man den moralisch guten und tugendhaften Handlungen gibt, so würde ich für mich vorziehen, als Maßstab des moralischen Guten und der Tugend die unveränderliche Vernunftregel zu nehmen, welche aufrecht zu erhalten Gottes Amt ist. Auch kann man versichert sein, daß durch seine Vermittlung jedes moralische Gut ein physisches wird, oder, wie die Alten sagten, daß jedes rechtschaffene handeln nützlich sei, statt daß man, um den Begriff des Autors auszudrücken, sagen müßte, daß das moralische Gute oder Schlimme ein auferlegtes oder *eingeführtes Gut* oder *Übel* sei, welchem derjenige, der die Gewalt in Händen hat, durch Strafen oder Belohnungen Nachfolge oder Vermeiden zu verschaffen sucht. Das Gute ist, daß das, was aus Gottes allgemeiner Gesetzgebung stammt, der Natur oder der Vernunft entspricht.

§ 7. *Philalethes.* Es gibt drei Arten von Gesetzen: das *göttliche* Gesetz, das *bürgerliche* Gesetz und das Gesetz der *Meinung* oder des *guten*

Namens. Das erste ist die Regel der *Sünden* oder der *Pflichten,* das zweite der *verbrecherischen* oder *unschuldigen Handlungen,* das dritte der *Tugenden* oder *Laster.*

Theophilus. Dem gewöhnlichen Wortsinne nach unterscheiden sich die *Tugenden* oder *Laster* von den *Pflichten* und den *Sünden* nur wie die *Gewohnheiten* sich von den *Handlungen* unterscheiden; man betrachtet die Tugend und das Laster nicht für etwas von der Meinung Abhängiges. Eine große Sünde nennt man ein *Verbrechen* und setzt das *Unschuldige* nicht dem *Verbrecherischen,* sondern dem *Schuldigen* entgegen. Das *göttliche Gesetz* ist von zweierlei Art, natürliches und positives. Das *bürgerliche Gesetz* ist positiv. Das Gesetz des guten Namens verdient den Namen Gesetz nur uneigentlich oder ist unter dem natürlichen Gesetz befaßt, wie wenn ich sagte: das Gesetz der Gesundheit, das Gesetz der Wirtschaft, wenn die Handlungen naturgemäß ein Gutes oder Übles nach sich ziehen, wie die Billigung der anderen, die Gesundheit, den Gewinn.

§ 10. *Philalethes.* Inder Tat behauptet man in der ganzen Welt, daß die Worte Tugend und Laster Natur gute und schlimme Handlungen bedeuten, und sofern sie wirklich in diesem Sinne angewendet werden, kommt die Tugend vollständig mit dem göttlichen (natürlichen) Gesetz überein. Aber welches auch immer die Ansprüche der Menschen sein mögen, so ist klar, daß diese Worte, in ihrer besonderen Anwendung betrachtet, beständig und einzig solchen oder solchen Handlungen beigelegt werden, die in jedem Lande oder in jeder Gesellschaft als ehrenhaft oder schändlich betrachtet werden; sonst würden die Menschen *sich selbst verdammen.* Also ist der Maßstab dessen, was man Tugend oder Laster nennt, jene Billigung oder jene Verachtung, jenes Lob oder jener Tadel, der sich durch eine heimliche und stillschweigende Übereinstimmung bildet. Denn wenn auch die in politischen Gesellschaften vereinigten Menschen den freien Gebrauch aller Kräfte dergestalt den Händen des öffentlichen Wesens anheimgestellt haben, daß sie dieselben gegen ihre Mitbürger nicht über das hinaus, was durch das Gesetz erlaubt ist, anwenden können, so behalten sie doch immerhin die Macht für sich, gut oder schlimm von jemand zu denken, zu loben oder zu tadeln.

Theophilus. Wenn der treffliche Schriftsteller, der sich mit Ihnen in dieser Weise ausdrückt, erklärte, daß es ihm gefallen habe, diese in Rede stehende willkürliche Nominaldefinition den Worten Tugend und Lasten zu geben, so könnte man nur sagen, daß es in der Theorie zur Bequemlichkeit ihm erlaubt ist, sich vielleicht aus Mangel an anderen Ausdrücken so auszudrücken; aber es wird nötig sein, hinzuzufügen, daß diese Bedeutung dem Gebrauch nicht entspricht, daß sie selbst nicht zur Erbauung dient und in den Ohren vieler übel klingen würde, wenn sie jemand in die Praxis des Lebens und den mündlichen Verkehr einführen wollte, wie jener Schriftsteller es in der Vorrede selbst anzuerkennen scheint. Aber das würde hier zu weit gegangen sein, und wenn Sie auch zugeben, daß die Menschen von dem, was nach unveränderlichen Gesetzen von Natur tugendhaft oder lasterhaft ist, zu reden vorgeben, so behaupten Sie doch, daß sie in der Tat und Wahrheit nur von dem zu sprechen verstehen, was von der Meinung abhängt. Es scheint mir aber, daß man mit demselben Grunde auch behaupten könnte, daß die Wahrheit und die Vernunft und alles, was man sonst noch Wesenhaftes nennen mag, von der Meinung abhängt, weil die Menschen, indem sie darüber urteilen, der Täuschung unterworfen sind. Ist es daher nicht in jeder Hinsicht besser zu sagen, daß die Menschen unter Tugend wie unter Wahrheit das verstehen, was der Natur entspricht, daß sie sich aber oft in der Anwendung täuschen, wobei sie sich aber doch *weniger täuschen, als man denkt?* Denn was sie loben, verdient gewöhnlich in gewisser Hinsicht gelobt zu werden. Die Tugend zu trinken, d.h. den Wein gut zu vertragen, ist ein Vorteil, welcher dem Bonosus dazu diente, die Barbaren sich geneigt zu machen und ihre Geheimnisse aus ihnen herauszubringen. Die nächtlichen Kräfte des Herkules, worin Bonosus auch ihm zu gleichen behauptete, waren nicht minder eine Vollkommenheit. Die List der Diebe wurde bei den Lazedämoniern belobt, und tadelnswert ist dabei nicht die Geschicklichkeit, sondern der übel angebrachte Gebrauche und diejenigen, welche man in Friedenszeit rädert, könnten mitunter in Kriegszeiten ausgezeichnete Parteigänger abgeben. So hängt alles von der Anwendung und von dem guten oder üblen Gebrauch der Vorteile, die man besitzt, ab. Auch ist es sehr oft wahr und muß nicht für etwas besonders Befremdendes genommen werden, daß die ansehen *sich selbst verdammen*, wie wenn sie das tun, was sie an den anderen tadeln, und oft kommt ein Widerspruch zwischen den Handlungen und den Worten vor, der dem Publikum Ärgernis gibt, da das, was ein Beamter oder ein Prediger tut und verbietet, aller Welt in die Augen springt.

§ 12. *Philalethes.* Überall gilt gerade dasjenige als Tugend, was man für lobenswürdig erachtet. Die Tugend und das Lob werden oft mit denselben Worten bezeichnet. *Sunt hic etiam sua praemia laudi,* sagt Virgil (lib. I. der Äneis v. 461), und Cicero sagt: *Nihil habet natura praestantius, quam honestatem, quam dignitatem, quam decus* (Quaest. Tusc. 1. II. c. 20) und er fügt ein wenig darauf hinzu: *Hisce ego pluribus nominibus unam rem declarare volo.*

Theophilus. Allerdings haben die Alten die *Tugend* durch das Wort der *Ehrenhaftigkeit* bezeichnet, wie wenn sie lobten: *inococtum generoso pectus honesto.* Und wahr ist auch, daß das Ehrenhafte seinen Namen von der Ehre und vom Lobe trägt. Aber das will nicht sagen, daß Tugend das ist, was man lobt, sondern daß sie das ist, was lobenswert ist, und von der Wahrheit, nicht aber von der Meinung abhängt.

Philalethes. Manche denken nicht ernstlich an das *Gesetz Gottes* oder hoffen, sich mit dem Urheber desselben dereinst noch versöhnen zu können, und hinsichtlich des *Staatsgesetzes* schmeicheln sie sich, ungestraft zu bleiben. Aber man denke nicht, daß derjenige, welcher etwas den Meinungen der Menschen seiner Umgebung und derer, denen er sich empfehlenswert machen will, entgegen tut, der Strafe ihres Tadels und ihrer Mißbilligung entgehen kann; niemand, dem noch einige Empfindung seiner eigenen Natur bleiben mag, kann unter beständiger Verachtung in Gesellschaft leben; dies ist die Stärke des *Gesetzes des guten Namens.*

Theophilus. Ich habe schon bemerkt, daß dies nicht sowohl die Strafe eines Gesetzes, als eine natürliche Strafe ist, welche die Handlung sich von selbst zuzieht. Freilich kümmern sich indessen viele nicht darum, weil sie gewöhnlich, wenn sie von den einen infolge irgend einer getadelten Handlung verachtet werden, Teilnehmer oder wenigstens Parteigänger finden, welche sie nicht verachten, wenn sie nur auf irgend einer anderen Seite wenn auch noch so wenig lobenswert sind. Man drückt selbst über ganz ehrlose Handlungen die Augen zu, und oft genügt es, frech und schamlos, wie jener Phormio im Terenz zu sein, damit einem alles hingehe. Wenn die *Exkommunikation* eine wirkliche beständige und allgemeine Verachtung hervorbringen könnte, so würde sie die Kraft eines solchen Gesetzes haben, von dem unser Autor redet, und in der Tat hatte sie bei den ersten Christen diese Wirkung und ersetzte ihnen die ihnen fehlende Gerechtigkeitspflege, um die Schuldigen zu bestrafen, ungefähr so, wie die Handwerker unter sich gewisse Gewohnheiten trotz der Gesetze aufrechterhalten, bloß durch die Verachtung, welche sie denen, die sie nicht beobachten, bezeigen. Und dies hat auch die Duelle gegen die Gesetzesbestimmungen aufrechterhalten. Es wäre zu wünschen, daß das Publikum in seinem Lob und Tadel mehr mit sich selber und der Vernunft einig wäre, und daß vor allem die Großen nicht die Schlechten durch Belachen schlechter Handlungen in Schutz nehmen, wo meistens nicht der, welcher sie begangen, sondern der, welcher darunter gellten hat, durch Verachtung gestraft und ins Lächerliche gezogen zu werden scheint. Man wird auch gemeiniglich sehen, daß die Menschen nicht sowohl das Laster verachten, als die Schwäche und das Unglück. So hat das Gesetz des guten Namens wohl nötig, berichtigt und auch besser beobachtet zu werden.

§ 19. *Philalethes.* Ehe ich die Betrachtung der Relationen verlasse, will ich bemerken, daß wir gewöhnlich einen ebenso klaren oder noch klareren Begriff von der *Relation* haben, als von dem, was deren *Grund* ist. Wenn ich glaubte, daß Sempronia den Titus aus einem Busch geholt hat, wie man den kleinen Kindern zu sagen pflegt, und sie nachher Gajus auf dieselbe Art bekommen hat, so hätte ich einen ebenso klaren Begriff von dem *brüderlichen Verhältnis* zwischen Titus und Gajus, als wenn ich alles Wissen der Hebammen besäße.

Theophilus. Als man aber einmal einem Kinde sagte, daß sein kleiner, eben geborener Bruder aus einem Brunnen geholt worden sei (eine Antwort, der man sich in Deutschland bedient, um die Neugier der Kinder zu befriedigen), so antwortet das Kind, es wundere sich, daß man ihn nicht wieder in denselben Brunnen würfe, weil er so schrie und die Mutter belästigte. Jene Erklärung konnte ihm nämlich keinen Grund zu der Liebe, welche die Mutter für das Kind bezeugte, anzeigen. Man kann also sagen, daß diejenigen, welche die Gründe der Relation nicht wissen, darüber nur teilweise taube und unzureichende Gedanken haben, wie ich sie nenne, welche Gedanken indessen in gewissen Beziehungen und bei gewissen Gelegenheiten genügen können.

XXIX. Von den klaren und dunklen, deutlichen und verworrenen Vorstellungen

§ 2. *Philalethes.* Wir wollen jetzt zu einigen Unterschieden der Vorstellungen kommen. Unsere *einfachen Vorstellungen* sind *klar*, wenn sie ebenso sind, wie die Gegenstände selbst, von denen man sie empfängt, und dieselben mit allen zu einer wohlgeordneten Empfindung oder Wahrnehmung erforderlichen Umständen darstellen oder darstellen können. Wenn das Gedächtnis sie auf diese Art bewahrt, so sind es in diesem Falle klare Vorstellungen, und in dem Maße, als es ihnen an dieser ursprünglichen Genauigkeit fehlt, oder sie, sozusagen, von ihrer ersten Frische verloren haben und mit der Zeit getrübt und verwelkt sind, in dem Maße sind sie dunkel. – Die *zusammengesetzten Vorstellungen* sind *klar*, wenn die sie bildenden einfachen klar sind, und Zahl und Ordnung dieser einfachen Vorstellungen feststeht.

Theophilus. Ich habe in einer kleinen in die Leipziger Acta im Jahre 1684 eingerückten Abhandlung über die wahren und falschen, klaren und dunklen, deutlichen und verworrenen Vorstellungen eine Definition von den klaren Vorstellungen gegeben, die den einfachen und zusammengesetzten gemeinsam zukommend über das hier gesagte Rechenschaft gibt. Ich nenne also eine *Vorstellung klar*, wenn sie genügt, etwas zu erkennen und zu unterscheiden; wie ich z.B., wenn ich eine ganz klare Vorstellung von einer Farbe habe, nicht eine andere für die von mir gemeinte nehmen werde, und wenn ich eine klare Vorstellung von einer Pflanze habe, sie von andern ähnlichen unterscheiden kann; sonst ist die *Vorstellung dunkel.* Ich glaube, daß wir von den sinnlichen Dingen nicht vollständig klare Vorstellungen haben. Es gibt Farben, die einander so nahe stehen, daß man sie im Gedächtnis nicht voneinander unterscheiden kann, und die man gleichwohl mitunter unterscheidet, wenn man die eine neben die andere hält. Und wenn wir eine Pflanze gut beschrieben zu haben glauben, so wird man eine solche aus Indien uns bringen können, die alles das haben wird, was wir in unserer Beschreibung gesagt haben, und die sich dennoch als eine andere Spezies zeigen mag; somit werden wir niemals vollkommen die *untersten Spezies* (*species infimas*) bestimmen können.

§ 4. *Philalethes.* So wie eine *klare Vorstellung* diejenige ist, von welcher der Geist eine volle und evidente Wahrnehmung der Art hat, wie er sie von einem äußeren Objekt empfängt, das auf ein richtig gestimmtes Werkzeug gehörig wirkt, ebenso ist eine *deutliche Vorstellung* diejenige, wo der Geist einen dieselbe von jeder anderen Vorstellung unterscheidenden Unterschied bemerkt, und eine *verworrene Vorstellung* diejenige, welche man nicht hinlänglich von einer anderen, von der sie verschieden sein soll, unterscheiden kann.

Theophilus. Nach dem von Ihnen gegebenen Begriff der *deutlichen* Vorstellung sehe ich kein Mittel, sie von der *klaren* Vorstellung zu unterscheiden. Ich pflege darum hierbei dem Sprachgebrauch Descartes' zu folgen, bei welchem eine Vorstellung zugleich klar und verworren sein kann, und solcher Art sind die Vorstellungen der den Sinnesorganen sich darbietenden sinnlichen Beschaffen heilen, wie die der Farbe oder der Wärme. Sie sind klar, denn man erkennt sie wieder und unterscheidet sie leicht voneinander, aber sie sind nicht deutlich, denn man unterscheidet nicht das, was sie in sich schließen. Daher kann man von ihnen keine Definition geben. Man zeigt sie nur durch Beispiele auf und muß übrigens sagen, daß es ein *unbekanntes Etwas* ist, bis man ihre innere Beschaffenheit entziffert. Obgleich also die deutliches Vorstellungen nach unserer Definition den Gegenstand von einem anderen unterscheiden, so nennen wir doch, da die klaren, aber in sich verworrenen Vorstellungen es auch tun, *deutlich* nicht alle diejenigen, welche wohl unterscheidende sind oder welche die Gegenstände unterscheiden, sondern diejenigen, welche wohl unterschieden sind, d.h. welche in sich selbst deutlich sind und in dem Gegenstande die ihn kenntlich machenden Merkmale unterscheiden, was die Analyse oder Definition ergibt: sonst nennen wir sie *verworren.* Und in diesem Sinne kann die in unseren Vorstellungen herrschende Verwirrung, da sie eine Unvollkommenheit unserer Natur ist, nicht getadelt werden, denn wir können z.B. die Ursache der Gerüche und Geschmäcke nicht unterscheiden, noch was diese Beschaffenheiten in sich schließen. Tadelnswert kann jedoch diese Verworrenheit sein, wenn es wichtig und in meiner Gewalt stehend ist, deutliche Vorstellung zu haben, wie wenn ich z.B. falsches Gold für echtes ansehe, indem ich die notwendigen Versuche zu machen unterlasse welche die Zeichen des guten Goldes angeben.

§ 5. *Philalethes.* Man wird aber sagen, daß es nach Ihrem Wortsinn gar keine verworrene (oder vielmehr dunkle) Vorstellung gibt, denn sie kann immer nur so sein, wie sie vom Geiste wahrgenommen wird, und dies unterscheidet sie hinlänglich von allen übrigen. § 6. Und um diese Schwierigkeit zu heben, muß man wissen, daß die Mangelhaftigkeit in den Vorstellungen aus den Bezeichnungen stammt, und das, was sie fehlerhaft macht, der Umstand ist, daß sie mitunter ebensogut durch einen anderen Namen bezeichnet werden können als durch denjenigen, dessen man sich, um sie auszudrücken, bedient hat.

Theophilus. Mir scheint, daß man dies nicht von der Bezeichnung abhängig machen dürfe. Alexander der Große hatte (der Sage nach) im Traum eine Pflanze gesehen, welche den Lysimachus zu heilen imstande sein wollte. Sie wurde nachher *Lysimachea* genannt, weil sie diesen Freund des Königs in der Tat heilte. Als nun Alexander sich einen ganzen Haufen Pflanzen bringen ließ, unter denen er diejenige wiedererkannte, welche er im Traume gesehen hatte, so würde offenbar wenn er glücklicherweise nicht eine genügende Vorstellung von ihr, um sie wiederzuerkennen, gehabt und wie Nebukadnezar einen Daniel, um sich seinen Traum wieder ins Gedächtnis zurückzurufen, nötig gehabt hätte, die Vorstellung, welche er davon gehabt hatte, *dunkel* und unvollkommen gewesen sein – denn so möchte ich sie lieber nennen, als *verworren* – nicht etwa, weil er auf irgend eine Benennung sie richtig zu beziehen versäumt hätte, denn es gab eine solche gar nicht, sondern aus Mangel an Beziehung auf die Sache d.h. auf die zur Teilung bestimmte Pflanze. In diesem letzteren Falle würde sich Alexander gewisser Umstände erinnert haben, aber über andere wäre er im Zweifel gewesen, und da die Benennung uns dazu dient, etwas zu bezeichnen, so irren wir uns, wenn wir uns in der Beziehung auf die Benennung irren, gewöhnlich hinsichtlich der Sache, die man sich unter dieser Benennung vorstellt.

§ 7. *Philalethes.* Da die zusammengesetzten Vorstellungen diesem Mangel am meisten unterworfen sind, so mag er daher stimmen, daß eine Vorstellung aus zu wenig Vorstellungen besteht, wie z.B. die Vorstellung eines Tieres mit geflecktem Fell zu allgemein ist und nicht genügt, um den Luchs, Leopard oder Panther zu unterscheiden, welche man doch durch besondere Namen unterscheidet.

Theophilus. Befänden wir uns auf dem Standpunkte, welchen Adam einnahm, bevor er den Tieren Namen gegeben hatte, so würde dieser

Mangel nichtsdestoweniger stattfinden. Denn angenommen, man wüßte, daß es unter den gedeckten Tieren eines von außerordentlich scharfem Gesicht gäbe, von dem man aber nicht wüßte, ob es ein Tiger oder ein Luchs oder eine andere Art wäre, so ist das eine Unvollkommenheit, sie nicht unterscheiden zu können. Es handelt sich also nicht sowohl um den Namen, als um das, was dessen Gegenstand sein kann und das Tier einer besonderen Bezeichnung würdig macht. Man ersieht auch daraus, daß die Vorstellung eines gedeckten Tieres an sich selbst gut und ohne Verworrenheit und Dunkelheit ist, wenn sie nur zur Bezeichnung der Gattung dienen soll; aber wenn sie, mit einer anderen Vorstellung, deren man sich nicht hinreichend erinnert, verbunden, die Art bezeichnen soll, so ist die daraus zusammengesetzte Vorstellung dunkel und unvollkommen.

§ 8. *Philalethes.* Es gibt einen entgegengesetzten Mangel, wenn die einfachen Vorstellungen, welche die zusammengesetzte Vorstellung bilden, zwar in hinreichender Anzahl, aber zu verwirrt und vermengt miteinander sind, wie es Gemälde gibt, die auch verworren erscheinen, wie wenn sie nur die Darstellung des mit Wolken bedeckten Himmels sein sollten, in welchem Falle man auch nicht sagen würde, daß Verwirrung darin wäre, ebensowenig, als wenn dies ein anderes, jenes nachzuahmen gemachtes Gemälde wäre; aber wenn man sagt, daß dies Gemälde ein Porträt zeigen soll, so wird man zu sagen ein Recht haben, es sei verworren, weil man nicht bestimmen kann, ob es das eines Menschen oder Affen oder Fisches ist. Indessen kann die Verwirrung möglicherweise verschwinden, wenn man es durch einen zylindrischen Spiegel betrachtet und erkennt, es sei ein Julius Cäsar. So kann auch keines der *geistigen Bilder,* wenn ich mich so auszudrücken wagen darf, verworren genannt werden, wie auch immer seine Teile miteinander verbunden sein mögen; denn wie diese Bilder auch immer beschaffen sind, so werden sie offenbar von jedem anderen unterschieden werden können, bis sie unter einen gewöhnlichen *Ausdruck* gebracht sind, von dem man nicht einsehen kann, daß sie ihm mehr als irgend einem anderen *Ausdruck* von anderweitiger Bedeutung angehören.

Theophilus. Jenes Gemälde, dessen Teile man deutlich sieht, ohne aber das Ganze zu erkennen, wenn man sie nicht auf eine bestimmte Art betrachtet, gleicht der Vorstellung eines Steinhaufens, welche in der Tat nicht allein in Ihrem, sondern auch in meinem Sinne verworren ist, bis man Anzahl und andere Eigentümlichkeiten *deutlich* aufgefaßt hat. Wären z.B. 36 Steine darin, so würde man, indem man sie aufeinandergehäuft sieht, ohne daß sie geordnet sind, nicht erkennen können, daß sie ein Dreieck ebensogut als ein Viereck geben können, wie sie es in der Tat können, weil sechsunddreißig sich durch vierteilen läßt wie durch drei. So wird man auch, wenn man eine Figur von 1000 Seiten betrachtet, nur eine verworrene Vorstellung davon haben, bis man die Zahl der Seiten weiß, welche die Kubikzahl von 10 ist. Also handelt es sich nicht um Worte, sondern um *bestimmte Eigenschaften*, die sich in der Vorstellung finden müssen, wenn man deren Verworrenheit aufgelöst hat. Und mitunter ist es auch schwer, den Schlüssel davon zu finden oder die Art, von einem bestimmten Standpunkt aus oder durch die Vermittelung eines gewissen Spiegels oder Glases sie zu betrachten, um den Zweck dessen, der das Ding gemacht hat, zu erkennen.

§ 9. *Philalethes.* Man kann gleichwohl nicht leugnen, daß in den Vorstellungen noch eine dritte Art von Mangel verkommt, welche in Wahrheit von dem schlechten Gebrauch der Ausdrücke abhängt, wann nämlich unsere Vorstellungen ungewiß oder unbestimmt sind. So kann man alle Tage Leute sehen, welche, indem sie ohne Schwierigkeit sich der in ihrer Muttersprache gebräuchlichen Worte bedienen, ehe sie deren genauen Sinn gelernt haben, die Vorstellung, welche sie damit verbinden, fast ebensooft wechseln, als sie sie in ihrer Rede anwenden.
§ 10. So sieht man, wie sehr die Worte zu jener Bezeichnung deutlicher und verworrener Vorstellungen beitragen, und daß ohne die Inbetrachtnahme bestimmter Ausdrücke, welche als Zeichen bestimmter Dinge gebraucht werden, es sehr schwer sein würde, zu sagen, was eine *verworrene* Vorstellung ist.

Theophilus. Dennoch habe ich das eben erklärt, ohne die Worte in Betracht zu ziehen, sei es in dem Falle, daß *Verworrenheit* mit Ihnen für das genommen wird, was ich Dunkelheit nenne, sei es in dem, wo sie in meinem Sinne für den Mangel der Analyse des Begriffs, den man hat, genommen wird. Und ich habe auch gezeigt, daß jede dunkle Vorstellung in der Tat undeutlich und unsicher ist, wie in jenem angezogenen Beispiel von dem gedeckten Tiere, wo, wie man weiß, diesem allgemeinen Begriff noch etwas hinzugefügt werden muß, dessen man sich nicht klar erinnert, dergestalt, daß der erste und dritte der von Ihnen bezeichneten Fehler auf dasselbe hinausläuft. Allerdings ist der Mißbrauch der Worte noch eine bedeutende Quelle von Irrtümern, denn es entsteht eine Art Rechnungsfehler daraus, wie wenn man beim Rechnen einen Zahlpfennig nicht an den rechten Ort setzte, oder die Zahlzeichen so schlecht hinschriebe, daß man eine 2 nicht von einer 7 unterscheiden könnte, oder wenn man sie ausließe oder aus Versehen verwechselt. Dieser Mißbrauch der Worte besteht darin, daß wir entweder gar keine Vorstellungen oder nur eine unvollkommene, teilweise leere und sozusagen offen gebliebene damit verbinden; und in diesen beiden Fällen gibt es etwas Leeres und *Taubes* im Denken, was nur durch das Wort ausgefüllt wird. Oder endlich der Fehler ist, mit dem Worte verschiedene Vorstellungen zu verbinden, sei es, daß man unsicher ist, welche davon gewählt werden muß, was die Vorstellung ebensogut dunkel macht, als wenn ein Teil davon taub ist, sei es, daß man sie wechselsweise wählt und sich bald der einen, bald der anderen Vorstellung für den Sinn desselben Wortes in demselben Gedankenzusammenhang auf eine Art bedient, welche Irrtum zu verursachen fähig ist, ohne zu bedenken, daß die Vorstellungen nicht zueinander passen. So ist das unsichere Denken entweder leer und ohne Vorstellung oder zwischen mehr als einer Vorstellung schwankend. Dies ist schädlich, sei es, daß man dem Worte einen gewissen Sinn beilegen will, welcher dem bereits gebrauchten entspricht, oder dem, dessen sich die anderen, besonders in der gewöhnlichen, allen oder den Leuten vom Fach gemeinsamen Sprache bedienen. Daraus entstehen denn auch unendlich viele vage und leere Streitigkeiten in der Unterhaltung, in den Hörsälen und in den Büchern, die man mitunter durch *Distinktionen* beschwichtigen will; aber diese dienen meistens nur dazu, die Sache noch mehr zu verwirren, indem sie an die Stelle eines vagen und dunklen Ausdrucks andere noch vagere und noch dunklere setzen, wie häufig durch diejenigen geschieht, welche von den Philosophen in ihren Distinktionen angewandt werden, ohne daß sie gute Definitionen davon haben.

§ 12. *Philalethes.* Wenn es noch eine andere Art Verworrenheit in den Vorstellungen gibt, als die, welche eine geheime Beziehung zu den Bezeichnungen hat, so bringt diese wenigstens mehr als irgend eine andere in den Gedanken und Gesprächen der Menschen Unordnung hervor.

Theophilus. Das gebe ich zu, aber es mischt sich meistens irgend ein Begriff der Sache und der Absicht, in welcher man sich des Ausdrucks bedient hat, dabei ein, wie z.B. wenn man von der *Kirche* spricht, einige eine Regierungsgewalt im Auge haben, während andere an die Wahrheit der Lehre denken.

Philalethes. Das Mittel, dieser Verirrung zuvorzukommen, besteht darin, stets denselben Ausdruck auf einen gewissen Sammelbegriff einfacher, in bestimmter Zahl und festgesetzter Ordnung vereinigter Vorstellungen anzuwenden. Aber da dies weder der Trägheit noch der Eitelkeit der Menschen zusagt, es auch nur zur Entdeckung und Verteidigung der Wahrheit dienen kann, welches nicht immer das ihnen vorgesteckte Ziel ist, so ist eine solche Genauigkeit eines von den Dingen, die man mehr wünschen als hoffen muß. Die vage Beziehung der Ausdrücke auf undeutliche, veränderliche und fast bloßen Nichtigkeiten (in den tauben Gedanken) gleichende Vorstellungen dient auf der einen Seite dazu, unsere Unwissenheit zu bemänteln und auf der anderen Seite, die übrigen zu verwirren und in Verlegenheit zu bringen, was dann als wahres Wissen und Zeichen überlegener Gelehrsamkeit gilt.

Theophilus. Zu dieser Sprachverwirrung hat auch noch das affektierte Streben nach Eleganz und gutem Ausdruck viel beigetragen; denn um die Gedanken auf eine schöne und angenehme Weise auszudrücken, trägt man kein Bedenken, den Worten durch eine Art von *Tropen* einen von dem gewöhnlichen ein wenig abweichenden Sinn zu geben, der bald allgemeiner, bald beschränkter, was man *Synekdoche* nennt, bald nach der Beziehung der Dinge, deren Bezeichnung man wechselt, übertragen ist, was bei der Zusammenstellung *Metonymie*, bei der Vergleichung *Metapher* heißt, nicht zu reden von der *Ironie*, deren man sich beim Gegensatz des einen gegen das andere bedient. So nennt man diese Veränderungen, wenn man sie wirklich entdeckt, aber man entdeckt sie nur selten. Und bei dieser Unbestimmtheit der Sprache, wo man jene Art von Gesetzen vermißt, welche die Wortbedeutung regeln, wie es etwas derartiges in dem Digestentitel des Römischen Rechtes: de *verborum significationibus* (über die Wortbedeutungen) gibt, würden die urteilsvollsten Leute, wenn sie für gewöhnliche Leser schreiben, sich dessen, was ihrem Ausdruck Reiz und Kraft verleiht, berauben, sofern sie sich an feste Bedeutungen der Ausdrucke strenge halten wollten. Sie müssen sich nur in acht nehmen, daß ihre Abwechslung keinen Irrtum und keine falsche Gedankenverknüpfung hervorbringe. Hier hat die Unterscheidung der Alten zwischen der *exoterischen* d.h. populären Schreibweise und der *acroamatischen* d.h. derjenigen statt, welche für die mit der Entdeckung der Wahrheit Beschäftigten ist. Und wenn jemand in der Metaphysik oder in der Moral als Mathematiker schreiben wollte, so würde ihn nichts hindern, dies mit aller Strenge zu tun. Manche haben sich dies zur Aufgabe gemacht und uns mathematische Beweise außerhalb der Mathematik vorgelegt, aber es ist nur sehr selten geglückt. Ich glaube, man ist der Mühe überdrüssig geworden, welche man für einen kleinen Leserkreis aufwenden mußte, wo man wie bei Persius fragen konnte: *Qui leget hæc?* und antworten: *Vel duo, vel nemo*. Gleichwohl glaube ich, daß, wenn man es gehörig angriffe, man nicht Ursache haben würde, es zu bereuen. Auch ich bin in Versuchung gewesen, es zu probieren.

§ 13. *Philalethes*. Sie werden mir indessen beipflichten, daß die zusammengesetzten Vorstellungen auf der einen Seite sehr klar und sehr bestimmt und auf der anderen sehr dunkel und verworren sein können.

Theophilus. Daran ist nicht zu zweifeln. Wir haben z.B. von einem großen Teile der festen sichtbaren Teile des menschlichen Körpers sehr deutliche Vorstellungen, aber von den Flüssigkeiten, welche durch denselben gehen, haben wir solche nicht.

Philalethes. Wenn jemand von einer tausendseitigen Figur spricht, kann deren Vorstellung in seinem Geiste sehr dunkel sein, obschon darin die der Zahl sehr deutlich sein mag.

Theophilus. Dies Beispiel paßt hier nicht. Ein regelmäßiges tausendseitiges Vieleck kann ebenso deutlich erkannt werden wie die Zahl tausend, weil man darin alle Arten Wahrheit entdecken und beweisen kann.

Philalethes. Man hat aber keine genaue Vorstellung von einer tausendseitigen Figur, so daß man sie von einer anderen unterscheiden könnte, die nur 999 Seiten hat.

Theophilus. Dies Beispiel zeigt, daß hier Vorstellung und Bild verwechselt werden. Zeigt mir jemand ein regelnmäßiges Vieleck, so lassen mich Blick und Einbildungskraft nicht die Tausendzahl, die darin ist, fassen; ich habe nur eine *verworrene* Vorstellung, sowohl von der Figur als von ihrer Zahl, bis ich die letztere durch Zählen *unterscheide*. Habe ich sie aber gefunden, so kenne ich sehr gut die Natur und die Eigenschaften des vorliegenden Vielecks, sofern sie die des Tausendecks sind, und folglich habe ich diese Vorstellung davon; aber das Bild des Tausendecks kann ich nicht haben, und man müßte feinere und geübtere Sinne und Einbildungskraft besitzen, um durch sie das

Tausendeck von einem Polygon von weniger Seiten zu unterscheiden. Aber die Kenntnis der Figuren hängt ebensowenig wie die der Zahlen von der Einbildungskraft ab, obgleich sie dazu diente und ein Mathematiker kann die Natur eines Neunecks und eines Zehnecks genau erkennen, weil er sie zu konstruieren und zu untersuchen versteht, wenn er sie auch nicht durch das Gesicht zu unterscheiden imstande ist. Allerdings wird ein Arbeiter oder ein Ingenieur, der ihre Natur vielleicht nicht erkennt, über einen großen Mathematiker den Vorteil haben, daß er sie bloß durch das Gesicht, ohne sie zu messen, unterscheiden kann, wie es Lastträger gibt, welche das Gewicht dessen, was sie trügen müssen, angeben können, ohne sich um ein Pfund zu irren, worin sie den geschicktesten Statistiker der Welt übertreffen werden. Diese durch eine lange Übung erworbene erfahrungsmäßige Erkenntnis kann zum schnellen Handeln großen Nutzen haben, was ein Ingenieur der Gefahr wegen, welcher er sich durch Zögern aussetzt, oft nötig hat. Indessen besteht dies *klare Bild* oder diese Empfindung, die man von einem regelmäßigen Zahneck oder einem Gewicht von 99 Pfund haben kann, nur in einer *verworrenen* Vorstellung, da sie nicht dazu dient, die Natur und die Eigentümlichkeiten jenes Gewichts oder jenes regelmäßigen Zehnecks zu enthüllen, wie eine *deutliche Vorstellung* dies verlangt. Jenes Beispiel dient auch dazu, den Unterschied der Vorstellungen oder vielmehr den zwischen Vorstellung und. Bild besser zu verstehen.

§ 15. *Philalethes.* Ein anderes Beispiel: Wir sind zu glauben geneigt, daß wir eine positive und vollständige Vorstellung von der Ewigkeit haben, was ebensoviel ist, als wenn wir sagten, daß es in dieser Zeitlänge keinen Teil gibt, der in unserer Vorstellung nicht klar erkannt werde; aber so groß die vorgestellte Dauer auch sein mag, so ist, da es sich um eine schrankenlose Ausdehnung handelt, immer ein Teil der Vorstellung über das wirklich Vorgestellte hinaus übrig, der dunkel und unbestimmt bleibt und daher kommt es, daß wir in den die Ewigkeit oder anderes Unendliche betreffenden Streitigkeiten und Vernunftbetrachtungen dem Übel unterworfen sind, uns in offenbare Widersinnigkeiten zu verstricken.

Theophilus. Dies Beispiel scheint mir auch nicht besser für Ihren Zweck zu passen, wohl aber für den meinigen, welcher darin besteht, Ihre Begriffe über diesen Punkt zu berichtigen. Denn es herrscht darin dieselbe Verwechslung des Bildes mit der Vorstellung. Wir haben eine vollständige oder richtige Vorstellung der Ewigkeit, weil wir deren Definition haben, obschon wir davon kein Bild haben; aber man bildet nicht die Verteilung des Unendlichen durch Zusammensetzung der Teile, und die bei der denkenden Betrachtung über das Unendliche begangenen Irrtümer kommen nicht vom Fehlen des Bildes her.

§ 16. *Philalethes.* Haben wir aber nicht, wenn wir von der Teilbarkeit der Materie ins Unendliche reden, falls wir auch klare Vorstellungen von der Teilung haben, doch nur sehr dunkle und sehr verworrene Vorstellungen der Teile selbst? Denn ich frage, ob jemand, wenn er den kleinsten Staubteil, den er jemals gesehen hat, nimmt, eine deutliche Vorstellung von dem Unterschiede zwischen dem zehntausendsten und dem zehnmillionsten Teil dieses Stäubchens hat?

Theophilus. Das ist wieder dieselbe Vertauschung des *Bildes* mit der *Vorstellung*, welche ich mich wundere so verwechselt zu sehen; es handelt sich gar nicht darum, ein Bild von so großer Kleinheit zu haben. Ein solches ist unserer gegenwärtigen Körperbeschaffenheit zufolge unmöglich, und wenn wir es haben könnten, so würde es ungefähr so sein, wie dasjenige von den Dingen, die uns jetzt *bewußtbar* erscheinen; dafür würde aber das, was gegenwärtig Gegenstand unserer Einbildung ist, uns entgehen und zu groß werden, um Gegenstand derselben zu sein. Die Größe an sich hat keine Bilder; und die Bilder, welche man davon hat, hangen nur von der Vergleichung zwischen den Organen und anderen Gegenständen ab; und es ist dabei unnütz, die Einbildungskraft anzuwenden. Aus allem, was Sie mir hier noch gesagt haben, geht also hervor, daß man sich Schwierigkeiten ohne Grund zu machen erfinderisch ist, indem man mehr fragt, als nötig ist.

XXX. Von den wirklichen und den chimärischen Vorstellungen

§ 1. *Philalethes.* In Hinsicht der Dinge sind die Vorstellungen wirkliche oder chimärische, vollständige oder unvollständige, wahre oder falsche. Unter *wirklichen* Vorstellungen verstehe ich diejenigen, welche in der Natur begründet sind und einem wirklichen Wesen, dem Dasein der Dinge oder den Urbildern entsprechen. Sonst sind sie *phantastische* oder *chimärische*.

Theophilus. In dieser Erklärung ist ein wenig Dunkelheit. Die Vorstellung kann in der Natur einen Grund haben, ohne diesem Gründe zu entsprechen, wie wenn man behauptet, daß die sinnlichen Empfindungen der Farbe oder der Wärme keinem Originale oder Urbilde gleichen. Eine Vorstellung kann auch wirklich sein, wenn sie möglich ist, ohne daß ihr ein vorhandenes Wesen entspricht, sonst würde, wenn alle Individuen einer Art aussterben, die Vorstellung derselben zu einer chimärischen werden.

§ 2. *Philalethes.* Die einfachen Vorstellungen sind alle wirklich, denn obgleich nach der Ansicht mancher die Weiße und die Kälte ebensowenig im Schnee sind wie der Schmerz, so sind doch deren Vorstellungen in uns die Wirkungen von Kräften, welche den äußeren Dingen zukommen, und diese immer gleichen Wirkungen dienen uns ebenso sehr, die Dinge zu unterscheiden, als wenn sie die genauen Bilder dessen wären, was in den Dingen selbst vorhanden ist.

Theophilus. Ich habe diesen Punkt schon oben geprüft, aber es scheint danach, daß nicht immer eine Übereinstimmung mit einem Urbilde verlangt wird, und nach der – von mir übrigens nicht gebilligten – Ansicht derer, welche annehmen, daß uns Gott willkürlicherweise Ideen zugemessen hat, welche die Eigenschaften der Gegenstände zu bezeichnen bestimmt sind, ohne daß dabei Ähnlichkeit oder selbst nur natürliche Beziehung stattfindet, würde ebensowenig dabei Übereinstimmung zwischen unseren Vorstellungen und den Urbildern sein, wie zwischen den Worten, deren man sich in den Sprachen nach Übereinkunft bedient, und den Vorstellungen oder den Dingen selbst.

§ 3. *Philalethes.* Der Geist ist hinsichtlich der einfachen Vorstellungen *leidend*, dagegen hat die Verbindung, die er mit ihnen vornimmt, um zusammengesetzte Vorstellungen zu bilden, wobei mehrere einzelne unter demselben Namen zusammengefaßt werden, etwas *Willkürliches*, denn der eine nimmt bei der zusammengesetzten Vorstellung, die er von dem Gold oder von der Gerechtigkeit hat, einfache Vorstellungen hinzu, die der andere nicht dazu nimmt.

Theophilus. Der Geist verhält sich auch hinsichtlich der einfachen Vorstellungen *tätig*, indem er sie voneinander absondert, um sie getrennt in Betracht zu ziehen, was ebenso Sache der freien Willkür ist, wie die Verbindung mehrerer Vorstellungen, mag es nun deshalb geschehen, um auf eine zusammengesetzte Vorstellung zu achten, welche daraus entspringt, oder mag er sie unter dem der Verbindung gegebenen Namen zu umfassen beabsichtigen. Dabei kann auch der Geist sich nicht täuschen, wenn er nur keine damit unverträglichen Vorstellungen dazu tut, und wenn dieser Name nur sozusagen ganz unberührt ist, d.h. daß man nur nicht schon einen Begriff damit verbunden hat, welcher eine Vermengung mit demjenigen, welchen man neuerdings damit verbindet, verursachen kann. Denn daraus würden entweder unmögliche Begriffe hervorgehen, indem man Dinge verbindet, die nicht zusammengehören, oder überflüssige und irgend eine *Erschleichung* enthaltende Begriffe, indem man Vorstellungen verbindet, von denen die eine aus der anderen auf demonstrative Weise abgeleitet werden kann und muß.

§ 4. *Philalethes.* Da die *gemischten Modi* und die *Relationen* keine andere Wirklichkeit als im *Geiste des Menschen* besitzen, so ist zur Wirklichkeit dieser Art von Vorstellungen nur die Möglichkeit erforderlich, zusammen dazusein und zusammenzustimmen.

Theophilus. Die *Relationen* haben eine vom Geiste abhängige Wirklichkeit wie die *Wahrheiten*, jedoch nicht vom menschlichen Geiste, da es eine höchste Vernunft gibt, welche sie alle zu jeder Zeit bestimmt. Die *gemischten Modi*, die sich von den Relationen unterscheiden, können wirkliche Akzidenzien sein. Mögen sie nun aber vom Geiste abhangen oder nicht, so genügt es für die Wirklichkeit ihrer Vorstellungen, daß diese Modi *möglich*, oder, was dasselbe bedeutet, daß sie deutlich zu begreifen seien. Und zu diesem Zweck müssen ihre Bestandteile *zusammen möglich* sein, d.h. miteinander bestehen können.

§ 5. *Philalethes.* Die zusammengesetzten Vorstellungen der Substanzen aber, da sie allesamt durch den Bezug auf die uns äußerlichen Dinge, und um die Substanzen so, wie sie in Wirklichkeit vorhanden sind, darzustellen gebildet werden, sind nur insofern wirklich, als sie die Verbindungen einfacher Vorstellungen sind, welche mit den außer uns zugleich vorhandenen Dingen verknüpft und zugleich vorhanden sind. Im Gegenteil sind diejenigen *chimärische*, welche aus solchen Sammlungen einfaches Vorstellungen zusammengesetzt sind, die niemals wirklich vereinigt gewesen und niemals in irgend einer Substanz zusammengefunden waren, wie diejenigen, welche einen Centauren, einen mit Ausnahme des Gewichtes dem Golde ähnlichen Körper und leichter als Wasser, einen Körper, welcher für die Sinne aus gleichmäßigem Stoff besteht und doch mit Wahrnehmung und freies Bewegung begabt ist, usw. bilden.

Theophilus. Wenn ich auf diese Weise den Ausdruck *wirklich* und *chimärisch* anders in Bezug auf die Vorstellungen der Modi nehme, als in Bezug auf diejenigen, welche ein substantielles Ding bilden, so sehe ich nicht, welcher von Ihnen den wirklichen oder chimärischen Vorstellungen gegebene Begriff in dem einen und anderen Falle der gemeinsame sein kann; denn die Modi gelten Ihnen dann als wirklich, wenn sie möglich sind, und die substantiellen Dinge haben bei Ihnen wirkliche Vorstellungen nur dann, wenn sie wirklich vorhanden sind. Wenn sich aber nun an das dasein hält, kann man nicht bestimmen ob eine Vorstellung chimärisch ist oder nicht, weil das Mögliche, wenn es auch an dem Orte oder zu der Zeit, wo wir sind, sich nicht verendet, doch vormals dagewesen sein kann oder vielleicht dereinst da sein wird oder sich sogar schon in der Gegenwart auf einer anderen Welt oder selbst auf der unsrigen, ohne daß man es weiß, verenden mag, wie Demokrit schon von der Milchstraße eine Vorstellung hatte, welche die Fernröhre später bestätigt haben. Demnach scheint es am besten zu sein, zu sagen, daß die möglichen Vorstellungen nur dann chimärische werden, wenn man mit ihnen ohne Grund die Vorstellung tatsächlichen Daseins verbindet, wie diejenigen es machen, welche den Stein der Philosophen finden zu können meinen, oder wie diejenigen es gemacht haben, die an eine Nation von Centauren glaubten. Sonst würde man sich, wenn man sich nur nach dem Dasein richtete, ohne Not von dem angenommenen Sprachgebrauch entfernen, demzufolge jemanden, welcher im Winter von Rosen und Nelken spricht, keine Chimäre beigemessen wird, sofern er sich nicht einbildet, sie in seinem Garten finden zu können, wie man es von Albertus Magnus oder irgend einem anderen angeblichen Zauberer erzählt.

XXXI. Von vollständigen und unvollständigen Vorstellungen

§ 1. *Philalethes. Wirkliche Vorstellungen* sind *vollständig*, wenn sie die Originale, aus denen der Geist sie entnommen zu haben voraussetzt, und worauf er sie zurückbezieht, vollkommen darstellen. Die *unvollständigen Vorstellungen* stellen nur einen Teil davon dar. Unsere einfachen Vorstellungen sind vollständige. Die Vorstellung der Weiße oder

der Süßigkeit, die man am Zucker bemerkt, ist vollständig, weil dazu genügt, daß sie den Kräften, die Gott diesem Körper, um jene Empfindungen hervorzubringen, verliehen hat, gänzlich entspricht.

Theophilus. Wie ich sehe, nennen Sie *vollständige* oder *unvollständige* Vorstellungen solche, die Ihr Lieblingsautor *adäquate* oder *nicht adäquate* Vorstellungen nennt; man könnte sie *fertige* oder *unfertige* nennen. Früher habe ich die *adäquate* Vorstellung (die *fertige*) als diejenige definiert, welche so deutlich ist, daß alle ihre Bestandteile deutlich sind. Von dieser Art ist etwa die der Zahl. Wenn eine Vorstellung aber auch deutlich ist und die Definition oder die bezüglichen Merkmale des Gegenstandes enthält, so kann sie doch *inadäquat* oder *unfertig* sein, wenn nämlich jene Merkmale oder Bestandteile auch nicht alle deutlich erkannt werden. So ist z.B. das Gold ein Metall, welches der Kapelle und dem Scheidewasser Widerstand leistete das ist eine deutliche Vorstellung, denn sie gibt Merkmale oder die Definition des Goldes an, sie ist aber unfertig, weil die Natur des Prozesses in der Kapelle und der Wirksamkeit des Scheidewassers uns nicht hinlänglich bekannt sind. Dies ist der Grund, weshalb derselbe Gegenstand bei einer unfertigen Vorstellung mehrerer voneinander unabhängiger Definitionen fähig ist, so daß man nicht immer die eine aus der anderen ableiten noch voraussehen kann, daß sie demselben Subjekt zugehören müssen; und dann lehrt uns die Erfahrung allein, daß sie ihm alle zugleich angehören. So kann das *Gold* auch als der schwerste oder der dehnbarste der uns bekannten Körper diniert werden, ohne von anderen Definitionen zu reden, die man sich noch ausdenken könnte. Aber erst wenn die Menschen tiefer in die Natur der Dinge eingedrungen sein werden, wird man sehen können, warum es dem schwersten der Metalle zukommt, jenen beiden Proben der Experimentatoren zu widerstehen, während es sich in der Geometrie, wo wir fertige Vorstellungen haben, ganz anders verhält, denn da können wir beweisen, daß die durch eine ebene Fläche gemachten Kegel- und Zylinderschnitte dieselben sind, nämlich Ellipsen, und dies kann uns, wenn wir darauf acht geben, nicht verborgen sein, weil unsere Begriffe davon fertige sind. Bei mir ist die Teilung der Vorstellungen in fertige und unfertige nur eine Unterabteilung der deutlichen Vorstellungen, und mir scheinen die verworrenen Vorstellungen, wie diejenige, welche wir von der Süßigkeit haben, diesen Namen nicht zu verdienen, denn obwohl sie die, die sinnliche Empfindung hervorbringende Kraft ausdrücken, so drücken sie sie doch nicht ganz aus, oder wir können es wenigstens nicht wissen; denn wenn wir begriffen, was in dieser unserer Vorstellung der Süßigkeit enthalten ist, so könnten wir beurteilen, ob sie hinreicht, um von dem allen, was die Erfahrung darin bemerken läßt, Rechenschaft zu geben.

§ 3. *Philalethes.* Von den *einfachen Vorstellungen* kommen wir zu den *zusammengesetzten*; sie sind entweder *Modi* oder *Substanzen.* Die der Modi sind willkürliche Verbindungen von einfachen Vorstellungen, welche der Geist zusammenfügt, *ohne auf gewisse Urbilder* oder wirkliche und tatsächlich vorhandene Vorbilder zu achten. Sie sind vollständig und können anders nicht sein, weil ihnen, da sie eben keine Abbilder, sondern Urbilder sind, welche der Geist, um sich ihrer behufs der Einordnung der Dinge unter gewisse Kategorien zu bedienen, bildet, nichts fehlen kann, denn eine jede umschließt eine solche Ideenverbindung, welche der Geist hat bilden *wollen,* und hat folglich eine solche Vollendung, als er ihr zu geben beabsichtigt hat; und unmöglich kann der Verstand irgend jemandes eine vollständigere oder vollkommenere Vorstellung von einem Dreieck haben, als die von drei Seiten und drei Winkeln. Derjenige, welcher die Vorstellungen der Gefahr, der Ausführung, der von der Furcht verursachten Verwirrung, einer ruhigen Erwägung dessen, was zu tun vernünftig sein würde, und eines schnellen Entschlusses zur Ausführung, ohne sich von der Gefahr erschrecken zu lassen, verknüpfte, der bildete die Vorstellung des *Mutes* und hatte damit das Gewollte, nämlich eine vollständige, seinem Wunsche entsprechende Vorstellung. Anders ist es mit den Vorstellungen von den Substanzen, bei denen wir uns das, was wirklich vorhanden ist, denken.

Theophilus. Die Vorstellungen des *Dreiecks* oder des *Mutes* haben in der Möglichkeit der Dinge ebensogut ihre *Vorbilder,* als die Vorstellung des Goldes. Auch ist es hinsichtlich des Wesens der Vorstellung gleichgültig, ob man sie vor aller Erfahrung erfunden oder nach der Wahrnehmung einer von der Natur gemachten Verbindung behalten hat. Auch diejenige *Verbindung,* aus welcher die *Modi* hervorgehen, ist nicht ganz *freiwillig* oder *willkürlich*, denn man könnte nach der Weise derer, welche Maschinen von immerwährender Bewegung ermüden wollen, dasjenige miteinander verknüpfen, was sich nicht zusammen verträgt, während wieder andere gute und ausführbare Maschinen erfinden, die unserer Ansicht nach keine anderen Urbilder als die Vorstellung des Erfinders haben, welche selbst wieder zum Urbild die allgemeine Möglichkeit oder die göttliche Vorstellung hat. Diese Maschinen haben also etwas Substantielles. Man kann auch unmögliche Modi aussinnen, wie wenn man sich den Parallelismus der Parabeln vorstellt, indem man sich denkt, zwei einander parallele Parabeln finden zu können, wie zwei rechte Winkel oder zwei Kreise. Eine Vorstellung also kann, mag sie nun die eines Modus oder eines substantiellen Dinges sein, vollständig oder unvollständig sein, je nachdem man die Teilvorstellungen, welche die Gesamtvorstellung bilden, richtig oder falsch versteht; und das Zeichen einer fertigen Vorstellung ist, wenn man die Möglichkeit ihres Gegenstandes durch sie vollständig erkennt.

XXXII. Von den wahren und falschen Vorstellungen

§ 1. *Philalethes.* Da die Wahrheit und die Falschheit sich nur auf die Sätze beziehen, so folgt daraus, daß, wenn die Vorstellungen wahr oder falsch genannt werden, stillgestanden ein *Satz* oder eine *Behauptung* dabei gemeint ist, – § 3 oder eine stillschweigende Voraussetzung ihrer Übereinstimmung mit etwas; – § 5 besonders mit allem dem, was andere mit diesem Namen bezeichnen (wie wenn sie von der Gerechtigkeit reden), sowie mit dem, was wirklich vorhanden ist, z.B.: das ist ein Mensch und nicht ein Centaur, sowie mit der Wesenheit, von der die Eigenschaften der Sache abhangen; und in diesem Sinne sind unsere gewöhnlichen Vorstellungen von den Substanzen falsch, wenn wir uns die Phantasiebilder gewisser substantieller formen machen. Übrigens wäre es besser, wenn die Vorstellungen richtig oder unrichtig als wahr oder falsch genannt würden.

Theophilus. Man könnte, glaube ich, darunter auch die wahren oder falschen Vorstellungen verstehen, aber da diese verschiedenen Bedeutungen miteinander nicht übereinkommen und nicht bequem unter einen allgemeinen Begriff gebracht werden können, so ziehe ich es vor, die *Vorstellungen wahr* oder *falsch* zu nennen in Bezug auf eine andere stillschweigende *Bejahung*, welche sie alle aufhalten, nämlich die der Möglichkeit. So gefaßt, sind die möglichen Vorstellungen *wahr* und die unmöglichen *falsch*.

XXXIII. Von der Assoziation der Vorstellungen

§ 1. *Philalethes.* Man bemerkt oft im Denkverfahren der Menschen etwas Sonderbares, und jedermann ist dem unterworfen. Das ist nicht bloß Eigensinn oder Eigenliebe, denn oft machen die wackersten Leute sich dieses Fehler schuldig. Selbst das genügt nicht immer, ihn der Erziehung und den Vorurteilen beizumessen, – § 4 vielmehr ist es eine Art Wahnsinn, und wenn man immer so handelte, würde man närrisch sein. – § 5. Dieser Fehler nun kommt von einer unnatürlichen Verbindung der Vorstellungen, die ihren Ursprung im Zufall oder in der Gewohnheit hat. – § 6. Die Neigungen oder Interessen tragen dazu bei. Gewisse Spuren des häufigen Laufs der Lebensgeister werden gebahnte Wege, wie wenn man eine bestimmte Melodie, die man verfolgt, findet, wenn man sie einmal angefangen hat. – § 7. Daher kommen die Sympathien und Antipathien, die mit uns nicht geboren werden. Ein Kind hat zu viel Honig gegessen, sich danach übel befunden und kann nun, nachdem es erwachsen ist, das Wort Honig nicht hören, ohne Ekel zu bekommen. Die Kinder sind solchen Eindrucken außerordentlich leicht zugänglich, worauf zu achten wichtig ist. Diese unregelmäßige Assoziation der Vorstellungen hat auf alle unsere Handlungen und Leidenschaften, natürliche wie moralische, einen großen Einfluß. Finsternis erweckt bei Kindern die Vorstellung von Gespenstern wegen der ihnen von diesen gemachten Erzählungen. Man denkt an jemand, den man hat, nicht ohne zugleich an das Üble, das er uns zugefügt hat oder zufügen kann, zu denken. Man meidet das Zimmer, worin man einen Freund sterben gesehen hat. Eine Mutter, die ein sehr teures Kind verloren hat, verliert mit ihm zuweilen alle ihre Freudigkeit, bis daß die Zeit den Eindruck dieser Vorstellung verwischt, was mitunter niemals geschieht. Ein Mensch, der durch eine äußerst schmerzliche Operation von der Raserei geheilt worden war, hielt sich sein Lebenlang dem verpflichtet, welcher die Operation vollzogen hatte; aber dessen Anblick zu ertragen, war ihm unmöglich. Manche hassen die Bücher ihr ganzes Leben der schlechten Behandlung wegen, welche sie in den Schulen erfahren haben. Jemand, der über einen anderen bei einer gewissen Gelegenheit eine Überlegenheit gewonnen hat, behauptet sie wohl für immer. Es ist vorgekommen, daß jemand ganz gut tanzen gelernt hatte, aber es doch nicht ausführen konnte, wenn er in dem Zimmer nicht einen Koffer hatte, demjenigen ähnlich, welcher sich in dem Zimmer, wo er gelernt, befunden hatte. – § 17. Derselbe nicht natürliche Zusammenhang der Vorstellungen findet sich bei den intellektuellen Fertigkeiten; man verknüpft z.B. die Materie dergestalt mit dem Sein, als ob es nichts Immaterielles gäbe. – § 18. Man verknüpft mit seinen Meinungen den Parteistandpunkt in der Philosophie, Religion und im Staate.

Theophilus. Diese Bemerkung ist wichtig und ganz nach meinem Geschmack, und man könnte sie durch unzählige Beispiele erhärten. Descartes hatte in seiner Jugend eine Neigung für eine schielende Person gehabt und konnte sich sein ganzes Leben nicht enthalten, Personen von gleichem Fehler zugetan zu sein. Ein anderer großer Philosoph, Hobbes, konnte, wie man sagt, nicht allein an einem dunklen Ort bleiben, ohne durch die Bilder von Gespenstern erschreckt zu werden, obgleich er nicht daran glaubte – da ihm dieser Eindruck von den Erzählungen, wie man sie den Kindern vormacht, geblieben war. Manche gelehrte und verständige Leute, die durchaus über dem Aberglauben stehen, würden sich nicht entschließen, zu dreizehn bei einem Mahle zu sein, ohne dadurch aufs äußerste beunruhigt zu werden, da sie im Voraus von der Einbildung, daß einer davon im Laufe des Jahres sterben müsse, eingenommen sind. Es hat einen Edelmann gegeben, der, weil er vielleicht in seiner Jugend von einer schlecht gesteckten Nadel verwundet worden war, nicht mehr eine solche an ähnlicher Stelle sehen konnte, ohne mit Ohnmacht zu kämpfen. Ein erster Minister, welcher am Hofe seines Herrn den Rang eines Präsidenten hatte, fand sich durch den Titel des Buches von Ottavio Pisani, Lycurgus genannt, beleidigt und ließ dagegen schreiben, weil der Verfasser, indem er gegen die von ihm für überflüssig gehaltenen großen Justizbeamten redete, auch die Präsidenten genannt hatte obgleich diese Bezeichnung in der Person jenes Ministers etwas ganz anderes bezeichnete so hatte er dergestalt das Wort mit seiner Person verknüpft, daß er dadurch beleidigt war. Und dies ist einer der gewöhnlichsten Fälle von nicht natürlichen, leicht zu Täuschungen veranlassenden Assoziationen bei diesen Beziehungen der Worte auf die Gegenstände, sogar dann, wenn eine Zweideutigkeit dabei stattfindet.

Um die Quelle der nicht-natürlichen Verbindung der Vorstellungen besser zu verstehen, muß man das von mir schon oben, als ich von dem Denken der Tiere sprach (Kap. XI, § 11), Bemerkte in Betracht ziehen, daß der Mensch so gut wie das Tier dem Gesetz unterworfen ist in seinem Gedächtnis und seiner Einbildungskraft das miteinander zu verbinden, was er in seinen Wahrnehmungen und seinen Erfahrungen als miteinander verluden bemerkt hat. Darin besteht der Denkprozeß der Tiere, wenn es ihn so zu nennen erlaubt ist, und oft auch der der Menschen, sofern sie sich an die Erfahrung halten und nur durch Sinnlichkeit und Beispiele geleitet werden, ohne zu prüfen, ob noch derselbe Grund obwaltet. Und da uns die Gründe oft unbekannt sind, so müssen wir auf die Beispiele in dem Maße Bezug nehmen, als sie häufig sind, denn dann ist die Erwartung oder Wiedererinnerung einer anderen gewöhnlich damit verbundenen Wahrnehmung vernünftig, vor allem, wenn es sich darum handelt, vorsichtig zu sein. Aber da die Wucht eines sehr starken Eindruckes oft ebensoviel Wirkung auf einmal hat, als die Häufigkeit und Wiederholung mehrerer mittelmäßiger Eindrücke in längerer Zeit hätten haben können, so geschieht es, daß diese Wucht in die Phantasie ein ebenso tiefes und lebhaftes Bild eingräbt, als die lange Erfahrung hätte verursachen können. Daher kommt es, daß ein zufälliger, aber gewaltsamer Eindruck in unserer Einbildungskraft und in unserem Gedächtnis zwei Vorstellungen verbindet, die schon vorher darin verbunden waren, und uns dieselbe Neigung gibt, sie zu verbinden und das Eintreten der einen nach der anderen zu erwarten, als wenn eine lange Gewohnheit ihre Verknüpfung bestätigt hätte. Also zeigt sich dabei dieselbe Wirkung der Assoziation, obgleich nicht derselbe Grund dabei stattfindet. Autorität und Gewohnheit haben auch dieselbe Wirkung wie die Erfahrung und die Vernunft; und es ist nicht leicht, sich von solchen Neigungen loszumachen. Aber es würde nicht sehr schwer zu vermeiden sein, in seinen Urteilen davon getäuscht zu werden, wenn die Menschen sich mit rechtem Ernste der Erforschung der Wahrheit befleißigten oder mit Methode verfahren wollten, wenn sie erkennen, daß diese aufzufinden für sie von Wichtigkeit ist.

Drittes Buch: Von den Worten

I. Von den Worten oder der Sprache im allgemeinen

§ 1. *Philalethes.* Da Gott den Menschen zu einem geselligen Geschöpf gemacht hat, hat er ihm nicht nur den Wunsch gegeben und ihn in die Notwendigkeit versetzt, mit seinesgleichen zu leben, sondern ihm auch das Vermögen der Sprache verliehen, welche das große Hilfsmittel und das gemeinsame Band dieser Gesellschaft sein sollte. Das ist der Ursprung der *Worte*, welche dazu dienen, die *Vorstellungen* zu vertreten und sogar zu erklären.

Theophilus. Ich freue mich, Sie von der Ansicht des Hobbes fern zu finden, der nicht zugeben wollte, daß der Mensch für die Gesellschaft gemacht sei, indem er sich vorstellte, daß man nur durch die Notwendigkeit und durch die Bosheit von seinesgleichen dazu gezwungen worden. Er erwog aber nicht, daß die besten, von jeder Bosheit freien Menschen sich, um ihnen Zweck besser zu erreichen, vereinigen würden, wie die Vögel, um in Gesellschaft besser zu reisen, sich zusammenscharen, und wie die Biber sich zu Hunderten vereinigen, um große Dämme zu bauen, was eine kleine Zahl dieser Tiere nicht zustande bringen könnte; und diese Dämme sind ihnen nötig, um damit Wasserbehälter oder kleine Seen zu machen, in denen sie ihre Hütten erbauen und Fische fangen, von denen sie sich nähren. Das ist der Grund der Geselligkeit der Tiere, die dazu gemacht sind, und keineswegs die Furcht vor ihresgleichen, welche bei den Tieren nicht vorkommt.

Philalethes. Ganz recht; und um diese Geselligkeit besser zu pflegen, sind von Natur die *Organe* des Menschen in der Art geformt, daß sie artikulierte Töne zu bilden geeignet sind, die wir *Worte* nennen.

Theophilus. Was die *Organe* betrifft, so haben die Affen dem Scheine nach ebenso geeignete, wie wir, um Worte zu bilden, und doch trifft man bei ihnen nicht die geringste Annäherung dazu an. Es muß ihnen also dazu etwas, was nicht in die Sinne fällt, fehlen. Man muß auch in Betracht ziehen, daß man *sprechen* d.h. durch die Laute des rundes sich vernehmlich machen könnte, wenn man sich der *Töne* der Musik zu diesem Zwecke bediente. Aber um eine *Sprache der Töne* zu finden, würde es mehr Kunst bedürfen, während die *Worte* nach und nach durch Menschen, die sich in der natürlichen Einfachheit bewegen, hat gebildet und vervollkommnet werden können. Indessen gibt es Völker, wie die Chinesen, welche mittelst der Töne und Akzente ihre Worte vermannigfaltigen, da sie deren nur eine kleine Zahl haben. Dies war denn auch der Gedanke des Golius, eines berühmten Mathematikers und großen Sprachkenners, daß die Sprache der Chinesen künstlich sei, d.h. daß sie auf einmal durch irgend einen klugen Mann erfunden worden sei, um einen Wortverkehr zwischen einer Menge von verschiedenen Nationen herzustellen, welche jenes große Land, welches wir China nennen, bewohnen, wenn diese Sprache sich auch jetzt durch den langen Gebrauch verändert haben könnte.

§ 2. *Philalethes.* Wie der Orang Utan und andere Affen die Organe haben, ohne Worte zu bilden, so kann man sagen, daß die Papageien und einige andere Vögel Worte haben, ohne Sprache zu haben, denn man kann diese und einige andere Vögelgattungen abrichten, ganz deutliche Worte zu bilden; dennoch sind sie keineswegs der Spräche fähig. Nur der Mensch ist imstande, sich dieser Laute als Zeichen innerer Vorstellungen zu bedienen, um sie dadurch anderen kund tun zu können.

Theophilus. Ich glaube, daß wir ohne den Wunsch, uns verständlich zu machen, in der Tat niemals die Sprache gebildet haben würden; nachdem sie aber gebildet worden ist, dient sie den Menschen noch dazu, über sich selbst nachzudenken, sowohl durch das Mittel, welches ihm die Worte gewähren, sich abstrakter Gedanken zu erinnern, als durch den Nutzen, welchen man beim Nachdenken im Gebrauch von Charakteren und tauben Gedanken findet. Denn es würde zu viel Zeit erfordern, wenn man alles erklären und die Definition immer an die Stelle der Ausdrücke setzen wollte.

§ 3. *Philalethes.* Da aber die Vervielfältigung der Worte deren Gebrauch verwirrt haben würde, wenn man zur Bezeichnung jedes besonderen Dinges ein bestimmtes Wort nötig gehabt hätte, so ist die Sprache durch den Gebrauch allgemeiner Ausdrücke, die da die allgemeinen Vorstellungen bezeichnen, noch vervollkommnet worden.

Theophilus. Die *allgemeinen* Ausdrücke dienen nicht allein zur Vollkommenheit der Sprachen, sondern sind sogar notwendig, um ihr Wesen herzustellen. Denn wenn man unter den *besonderen Dingen* die individuellen Dinge versteht, so würde es unmöglich sein zu sprechen, wenn es nur Eigennamen und keine *Appellativa* gäbe, d.h. wenn es nur Worte für das Individuelle gäbe, da in jedem Augenblick Neues wiederkehrt, wenn es sich um individuelle Zufälligkeiten und besonders um Handlungen handelt, welche man gerade am meisten bezeichnete wenn man aber unter den besonderen Dingen die niedrigsten Arten (*species infimas*) versteht, so ist es außer der häufig vorkommenden Schwierigkeit, sie fest zu bestimmen, auch offenbar, daß sie schon auf die Ähnlichkeit begründete allgemeine Begriffe sind. Da es sich also nur um die größere oder geringere Ähnlichkeit handelt, je nachdem man von Gattungen oder Arten spricht, so ist es natürlich, jede Art von Ähnlichkeit oder Übereinstimmung zu bezeichnen und folglich allgemeine Worte jeglichen Grades anzuwenden; und selbst die allgemeinsten, da sie in Hinsicht der von ihnen umfaßten Vorstellungen oder Wesenheiten, mögen sie auch umfassender sein, weniger in sich enthalten, waren sehr oft in Hinsicht auf die Individuen, denen sie zukommen, leichter zu bilden und sind die nützlichsten. So sehen Sie auch, daß die Kinder und diejenigen, die von der Sprache, welche sie sprechen wollen oder von dem Gegenstand, wovon sie sprechen, nur wenig wissen, allgemeiner Worte sich bedienen, wie Sache, Pflanze, Tier, statt besondere Worte anzuwenden, die ihnen fehlen. Und es ist sicher, daß alle *Eigennamen* oder individuelle Bezeichnungen ursprünglich *Appellativa* oder allgemeine Worte gewesen sind.

§ 4. *Philalethes*. Es gibt sogar Worte, welche die Menschen anwenden, nicht um eine Vorstellung, sondern um den Mangel oder die Abwesenheit einer gewissen Vorstellung zu bezeichnen, wie Nichts, Unwissenheit, Unfruchtbarkeit.

Theophilus. Ich sehe nicht ein, warum man nicht sagen könnte, daß es *negative Vorstellungen* gibt, wie es *negative Wahrheiten* gibt, denn die Handlung des Verneinens ist positiv. Ich habe dies schon vorher einigermaßen berührt.

§ 5. *Philalethes*. Ohne darüber zu streiten, wird es, um sich dem Ursprunge aller unserer Begriffe und Erkenntnisse ein wenig mehr zu nähern, zu bemerken nützlich sein, wie die Worte, welche man zum Ausdruck für den Sinnen ganz entrückte Handlungen und Begriffe anwendet, ihren *Ursprung* aus den sinnlichen Vorstellungen gewinnen, von woher sie zu abstruseren Bezeichnungen *übertragen* worden sind.

Theophilus. Unsere eigenen Bedürfnisse zwingen uns, die natürliche Ordnung der Vorstellungen zu verlassen, denn wenn wir nicht auf unsere Interessen Rücksicht nähmen, würde diese Ordnung Engeln und Menschen und allen Geistern im allgemeinen gemeinsam sein und von uns befolgt werden müssen. Wir haben uns also dem anpassen müssen, was Gelegenheiten und Zufälle, denen unser Geschlecht einmal unterworfen ist, uns geliefert haben, und diese Ordnung gibt nicht den *Ursprung der Begriffe*, sondern sozusagen die *Geschichte unserer Entdeckungen.*

Philalethes. Sehr richtig, und zwar kann uns die Analyse der Worte mittelst der Namen selbst die Verkettung lehren, welche die Analyse der Begriffe aus dem von Ihnen schon angeführten Grunde nicht geben kann. So sind folgende Worte: *sich einbilden, begreifen, anhangen, verstehen, eingeben, sich ekeln, Verwirrung, Ruhe* alle von den Wirkungen sinnlicher Dinge entlehnt und gewissen Denkmodi angepaßt. Das Wort *Geist* ist in seiner ersten Bezeichnung der Wind, und das Wort *Engel* bedeutet Bote. Daraus können wir abnehmen, welche Art von Begriffen diejenigen hatten, welche jene Sprache zuerst redeten, und wie die Natur den Menschen den Ursprung und Anfang aller ihrer Erkenntnisse durch die Worte selbst unbewußterweise darbot.

Theophilus. Ich habe Ihnen schon bemerklich gemacht, daß man in dem Glaubensbekenntnis der Hottentotten den heiligen Geist durch ein Wort bezeichnet hat, das bei ihnen einen wohltätigen und sanften Windeshauch bezeichnet. Ebenso verhält es sich in Bezug auf die meisten anderen Worte, und man erkennt das sogar nicht immer, weil die wahren Wortableitungen in den meisten Fällen verloren gegangen sind. Ein gewisser der Religion wenig zugetaner Holländer hat von dieser Wahrheit (daß nämlich die Ausdrücke der Theologie, Moral und Metaphysik ursprünglich von gemeinsinnlichen Dingen hergenommen sind) den schlimmen Gebrauch gemacht, die Theologie und den christlichen Glauben in einem kleinen flamändischen Wörterbuche lächerlich zu machen, worin er in boshafter Wendung den Ausdrücken nicht solche Definitionen und Erklärungen gab, wie der Sprachgebrauch es verlangt, sondern wie die ursprüngliche Bedeutung der Vierte zu ergeben schiene und da er auch sonst Zeichen von Gottlosigkeit gegeben hatte, wurde er, wie man sagt, im Raspelhaus dafür bestraft. Indessen ist es gut, diese *Analogie der sinnlichen und unsinnlichen Dinge* in Betracht zu ziehen, welche den *Übertragungen* als Grund gedient hat; man wird dies besser verstehen, wenn man ein solches sich weit erstreckendes Beispiel in Betracht zieht, das uns der Gebrauch der *Präpositionen* liefert, wie: *zu, mit, von, vor, in, außer, durch, für, über, ge-*

gen, die alle vom Ort, der Entfernung und der Bewegung hergenommen und nachher auf alle Arten von Veränderungen, Ordnungen, Folgen, Verschiedenheiten, Übereinstimmungen übertragen worden sind. *Zu* bedeutet, sich einer Sache nähern, wie wenn man sagt: Ich gehe zur Stadt. Wie man aber, wenn man ein Ding mit einem anderen verbinden will, es demselben da nähert, wo die Vereinigung geschehen soll, so sagen wir, daß ein Ding zu einem anderen gefügt werde; und ferner, da sozusagen eine übersinnliche Verknüpfung stattfindet, wenn etwas von einem anderen nach moralischen Gründen folgt, sagen wir, daß das, welches den Bewegungen und Willensakten jemandes folgt, dieser Person zugehöre oder ihr eigen sei, wie wenn man es auf diese Person abgesehen hätte, zu ihr oder mit ihr zu gehen. Ein Körper ist mit einem anderen, wenn sie sich an demselben Orte beenden. Aber man sagt auch, ein Ding sei *mit* einem anderen, das sich mit ihm zu derselben Zeit in derselben Ordnung oder einem Teil derselben Ordnung beendet oder mit ihm an derselben Handlung teilnimmt. Wenn man *von* einem Orte kommt, so ist dieser Ort der sinnlichen Dinge wegen, welche er uns dargeboten hat, unser Gegenstand gewesen und ist noch Gegenstand unseres von ihm ganz erfüllten Gedächtnisses; und daher kommt es, daß der Gegenstand mit dem Vorworte *von* bezeichnet wird, wie wenn man sagt, es handelt sich *davon*; nämlich wie wenn man davon käme. Und da das, was in einem Orte oder einem Ganzen eingeschlossen ist, sich darauf stützt und mit ihm aufgehoben wird, so werden die Akzidenzien ebenso angesehen, als gleichsam in dem Subjekte (*sunt in subjecto*), als dem Subjekt inhärierend (*inhaerent subjecto*). Das Wörtchen *über* wird auch von dem Gegenstande gebraucht; man sagt: Man ist über einer Materie, ungefähr wie ein Arbeiter *über* dem Holz oder *über* dem Stein ist, den er schneidet und formt. Da nun diese Analogien außerordentlich veränderlich sind und von deutlichen Begriffen gar nicht abhangen, so sind aus diesem Grunde die Sprachen sehr verschieden in dem Gebrauch der *Partikeln* und *Fälle*, welche die Vorwörter regieren oder in welchen sie sich als gemeint und eingeschlossen finden.

II. Von der Bedeutung der Worte

§ 1. *Philalethes.* Da die Worte nun von den Menschen angewandt werden, um ihre Vorstellungen zu bezeichnen, so kann man gleich fragen, wie diese Worte jene Bestimmung erlangt haben, und man ist darüber einig, daß dies nicht durch eine natürliche Verknüpfung gesteht, die zwischen bestimmten artikulierten Lauten und bestimmten Vorstellungen stattfindet (denn in diesem Falle würde es unter den Menschen nur eine Sprache geben), sondern durch eine *willkürliche Einrichtung*, auf Grund deren ein solches Wort zum Zeichen einer solchen Vorstellung gewählt worden ist.

Theophilus. Ich weiß, daß man in den Schulen und sonst überhaupt zu sagen pflegt, die *Bedeutung* der Worte sei willkürlich (*ex instituto*) und allerdings sind sie nicht durch eine natürliche Notwendigkeit bestimmt, aber sie sind es nichtsdestoweniger bald durch natürliche Gründe, an denen der Zufall mitwirkt, bald durch moralische Gründe, wobei eine Wahl eintritt. Vielleicht gibt es auch künstliche Sprachen, die ganz aus der Wahl hervorgehen und vollständig willkürliche sind, wie man glaubt, daß die chinesische eine solche gewesen ist, oder wie die des Georgius Dalgarnus und des verstorbenen Bischofs von Chester, Wilkins, es sind. Aber diejenigen, von welchen man weiß, daß sie aus schon bekannten Sprachen gemacht worden sind, sind willkürliche mit Beimischung dessen, was in den dabei zugrunde liegenden Sprachen Natur und Zufall ist. So verhält es sich mit denen, welche die Diebe gemacht haben, um nur von den Mitgliedern ihrer Bande verstanden zu werden, was die Deutschen *Rotwälsch*, die Italiener *Lingua Zerga*, die Franzosen das *Narquois* nennen. Man bildet dieselben gewöhnlich aus den ihnen bekannten gemeinüblichen Sprachen, indem sie entweder die gebräuchliche Wortbedeutung durch Übertragungen verändern oder neue Wörter durch eine Zusammensetzung oder Ableitung auf ihre Art bilden. Es bilden sich auch Sprachen durch den Umgang verschiedener Völker miteinander, sei es, daß man benachbarte Sprachen ohne Unterschied vermischt, sei es, daß man, wie am häufigsten geschieht, eine derselben zur Grundlage nimmt, die man durch Vernachlässigung und Abänderung ihrer Gesetze und selbst durch Hinzufügung neuer Worte verstümmelt, ändert, mischt und verdirbt. Die *Lingua Franca*, deren man sich am mittelländischen Meere im Handel bedient, ist aus dem Italienischen gemacht, und man hält sich darin nicht an die grammatischen Regeln. Ein armenischer Dominikaner, den ich in Paris sprach, hatte sich eine Art von *Lingua Franca*, die aus dem Latein gemacht war, gebildet oder sie von seinesgleichen gelernt; ich fand sie ganz verständlich, obgleich es darin weder Fälle noch Zeiten, noch andere Flexionen gab, und da er derselben gewohnt war, sprach er sie mit Leichtigkeit. Der sehr gelehrte, durch so viele andere Werke bekannte französische Jesuit Pater Labbé hat eine Sprache gebildet, deren Grundlage das Latein ist, die bequem und weniger gezwungen ist als unser Latein, aber regelmäßiger als die *Lingua Franca*. Er hat ein besonderes Buch darüber geschrieben. Was diejenigen Sprachen anbetrifft, welche, wie man findet, seit langer Zeit gebildet sind, so gibt es darunter wenige, die heutzutage nicht außerordentlich verändert wären. Dies zeigt sich, wenn man sie mit den alten Büchern und Denkmälern vergleicht, wie davon übrig sind. Das alte Französische nähert sich mehr dem Pronvenzalischen und Italienischen, und wie das Deutsche mit dem Französischen oder vielmehr Romanischen (sonst *Lingua Romana Rustica* genannt) im neunten Jahrhundert nach Jesus Christus beschaffen war, sieht man aus den Eidesformeln der Söhne des Kaisers Ludwig des Frommen, welche uns deren Anverwandter Nithardt aufbewahrt hat. Man findet sonst nirgends so altes Französisch, Italienisch oder Spanisch. Für das Teutonische oder das alte Deutsche gibt es das Evangelium des Otfried, eines Weißenburger Mönches aus derselben Zeit, welches Flacius veröffentlicht hat und Schiller von neuem herausgeben wollte. Und noch ältere Bücher haben uns die nach Großbritannien gezogenen Sachsen hinterlassen. Es gibt eine durch einen gewissen Caedmon gemachte Übersetzung oder Paraphrase des Anfangs der Genesis und anderer Teile der heiligen Geschichte, deren Beda schon erwähnt. Aber das älteste Buch nicht nur in deutscher Sprache, sondern in allen europäischen Sprachen, die griechische und lateinische ausgenommen, ist das Evangelienbuch der Goten vom schwarzen Meere, bekannt unter dem Namen des *Codex Argenteus* und in ganz besonderen Schriftzügen abgefaßt. Dies fand sich in einem alten Benediktinerkloster zu Werden in Westphalen und ist nach Schweden gebracht worden, wo man es begreiflicherweise ebenso sorgfältig aufbewahrt, als die Urschrift der Pandekten zu Florenz, obgleich diese Übersetzung für die Ostgoten und in einem von der skandinavischen Germanensprache sehr fernstehenden Dialekt abgefaßt war. Der Grund aber ist, daß man mit einiger Wahrscheinlichkeit glaubt, die Goten des schwarzen leeres seien ursprünglich aus Skandinavien oder wenigstens vom baltischen Meere hergekommen, denn die Sprache oder der Dialekt dieser alten Goten ist vom neuen Deutschen sehr verschieden, obgleich der Grundzug der Sprache der nämliche ist. Das alte Gallische war davon noch mehr verschieden, wenn man aus der dem wahren Gallischen ähnlichsten Sprache urteilt, welche die von Wales, von Cornwallis und das Bas Breton ist. Das Irländische aber ist davon noch verschiedener und zeigt uns die Spuren einer noch älteren britischen, gallischen und deutschen Sprache. Indessen alle diese Sprachen stammen aus einer Quelle und können als Variationen der nämlichen Sprache angenommen werden, welche man das *Keltische* nennen könnte. Auch die Alten nannten sowohl die Germanen als die Gallier *Kelten*, und wenn man höher hinaufgeht, um die Anfänge sowohl des keltischen und Lateinischen als des Griechischen zu umfassen, die mit den germanischen oder keltischen Sprachen viele Wurzeln gemein haben, so könnte man vermuten, daß dies von dem gemeinsamen Ursprung aller dieser Völker herkommt, die von den vom schwarzen Meere hergekommenen *Scythen* abstammen. Diese Scythen haben die Donau und Weichsel überschritten, und ein Teil davon mag nach Griechenland gegangen sein, der andere mag Deutschland und Gallien erfüllt haben: eine Folgerung der Voraussetzung, daß die Europäer aus Asien eingewandert sind. Das *Sarmatische*, vorausgesetzt, daß es slavisch ist, ist zur Hälfte wenigstens entweder deutschen oder mit dem Deutschen gemeinsamen Ursprungs. Etwas Ähnliches zeigt sich sogar in der finnischen Sprache, welche die der ältesten Skandinavier ist, bevor die germanischen Völker, nämlich die Dänen, Schweden und Norweger, dort den besten und dem Meere zunächst gelegenen Teil des Landes besetzt hatten. Die Sprache der *Finnen* oder des Nordosten unseres Weltteiles, welche auch die der Lappen ist, erstreckt sich vom deutschen oder norwegischen Meere bis gegen das kaspische Meer, indem sie freilich durch die slavischen Völker unterbrochen wird, die sich dazwischen geschoben haben. Sie hat auch Beziehung zum Ungarischen, welches aus Ländern stammt, die gegenwärtig zum Teil unter Rußland stehen. Die tatarische Sprache aber, welche mit allen ihren verschiedenen Verzweigungen das nordöstliche Asien erfüllt, scheint die der Hunnen und humanen gewesen zu sein, wie sie die der Usbeken oder Türken, der Kalmücken und der Mugallen ist. Alle diese scythischen

Sprachen nun haben untereinander und mit unseren Sprachen viele Wurzeln gemein, und selbst im Arabischen (unter das man das Hebräische, das Altpunische, das Chaldäische, das Syrische und das äthiopische der Abessinier begreifen muß) finden sich deren so viele und von so offenbarer Übereinstimmung mit den unserigen, daß man es nicht dem bloßen Zufall zuschreiben kann, noch selbst dem bloßen Verkehr, sondern vielmehr den Völkerwanderungen. Also findet man hierin keinen Grund, welcher der Ansicht von dem gemeinschaftlichen Ursprunge aller Völker und einer ursprünglichen Grundsprache widerstritte und sie nicht vielmehr begünstigte. Wenn das Hebräische oder Arabische sich derselben am meisten nähert, so muß es sich wenigstens stark verändert haben, und das Deutsche scheint mehr Ursprüngliches und (um die Sprache des Jacob Böhme zu reden) Adamitisches bewahrt zu haben. Denn wenn wir die ursprüngliche Sprache in ihrer Reinheit oder so weit erhalten hätten, um sie noch wieder zuerkennen, so müßten die Gründe der Verbindungen darin klar erscheinen, mögen diese nun von der Natur oder aus einer willkürlichen, weisen und des ersten Urhebers würdigen Einrichtung stammen. Aber gesetzt auch, daß unsere Sprachen abgeleitete sind, so haben sie nichtsdestoweniger doch im Gründe etwas Ursprüngliches in sich, welches hinsichtlich der Wurzelworte und der neuen, später bei ihnen durch Zufall, aber auf natürliche Gründe hin gebildeten Wurzeln bei ihnen entstanden ist. Diejenigen, welche die Stimme der Tiere bezeichnen oder daher genommen sind, dienen dafür zum Beispiel. Solches ist z.B. das lateinische Wort *coaxare*, was von den Fröschen gesagt wird und mit dem deutschen *Quaken* in Beziehung steht. Das Geräusche dieser Tiere scheint überhaupt die ursprüngliche Quelle auch anderer Worte der deutschen Sprache zu sein. Denn da diese Tiere großen Lärm machen, so wendet man es heutzutage für die Reden leerer Schwätzer an, welche man mit dem Verkleinerungswort *Quakeler* nennt; aber offenbar wurde dieselbe Wort *quaken* sonst im guten Sinne genomen und bezeichnete jede Art von Lauten, die man mit dem Munde machte, sogar ohne die Sprache dabei auszunehmen. Und da diese Laute oder Geräusche der Tiere ein Lebenszeichen sind, und man durch sie, ohne zu sehen, erkennt, daß etwas Lebendiges dahinter ist, so kommt es, daß »*quek*« im Altdeutschen Leben oder Lebendiges bezeichnet, wie man es in den ältesten Büchern bemerken kann, und auch in der neueren Sprache noch gibt es davon Spuren, denn *Quecksilber* ist lebendiges Silber, und *erquicken* bedeutet stärken, gleichsam wiederbeleben oder sich nach einer Ohnmacht oder schwerer Arbeit wieder erholen. Man nennt auch im Plattdeutschen ein gewisses Unkraut *Quecken*, die sozusagen lebendig sind und fortlaufen, wie man auf Deutsch sagt, die sich auf den Äckern zum Schaden des Getreides ausdehnen und leicht fortkommen; und im Englischen bedeutet *quickly* schnell und mit Lebhaftigkeit. Man kann also das Urteil fällen, daß die deutsche Sprache hinsichtlich dieser Worte als ursprünglich gelten kann, da die Alten nicht nötig hatten, anderswoher einen Laut zu entleihen, um den der Frösche nachzuahmen. Es gibt noch viele andere, wobei dasselbe stattfindet. Denn die alten Deutschen, Kelten und andere mit ihnen verwandte Völker scheinen aus einem Naturinstinkt den Buchstaben R gebraucht zu haben, um eine heftige Bewegung und ein Geräusch, wie das dieses Buchstabens, zu bezeichnen. Dies sieht man in *rheô* (fließen), *rinnen, rühren, rutir*, Rhein, Rhone, Roer (*Rhenus, Rhodanus, Eridanus, Rura*), *rauben, rapere, ravir, Rad* (*rota*), *radere, raser, rauschen* (ein schwer zu übersetzendes Wort; es bezeichnet ein Geräusch, wie das der Blätter oder Bäume, welches der Wind oder ein durchstreifendes Tier darin macht, oder den ein Schleppkleid verursacht), *recken* (gewaltsam ausdehnen). Daher kommt es, daß *reichen* berühren ist, daß der *Rick* einen langen Stock oder eine Stange, die zum Aufhängen von etwas dient, in jener Art von Plattdeutsch oder Niedersächsisch bezeichnet, das bei Braunschweig gesprochen wird; daß *Rige*, Reihe, *regula, regere* sich auf eine Länge oder gerade Linie bezieht, und daß *Reck* eine sehr ausgedehnte, lange Sache oder Person bezeichnet hat, besonders einen Riesen und sodann einen reichen und mächtigen Mann, wie im »reich« der Deutschen und im *riche* oder *ricco* der romanischen Völker erscheint. Im Spanischen bezeichnet *ricos hombres* die Adligen oder Vornehmen, was zugleich verständlich macht, wie die Metaphern, Synekdochen und Metonymien die Worte von einer Bedeutung in die andere übergehen machen, ohne daß man immer die Spur davon verfolgen kann. Geräusch und gewaltsame Bewegung bemerkt man auch in »*Riß*«, womit das lateinische *rumpo*, das griechische *rhêgnymi*, das französische *arracher*, das italienische *straccio* in Verbindung stehen. Wie nun der Buchstabe R von Natur eine heftige Bewegung bezeichnet, so der Buchstabe L eine sanftere. So sehen wir, daß die Kinder und diejenigen, denen das R zu hart und zu schwierig auszusprechen ist, an dessen Stelle den Buchstaben L setzen, wie wenn man z.B. sagt: *Mon levelend pèle.* Diese sanfte Bewegung erscheint in: *leben, laben, lind, lenis, lentus, lieben, laufen* (d.h. schnell dahingleiten, wie gießendes Wasser), *labi* (gleiten – *labitur uncta vadis abies*), *legen* (leicht hinsetzen), woher liegen kommt, *lage* oder *laye* (ein Bett, z.B. ein Steinlager), Laystein (Tonschieferlage), *lego, lese* (d.h. was da steht, sammle ich, das Gegenteil von legen), *Laub* (etwas leicht sich Bewegendes), wohin auch gehören: *lap, liel,* lenken, *luo, lyô, lien* (im Niedersächsischen: sich auflösen, schmelzen wie Schnee, daher der Name des Flusses *Leine* im Hannöverschen, der aus dem Gebirge kommend durch geschmolzenen Schnee stark anschwillt). Wir haben nicht nötig, noch eine zahllose Menge anderer Bezeichnungen hinzuzufügen, die beweisen, daß in dem Ursprung der Worte etwas Natürliches waltet, was den Zusammenhang zwischen den Dingen und den Lauten und Bewegungen der Sprachorgane zeigt, worin auch der Grund liegt, daß der Buchstabe L., mit anderen Worten verbunden, bei den Lateinern, den Romanen und den Hochdeutschen die Verkleinerung bezeichnet. Indessen muß man nicht behaupten, daß jene Beziehung sich überall bemerken läßt, denn der Löwe, der Luchs, der Wolf, auf französisch *loup*, sind nichts weniger als sanft. Aber man kann sich dabei an einen anderen Umstand gehalten haben, nämlich die Schnelligkeit (den Lauf), die sie furchtbar macht oder zum Laufen zwingt, wie wenn der, welcher ein solches Tier kommen sieht, den anderen zuruft: Lauft! (d.h. Flieht!) Überdies sind die meisten Worte durch verschiedene Zufälle und Veränderungen außerordentlich modifiziert und von ihrer ursprünglichen Aussprache und Bedeutung abgewichen.

Philalethes. Ein ferneres Beispiel würde dies noch besser verständlich machen.

Theophilus. Da haben Sie eins, das klar genug ist und zugleich mehrere andere in sich faßt. Das Wort Auge und seine Verwandtschaft kann dazu dienen, was zu zeigen ich ein wenig weiter ausholen will. Aus A, dem ersten Buchstaben, wenn man eine kleine Aspiration folgen läßt, wird Ah, und da dies ein Aushauchen der Luft ist, das einen anfangs ziemlich hellen und darauf verschwindenden Ton gibt, so bezeichnet dieser Ton natürlicherweise einen gelinden Hauch (*spiritus lenis*), wenn A und H nicht besonders stark sind. Daher haben *aô, aer, aura, haugh, halare, haleine, atmos,* Atem, Odem (im Deutschen) ihren Ursprung. Da nun das Wasser auch eine Flüssigkeit ist und Geräusch macht, so ist es, wie mir scheint, gekommen, daß *Ah,* nachdem man es durch Verdoppelung stärker gemacht hat, also aha oder ahha, für das Wasser genommen wurde. Die Teutonen und übrigen Kelten haben, um die Bewegung besser zu bezeichnen, dem einen wie dem anderen ihr W vorgesetzt, darum bezeichnen *Wehen, Wind, vent,* die Bewegung der Luft, und *waten, vadum, water* die Bewegung des Wassers oder im Wasser. Um aber auf *Aha* zurückzukommen, so scheint es, wie ich gesagt habe, eine Art Wurzel zu sein, welche Wasser bezeichnet. Die Isländer, die von dem alten skandinavischen Teutonismus etwas übrig behalten haben, schwächten die Aspiration und sagten *Aa;* andere, welche *Aken* sprechen (indem sie *Aix, Aquas grani* verstanden), haben sie verstärkt, wie auch die Lateiner in ihrem *Aqua* und die Deutschen an gewissen Stellen, indem sie Ach in den Zusammensetzungen gebrauchen, um das Wasser zu bezeichnen, wie wenn *Schwarzach* schwarzes Wasser, *Biberach* Biberwasser bezeichnet. Und statt Wiser oder Weser sagte man in den alten Rechtsurkunden *Wiseraha* und *Wisurach* bei den alten Einwohnern, woraus die Lateiner *Visurgis* gemacht haben, wie sie aus Iler, Ilerach *Ilargus* gemacht haben. Aus *Aqua, Aiugues, Auue* haben die Franzosen endlich ihr *Eau* gemacht, welches sie Oo aussprechen, wobei dann vom Ursprünglichen nichts mehr bleibt. *Auwe, Auge* bei den Deutschen ist heutzutage ein Ort, den das Wasser oft überschwemmt und der zur Viehweide geeignet ist, *locus irriguus, pascuus*; in noch engerer Bedeutung aber bezeichnet es eine Insel, wie im Namen des Klosters Reichenau (*Augia dives*) und in vielen anderen. Und dies muß bei vielen teutonischen und keltischen Völkern stattgefunden haben, denn daher ist es gekommen, daß alles, was in einer Art Ebene wie abgesondert ist, *Auge* oder *Ouge, oculus* genannt worden ist. So nennt man auch bei den Deutschen die Öltropfen auf dem Wasser, und bei den Spaniern ist *ojo* ein Loch. Indessen sind *Auge, Ooge, oculus, occhio* usw. vorzugsweise auf das Sehorgan angewandt worden, welches jene hervorstehende gesonderte Vertiefung im Gesicht ausmacht, und ohne Zweifel kommt das französische *oeil* auch daher, aber dessen Ursprung ist ganz und gar nicht erkennbar, wenn man nicht der soeben gegebenen Verkettung nachgeht, und *omma* und *ophis* der Griechen scheint aus derselben Quelle zu stammen. *Oe* oder *Oeland* ist eine Insel bei den Nordländern, und davon gibt es eine Spur im Hebräischen, wo [Ai], Ai, eine Insel ist. Bochart nahm an, daß die Phönizier den Namen, welchen sie seiner Ansicht nach dem von Inseln erfüllten ägeischen Meere gegeben hatten, daher bezogen hätten. *Augere* (vermehren), kommt auch von *Auue* oder *Auge*, d.h. von der Wasserausschüttung, wie ooken, auken im Altsächsischen vermehren bedeutete, und Augustus, wenn man darunter den Kaiserverstand, wurde durch *Ooker* übersetzt. Der Fluß bei Braunschweig, welcher aus dem Erzgebirge kommt und folglich Anschwellungen sehr unterworfen ist, wird *Ocker* genannt und hieß ehemals *Ouacra*. Auch bemerke ich im Vorbeigehen, daß die Flußnamen, weil sie in der Regel aus dem höchsten bekannten Altertum stammen, am besten auf die alte Sprache und die alten Bewohner hindeuten, daher sie eine besondere Untersuchung verdienten. Und da die Sprachen im allgemeinen die ältesten Denkmäler der Völker noch vor der Schrift und den Künsten sind, so zeigen sie auch am besten den Ursprung der Verwandtschaften und Wanderungen an. Aus diesem Grunde würden die Etymologien, richtig verstanden, merkwürdig und bedeutsam sein; man muß nur die Sprachen mehrerer Völker zusammennehmen und nicht von einer Nation zu einer anderen sehr entfernten zu viel Sprünge machen, ohne hinlängliche Begründungen dafür zu haben, wobei es vor allem darauf ankommt, die Völker dazwischen als Gewährsmänner zu haben. Und im allgemeinen darf man den Etymologien keinen Glauben schenken, als wenn man eine Menge zusammenstimmender Zeugnisse hat, sonst goropisiert man.

Philalethes. Goropisiert man? Was heißt das?

Theophilus. Man sagt so, weil die seltsamen und oft lächerlichen Etymologien des Goropius Becanus, eines gelehrten Arztes im sechzehnten Jahrhundert, sprüchwörtlich geworden sind, obgleich er übrigens nicht so ganz unrecht gehabt hat, zu behaupten, daß die deutsche Sprache, welche er die cimbrische nennt, ebensoviel und mehr Zeichen von etwas Ursprünglichem bietet, als seihst das Hebräische. Ich erinnere mich, daß der verstorbene Clauberg, der ausgezeichnete Philosoph, eine kleine Abhandlung über den Ursprung der deutschen Sprache geschrieben hat, welche den Verlust dessen, was er über diesen Gegenstand versprochen hatte, bedauern läßt. Ich selbst habe einige Gedanken dazugegeben und außerdem den verstorbenen Gerard Meier, einen Bremischen Theologen, darüber zu arbeiten veranlaßt, was er auch getan hat; aber er wurde durch den Tod unterbrochen. Gleichwohl hoffe ich, daß die Welt noch einmal davon ebensogut Nutzen haben wird, als von den ähnlichen Arbeiten des berühmten Juristen Schiller zu Straßburg, der aber nun auch gestorben ist.

Wenigstens ist sicher, daß die Sprache und Altertümer der Teutonen in den meisten Untersuchungen über den Ursprung, die Sitten und Altertümer Europas von Gewicht sind. Und ich möchte wünschen, daß die Gelehrten ebenso in der walisischen, biscaischen, slavonischen, finnischen, türkischen, persischen, armenischen, georgischen und anderen Sprachen arbeiteten, um deren Übereinstimmung zu entdecken, was, wie ich eben gesagt habe, besonders dazu dienen würde, den Ursprung der Nationen aufzuklären.

§ 2. *Philalethes.* Dieser Vorschlag ist von Wichtigkeit, aber gegenwärtig ist es an der Zeit, das *Materielle der Worte* zu verlassen und auf das *Formelle* zurückzukommen, d.h. auf die verschiedenen Sprachen gemeinsame Bedeutung. Da werden Sie mir nun zuerst zugeben, daß, wenn ein Mensch mit dem anderen spricht, er von seinen eigenen Vorstellungen Zeichen geben will, da die Worte von ihm nicht auf das, was er nicht kennt, angewandt werden können. Und sofern jemand Vorstellungen von eigener Ermüdung hat, kann er nicht annehmen, daß sie mit den Eigenschaften der Dinge oder den Begriffen anderer Leute übereinstimmen.

Theophilus. Dennoch ist es wahr, daß man sehr oft vielmehr das bezeichnen will, was andere denken, als was man auf eigene Hand denkt, wie es nur zu oft Laien begegnet, deren Glaube blind ist. Ich gebe indessen zu, daß man immer etwas Allgemeines versteht, mag der Gedanke auch noch so taub und von Verständnis bar sein, und sich wenigstens bemüht, die Worte nach der Gewohnheit der anderen zu ordnen, mit dem Glauben zufrieden, im Notfall den Sinn davon lernen zu können. So ist man mitunter nur der Gedanken-Dolmetscher oder Worthandlanger eines anderen, ganz wie ein Brief sein würde, und das ist man sogar öfter, als man denkt.

§ 3. *Philalethes.* Sie haben recht mit dem Zusatze, daß man immer etwas Allgemeines versteht, mag man noch so einfältig sein. Wenn ein Kind in dem, was es Gold nennen hört, nur eine glänzende gelbe Farbe bemerkt hat, so gibt es den Namen Gold derselben Farbe, welche es im Schweif eines Pfauen sieht, während andere die bedeutende Schwere, Schmelzbarkeit, Dehnbarkeit hinzudenken werden.

Theophilus. Das gebe ich zu; indessen ist oft die Vorstellung eines in Rede stehenden Gegenstandes noch allgemeiner als die jenes Kindes, und ich zweifle nicht, daß ein Blinder von den Farben angemessen sprechen und eine Lobrede auf das Licht halten kann, das er nicht kennt, weil er nämlich dessen Wirkungen und Umstände kennen gelernt hat.

§ 4. *Philalethes.* Was Sie da bemerken, ist sehr wahr. Es geschieht oft, daß die Menschen ihre Gedanken mehr auf die Worte als auf die Sachen richten, und da man die meisten dieser Worte vor der Kenntnis der mit ihnen bezeichneten Vorstellungen gelernt hat, so gibt es nicht blos Kinder, sondern auch Erwachsene, welche oft wie die Papageien sprechen. – § 5. Indessen behaupten die Menschen gewöhnlich, ihre eigenen Gedanken zu bezeichnen, und messen weiter den Worten noch eine geheime Beziehung zu den Vorstellungen anderer Leute und zu den Dingen selbst bei. Denn wenn die Laute von demjenigen, mit welchem wir uns unterhalten, einer anderen Vorstellung verknüpft würden, so hieße das zwei Sprachen reden; allerdings hält man sich nicht allzuviel dabei auf, zu prüfen, welches die Vorstellungen der anderen sind, und nimmt an, daß unsere Vorstellung diejenige ist, welche der große Haufe und die Gebildeten eines Landes mit demselben Wort verbinden. – § 6. Dies findet im besonderen hinsichtlich der einfachen Vorstellungen und der Modi statt; was aber die Substanzen anbetrifft, so glaubt man dabei noch spezieller, daß die Worte auch die Wirklichkeit der Dinge bezeichnen.

Theophilus. Substanzen und Modi werden in gleicher Weise von den Vorstellungen dargestellt und die Sachen ebensogut wie die Vorstellungen in dem einen und anderen Falle durch die Worte bezeichnet. Ich sehe also keinen Unterschied sonst dabei, als daß die Vorstellungen der substantiellen Dinge und der sinnlichen Eigenschaften mehr feststehen. Es kommt übrigens zuweilen vor, daß unsere Vorstellungen und Gedanken der Gegenstand unserer Unterredungen sind und dasjenige, was man bezeichnen will, selbst ausmachen, und daß die Reflexionsbegriffe mehr, als man denkt, an den Begriffen der Wirklichkeit teilnehmen. Mitunter spricht man sogar von den horten materiellerweise, ohne in diesem Falle an Stelle des Wortes die Bedeutung oder die Beziehung zu den Vorstellungen oder Dingen bestimmt setzen zu können. Dies geschieht nicht allein, wenn man als Grammatiker, sondern auch, wenn man als Lexikograph spricht, indem man die Erklärung des Wortes gibt.

III. Von den allgemeinen Ausdrücken

§ 1. *Philalethes.* Obgleich es nur besondere Dinge gibt, so besteht der größte Teil der Wörter nichtsdestoweniger in *allgemeinen Ausdrücken*, weil es unmöglich ist, – § 2 daß jede besondere Sache einen besonderen und bestimmten Namen für sich hat, und außerdem dazu ein wunderbares Gedächtnis nötig wäre, gegen welches dasjenige gewisser Feldherren, die alle ihre Soldaten bei Namen nennen konnten, nichts sein würde. Die Sache wächst sogar bis ins Unendliche, wenn jedes Tier, jede glänze und selbst jedes Pflanzenblatt, jedes Korn, endlich jedes Sandkörnchen, daß man zu nennen nötig hätte, seinen Namen haben müßte. Und wie soll man die für die Sinnlichkeit gleichartigen Teile der Dinge, wie des Wassers, des Feuers, benennen? § 3. Zudem wären diese besonderen Namen unnütz, weil der Hauptzweck der Sprache darin besteht, im Geiste dessen, der mich hört, eine der meinigen ähnliche Vorstellung zu erwecken. Also genügt die Ähnlichkeit, welche durch die allgemeinen Ausdrücke bezeichnet wird. § 4. Auch würden die besonderen Worte allein nicht dazu dienen, unsere Erkenntnisse zu erweitern, noch uns von der Vergangenheit auf die Zukunft, oder von einem Individuum auf ein anderes schließen zu lassen. § 5. Da man indes oft nötig hat, gewisse Individuen, besonders unserer Art, zu erwähnen, so bedient man sich der *Eigennamen*: diese gibt man auch den Ländern, Städten, Bergen und anderen Ortsunterscheidungen. Geben doch die Roßhändler, so gut wie Alexander seinem Bucephalus, eigene Namen, um dies oder jenes besondere Pferd, wenn es aus ihren Augen entfernt ist, unterscheiden zu können.

Theophilus. Diese Bemerkungen sind gut und darunter solche, welche mit den eben von mir gemachten zusammenstimmen. Aber ich möchte im Verfolg dessen, was ich schon bemerkt habe, hinzufügen, daß die *Eigennamen gewöhnlich Appellativa* gewesen sind d.h. allgemeine Ausdrücke, wie Brutus, Cäsar, Augustus, Capito, Lentulus, Piso, Cicero, Elbe, Rhein, Ruhr, Leine, Ocker, Bucephalus, Alpen, Brenner oder Pyrenäen; denn man weiß, daß der erste Brutus diesen Namen von seinem anscheinenden Stumpfsinn hatte, daß Caesar den Namen eines Kindes hatte, welches durch einen Schnitt aus dem Mutterschoß gezogen worden ist, daß Augustus ein Ehrenname war, daß Capito Dickkopf bedeutet, wie auch Bucephalus, daß Lentulus, Piso und Cicero ursprünglich denjenigen Personen gegebene Namen gewesen sind, welche besonders gewisse Gemüsearten bauten. Was die Namen jener Flüsse, Rhein, Ruhr, Leine, Ocker, bedeuten, habe ich schon gesagt. Man weiß auch, daß in Skandinavien noch alle Flüsse »Elbe« genannt werden. Endlich sind *Alpen* solche Berge, die mit Schnee bedeckt sind, womit *album*, d.h. *weiß*, stimmt, und *Brenner* oder Pyrenäen bedeutet eine große Höhe, denn *bren* war im Keltischen hoch oder Haupt (wie Brennus), wie noch bei den Niedersachsen Brinck die Höhe ist und es zwischen Deutschland und Italien einen Brenner gibt, und wie die Pyrenäen zwischen Gallien und Spanien gelegen sind. Demnach möchte ich zu behaupten wagen, daß fast alle Worte ursprünglich Gemeinausdrücke sind, weil es sehr selten vorkommen wird, daß man einen Namen expreß ohne Grund erfindet, um dies oder jenes Individuum zu bezeichnen. Man kann also sagen, daß die Namen der Individuen Gattungsnamen waren, welche man vorzugsweise oder sonstwie irgend einem Individuum beilegte, wie den Namen *Dickkopf* demjenigen in der ganzen Stadt, welcher den größten hatte oder von allen dicken Köpfen, die man könnte, der am meisten beachtete war. So gibt man sogar die Geschlechtsnamen den Arten, d.h. man begnügt sich mit einem allgemeinen oder unbestimmten Worte, um mehr besondere Arten zu bezeichnen, wenn man sich um die Unterschiede dabei nicht kümmert. So begnügt man sich z.B. mit dem allgemeinen Namen Wermut, obgleich es davon so viel Arten gibt, daß einer der Bauhins darüber ein eigenes Werk vollgeschrieben hat.

§ 6. *Philalethes*. Ihre Bemerkungen über den Ursprung der *Eigennamen* sind sehr richtige um aber auf die *Appellativa* oder allgemeinen Ausdrücke zu kommen, so werden sie ohne Zweifel zugeben, daß die Worte allgemein werden, wenn sie Zeichen von allgemeinen Vorstellungen sind, und daß die Vorstellungen allgemein werden, wenn man durch Abstraktion die Zeit, den Ort, oder diejenigen anderen Umstände davon abtrennt, welche sie zu diesem oder jenem besonderen Dasein *bestimmen* können.

Theophilus. Ich leugne diese Anwendung der Abstraktionen nicht, aber sie gilt viel mehr beim Aufsteigen von den Arten zu den Gattungen als von den Individuen zu den Arten. Denn es ist uns unmöglich, so widersinnig dies erscheinen mag, die Erkenntnis der individuellen Wesen zu haben und das Mittel zur genauen *Bestimmung* der Individualität irgend einer Sache zu finden, ohne sie selbst festzuhalten, denn alle Umstände können wiederkehren; die kleinsten Unterschiede bleiben für uns unbemerkt; Ort und Zeit, weit entfernt, von sich aus zu bestimmen, müssen vielmehr selbst durch die Dinge, welche sie enthalten, bestimmt werden. Das Bemerkenswerteste dabei ist, daß die *Individualität* die Unendlichkeit in sich schließt, und daß nur derjenige, welcher dies zu erkennen imstande ist, die Erkenntnis des Prinzips der Individuation dieser oder jener Sache haben kann. Dies kommt von dem – richtig zu verstehenden – Einfluß aller Dinge des Weltalls aufeinander her. Allerdings würde es nicht so sein, wenn es demokritische Atome gäbe, aber dann würde es auch keinen *Unterschied* zwischen zwei *verschiedenen* Individuen derselben Gestalt und Größe geben.

§ 7. *Philalethes.* Dennoch ist ganz klar, daß die Vorstellungen, welche sich die Kinder von denjenigen Personen bilden, mit denen sie umgehen (um bei diesem Beispiel zu verweilen), den Personen selbst ähnlich und eben nur besondere sind. Die Vorstellungen, welche sie von ihrer Amme oder ihrer Mutter haben, sind ihrem Geiste wohl eingeprägt, und die Namen »*Amme*« oder »*Mama*«, deren die Kinder sich bedienen, beziehen sich nur auf diese Personen. Wenn nachher die Zeit sie hat bemerken lassen, daß es mehrere andere Wesen gibt, die ihrem Vater oder ihrer Mutter gleichen, so bilden sie eine Vorstellung, an der, wie sie finden, alle diese besonderen Wesen gleichzeitig teilhaben, und geben ihr dann, wie andere auch, den Namen Mensch. § 8. Auf dem nämlichen Wege erwerben sie allgemeinere Namen und Begriffe; so wird z.B. die neue Vorstellung »lebendes Wesen« nicht durch Addition gebildet, sondern nur durch Aufhebung der Gestalt oder besonderer Eigenschaften der Menschen und durch Festhaltung des mit Leben, Gefühl und selbständiger Bewegung versehenen Körpers.

Theophilus. Sehr gut; aber dies beweist nur das soeben von mir Bemerkte; denn wie das Kind durch Abstraktion von der Auffassung der Vorstellung des Menschen zu der der Vorstellung des lebenden Wesens fortgeht, ist es von der mehr spezifischen Vorstellung, welche es an seiner Mutter oder seinem Vater oder anderen ansehen auffaßte, zu der der menschlichen Natur gekommen. Denn um zu schließen, daß es keine genaue Vorstellung des Individuums hatte, braucht man nur zu erwägen, daß eine mäßige Ähnlichkeit es leicht täuschen und veranlassen würde, eine andere Frau für seine Mutter zu halten, die es nicht wäre. Sie kennen die Geschichte von dem falschen Martin Guerra, welcher sogar die Frau des wirklichen und dessen nächste Verwandte durch die mit Gewandtheit verbundene Ähnlichkeit betrog und die Richter lange in Verlegenheit setzte, selbst nachdem der wahre dazugekommen war.

§ 9. *Philalethes.* So kommt dies ganze Geheimnis von der Gattung und den Arten, wovon man in den Schulen so viel Lärm macht, das aber außerhalb derselben mit Recht so wenig beachtet wird, dies ganze Geheimnis, sage ich, kommt einzig auf die Bildung mehr oder minder weiter abstrakter Vorstellungen zurück, denen man gewisse Namen gibt.

Theophilus. Die Kunst, die Dinge in Geschlechter und Arten zu ordnen, ist von nicht geringer Bedeutung und dient sowohl dem Urteil als dem Gedächtnis erheblich. Sie wissen, von welcher Wichtigkeit dies in der Botanik ist, nicht zu reden von den Tieren und anderen Substanzen und auch von den moralischen und rationalen Wesen, wie einige sie nennen. Ein guter Teil der Ordnung hängt davon ab, und mehrere gute Schriftsteller drücken sich so aus, daß ihr ganzer Vortrag sich auf Einteilungen oder Untereinteilungen beschränkt gemäß einer Methode, nach welcher man sich an Geschlechter und Arten hält, und die nicht nur dazu dient, die Dinge zu behalten, sondern sie sogar zu finden. Auch diejenigen, welche alle Arten von Begriffen unter gewisse in Unterabteilungen zerfällte Titel oder Kategorien verteilt haben, haben etwas sehr Nützliches vollbracht.

§ 10. *Philalethes.* Indem wir die Worte definieren, bedienen wir uns des nächsten Geschlechtes oder allgemeinen Ausdruckes, und zwar geschieht dies, um sich die Mühe zu sparen, die verschiedenen einfachen Vorstellungen aufzuzählen, welche dies Geschlecht bezeichnet, oder vielleicht mitunter auch, um uns die Schande zu sparen, diese Aufzählung nicht machen zu können. Obgleich aber der kürzeste Weg zu definieren durch das Mittel *des Geschlechts* und des (artbildenden) *Unterschiedes*, wie die Logiker sprechen, erreicht wird, so kann man meines Erachtens zweifeln, ob es der beste sei; wenigstens ist er nicht der einzige. In der Definition, welche besagt, daß der Mensch ein vernünftiges lebendes Wesen sei (welche vielleicht die genaueste nicht ist, aber dem vorliegenden Zweck hinlänglich dient), könnte man an die Stelle von »lebendes Wesen« dessen Definition setzen. Dies zeigt, wie unnötig die Regel ist, *daß eine Definition aus Geschlecht und Artunterschied bestehen müsse,* und wie unvorteilhaft es ist, sie sorgfältig zu beobachten. Ferner sind die Sprachen nicht immer dergestalt nach den

Regeln der Logik gebildet, daß die Bedeutung eines jeden Ausdruckes durch zwei andere genau und klar ausgedrückt werden kann. Auch haben die, welche diese Regel gemacht haben, unrecht gehabt, uns so wenig Definitionen, welche damit übereinstimmen, zu geben.

Theophilus. Ich bin mit Ihren Bemerkungen einverstanden, gleichwohl würde es aus vielen Gründen vorteilhaft sein, daß die Definitionen aus zwei Ausdrücken bestehen könnten. Dies würde ohne Zweifel die Sache sehr abkürzen, und alle Einteilungen könnten auf Dichotomien zurückgeführt werden, welche die beste Art der Einteilungen sind und für die Erfindung, das Urteil und das Gedächtnis vorzugsweise dienen. Indessen glaube ich nicht, daß die Logiker immer das Geschlecht oder den Artunterschied in einem Worte ausgedrückt verlangen. So kann z.B. der Ausdruck *regelmäßiges Polygon* für die Gattung des Quadrats gelten; und in der Figur des Kreises kann die Gattung eine flache krummlinige Figur sein, und der Artunterschied würde dann darin bestehen, daß alle Punkte der Umkreislinie gleichmäßig von einem bestimmten Punkte als Mittelpunkt entfernt sind. Übrigens ist noch gut zu bemerken, daß das *Geschlecht* oft mit dem *Artunterschied* und *dieser* mit dem *Geschlecht* vertauscht werden kann, z.B. das Quadrat ist ein regelmäßiges Viereck oder eine vierseitige Figur, die regulär ist, so daß also Geschlecht und Artunterschied nur wie Substantiv und Adjektiv sich voneinander unterscheiden, wie wenn man, anstatt zu sagen: der Mensch ist ein vernünftiges Lebewesen, der Sprache zu sagen verstattete, daß der Mensch ein lebendiges Vernunftwesen ist, d.h. eine vernünftige Substanz, die mit einer natürlichen Lebenskraft begabt ist, während die Geister vernünftige Substanzen sind, deren Wesen aber nicht das Leben in dem gewöhnlichen Sinne wie bei den Tieren ist. Und zwar hängt die Möglichkeit dieses Wechsels von Gattungen und Artunterschieden von der Veränderung der Ordnung in den Unterabteilungen ab.

§ 11. *Philalethes.* Aus dem, was ich eben gesagt habe, folgt, daß das, was man allgemein und universell nennt, nicht zum Dasein der Dinge gehört, sondern das Werk des Verstandes ist. § 12. Und die Wesenheiten jeder Art sind nur abstrakte Vorstellungen.

Theophilus. Ich sehe diese Folgerung nicht ein. Denn die Allgemeinheit besteht in der Ähnlichkeit der einzelnen Dinge untereinander, und diese Ähnlichkeit ist eine Realität.

§ 13. *Philalethes.* Ich wollte Ihnen schon selbst sagen, daß diese Arten auf der Ähnlichkeit beruhen.

Theophilus. Warum sollen wir denn also nicht auch das Wesen der Gattungen und Arten darin suchen?

14 §. *Philalethes.* Man wird sich über den von mir ausgesprochenen Satz weniger wundern, daß die Wesenheiten das Werk des Verstandes sind, wenn man in Betracht zieht, daß es wenigstens zusammengesetzte Vorstellungen gibt, die im Geiste verschiedener Personen häufig verschiedene Vereinigungen einfacher Vorstellungen bilden, und so ist das, was im Geist des einen Menschen *Geiz* ist, nicht dasselbe im Geist eines zweiten.

Theophilus. Ich gestehe Ihnen, daß ich in wenige Punkten die Gültigkeit Ihrer Folgerungen weniger eingesehen habe als hierbei, und das tut mir leid. Wenn die Menschen über das Wort nicht einige sind, ändert denn das die Dinge selbst oder deren Ähnlichkeiten? Wenn der eine das Wort Geiz der einen Ähnlichkeit, der andere einer anderen leiht, so sind das zwei verschiedene durch das nämliche Wort bezeichnete Arten.

Philalethes. Bei derjenigen Art von Substanzen, die uns die vertrauteste ist, und welche wir auf die genaueste Art kennen, hat man mitunter gezweifelt, ob die von einer Frau zur Welt gebrachte Frucht ein Mensch sei, so daß man sogar darüber uneinig wurde, ob man sie erziehen und taufen sollte; dies könnte nicht der Fall sein, wenn die abstrakte Vorstellung oder das Wesen, dem der Name des Menschen zukommt, das Werk der Natur wäre, und nicht eine davon verschiedene unsichere Verknüpfung einfacher Vorstellungen, welche der Verstand zusammengefügt hat und welcher er einen Namen beilegt, nachdem er sie auf dem Wege der Abstraktion allgemein gemacht. Dergestalt ist im Grunde genommen eine jede bestimmte durch Abstraktion entstandene Vorstellung für sich eine bestimmte Wesenheit.

Theophilus. Verzeihen Sie mir die Bemerkung, daß Ihre Rede mich in Verlegenheit setzt, weil ich darin keinen Zusammenhang sehe. Wenn wir nicht immer von den äußeren Ähnlichkeiten auf die inneren schließen können, sind diese denn darum weniger wirklich? Wenn man ungewiß ist, ob eine Mißgeburt ein Mensch ist, so kommt dies daher, daß man an ihrer Vernunft zweifelt. Sobald sich findet, daß sie eine solche hat, werden die Theologen den Ausspruch tun, daß sie getauft werde, und die Juristen, daß sie erzogen werde. Freilich kann man über die, im logischen Sinne genommen, niedrigsten Arten miteinander streiten, die sich durch Zufälligkeiten innerhalb derselben physischen Art oder in demselben Zeugungsstamme abändern; man hat aber gar nicht nötig, sie zu bestimmen; man kann sie sogar bis ins Unendliche abändern, wie man an der großen Verschiedenheit der Orangen, Apfelsinen und Zitronen sieht, welche die Sachkundigen zu benennen und zu unterscheiden wissen. Ebenso sah man es an den Tulpen und Nelken, als diese Blumen in der Mode waren. Ob übrigens die Menschen diese oder jene Vorstellungen damit verbinden oder nicht, und selbst ob die Natur sie wirklich oder nicht damit verbindet, hat auf die Wesenheiten, Geschlechter oder Arten keinen Einfluß, weil es sich dabei nur um Möglichkeiten handelt, die von unserem Denken unabhängig sind.

§ 15. *Philalethes.* Gewöhnlich setzt man voraus, daß die Art eines jeden Dinges in der Wirklichkeit begründet ist; und daß es etwas geben müsse, von dem jede Vereinigung einfacher Vorstellungen oder zugleich vorhandener Eigenschaften in einem bestimmten Dinge abhangen muß, ist ohne Zweifel. Aber da augenscheinlich die Dinge nur insofern unter bestimmten Namen in *Klassen* und *Arten* geordnet sind, als sie mit gewissen abstrakten Vorstellungen übereinkommen, denen wir diesen bestimmten Namen beigelegt haben, so ist auch das *Wesen* eines jeden Geschlechtes oder jeder Art nichts anderes, als die durch den allgemeinen oder besonderen Namen bezeichnete abstrakte Vorstellung, und wir werden finden, daß dies der gewöhnlichste Gebrauch des Wortes Wesenheit ist. Meiner Meinung nach würde es nicht übel sein, diese zwei Arten von Wesenheiten mit zwei verschiedenen Namen zu bezeichnen und die erstere *reale Wesenheit*, die andere *nominale Wesenheit* zu nennen.

Theophilus. Mir scheint, daß unsere Sprache in ihren Ausdrucksweisen außerordentlich viel Neuerungen einführt. Man hat bisher wohl von nominalen und von kausalen oder Real – Definitionen, nicht aber, daß ich es wüßte, von anderen als realen Wesenheiten gesprochen; wenigstens würde man unter nominalen Wesenheiten falsche und unmögliche verstanden haben, die Wesenheiten zu sein nur scheinen, aber es nicht sind, wie z.B. die eines regelmäßigen Dekaeders d.h. des von 10 Flächen umschlossenen regelmäßigen Körpers. Die Wesenheit ist im Grunde nichts anderes als die Möglichkeit dessen, was man denkt. Was man als möglich voraussetzt, wird durch die Definition ausgedrückt, aber diese Definition ist nur nominal, wenn sie nicht zugleich die Möglichkeit ausdrückt. Denn dann kann man zweifeln, ob eine solche Definition etwas Wirkliches d.h. Mögliches ausdrückt, bis die Erfahrung uns zu Hilfe kommt, um uns diese Wirklichkeit a posteriori zu zeigen, wenn die Sache sich tatsächlich in der Welt findet, was da in Ermangelung des Grundes genügt, der die Wirklichkeit a priori zeigen würde, indem er die mögliche Ursache der Entstehung des definierten Dinges angibt. Es hängt also nicht von uns ab, die Vorstellungen nach unserem Belieben zu verknüpfen, wenn diese Verknüpfung nicht entweder durch die Vernunft, welche sie als möglich zeigt, oder durch die Erfahrung, welche sie als tatsächlich und folglich auch als möglich zeigt, gerechtfertigt wird. Um Wesenheit und Definition besser zu unterscheiden, muß man auch erwägen, daß es nur eine Wesenheit des Dinges, aber mehrere Definitionen davon gibt, welche die nämliche Wesenheit ausdrücken, wie dasselbe Bauwerk oder dieselbe Stadt von verschiedenen Seiten, aus denen man sie betrachtet, durch verschiedene Ansichten dargestellt werden kann.

§ 19. *Philalethes.* Ohne Zweifel, denke ich, werden Sie mir zugeben, daß das *Reale* und das *Nominale* in den einfachsten Vorstellungen und in den Vorstellungen der Modi stets dasselbe ist; in den Vorstellungen der Substanzen aber sind sie immer ganz verschieden. Eine Figur, welche einen Raum mit drei Linien einschließt, ist sowohl die reale als die nominale Wesenheit des Dreiecks, denn sie ist nicht allein die abstrakte Vorstellung, mit der der allgemeine Name verbunden ist, sondern die Wesenheit oder das eigentümliche Sein der Sache oder der Grund, aus dem ihre Eigenschaften hervorgehen und mit dem sie alle verknüpft sind. Ganz anders aber verhält es sich mit dem Golde. Der wirkliche Zusammenhang seiner Teile, von der die Farbe, die Schwere, die Schmelzbarkeit, die Feuerfestigkeit abhangen, ist uns unbekannt, und da wir davon keine Vorstellung haben, haben wir auch kein dieselbe bezeichnendes Wort. Gleichwohl machen es jene Eigenschaften, daß dieser Stoff Gold genannt wird, und sind seine nominale Wesenheit d.h. dasjenige, was zum Namen ein Recht gibt.

Theophilus. Ich würde lieber nach dem eingeführten Sprachgebrauch sagen: die Wesenheit des Goldes ist das, was dasselbe bildet und ihm jene sinnlichen Eigenschaften gibt, die es erkennen lassen und seine *Nominaldefinition* ausmachen, während wir die *Real-* und *Kausaldefinition* dann haben würden, wenn wir diese innere Bildung oder Verfassung erklären könnten. Indessen wird hierbei die Nominaldefinition auch als reale gefunden, zwar nicht durch sie selbst (denn sie läßt die Möglichkeit oder Entstehung der Körper *a priori* nicht erkennen), sondern durch die Erfahrung, indem wir erfahren, daß es einen Körper gibt, in dem jene Eigenschaften sich zusammenfinden. Sonst könnte man doch zweifeln, ob so viel Schwere und so viel Dehnbarkeit zusammen bestehen könnten, wie man bis zur Stunde zweifeln kann, ob es Glas gibt, das unerhitzt sich hämmern läßt. Übrigens bin ich nicht Ihrer Meinung, daß es hier zwischen den Vorstellungen der Substanzen und denen der Prädikate einen Unterschied gibt, als wenn die Definitionen der Prädikate (d.h. der Modi und der Gegenstände der einfachen Vorstellungen) immer zugleich reale und nominale wären und die der Substanzen nur nominale. Ich gebe freilich gern zu, daß es schwerer ist, Realdefinitionen von den Körpern zu haben, welche substantielle Wesen sind, weil ihre innere Bildung weniger bemerkbar ist. Aber nicht mit allen Substanzen verhält es sich ebenso, denn wir haben von den wahren Substanzen oder Einheiten, wie von Gott oder von der Seele eine ebenso genaue Erkenntnis wie von den meisten der Modi. Übrigens gibt es auch Prädikate, die ebensowenig bekannt sind, wie die innere Körperbildung es ist, denn das Gelbe oder das Bittere z.B. sind die Gegenstände einfacher Vorstellungen oder Phantasiebilder, und dennoch hat man davon nur eine verworrene Erkenntnis. Sogar in der Mathematik ist dies der Fall, wo derselbe Modus ebensogut eine Nominal- als Realdefinition haben kann. Worin der Unterschied dieser beiden Definitionen besteht, welcher auch den Unterschied der Wesenheit und der Eigenschaft setzen muß, haben wenige richtig erklärt. Meiner Meinung nach besteht dieser Unterschied darin, daß die Realdefinition die Möglichkeit des Definierten zeigt, was die Nominaldefinition nicht tut. Die Definition von zwei geraden *Parallellinien*, welche besagt, daß sie in derselben Fläche sind und sich nicht begegnen, wenn man sie auch bis in das Unendliche verlängert, ist nur nominal, und man könnte zunächst zweifeln, ob so etwas möglich ist. Sobald man aber begriffen hat, daß man eine gerade Linie in einer Fläche mit einer anderen gegebenen geraden Linie parallel ziehen kann, wenn man nur darauf achtet, daß die Spitze des Stiftes, welcher die Parallele beschreibt, von den gegebenen Graden stets gleich weit entfernt bleibt, so sieht man zugleich, daß die Sache möglich ist, und warum die Linien jene Eigenschaft haben, sich niemals zu begegnen, was zwar ihre Nominaldefinition ausmacht, aber das Kennzeichen des Parallelismus nur dann ist, wenn die beiden Linien gerade sind, während wenn nur eine davon krumm wäre, sie ihrer Natur nach sich niemals zu begegnen brauchten, und dessenungeachtet darum doch nicht miteinander parallel wären.

§ 19. *Philalethes.* Wenn die Wesenheit etwas anderes wäre als eine abstrakte Vorstellung, so würde sie nicht unerschaffbar und unvergänglich sein. Ein Einhorn, eine Sirene, ein vollkommener Kreis sind vielleicht gar nicht in der Welt vorhanden.

Theophilus. Ich habe Ihnen schon gesagt, daß die Wesenheiten ewig sind, weil dabei bloß von Möglichkeiten die Rede ist.

IV. Von den Namen der einfachen Vorstellungen

§ 2. *Philalethes.* Ich gestehe, die Bildung von Modi immer für willkürlich gehalten zu haben, habe mich aber überzeugt, daß, was die einfachen Vorstellungen und die der Substanzen anbetrifft, diese Vorstellungen außer der Möglichkeit auch ein wirkliches Dasein bezeichnen müßten.

Theophilus. Ich sehe nicht ein, daß dies notwendig ist. Gott hat die Vorstellungen vor der Schöpfung der Gegenstände derselben, und nichts hindert, daß er verständigen Kreaturen solche Vorstellungen auch mitteilen könne; es gibt selbst nicht einmal einen bündigen Beweis, welcher die Gegenstände unserer Sinne und der einfachen Vorstellungen, welche die Sinne uns vergegenwärtigen, als außer uns vorhanden dartut. Dies gilt vor allem hinsichtlich derer, welche mit den Kartesianern und unserem berühmten Autor glauben, unsere einfachen Vorstellungen der sinnlichen Eigenschaften hätten keine Ähnlichkeit mit dem außer uns in den Gegenständen Vorhandenen; es würde danach keinen zwingenden Grund geben, daß diese Vorstellungen in irgend einem wirklichen Dasein begründet wären.

§§ 4. 5. 6. 7. *Philalethes.* Wenigstens werden Sie mir diesen zweiten Unterschied zwischen den einfachen und den zusammengesetzten Vorstellungen zugeben, daß die Namen der *einfachen Vorstellungen* nicht definiert werden können, während die der zusammengesetzten Vorstellungen es wohl werden können; denn die Definitionen müssen mehr als einen Ausdruck erhalten, wovon ein jeder eine Vorstellung bezeichnet. So sieht man, was definiert werden kann und was nicht, und warum die Definitionen nicht in das Unendliche gehen können, was bis jetzt niemand, daß ich wüßte, bemerkt hat.

Theophilus. In einer kleinen *Abhandlung über die Vorstellungen*, die vor ungefähr zwanzig Jahren in die Acta zu Leipzig eingerückt wurde, habe ich auch schon bemerkt, daß die einfachen Ausdrücke keine Nominaldefinition haben können, aber zugleich habe ich auch hinzugefügt, daß, wenn die Ausdrücke nur hinsichtlich unser einfach sind (indem wir nicht das Mittel haben, sie zu analysieren, um zu den ursprünglichen, sie bildenden Wahrnehmungen zu gelangen), wie heiß, kalt, gelb, grün, sie eine Realdefinition erhalten können, welche ihre Ursache erklären würde. So ist die Realdefinition von *Grün*, das Zusammengesetzte aus dem inniggemischten Blauen und Gelben zu sein. Indessen mag dabei das Grüne einer Nominaldefinition nicht mehr fähig sein, aus der man erkennt, was das Blaue und Gelbe ist. Dagegen können die an sich einfachen Ausdrucke d.h. solche, von denen man einen klaren und deutlichen Begriff hat, keine Definition empfangen, weder eine nominale noch eine reale. Sie werden in jener kleinen, in die Acta von Leipzig eingerückten *Abhandlung* die Begründung eines großen Teils der den Verstand betretenden Theorie kurz erläutert finden.

§§ 7. 8. *Philalethes.* Es wäre gut, diesen Punkt zu erläutern und zu bemerken, was definiert werden könnte und was nicht. Ich bin zu glauben versucht, daß sehr oft großer Streit sich erhebt und viel Unsinn sich in die Reden der Menschen einschleicht, weil man nicht daran denkt. Jene berühmten Streitpunkte, von denen man in den Schulen so viel Wesens macht, sind daher gekommen, daß man auf diesen Unterschied in den Vorstellungen nicht gehörig geachtet hat. Auch die größten Meister in der Methode sind genötigt gewesen, den größten Teil der einfachen Vorstellungen undefiniert zu lassen, und wenn sie es zu tun unternommen haben, ist es ihnen nicht geglückt. Hätte z.B. wohl der menschliche Geist ein künstlicheres Gallimathias erfinden können, als jenes, das in folgender Definition des Aristoteles enthalten ist: *die Bewegung ist die Tätigkeit eines Wesens in der Möglichkeit, sofern es in derselben ist;* § 9 und die Neueren, welche die Bewegung so erklären, daß sie der *Übergang* aus einem Ort in den anderen sei, setzen nur ein gleichbedeutendes Wort an die Stelle des anderen.

Theophilus. Ich habe schon in einer unserer früheren Unterredungen bemerkt, daß bei Ihnen häufig Vorstellungen als einfache gelten, die es nicht sind. Zu dieses gehört die *Bewegung*, welche ich für definierbar halte, und die Definition, welche sie als Ortsveränderung erklärt, ist nicht zu verachten. Die Definition des Aristoteles ist nicht so widersinnig, als man denkt, wenn man begreift, daß das griechische Wort *kinêsis* bei ihm nicht das bezeichnete, was wir Bewegung nennen, sondern was wir durch das Wort *Veränderung* ausdrücken würden. Daher kommt es, daß er ihm eine so abstrakte und metaphysische Definition gibt, während das, was wir Bewegung nennen, bei ihm *phora, latio*, genannt wird und unter die Arten der Bewegung (*tês kinêseôs*) fällt.

§ 10. *Philalethes*. Sie werden aber die Definition desselben Schriftstellers vom *Licht* doch wenigstens nicht entschuldigen, daß sie nämlich der Akt (oder die Wirklichkeit) des Durchsichtigen ist.

Theophilus. Ich finde sie mit Ihnen nicht stichhaltig; er bedient sich des Ausdrucks »Akt« (Wirklichkeit) zu oft, der uns doch nicht viel sagt. Das *Durchsichtige* ist bei ihm ein Medium, durch welches man hindurchsehen kann, und das Licht ihm zufolge dasjenige, was in dem wirklichen Durchgang besteht. Das versteht sich.

§ 11. *Philalethes*. Wir sind also darüber einverstanden, daß sich von unseren einfachen Vorstellungen keine Nominaldefinitionen geben lassen, wie wir den Geschmack der Ananas aus der Schilderung der Reisenden nicht erkennen könnten, wir müßten denn die Dinge durch die Ohren schmecken können, wie Sancho Pansa das Vermögen besaß, die Dulcinea durch Hörensagen zu sehen, oder wie jener Blinde, welcher von dem Glanz des Scharlachs so viel hatte reden hören, glaubte, er müsse dem Schall der Trompete gleichen.

Theophilus. Ganz recht. Alle Reisenden der Welt würden durch ihre Schilderungen nicht das geben können, was wir einem Edelmann dieses Landes verdanken, welcher drei Meilen von Hannover fast an dem Ufer der Weser Ananas mit Erfolg zieht und das Mittel gefunden hat, sie dergestalt zu vermehren, daß wir sie vielleicht einst ebensogut wie die portugiesischen Apfelsinen auf unserem Grund und Boden haben können, wenn dabei auch der Geschmack sich einigermaßen zu verschlechtern scheint.

§ 12. 13. *Philalethes*. Ganz anders verhält es sich mit den zuammengesetzen Vorstellungen. Ein Blinder kann verstehen, was Statue sagen will; und ein Mensch, der niemals den Regenbogen gesehen hätte, würde begreifen können, was das ist, wenn er nur die Farben gesehen hätte, aus denen er besteht. § 15. Während aber die einfachen Vorstellungen nicht definierbar sind, sind sie deshalb dennoch die am wenigsten zweifelhaften; denn die Erfahrung leistet mehr als die Definition.

Theophilus. Gleichwohl findet sich hinsichtlich der Vorstellungen, die nur rücksichtlich unserer einfach sind, eine gewisse Schwierigkeit. Es würde z.B. schwierig sein, die Grenzlinien des Blauen und des Grünen genau zu bestimmen und überhaupt die einander sehr naheliegenden Farben zu unterscheiden, während wir genaue Begriffe der Ausdrücke, deren man sich in der Arithmetik und Geometrie bedient, haben können.

§ 16. *Philalethes.* Auch haben die einfachen Vorstellungen noch die Eigentümlichkeit, daß sie hinsichtlich der *Prädikamentallinie,* wie die Logiker sie nennen, von der untersten Art bis zum höchsten Geschlecht sehr geringe Unterordnung zeigen. Die Ursache davon ist, daß, da die unterste Art nur eine einfache Vorstellung ist, man von ihr nichts abtrennen kann; man kann z.B. von den Vorstellungen des Weißen und des Roten nichts abtrennen, um eine gemeinsame Erscheinung übrig zu behalten, in der sie übereinstimmen. Darum faßt man sie mit dem Gelben und anderen unter dem Geschlechtsbegriff oder dem Namen *Farbe* zusammen. Will man dann einen noch allgemeineren Ausdruck bilden, der auch die Töne, die Geschmäcke und die durch Berührung fühlbaren Eigenschaften umfassen soll, so bedient man sich des allgemeinen Ausdrucks *Eigenschaft* in dem Sinne, welchen man ihm gewöhnlich leiht, um diese Eigenschaften von der Ausdehnung, der Zahl, der Bewegung, der Lust und dem Schmerze zu unterscheiden, die alle auf den Geist wirken und ihre Vorstellungen durch mehr als einen Sinn ihm zuführen.

Theophilus. Ich habe über diese Bemerkung noch etwas zu sagen in der Hoffnung, Sie werden mir hier und anderswo die Gerechtigkeit widerfahren lassen zu glauben, daß es nicht aus einem Geist des Widerspruchs geschieht, sondern daß der Gegenstand selbst es zu fordern scheint. Es ist kein Vorteil, daß die Vorstellungen der sinnlichen Eigenschaften sich so wenig unterordnen lassen und so wenig der Untereinteilungen fähig sind, denn das kommt nur daher, daß wir sie so wenig kennen. Indessen gerade das, was alle Farben miteinander gemein haben, daß sie alle mit den Augen gesehen werden, alle durch die Körper dringen, durch welche eine und die andere unter ihnen scheint, und daß sie von den glatten Körperoberflächen, welche sie nicht durchlassen, zurückgeworfen werden, zeigt, daß man doch etwas von unseren Vorstellungen über sie abtrennen kann. Man kann sogar die Farben mit vielem Recht in *äußerste* (von denen die eine, nämlich das Weiße, die *positive* und die andere, nämlich das Schwarze, die *negative* ist) und in mittlere, welche man noch in einem spezielleren Sinne *Farben* nennt, teilen. Diese letzteren entstehen mittelst der Refraktion aus dem Licht, und man kann sie noch weiter in solche der konvexen und solche der konkaven Seite des gebrochenen Lichtstrahls einteilen. Diese Einteilungen und Untereinteilungen der Farben sind von nicht geringer Wichtigkeit.

Philalethes. Wie kann man aber Gattungen in den einfachen Vorstellungen finden?

Theophilus. Da sie nur dem Anscheine nach einfach sind, so werden sie von Umständen begleitet, welche mit ihnen in Verknüpfung stehen, wenn auch diese Verknüpfung von uns nicht verstanden werden mag. Diese Umstände nun liefern uns etwas, was der Erklärung und der Analyse fähig ist, was auch einige Hoffnung gewährt, daß man einst die Gründe dieser Erscheinungen wird finden können. Daher kommt es, daß in unseren Wahrnehmungen der sinnlichen Eigenschaften ebensowohl als der sinnlichen Massen eine Art von *Pleonasmus* ist, und dieser ist, daß wir mehr als einen Begriff von dem nämlichen Gegenstande haben. Das Gold kann auf nominale Weise verschiedenartig definiert werden; man kann sagen: es ist der schwerste der uns bekannten Körper, es ist der dehnbarste, es ist ein schmelzbarer Körper, welcher der Kapelle und dem Scheidewasser widersteht usw. Jedes dieser Merkmale ist gut und genügt zur Erkennung des Goldes, wenigstens vorläufig und im gegenwärtigen Zustande der uns bekannten Körper, bis sich ein noch schwererer findet, wie einige Chemiker es von ihrem Stein der Weisen behaupten, oder bis man jene Luna fixa aufzeigen kann, ein Metall, das die Farbe des Silbers und fast alle die übrigen Eigenschaften des Goldes haben soll, und welches der Ritter Boyle, wie er zu sagen scheint, hergestellt hat. Auch könnte man sagen, daß für alle Gegenstände, welche wir auf dem Wege der Erfahrung kennen, alle unsere Definitionen nur vorläufig sind, wie ich schon vorher bemerkt zu haben glaube. Wir wissen also wahrhaftig nicht auf Grund eines Beweises, ob nicht eine Farbe durch die bloße Reflexion ohne Refraktion entstehen kann, und ob nicht die Farben, welche wir bisher an der konkaven Seite des gewöhnlichen Refraktionswinkels bemerkt haben, sich an der konvexen Seite einer bisher unbekannten Refraktionsweise vorfinden, und umgekehrt. So würde die einfache Vorstellung des Blauen von dem Gattungsbegriff, welchen wir ihr auf unsere Erfahrungen hin zugewiesen haben, getrennt werden müssen. Aber gut ist es, uns an das Blaue, wie wir es haben, und an die es begleitenden Umstände zu halten. Auch ist es etwas wert, daß sie uns Anhaltspunkte geben, um Gattungen und Arten zu bilden.

§ 17. *Philalethes.* Was sagen Sie aber zu der Bemerkung, wonach die einfachen Vorstellungen, die von dem Dasein der Dinge hergenommen sind, nicht willkürlich sein sollen, während die der gemischten Modi dies gänzlich und die der Substanzen es wenigstens in einem gewissen Sinne sind?

Theophilus. Ich glaube, das Willkürliche ist nur in den Worten und gar nicht in den Vorstellungen. Denn diese drücken nur Möglichkeiten aus. So würde z.B., wenn es auch niemals einen Vatermord gegeben hätte, und alle Gesetzgeber davon ebensosehr wie Solon davon zu sprechen sich gehütet hätten, der Vatermord dennoch ein mögliches Verbrechen und die Vorstellung davon eine wirkliche sein. Denn die Vorstellungen sind in Gott von aller Ewigkeit und sind sogar in uns, ehe wir tatsächlich daran denken, wie ich in unserer Unterredung gezeigt habe. Wenn jemand sie für wirkliche Gedanken der Menschen nehmen will, so steht ihm das frei, aber er würde dann ohne Grund sich dem angenommenen Sprachgebrauch widersetzen.

V. Von den Namen der gemischten Modi und der Relationsbegriffe

§§ 2. 3 folg. *Philalethes.* Allein bildet der Geist nicht die gemischten Vorstellungen durch Zusammensetzungen der einfachen nach seiner Willkür, ohne ein wirkliches Muster nötig zu haben, während ihm die einfachen Vorstellungen der Dinge ohne seine Wahl durch das wirkliche Dasein der Dinge zukommen? Sieht man nicht oft die gemischte Verteilung, ehe die Sache selbst da ist?

Theophilus. Wenn sie die Vorstellungen für wirkliche Gedanken nehmen, so haben Sie recht, aber ich sehe nicht die Notwendigkeit ein, Ihre Unterscheidung auf das anzuwenden, was die Form selbst oder die Möglichkeit dieser Gedanken betrifft; und doch ist dies eben das, um was es sich in der idealen Welt handelt, die man von der wirklichen Welt unterscheidet. Das wirkliche Dasein der Dinge, die nicht notwendig sind, ist eine Tatsache oder ein historisches Faktum; aber die Erkenntnis der Möglichkeiten und Notwendigkeiten (denn *notwendig* ist das, dessen Gegenteil nicht *möglich* ist) macht die demonstrativen Wissenschaften aus.

Philalethes. Aber findet nicht eine nähere Verbindung zwischen den Vorstellungen des *Tötens* und des *Menschen* statt, als zwischen den Vorstellungen des Tötens und des Schafes? Ist Vatermord aus enger verbundenen Begriffen zusammengesetzt, als Kindesmord, und ist es natürlicher, daß das, was die Engländer *Stabbing* nennen, d.h. Mord durch einen Stoß oder durch Verwundung mit der Spitze, was bei ihnen ein schlimmeres Verbrechen ist, als wenn man durch einen Schlag mit der Degenscheide tötet – einen besonderen Namen und eine Vorstellung verdient hat, welche man z.B. der Handlung, ein Schaf zu töten, oder einen Menschen durch einen Schwertstreich zu töten, nicht zugestanden hat?

Theophilus. Wenn es sich nur um Möglichkeiten handelt, so sind alle diese Vorstellungen gleich natürlich. Wer Schafe töten gesehen hat, hat eine Vorstellung dieser Handlung in Gedanken gehabt, obgleich er ihr keinen Namen gegeben und sie seiner Aufmerksamkeit nicht weiter gewürdigt haben mag. Warum sollen wir uns denn auf die Namen beschränken, wenn es sich um die Vorstellungen selbst handelt, und warum uns mit dem Wert der gemischten Modi besonders beschäftigen, wenn es sich um diese Vorstellungen im allgemeinen handelt?

§ 6. *Philalethes.* Da die Menschen die verschiedenen Arten gemischter Modi willkürlich bilden, so findet man infolgedessen in der einen Sprache Worte, denen es in einer anderen Sprache nichts Entsprechendes gibt. Es gibt keine Worte in anderen Sprachen, welche dem unter den Römern gebräuchlichen Wort *Versura* oder dem Ausdruck *Corban* entsprechen, dessen sich die Juden bedienten. Man übersetzt dreist die lateinischen Wörter *Hora, Pes* und *Libra* mit Stunde, Fuß und Pfund, aber die Vorstellungen des Römers waren dabei von den unserigen sehr verschieden.

Theophilus. Wie ich sehe, kommt jetzt zu Gunsten der Namen dieser Vorstellungen viel von dem wieder vor, was wir besprochen haben, als es sich um die Vorstellungen selbst und deren Arten handelte. Die

Bemerkung ist gut, was die Namen und Gebräuche der Menschen anbetrifft, aber sie ändert nichts in den Wissenschaften und in der Natur der Dinge; wer eine allgemeine Grammatik schreiben wollte, würde allerdings gut tun, von dem Wesen der Sprache absehend ihre wirkliche Beschaffenheit aufzufassen und die Grammatiken mehrerer Sprachen zu vergleichen, ebenso wie ein Autor, welcher eine allgemeine, aus der Vernunft geschöpfte Jurisprudenz schreiben wollte, wohl daran tun würde, Parallelen der Gesetze und Gebräuche der Völker damit zu verbinden, was nicht allein in der Praxis, sondern auch in der philosophischen Betrachtung von Nutzen sein und dem Autor sogar Gelegenheit geben würde, verschiedene Erwägungen anzustellen, die ihm ohne dies entgangen sein würden. Indessen kommt es bei der von ihrer Geschichte oder ihrem wirklichen Dasein getrennten Wissenschaft nicht darauf an, ob die Völker sich dem Vernunftgebot gefügt haben oder nicht.

§ 9. *Philalethes.* Die zweifelhafte Bedeutung des Wortes *Art* ist schuld, daß manche daran Anstoß nehmen, wenn sie die Erklärung hören, daß die Arten der gemischten Modi durch den Verstand gebildet werden. Ich überlasse es indessen anderen, auszudenken, womit die Grenzen von jeder *Sorte* oder *Art* zu bestimmen sind, denn für mich sind diese Worte vollkommen gleichbedeutend.

Theophilus. Gewöhnlich bestimmt die Natur der Dinge diese Grenzen der Arten, z.B. zwischen Mensch und Vieh, zwischen Stoßdegen und Haudegen. Indessen gebe ich zu, daß bei gewissen Begriffen wirklich etwas Willkürliches mitwirkt; z.B. wenn es sich darum handelt, einen Fuß zu bestimmen, denn da die gerade Linie einförmig und unbestimmt ist, so gibt die Natur darauf keine Abschnitte an. Ebenso gibt es auch unbestimmte und unvollkommene Wesenheiten, bei deren Bestimmung die Meinung mitwirkt, wie wenn man fragt, wie viele Haare man wenigstens einem Menschen lassen muß, damit er nicht kahl sei, welches ein Sophisma der Alten war, wenn man den Gegner in die Enge treibt.

Dum cadat elusus ratione ruentis acervi.

Die wahre Antwort aber ist, daß die Natur diesen Begriff nicht bestimmt hat und die Meinung daran ihren Anteil hat, daß es Leute gibt, von denen man zweifelhaft sein kann, ob sie kahl sind oder nicht, und daß es solche gibt, welche zweideutig bei den einen als kahl gelten, nicht aber bei den anderen, wie Sie bemerkt hatten, daß ein Pferd, was man in Holland als klein ansieht, in Wales für groß gehalten werden wird. Es gibt selbst etwas der Art bei den einfachen Vorstellungen; ich habe in dieser Hinsicht schon bemerkt, daß die äußersten Grenzen der Farben ungewiß sind; es gibt auch *Wesenheiten*, die *halb und halb nominal* sind, wo der Name auf die Definition der Sache von Einfluß ist. So erkennt man z.B. den Grad oder die Würde eines Doktors, Ritters, Botschafters, Königs, wenn jemand das anerkannte Recht, sich dieses Namens zu bedienen, erworben hat. Kein fremder Minister, wenn er auch noch so viel Macht und Gefolge haben mag, wird als *Botschafter* gelten, wenn ihm nicht sein Kreditiv diesen Namen verleiht. Aber diese *Wesenheiten* und *Vorstellungen* sind *unbestimmt, zweifelhaft, willkürlich, nominal* in einem von dem bisher erwähnten etwas verschiedenen Sinne.

§ 10. *Philalethes.* Der Name scheint aber oft das Wesen der gemischten Modi, welche Sie für nicht willkürlich halten, zu enthalten; wir würden z.B. ohne den Namen Triumph kaum die Vorstellung von dem haben, was bei den Römern zu dieser Gelegenheit geschah.

Theophilus. Ich gebe zu, daß der Name dazu dient, die Aufmerksamkeit auf die Dinge zu lenken, um deren Andenken und wirkliche Erkenntnis zu bewahren, aber dies hat nichts mit dem, worum es sich handelt, zu tun und macht die Wesenheiten nicht zu Namenwesen. Ich begreife auch nicht, warum die Anhänger Ihrer Meinung mit aller Gewalt wollen, daß die Wesenheiten selbst von der Wahl und den Namen abhängen. Es wäre zu wünschen gewesen, daß euer berühmter Autor, statt darauf zu bestehen, sich lieber mehr auf das Einzelne der Vorstellungen und der Modi eingelassen und deren Spielarten geordnet und entwickelt hätte. Auf diesem Wege würde ich ihm mit Vergnügen und Nutzen nachgewandelt sein, denn er würde uns ohne Zweifel viel Licht verschafft haben § 12. *Philalethes.* Wenn wir von einem *Pferde* oder von Eisen reden, so betrachten wir sie als Sachen, welche uns die ursprünglichen Muster unserer Vorstellungen bieten, aber wenn wir von den gemischten Modi oder wenigstens von den bedeutendsten derjenigen Modi reden, welche die *moralischen Wesen* sind, z.B. von der *Gerechtigkeit*, der *Dankbarkeit*, so sehen wir deren ursprüngliche Muster als in unserem Geiste befindlich an Darum sprechen wir von einem *Begriff* der Gerechtigkeit und der Mäßigkeit, nicht aber redet man von dem Begriff eines Pferdes und eines Steines.

Theophilus. Die Muster der Vorstellungen sind für die einen ebenso real, wie die Muster der Vorstellungen für die anderen. Die Eigenschaften des Geistes sind nicht weniger real, als die des Körpers; freilich sieht man nicht die Gerechtigkeit wie ein Pferd, aber man versteht sie nicht weniger, oder vielmehr man versteht sie besser. Sie ist nicht weniger in den Handlungen, als das Gerade und das Schiefe in den Bewegungen, mag man sie nun beachten oder nicht. Und um Ihnen zu zeigen, daß die Menschen meiner Meinung sind, und zwar gerade die in den menschlichen Dingen Fähigsten und Erfahrensten, brauche ich mich nur der Autorität der römischen Juristen zu bedienen; diese, hierin von allen übrigen gefolgt, nennen diese gemischten Modi oder *moralischen* Wesen *Sachen* und insbesondere *unkörperliche Sachen*. So sind die Servituten z.B. wie das des Durchgangs durch des Nachbars Grundstück bei ihnen Res incorporales (unkörperliche Sachen), worauf es ein Eigentumsrecht gibt, welches man durch langen Gebrauch erwerben, das man besitzen und geltend machen kann. Was das Wort *Begriff* angeht, so haben sehr gescheite Leute dasselbe für eben so weit genommen als das Wort Vorstellung. Der lateinische Sprachgebrauch ist dem nicht entgegen und ebensowenig, so viel ich weiß, der der Engländer und der Franzosen.

§ 16. *Philalethes*. Es ist noch zu bemerken, daß man eher die Namen als die Vorstellungen der gemischten Modi lernt, indem der Name erkennen läßt, daß diese Vorstellung bemerkt zu werden verdient.

Theophilus. Diese Bemerkung ist gut, obgleich allerdings heutzutage die Kinder mit Hilfe der Wörterbücher die Worte nicht allein der Modi, sondern auch der Substanzen vor den Dingen und sogar die Namen der Substanzen eher als der Modi lernen. Denn man stellt fehlerhafterweise in diesen nämlichen Wörterbüchern nur die *Nennwörter* und nicht die *Verba* auf, ohne zu bedenken, daß die Zeitwörter, wiewohl sie Modi bezeichnen, in dem sprachlichen Verkehr notwendiger sind als die meisten Hauptwörter, welche besondere Substanzen bezeichnen.

VI. Von den Namen der Substanzen

§ 1. *Philalethes*. Die *Gattungen* und *Spezies* der Substanzen, wie der anderen Wesen, sind nur *Arten*. Die Sonnen z.B. sind eine *Art* von Sternen, d.h. es sind Fixsterne, denn man glaubt nicht ohne Grund, daß jeder Fixstern sich für jemand, der in richtiger Entfernung sich befindet, als eine Sonne zeigen würde. § 2. Nun ist das, was jede Art bestimmt, ihre Wesenheit. § 3. Diese wird erkannt entweder durch das Innere der Bildung oder durch äußere Merkmale, die uns dieselbe erkennen und mit einem bestimmten Namen benennen lassen. So kann man die Uhr von Straßburg entweder als der Uhrmacher, welcher sie verfertigt hat, oder als ein Zuschauer, der ihre Verrichtungen sieht, erkennen.

Theophilus. Wenn Sie sich so ausdrücken, habe ich nichts dagegen einzuwenden.

Philalethes. Ich drücke mich auf eine Weise aus, die geeignet ist, unsere Streitigkeiten nicht wieder aufleben zu lassen. Ich füge jetzt hinzu, daß sich die Wesenheit nur auf *die Arten* bezieht und daß den *Individuen* nichts wesentlich ist. Ein Unglücksfall oder eine Krankheit kann meine Hautfarbe oder meine Gestalt verändern, ein Fieber oder ein Fall kann mir die Vernunft oder das Gedächtnis rauben. Ein Schlagfluß kann mich dazu bringen, daß ich weder Empfindung noch Verstand noch leben habe. Fragt man mich, ob es mir wesentlich ist, Vernunft zu haben, so werde ich mit Nein antworten.

Theophilus. Ich glaube, daß den Individuen etwas Wesentliches beiwohnt, und zwar mehr, als man denkt. Es ist den Substanzen wesentlich, tätig zu sein, den geschaffenen Substanzen, zu leiden, den Geistern, zu denken, den Körpern, Ausdehnung und Bewegung zu haben, d.h. es gibt Arten oder Spezies, denen ein Individuum (wenigstens natürlicherweise) nicht aufhören kann zuzugehören, wenn es einmal dazu gehört hat, welche Umwälzungen auch in der Natur vorfallen mögen. Es gibt aber auch *Arten* oder *Spezies*, welche, ich gestehe es zu, den Individuen zufällig sind, die ihnen anzugehören aufhören können. So kann man aufhören gesund, schön, weise und selbst sichtbar und fühlbar zu sein, man hört aber nicht auf, Leben, Organe und Wahrnehmungen zu haben. Ich habe darüber genug gesagt, warum es den Menschen so scheint, daß das Leben und das Denken mitunter aufhören, obgleich sie nicht aufhören zu dauern und Wirkungen zu haben.

§ 8. Philalethes. Zahlreiche Individuen, die unter einen gemeinsamen Namen gebracht als eine einzige Art betrachtet werden, haben doch sehr verschiedene Eigenschaften, die von ihren wirklichen (besonderen), inneren Bildungen abhangen. Dies bemerken ohne Mühe alle diejenigen, welche die natürlichen Körper prüfen, und Chemiker überzeugen sich oft davon durch trübselige Erfahrungen, indem sie vergeblich in einem

Stück Spiesglanz, Schwefel und Vitriol die Eigenschaften suchen, die sie in anderen Stücken dieser Mineralien gefunden haben.

Theophilus. Das ist vollkommen richtig, und ich könnte selbst Neues hinzufügen; auch hat man ganze Bücher geschrieben »*über den unsicheren Erfolg chemischer Experimente.*« Die Täuschung geschieht aber dadurch, daß man diese Körper für *gleichartig* oder einförmig nimmt, während sie mehr, als man denkt, gemischt sind, denn in den *ungleichmäßigen* Körpern wundert man sich nicht, Verschiedenheiten zwischen den einzelnen Exemplaren wahrzunehmen, und die Ärzte wissen nur gar zu wohl, wie verschieden die Temperamente und das Naturell der menschlichen Körper sind. Man kann mit einem Worte niemals die letzten logischen Arten finden, wie ich schon früher bemerkt habe; und niemals sind zwei wirkliche und vollständige Individuen derselben Art einander vollkommen gleich.

Philalethes. Wir bemerken nicht alle diese Unterschiede, weil wir nicht alle die kleinen Teile, folglich auch nicht die innere Bildung der Dinge kennen; auch können wir uns derselben nicht bedienen, um die Arten oder Spezies der Dinge zu bestimmen, und wenn wir es durch jene Wesenheiten oder, was die Schulen substantielle Formen nennen, tun wollten, so würden wir wie ein Blinder sein, welcher die Körper nach den Farben ordnen wollte. § 11. Wir erkennen nicht einmal die Wesenheiten der Geister, wir können nicht verschiedene spezifische Vorstellungen von den Engeln uns bilden, obschon wir wohl wissen, daß es verschiedene Arten von Geistern geben müsse. Auch scheinen wir in unseren Vorstellungen keinen Unterschied zwischen Gott und den Geistern mittels irgend einer Anzahl einfacher Vorstellungen zu machen, ausgenommen die, daß wir Gott die Unendlichkeit beilegen.

Theophilus. Es gibt in meinem Systeme noch einen anderen Unterschied zwischen Gott und den geschaffenen Geistern, daß nämlich meiner Ansicht nach alle geschaffenen Geister Körper haben müssen, ganz wie unsere Seele einen solchen hat.

§ 12. *Philalethes.* Wenigstens glaube ich, daß zwischen den Körpern und den Geistern die Analogie stattfindet, daß, wie es in den Abwandelungen der körperlichen Welt keine *Lücke* gibt, es nicht weniger Verschiedenheit unter den vernünftigen Geschöpfen gibt. Fängt man von uns an und geht bis zu den niedrigsten Wesen, so ergibt sich eine Stufenleiter *von sehr kleinen Abstufungen* und mittels einer ununterbrochenen Reihe von Dingen, die in jeglichem Abstande sehr wenig voneinander verschieden sind. Es gibt Fische, die Flügel haben und denen die Luft nicht fremd ist, und es gibt Vögel, die im Wasser wohnen, kaltes Blut wie die Fische haben und deren Fleisch ihnen im Geschmack so gleicht, daß man gewissenhaften Leuten erlaubt, während der Fastentage davon zu essen. Es gibt Tiere, welche sich der Art der Vögel und der der Säugetiere so nähern, daß sie zwischen ihnen die Mitte halten. Die Amphibien gleichen den Landtieren ebenso wie den Wassertieren. Die Seekälber leben auf der Erde und im Meer, und die Meerschweine haben heißes Blut und Eingeweide wie ein Schwein. Um nicht davon zu sprechen, was man von den Seemenschen erzählt, so *gibt es Tiere*, welche ebensoviel Erkenntnis und Vernunft zu haben scheinen, als manche Wesen, die man Menschen nennt; und zwischen den Tieren und den Pflanzen ist eine so große Verwandtschaft, daß, wenn Sie das Unvollkommenste von den einen und das Vollkommenste von den anderen nehmen, Sie kaum eine bedeutende Verschiedenheit zwischen ihnen bemerken werden. Bis wir also zu den *niedrigsten und am wenigsten organisierten Teilen der Materie* kommen, werden wir überall die Arten miteinander verbunden und nur durch fast unmerkliche Abstufungen voneinander verschieden finden. Und wenn wir die unendliche Weisheit und Macht des Urhebers aller Dinge erwägen, so haben wir Grund zu denken, es sei etwas der prachtvollen Harmonie des Weltalls und dem großen Plane sowohl als der unendlichen Güte dieses obersten Baumeisters Angemessenes, daß die verschiedenen Arten der Geschöpfe sich so allmählich von uns bis zu seiner unendlichen Vollkommenheit erheben. Wir haben also Ursache, überzeugt zu sein, daß es weit mehr Arten von Geschöpfen über uns gibt, als unter uns, weil wir von Gottes unendlichem Wesen an Vollkommenheitsgraden viel weiter entfernt sind, als von dem, was sich dem Nichts am meisten nähert. Indessen haben wir keine klare und deutliche Vorstellung von allen diesen verschiedenen Arten.

Theophilus. Ich hatte den Plan, an einer anderen Stelle etwas dem von Ihnen soeben Auseinandergesetzten Ähnliches zu sagen; ich freue mich aber, daß Sie mir zuvorgekommen sind, da ich sehe, daß Sie die Dinge besser sagen, als ich es zu tun hätte hoffen können. Einsichtsvolle Philosophen haben jene Frage behandelt, *utrum detur vacuum formarum*, d.h. ob es mögliche Arten gibt, die gleichwohl nicht wirklich existieren und welche die Natur vergessen zu haben scheinen könnte. Ich habe Ursachen zu glauben, daß alle logisch möglichen Arten doch nicht wirklich mögliche (compossibiles) in dem Weltall sind, so groß es auch ist, und zwar nicht allein hinsichtlich der Dinge, die zur nämlichen Zeit zusammen da sind, sondern sogar hinsichtlich der ganzen Reihenfolge der Dinge; d.h. es gibt, glaube ich, notwendig Arten, die niemals gewesen sind und niemals sein werden, da sie sich mit derjenigen Reihenfolge der Geschöpfe, welche Gott gewählt hat, nicht vertragen. Ich glaube aber, daß alle Dinge, welche die vollkommene Harmonie des Weltalls in sich aufnehmen konnte, darin enthalten sind. Dieser nämlichen Harmonie entspricht, daß es Geschöpfe mittlerer Art gibt, außer denen, die einander fernstehen, wenn dies auch nicht immer auf demselben Weltball oder System stattfindet. Auch ist das Mittlere zwischen zwei Arten dies mitunter nur hinsichtlich gewisser Umstände, nicht aber hinsichtlich anderer. Die vom Menschen in anderen Dingen so verschiedenen Vögel nähern sich ihm doch durch die Sprache; aber wenn die Affen wie die Papageien sprechen könnten, würden sie doch viel weiter gelangen. *Das Gesetz der Stetigkeit* läßt in der Natur keine Lücke in der von ihr befolgten Ordnung zu, aber nicht jede Form oder Art paßt für jedwede Ordnung. Was die Geister oder Genien betrifft, so nehme ich an, daß wie alle geschaffenen Geister organische Körper haben, deren Vollkommenheit der der Intelligenz oder des in diesem Körper gemäß der vorherbestimmten Harmonie befindlichen Geistes entspricht, so auch, um etwas von den Vollkommenheiten der höheren Geister zu begreifen, viel dazu dient, sich auch Vollkommenheiten in den körperlichen Organen vorzustellen, welche die des unsrigen übertreffen. An diesem Punkte kann die lebendigste und reichste Phantasie und um mich eines italienischen Ausdrucks zu bedienen, den ich nicht gut anders ausdrücken kann, *l'invenzione la più vaga*, Veranlassung sein, uns über uns selbst zu erheben. Auch das, was ich gesagt habe, um mein System der Harmonie zu rechtfertigen, welches die göttlichen Vollkommenheiten über das hinaus erhebt, worauf das Denken bisher gekommen ist, wird gleichfalls dazu dienen, daß man auch von den Geschöpfen unvergleichlich viel großartigere Vorstellungen als bisher haben wird.

§ 14. *Philalethes.* Um auf die geringe Wirklichkeit der Arten selbst in den Substanzen zurückzukommen, frage ich Sie, ob Wasser und Eis von verschiedener Art ist?

Theophilus. Und ich frage meinerseits, ob das im Tiegel geschmolzene Gold und das zu einem Barren wieder erstarrte Gold von derselben Art sind?

Philalethes. Der antwortet nicht auf die Frage, welcher eine neue aufwirft und »*litem lite resolvit*« (den Streit mit dem Streit auflöst). Sie werden indessen daraus erkennen, daß die Zurückführung der Dinge auf Arten sich einzig und allein auf unsere Vorstellungen von ihnen bezieht, was genügt, um sie durch Benennungen zu unterscheiden; wenn wir aber voraussetzen, daß diese Unterscheidung sich auf ihre wirkliche innere Bildung begründet und die Natur die vorhandenen Dinge nach ihren wirklichen Wesenheiten in ebensoviel Arten unterscheidet, so wie wir selbst sie durch diese oder jene Bezeichnungen in Arten unterscheiden, so würden wir großen Täuschungen unterworfen sein.

Theophilus. In dem Ausdruck *Art* oder *Wesen von verschiedener Art* liegt eine gewisse Zweideutigkeit, welche alle diese Schwierigkeiten verursacht; und wenn wir die gehoben haben, werden wir uns nicht mehr darüber streiten, als vielleicht über das Wort. Man kann *Art* im mathematischen und physischen Sinne nehmen. Im streng mathematischen Sinne macht der geringste Unterschied, wonach zwei Dinge nicht in allem einander gleich sind, daß sie der *Art nach sich unterscheiden*. So sind in der Geometrie alle Kreise von derselben Art, denn sie sind alle vollkommen gleich, und aus demselben Grunde sind auch alle Parabeln von derselben Art, aber es verhält sich nicht ebenso mit den Ellipsen und Hyperbeln, denn davon gibt es eine unendliche Menge von Klassen oder Arten, wobei es wieder auch unendlich viel verschiedene in jeder Art gibt. Alle die unzähligen Ellipsen, in denen die Entfernung der Brennpunkte zur Entfernung der Scheitel dasselbe Verhältnis hat, sind von derselben Art. Da aber die Verhältnisse dieser Entfernungen sich nur der Größe nach ändern, so folgt, daß alle diese unendlichen *Arten* von Ellipsen nur eine *Gattung* ausmachen, und es darin keine Unterteilungen gibt, während ein Oval mit drei Brennpunkten wieder sogar eine unendliche Menge solcher *Gattungen* und eine unendlich unendliche Zahl von *Arten* haben würde, indem jede Gattung deren eine einfach – unendliche Zahl hat. Auf diese Art werden zwei physische Einzelwesen niemals einander vollkommen gleich sein; ja, was mehr sagen will, dasselbe Einzelwesen wird von einer Art zur anderen übergehen, denn es ist sich selbst niemals länger als einen Augenblick in allem gleich. Wenn aber physische Arten aufgestellt werden, so verbindet man damit nicht diesen strengen Sinn, und es hängt von uns ab, zu sagen, daß eine Masse, welche wir unter ihre erste Form zurückkehren lassen können, in dieser Beziehung auch von derselben *Art* bleibt. So sagen wir, daß das Wasser, das Gold, das Quecksilber, das gewöhnliche Kochsalz dies bleiben und unter den gewöhnlichen Veränderungen sich nur verstecken. In den organischen Körpern aber oder in den Pflanzen und Tierarten definieren wir die Art durch die Abkunft, so daß jedes Gleiche, welches aus demselben Ursprung oder Samen kommt oder gekommen sein könnte, von derselben Art wäre. Beim Menschen hält man sich außer an die menschliche Abkunft noch an seine Eigenschaft, ein Vernunftwesen zu sein, und wenn es auch Menschen gibt, die ihr ganzes Leben lang den Tieren ähnlich bleiben, so setzt man doch voraus, daß dies nicht aus Mangel des Vermögens oder des Prinzips der Fall ist, sondern aus Hindernissen, welche jenes Vermögen bannen, aber man hat sich noch nicht hinsichtlich aller der äußeren Bedingungen entschieden, die man für hinreichend annehmen will, um solche Voraussetzung zuzugeben. Was indessen die Menschen immer für Regeln hinsichtlich ihrer Bezeichnungen und der den Namen beigelegten Rechte aufstellen mögen, wenn nur ihre Einrichtung zusammenhängend oder einheitlich und verständlich ist, so wird sie in der Wirklichkeit begründet sein, und sie werden sich keine Arten bilden können, als solche, welche die bis zu den Möglichkeiten alles umfassende Natur schon vor ihnen gemacht oder unterschieden hat. Was das Innere anbetrifft, so kann, wenngleich es keine äußere Erscheinung gibt, die nicht in der inneren Beschaffenheit begründet ist, nichtsdestoweniger doch mitunter dieselbe Erscheinung aus zwei verschiedenen Beschaffenheiten entspringen. Dabei wird freilich immer etwas Gemeinschaftliches sein, was wir in der Philosophie die *nächste formelle* Ursache nennen.

Aber wenn diese auch nicht da wäre, wie wenn z.B. nach Mariotte das Blau des Regenbogens einen ganz anderen Ursprung, als das Blau eines Türkises hätte, ohne daß eine gemeinsame formelle Ursache dabei obwaltete (worin ich nicht seiner Meinung bin), und man zugäbe, daß gewisse Naturen in ihrer Erscheinung, die uns zum Benennen veranlassen, miteinander nichts Inneres gemein hätten, so würden unsere Definitionen dennoch in den wirklichen Arten begründet sein, denn die Phänomene selbst sind Realitäten. Wir können also sagen, daß alles, was wir mit Wahrheit unterscheiden oder vergleichen, die Natur auch unterscheidet oder knüpft, wiewohl sie viele Unterscheidungen oder Vergleichungen haben mag, die wir nicht kennen und die besser sein können, als die unserigen. Auch wird es noch vieler Mühe und Erfahrung bedürfen, um die Geschlechter und Arten auf eine der Natur annähernd gleiche Weise zu bestimmen. Die neueren Botaniker glauben; daß die von den Formen der Blumen hergenommenen Unterscheidungen der natürlichen Ordnung am nächsten kommen. Aber sie finden dabei doch noch viel Schwierigkeit, und es würde passend sein, Vergleichungen und Anordnungen nicht nur nach einem einzigen Grunde zu machen, wie der eben von mir erwähnte, von den Blumen hergenommene sein würde, welcher bis jetzt vielleicht der angemessenste für ein erträgliches und den Lernenden bequemes System ist, sondern auch nach den anderen Gründen, welche von anderen Teilen und Verhältnissen der Pflanzen hergenommen sind. Ein jeder Vergleichungsgrund verdient seine besonderen Tabellen, ohne deren Hilfe man viele untergeordnete Gattungen und viele Vergleichungspunkte, Unterscheidungen und nützliche Bemerkungen sich entgehen lassen würde. Aber je mehr man in die Entstehung der Arten eindringen und je mehr man bei der Einteilung den dazu nötigen Bedingungen folgen wird, desto mehr wird man ach der natürlichen Ordnung nähern. Wenn daher die Vermutung einiger einsichtigen Leute sich als wahr herausstellen sollte, daß es in der Pflanze außer dem *Korn* oder dem bekannten, dem Ei des Tieres entsprechenden Samen noch einen anderen Samen gibt, welcher den Namen des männlichen Samens verdienen würde, nämlich einen sehr oft sichtbaren, wenngleich mitunter vielleicht, wie das Samenkorn selbst es bei gewissen Pflanzen ist, unsichtbaren Staub (*Pollen*), den der Wind oder andere gewöhnliche Umstände verbreiten, um ihn mit dem Samenkorn in Verbindung zu bringen, und der mitunter von der nämlichen Pflanze kommt, mitunter aber auch (wie beim Hanf) aus einer benachbarten Pflanze derselben Art entsteht, welche folglich mit dem männlichen Anteile in Analogie stehen würde, wenngleich die weibliche nicht immer ganz dieses männlichen Pollens entbehrt – wenn das, sage ich, sich als wahr herausstellen würde, so zweifle ich nicht, daß die dabei zu bemerkenden Unterschiede einen Grund zu sehr natürlichen Einteilungen abgeben würden; und wenn wir den durchdringenden Scharfblick höherer Geister hätten und die Sachen tief genug erkennten, so würden wir vielleicht feststehende

Attribute für jede Spezies finden, die allen ihren Individuen gemeinsam und immer in demselben lebendigen Organismus als feststehend vorhanden sind, welche Veränderungen oder Umwandlungen ihm auch begegnen mögen; wie in der bekanntesten physischen Spezies, der menschlichen nämlich, die Vernunft ein solches feststehendes Attribut ist, welches jedem Individuum und immer unverlierbar zukommt, obschon man es nicht immer bemerken kann. Aber in Ermangelung dieser Erkenntnisse bedienen wir uns derjenigen Attribute, welche uns die bequemsten scheinen, um die Dinge zu unterscheiden und zu vergleichen und mit einem Wort ihre Arten und Klassen zu erkennen, und diese Attribute haben immer ihre reellen Gründe.

§ 14. *Philalethes.* Um die substantiellen Wesen nach der gewöhnlichen Voraussetzung zu unterscheiden, wonach es bestimmte Wesenheiten oder eigene Formen der Dinge gibt, durch welche alle bestehenden Individuen von Natur in Arten unterschieden werden, müßte man *erstlich* versichert sein, § 15 daß die Natur sich bei der Hervorbringung der Dinge immer vorsetzt, sie an bestimmten und feststehenden Wesenheiten, wie an Musterbildern, teilnehmen zu lassen und *zweitens*, § 16 daß die Natur diesen Zweck immer erreicht. Die Mißgeburten aber lassen uns an dem einen und dem anderen zweifeln. § 17. *Drittens* müßte man bestimmen, ob diese Mißgeburten wirklich eine besondere neue Art bilden, denn wir finden, daß wenige oder gar keine von ihnen an den Eigenschaften teilhaben, welche man von der Wesenheit derjenigen Art herleitet, aus der sie ihren Ursprung haben und der sie kraft ihrer Geburt anzugehören scheinen.

Theophilus. Wenn es sich darum handelt, zu bestimmen, ob die Mißgeburten eine besondere Art ausmachen, so ist man oft auf Vermutungen angewiesen. Dies zeigt, daß man sich da nicht auf das Innere beschränkt, weil man vielmehr erraten will, ob die den Individuen einer bestimmten Art gemeinsame *innere Natur*, wie z.B. die Vernunft im Menschen, wie die Abkunft es vermuten läßt, auch denjenigen Individuen zukommt, denen ein Teil der *äußeren Zeichen* fehlt, die sich bei dieser Art gewöhnlich finden. Aber unsere Ungewißheit hat mit der Natur der Dinge nichts zu schaffen, und wenn es eine solche innere Naturbeschaffenheit gibt, so wird sie sich bei der Mißgeburt finden oder nicht finden, wir mögen es nun wissen oder nicht. Wenn nun die innere Natur keiner Art sich darin findet, so wird die Mißgeburt eine eigene Art bilden; aber wenn es in den Arten, um die es sich handelt, keine solche innere Natur gibt, und man ebensowenig bei der Herkunft stehen bliebe, so würden dann die inneren Merkmale allein die Art bestimmen und die Mißgeburten derjenigen, von welcher sie sich entfernen, nicht angehören, man müßte sie denn auf eine unbestimmte und einigermaßen erweiterte Weise nehmen, und in diesem Falle auch wäre unsere Mühe, die Art erraten zu wollen, vergeblich. Das haben Sie vielleicht mit allem dem sagen wollen, was Sie gegen die von den inneren wirklichen Wesenheiten hergenommenen Arten einwerfen. Sie müßten also beweisen, daß es dann kein gemeinschaftliches inneres spezifisches Kennzeichen gibt, wo das äußere gänzlich vermißt wird. Aber das Gegenteil findet sich bei der menschlichen Spezies, wo mitunter Kinder, die etwas Mißgeborenes haben, bis zu einem Alter gelangen, wo sie Vernunft zeigen. Warum könnte bei anderen Arten nicht etwas Ähnliches vorkommen? Allerdings können wir aus Mangel an Kenntnis derselben uns dessen nicht bedienen, um sie zu definieren, aber das Äußere vertritt die Stelle davon, wenngleich wir anerkennen müssen, daß es zu einer genauen *Definition* nicht genügt und selbst die *Nominaldefinitionen* in solchen Fällen nur Vermutungen sind und, wie ich schon vorher gesagt habe, mitunter nur als vorläufige gelten. So könnte man z. B. das Mittel finden, das Gold dergestalt nachzumachen, dass es allen bis jetzt damit gemachten Proben genügte. Aber man könnte auch eine neue Art des Probierens entdecken, welche das Mittel gewährte, das natürliche Gold von diesem *künstlich gemachten* Gold zu unterscheiden. Alte Urkunden schreiben dem Kurfürsten August von Sachsen das eine und das andere zu; aber ich erlaube mir nicht, diese Tatsache zu verbürgen. Hätte es indessen damit seine Richtigkeit, so könnten wir vom Golde eine *vollkommenere Definition* haben, als gegenwärtig, und wenn das *künstliche Gold* in Menge und billig gemacht werden könnte, wie die Alchimisten es behaupten, so würde diese *neue Probe* von Wichtigkeit sein, denn man würde der Menschheit dadurch den Vorteil erhalten, welchen *das natürliche Gold* durch seine Seltenheit im Handel gibt, indem es uns einen dauerhaften, gleichförmigen, leicht zu teilenden und wiederzuerkennenden und auch im kleinen Umfange wertvollen Stoff darbietet. Ich will mich dieser Gelegenheit bedienen, um eine Schwierigkeit zu heben (man sehe den § 50 des Kapitels über die Namen der Substanzen bei dem Verfasser der Abhandlung über den Verstand). Der Einwurf ist: Wenn man sagt: *alles Gold ist feuerbeständig*, und man unter der

Vorstellung des Goldes eine Masse von gewissen Eigenschaften versteht, worin die Feuerbeständigkeit mit einbegriffen ist, so bildet man nur einen identischen und leeren Satz, wie wenn man sagte, das Feuerbeständige ist feuerbeständig; versteht man aber darunter ein substantielles mit einer gewissen inneren Wesenheit begabtes Ding, wovon die Feuerbeständigkeit eine Folge ist, so wird man unverständlich sein, denn diese wirkliche Wesenheit ist gänzlich unbekannt. Darauf antworte ich, dass der mit dieser inneren Beschaffenheit begabte Körper durch andere äussere Kennzeichen bestimmt ist, bei denen die Feuerbeständigkeit nicht mit inbegriffen ist, wie wenn jemand sagte: der schwerste aller Körper ist auch einer der feuerbeständigsten. Aber alles dies ist nur vorläufig, denn man könnte einmal einen flüchtigen Körper finden, der wie ein neues Quecksilber schwerer sein könnte, als das Gold, und auf dem das Gold schwämme, wie das Blei auf unserem Quecksilber schwimmt.

318

§ 19. *Philalethes.* Allerdings können wir auf diese Art niemals die Zahl der Eigenschaften, welche von der wirklichen Wesenheit des Goldes abhangen, genau erkennen, es sei denn, daß wir die Wesenheit des Goldes selbst erkennten. § 21. Wenn wir uns indessen bestimmt auf gewisse Eigenschaften beschränken, so wird das für uns hinreichen, um genaue Nominaldefinitionen in erhalten, welche uns für die Gegenwart dienen, wobei es uns frei steht, die Bedeutung der Worte zu verändern, wenn ein neuer nützlicher Unterscheidungsgrund entdeckt werden sollte. Aber diese Definition muß wenigstens dem Wortgebrauch entsprechen und an dessen Stelle gesetzt werden können. Dies dient dazu, diejenigen zu widerlegen, nach deren Behauptung die Ausdehnung die Wesenheit des Körpers ausmacht, denn sagt man, daß ein Körper dem anderen einen Anstoß gibt, so würde dies eine offenbare Ungereimtheit sein, wenn man die Ausdehnung dafür setzend sagen würde, daß eine Ausdehnung eine andere Ausdehnung mittels eines Anstoßes in Bewegung setzt, denn man braucht dazu noch die Dichtheit. Ebensowenig kann man sagen, daß die Vernunft oder das, was den Menschen vernünftig macht, Unterhaltung pflegt, denn die Vernunft macht ebensowenig das ganze Wesen des Menschen aus; es sind die vernünftigen lebendigen Wesen, die miteinander der Unterhaltung pflegen.

Theophilus. Ich glaube, Sie haben recht, denn die Gegenstände der abstrakten und unvollständigen Vorstellungen genügen nicht, um von allen Handlungen der Dinge die Gründe anzugeben. Indessen glaube ich, daß allen Geistern, die einander ihre Gedanken mitteilen können, die *Unterhaltung* zukommt. Die Scholastiker sind darüber in großer Verlegenheit, wie die *Engel* dies tun können, aber wenn sie ihnen, wie ich, nach dem Vorgang der Alten feine Körper zu schrieben, so würde darin keine Schwierigkeit mehr sein.

§ 22. *Philalethes.* Es gibt Geschöpfe, die eine der unsrigen ähnliche Gestalt haben, aber mit Haaren bedeckt sind und nicht den Gebrauch der Sprache und der Vernunft haben. Es gibt unter uns Schwachsinnige, die vollkommen die nämliche Gestalt wie wir haben, aber denen die Vernunft fehlt und von denen einige nicht den Gebrauch der Sprache haben. Es gibt, wie man sagt, Geschöpfe, welche mit dem Gebrauch der Sprache und der Vernunft und einer der unsrigen in jedem anderen Stück gleichen Gestalt haarige Schweife haben; wenigstens ist es nicht unmöglich, daß es solche Geschöpfe gebe. Andere gibt es, bei denen die Männchen keinen Bart haben und wiederum andere, bei denen die Weibchen einen solchen haben. Fragt man nun, ob alle diese Geschöpfe Menschen sind oder nicht, ob sie zur menschlichen Spezies gehören, so bezieht sich offenbar die Frage nur auf die Nominaldefinition oder auf die zusammengesetzte Vorstellung, welche wir uns bilden, um sie mit diesem Namen zu bezeichnen. Denn die innere Wesenheit ist uns vollständig unbekannt, obgleich wir Grund haben anzunehmen, daß da, wo die Fähigkeiten oder auch die äußere Gestalt so unterschieden sind, die innere Beschaffenheit nicht dieselbe ist.

Theophilus. Ich glaube, daß wir hinsichtlich des Menschen eine Definition haben, welche zugleich real und nominal ist, denn nichts kann dem Menschen so wesentlich sein, als die Vernunft, und sie läßt sich gewöhnlich wohl erkennen. Darum können neben ihr der Bart und der Schweif nicht in Betracht kommen. Ein Waldmensch sowohl als ein behaarter Mensch lassen als Menschen sich erkennen, und Haare wie die des Affen sind kein Grund, jemand von der Menschheit auszuschließen. Die Blödsinnigen ermangeln des Gebrauches der Vernunft; da wir aber aus Erfahrung wissen, daß die Vernunft oft gebunden ist und sich nicht zeigen kann, und dies Menschen widerfährt, welche sie schon gezeigt haben und künftig noch zeigen werden, so fällen wir nach der Wahrscheinlichkeit das nämliche Urteil über diese Blödsinnigen auf Grund anderer Kennzeichen, nämlich der körperlichen Gestalt. Auf Grund dieser mit der Abkunft verbundenen Zeichen nimmt man an, daß die Kinder Menschen sind und Vernunft zeigen werden, und man täuscht sich darin selten. Gäbe es aber vernünftige lebendige Wesen von einer von der unserigen ein wenig verschiedenen Gestalt, so würden wir in Verlegenheit sein. Man sieht daraus, daß, wenn unsere Definitionen von der Äußerlichkeit der Körper abhangen, sie unvollkommene und vorläufige sind. Wenn sich jemand für einen Engel ausgäbe und Dinge wüßte oder zu verrichten wüßte, die über uns hinausgehen, so würde er sich Glauben verschaffen können. Wenn ein anderer, wie Gonzales, mittels einer außerordentlichen Maschine aus dem Monde käme und uns glaubhafte Dinge von seinem Geburtslande erzählte, so würde er für einen Mondbewohner gelten, und doch könnte man ihm, so fremd er auch unserer Weltkugel wäre, den Indigenat und die Bürgerrechte mit dem Titel eines Menschen bewilligen; wenn er aber die Taufe verlangte und als Proselyt unseres Glaubens aufgenommen werden wollte, so glaube ich, daß man unter den Theologen unseres Glaubens große Streitigkeiten sich erheben sehen würde. Und wenn der Verkehr mit jenen Planetenmenschen, die nach Huygens' Meinung denen unserer Erde ganz ähnlich sind, offen wäre, so würde die Frage ein allgemeines Konzil verdienen, um zu entscheiden, ob wir die Ausbreitung des Glaubens über unsere Erdkugel hinaus weiter zu treiben Sorge tragen müßten. Manche würden ohne Zweifel dabei behaupten, daß, da die vernünftigen lebendigen Wesen jenes Landes nicht von Adams Rasse wären, sie auch an der Erlösung durch Jesus Christus keinen Teil hätten; andere aber würden vielleicht sagen, daß wir weder genug wissen, wo Adam immer gewesen ist, noch was aus seiner Nachkommenschaft geworden ist, wie es denn sogar Theologen gegeben hat, die geglaubt haben, daß der Mond der Ort des Paradieses gewesen sei. Man würde daher vielleicht durch Stimmenmehrheit als das Sicherste beschließen, jene zweifelhaften Menschen unter der Bedingung zu taufen, wenn sie der Taufe fällig sind; ich zweifle aber, daß man in der römischen Kirche Priester aus ihnen machen würde, weil ihre Weihen immer ungewiß sein würden und man nach der Voraussetzung dieser Kirche das Volk der Gefahr eines materiellen Götzendienstes aussetzen würde. Glücklicherweise sichert uns die Natur vor allen diesen Verlegenheiten; indessen haben solche sonderbare Erdichtungen in der Spekulation ihren Nutzen, um das Wesen unserer Vorstellungen recht erkenntlich zu machen.

§ 23. *Philalethes.* Vielleicht würden sich manche nicht allein in den theologischen Streitfragen, sondern auch bei anderen Gelegenheiten nach der Rasse richten und erklären, daß bei den Tieren die Fortpflanzung durch die Begattung des Männchens und des Weibchens und bei den Pflanzen mittelst des Samens *die vorausgesetzten wirklichen Arten* als besondere und in ihrer Ganzheit erhält; aber dies wurde nur dazu dienen, die Arten der Tiere und der Vegetabilien festzusetzen. Was soll man mit den übrigen machen? Es reicht auch nicht einmal hinsichtlich jener aus, denn wenn man der Geschichte glauben darf, sind Frauen durch Affen geschwängert worden. Da entsteht also eine neue Frage, zu welcher Art ein solches Erzeugnis gehören soll. Man sieht oft Maulesel und Jumarts (man vergleiche das etymologische Lexikon von Menage), die ersteren erzeugt von einem Esel und einer Stute, die letzteren von einem Stier und einer Stute. Ich habe ein von einer Katze und einer Ratte erzeugtes Tier gesehen, welches sichtbare Kennzeichen dieser beiden Tiere hatte. Nimmt man dazu noch mißgeborene Erzeugnisse, so wird man finden, daß es gar schwer hält, die Art durch die Zeugung zu bestimmen, und wenn man sie nur auf diese Weise machen könnte, müßte man da nicht nach Indien gehen, um Vater und Mutter eines Tigers und den Samen der Teepflanze zu sehen? Oder läßt es sich nicht auf andere Weise beurteilen, ob die zu uns kommenden Individuen zu jenen Arten gehören?

Theophilus. Die Abkunft oder Rasse ergibt wenigstens eine starke *Vermutung* d.h. einen vorläufigen Beweis, und ich habe schon gesagt, daß unsere Kennzeichen gar oft nur mutmaßliche sind. Mitunter wird die Rasse durch die Gestalt Lügen gestraft, wenn das Kind dem Vater und der Mutter unähnlich ist, und die Mischung in der Gestalt ist nicht immer das Kennzeichen der Mischung der Rassen; denn es kann geschehen, daß ein Muttertier ein Wesen zur Welt bringt, das einer fremden Art anzugehören scheint, und daß die bloße Einbildung der Mutter diese Abweichung verursacht hat. Nicht einmal dessen zu erwähnen, was man Mondkalb nennt. Aber da man doch vorläufiger weise aus der Rasse die Art beurteilt, so beurteilt man auch aus der Art die Rasse. Als man einmal dem König Johann Kasimir von Polen ein unter den Bären gefundenes Kind aus dem Walde brachte, welches von deren Manieren viel an sich hatte, endlich aber als ein vernünftiges Wesen erkannt wurde, hat man kein Bedenken getragen, es als der adamitischen Rasse zugehörig anzuerkennen und auf dem Namen Joseph zu taufen, wiewohl vielleicht unter der Bedingung: *si baptizatus non es* (wenn da noch nicht getauft bist), nach dem Gebrauch der römischen Kirche; weil es ja nach der Taufe durch einen Bären hätte gerauht sein können. Man kennt noch nicht genug die Wirkungen der Vermischungen von Tieren und tötet oft die Mißgeburten, statt sie aufzuziehen, da sie doch ohnehin nicht lange zu leben pflegen. Man glaubt, daß die gemischten Tierarten sich nicht vermehren, indessen schreibt Strabo den Mauleseln von Kappadozien die Fortpflanzung zu, und aus China schreibt man mir, daß es in der benachbarten Tatarei eine besondere Rasse von Mauleseln gebe. Auch sehen wir, daß die gemischten Arten bei den Pflanzen fähig sind, ihre neue Art zu erhalten. Bei den Tieren weiß man nicht immer recht, ob es das Männchen oder das Weibchen oder beide oder keins von beiden ist, was am meisten die Art bestimmt. Die Lehre von dem weiblichen Ei, welche der verstorbene Kerkring so berühmt gemacht hatte, schien den männlichen Teil bei der Zeugung auf die Rolle des Staubregens hinsichtlich der Pflanzen zu beschränken, welcher dem Samen das Mittel gibt, aufzugehen und sich aus der Erde zu erheben nach den Versen des Virgil, welche die Priscillianer anzuführen pflegten:

Dum Pater omnipotens fecundis imbribus aether
Conjugis in laetae gremium descendit et omnes
Magnus alit magno commissus corpore foetus.

Mit einem Worte würde nach dieser Hypothese der Mann nichts mehr als der Regen sein, aber Leeuwenhoeck hat die Ehre des männlichen Geschlechts wiederhergestellt und seinerseits das weibliche heruntergesetzt, als ob es nur die Leistung der Erde hinsichtlich des Samens hätte, indem es ihm den Ort und die Nahrung gibt; was selbst dann stattfinden könnte, wenn man die Theorie von den Eiern aufrechterhielte. Dies hindert aber nicht, daß die Einbildungskraft der Frau auf die Form des Fötus einen großen Einfluß hat, auch wenn man voraussetzen wollte, daß das Wesen selbst von dem Mann abstammt, denn er befindet sich in einem Zustand, welcher schon für gewöhnlich zu großer Veränderung bestimmt und darum auch um so mehr für außerordentliche Veränderungen empfänglich ist. Man versichert, daß die Einbildungskraft einer Dame vom Stande, welche durch den Anblick eines Verstümmelten verletzt wurde, dem der Geburt schon sehr nahen

Fötus die Hand abgetrennt habe, welche Hand sich nachher bei der Nachgeburt gefunden haben soll; doch verdient dies erst Beglaubigung. Vielleicht könnte jemand mit der Behauptung kommen, daß, wenn auch die Seele nur von einem Geschlecht herkommen kann, doch das eine wie das andere Geschlecht etwas Organisches hergäbe, und aus beiden Körpern ebenso einer werde, wie wir sehen, daß der Seidenwurm gleichsam ein doppeltes Tier ist und unter der Form der Raupe ein fliegendes Insekt in sich schließt; so sehr sind wir noch über einen so wichtigen Gegenstand im dunklen. Vielleicht wird uns einmal die Analogie der Pflanzen darüber Licht geben, aber gegenwärtig sind wir über die Erzeugung der Pflanzen selbst noch nicht unterrichtet; die Mutmaßung über den Staub, der sich dabei bemerken läßt, als ob derselbe dem menschlichen Samen entsprechen könnte, ist noch nicht recht aufgeklärt. Übrigens ist oft genug ein Pflanzenschößling imstande, eine ganz neue Pflanze zu geben, wofür man noch keine Analogie bei den Tieren kennt; auch kann man nicht sagen, daß der Fuß des Tieres ein Tier ist, wie jeder Zweig eines Baumes eine des Fruchtbringens fähige Pflanze für sich ist. Auch gelingen die Mischungen der Arten und selbst die Veränderungen innerhalb derselben Art bei den Pflanzen oft mit vielem Erfolge. Vielleicht sind oder waren die Tierarten zu irgend einer Zeit oder an irgend einem Ort des Universums der Veränderung mehr unterworfen, als sie es gegenwärtig unter uns sind oder künftig sein werden. Manche Tiere, die etwas von der Katze haben, wie der Löwe, der Tiger und der Luchs, könnten von der nämlichen Rasse gewesen sein und gegenwärtig gleichsam neue Unterabteilungen der alten Katzenarten bilden. So komme ich immer auf das schon mehr als einmal Gesagte zurück, daß unsere Bestimmungen der physischen Arten vorläufige und unseren Kenntnissen entsprechende sind.

§ 24. *Philalethes.* Wenigstens haben die Leute, als sie ihre Einteilung der Arten vornahmen, niemals an die substantiellen Formen gedacht, diejenigen ausgenommen, welche hierzulande, wo wir sind, unsere Schulsprache gelernt haben.

Theophilus. Seit kurzem scheint der Ausdruck *substantielle Formen* bei gewissen Leuten in Verruf gekommen zu sein, und man schämt sich, von ihnen zu reden. Indessen ist dabei vielleicht immer noch mehr Mode als Vernunft. Die Scholastiker gebrauchten einen allgemeinen Begriff fälschlich, wenn es sich darum handelte, besondere Erscheinungen zu erklären, aber dieser Mißbrauch hebt die Sache selbst nicht auf. Die menschliche Seele bringt die Zuversichtlichkeit einiger unserer neueren Philosophen ein wenig in Verlegenheit. Einige derselben erklären sie für die Form des Menschen, aber zugleich auch für die einzige substantielle Form der uns bekannten Natur. Descartes drückt sich ebenso darüber aus und erteilt dem Regius eine Rüge dafür, daß er der Seele diese Beschaffenheit einer substantiellen Form bestritt und leugnen wollte, daß der Mensch ein *unum per se*, ein mit einer wahrhaften Einheit begabtes Wesen sei. Manche glauben, jener ausgezeichnete Mann habe aus Politik so gehandelt. Ich zweifle ein wenig daran, weil ich glaube, daß er darin recht hatte. Aber man sollte nicht dem Menschen allein dies Vorrecht geben, wie wenn die Natur übers Knie gebrochen wäre; wir haben Grund zu dem Schluß, daß es eine Unendlichkeit von Seelen oder, um allgemeiner zu reden, von ursprünglichen Entelechien gibt, die etwas mit der Wahrnehmung und dem Triebe Analoges besitzen und die alle substantielle Formen der Körper sind und stets bleiben. Scheinbar gibt es freilich manche Arten, die nicht eigentlich ein unum per se sind d.h. Körper mit einer wahrhaften Einheit oder mit einem unteilbaren Wesen begabt, das ihr ganzes Tätigkeitsprinzip ausmacht, ebensowenig, wie eine Mühle oder eine Uhr dies sein könnten. Von dieser Art könnten die Salze, die Mineralien und die Metalle sein d.h. einfache Zusammenhäufungen oder Massen Ton einer gewissen Regelmäßigkeit. Aber die Körper der einen und der anderen. Art d.h. die beseelten Körper sowohl wie die unbelebten Zusammenhäufungen werden durch ihren inneren Bau spezifiziert sein, da in denen selbst, welche belebt sind, die Seele und die Maschine jede für sich zur Bestimmung genügen, denn sie stimmen vollkommen miteinander überein und drücken sich, obgleich sie keinen unmittelbaren Einfluß aufeinander haben, wechselweise aus, indem die eine alles das, was die andere in der Vielheit verteilt hat, in eine vollkommene Einheit zusammengefaßt hat. Wenn es sieh also um die Anordnung der Arten handelt, so ist der Streit um die substantiellen Formen unnütz, wenn es auch aus anderen Gründen wichtig sein mag, zu erkennen, ob und wie es deren gibt, denn sonst wurde man in der intellektuellen Welt ein Fremdling sein. Übrigens haben die Griechen und Araber von diesen Formen ebensogut wie die Europäer gesprochen, und wenn der gemeine Mann nicht davon redet, so redet der ebensowenig von der Algebra oder von inkommensurablen Größen.

§ 25. *Philalethes.* Die Sprachen sind vor den Wissenschaften gebildet worden, und das unwissende, ungelehrte Volk hat die Dinge unter gewisse Arten gebracht.

Theophilus. Allerdings, aber die Gelehrten berichtigen die volkstümlichen Begriffe. Die Chemiker haben sichere Mittel gefunden, die Metalle zu unterscheiden und zu trennen, die Botaniker haben die Wissenschaft von den Pflanzen wunderbar bereichert, und die über die Insekten erhaltenen Erfahrungen haben uns in der Kenntnis der Tiere eine neue Bahn eröffnet; indessen sind wir noch weit von der Hälfte unserer Laufbahn entfernt.

§ 26. *Philalethes.* Wenn die Arten ein Werk der Natur wären, so könnten sie von verschiedenen Personen nicht so verschieden aufgefaßt werden. Der Mensch erscheint dem einen als ein zweifüßiges lebendiges Wesen ohne Federn mit großen Nägeln, und der andere fügt nach tieferer Untersuchung noch die Vernunft dazu. Viele Leute bestimmen indessen die Arten der Tiere mehr nach ihrer *äußeren Gestalt* als nach ihrer *Abkunft*, weil man mehr als einmal in Frage gestellt hat, ob gewisse menschliche *Geburten* zur Taufe zugelassen werden sollten oder nicht, bloß aus dem Grunde, daß ihre äußere Bildung von der gewöhnlichen Form der Kinder abwich, ohne daß man wußte, ob sie nicht ebensogut zur Vernunft fähig wären, wie Kinder, die in einer anderen Form gegossen sind, unter denen man manche findet, die, wenn auch von anerkannter Gestalt, ihr ganzes Leben lang niemals so viel Vernunft zu zeigen imstande sind, als in einem Affen oder Elefanten vorkommt, und die niemals ein Zeichen geben, daß sie von einer vernünftigen Seele regiert werden. Hieraus ergibt sich offenbar, daß die äußere Form, von der man allein hat reden wollen, und nicht die Fähigkeit der Vernunft, von der niemand wissen kann, ob sie zu ihrer Zeit fehlen durfte, zum wesentlichen Merkmal gemacht worden ist. In diesen Fällen sind denn auch die gescheitesten Theologen und Juristen gezwungen, von ihrer hochverehrten Definition eines vernünftigen lebendigen Wesens abzugehen und an deren Stelle irgend eine andere Wesensbestimmung der Menschenart zu setzen. *Menage* (Menagiana Tom. I, pag. 278 der holländischen Ausgabe von 1649) *führt uns das Beispiel eines gewissen Abbé de St. Martin an, was erzählt zu werden verdient. Als dieser Abbé de St. Martin zur Welt kam, sagt er, hatte er so wenig eine menschliche Gestalt, daß er eher einer Mißgeburt glich. Man beratschlagte einige Zeit, ob man ihn taufen sollte. Indessen er wurde getauft, und man erklärte ihn vorläufig für einen Menschen, d.h. bis die Zeit erkennen lassen würde, was er wäre. Er war von Natur so mißgestaltet, daß man ihn sein ganzes Leben den Abbé Malotru nannte. Er war von Caen.* Da haben wir ein Kind, welches einfach wegen seiner Gestalt nahe daran war, von der Menschenart ausgeschlossen zu werden; so wie es war, kam es mit genauer Not davon, und sicherlich würde eine noch etwas ungestaltetere Form es ins Verderben gestürzt haben, als ein Wesen, welches nicht für einen Menschen gelten dürfe. Und doch kann man keinen Grund angeben, warum eine vernünftige Seele nicht in ihm hätte wohnen können, wenn seine Gesichtszüge ein wenig mehr verzerrt gewesen wären; warum ein etwas längeres Gesicht oder eine plattere Nase oder ein größerer Mund nicht ebensogut wie das ihrige seiner häßlichen Gestalt mit einer Seele und Eigenschäften hätten zusammenbestehen können, die ihn, so ungestaltet er immer war, fähig machten, eine kirchliche Würde zu bekleiden.

Theophilus. Bisher hat man noch kein vernünftiges lebendiges Wesen gefunden, dessen äußere Gestalt von der unseren sehr verschieden gewesen wäre; darum wurden, wenn es sich darum handelte, ein Kind zu taufen, Abstammung und Gestalt immer nur als Kennzeichen angesehen, um zu entscheiden, ob es ein vernünftiges Wesen sei oder nicht. So haben denn die Theologen und Juristen nicht nötig, deshalb ihrer hochgehaltenen Definition zu entsagen.

§ 27. *Philalethes.* Wenn aber jene Mißgeburt, von der Licetus im 3. Kap. des 1. Buches redet, die den Kopf eines Menschen und den Leib eines Schweines hatte, oder andere Mißgeburten, welche auf Menschenleibern Hunde- und Pferdeköpfe usw. hatten, am Leben erhalten worden wären und hätten reden können, so würde die Schwierigkeit viel größer gewesen sein.

Theophilus. Ich gebe das zu, und wenn es vorkäme und jemand so angetan wäre, wie ein gewisser Schriftsteller, ein Mönch aus alter Zeit, *Hans Kalb* genannt, der sich in einem von ihm geschriebenen Buche mit einem Kalbskopf malte, die Feder in der Hand, was einige lächerlicherweise glauben machte, daß dieser Schriftsteller wirklich einen Kalbskopf gehabt hätte, wenn, sage ich, dies vorkäme, so würde man künftig behutsamer sein, Mißgeburten abzutun. Denn die Vernunft würde allem Anschein nach bei Theologen und Juristen trotz der Gestalt, und sogar trotz der Schwierigkeiten das Übergewicht behalten, welche die Anatomie dabei den Ärzten bereiten könnte. Letztere würden ebensowenig der Menschenwürde schaden, wie jene Umkehrung der Eingeweide bei dem Menschen, dessen Obduktion zu Paris Bekannte von mir mitgemacht haben, welche Aufsehen erregt hat, wo die Natur

> Als hatte sie sich dran ergötzt,
> Die Leber hatte links gesetzt
> Und rechte das Herz im Widerspiel –
> Sie trank vielleicht einmal zu viel!

– wenn ich mich recht der Verse erinnere, welche der verstorbene Alliot (ein wegen seiner geschickten Behandlung des Krebses berühmter Arzt) über dieses Wunder gemacht hatte und mir zeigte. Es versteht sich, daß die Verschiedenheit der Bildung bei den vernünftigen Wesen nicht zu weit gehen und man nicht in die Zeit zurückkommen darf, wo die Tiere sprachen; denn sonst würden wir den uns besonders eigenen Vorzug der Vernunft verlieren und aufmerksamer auf die Abstammung und das Äußere sein, um die Abkömmlinge Adams von denen unterscheiden zu können, welche von einem Könige oder Patriarchen irgend eines afrikanischen Affenstaates abstammen mögen. Unser gelehrter Autor hat recht mit der Bemerkung (§ 29), daß, wenn die Eselin des Bileam ihr ganzes Leben lang ebenso vernünftig geredet hätte, wie das eine Mal mit ihrem Herrn (vorausgesetzt, daß es nicht eine prophetische Vision gewesen ist), sie doch immer Mühe gehabt haben würde, Sitz und Stimme unter den Frauen zu erhalten.

Philalethes. Wie ich sehe, lachen Sie, und vielleicht lachte der Verfasser auch; aber ernstlich gesprochen, Sie begreifen, daß man nicht immer bestimmte Grenzen für die Arten festsetzen kann.

Theophilus. Das habe ich Ihnen schon zugegeben; denn wenn es sich um Erdichtungen und die bloße Möglichkeit der Dinge handelt, können die Übergänge von Art zu Art unmerklich sein, und sie unterscheiden wollen, würde mitunter ungefähr so sein, wie wenn man entscheiden wollte, wieviel Haare man einem Menschen lassen muß, damit er nicht kahlköpfig sei. Diese Unentschiedenheit würde selbst dann wahr sein, wenn wir das Innere der Geschöpfe, um die es sich handelt, vollständig kennten. Aber ich sehe nicht ein, wie sie verhindern soll, daß die Dinge unabhängig von dem Verstande wirkliche Wesenheiten haben, und wir diese auch erkennen können. Freilich würden sich die Benennungen und die Grenzen der Arten mitunter wie die

Benennungen der Maße und Gewichte verhalten, wo man, um feste Grenzen zu erhalten, seine Wahl treffen muß. Für gewöhnlich ist indessen so etwas nicht zu fürchten, da die einander zu nahe stehenden Arten sich nicht leicht zusammenfinden.

§ 28. *Philalethes.* Wie es scheint, stimmen wir hier im Grunde überein, wiewohl, wir ein wenig in den Bezeichnungen voneinander abweichen. Auch gebe ich Ihnen zu, daß in der Benennung der *Substanzen* weniger Willkür herrscht, als in den Namen der *zusammengesetzten Modi.* Denn man wird nicht darauf fallen, das Blöken eines Schafes mit der Gestalt des Pferdes oder die Farbe des Bleies mit der Schwere und Feuerfestigkeit des Goldes zu verbinden. Lieber kopiert man die Natur.

Theophilus. Dies kommt nicht sowohl daher, daß man bei den Substanzen nur auf das achtet, was wirklich da ist, als daß man in den physischen Vorstellungen, die man nicht ganz bis auf den Grund versteht, unsicher ist, ob ihre Verknüpfung möglich und nützlich ist, wenn das wirkliche Dasein uns nicht dabei Gewähr bietet. Dies findet aber auch noch bei den Modi statt, nicht allein, wenn deren Dunkelheit uns, wie mitunter in der Physik vorkommt, undurchdringlich ist, sondern auch, wenn sie zu durchdringen nicht leicht ist, wovon es in der Geometrie genug Beispiele gibt. Denn in der einen und der anderen dieser Wissenschaften steht es bei uns, nach Belieben Kombinationen zu machen, sonst hätte man das Recht, von *regelmäßigen Dekaëdern* zu reden und könnte in einem Halbkreise einen *Mittelpunkt der Größe* aufsuchen, wie es einen *Mittelpunkt der Schwere* darin gibt. Denn es ist in der Tat auffallend, daß der eine dabei vorkommt, und der andere nicht dabei vorkommen sollte. Wie nun bei den Modi die Kombinationen nicht immer willkürlich sind, so findet sich im Gegensatz dazu, daß sie dies mitunter bei den Substanzen sind; und oft hängt es von uns ab, Kombinationen der Eigenschaften zu machen, um noch vorangestelltem Versuch substantielle Wesen zu definieren, wenn man diese Eigenschaften hinlänglich kennt, um über die Möglichkeit der Kombination zu urteilen. So können in der künstlichen Blumenzucht erfahrene Gärtner mit Recht und Erfolg sich irgend eine neue Art zu erzielen vorsetzen und ihr im voraus einen Namen geben.

§ 29. *Philalethes.* Sie werden mir immer zugestehen müssen, daß, wenn es sich um die Definition der Arten handelt, die Zahl der Vorstellungen, welche man kombiniert, von dem verschiedenen Fleiße, dem Eifer oder der Phantasie dessen abhängt, welcher diese Kombination bildet. Wie zur Bestimmung der Pflanzen- und Tierarten man sich am häufigsten nach der Gestalt richtet, ebenso hält man sich bei den meisten der nicht durch Samen hervorgebrachten natürlichen Körper am meisten an die Farbe. § 10. In der Tat gibt das sehr oft nur verworrene, grobe und ungenaue Begriffe, und es fehlt viel daran, daß man über die bestimmte Zahl der einfachen Vorstellungen oder der Eigenschaften miteinander übereinstimme, die einer bestimmten Art oder Benennung angehören sollen, denn zur Auffindung der einfachen Vorstellungen, die beständig miteinander verbunden sind, hat man Mühe, Geschick und Zeit nötig. Indessen genügen in der Unterhaltung gewöhnlich wenige Eigenschaften, welche diese ungenauen Definitionen bilden, aber trotz des Geschreies über die Gattungen und Arten sind doch die Formen, von denen man in den Schulen so viel gesprochen hat, nur Chimären, die keineswegs dazu dienen, um uns in die Erkenntnis spezifischer Wesenheiten einzuführen.

Theophilus. Wer immer eine mögliche Kombination macht, begeht insofern keinen Irrtum, auch nicht, wenn er ihr eine Benennung gibt; er irrt aber, wenn er glaubt, daß dasjenige, was er sich vorstellt, alles das ist, was andere Erfahrenere unter demselben Namen oder in demselben Körper sich vorstellen. Er denkt sich vielleicht eine zu allgemeine Gattung statt einer anderen spezielleren. In diesem allen liegt nichts, was der Schulmeinung widerspricht, und ich sehe nicht ein, warum Sie jetzt gegen die Gattungen, Arten und Formen Ihren Angriff wiederholen, da Sie doch selbst Gattungen, Arten und selbst innere Wesenheiten oder Formen anerkennen müssen, die man übrigens, wenn man sie noch nicht zu kennen zugestehen muß, zur Erkenntnis des spezifischen Wesens der Sache gar nicht anzuwenden behauptet.

§ 30. *Philalethes.* Wenigstens ist klar, daß die von uns den Arten angewiesenen Grenzen nicht *genau* denen *entsprechen*, welche durch die Natur gesetzt sind. Denn bei unserem Bedürfnis allgemeiner Namen zum augenblicklichen Gebrauch bemühen wir uns nicht, ihre Eigenschaften zu entdecken, welche uns ihre wesentlichen unterschiede und Übereinstimmungen besser erkennen lassen würden, sondern wir selbst teilen sie in Arten auf Grund gewisser, jedermann in die Augen fallender Erscheinungen ein, um dadurch mit anderen leichter verkehren in können.

Theophilus. Wenn wir Vorstellungen, die miteinander verbunden werden können, verbinden, so sind die von uns den Arten angewiesenen Grenzen immer *genau mit der Natur übereinstimmend*, und wenn wir solche Vorstellungen miteinander zu verbinden uns bemühen, die sich wirklich zusammenfinden, so stimmen unsere Begriffe auch noch mit der Erfahrung überein. Betrachten wir sie nur als vorläufig, hinsichtlich der wirklichen Körper, vorbehaltlich gemachter oder zu machender Erfahrung, um mehr darin zu entdecken, und gehen wir auf Sachkundige zurück, wenn es sich um etwas Bestimmtes handelt, hinsichtlich dessen, was man öffentlich unter dem – es bezeichnenden – Worte versteht, so werden wir uns darin nicht irren. So kann die Natur vollständigere und passendere Vorstellungen liefern, aber sie wird die unsrigen, die gut und natürlich sind, nicht Lügen strafen, mögen sie vielleicht auch nicht die besten und die natürlichsten sein.

§ 32. *Philalethes.* Unsere *Gattungsbegriffe* von den Substanzen, wie z.B. die des Metalls, folgen nicht genau den ihnen von der Natur dargebotenen *Mustern*, da man keinen Körper finden kann, welcher einfach die Dehnbarkeit und Schmelzbarkeit ohne andere Eigenschaften besitzt.

Theophilus. Solche Muster verlangt man auch nicht und würde auch nicht Grund haben, sie zu verlangen; sie finden sich auch nicht in den deutlichsten Begriffen. Man findet niemals eine Zahl, an der nichts als die Vielheit überhaupt zu bemerken wäre; kein Ausgedehntes, worin nur Dichtigkeit und keine anderen Eigenschaften vorkommen, und wenn die spezifischen Unterschiede positiv und einander entgegengesetzt sind, so muß die Gattung unter ihnen Partei ergreifen.

Philalethes. Wenn also jemand sich einbildet, daß ein Mensch, ein Pferd, eine Pflanze etc. sich durch *wirkliche* von der Natur gebildete *Wesenheiten* voneinander unterscheiden, so muß er sich die Natur als sehr *freigebig mit dergleichen wirklichen Wesenheiten* vorstellen, wenn sie deren eine für den Körper, eine andere für das Tier und noch eine andere für das Pferd hervorbringt und alle diese Wesenheiten freigebig dem Bucephalus mitteilt. Vielmehr sind Gattungen und Arten nichts weiter, als mehr oder weniger in sich begreifende Zeichen.

Theophilus. Wenn Sie die wirklichen Wesenheiten für diejenigen substantiellen Muster nehmen, welche ein Körper und weiter nichts, ein Tier und nichts Spezielleres, ein Pferd ohne individuelle Eigenschaften sein würden, so haben Sie recht, sie als Chimären zu behandeln. Niemand aber, denke ich, selbst nicht die größten *Realisten* der Vergangenheit, hat behauptet, daß es so viel auf die Gattung sich beschränkende Substanzen gebe, als es Gattungen gibt. Daraus folgt jedoch nicht, daß, wenn die allgemeinen Wesenheiten dies nicht sind, sie bloße Zeichen sind; denn ich habe Ihnen schon mehrmals bemerklich gemacht, daß sie *Möglichkeiten* in den *Ähnlichkeiten* der Dinge sind. Dies ist ebenso, wie aus dem Umstände, daß die Farben nicht immer Substanzen oder extrahierbare Tinkturen sind, nicht folgt, daß sie bloß in der Einbildungskraft bestehen. Übrigens kann man sich die Natur nicht zu *freigebig* denken, sie ist dies über alle unsere möglichen Erfindungen hinaus, und alle im voraus denkbaren Möglichkeiten finden sich auf der großen Bühne ihrer Darstellungen verwirklicht. Früher gab es bei den Philosophen zwei Hauptthesen, die der *Realisten* wollte die Natur verschwenderisch machen, die der *Nominalisten* sie für geizig erklären. Der eine behauptet, daß die Natur kein Leeres duldet, und der andere, daß sie nichts umsonst tut. Diese beiden Grundsätze sind gut, wenn man sie recht versteht, denn die Natur ist wie ein guter Haushalter, der, wo es sein muß, spart, um zu rechter Zeit und am gehörigen Orte freigebig zu sein. In ihren Wirkungen ist sie freigebig und in den von ihr angewandten Ursachen sparsam.

§ 34. *Philalethes.* Ohne uns weiter mit dem Streite über die wirklichen Wesenheiten aufzuhalten, genügt es, den Zweck der Sprache und den Gebrauch der Worte festzuhalten, welcher darin besteht, unsere Gedanken abgekürzt auszudrücken. Wenn ich zu jemand über eine Art Vögel, drei bis vier Fuß hoch, reden will, deren Haut mit etwas zwischen Federn und Haaren in der Mitte Stehendem bedeckt ist, von dunkelbrauner Farbe, ohne Flügel, an deren Stelle aber zwei oder drei dem Pfriemenkraut gleiche Äste sich befinden, die ihnen bis unten hinhangen, mit großen und dicken Schenkeln und Füßen von nur drei Klauen und ohne Schwanz – so bin ich genötigt, diese Beschreibung zu geben, um mich dadurch anderen verständlich zu machen. Sagt man mir aber, daß der Name dieses Tieres *Kasuar* ist, so kann ich mich dann dieses Namens bedienen, um im Gespräch jene ganze zusammengesetzte Vorstellung zu bezeichnen.

Theophilus. Vielleicht würde aber eine recht genaue Vorstellung von der Hautbedeckung oder irgend eines anderen Teiles ganz allein genügen, um dies Tier von allen anderen Tieren zu unterscheiden, wie man den Herkules an seiner Fußspur erkannte und den Löwen nach dem lateinischen Sprichwort an seiner Klaue erkennt. Je mehr man aber

Unterscheidungszeichen zusammenhäuft, desto haltbarer ist die Definition.

§ 35. *Philalethes.* In diesem Falle können wir ohne Nachteil für die Sache etwas von der Vorstellung fallen lassen; wenn aber die Natur etwas davon nimmt, so ist dann die Frage, ob die Art noch bleibt. Wenn es z.B. einen Körper gäbe, der alle Eigenschaften des Goldes, ausgenommen die Dehnbarkeit, hätte, würde es Gold sein? Dies zu entscheiden hängt von den Menschen ab. Sie also sind es, welche die Arten der Dinge bestimmen.

Theophilus. Keineswegs; sie würden nur den Namen bestimmen. Indessen würde diese Erfahrung uns lehren, daß die Dehnbarkeit mit allen den übrigen Eigenschaften des Goldes zusammengenommen nicht in notwendiger Verbindung steht Sie würde uns also eine neue Möglichkeit und folglich eine neue Art kennen lehren. Was aber das brüchige und spröde Gold anbetrifft, so kommt dies nur von den Zusätzen her und hat mit den anderen Proben des Goldes nichts gemein, denn die Probierkapelle und das Antimon nehmen ihm diese Sprödigkeit.

§ 36. *Philalethes.* Aus unserer Lehre folgt etwas augenscheinlich sehr Seltsames, daß nämlich jede abstrakte Vorstellung, die einen bestimmten Namen hat, eine bestimmte Art bildet. Aber was will man dabei tun, wenn die Natur es so verlangt? Ich möchte wohl wissen, warum ein *Bologneser Hund* und ein *Windhund* nicht ebenso verschiedene Arten sind, als ein *Hühnerhund* und ein *Elefant*.

Theophilus. Ich habe vorher die verschiedenen Bedeutungen des Wortes Art festgesetzt. Nimmt man es logisch oder vielmehr mathematisch, so kann die geringste Unähnlichkeit genügen. Jede verschiedene Vorstellung wird also eine andere Art liefern, und ob sie einen Namen hat oder nicht, ist gleichgültig. Aber im physischen Sinne hält man sich nicht bei jedweder Abweichung auf und redet entweder bestimmt, wenn es sich nur um die Erscheinungen handelt, oder vermutungsweise, wenn es sich um die innere Wahrheit der Dinge handelt, indem man dabei eine wesentliche und unveränderliche Natur voraussetzt, wie beim Menschen die Vernunft. Man setzt also voraus, daß dasjenige, was nur durch zufällige Veränderungen voneinander verschieden ist, wie das Wasser und das Eis, das Quecksilber in seiner Flüßigkeit und als Sublimat, von derselben Art ist; und bei den organischen Körpern setzt man gewöhnlich das vorläufige Merkmal derselben Art in die Abstammung oder Rasse, wie bei den gleichförmigsten Körpern in die

Reproduktion. Allerdings kann man darüber aus Mangel an Erkenntnis des Inneren der Dinge kein sicheres Urteil fällen. Man urteilt aber, wie ich schon mehr als einmal gesagt habe, auf vorläufige und oft bloß vermutende Weise. Wenn man indessen aus Vorsicht, nur Gewisses sagen zu wollen, bloß vom Äußeren reden will, so ergibt es einen weiteren Sinn, und in diesem Falle darüber zu streiten, ob ein Unterschied spezifisch ist oder nicht, wäre ein Wortstreit In diesem Sinne findet unter den Hunden ein so großer Unterschied statt, daß man sehr wohl sagen kann, die englischen Doggen und die Bologneser Hündchen seien von verschiedenen Arten. Demungeachtet könnten sie von der einen und selbigen entfernten Kasse sein, die man auffinden würde, wenn man höher aufsteigen könnte, und ihre Voreltern könnten einander ähnlich oder dieselben gewesen, nach großen Veränderungen aber einige aus der Nachkommenschaft größer, andere kleiner geworden sein. Man kann sogar auch glauben, ohne der Vernunft zu nahe zu treten, daß sie eine innere, feststehende, spezifische Wesenheit gemein haben, die nun nicht mehr in weitere Unterabteilungen zerfällt oder die man nicht bei mehreren anderen Naturen der Art antrifft und die folglich nur durch Zufälligkeiten weiter verändert wird, obgleich wir freilich auch keinen Grund zu dem Schlusse haben, daß dies so bei allem dem, was wir die unterste Art (*species infima*) nennen, notwendig stattfinden müsse. Daß aber ein Hühnerhund und ein Elefant zu derselben Kasse gehören und eine solche gemeinsame spezifische Natur haben, ist ganz unwahrscheinlich. So kann man bei den verschiedenen Hundesorten, wenn man von den Erscheinungen spricht, die Arten unterscheiden, und wenn man von der inneren Wahrheit spricht, unentschieden bleiben; vergleicht man aber den Hund und den Elefanten, so ist kein Grund, ihnen äußerlich das zuzuschreiben, was sie als Wesen derselben Rasse erscheinen lassen konnte. Also ist kein Grund vorhanden, sich gegen die Präsumption unentschieden zu verhalten. Auch beim Menschen könnte man, wenn man im logischen Sinne redet, die Arten unterscheiden, und wenn man beim Äußeren stehen bliebe, Verschiedenheiten im physischen Sinne ausfinden, welche als spezifische gelten konnten. So hat es einen Reisenden gegeben, welcher annahm, daß die Neger, die Chinesen und endlich die Amerikaner weder untereinander noch mit den uns gleichenden Völkern von gleicher Rasse wären. Aber sobald man die innere Wesenheit des Menschen d.h. die Vernunft, welche bei demselben Menschen verharrt und sich bei allen

Menschen findet, erkennt und sonst nichts festes Innerliches unter uns bemerkt, das eine Unterabteilung ausmacht, so haben wir keinen Grund zu dem Urteil, daß es unter den Menschen dem wahren Innern nach einen spezifischen inneren Unterschied gibt, während sich zwischen Mensch und Tier ein solcher findet – vorausgesetzt, daß die Tiere dem vorhin von mir Auseinandergesetzten zufolge nur sinnliche Erkenntnis besitzen, wie in der Tat die Erfahrung uns darüber zu keinem anderen Urteil Grund gibt.

§ 39. *Philalethes.* Nehmen wir das Beispiel von einem Werke der Kunst, dessen innerer Bau uns bekannt ist. Eine Uhr, die nur die Stunden zeigt, und eine Uhr, welche schlägt, sind hinsichtlich derer, welche sie zu bezeichnen nur einen Namen haben, von derselben Art, aber hinsichtlich dessen, welcher, um die erste zu bezeichnen, den Namen *Zeiger*-, und um die letztere zu bezeichnen, den Namen *Schlaguhr* hat, sind sie – *für ihn* – verschiedene Arten. Also der Name und nicht die innere Einrichtung ist es, was eine neue Art gibt, sonst würde es zu viele Arten geben. Es gibt Uhren mit vier Bädern und andere mit fünf; einige haben Schnüre und Spindeln und andere nicht; in einigen geht die Unruhe frei, in anderen wird sie durch eine Spiralfeder und in noch anderen durch Schweineborsten in Bewegung gesetzt. Welcher dieser Umstände genügt nun, um einen spezifischen Unterschied zu bilden? Ich sage: keiner, solange diese Uhren im Namen übereinkommen.

Theophilus. Und ich würde es doch behaupten, denn ohne mich bei den verschiedenen Namen aufzuhalten, würde ich die Verschiedenheiten des Werkes und vor allem den Unterschied der Unruhen in Erwägung ziehen. Denn seitdem man eine Springfeder dabei angewendet hat, welche die Bewegungen der Uhr nach den ihrigen regelt und sie folglich gleichmäßiger macht, haben sich die Taschenuhren ganz umgewandelt und sind unvergleichlich richtiger geworden. Ich habe früher einmal sogar auf ein anderes Prinzip der Gleichmäßigkeit aufmerksam gemacht, das man auf die Uhren anwenden konnte.

Philalethes. Will jemand Einteilungen machen, welche auf die ihm bekannten Unterschiede in der inneren Gestaltung sich gründen, so kann er es tun; das würden indessen nicht verschiedene Arten sein für Leute, welche jenen inneren Bau nicht kennen.

Theophilus. Ich sehe nicht ein, warum man bei Ihnen die Vermögen, die Wahrheiten und die Arten von unserer Meinung oder Erkenntnis abhängig machen will. Sie liegen in der Natur, mögen wir es nun wissen und anerkennen oder nicht. Wollte man sich anders ausdrücken, so würde man die Namen der Dinge und den angenommenen Sprachgebrauch ohne Not ändern. Bis jetzt haben die Menschen immer geglaubt, daß es verschiedene Arten von Uhren gibt, ohne sich darum zu bekümmern, worin die Verschiedenheit derselben besteht, und wie man sie nennen könnte.

Philalethes. Gleichwohl haben Sie kurz vorher anerkannt, daß, wenn man die physischen Arten nach der äußeren Erscheinung unterscheiden will, man dabei mit willkürlicher Beschränkung verfährt, so wie man es gerade zweckmäßig findet, d.h. je nachdem man den Unterschied mehr oder weniger bedeutend findet, und nach dem Gesichtspunkt, welchen man hat. Auch haben Sie sich selbst des Vergleichs mit Gewichten und Maßen bedient, welche man nach dem Belieben der Menschen regelt und benennt.

Theophilus. Jawohl, seitdem ich Sie zu verstehen angefangen habe. Zwischen den *spezifischen Unterschieden* bloß *logischer* Art, zu denen die geringste Änderung einer anwendbaren Definition, so zufällig sie sein mag, genügt, und den *spezifischen Unterschieden*, die bloß *physisch* sind und sich auf das Wesentliche oder Unveränderliche gründen, kann man ein Mittelding setzen, das sich aber freilich nicht genau bestimmen läßt; man richtet sich dann nach den wichtigsten Erscheinungen, die nicht gänzlich unwandelbar sind, sich aber auch nicht leicht ändern, indem die eine sich dem Wesentlichen mehr als die andere nähert. Da nun ein Kenner weiter gehen kann, als ein anderer, so scheint die Sache freilich willkürlich und hinsichtlich der Menschen relativ; auch erscheint es bequem, die Namen nach diesen hauptsächlichen Verschiedenheiten einzurichten. Man könnte also auch sagen, daß dies *spezifische Unterschiede des bürgerlichen Lebens* und *nominelle Arten* sind, die man nicht verwechseln muß, was ich vorher Nominaldefinitionen genannt habe, welche bei den spezifischen Unterschieden sowohl logischer wie physischer Art vorkommen. Übrigens können außer dem gewöhnlichen Sprachgebrauch die Gesetze selbst zu Wortbedeutungen berechtigen, und dann würden die *Arten gesetzliche* werden, wie in denjenigen Verträgen, welche man *nominati* nennt, d.h. solchen, die auf einen besonderen Namen gehen. Dies ist so, wie wenn das römische Recht die Mannbarkeit mit zurückgelegtem vierzehnten Jahr anfangen läßt. Diese ganze Erwägung ist zwar nicht zu verachten, indessen sehe ich nicht ein, daß sie hier von großem Nutzen ist, denn außerdem, daß Sie dieselbe mitunter da, wo sie gewiß keinen hatte, angewendet zu haben scheinen, wird man ungefähr die nämliche Wirkung auch erreichen, wenn man erwägt, daß es von den Menschen abhängt, so weit als sie es angemessen finden, in den Unterabteilungen weiterzugehen, um von noch weitergehenden Unterschieden abzusehen, ohne daß man sie zu leugnen nötig hat; und daß es auch von ihnen abhängt, das Gewisse für das Ungewisse zu wählen, um Begriffe und Maße dadurch, daß man ihnen Namen gibt, festzusetzen.

Philalethes. Ich freue mich, daß wir jetzt einander viel näher gekommen sind, als den Anschein hatte. § 41. Sie werden mir auch, wie ich sehe, gegen die Ansicht gewisser Philosophen zugegeben, daß die Werke der Kunst, ebensogut wie die der Natur, Arten bilden, § 42. aber bevor wir die Namen der Substanzen verlassen, will ich noch hinzusetzen, daß von allen unseren verschiedenen Vorstellungen die der Substanzen allein eigene oder individuelle Namen haben, denn es geschieht selten, daß die Menschen nötig hätten, eine individuelle Eigenschaft oder irgend eine andere individuelle Zufälligkeit häufig zu erwähnen. Außerdem vergehen die individuellen Handlungen sogleich, und die dabei stattfindende Kombination der Umstände dauert nicht, so wie bei den Substanzen der Fall ist.

Theophilus. Es gibt indessen Fälle, wo wir uns eines individuellen Akzidens erinnern müssen, und man ihm eine Bezeichnung gegeben hat; somit ist ihre Regel im ganzen genommen richtig; aber sie erleidet Ausnahmen, deren uns die Religion liefert: So feiern wir z.B. jährlich das Andenken an die Geburt Jesu Christi; die Griechen nannten diese Begebenheit Theogonie und die Anbetung der Weisen Epiphanie. So nannten die Hebräer Passah das Fest von dem Umgang des Engels, welcher die Erstgeburt der Ägypter tötete, ohne die der Hebräer anzurühren, wovon sie das Andenken alle Jahre feiern mußten. Was die *Arten der künstlich erzeugten Dinge* betrifft, so haben die scholastischen Philosophen sie unter ihre *Prädikamente* aufzunehmen Bedenken getragen. Aber ihre Bedenklichkeit war dabei kaum nötig, weil jene Tafeln der Prädikamente eben dazu dienen sollten, eine allgemeine Musterung unserer Vorstellungen in liefern. Es ist indessen nützlich, den Unterschied zwischen den vollständigen Substanzen und denjenigen Verbindungen der Substanzen (*aggregata*) zu erkennen, welche durch die Natur oder durch die menschliche Kunst zusammengesetzte substantielle Wesen sind. Denn die Natur liefert auch solche Verbindungen, wie z.B. die Körper, deren Mischung, um die Sprache unserer Philosophen zu reden, unvollkommen ist (*imperfecte mixta*), die kein *unum per se* bilden und keine vollkommene Einheit in sich darstellen. Meiner Meinung nach sind freilich die vier von ihnen »Elemente« genannten Körper, welche sie für einfach hielten, und die Salze, Metalle und andere Körper, welche sie für vollständig vermischt hielten und denen sie ihre sogenannten Temperamente beimaßen, auch kein unum per se, um so weniger, als man urteilen muß, daß sie nur dem Scheine nach einförmig und gleichartig sind, und selbst ein in sich gleichartiger Körper darum doch eine Mischung sein mag. Die vollkommene Einheit muß mit einem Wort den beseelten oder mit ursprünglichen Entelechien begabten Körpern allein zugeschrieben werden; denn diese Entelechien haben mit den Seelen Analogie und sind auch unteilbar und unvergänglich wie sie; ich habe auch sonst schon das Urteil ausgesprochen, daß ihre organischen Körper in der Tat Maschinen sind, welche aber die künstlichen von unserer Erfindung so weit übertreffen, als der Erfinder der natürlichen uns übertrifft. Denn diese natürlichen Maschinen sind so unvergänglich wie die Seelen selbst, und mit der Seele besteht auch immer der Organismus; wie, um mich durch ein ganz lächerliches Gleichnis besser zu erklären, wenn man Harlekin auf dem Theater entkleiden wollte, aber damit nicht Zustandekommen könnte, weil er ich weiß nicht wie viel Kleider anhätte. Freilich sind diese ins Unendliche gehenden Entwicklungen der organischen Körper, die in einem lebendigen Wesen stecken, nicht so einander gleich und nicht so aufeinander passend, wie Kleidungsstücke, da die Kunst der Natur von einer ganz anderen Feinheit ist. Aus alledem erkennen wir, daß die Philosophen durchaus nicht unrecht gehabt haben, zwischen den Werken der Kunst und den mit einer wahrhaften Einheit begabten natürlichen Körpern einen so großen Unterschied zu machen. Aber unserer Zeit erst war es vorbehalten, dies Geheimnis zu enthüllen und dessen Wichtigkeit und Folgen begreiflich zu machen, um die natürliche Theologie und das, was man die Lehre vom Geist nennt, in einer Weise zu begründen, die in der Tat natürlich und dem, was wir erfahrungsmäßig feststellen und verstehen können, entsprechend ist, welche uns ferner von den wichtigen Betrachtungen nichts verloren gehen läßt, die jene Wissenschaften liefern müssen oder sie vielmehr im Werte erhöht, wie durch das System der vorherbestimmten Harmonie geschieht. Besser als so, glaube ich, können wir diese lange Besprechung über die Namen der Substanzen nicht enden.

VII. Von den Umstandswörtern

§ 1. *Philalethes.* Außer den Worten, welche dazu dienen, die Vorstellungen zu *benennen*, hat man solche nötig, welche den *Zusammenhang* der Vorstellungen oder der Sätze bezeichnen. *Das ist, das ist nicht*, sind die allgemeinen Zeichen der *Bejahung* oder der *Verneinung*. Der Geist verbindet aber außer den Gliedern der Sätze noch ganze Sentenzen oder Sätze, § 2. indem er sich derjenigen Worte bedient, welche diesen Zusammenhang der verschiedenen Bejahungen und Verneinungen ausdrücken und *Umstandswörter* genannt werden. In deren richtigem Gebrauch besteht hauptsächlich die Kunst des Wohlredens. Damit also die Schlußfolgerungen methodische Folgerichtigkeit haben, braucht man Ausdrücke, welche den *Zusammenhang*, die *Einschränkung*, den *Unterschied*, den *Gegensatz*, den *Nachdruck* usw. zeigen. Und wenn man sich dabei irrt, verwirrt man den Zuhörenden.

Theophilus. Ich gestehe, daß die Umstandswörter von großem Nutzen sind, aber ob die Kunst des Wohlredens auf ihnen hauptsächlich beruht, weiß ich doch nicht. Wenn jemand nur Aphorismen gäbe oder abgerissene Thesen, wie auf den Universitäten oft geschieht, oder bei dem, was bei den Juristen *artikuliertes Libell* genannt wird, oder wie in den den Zeugen vorgelegten *Artikeln*, so wird man, wenn man nur die Sätze gut ordnet, fast dieselbe Wirkung erzielen, um sich verständlich zu machen, als wenn man Verbindungen und Umstandswörter beigefügt hätte; denn der Leser ergänzt sie dabei. Dagegen gestehe ich, daß er verwirrt werden würde, wenn man die Umstandswörter schlecht anwenden wollte, und zwar viel mehr, als wenn man sie ausließe. Auch scheinen mir die Umstandswörter nicht allein die Teile der aus Sätzen bestehenden Rede und die aus Vorstellungen bestehenden Teile des Satzes zu verbinden, sondern auch die Teile der auf verschiedene Arten durch die Kombination anderer Vorstellungen gebildeten Vorstellung. Und zwar wird diese letztere Verknüpfung durch die *Präpositionen* bezeichnet, während die *Adverbien* auf Bejahung und Verneinung im *Zeitwort* Einfluß üben, und die *Bindewörter* zur Verbindung verschiedener Bejahungen oder Verneinungen dienen. Aber das alles haben

Sie ohne Zweifel schon selbst bemerkt, wenn auch Ihre Worte anders zu lauten scheinen.

§ 3. *Philalethes.* Der die Umstandswörter behandelnde Teil der Grammatik ist weniger bearbeitet, als der, welcher die *Fälle*, die *Geschlechter*, die *Modi*, die *Zeiten*, die *Gerundien* und *Supina* der Reihe nach darstellt. Allerdings hat man in einigen Sprachen auch die Umstandswörter mittels bestimmter Untereinteilungen mit scheinbar großer Genauigkeit unter Titel gebracht. Aber diese Listen durchzulaufen, genügt noch nicht; man muß über seine eigenen Gedanken reflektieren, um die Formen, welche der Geist beim Denken gebraucht, zu beobachten, denn die Umstandswörter sind ganz ebensogut Merkzeichen der geistigen Tätigkeit.

Theophilus. Allerdings ist die Lehre von den Umstandswörtern wichtig, und ich wünsche, man möchte sie mehr im einzelnen bearbeiten. Denn nichts würde geeigneter sein, die verschiedenen Formen des Verstandes erkennbar zu machen. Die *Geschlechter* bedeuten für die philosophische Grammatik nichts, die Kasus aber entsprechen den *Präpositionen*, und oft steckt die Präposition im Worte selbst und ist davon gleichsam verschlungen, und sind andere Umstandswörter in den Flexionen der Verba versteckt.

§ 4. *Philalethes.* Um die Umstandswörter richtig zu erklären, genügt es nicht (wie man in einem Wörterbuche häufig es macht), sie mit den Worten einer anderen Sprache, die ihnen am nächsten kommen, zu übersetzen, weil es ebenso schwer ist, ihren genauen Sinn in der einen Sprache wie in der anderen zu begreifen, und außerdem die Bedeutungen der verwandten Wörter beider Sprachen nicht immer genau dieselben sind und auch in derselben Sprache wechseln. Ich erinnere mich, daß es in der hebräischen Sprache ein Umstandswort von einem einzigen Buchstaben gibt, von dem man mehr als fünfzig Bedeutungen aufzählt.

Theophilus. Es haben sich Gelehrte damit befaßt, Abhandlungen über die Umstandswörter des Lateinischen, Griechischen und des Hebräischen zu machen, und der berühmte Jurist Strauchius hat ein Buch eigens über den Gebrauch der Umstandswörter in der Jurisprudenz geschrieben, wo die Bedeutung von nicht geringem Gewicht ist Indessen findet man, daß man sie gewöhnlich mehr durch Beispiele und Synonyme zu erklären versucht, als durch deutliche Begriffe. Auch kann man nicht immer für sie eine allgemeine oder formelle Bedeutung, wie der verstorbene Bohlius es nannte, die allen Beispielen Genüge leisten könnte, finden; aber dessenungeachtet könnte man immer alle Gebrauchsarten eines Wortes auf eine beschränkte Zahl von Bedeutungen zurückführen. Und das eben müßte geschehen.

§ 5. *Philalethes.* In der Tat übertrifft die Zahl der Bedeutungen die der Umstandswörter bedeutend. Im Englischen hat das Wörtchen *but* sehr verschiedene Bedeutungen: 1. wenn ich sage: *but to say no more,* so bedeutet das: aber um nicht mehr zu sagen, als wenn dieses Umstandswort bezeichnete, daß der Geist in seinem Fortschritt anhielte, nachdem er seinen Lauf eröffnet hatte. Aber wenn ich sage: 2. *I saw but two planets,* d.h. *ich sah nur zwei Planeten,* so schränkt der Geist den Sinn dessen, was er sagen will, auf das gerade Ausgedrückte mit Ausschluß alles übrigen ein. Und wenn ich sage: 3. *you pray, but it is not, that God would bring you to the true religion, but that he would confirm you in your own,* d.h. »Ihr bittet Gott, aber nicht, daß er Euch zur Erkenntnis der wahren Religion bringen wolle, sondern in der eurigen befestige«, so bezeichnet das eiste dieser *but* oder *aber* eine Voraussetzung im Geiste, die anders ist, als sie sein sollte, und die zweite zeigt, daß der Geist einen direkten Gegensatz zwischen dem Folgenden und dem Vorausgehenden setzt. 4. *All animals have sense, but a dog is an animal,* d.h. *alle Tiere haben Empfindung, nun ist der Hund ein Tier.* Da, bezeichnet die Partikel die Verbindung des Untersatzes mit dem Obersatze.

Theophilus. Das französische *mais* kann in allen diesen Fällen, den zweiten ausgenommen, dafür gesetzt werden; das deutsche »*allein*« aber, als Partikel genommen, welches eine Mischung von *mais* und *seulement* bedeutet, kann zweifelsohne an Stelle des *but* in allen jenen Beispielen, das letzte ausgenommen, wo man noch ein wenig zweifelhaft sein könnte, gesetzt werden. Auch wird mais im Deutschen bald durch aber, bald durch *sondern* wiedergegeben, welches letztere eine Trennung oder Scheidung bezeichnet und sich dem Umstandswort *allein* annähert.

Um die Umstandswörter richtig zu erklären, genügt es nicht, eine abstrakte Erklärung davon zu geben, wie wir hier eben getan haben, sondern man muß zu einer Umschreibung schreiten, welche an ihre Stelle gesetzt werden kann, wie die Definition an Stelle des Definierten treten kann. Wenn man sich bemühen wollte, diese *stellvertretenden Umschreibungen* bei allen Umstandswörtern, so weit sie dessen fähig sind, zu suchen und festzusetzen, so würde man ihre Bedeutungen damit bestimmen. Versuchen wir in unseren Tier Beispielen uns dem zu nähern. Im ersten will man sagen: Bis jetzt soll bloß von dem geredet sein und nicht mehr (*non più*); im zweiten: *Ich sah nur zwei Planeten und nicht mehr;* im dritten: *Ihr bittet Gott nur darum, nämlich, in eurer Religion befestigt zu werden,* und nicht mehr usw.; im vierten, als wenn man sagte: Alle Tiere haben Empfindungen, das allein hat man in Betracht zu ziehen und braucht nicht mehr. *Der Hund ist ein Tier, also hat er Empfindung.* Somit bezeichnen alle diese Beispiele Beschränkungen und ein *Non plus ultra,* sei es in den Dingen, sei es in der Rede. Auch bedeutet *but* ein Ende, eine Grenze des Laufes, wie wenn man sagte: Halt, da sind wir, wir sind bei unserem *But* angelangt. *But, Bute* ist ein altes deutsches Wort, welches etwas Festes, einen Standort bedeutet. *Beuten* (ein veraltetes Wort, welches sich noch in einigen Kirchengesängen findet) heißt verweilen. Das *mais* hat seinen Ursprung von *magis,* wie wenn jemand sagen wollte: »*Was das weitere angeht, so muß man das lassen*«, was so viel ist, als sagen: es braucht nicht mehr, es ist genug, kommen wir zu etwas anderem, oder das ist etwas anderes. Da aber der Sprachgebrauch auf wunderliche Art wechselt, so müßte man mit den Beispielen sehr ins einzelne gehen, um die Bedeutungen der Umstandswörter ordentlich zu bestimmen Im Französischen vermeidet man das doppelte *mais* durch ein *cependant* und würde sagen: Vous priez, cependant ce n'est pas pour obtenir la vérité, mais pour être confirmé dans votre opinion. (Ihr bittet, *indessen* nicht um die Wahrheit zu erlangen, sondern um in eurer Meinung befestigt zu werden.) Das *sed* der Lateiner wurde früher oft durch *ains* ausgedrückt, welches das *anzi* der Italiener ist, und die Franzosen haben bei ihrer Sprachverbesserung dieselbe um einen vorteilhaften Ausdruck gebracht. Z.B. Il n'y avait rien de sûr, *cependant* on était persuadé de ce je vous ai mandé, parce qu'on aime à croire ce qu'on souhaite, mais il s'est trouvé que ce n'était pas cela, ains plutôt etc.

§ 6. Philalethes. Meine Absicht war, diesen Gegenstand nur ganz leicht zu berühren. Ich will noch hinzufügen, daß die Umstandswörter oft entweder beständig oder in einer gewissen Satzbildung den Sinn eines ganzen Satzes umfassen.

Theophilus. Wenn das aber ein *vollständiger Sinn* ist, so geschieht es, glaube ich, durch eine Art Ellipse; sonst können meiner Ansicht nach die *Ausrufungswörter* allein für sich stehen und in einem Wort alles sagen, wie: Ach, Wehe. Denn wenn man »*aber*« sagt, ohne etwas anderes hinzuzufügen, so ist es eine Ellipse, wie um zu sagen: *Aber da können wir noch lange warten und brauchen uns nicht vergeblich etwas vorzureden.* Etwas dem Ähnliches gibt es im *nisi* der Lateiner; *si nisi non esset,* wenn es kein *Aber* gäbe. Übrigens wäre es mir ganz recht gewesen, wenn Sie auf die Wendungen des Geistes, welche im Gebrauch der Umstandswörter wunderbar hervortreten, etwas näher eingegangen wären. Aber da wir Ursache haben, uns mit dem Abschluß dieser Untersuchung der Worte und der Rückkehr zu den Dingen zu beeilen, so will ich Sie hier nicht weiter aufhalten, obwohl ich wirklich glaube, daß die Sprachen der beste Spiegel des menschlichen Geistes sind und eine genaue Analyse der Wortbedeutungen mehr als jedes andere die Verrichtungen des Verstandes erkennen lassen würde.

VIII. Von den abstrakten und konkreten Ausdrücken

§ 1. *Philalethes.* Noch ist zu bemerken, daß die Ausdrücke entweder abstrakt oder konkret sind. Jede abstrakte Vorstellung ist deutlich, so daß die eine von zweien niemals die andere sein kann. Der Geist muß durch seine intuitive Erkenntnis den unterschied zwischen ihnen bemerken, und *folglich* können niemals zwei dieser Vorstellungen die eine von der anderen bejaht werden. Jedermann sieht sogleich die Falschheit dieser Sätze: *die Menschheit ist die organische Wesenheit* oder *Vernünftigkeit*; dies ist von so großer Evidenz, wie irgend einer der am allgemeinsten angenommenen Grundsätze.

Theophilus. Dennoch läßt sich darüber etwas sagen. Man kommt darin überein, daß die Gerechtigkeit eine Tugend, eine Fertigkeit (*habitus*), eine Eigenschaft, ein Akzidens ist usw. Also können zwei abstrakte Ausdrucke voneinander prädiziert werden. Ich pflege auch noch zwei Arten von Abstrakta zu unterscheiden. Es gibt abstrakte *logische* Ausdrücke und auch abstrakte *reale* Ausdrücke. Die *realen* oder wenigstens als solche gedachten Abstrakta sind entweder Wesenheiten oder Teile von Wesenheiten oder Akzidenzien d.h. der Substanz Beigelegtes. *Die abstrakten logischen* Ausdrücke sind auf einen sprachlichen Ausdruck zurückgebrachte Bezeichnungen, wie wenn ich z.B. sagte: Mensch sein, organisches Wesen sein, und in diesem Sinne kann man sie einen vom andern prädizieren und sagen: Mensch sein ist organisches Wesen sein. Aber bei den Realitäten findet dies nicht statt. Denn man kann nicht sagen, daß die Menschheit oder Homoität (wenn man will), welche das ganze Wesen des Menschen ist, die organische Wesenheit ist, da diese nur einen Teil jenes Wesens bildet; indessen haben diese abstrakten und unvollständigen Wesen, welche durch abstrakte reale Ausdrücke bezeichnet werden, auch ihre Geschlechter und Arten, die nicht minder durch abstrakte reale Ausdrücke ausgedrückt werden; also findet ein Prädizieren unter ihnen statt, wie ich am Beispiele der Gerechtigkeit, der Tugend gezeigt habe.

§ 2. *Philalethes.* Man kann immerhin sagen, daß die Substanzen nur wenig abstrakte Namen haben; man hat in den Schulen kaum von der organischen Wesenheit, Körperlichkeit geredet. Aber im großen Publikum hat sich dies nicht durchgesetzt.

Theophilus. Weil man diese Ausdrücke nur sehr wenig nötig hatte, um als Beispiel zu dienen und den allgemeinen Begriff, den nicht gänzlich zu vernachlässigen geboten war, zu erklären. Wenn die Alten sich des Wortes »*Menschheit*« im Sinne der Schule nicht bedienten, so sagten sie: die *menschliche Natur,* was dasselbe ist. Auch sagten sie sicherlich Gottheit oder wenigstens göttliche Natur, und da die Theologen nötig hatten, von diesen beiden Naturen und realen Akzidenzien in reden, so hat man sich in den philosophischen und theologischen Schulen mit diesen abstrakten Wesenheiten und vielleicht mehr als passend war, vertraut gemacht.

IX. Von der Unvollkommenheit der Worte

§ 1. *Philalethes.* Wir haben schon von dem *doppelten Gebrauch der Worte* geredet. Der eine besteht darin, zur Unterstützung unseres Gedächtnisses, welches uns mit uns selbst reden macht, unsere eigenen Gedanken einzuprägen; der andere, mittels der Worte unsere Gedanken anderen mitzuteilen. Diese beiden Arten des Gebrauchs lassen uns die Vollkommenheit oder Unvollkommenheit der Worte erkennen. § 2. Wenn wir nur mit uns sprechen, ist es gleichgültig, welche Worte man anwendet, wenn man sich nur ihres Sinnes erinnert und ihn nicht ändert Aber (§ 3) der *Mitteilungsgebrauch* ist noch von zwei Arten, ein *bürgerlicher* und ein *philosophischer.* Der *bürgerliche* besteht in der Unterhaltung und im Umgange des bürgerlichen Lebens; der *philosophische Gebrauch* ist der, daß man Worte vorbringen muß, um genaue

Begriffe anzugehen und gewisse Wahrheiten in allgemeinen Sätzen auszudrücken.

Theophilus. Sehr wahr; die Worte sind nicht weniger *Merkzeichen* (*Notae*) für uns, (wie die Zahlen oder algebraischen Zeichen sein konnten) als *Zeichen* für andere; und der Gebrauch der Worte als Zeichen findet sowohl dann statt, wenn es sich darum handelt, die allgemeinen Vorschriften auf das Leben und die Individuen anzuwenden, als wenn es sich darum handelt, diese Vorschriften zu finden oder zu bewahrheiten; der erstere *Gebrauch der Zeichen* ist der bürgerliche und der zweite der *philosophische*.

§ 5. *Philalethes.* Nun ist es schwer, besonders in folgenden Fällen, die von jedem Wort bezeichnete Vorstellung zu erkennen und zu behalten: 1. wenn diese Vorstellungen sehr zusammengesetzt sind; 2. wenn diese Vorstellungen, die eine neue bilden, keinen natürlichen Zusammenhang unter sich haben, so daß es in der Natur kein festes Maß oder Muster gibt, sie zu berichtigen oder zu regeln; 3. wenn das Muster nicht leicht zu erkennen ist; 4. wenn die Bedeutung des Wortes und das wirkliche Wesen nicht genau dasselbe sind. Die Bezeichnungen der Modi sind dem Zweifel und der Unvollkommenheit mehr um der ersten beiden Gründe willen ausgesetzt, und die der Substanzen mehr um der beiden letzten willen. § 6. Wenn die Vorstellung der Modi sehr zusammengesetzt ist, wie die der meisten Ausdrücke in der Moral, so haben sie selten genau dieselbe Bedeutung, wie die Geister zweier verschiedener Personen. § 7. Auch macht das Fehlen der Muster diese Art Worte zweideutig. Der, welcher zuerst das Wort »brusquer« (anfahren) erfunden hat, hat darunter verstanden, was er für entsprechend ansah, ohne daß die, welche sich desselben wie er bedienten, von dem, was er eigentlich sagen wollte, sich unterrichtet hätten, und ohne daß er ihnen irgend ein stehendes Modell gezeigt hätte. § 8. Der allgemeine Gebrauch regelt hinlänglich den Sinn der Worte für die gewöhnliche Unterhaltung, aber Genauigkeit ist nicht dabei, und man streitet täglich über die der Eigentümlichkeit der Sprache angemessenste Bedeutung. Viele Leute reden von *Ruhm*, und doch gibt es wenige, die sich darüber miteinander verstehen. § 9. In vieler Munde sind es nur einfache Laute, oder bleiben wenigstens die Bedeutungen ganz unbestimmt. Und in einer Rede oder einer Unterhaltung, wo man von der *Ehre*, dem *Glauben*, der *Gnade*, der *Religion*, der *Kirche* redet und vor allem in einer Kontroverse bemerkt man gleich, daß die Leute verschiedene

Begriffe haben, welche sie mit denselben Ausdrücken verbinden. Und wenn es schwierig ist, den Sinn der Ausdrücke der Menschen unserer Zeit zu verstehen, so ist die Schwierigkeit noch viel größer, *die alten Bücher* zu verstehen. Das Gute dabei ist, daß man sich dessen entschlagen kann, ausgenommen, wenn sie das, was wir zu glauben oder zu tun haben, enthalten.

Theophilus. Diese Bemerkungen sind gut; aber was die alten Bücher anbetrifft, so müssen wir, da wir die heilige Schrift in allen Stücken zu verstehen nötig haben, und die römischen Gesetze in einem großen Teil Europas im Gebrauch sind, eben deswegen eine Menge anderer alter Bücher zu Rate ziehen, die Rabbiner, die Kirchenväter, sogar die Profanhistoriker. Übrigens verdienen auch die alten Ärzte vernommen zu werden. Die Ausübung der Heilkunst der Griechen ist von den Arabern bis zu uns gekommen; das Quellwasser ist in den Bächen der Araber getrübt und in vielen Dingen wieder geklärt worden, nachdem man angefangen hat, auf die alten Griechen selbst wieder zurückzugehen. Indessen sind diese Araber darum doch nützlich, und man versichert z.B., daß Ebenbitar, der in seinen Büchern über die Heilmittel Dioscorides ausgeschrieben hat, oft ihn zu erklären dient. Auch finde ich, daß nach der Religion und Geschichte besonders in der Medizin, soweit sie empirisch ist, die schriftlich erhaltene Überlieferung der Alten und überhaupt die Bemerkungen anderer nützlich sein können. Darum habe ich immer die noch mit der Kenntnis des Altertums vertrauten Ärzte sehr verehrt, und hat es mir sehr leid getan, daß der in beiden Fächern ausgezeichnete Reinesius sich mehr dazu gewendet hat, die Gebräuche und Geschichten der Alten aufzuhellen, als einen Teil ihrer Naturerkenntnis wieder herzustellen, was ihm, wie er gezeigt hat, ganz ausnehmend gut gelungen sein würde. Wenn die Lateiner, Griechen, Hebräer und Araber einmal ausgebeutet sein werden, werden die mit alten Werken noch versehenen Chinesen an die Reihe kommen und der Wißbegierde unserer Kritiker Stoff geben. Ohne noch von gewissen alten Büchern der Perser, der Armenier, der Kopten und Brahmanen zu reden, die man mit der Zeit aus der Verborgenheit ziehen wird, um keine Aufklärung zu vernachlässigen, welche das Altertum durch die Überlieferung der Lehrmeinungen und die Geschichte der Tatsachen liefern kann. Und wenn es kein altes Buch mehr zu prüfen geben wird, werden die Sprachen die Stelle der Bücher einnehmen, denn sie sind die ältesten Denkmale des menschlichen Geschlechts. Man wird mit der Zeit alle Sprachen des Weltalls buchen, sie in Wörterbücher und Grammatiken bringen und miteinander vergleichen, was von sehr großem Nutzen, sowohl zur Erkenntnis der Dinge sein wird, weil die Namen oft deren Eigenschaften entsprechen, wie man an den Benennungen der Pflanzen bei den verschiedenen Völkern sieht, als auch zur Erkenntnis unseres Geistes und der wunderbaren Mannigfaltigkeit seiner Verrichtungen. Nicht zu reden von dem Ursprung der Völker, den man mittels begründeter Etymologien, welche die Sprachvergleichung am besten liefern kann, erkennen wird. Aber davon habe ich bereits gesprochen.

Alles dies läßt ferner den Nutzen und den Wirkungskreis der *Kritik* erkennen, die bei manchen sonst gescheiten Philosophen wenig in Ansehen steht. Diese suchen sich darüber zu erheben, indem sie mit Verachtung von der *Rabbinage* und überhaupt der *Philologie* sprechen. Man sieht auch, daß die Kritiker noch lange Zeit Stoff finden werden, sich mit Nutzen zu üben, und sie würden gut tun, sich nicht allzusehr mit Kleinigkeiten die Zeit zu vertreiben, da sie so viel mehr anmutende Gegenstände zu behandeln haben. Freilich weiß ich wohl, daß auch die Kleinigkeiten bei den Kritikern sehr oft notwendig sind, um die wichtigsten Erkenntnisse zu entdecken. Und da die Kritik sich großenteils auf die Bedeutung der Worte und die Auslegung der Schriftsteller, vor allem der Alten, bezieht, so hat diese unsere Besprechung der Worte, verbunden mit der von Ihnen getanen Erwähnung der Alten, mich diesen wichtigen Punkt zu berühren veranlaßt.

Um aber auf Ihre vier Mängel der Bezeichnung zurückzukommen, so muß ich Ihnen sagen, daß man sie alle beseitigen kann, vor allem, seitdem die Schrift erfunden ist, und daß sie nur unserer Nachlässigkeit wegen da sind. Denn es hängt von uns ab, die Bezeichnungen wenigstens in irgend einer Gelehrtensprache festzustellen und sich darüber zu verständigen, um vor allen Dingen jenen Turm von Babel zu zerstören. Aber zwei Fehler gibt es, die zu heilen schwieriger sein dürfte, wovon der eine in der uns treffenden Unsicherheit besteht, ob Vorstellungen einstimmig sind, wenn die Erfahrung sie uns nicht alle in dem nämlichen Gegenstande verbunden liefert, der andere in der Notwendigkeit, von den sinnlichen Dingen vorläufige Definitionen zu machen, wenn man noch nicht genug Erfahrungen hat, um vollständigere Definitionen davon zu haben. Ich habe indessen schon mehr als einmal von dem einen wie von dem anderen dieser Mängel gesprochen.

Philalethes. Ich gehe dazu über, Ihnen anzugeben, was noch dazu dienen kann, die von Ihnen eben bezeichneten Mängel in gewisser Weise aufzuhellen. Der dritte der von mir bezeichneten Mängel ist, wie mir scheint, die Ursache, daß jene Definitionen vorläufige sind; wenn wir nämlich unsere sinnlichen Muster nicht genug erkennen d.h. die substantiellen Wesen körperlicher Natur. Dieser Mangel macht auch, daß wir nicht wissen, ob es erlaubt ist, die sinnlichen Eigenschaften, welche die Natur nicht verbunden hat, zu verbinden, weil man sie nämlich nicht bis auf den Grund versteht. Wenn nun die Bedeutung der Worte, welche für die zusammengesetzten Modi dienen, aus Mangel an Mustern, welche dieselbe Zusammensetzung zeigen, zweifelhaft ist, so ist die der Worte für die substantiellen Wesen aus einem ganz entgegengesetzten Grunde zweifelhaft, weil sie nämlich das bezeichnen müssen, was als der Realität der Dinge entsprechend vorausgesetzt wird und sich auf von der Natur gebildete Muster bezieht.

Theophilus. Ich habe schon mehr als einmal in unseren früheren Unterhaltungen bemerkt, daß dies für die Vorstellungen der Substanzen nicht wesentlich ist, gestehe aber, daß die der Natur nachgebildeten Vorstellungen die zuverlässigsten und nützlichsten sind.

§ 12. *Philalethes.* Wenn man also den ganz und gar von der Natur gemachten Mustern folgt, ohne daß die Phantasie etwas anderes nötig hat, als deren Abbilder zu behalten, so haben die Worte für die substantiellen Wesen, wie ich schon gezeigt habe, im gewöhnlichen Gebrauch *eine doppelte Beziehung*. Die erste ist, daß sie die innere und reale Bildung der Dinge bezeichnen; das Muster davon kann jedoch nicht erkannt werden und folglich auch nicht dazu dienen, die Bedeutungen zu regeln.

Theophilus. Darum handelt es sich hier nicht, weil wir von den Vorstellungen sprechen, von welchen wir Muster haben; die innere Wesenheit ist in der Sache, es muß aber zugegeben werden, daß sie nicht als Prägstock dienen könne.

§ 13. *Philalethes. Die zweite Beziehung* ist also die, welche die Namen der substantiellen Wesen unmittelbar auf die einfachen Vorstellungen haben, die zugleich in der Substanz sind. Aber da die Zahl dieser in dem nämlichen Subjekt vereinigten Vorstellungen groß ist, werden, indem man von demselben Subjekt: spricht, sehr verschiedene Vorstellungen davon gebildet, sowohl durch die verschiedene Verknüpfung der gebildeten einfachen Vorstellungen, als weil der größte Teil der

Eigenschaften der Körper die von diesen besessenen Kräfte sind, Veränderungen in anderen Körpern hervorzubringen und deren zu empfangen, wie dies z.B. diejenigen Veränderungen bezeugen, welche eines der niedrigsten Metalle durch die Wirkungen des Feuers zu erleiden fähig ist, und deren es noch viel mehr unter den Händen eines Chemikers durch die Anwendung anderer Körper empfängt. Übrigens begnügt der eine sich mit dem Gewicht und der Farbe bei der Erkenntnis des Goldes, während der andere noch die Dehnbarkeit und die Feuerfestigkeit dazu nimmt, der dritte aber noch in Betracht ziehen will, daß man es in Königswasser auflösen kann.

§ 14. Da die Dinge auch häufig Ähnlichkeit unter sich haben, so ist es mitunter schwer, die Verschiedenheiten genau zu bezeichnen.

Theophilus. Da die Körper hauptsächlich dem unterworfen sind, verändert, versteckt, verfälscht, nachgemacht zu werden, so ist es eine große Hauptsache, sie unterscheiden und wiedererkennen zu können. Das Gold versteckt sich in der Auflösung, aber man kann es daraus zurückerhalten, sei es durch Präzipitation, sei es durch Destillation des Wassers; und das nachgemachte oder falsche Gold wird durch die Kunst der Probierer erkannt oder gereinigt, die, weil sie nicht der ganzen Welt bekannt ist, uns der Verwunderung darüber enthebt, daß die Menschen nicht alle dieselbe Vorstellung vom Golde haben. Und gewöhnlich sind es nur die Sachkundigen, welche von den Dingen ganz richtige Vorstellungen haben.

§ 15. *Philalethes.* Gleichwohl richtet diese Verschiedenheit im bürgerlichen Verkehr nicht so viel Unordnungen an, als in den wissenschaftlichen Untersuchungen.

Theophilus. Sie würde erträglicher sein, wenn sie nicht auf die Praxis Einfluß hätte, wo es oft wichtig ist, nicht ein Quiproquo zu bekommen und also die Merkzeichen der Dinge zu kennen oder Leute, welche sie kennen, bei der Hand zu haben. Und das ist vor allem wichtig hinsichtlich der Drogen und kostbarer, bei wichtigen Vorfällen nötiger Stoffe. Die wissenschaftliche Unordnung läßt sich mehr beim Gebrauch der allgemeinen Ausdrücke bemerken.

§ 18. *Philalethes.* Die Namen der *einfachen Vorstellungen* sind der Zweideutigkeit weniger unterworfen, und selten täuscht man sich über die Ausdrücke für Weiß, Bitter usw.

Theophilus. Dennoch bleibt es wahr, daß diese Ausdrücke nicht ganz frei von Unsicherheit sind, und ich habe schon das Beispiel der einander nahestehenden Farben angemerkt, welche sich auf den Grenzen zwischen zwei Grundfarben befinden und deren Grundfarbe *ungewiß* ist.

§ 19. *Philalethes.* Nächst den Namen der einfachen Vorstellungen sind die der *einfachen Modi* am wenigsten ungewiß, wie z.B. die der Figuren und der Zahlen. Aber (§ 20) die zusammengesetzten Modi und die Substanzen verursachen die ganze Schwierigkeit. § 21. Man könnte sagen, daß statt den Namen die Schwierigkeiten zuzuschreiben, man sie vielmehr auf Rechnung unseres Verstandes setzen müsse, ich antworte aber, daß die Worte sich dergestalt zwischen unseren Geist und die Wahrheit der Dinge einschieben, daß man die Worte mit dem Mittel vergleichen kann, durch welches die Strahlen der sichtbaren Gegenstände hindurchgehen, und das oft vor unseren Augen Nebel verbreitet. Ich bin daher zu glauben geneigt, daß wenn man die Unvollkommenheiten der Sprache gründlicher prüfen wollte, der größte Teil der Streitigkeiten von selbst wegfiele, und der Weg der Erkenntnis und vielleicht des Friedens den Menschen offener werden wurde.

Theophilus. Ich glaube, man könnte damit bei Verhandlungen schon jetzt schriftlich zustande kommen, wenn die Leute über gewisse Regeln miteinander Übereinkommen und sie sorgfältig ausführen wollten. Aber um mündlich und schlagfertig in gründlicher Weise vorschreiten zu können, würde es einer Veränderung in der Sprache bedürfen. Übrigens habe ich mich mit dieser Untersuchung beschäftigt.

§ 22. *Philalethes.* Ehe diese Reform, welche nicht so bald eintreten wird, zustande kommt, sollte diese Unbestimmtheit der Worte uns lehren, gemäßigt zu sein, besonders wenn es sich darum handelt, anderen den Sinn, welchen wir den alten Schriftstellern zuschreiben, anzubefehlen, weil es bei den griechischen Schriftstellern sich findet, daß beinahe jeder von ihnen eine besondere Sprache redet.

Theophilus. Ich bin vielmehr erstaunt gewesen zu sehen, daß griechische Schriftsteller, hinsichtlich der Zeiten und Orte so weit voneinander entfernt, wie Homer, Herodot, Strabo, Plutarch, Lucian, Eusebius, Procopius, Photius, einander so nahe kommen, statt daß die Lateiner so viel geändert haben und noch mehr die Deutschen, Engländer und Franzosen. Der Grund davon ist, daß die Griechen seit der Zeit Homers und mehr noch, als die Stadt Athen in einem blühenden Zustande war, gute Schriftsteller gehabt haben, welche die späteren wenigstens beim Schriftstellern sich zum Muster genommen haben. Denn ohne

Zweifel mußte die Volkssprache der Griechen schon unter der Herrschaft der Römer sehr verändert sein, und eben dieser Grund macht, daß das Italienische nicht so sehr wie das Französische sich verändert hat, weil die Italiener, die früher Schriftsteller von dauerndem Ruhm gehabt, Dante, Petrarca, Boccaccio und andere Autoren nachgeahmt haben und noch verehren – zu einer Zeit, wo die der Franzosen sich nicht sehen lassen dürfen.

X. Vom Mißbrauch der Worte

§ 1. *Philalethes.* Außer den natürlichen Unvollkommenheiten der Sprache gibt es deren noch willkürliche, die aus der Nachlässigkeit stammen. Man mißbraucht die Worte, wenn man sie schlecht anwendet. Der erste und sichtbarste Mißbrauch ist, § 2 daß man keine klare Vorstellung damit verbindet. Was diese Art Worte anbetrifft, so gibt es deren zwei Arten. Die einen haben niemals eine bestimmte Vorstellung enthalten, weder ihrem Ursprunge noch ihrem gewöhnlichen Gebrauch nach. Die meisten Sekten in der Philosophie und Religion haben dergleichen eingeführt, um irgend eine seltsame Meinung aufrechtzuerhalten oder irgend einen schwachen Punkt ihres Systems zu verbergen. Dennoch sind dies die unterscheidenden Charaktermerkmale im Munde der Parteigänger. § 3. Es gibt (zweitens) andere Worte, welche in ihrem ersten und gewöhnlichen Gebrauch eine klare Vorstellung erhalten haben, die man hinterher aber sehr wichtigen Gegenständen zugeeignet hat, ohne mit ihnen irgend eine bestimmte Vorstellung zu verbinden. Auf diese Weise sind die Worte *Weisheit, Ruhm, Gnade* oft im Munde der Menge.

Theophilus. Ich glaube, es gibt nicht so viel bedeutungsvolle Worte, wie man denkt, und man kann mit ein wenig Sorgfalt und gutem Willen entweder die Leere darin ausfüllen oder die Unbestimmtheit festmachen. Die *Weisheit* scheint nichts anderes zu sein, als die Wissenschaft des Glückes. Die *Gnade* ist ein denjenigen verliehenes Gut, welche es nicht verdient haben, sich aber in einem Zustande befinden, wo sie desselben bedürfen. Und der *Ruhm* ist der Ruf der Vortrefflichkeit eines Menschen.

§ 4. *Philalethes.* Ich will jetzt nicht untersuchen, ob über diese Definitionen etwas zu sagen ist, um lieber die Ursachen des Mißbrauchs der Worte anzumerken. *Zuerst* lernt man die Worte früher kennen, ehe man die zu ihnen gehörigen Vorstellungen kennen lernt, und die von der Wiege an daran gewöhnten Kinder bedienen sich ihrer ebenso während ihres ganzen Lebens, um so mehr, als sie nicht umhin können, sich im Gespräch hören zu lassen, ohne jemals ihre Vorstellung befestigt zu haben, indem sie sich verschiedener Ausdrücke bedienen, um den anderen das, was sie sagen wollen, begreiflich zu machen. Dies füllt insofern oft ihr Gespräch mit einer Menge leeren Schalles, besonders im Fache der Moral. Die Menschen nehmen die Worte, welche sie im Gebrauche bei ihren Nächsten vorfinden, um nicht als unwissend hinsichtlich dessen zu erscheinen, was sie bedeuten, und wenden sie mit Zuversicht an, ohne ihnen einen bestimmten Sinn beizulegen: und wie in dieser Art der Unterhaltung ihnen selten widerfährt, daß sie recht haben, so werden sie auch selten überzeugt, daß sie unrecht haben, und sie aus dem Irrtum reißen, heißt einem Vagabunden Besitztum nehmen wollen.

Theophilus. In der Tat nimmt man sich so selten die Mühe, welche man sich doch geben müßte, ein Verständnis der Ausdrücke oder Worte zu erzielen, daß ich mich mehr als einmal gewundert habe, wie die Kinder so schnell die Sprache lernen können, und wie die Menschen noch so richtig reden; in Anbetracht, daß man sich so wenig bemüht, die Kinder in ihrer Muttersprache zu unterrichten, und auch die übrigen so wenig daran denken, klare Definitionen sich zu verschaffen, während diejenigen, welche man in den Schulen lernt, gewöhnlich nicht die Worte, welche im öffentlichen Gebrauch sind, betreffen. Übrigens gestehe ich, daß es den Menschen häufig widerfährt, selbst dann unrecht zu haben, wann sie ernstlich streiten und ihrer Überzeugung gemäß reden; indessen habe ich auch oft genug bemerkt, daß sie in ihren spekulativen Streitigkeiten über Dinge, welche sie zu beurteilen imstande sind, alle von beiden Seiten recht haben, ausgenommen in den Gegensätzen, welche sie widereinander geltend machen, wo sie die Ansicht des Gegners falsch verstehen. Dies kommt vom üblen Gebrauch der Ausdrücke und auch mitunter von dem Widerspruchsgeist und der Selbstüberhebung her.

§ 5. *Philalethes*. Zweitens ist der Gebrauch der Worte mitunter *unbeständig*; das kommt *unter den Gelehrten* nur zu oft vor. Indessen ist das eine offenbare Täuschung, und wenn sie mit Willen geschieht, eine Narrheit oder Bosheit. Wenn jemand in seinen Rechnungen so verfahren wollte, z.B. ein X für ein V zu nehmen, wer würde dann noch mit ihm zu tun haben wollen?

Theophilus. Da dieser Mißbrauch nicht allein unter den Gelehrten, sondern auch in der großen Welt so allgemein ist, so halte ich es eher für eine schlechte Gewohnheit und Unachtsamkeit als für Bosheit, was ihn verursacht. Gewöhnlich haben die verschiedenen Bedeutungen desselben Wortes eine gewisse Verwandtschaft; dies macht, daß eine für die andere genommen wird, und man sich nicht die Zeit nimmt, mit aller wünschenswerten Genauigkeit das, was man sagt, in Betracht zu ziehen. Man ist an Tropen und Redefiguren gewöhnt, und eine gewisse Eleganz oder etwas Flitterglanz imponiert uns leicht. Denn am häufigsten sucht man das Vergnügen, die Unterhaltung und den Schein mehr als die Wahrheit, wozu noch die Einmischung der Eitelkeit kommt.

§ 6. *Philalethes.* Der *dritte Mißbrauch* ist eine affektierte *Dunkelheit*, entweder indem man gewöhnlichen Ausdrücken *ungewöhnliche Bedeutungen* gibt, oder indem man *neue Ausdrücke* einführt, ohne sie zu erklären. Die alten Sophisten, welche Lucian so vernünftigerweise lächerlich macht, die über alles zu sprechen sich anheischig machten, bedeckten ihre Unwissenheit mit dem Schleier der Dunkelheit der Worte. Unter den Sekten der Philosophen hat sich die peripatetische durch diesen Fehler berühmt gemacht; aber auch die übrigen Sekten, selbst unter den neueren, sind nicht ganz und gar davon frei. Es gibt z.B. Leute, welche den Ausdruck *Ausdehnung* mißbrauchen und ihn mit dem Ausdruck *Körper* zu verwechseln für nötig halten.

§ 7. Die vielgeschätzte Logik oder Disputierkunst hat das Dunkel zu unterhalten gedient. § 8. Diejenigen, welche sich ihr ergeben haben, sind für das Gemeinwesen unnütz oder vielmehr schädlich gewesen, § 9 während die Männer der mechanischen Künste, welche von den Gelehrten so verachtet werden, dem menschlichen Leben genützt haben. Inzwischen sind jene unnützen Doktoren von den Unwissenden bewundert worden, und man hat sie für unbesiegbar gehalten, weil sie mit Disteln und Dornen gepanzert waren, mit welchen sich einzulassen kein Vergnügen war; dabei konnte die Dunkelheit allein der Ungereimtheit zur Verteidigung dienen. § 12. Das Übel ist, daß diese Kunst, die Worte zu verdunkeln, die beiden großen Richtmaße der menschlichen Handlungen, die *Religion* und das *Rechtswesen*, verwirrt hat.

Theophilus. Ihre Klagen sind großenteils gerecht; indessen gibt es allerdings, wenn auch selten, verzeihliche und selbst löbliche Dunkelheiten, wie wenn man ausdrücklich rätselhaft sein will, und das Rätsel in der Ordnung ist. Pythagoras hat sich auf diese Weise derselben bedient, und es ist viel die Sitte der Orientalen. Die Alchimisten, welche sich Adepten nennen, erklären, nur von den Kindern der Kunst verstanden werden zu wollen. Aber es wäre gut, wenn diese angeblichen *Kinder der Kunst* den Schlüssel der Geheimschrift hätten. Eine gewisse Dunkelheit könnte erlaubt sein, indessen muß sie etwas verbergen, was geahnt zu werden verdient, und das Rätsel muß zu lösen sein. Aber die *Religion* und die *Justiz* verlangen klare Vorstellungen. Der Mangel an Ordnung, welchen man beim Unterricht derselben angewandt hat, hat deren Lehre verwirrt gemacht, und die Unbestimmtheit der Ausdrücke kann dabei schädlicher sein als die Dunkelheit. Wenn nun die Logik die Kunst ist, die Ordnung und den Zusammenhang der Gedanken zu lehren, so sehe ich keinen Grund, sie zu tadeln. Im Gegenteil geschieht es aus Mangel an Logik, daß die Menschen sich irren.

§ 14. *Philalethes.* Der *vierte Mißbrauch* ist, wenn man die Worte für Dinge hält, d.h. wenn man glaubt, daß die Ausdrücke der wirklichen Wesenheit der Substanzen entsprechen. Wer ist wohl in der peripatetischen Philosophie groß geworden und bildet sich nicht ein, daß die zehn Worte, welche die Kategorien bezeichnen, der Natur der Dinge genau entsprechen? Daß die *substantiellen Formen*, die *Pflanzenseelen*, der *Horror vacui*, die *intentionellen Arten*, etwas Wirkliches sind? Die Platoniker haben ihre *Weltseele*, und die Epikureer die Neigung ihrer Atome *zur Bewegung*, während dieselben in Ruhe sind. Wenn die *Luft*- oder *Ätherwagen* des Dr. Morus irgendwo in der Welt zur Geltung gekommen wären, so würde man sie nicht weniger für wirklich angesehen haben.

Theophilus. Eigentlich ist das nicht die Worte für die Sachen nehmen, sondern das für wahr halten, was es nicht ist. Ein nur zu gewöhnlicher Irrtum aller Menschen! der aber nicht allein vom Mißbrauch der Worte abhängt, sondern in etwas ganz anderem besteht. Der Zweck der *Kategorien* ist sehr nützlich, und man sollte, statt sie zu verwerfen, lieber daran denken, sie zu verbessern. Die Substanzen, Quantitäten, Qualitäten, Handlungen oder Leidenheiten und Relationen, d.h. fünf Allgemeinbegriffe der Dinge, könnten mit denen, welche aus ihrer Zusammensetzung gebildet werden, genügen; und haben Sie nicht selbst bei der Anordnung der Vorstellungen sie als Kategorien geben wollen? Über die *substantiellen Formen* habe ich schon oben gesprochen. Auch weiß ich nicht, ob man hinlänglich Grund hat, die *Pflanzenseelen* zu verwerfen, weil sehr gewiegte und urteilsvolle Leute zwischen Pflanzen und Tieren eine große Analogie anerkennen, und Sie selber, wie es scheint, die Tierseele zugelassen haben. Der *horror vacui* kann einen haltbaren Sinn haben, d.h. vorausgesetzt, daß die Natur einmal die Arten alle ausgefüllt hat, und die Körper undurchdringlich und nicht zusammendrückbar sind, so kann sie keine Leere zulassen; und ich halte jene drei Voraussetzungen für wohlbegründet. Aber die *intentionellen Spezies*, welche den Verkehr der Seele und des Leibes bewirken sollen, leisten dies nicht; man kann vielleicht nur die *sinnlichen Spezies* entschuldigen, welche vom Objekt zu dem entfernten Organ übergehen sollen, die Fortpflanzung der Bewegungen dabei vorausgesetzt. Ich gebe zu, daß es keine platonische *Weltseele* gibt, denn Gott ist über der Welt als *extramundana* oder vielmehr *supramundana intelligentia* (außerweltliche – überweltliche Intelligenz). Ich weiß nicht, ob Sie unter der *Neigung zur Bewegung* der Atome der Epikureer nicht die Schwere verstehen, welche sie ihnen zuschrieben, und die ohne Zweifel unbegründet war, weil sie behaupteten, daß die Körper alle von selbst nach der einen Seite fallen. Der verstorbene Henry Morus, Theolog der englischen Kirche, zeigte sich, so gescheit er sonst war, ein wenig zu geneigt im Schmieden von Hypothesen, die weder verständlich noch wahrscheinlich waren, wovon sein *hylarchisches Prinzip* der Materie als die Ursache der Schwere, der Elastizität und der anderen dabei vorkommenden Wunder zeugt. Über seine ätherischen Fahrzeuge habe ich Ihnen nichts zu sagen, da ich deren Wesen nicht geprüft habe.

§ 16. *Philalethes.* Ein Beispiel über das Wort Materie wird Ihnen meinen Gedanken näher legen. Man nimmt die Materie für ein vom Körper verschiedenes, wirklich in der Materie vorhandenes Wesen, was in der Tat von äußerster Evidenz ist; sonst könnten diese beiden Vorstellungen unterscheidungslos die eine an die Stelle der anderen gesetzt werden. Denn man kann sagen, daß *eine und dieselbe Materie alle Körper bildet*, nicht aber, daß ein einziger Körper alle Materien bildet. Man wird auch nicht, wie ich denke, sagen, daß eine Materie größer ist als die andere. Die Materie drückt die Substanz und Solidität des Körpers aus, also begreifen wir nicht mehr verschiedene Materien als verschiedene Soliditäten. Seitdem man indes die Materie für den Namen eines unter dieser Bestimmtheit daseienden Dinges genommen hat, hat dieser Gedanke unverständliche Reden und verworrene Streitigkeiten über die *erste Materie* hervorgerufen.

Theophilus. Wie mir scheint, dient dies Beispiel eher dazu, die peripatetische Philosophie zu entschuldigen als zu tadeln. Wenn alles Silber gestaltet wäre oder vielmehr, weil alles Silber durch die Natur oder die Kunst gestaltet ist, wird es darum weniger erlaubt sein zu sagen, daß das Silber ein in der Natur wirklich vorhandenes Wesen sei, verschieden – wenn man es *genau* nimmt – vom Geschirr oder vom Gelde? Man wird darum nicht sagen, daß das Silber nichts anderes ist als einige Eigenschaften des Geldes. Auch ist es nicht unnützlich, daß man in der allgemeinen Physik sich über die erste Materie Verständnis zu schaffen und deren Natur zu bestimmen sucht, um zu wissen, ob sie immer einförmig ist, ob sie noch eine andere Eigenschaft als die Undurchdringlichkeit hat (wie ich in der Tat nach Kopier gezeigt habe, daß sie noch das hat, was man *Trägheit* nennen kann) usw., obwohl sie sich niemals ganz nackt findet, wie es uns erlaubt wäre, wissenschaftlich vom reinen Silber zu reden, auch wenn es auf Erden kein solches gäbe, und wir nicht das Mittel, es rein darzustellen, hätten. Ich mißbillige es also nicht, daß Aristoteles von der ersten Materie geredet hat, aber man kann sich nicht enthalten, diejenigen zu tadeln, welche sich zu viel dabei aufgehalten und Chimären über schlecht verstandene Worte dieses Philosophen geschmiedet haben, der auch vielleicht mitunter zu viel Gelegenheit zu diesem Mißverständnis und Gallimathias gegeben bat. Man soll aber nicht die Fehler dieses berühmten Schriftstellers so sehr vergrößern, weil man weiß, daß mehrere seiner Werke von ihm selbst nicht vollendet oder veröffentlicht worden sind.

§ 17. *Philalethes.* Der *fünfte Mißbrauch* ist, die Worte an die Stelle der Sachen zu setzen, welche sie in keiner Art bezeichnen oder bezeichnen können. Dies geschieht, wenn wir durch die Namen der Substanzen etwas mehr als dies sagen wollen: was ich Gold nenne, ist dehnbar (wiewohl das Gold dann im Grunde genommen nichts anderes bezeichnet als das, was dehnbar ist), womit ich verstanden haben will, daß die Dehnbarkeit von der wirklichen Wesenheit des Goldes abhängt. So sagen wir, es sei richtig, mit Aristoteles den Menschen als vernünftiges Wegen und unrichtig, ihn mit Plato als ein Wesen mit zwei Füßen ohne Federn und mit großen Nägeln zu definieren. § 18. Es findet sich kaum jemand, der nicht voraussetzt, daß diese Worte etwas Wirkliches und Wesenhaftes bezeichnen, von dessen Wesen diese Eigenschaften abhangen. Dies ist indessen ein klarer Mißbrauch, da jenes nicht in der zusammengesetzten Vorstellung, welche durch dieses Wort bezeichnet wird, enthalten sein kann.

Theophilus. Und ich möchte vielmehr glauben, daß es offenbar unrecht ist, diesen allgemeinen Gebrauch zu tadeln, weil es sehr wahr ist, daß in der zusammengesetzten Vorstellung des Goldes der Begriff einer Sache enthalten ist, die eine wirkliche Wesenheit hat, deren innere Bildung uns im besonderen nicht anders bekannt ist, als daß Qualitäten, wie die Dehnbarkeit, davon abhangen. Aber um die Dehnbarkeit ohne Identität davon auszusagen, und ohne in den Fehler des *Coccysmus* oder der Wiederholung zu verfallen (siehe Kap. VIII, § 18) muß man dies Ding aus anderen Eigenschaften erkennen, wie wenn man sagte, daß ein gewisser schmelzbarer, gelber und sehr gewichtiger Körper, welchen man Gold nennt, eine Wesenheit hat, die ihm auch die Eigenschaft gibt, unter dem Hammer sehr weich zu sein und außerordentlich dünn geschlagen werden zu können. Was die dem Plato zugeschriebene *Definition des Menschen* anbetrifft, welche er nur zur Übung gefertigt zu haben scheint, und welche Sie selbst, glaube ich, nicht im Ernst mit der allgemein angenommenen werden vergleichen wollen, so ist sie offenbar ein wenig zu äußerlich und zu vorläufig, denn wenn jener *Kasuar,* von dem Sie kürzlich gesprochen haben, sich zufällig mit langen Nägeln gefunden hätte, so würde er ein Mensch sein, denn man würde ihm nicht erst die Federn auszureißen haben, wie jenem Hahn, den Diogenes, nach der Erzählung, zu einem Menschen des Plato machen wollte.

§ 19. *Philalethes.* In den zusammengesetzten Modi erkennt man auch sogleich, so wie eine dazu gehörige Vorstellung wechselt, daß man etwas anderes erhält, wie augenscheinlich in folgenden Wörtern der Fall ist: *murther,* welches auf Englisch wie *Mord* in Deutschland einen vorbedachten Totschlag bedeutet; *manslaughter,* ein in seinem Ursprunge dementsprechendes Wort, welches einen freiwilligen, aber nicht vorbedachten Totschlag bedeutet; *chancemedly,* ein zufällig eingetretenes Handgemenge in der Bedeutung des Wortes Totschlag, aber eines unbedachten: das, was durch diese Worte ausgedrückt wird und was ich also als in der Sache liegend annehme, ist dabei dasselbe. (Ich nannte es früher *nominale* und *reale Wesenheit.*) Aber anders ist es mit den Namen der Substanzen, denn wenn einer in die Vorstellung des Goldes das hineinlegt, was der andere dabei ausläßt, z.B. die Dehnbarkeit und die Löslichkeit in Königswasser, so glauben die Menschen darum doch nicht, daß man die Spezies gewechselt habe, sondern nur, daß der eine eine vollkommenere Vorstellung als der andere von dem hat, was die verborgene wirkliche Wesenheit ausmacht, welcher man den Namen Gold beilegt, mag diese geheime Beziehung auch ohne Nutzen sein und nur uns zu verwirren dienen.

Theophilus. Ich glaube es schon gesagt zu haben, aber will Ihnen jetzt noch einmal ordentlich zeigen, daß sich das, was Sie eben bemerkt haben, in den Modi findet wie in den substantiellen Wesen, und daß man keine Ursache hat, diese Beziehung auf die innere Wesenheit zu tadeln. Hier ein Beispiel davon. Man kann eine *Parabel* im Sinne der Geometer als eine Figur definieren, in welcher alle einer bestimmten geraden Linie parallelen Radien durch die Reflexion in einen bestimmten Punkt oder *Brennpunkt* zusammenfallen. Aber durch diese Vorstellung oder Definition wird eher das *Äußere* und die *Wirkung* als die *innere Wesenheit* dieser Figur oder das, was sofort ihren Ursprung zeigen könnte, ausgedrückt. Man kann anfangs sogar zweifeln, ob eine solche verlangte Figur, welche diese Wirkung haben, etwas Mögliches ist, und daran läßt sich meiner Ansicht nach erkennen, ob eine Definition nur nominal und von den Eigenschaften hergenommen, oder ob sie auch *real* ist Derjenige indessen, welcher die Parabel nennt und sie nur gemäß der eben genannten Definition kennt, versteht darunter freilich, wenn er davon spricht, eine Figur, welche eine bestimmte Gestaltung oder Beschaffenheit hat, von der er nichts weiß, aber die er, um sie konstruieren zu können, kennen zu lernen wünscht. Ein anderer, der sie gründlicher kennt, wird irgend eine andere Eigenschaft hinzufügen und an ihr z.B. entdecken, daß in der verlangten Figur der Teil der Achse, welcher zwischen der Ordinate und der nach demselben Punkt der krummen Linie gezogenen Perpendikularlinie liegt, stets konstant und der Entfernung des *Scheitels* vom Brennpunkte gleich ist. Somit wird er eine vollkommenere Vorstellung als der erste haben und leichter damit zustande kommen, die Figur zu ziehen, wenn er es auch noch nicht kann. Und doch wird man zugeben, daß dies dieselbe Figur ist, deren Wesen aber noch verborgen ist. Sie sehen also, daß alles, was Sie im Gebrauch der substantielle Dinge bezeichnenden Worte finden und teilweise tadeln, sich auch im Gebrauch der zusammengesetzte Modi bedeutenden Worte findet und sich offenbar rechtfertigen läßt Aber was Sie glauben macht, daß zwischen den Substanzen und den Modi ein Unterschied stattfindet, ist der Umstand, daß Sie hierbei nicht die verstandesmäßigen Modi von schwieriger Erkennbarkeit in Betracht gezogen haben, welche man in dem allem den Körpern ähnlich findet, die noch schwerer zu erkennen sind.

§ 20. *Philalethes.* So fürchte ich also, daß ich das zurückziehen muß, was ich Ihnen über die Ursache des von mir für einen Mißbrauch Gehaltenen sagen wollte. Das war der meiner Ansicht nach falsche Glaube, daß die Natur immer regelrecht handelt und jeder Art ihre Grenzen durch diejenige spezifische Wesenheit oder innere Bildung setzt, welche wir darin voraussetzen, und welcher stets derselbe spezifische Name beigelegt wird.

Theophilus. Sie sehen doch nun wohl am Beispiel der geometrischen Modi, daß man nicht unrecht hat, sich an die inneren und spezifischen Wesenheiten zu halten, wenngleich zwischen den sinnlichen Dingen – mögen sie Substanzen oder Modi sein, von denen wir nur vorläufige Nominaldefinitionen haben und bei denen wir nicht leicht auf Realdefinitionen hoffen dürfen – und zwischen den verstandesmäßigen Modi von schwierigem Verständnisse ein großer Unterschied ist, weil wir schließlich bis zur inneren Bildung der geometrischen Figuren uns durcharbeiten können.

§ 21. *Philalethes.* Ich sehe endlich, daß ich unrecht gehabt habe, diese Beziehung auf innere Wesenheiten und Bildungen unter dem Vorwande zu tadeln, daß wir dadurch unsere Worte zu Zeichen eines Nichts oder eines Unbekannten machten. Denn was in gewisser Beziehung unbekannt ist, kann auf eine andere Art erkannt werden, und das Innere zeigt sich teilweise durch die daraus entspringenden Erscheinungen. Und was die Frage anbetrifft, ob ein *monströser Fötus* ein Mensch ist oder nicht, so scheint es wohl, daß, wenn man nicht sofort darüber entscheiden kann, dies nicht hindert, daß die Art in sich selbst fest bestimmt sei, da unsere Unwissenheit an der Natur der Dinge nichts ändert.

Theophilus. In der Tat ist es sehr gescheiten Geometern begegnet, daß sie nicht vollständig gewußt haben, welches die Figuren seien, von denen sie mehrere Eigenschaften kannten, die ihnen den Gegenstand zu erledigen schienen. Es gab z.B. Linien, welche man *Perlen* nannte, von denen man selbst Quadrationen und Messungen ihrer Oberfläche und der durch ihre Drehung entstandenen Körper machte, ehe man wußte, daß sie nur eine Zusammensetzung aus gewissen kubischen Paraboloïden seien. Indem man also diese Perlen als eine besondere Art bildend betrachtete, hatte man von ihnen nur eine vorläufige Erkenntnis. Wenn dies in der Geometrie vorkommen kann, darf man sich da wundern, wenn es schwer ist, die Arten in der körperlichen Natur zu bestimmen, die unvergleichlich mehr zusammengesetzt sind?

§ 22. *Philalethes*. Gehen wir zum *sechsten Mißbrauch* über, um die angefangene Aufzählung fortzusetzen, obwohl ich schon sehe, daß ich einige davon aufgeben muß.

Dieser allgemeine, aber wenig bemerkte Mißbrauch besteht darin, daß die Menschen, nachdem sie gewisse Vorstellungen durch einen langen Gebrauch mit gewissen Worten verknüpft haben, sich einbilden, daß dieser Zusammenhang evident sei und jedermann damit übereinstimme. Daher kommt, daß sie es sonderbar finden, wenn man sie nach der Bedeutung der von ihnen angewandten Worte fragt, selbst wenn es absolut notwendig ist. Es gibt wenige, welche es nicht als eine Beleidigung aufnähmen, wenn man sie fragte, was sie darunter verständen, wenn sie vom *Leben* reden. Indeß genügte die vage Vorstellung, die sie davon haben mögen, dann nicht, wenn es sich darum zu wissen handelt, ob eine schon im Samen vorgebildete Pflanze oder ein Huhn, das in einem noch nicht bebrüteten Ei steckt, oder auch ein Mensch in der Ohnmacht ohne Empfindung und Bewegung – Leben hat. Und wenngleich die Menschen nicht so *kurzsichtig* oder nicht so *unbescheiden* erscheinen wollen, um einer Nachfrage zur Erklärung der gebrauchten Ausdrücke zu bedürfen, noch als so *unbequeme Kritiker*, um andere wegen ihres Gebrauchs der Worte unaufhörlich zu tadeln, so muß man gleichwohl, wenn es sich um eine genaue Untersuchung handelt, zur Erklärung schreiten. Oft reden die Gelehrten der verschiedenen Parteien in ihren gegeneinander ausgesponnenen Räsonnements durchaus verschiedene Sprachen und denken doch dasselbe, obwohl ihre Interessen vielleicht verschieden sind.

Theophilus. Ich glaube mich hinlänglich über *den Begriff des Lebens* ausgelassen zuhaben, das immer von Wahrnehmung in der Seele begleitet sein muß; sonst würde es nur ein Schein davon sein, wie dasjenige Leben, welches die Wilden Amerikas den Zeigern oder Uhren zuschreiben, oder welches jene obrigkeitlichen Personen den Marionetten zuschrieben, welche sie als von Dämonen beseelt annahmen, als sie denjenigen, der dies Schauspiel zierst in ihrer Stadt aufgeführt hatte, als Zauberer strafen wollten.

§ 23. *Philalethes.* Um zu schließen: es dienen die Worte: 1) unsere Gedanken verständlich zu machen, 2) dies zu erleichtern und 3) in die Erkenntnis der Dinge einzuführen. Man fehlt im ersten Punkt, wenn man keine bestimmte und feststehende, keine von anderen angenommene oder verstandene Vorstellung von den Worten hat. § 23. Man verfehlt, sich leicht verständlich zu machen, wenn man sehr zusammengesetzte Vorstellungen hat, ohne deutliche Namen dazu zu haben; dies ist oft der Fehler der Sprachen selbst, wenn ihnen die bezüglichen Ausdrücke fehlen, oft auch des Menschen, der sie nicht kennt; man hat alsdann große Umschreibungen nötig. § 24. Wenn aber die durch die Worte bezeichneten Vorstellungen mit der Wirklichkeit nicht zusammenstimmen, so fehlt man im dritten Punkt § 26. Derjenige, welcher die Ausdrücke ohne Vorstellungen hat, ist wie einer, der nur ein Verzeichnis von Büchern hätte. § 27. Derjenige, welcher sehr zusammengesetzte Vorstellungen hat, würde wie ein Mensch sein, welcher eine Menge von Büchern in einzelnen Blättern ohne Titel hätte und das Buch nicht anders geben kann, als indem er die Blätter eines nach dem anderen reicht § 28. Derjenige, welcher im Gebrauch der Zeichen sich nicht gleich bleibt, würde wie ein Kaufmann sein, der verschiedene Dinge unter demselben Namen verkaufte. § 29. Der, welcher besondere Vorstellungen von den einmal angenommenen Wortbedeutungen trennt, würde andere durch die Erkenntnisse, welche er haben mag, nicht aufklären können. § 30. Derjenige, welcher Vorstellungen von Substanzen, die niemals gewesen sind, im Kopfe hat, kann in den wirklichen Erkenntnissen keine Fortschritte machen. § 33. Der erste würde vergeblich von der Tarantel oder der christlichen Liebe sprechen. Der zweite sieht vielleicht neue Tiere, ohne sie anderen Menschen auf leichte Art zu erklären. Der dritte wird den Körper bald für das Solide nehmen und bald für das nur Ausgedehnte; unter der Genügsamkeit wird er bald die verwandte Tugend, bald das verwandte Laster bezeichnen. Der vierte wird einem Maulesel den Namen Pferd geben, und der, welchen die ganze Welt einen Verschwender nennt, wird ihm als freigebig gelten, und der fünfte wird auf die Autorität des Herodot in der Tatarei eine Nation von Einäugigen suchen. Ich bemerke, daß die vier ersten Fehler den Namen der Substanzen und Modi gemeinsam sind, der letzte aber den Substanzen eigen ist.

Theophilus. Ihre Bemerkungen sind sehr unterrichtend. Ich möchte noch hinzufügen, daß es, wie mir scheint, auch in unseren Vorstellungen von den Akzidenzien oder Daseinsformen noch Chimärisches gibt, und daß also der fünfte Fehler den Substanzen und Akzidenzien noch gemeinsam ist. Der *ausschweifende Schäfer* war dies nicht nur, weil er glaubte, es seien hinter den Bäumen Nymphen versteckt, sondern weil er auch stets auf romantische Abenteuer aus war.

§ 34. *Philalethes.* Ich hatte zu schließen vor, aber ich erinnere mich noch des *siebenten* und *letzten Mißbrauchs*, welcher der der figürlichen Ausdrücke oder Anspielungen ist Man wird indes Mühe haben, an diesen Mißbrauch zu glauben, weil das, was man Geist und Phantasie nennt, besser als die trockne Wahrheit aufgenommen wird. Das gilt wohl bei den Unterhaltungen, wo man nur zu gefallen sucht; aber im Grunde dienen in der gesamten rhetorischen Kunst alle diese künstlichen und figürlichen Anwendungen der Worte (die Ordnung und Beschaffenheit ausgenommen) nur dazu, falsche Vorstellungen beizubringen, die Leidenschaften zu erregen und das Urteil irrezuführen, so daß es nur bloße Täuschungen sind. Gleichwohl gibt man dieser trügerischen Kunst den ersten Rang und die größten Belohnungen, weil die Menschen sich nicht viel um die Wahrheit kümmern und es vorziehen, zu täuschen und sich täuschen zu lassen. Dies ist so wahr, daß ich nicht zweifle, man werde das soeben gegen jene Kunst Gesagte als die Wirkung einer maßlosen Kühnheit betrachten. Denn die Beredsamkeit hat wie das schöne Geschlecht zu mächtige Beize, als daß ein Widerstand dagegen in der Ordnung gefunden würde.

Theophilus. Weit entfernt, Ihren Eifer für die Wahrheit zu tadeln, finde ich ihn gerecht. Und zu wünschen wäre, daß er Wirkung hätte. Ich verzweifle nicht gänzlich daran, weil Sie die Beredsamkeit durch ihre eigenen Waffen zu bekämpfen und selbst eine andere Art derselben zu haben scheinen, jener trügerischen überlegen, wie es eine Venus Urania, die Mutter der himmlischen Liebe, gab, vor welcher jene andere Bastardvenus, die Mutter der blinden Liebe, nebst ihrem Sohne mit verbundenen Augen nicht zu erscheinen wagte. Aber gerade das beweist, daß Ihre These einer gewissen Mäßigung bedarf und gewisse Zieraten der Beredsamkeit jenen ägyptischen Gefäßen zu vergleichen sind, deren man sich zum Dienste des wahren Gottes bedienen konnte. Es ist damit wie mit der Malerei und der Musik, die man mißbraucht, und von denen die eine oft groteske und selbst schädliche Phantasien darstellt und die andere das Gemüt verweichlicht: alle beide gewähren ein eitles Vergnügen, aber sie können dennoch nützlich angewendet werden, die eine, um die Wahrheit klar, die andere, um sie ergreifend zu machen – welche letztere Wirkung auch die der Poesie sein muß, die zwischen der Rhetorik und Musik die Mitte hält.

XI. Über die gegen die besprochenen Unvollkommenheiten und Mißbrauche anzuwendenden Mittel

§ 1. *Philalethes.* Es ist hier nicht der Ort, sich in diese Untersuchung über den Nutzen einer wahrhaften Beredsamkeit zu vertiefen, und noch weniger, auf Ihr verbindliches Lob zu antworten, weil wir darauf denken müssen, diesen Gegenstand, die *Worte*, abzuschließen, indem wir Mittel gegen die dabei bemerkten Unvollkommenheiten aufsuchen.
§ 2. Es würde lächerlich sein, eine Reform der Sprachen zu versuchen und die Menschen zwingen zu wollen, nur in dem Maße, als sie Erkenntnis haben, zu sprechen. § 3. Das aber wird kein zu großes Verlangen sein, daß die Philosophen sorgfältig sprechen, wenn es sich um eine ernstliche Untersuchung der Wahrheit handelt; sonst würde alles voll Irrtümer, Einseitigkeiten und leeren Streites sein. § 8. *Das erste Mittel* ist, sich keines Wortes zu bedienen, ohne eine Vorstellung damit zu verbinden, statt daß man oft Worte anwendet wie Instinkt, Sympathie, Antipathie, ohne irgend einen Sinn damit zu verbinden.
Theophilus. Die Regel ist gut, aber ob die Beispiele passen, ist mir zweifelhaft. Unter *Instinkt* pflegt alle Welt die Neigung eines Tieres zu dem ihm Zuträglichen zu verstehen, ohne daß es die Ursache davon begreift, und selbst die Menschen sollten diese Instinkte weniger vernachlässigen, die auch bei ihnen sich entdecken lassen, obwohl ihre künstliche Lebensweise sie meistens fast gänzlich verwischt hat. Derjenige, welcher sein eigener Arzt ist, wird dies wohl bemerkt haben. Die *Sympathie* und *Antipathie* bezeichnet das, was in den der Empfindung entbehrenden Körpern dem bei den Tieren sich findenden Instinkt der Vereinigung oder Trennung entspricht. Und obwohl man nicht das wünschenswerte Verständnis der Ursache dieser Neigungen oder

Strebungen hat, so hat man doch einen ausreichenden Begriff davon, um verständlich darüber reden zu können.

§ 9. *Philalethes.* Das *zweite Hilfsmittel* ist, die Vorstellungen der Namen der Modi wenigstens bestimmt und die der Namen der Substanzen der Wirklichkeit angemessener zu machen. Wenn jemand sagt: die *Gerechtigkeit* ist ein dem Gesetze entsprechendes Verhalten hinsichtlich des Wohles eines anderen, so ist diese Vorstellung nicht genug bestimmt, wenn man keine deutliche Vorstellung dessen hat, was *Gesetz* genannt wird.

Theophilus. Da könnte man sagen, daß das *Gesetz* eine Vorschrift der Weisheit oder der Wissenschaft des Glücks ist.

§ 11. *Philalethes.* Das *dritte Hilfsmittel* ist, die Ausdrücke so viel als möglich dem angenommenen Gebrauch gemäß zu gebrauchen.

§ 12. Das *vierte* ist, zu erklären, in welchem Sinne man die Worte nimmt, sei es, daß man neue macht, oder daß man die alten in einem neuen Sinne anwendet, oder sei es, daß man die Bedeutung durch den Gebrauch nicht hinlänglich festgesetzt findet. § 13. Es gibt dabei aber verschiedene Fälle. § 14. Die Worte für die einfachen Vorstellungen, welche nicht definiert werden können, werden durch synonyme Worte, wenn diese bekannter sind, oder durch Hinweis auf die Sache erklärt. Durch diese Mittel kann man einem Bauer begreiflich machen, was die »Tote Blatt«-Farbe bedeutet, indem man ihm sagt, daß es die Farbe der im Herbst herabfallenden trockenen Blätter ist. § 15. Die Namen für die zusammengesetzten Modi müssen durch die Definition erklärt werden, denn das ist möglich. § 16. Dadurch ist die Moral des Beweises fähig. Man wird in ihr den Menschen als körperliches und vernünftiges Wesen, ohne sich um die äußerliche Figur zu bekümmern, nehmen müssen. § 17. Denn mittels der Definitionen können die Gegenstände der Moral klar behandelt werden. Man wird besser tun, die Gerechtigkeit nach der in unserem Geiste vorhandenen Vorstellung zu definieren, als ein Muster derselben, wie den Aristides, außer uns zu suchen und sie danach zu bilden. § 18. Und da die meisten zusammengesetzten Modi nirgends zusammen da sind, so kann man sie nur durch Definieren festsetzen, durch Aufzählung dessen, was darin zusammengefaßt ist. § 19. Bei den Substanzen gibt es gewöhnlich *leitende* oder *charakteristische Eigenschaften*, welche wir als die entscheidendste Vorstellung der Art betrachten und mit denen wir die übrigen die zusammengesetzte Vorstellung der Art bildenden Vorstellungen verbunden denken.

Bei Pflanzen und Tieren ist dies die Gestalt, bei den leblosen Körpern die Farbe und bei einigen die Farbe und Gestalt zusammen. § 20. Darum ist die von Plato gegebene Definition des Menschen charakteristischer, als die des Aristoteles; wenigstens dürfte man sonst nicht die Mißgeburten töten. § 21. Oft auch dient der Blick ebensogut wie irgend eine andere Prüfung: so unterscheiden die mit der Prüfung des Goldes vertrauten Leute durch den Blick das echte oft vom falschen, das reine von dem verfälschten.

Theophilus. Ohne Zweifel kommt alles auf die Definitionen zurück, welche bis zu den ursprünglichen Vorstellungen gehen können. Dasselbe Subjekt kann mehrere Definitionen haben; um aber zu wissen, welche einem und demselben Dinge zukommen, muß man darüber von der Vernunft belehrt werden, indem man eine Definition durch die andere beweist, oder durch die Erfahrung, indem man erprobt, welche beständig zusammengehen. Was die Moral anbetrifft, so ist ein Teil derselben auf der Vernunft begründet, aber es gibt auch einen anderen, welcher von den Erfahrungen abhängt und sich auf die Temperamente bezieht. Um die Substanzen zu erkennen, geben uns Gestalt und Farbe, d.h. das Sichtbare, die ersten Vorstellungen, weil man dadurch die Dinge von weitem erkennt; aber sie sind gewöhnlich zu oberflächlich; bei den für uns wichtigen Dingen sucht man die Substanzen näher kennen zu lernen. Ich wundere mich übrigens, daß Sie noch einmal auf die dem Plato zugeschriebene Definition des *Menschen* zurückkommen, nachdem sie selbst soeben gesagt haben, daß man in der Moral den Menschen als ein körperliches und vernünftiges Wesen, ohne sich um die äußerliche Gestalt zu bekümmern, nehmen muß. Übrigens tut freilich eine große Übung viel dazu, auf einen Blick Dinge zu entscheiden, welche ein anderer durch schwierige Versuche kaum zu wissen vermag. Auch erkennen Ärzte von großer Erfahrung, welche einen scharfen Blick und ein gutes Gedächtnis haben, oft beim ersten Anblick des Kranken, was ein anderer ihm durch Fragen und Pulsfühlen mühsam entreißen muß. Aber es ist gut, alle die Zeichen, welche man haben kann, miteinander zu verbinden.

§ 22. *Philalethes.* Ich gebe zu, daß der, welchem ein guter Probierer alle Eigenschaften des Goldes zeigt, davon eine bessere Erkenntnis erhalten muß, als der bloße Anblick geben kann. Könnten wir aber die innere Bildung desselben erkennen, so würde die Bedeutung des

Wortes *Gold* ebenso *leicht* wie die des Wortes Dreieck bestimmt werden.

Theophilus. Sie kann ganz ebenso bestimmt werden; es braucht darin nichts *Vorläufiges* zu sein, aber sie wird sich nicht so leicht bestimmen lassen. Denn es wird meiner Ansicht nach dazu eine etwas weitläufige Festsetzung nötig sein, um die Bildung des Goldes zu erklären, wie es sogar in der Geometrie Figuren gibt, deren Definition lang ist.

§ 23. *Philalethes.* Die von den Körpern getrennten Geister haben ohne Zweifel vollkommenere Erkenntnisse als wir, obschon wir keinen Begriff von der Art und Weise haben, wie sie sie erwerben können. Sie könnten indessen von der innersten Bildung der Körper ebenso klare Vorstellungen haben, als wir von einem Dreieck.

Theophilus. Ich habe Ihnen schon bemerkt, daß ich Ursachen habe anzunehmen, es gebe keine geschaffenen Geister, welche gänzlich vom Körper los wären; indessen gibt es ohne Zweifel solche, deren Organe und Verstand unvergleichlich vollkommener als die unsrigen sind, und welche uns in jeder Art der Begriffsbildung soweit überragen und noch mehr als Frenicle oder der von mir erwähnte schwedische Knabe die gewöhnlichen Menschen im Kopfrechnen übertrifft.

§ 24. *Philalethes.* Wir haben schon bemerkt, daß die Definitionen der Substanzen, die dazu dienen können, die Namen zu erklären, in Hinsicht der Sacherkenntnis unvollkommen sind. Denn gewöhnlich setzen wir den Namen an Stelle der Sache, deren Namen mehr als die Definitionen besagt; um also die Substanzen gut zu definieren, muß man die Naturgeschichte studieren.

Theophilus. Sie sehen also, daß der Name des Goldes z.B. nicht allein das bezeichnet, was derjenige, welcher ihn ausspricht, vom Golde weiß, z.B. daß es ein sehr schwerer gelber Körper ist, sondern auch, was nicht er, aber vielleicht ein anderer weiß, d.h. daß es ein mit einer gewissen inneren Beschaffenheit versehener Körper ist, aus der die Farbe und Schwere sich ergeben und noch andere Eigenschaften entspringen, welche, wie er zugibt, den Sachkennern besser bekannt sind.

§ 25. *Philalethes.* Es wäre gegenwärtig zu wünschen, daß diejenigen, welche in naturwissenschaftlichen Untersuchungen geübt sind, die einfachen Vorstellungen, in welchen ihrer Beobachtung zufolge die Individuen jeder Art vollständig miteinander übereinkommen, aufstellen wollten. Aber um ein Wörterbuch dieser Art anzufertigen, welches sozusagen die Naturgeschichte enthält, braucht es zu viel Leute, zu viel Zeit und zu viel Mühe und zu viel Scharfsinn, als daß man auf ein solches Werk jemals hoffen könnte. Indessen würde es gut sein, die Worte hinsichtlich der Dinge, welche man durch ihre äußerliche Figur erkennt, mit kleinen Abbildungen zu begleiten. Ein solches Wörterbuch würde der Nachkommenschaft von großem Nutzen sein und den künftigen Kritikern viel Mühe ersparen. Kleine Bilder, wie von dem Eppich (*apium*) oder von einem Steinbock (*ibex*, eine Art Alpenbock) würden besser sein als lange Beschreibungen dieser Pflanze oder dieses Tieres. Und um zu erkennen, was die Lateiner *strigiles* und *sistrum*, *tunica* und *pallium* nannten, würden Zeichnungen am Rande unvergleichlich mehr aufklären, als die angeblichen Synonyma Striegel, Cymbale, Robe, Kleid, Mantel, die sie nicht deutlich machen. Übrigens will ich mich nicht beim siebenten Hilfsmittel gegen den Mißbrauch der Worte aufhalten, das darin besteht, beständig denselben Ausdruck in demselben Sinne anzuwenden, oder wenn man ihn wechselt, es anzuzeigen. Denn davon haben wir schon genug geredet.

Theophilus. Pater Grimaldi, Präsident der Gesellschaft der Mathematiker zu Peking, hat mir gesagt, daß die Chinesen Wörterbücher haben, welche mit Bildern versehen sind. Es gibt ein kleines zu Nürnberg gedrucktes Wortverzeichnis, wo bei jedem Worte solche Bilder stehen, die recht gut sind. Ein solches *illustriertes Universallexikon* wäre zu wünschen, und es herzustellen würde nicht sehr schwierig sein. Was die *Beschreibung der Spezies* anbelangt, so ist das eigentlich die Sache der Naturwissenschaft, und nach und nach kommt man an diese Arbeit. Ohne die Kriege, welche Europa seit den ersten Gründungen der königlichen Gesellschaften oder Akademien beunruhigt haben, würde man weit gekommen und schon imstande sein, von unseren Arbeiten Nutzen zu ziehen, aber die Großen wissen meistenteils nichts von deren Wichtigkeit, noch welcher Güter sie sich berauben, indem sie den Fortschritt der gründlichen Kenntnisse vernachlässigen; außerdem sind sie gewöhnlich durch die Sorgen für den Krieg zu sehr in Anspruch genommen, um die Dinge, welche ihnen nicht gleich von vornherein in die Augen stechen, richtig zu würdigen.

Viertes Buch: Von der Erkenntnis

I. Von der Erkenntnis im allgemeinen

§ 1. *Philalethes*. Bis hierher haben wir von den *Vorstellungen* und den sie vertretenden *Worten* gesprochen; jetzt wollen wir auf die Erkenntnisse kommen, welche die Vorstellungen liefern, denn auf diesen beruhen jene. § 2. Die *Erkenntnis* nun ist nichts anderes als die Wahrnehmung der Verbindung und Übereinstimmung oder des Gegensatzes und der Nichtübereinstimmung zwischen *zweien unserer Vorstellungen*. Mag man auch phantasieren, vermuten oder glauben, es ist doch immer so. Wir werden dadurch z.B. inne, daß das Weiße nicht das Schwarze ist und daß die Winkel eines Dreiecks und der Umstand, daß sie zweien Rechten gleich sind, eine notwendige Verbindung miteinander haben.

Theophilus. Erkenntnis hat noch eine allgemeinere Bedeutung. Es gibt eine solche auch in den Vorstellungen oder Ausdrücken, ehe man noch in den Sätzen oder Wahrheiten kommt, und man kann sagen, daß derjenige, welcher mit Aufmerksamkeit mehr Abbildungen von Pflanzen und Tieren, mehr Figuren von Maschinen, mehr Beschreibungen oder Darstellungen von Häusern oder Festungen gesehen, wer mehr geistreiche Romane, nämlich mehr interessante Erzählungen gelesen hat – dieser, sage ich, wird auch mehr Erkenntnis als ein anderer haben, wenn auch kein Wort eigentlicher Wahrheit in dem allem, was man ihm vorgemalt oder erzählt hat, enthalten war, denn seine Übung, sich im Geiste viele Begriffe oder ausdrückliche und willkürliche Vorstellungen zu vergegenwärtigen, macht ihn geeigneter, das, was man ihm vorlegt, zu begreifen; und er wird sicherlich unterrichteter und fähiger sein als ein anderer, der nichts gesehen, gelesen oder gehört hat, – wenn er nur in jenen Geschichten und Darstellungen nicht das für wahr annimmt, was nicht wahr ist, und jene Eindrücke ihn nicht auch sonst verhindern, das Wahre von dem Eingebildeten oder das Wirkliche vom Möglichen zu unterscheiden. Aus diesem Grunde haben gewisse Logiker des Reformationszeitalters, die sich einigermaßen der Partei der Ramisten anschlossen, nicht unrecht zu sagen, daß die *Topen* oder loca inventionis (die *Argumenta*, wie sie sie nannten) sowohl zur

Erklärung oder weitläufigen Beschreibung eines *zusammengesetzten Gedankens* d.h. eines Dinges oder einer Vorstellung, als zum Beweis eines *zusammengesetzten Gedankens* dienen d.h. einer Behauptung, eines Urteils oder einer Wahrheit. Und eine Behauptung kann sogar, um ihrem Sinn und ihrer Geltung nach verstanden zu werden, erklärt werden, ohne daß es sich dabei um die Wahrheit und den Beweis handelt, wie man an den Predigten oder Homilien sieht, welche gewisse Stellen der Heil. Schrift erklären, oder an dem Wiederholen oder den Vorlesungen über gewisse Sätze des bürgerlichen oder kanonischen Rechts, deren Wahrheit dabei vorausgesetzt wird. Man kann sogar sagen, daß es Gedankenvorwürfe gibt, welche zwischen einer Vorstellung und einem Satz die Mitte halten. Dies sind diejenigen *Fragesätze*, welche nur *ja* und *nein* als Antwort fordern, und diese stehen den Urteilen am nächsten. Allein es gibt auch solche, in welchen es auf das Wie und die Umstände ankommt, um davon Urteile zu bilden. Man kann allerdings sagen, daß bei den Beschreibungen (selbst der rein idealen Dinge) eine stillschweigende Annahme der Möglichkeit stattfindet; aber ebenso wahr ist es auch, daß man die Erklärung und den Beweis einer Unwahrheit unternehmen kann, was mitunter am besten dazu dient, dieselben zu widerlegen. Ferner lassen sich noch von dem Unmöglichen Beschreibungen geben. Damit ist es so, wie mit den Erdichtungen des Grafen Scandiano, dem Ariosto gefolgt ist, auch dem Amadis von Gallien und anderen alten Romanen, auch den Feenmärchen, die vor kurzem wieder in die Mode gekommen sind, mit der wahrhaften Geschichte des Lucian und den Reisen Cyranos von Bergerac, um von dem Grotesken in der Malerei nicht zu reden. Ebenso weiß man, daß bei den Rhetorikern die Fabeln unter die *Progymnasmata* oder Vorübungen gezählt werden.

375

Nimmt man aber die *Erkenntnis* in einem engeren Sinne d.h. als Wahrheitserkenntnis, wie Sie es hier tun, so sage ich, daß allerdings die Wahrheit immer auf Übereinstimmung oder Nichtübereinstimmung sich gründet, aber das ist nicht allgemein wahr, daß unsere Erkenntnis der Wahrheit eine Wahrnehmung der Übereinstimmung oder Nichtübereinstimmung ist. Denn wenn wir die Wahrheit nur empirisch wissen, weil wir sie erfahren haben, ohne die Verknüpfung und den Grund der Sachen zu kennen, welcher das von uns Erfahrene beherrscht, haben wir von dieser Übereinstimmung oder Nichtübereinstimmung keine Wahrnehmung, wenn man nicht das darunter versteht, daß wir sie verworren empfinden, ohne uns derselben deutlich bewußt zu sein. Ihre Beispiele aber deuten, wie mir scheint, darauf hin, daß Sie immer da eine Erkenntnis fordern, wo man sich der Verbindung oder des Gegensatzes bewußt ist, und das kann ich Ihnen nicht zugeben. Ferner kann man einen zusammengesetzten Gedanken nicht allein so abhandeln, daß man die Beweise für seine Wahrheit sucht, sondern auch, indem man ihn auf andere Weise, wie ich es schon bemerkt habe, der Topik gemäß erläutert und erklärt. Endlich habe ich über Ihre Definition noch eine Bemerkung zu machen, daß sie nämlich nur auf kategorische Wahrheiten zu passen scheint, wobei *zwei Vorstellungen*, das Subjekt und das Prädikat, vorkommen; es gibt aber noch eine Erkenntnis der hypothetischen Wahrheiten oder derjenigen, die sich wie die disjunktiven und andere darauf zurückfahren lassen. Bei diesen findet zwischen einem zweiten als Antecedens und einem zweiten als Konsequens eine Verknüpfung statt; es können also mehr als zwei Vorstellungen dabei vorkommen.

§ 3. *Philalethes.* Wir wollen uns jetzt auf die Erkenntnis der Wahrheit beschränken, und um die kategorischen und die hypothetischen Urteile zusammenzufassen, das, was von der Verbindung der Vorstellungen zu sagen sein wird, auch auf die der Urteile anwenden. Ich glaube nun, daß man diese Übereinstimmung oder Nichtübereinstimmung auf vier Arten zurückführen kann, nämlich: 1) Einerleiheit oder Verschiedenheit; 2) Relation; 3) Zugleichsein oder notwendige Verknüpfung; 4) wirkliches Dasein. (§ 4.) Denn daß die eine Vorstellung nicht die andere ist, z.B. daß das Weiße nicht das Schwarze ist, bemerkt der Geist unmittelbar, (§ 5) weil er ihre Beziehung bemerkt, indem er sie miteinander vergleicht, z.B. daß zwei Dreiecke, deren Grundlinie gleich ist, und die zwischen zwei Parallellinien liegen, einander gleich sind. (§ 6.) Dann kommt das Zugleichsein in Betracht (oder vielmehr der Zusammenhang), wie z.B. die Feuerbeständigkeit alle die anderen Vorstellungen vom Golde begleitet. (§ 7.) Endlich gibt es noch ein wirkliches Dasein außer dem Geiste, wie wenn man sagt: Gott ist.

Theophilus. Man kann, wie ich glaube, sagen, daß die Verbindung nichts anderes ist als die *Beziehung* oder Relation, dieselbe allgemein genommen. Auch habe ich vorhin bemerklich gemacht, daß jede Beziehung entweder eine Beziehung des *Vergleiches* oder des *Zusammenhanges* ist. Die des *Vergleichs* ergibt die Verschiedenheit und die Einerleiheit, sei es die durchgängige oder teilweise, wodurch sich die Begriffe des Nämlichen und Verschiedenen, des Ähnlichen oder Unähnlichen bilden. Der *Zusammenhang* begreift dasjenige in sich, was Sie das Zugleichsein nennen, nämlich die Daseins-Verknüpfung. Wenn man aber sagt, daß ein Ding da ist, oder daß es wirkliches Dasein hat, so ist dies Dasein selbst das Prädikat, d.h. es hat einen mit der Vorstellung, um welche es sich handelt, verbundenen Begriff, und zwischen diesen beiden Begriffen findet Zusammenhang statt. Auch kann man das *Dasein* des Gegenstandes einer Vorstellung als den Zusammenhang dieses Gegenstandes mit dem Ich sich denken. Ich glaube also, man kann sagen, daß es nur Vergleichung oder Zusammenhang gibt, aber daß die Vergleichung, welche Einerleiheit oder Verschiedenheit bezeichnet, und der Zusammenhang des Dinges mit dem Ich Beziehungen sind, welche unter den übrigen hervorgehoben zu werden verdienen. Vielleicht könnte man noch genauere und tiefere Untersuchungen darüber anstellen, doch begnüge ich mich hier, bloß Bemerkungen zu machen.

§ 8. *Philalethes.* Es gibt eine Erkenntnis *in der Gegenwart,* welche die jedesmalige Wahrnehmung der Beziehung der Vorstellungen ist, und eine auf *Gewohnheit beruhende,* wann der Geist sich der Übereinstimmung oder Nichtübereinstimmung der Vorstellungen so klar bewußt geworden ist und sie dergestalt in sein Gedächtnis eingeordnet hat, daß er jedesmal, wenn er über den Satz nachdenkt, sofort der darin enthaltenen Wahrheit, ohne im geringsten daran zu zweifeln, sicher ist. Denn da man immer nur eine einzige Sache zu gleicher Zeit klar und deutlich zu denken imstande ist, so würden die Menschen, wenn sie nur den jedesmaligen Gegenstand ihrer Gedanken erkennten, alle sehr unwissend sein, und der, welcher das meiste erkennte, würde nur eine einzige Wahrheit erkennen.

Theophilus. Allerdings muß unsere Wissenschaft, selbst die am meisten auf Beweisen beruhende, da man sie sehr häufig durch eine lange Kette von Schlüssen erwerben muß, das Andenken an eine frühere Beweisführung, welche man nach gemachtem Schluß nicht mehr deutlich übersieht, in sich enthalten; sonst würde man dieselbe Beweisführung immer wiederholen müssen. Und selbst wahrend ihrer Bauer würde man sie nicht ganz auf einmal umfassen können, denn nicht alle ihre Teile können zu gleicher Zeit dem Geiste gegenwärtig sein. Indem man also immer den vorhergehenden Teil sich vor Augen hält, würde man niemals bis zum letzten, der den Schluß vollendet, fortschreiten können. Aus diesem Grunde würde es auch schwer sein, ohne Schrift die Wissenschaften herzustellen, da das Gedächtnis nicht sicher genug ist. Hat man aber eine lange Beweisführung schriftlich aufgesetzt, wie z.B. die des Apollonius sind, und sie allen ihren Teilen nach durchlaufen, wie wenn man eine Kette Ring für Ring untersuchte, so kann man seinem Vernunftgebrauch vertrauen, wozu auch die Proben dienen; und endlich rechtfertigt der Erfolg das Ganze. Dabei erkennt man denn auch, daß, da der Glaube stets in der Erinnerung an den getanen Überblick der Beweise oder Gründe besteht, es nicht in unserer Macht oder in unserem freien Willen gelegen ist, zu glauben oder nicht zu glauben, weil das Gedächtnis nicht von unserem Willen abhängig ist.

§ 9. *Philalethes*. Allerdings enthält unsere auf Gewohnheit beruhende Erkenntnis zwei Arten oder Stufen. Mitunter erkennt unser Geist, wenn die gleichsam im Gedächtnis aufbewahrten Wahrheiten sich ihm darstellen, sofort die Beziehung, welche zwischen den dazu gehörigen Vorstellungen stattfindet; aber mitunter begnügt sich der Geist, der Überzeugung sich zu erinnern, ohne die Beweise davon zu behalten und oft sogar ohne sie, wenn er wollte, sich wieder zurückrufen zu können. Man könnte dabei auf den Gedanken geraten, dies wäre mehr ein Glaube an das Gedächtnis als ein wirkliches Erkennen der in Frage stehenden Wahrheit; und vordem ist mir dies als ein Mittleres zwischen der Meinung und der Erkenntnis erschienen und als eine Gewißheit, welche den einfachen, auf das Zeugnis eines anderen gegründeten Glauben übertrifft. Nachdem ich indes reiflich die Sache überdacht, finde ich, daß diese Erkenntnis eine vollständige Gewißheit in sich schließt. Ich erinnere mich d.h. ich erkenne, (da die Erinnerung ja nur die Wiederauffrischung eines früheren Dinges ist), daß ich einmal der Wahrheit dieses Satzes, daß die drei Winkel eines Dreiecks zweien Rechten gleich sind, sicher gewesen bin. Nun bildet die Unveränderlichkeit derselben Beziehungen zwischen denselben unveränderlichen Dingen augenblicklich die *vermittelnde Vorstellung*, welche mir zeigt, daß wenn sie einmal gleich gewesen sind, sie es noch immer sein werden. Auf dieser Grundlage liefern in der mathematischen Wissenschaft die *besonderen Beweisführungen* allgemeine Erkenntnisse; sonst würde die Erkenntnis eines Geometers sich nicht über diejenige besondere Figur hinauserstrecken, welche er sich beim Beweisen vorgezeichnet hat.

Theophilus. Die *vermittelnde Vorstellung,* von welcher Sie reden, setzt die Treue unseres Gedächtnisses voraus, aber mitunter geschieht es, daß unsere Erinnerung uns täuscht, und wir nicht alle nötige Sorgfalt angewendet haben, obgleich wir es gerade jetzt glaubten. Dies zeigt sich klar bei der Revision der Rechnungen. Es gibt mitunter amtlich bestellte Revisoren, wie bei unseren Bergwerken im Harz, und man hat, um die Einnehmer der einzelnen Bergwerke aufmerksamer zu machen, auf jeden Rechnungsfehler eine bestimmte Geldstrafe gesetzt, und trotzdem kommen dergleichen vor. Je sorgfältiger man indessen dabei verfährt, desto mehr kann man den früheren Berechnungen trauen. Ich habe eine Art, die Rechnungen, zu schreiben, entworfen, wonach der, welcher die Summen der Kolonnen zusammenzieht, auf dem Papier die Spuren der Fortschritte seiner Berechnungen auf eine solche Art zurückläßt, daß kein Schritt unnütz gemacht wird. Er kann stets revidieren und die letzten Fehler verbessern, ohne daß sie auf die ersten zurückwirken; auch die Revision, welche ein anderer darüber vornehmen kann, kostet auf diese Art fast keine Mühe, weil er dieselben Spuren mit einem Überblick prüfen kann. Außerdem gibt es noch Mittel, auch die Rechnungen jedes einzelnen Artikels durch eine sehr bequeme Probe zu verifizieren, ohne daß diese Bemerkungen die Arbeit des Rechnens sonderlich vermehren. Dies alles macht wohl begreiflich, daß man auf dem Papier strikte Beweisführungen haben kann und deren zweifelsohne in unendlicher Zahl hat. Aber ohne sich zu erinnern, dabei eine vollkommene Strenge gebraucht zu haben, kann man in seinem Innern diese Gewißheit nicht haben. Und diese Strenge besteht in einem ordnungsmäßigen Verfahren, dessen Beobachtung jedem Teil eine Sicherheit für das Ganze ist, wie in der Ring für Ring geschehenden Prüfung der Kette, wo man durch Untersuchung eines jeden, um zu sehen, ob er fest ist, und durch Messen mit der Hand, um keinen zu überspringen, sich von der Güte der Kette überzeugt. Durch dies Mittel erhält man alle diejenige Gewißheit, deren die menschlichen Dinge überhaupt fähig sind.

Aber ich gebe nicht zu, daß in der Mathematik die *besonderen Beweisführungen* für die Figur, welche man zeichnet, jene allgemeine Gewißheit gewähren, wie Sie es zu fassen schienen. Denn man muß wissen, daß nicht die Figuren es sind, welche bei den Geometern die Beweise liefern, obgleich der Stil des Vertrags dies glauben machen kann. Die Kraft der Beweisführung ist von der gezeichneten Figur ganz unabhängig, welche nur dazu dient, das Verständnis dessen zu erleichtern, was man sagen will, und die Aufmerksamkeit zu fesseln; die allgemeinen Sätze d.h. die Definitionen, Grundsätze und die schon bewiesenen Lehrsätze sind es, welche den Beweis bilden und ihn auch, wenn keine Figur dabei wäre, aufrecht erhalten würden. Aus diesem Grunde hat ein gelehrter Geometer, *Scheubelius*, die Figuren des Euklid ohne ihre Buchstaben gegeben, weil man sich dieselben mit der von ihm beigefügten Beweisführung verknüpft denken könnte, und ein anderer, *Herlinus*, hat eben diese Beweise in Syllogismen und Prosyllogismen aufgelöst.

II. Von den Graden unserer Erkenntnis

§ 1. *Philalethes*. Die Erkenntnis ist also *intuitiv*, wenn der Geist sich der Übereinstimmung zweier Vorstellungen unmittelbar durch sie selbst, ohne Dazwischenkunft irgend einer anderen, bewußt ist. In diesem Falle hat der Geist keine Mühe nötig, um die Wahrheit zu beweisen oder zu prüfen. Es ist so, wie das Auge das Licht sieht, wie der Geist sieht, daß das Weiße nicht das Schwarze, ein Kreis nicht ein Dreieck ist, zwei und und eins drei sind. Diese Erkenntnis ist die klarste und gewisseste, deren die menschliche Schwäche fähig ist; sie wirkt auf eine unwiderstehliche Art, ohne dem Geiste Zögerung zu verstatten. Man erkennt intuitiv, wenn die Vorstellung so im Geiste ist, wie man sich ihrer bewußt ist. Wer eine größere Gewißheit verlangt, weiß nicht, was er verlangt.

Theophilus. Die *Grundwahrheiten*, welche man durch Intuition weiß, sind wie die *abgeleiteten* von zwei Klassen. Sie sind entweder *Vernunftwahrheiten* oder *tatsächliche* Wahrheiten. Die Vernunftwahrheiten sind notwendige und die tatsächlichen sind zufällige. Die Grundwahrheiten unter den Vernunftwahrheiten sind solche, welche ich mit einem Gesamtnamen *identische* nenne, weil sie nur dasselbe zu wiederholen scheinen, ohne uns etwas zu lehren. Sie sind bejahend oder verneinend; die *bejahenden* sind wie die folgenden: *Jedes Ding ist, was es ist.* Und in sovielen Beispielen als man will, ist A = A, B = B. *Ich werde sein, was ich sein werde. Was ich geschrieben habe, habe ich geschrieben.* Und. *Nichts* in Versen wie in Prosa *ist nichts* oder sehr wenig. *Ein gleichseitiges Rechteck ist ein Rechteck.* Die Kopulativ-, Disjunktiv- und andere Sätze sind gleichfalls dieser Identitätsform fähig, und ich rechne unter die bejahenden sogar folgenden Satz: *Nicht A ist Nicht − A.* Und folgenden hypothetischen: *Wenn A Nicht − B ist, so folgt, daß A nicht B ist.* Ebenso: *Wenn Nicht − A BC ist, so folgt, daß Nicht − A, BC ist.* Wenn *eine Figur, die keinen stumpfen Winkel hat, ein regelmäßiges Dreieck sein kann, so kann eine Figur, die keinen stumpfen Winkel hat, regelmäßig sein.*

Ich komme jetzt zu den identischen Verneinungssätzen, die entweder unter *das Prinzip des Widerspruches* fallen oder *disparate* sind. Das Prinzip des Widerspruchs ist im allgemeinen: *Ein Satz ist entweder wahr oder falsch*; dies schließt zwei andere Urteile ein: *zuerst, daß das Wahre und das Falsche in demselben Satze nicht zusammen bestehen können,* oder *daß ein Satz nicht zugleich wahr und falsch sein kann*; zweitens, daß das Entgegengesetzte oder die Verneinung des Wahren und Falschen nicht zugleich stattfindet, oder daß es zwischen Wahrem und Falschem kein Mittleres gibt, oder auch, *daß ein Satz unmöglich zugleich weder wahr noch falsch sein kann.* Dies alles nun ist ebenso im besonderen wahr in allen nur denkbaren Sätzen, z.B.: *Was A ist, kann nicht Nicht − A sein.* Ebenso: *es ist wahr, daß wenn sich ein Mensch findet, er kein Tier ist.* Man kann diese Urteile auf viele Arten abändern und sie mit Kopulativ-, Disjunktiv- und anderen Sätzen verbinden.

Was die *disparaten Sätze betrifft*, so sind dies solche, welche besagen, daß der Gegenstand einer Vorstellung nicht Gegenstand eines anderen sei, z.B. *daß die Wärme nicht dasselbe ist wie die Farbe*; ebenso, daß der *Mensch und das lebende Wesen nicht dasselbe sind,* obgleich der Mensch ein lebendes Wesen ist. Alles dies läßt sich bejahen, unabhängig von jeder Probe oder jeder Zurückführung auf das Entgegengesetzte oder auf das Prinzip des Widerspruchs − wenn die Vorstellungen hinlänglich verstanden werden, um nicht eine Analyse dabei nötig zu machen, sonst ist man Irrtümern unterworfen; denn wenn man sagt: *ein Dreieck und eine dreiseitige Figur ist nicht dasselbe,* so würde man sich irren, weil man bei richtiger Betrachtung findet, daß die drei Seiten und die drei Winkel immer beisammen sind. Wenn man sagt: ein *vierseitiges Rechteck und ein Rechteck* ist nicht dasselbe, würde man sich auch irren, denn man findet, daß bloß die Figur mit vier Seiten alle ihre Winkel als rechte haben kann. Indessen kann man immer in abstracto sagen, *daß ein Dreieck keine dreiseitige Figur ist, oder daß die formellen Gründe* für das Dreieck und die dreiseitige Figur, wie die Philosophen sagen, nicht dieselben sind. Es sind verschiedene Beziehungen derselben Sache.

Wenn nun jemand das, was wir bisher gesagt haben, mit Geduld angehört hat, wird er sie am Ende verlieren und sagen, daß wir uns mit leeren Sätzen die Zeit vertreiben, und alle identischen Wahrheiten zu nichts dienen. Aber man würde so nur urteilen, wenn man über diese Gegenstände nicht gehörig nachgedacht hat. Die logischen Folgerungen werden z.B. durch die identischen Grundsätze bewiesen, und die Geometer haben das Princip des Widerspruchs in ihren Beweisführungen nötig, welche aufs Unmögliche zurückführen.

Begnügen wir uns hier, die Anwendung der identischen Sätze in den Beweisen aus den logischen Folgerungen zu zeigen. Ich sage also, daß das bloße Prinzip des Widerspruchs genügt, um die zweite und die dritte syllogistische Figur durch die erste nachzuweisen. Man kann z.B. in der ersten Figur nach Modus *Barbara* schließen:

Alles B ist C,
Alles A ist B,
also Alles A ist C.

Setzen wir, daß der Schluß falsch sei (oder es sei wahr, daß einiges A nicht C ist), so muß auch einer der beiden Vordersätze falsch sein. Setzen wir, daß der Untersatz wahr ist, so muß der Obersatz falsch sein, welcher behauptet, daß alles B C ist. Es muß also das Gegenteil wahr sein: Einiges B ist nicht C. Und dies ist der Schlußsatz eines neuen Syllogismus, der aus der Falschheit des Schlußsatzes und der Wahrheit des einen. Vordersatzes des vorhergehenden gezogen wird. Folgendes ist der neue Syllogismus:

Einiges A ist nicht C.

Dies ist das Gegenteil des als falsch angenommenen vorherigen Schlußsatzes.

Alles A ist B.

Dies ist der vorher als wahr angenommene Untersatz.

Also ist Einiges B nicht C.

Dies ist der nunmehrige wahre Schlußsatz, welcher dem früheren falschen Vordersatz entgegengesetzt ist. Dieser Syllogismus ist aus dem Modus *Disamis* der dritten Figur, welcher also offenbar und auf den ersten Blick aus dem Modus Barbara der ersten Figur sich ableiten läßt, ohne etwas anderes als das Prinzip des Widerspruchs anzuwenden. Schon in meiner Jugend, als ich diese Dinge genauer untersuchte, machte ich die Bemerkung, daß alle Modi der zweiten und dritten Figur durch diese Methode allein aus der ersten hergeleitet werden können, indem man voraussetzt, daß der Modus der ersten richtig ist und folglich, wenn der Schlußsatz falsch oder sein kontradiktorisches Gegenteil als wahr angenommen und auch einer der Vordersätze als wahr angenommen wird, das kontradiktorische Gegenteil des anderen Vordersatzes wahr sein muß. Allerdings bedient man sich in den logischen Schulen lieber der Umkehrungen, um die *weniger ursprünglichen Figuren* aus der ersten, welche die *ursprüngliche* ist, abzuleiten, weil dies für die Schüler bequemer scheint. Für diejenigen aber, welche die Beweisgründe suchen, wo man so wenig als möglich Voraussetzungen anwenden muß, wird man nicht durch die Voraussetzung der Umkehrung dasjenige beweisen, was man durch das Grundprinzip allein beweisen kann; und dies ist das des Widerspruchs, welches weiter nichts voraussetzt. Ich habe sogar folgende bemerkenswerte Beobachtung gemacht, daß nämlich allein diejenigen *weniger ursprünglichen Figuren*, welche man *direkte* nennt, nämlich die zweite oder dritte, ganz allein durch das Prinzip des Widerspruchs bewiesen werden können; die *weniger ursprüngliche indirekte* Figur aber, welches die *vierte* ist, und deren Erfindung die Araber dem *Galen* zuschreiben, obwohl wir in dessen uns noch übrigen Schriften nichts davon finden und auch nicht in den übrigen griechischen Autoren, diese vierte sage ich, hat den Nachteil, daß sie aus der ersten oder ursprünglichen nicht durch diese Methode allein gezogen werden kann, sondern daß man noch eine andere Voraussetzung, nämlich die Umkehrungen, anwenden muß, so daß sie um einen Grad ferner steht, als die zweite und dritte, welche sich gleich verhalten und von der ersten gleichmäßig entfernt sind, während die vierte noch die zweite und dritte nötig hat, um bewiesen zu werden. Denn es trifft sich gerade, daß die Umkehrungen, deren sie nötig hat, aus der zweiten und dritten Figur bewiesen werden, welche ihrerseits von Umkehrungen unabhängig sind, wie ich soeben gezeigt habe. Schon Petrus Ramus hatte diese Bemerkung über die Beweisbarkeit der Umkehrung durch diese Figuren gemacht und warf, wenn ich mich nicht irre, den Logikern, welche sich der Umkehrung bedienen, um diese Figuren zu beweisen, einen Zirkelschluß vor, obgleich es nicht sowohl ein Zirkelschluß war, den er ihnen hätte vorwerfen sollen (denn sie bedienten sich ihrerseits gar nicht dieser Figuren, um die Umkehrungen zu rechtfertigen), als ein *Hysteron Proteron* oder das *Spätere früher*, weil die Umkehrungen eher durch diese Figuren, als diese Figuren durch die Umkehrungen nachgewiesen zu werden nötig hätten. Da aber dieser Nachweis der Umkehrungen noch die Anwendung der *bejahenden Identitätssätze*, welche einige für ganz nichtig ansehen, zeigt, so wird es um so passender sein, sie hierher zu setzen. Ich will nur von den Umkehrungen ohne Kontraposition sprechen, die mir hier genügen, und welche entweder einfache oder, wie man sie nennt, *per accidens* sind.

Die einfachen Umkehrungen sind von zwei Arten, die der allgemeinen Negation, z.B. *kein Quadrat hat einen stumpfen Winkel, also ist keine Figur mit stumpfem Winkel ein Quadrat*; und die der besonderen Bejahung, z.B. *einige Dreiecke haben einen stumpfen Winkel, also sind einige Figuren mit stumpfem Winkel dreieckig*. Die Umkehrung *per accidens* aber, wie man sie nennt, betrifft die allgemeine Bejahung, z.B. *jedes Quadrat ist ein Rechteck, also sind einige Rechtecke Quadrate*. Hier versteht man unter einem Rechteck immer eine Figur, deren Winkel sämtlich rechte sind und unter einem Quadrat ein regelmäßiges Viereck.

Jetzt handelt es sich darum, diese drei Arten von Umkehrungen zu zeigen, wie folgt:

1. Kein A ist B; also kein B ist A.
2. Einiges A ist B; also einiges B ist A.
3. Alles A ist B; also einiges B ist A.

Nachweis der ersten Umkehrung im Modus Cesare, welcher der zweiten Figur angehört:

Kein A ist B,
Alles A ist B,
also Kein B ist A.

Nachweis der zweiten Umkehrung im Modus Datisi, welcher der dritten Figur angehört:

Alles A ist A,
Einiges A ist B,
also Einiges B ist A.

Nachweis der dritten Umkehrung, im Modus Darapti, welcher der dritten Figur angehört:

Alles A ist A,
Alles A ist B,
also Einiges B ist A.

Dies zeigt, daß die reinsten und scheinbar unnützesten identischen Sätze einen großen Nutzen im abstrakten und allgemeinen haben, und dies lehrt uns, daß man keine Wahrheit verachten darf. Was jenen von Ihnen noch als ein Beispiel intuitiver Erkenntnisse angeführten Satz anbetrifft, daß *drei so viel ist, als zwei und eins*, so will ich bemerken, daß dies nur die Definition des Ausdrucks *drei* ist, denn die einfachsten Definitionen der Zahlen werden so gebildet: *zwei* ist eins und eins; *drei* ist zwei und eins; *vier* ist drei und eins usw. fort. Allerdings steckt darin ein verhülltes Urteil, wie ich schon bemerkt habe, nämlich daß diese Vorstellungen möglich sind; und dies wird hier intuitiv erkannt. Man kann daher sagen, daß eine intuitive Erkenntnis in den Definitionen enthalten ist, wenn ihre Möglichkeit sofort einleuchtet. Und auf diese Art enthalten alle *adäquaten* Definitionen ursprüngliche Vernunftwahrheiten und folglich intuitive Erkenntnisse. Endlich kann man im allgemeinen sagen, daß alle ursprünglichen Vernunftwahrheiten als unmittelbare aus einer *Unmittelbarkeit von Vorstellungen* stammen.

Was die *ursprünglichen, tatsächlichen Wahrheiten* anbetrifft, so sind dies die unmittelbaren inneren Erfahrungen aus einer *Gefühlsunmittelbarkeit*. Hierher gehört die erste Wahrheit der Kartesianer oder des heiligen Augustin: *Ich denke, also bin ich, d.h. ich bin ein Wesen, das denkt.* Man muß aber wissen, daß ebenso wie die identischen Sätze allgemeine oder besondere, und wie die einen ebenso klar als die anderen sind – weil es ebensoviel ist, zu sagen, daß A A ist, als zu sagen, *daß ein Ding das ist, was es ist,* – dies mit den ersten tatsächlichen Wahrheiten sich ebenso verhält. Denn mir ist nicht allein unmittelbar klar, daß ich denke, sondern es ist mir ganz ebenso klar, daß ich *verschiedene Gedanken* habe, daß ich bald A und bald B denke usw. Also ist das Kartesianische Prinzip gültig, aber es ist nicht das einzige seiner Art. Man sieht daraus, daß alle *ursprünglichen* Vernunft oder auch tatsächlichen *Wahrheiten* dies miteinander gemein haben, daß man sie nicht durch etwas Gewisseres beweisen kann.

§ 2. *Philalethes.* Ich bin ganz damit einverstanden, daß Sie das, was ich hinsichtlich der *intuitiven* Erkenntnisse nur angedeutet habe, weiter ausführen. Die *demonstrative* Erkenntnis ist also nur eine Verkettung der intuitiven Erkenntnisse in allen Verknüpfungen der mittelbaren Vorstellungen. Denn oft kann der Geist die Vorstellungen nicht miteinander verbinden, vergleichen oder in unmittelbare Beziehung setzen, was ihn nötigt, sich anderer vermittelnder Vorstellungen (einer oder mehrerer) zu bedienen, um die Übereinstimmung oder Nichtübereinstimmung, welche gesucht wird, zu entdecken, und dies nennt man eben *schließen,* um z.B. zu beweisen, daß die drei Winkel eines Dreiecks zweien rechten gleich sind, sucht man einige andere Winkel, welche man als entweder den drei Winkeln des Dreiecks oder den beiden rechten gleich erkennt. § 3. Diese Vorstellungen, welche man dazwischen treten läßt, heißen *Beweise,* und die Anlage des Geistes, sie zu finden, *Scharfsinn.* § 4. Und selbst wenn sie gefunden sind, erwirbt man solche Erkenntnis nicht ohne Mühe und Aufmerksamkeit, auch nicht durch einen bloßen flüchtigen Blick, denn man maß sich auf eine fortschreitende Reihe von Vorstellungen einlassen, die nur allmählich und schrittweise entsteht. § 5. Auch geht dem Beweisverfahren der Zweifel voraus. § 6. Diese demonstrative Erkenntnis ist weniger klar als die intuitive. Wie das durch mehrere Spiegel von dem einen zum andern geworfene Bild bei jeder Zurückwerfung schwächer wird und nicht mehr gleich so erkennbar ist, besonders für schwache Augen – ebenso verhält es sich mit einer durch eine lange Folge von Beweisen hervorgebrachten Erkenntnis. § 7. Und obwohl jeder Schritt, den die Vernunft beim Beweisen tut, eine intuitive oder einfach anschauende Erkenntnis ist, so nehmen nichtsdestoweniger die Menschen in dieser langen Folge von Beweisen, da das Gedächtnis diese Verbindung von Vorstellungen nicht so genau behält, häufig Falschheiten für Beweise.

Theophilus. Außer dem natürlichen oder durch Übung erlangten *Scharfsinn* gibt es eine Kunst, die mittleren Vorstellungen (den Medius) zu finden, und diese Kunst ist die *Analyse*. Nun ist zu bemerken, daß es sich hierbei bald darum handelt, die Wahrheit oder Falschheit eines gegebenen Satzes zu finden, was nichts anderes ist, als die Beantwortung der Frage: An? d.h. ist es so oder nicht? Bald handelt es sich, auf die – *unter übrigens gleichen Umständen* – schwerere Frage zu antworten, wo man z.B. fragt: *wodurch und wie?* und wo man noch mehr zu ergänzen hat. Dies sind eigentlich die von Mathematikern »Probleme« genannten Fragen, welche einen Teil des Satzes unentschieden lassen, wie, wenn man einen Spiegel zu finden verlangt, der alle Sonnenstrahlen auf einen Punkt vereinigt, d.h. man fragt nach seiner Gestalt oder wie er sein muß. Was die erste Art von Fragen anbetrifft, wo es sich bloß um das Wahre und Falsche handelt und im Subjekt oder Prädikat nichts weiter zu ergänzen ist, findet weniger *Erfindung* statt, indessen doch einige, und das bloße Urteil genügt dazu nicht. Allerdings kann jemand, der Urteil hat d.h. welcher der Aufmerksamkeit und Überlegung fähig ist und die nötige Muße, Geduld und Freiheit des Geistes hat, den schwersten Beweis verstehen, wenn er ihm gehörig vorgelegt wird. Aber der scharfsinnigste Mensch auf Erden wird ohne andere Hilfe niemals diesen Beweis zu finden imstande sein. Also ist auch noch Erfindung dabei, und ihrer gab es bei den Geometern sonst mehr als jetzt. Denn als die Analyse noch weniger geübt wurde, brauchte man mehr Scharfsinn, um zum Ziel zu gelangen, und deshalb haben noch einige Geometer vom alten Schlage oder andere, welche in den neuen Methoden noch nicht genug geübt sind, Wunder was zu tun geglaubt, wenn sie den Beweis irgend eines Lehrsatzes fanden, den andere vor ihnen erfunden hatten. Aber die in der Kunst des Erfindens Geübten wissen, wann dies schätzbar ist oder nicht. Wenn z.B. jemand die *Quadratur* eines von einer krummen und einer geraden Linie eingeschlossenen Baumes veröffentlicht, welche in allen ihren Segmenten gelingt, und die ich eine *allgemeine* nenne, so ist es nach unseren Methoden immer in unserer Macht, den Beweis davon zu finden, wenn man sich nur die Mühe dazu nehmen will. Es gibt aber besondere Quadraturen gewisser Abschnitte, wo die Sache so verwickelt sein kann, daß man es nicht immer *in seiner Gewalt* hat, sie zu entwirren. Auch geschieht es, daß die Induktion uns in den Zahlen und Figuren auf Wahrheiten bringt, deren allgemeinen Grund man noch nicht entdeckt hat. Denn es fehlt viel daran, daß man zur Vollendung der Analyse in der Geometrie und Zahlentheorie gelangt sei, wie mehrere auf die Prahlereien einiger sonst ausgezeichneter, aber ein wenig vorschneller oder zu ehrgeiziger Männer hin sich eingebildet haben.

Viel schwerer aber ist es, bedeutende Wahrheiten zu finden, und noch mehr, die Mittel zu finden, das, was man sucht, gerade dann, wann man es sucht, zu vollbringen, als den Beweis der von einem anderen entdeckten Wahrheiten. Man gelangt oft zu schönen Wahrheiten durch die *Synthese*, indem man vom Einfachen zum Zusammengesetzten fortschreitet; aber wenn es sich darum handelt, gerade das Mittel zu finden, um das, was man sich vorsetzt, zu vollbringen, so genügt gewöhnlich die Synthese nicht, und oft würde dies heißen, ein Meer austrinken, wenn man alle die erforderlichen Kombinationen machen wollte. Freilich könnte man sich dabei häufig durch die *Methode der Ausschließungen* helfen, welche einen guten Teil der unnützen Kombinationen fortschafft, und oft läßt die Natur der Sache keine andere Methode zu. Aber man hat nicht immer die Mittel, sie fördersam anzuwenden. Die Analyse also hat uns in diesem Labyrinth den Faden zu geben, wenn dies möglich ist, denn es gibt Fälle, wo die Natur der Frage selbst fordert, daß man überall herumtasten geht, indem die Abkürzungen nicht immer möglich sind.

§ 8. *Philalethes*. Da man nun beim Beweisen immer die intuitiven Erkenntnisse voraussetzt, so hat dies, denke ich, zu dem Grundsatze Veranlassung gegeben: *daß jeder Schluß aus schon Bekanntem und Zugestandenem hervorgeht (ex praecognitis et praeconcessis)*. Wir werden aber Gelegenheit haben, die in diesem Grundsätze enthaltene Unrichtigkeit zu besprechen, wenn wir von den Maximen handeln werden, welche man fälschlich für die Grundlage unserer Beweise nimmt.

Theophilus. Ich bin neugierig in vernehmen, welche Unrichtigkeit Sie in einem Grundsatze finden können, der so vernünftig scheint. Mußte man immer alles auf intuitive Erkenntnisse zurückfahren, so würden die Beweise oft von unerträglicher Weitschweifigkeit sein. Aus diesem Grunde haben die Mathematiker die Geschicklichkeit gehabt, die Schwierigkeiten zu teilen und die dazwischenfallenden Sätze besonders zu beweisen. Und auch dabei gibt es noch Kunstgriffe, denn da die vermittelnden Wahrheiten (welche man die *Lemmata* – hinzugenommene Lehrsätze – nennt, da sie nebenher zu gehen scheinen) auf mancherlei Weise ausgefunden werden können, so ist es zur Unterstützung der Fassungskraft und des Gedächtnisses gut, diejenigen davon auszuwählen, welche zur Abkürzung dienen und für sich allein behaltenswert und des Beweises würdig erscheinen. Aber es gibt noch ein anderes Hindernis, daß es nämlich nicht leicht ist, alle Grundsätze zu beweisen und die Schlüsse gänzlich auf intuitive Erkenntnisse zurückzuführen. Hätte man auch darauf warten wollen, so würden wir vielleicht die Wissenschaft der Geometrie noch nicht besitzen. Aber wir haben darüber schon in unseren ersten Unterredungen gesprochen und werden Gelegenheit haben, noch mehr davon zu reden.

§ 9. *Philalethes.* Wir werden bald dazu kommen; jetzt werde ich nur noch bemerken, was ich schon mehr als einmal berührt habe, daß der allgemeinen Meinung nach nur die mathematischen Wissenschaften einer auf Beweis beruhenden Gewißheit fähig seien; aber da die Übereinstimmung und Nichtübereinstimmung, welche intuitiv erkannt werden kann, nicht ein den Vorstellungen der Zahlen und Figuren allein anhaftendes Privilegium ist, so mag es vielleicht aus einem Mangel an Fleiß von unserer Seite geschehen sein, daß die Mathematik allein auf Schlüsse gebracht ist. § 10. Verschiedene Gründe haben dazu beigetragen. Die mathematischen Wissenschaften sind von sehr allgemeinem Nutzen, und der geringste Unterschied der Größe ist sehr leicht zu erkennen. § 11. Diejenigen übrigen einfachen Vorstellungen, welche in uns hervorgerufene Erscheinungen oder Zustände sind, haben zwar kein genaues Maß hinsichtlich ihrer verschiedenen Grade, (§ 12) aber wenn die Verschiedenheit solcher z.B. sinnlichen Qualitäten groß genug ist, um im Geiste klar unterschiedene Vorstellungen zu erwecken, wie etwa die des Blauen und Boten, so sind auch diese des Beweises ebenso fähig, als die der Zahl und der Ausdehnung.

Theophilus. Es gibt recht ansehnliche Beispiele von Schlußverfahren außer der Mathematik, und man kann sagen, daß Aristoteles deren schon in seiner ersten Analytik gegeben hat. In der Tat ist die Logik ebenso beweisfähig als die Geometrie, und man kann sagen, daß die Logik der Geometer oder die Schlußmethoden, welche Euklides bei seiner Lehre von den Sätzen erläutert und aufgestellt hat, eine besondere Erweiterung oder Entwickelung der allgemeinen Logik bilden. Archimedes ist der erste, der in seinen uns erhaltenen Schriften die Kunst des Beweisens bei einer Gelegenheit ausgeübt hat, wo er Physik behandelt, wie er in seinem Buch vom Gleichgewicht getan hat. Ferner kann man sagen, daß die Rechtsgelehrten mehrere gute Beweisführungen enthalten, vor allem die alten römischen Juristen, deren Bruchstücke uns in den Pandekten aufbewahrt worden sind. Ich bin durchaus der Ansicht des Laurentius Valla, der diese Schriftsteller nicht genug bewundern kann unter anderem, weil sie alle sich so richtig und präzis ausdrücken und in der Tat auf eine Weise argumentieren, die sich der beweisenden gar sehr nähert und oft gänzlich die beweisende ist. Auch weiß ich keine Wissenschaft außer der des Rechte und, des Krieges, in welcher die Römer etwas Bedeutendes dem von den Griechen Empfangenen hinzugefügt hätten.

Tu regere imperio populos, Romane, memento;
Hae tibi erunt artes pacisque imponere morem,
Parcere subjectis et debellare superbos.

Diese Präzision des Ausdrucks ist der Grund, daß alle diese Juristen der Pandekten, obgleich sie der Zeit nach mitunter einander ganz fern stehen, doch ein einziger Autor in sein scheinen, und man viel Mühe haben würde, sie zu unterscheiden, wenn die Schriftstellernamen nicht an der Spitze der Auszüge ständen, wie man Euklides, Archimedes und Apollonius auch mit Mühe unterscheiden würde, wenn man ihre Beweise über Gegenstände liest, welche der eine ebensogut wie der andere berührt hat. Man muß gestehen, daß die Griechen in der Mathematik mit aller nur möglichen Schärfe argumentiert und dem Menschengeschlecht die Vorbilder der Kunst zu beweisen hinterlassen haben, denn wenn die Babylonier und Ägypter eine ein wenig mehr als erfahrungsmäßige Geometrie gehabt haben, so ist davon wenigstens nichts mehr übrig; aber zum Erstaunen ist es, daß eben diese Griechen, sobald sie sich nur ein wenig von den Zahlen und Figuren entfernten, gleich so weit davon abgekommen sind, indem sie zur Philosophie übergingen. Denn auffallenderweise sieht man im Plato und im Aristoteles (die erste Analytik ausgenommen) nicht einen Schatten vom Beweise und ebensowenig bei allen übrigen alten Philosophen. Proklus war ein guter Geometer, aber wenn er von Philosophie spricht, scheint er ein anderer Mensch zu sein. Aus diesem Grunde ist es denn auch viel leichter gewesen, in der Mathematik mit Beweisverfahren zu argumentieren, und zwar hauptsächlich darum, weil dabei die Erfahrung in jedem Augenblick für die Argumentation Gewähr leistet, wie es auch bei den Schlußfiguren der Fall ist Aber in der Metaphysik und Moral findet dieser Parallelismus von Gründen und Erfahrungen nicht statt, und in der Physik erfordern die Erfahrungen Mühe und Ausgaben. So haben denn die Menschen gleich von vornherein in ihrer Aufmerksamkeit nachgelassen und sind folglich in die Irre geraten, nachdem sie sich von diesem treuen Führer, der Erfahrung, entfernt hatten, welcher sie auf ihrem Wege unterstützte und aufrechthielt, wie jene kleine rollende Maschine, welche die Kinder verhindert, beim Gehen zu fallen. Dabei fand eine gewisse *Stellvertretung* statt, was man aber nicht genug bemerkt hat und noch jetzt nicht genug bemerkt. Ich werde seiner Zeit davon reden. Übrigens sind Blau und Rot nicht imstande, Gelegenheit zu Beweisen mittels der Vorstellungen, die wir von ihnen haben, zu liefern, weil diese Vorstellungen eben verworrene sind. Diese Farben liefern zu Schlüssen nur insofern Veranlassung, als man sie erfahrungsmäßig von gewissen deutlichen Vorstellungen begleitet findet, deren Zusammenhang aber mit den sie betreffenden Vorstellungen nicht klar ist.

§ 14. *Philalethes.* Außer der *Intuition* und *Demonstration* (Beweisführung), welches die zwei Stufen unserer Erkenntnis sind, ist alles übrige *Glaube* oder Meinung und nicht Erkenntnis, wenigstens hinsichtlich aller *allgemeinen Wahrheiten.* Aber der Geist hat noch eine andere Art der Wahrnehmung, welche das besondere Dasein der endlichen Wesen außer uns betrifft, und das ist die *sinnliche Erkenntnis.*

Theophilus. Diejenige *Meinung*, welche in der Wahrscheinlichkeit begründet ist, verdient vielleicht auch den Namen der Erkenntnis, sonst würden fast die gesamte historische Erkenntnis und viele andere wegfallen. Aber ohne über Worte zu streiten, nehme ich an, daß die *Untersuchung der Wahrscheinlichkeitsgrade* sehr wichtig sein würde und uns noch fehlt, was ein großer Mangel in unseren Logiken ist. Denn wenn man nicht schlechthin eine Frage entscheiden kann, so könnte man immerhin den Grad der Wahrscheinlichkeit aus den *vorliegenden Umständen* (*ex datis*) bestimmen und folglich vernunftgemäß entscheiden, welche Wahl zu empfehlen ist. Wenn die jetzigen Moralisten (ich verstehe darunter die weisesten, solche wie den neuen Jesuitengeneral) das Gewisseste mit dem Wahrscheinlichsten verbinden und das Gewisse sogar dem Wahrscheinlichen vorziehen, so entfernen sie sich in der Tat nicht von dem Wahrscheinlichsten, denn die Frage der

Gewißheit dabei ist eben die nach der geringen Wahrscheinlichkeit des zu befürchtenden Übels. Der Fehler der in diesem Artikel fahrlässigen Moralisten hat zum großen Teile darin bestanden, daß sie einen zu beschränkten und zu unzureichenden Begriff des *Wahrscheinlichen* gehabt haben, welches sie mit dem *Endoxon* oder dem *Angenommenen* des Aristoteles verwechselt haben, denn Aristoteles hat in seiner Topik sich nur den Meinungen anderer, wie Redner und Sophisten, anbequemen wollen. »Endoxon« ist ihm das, was von der größten Zahl oder von den besten Autoritäten angenommen ist: er hat Unrecht, seine Topik darauf beschränkt zu haben, und dieser Gesichtspunkt ist der Grund, daß er sich nur an angenommene, größtenteils unsichere Grundsätze gehalten hat, als ob man nur mittels eines Quodlibets oder Sprichwörter Schlüsse ziehen wollte. Das Wahrscheinliche aber hat einen größeren Umfang; man muß es aus der Natur der Dinge gewinnen, und die Meinung derer, deren Autorität von Gewicht ist, ist nur einer der Umstände, welche dazu beitragen können, eine Meinung wahrscheinlich zu machen, aber nicht von der Art, die Wahrscheinlichkeit in ihrer Ganzheit voll zu machen. Während Kopernikus fast allein seiner Meinung war, war sie immerhin unvergleichlich *wahrscheinlicher*, als die der übrigen Menschheit. Ich weiß also nicht, ob die Aufrichtung der *Kunst, die Wahrscheinlichkeiten abzuschätzen*, nicht nützlicher sein möchte, als ein guter Teil unserer demonstrativen Wissenschaften; und ich habe mehr als einmal an sie gedacht.

Philalethes. Die *sinnliche Erkenntnis*, oder diejenige, welche das Dasein der besonderen Wesen außer uns dartut, geht über die bloße Wahrscheinlichkeit hinaus, aber sie hat nicht die ganze Gewißheit der beiden eben besprochenen Erkenntnisgrade. Daß die von uns empfangene Vorstellung eines äußeren Gegenstandes in unserem Geiste sei – nichts ist sicherer als das, und dies ist eine intuitive Erkenntnis; aber zu wissen, ob wir von da aus sicher schließen dürfen auf ein dieser Vorstellung entsprechendes Dasein eines Dinges außer uns, das kann nach der Meinung gewisser Leute in Zweifel gezogen werden, weil die Menschen dergleichen Vorstellungen ihres Geistes haben können, wenn nichts davon in der Wirklichkeit da ist. Was mich anbetrifft, so glaube ich dennoch, daß damit ein Grad von Evidenz verbunden ist, welcher uns über den Zweifel erhebt. Man ist unwiderstehlich davon überzeugt, daß zwischen den Vorstellungen, welche man hat, wenn man am Tage die Sonne betrachtet und wenn man nachts an dies Gestirn denkt, ein großer Unterschied obwaltet; und die mit Hilfe des Gedächtnisses wiedererneuerte Vorstellung ist sehr verschieden von derjenigen, welche uns durch die Vermittlung der Sinne tatsächlich entsteht. Will jemand sagen, daß ein *Traum* die nämliche Wirkung haben kann, so antworte ich zuerst, *daß nicht viel daran gelegen ist, diesen Zweifel zu heben*, weil Vernunftschlüsse, wenn alles ein Traum ist, ohne Nutzen sind, da Wahrheit und Erkenntnis dann gar nicht mehr stattfinden. An zweiter Stelle wird er meiner Ansicht nach den Unterschied zwischen Träumen, in einem Feuer zu sein, und dem wirklich im Feuer-Sein, anerkennen. Und wenn er dabei bleibt, als Skeptiker sich zu zeigen, so werde ich ihm sagen, es genüge die sichere Beobachtung, daß Lust und Schmerz die Folge der Einwirkung gewisser Gegenstände, wahrer oder erträumter, auf uns sind, und daß diese Gewißheit ebenso groß wie unser Glück und unser Unglück ist: zwei Dinge, über welche unser Interesse nicht hinausgeht. So glaube ich denn, daß wir drei Arten von Erkenntnissen rechnen dürfen: die *intuitive*, die *demonstrative* und die *sinnliche*.

Theophilus. Ich glaube, Sie haben recht, und denke sogar, daß sie diesen Arten der *Gewißheit* oder der *gewissen Erkenntnis* die des *Wahrscheinlichen* hinzufügen können; so wird es zwei Arten von *Erkenntnissen* geben, wie es zwei Arten von *Beweisen* gibt, davon die einen die *Gewißheit* hervorrufen und die anderen nur bis zur *Wahrscheinlichkeit* reichen. Aber lassen Sie uns zu dem Streite kommen, welchen die Skeptiker mit den Dogmatikern über das Dasein der Dinge außer uns haben. Wir haben denselben schon berührt, müssen aber jetzt darauf zurückkommen. Ich habe ehemals mündlich und schriftlich darüber sehr viel mit dem seligen Abbé Foucher, Kanonikus von Dijon, gestritten, einem gelehrten und scharfsinnigen, aber ein wenig zu sehr für seine Akademiker eingenommenen Manne, deren Schule er gern wiederbelebt hätte, wie Gassendi die der Epikureer wieder auf die Bühne gebracht hatte. Seine Kritik der »Untersuchung der Wahrheit« und die übrigen kleinen nachher von ihm veröffentlichten Abhandlungen haben ihren Verfasser von einer sehr vorteilhaften Seite bekannt gemacht. Er hat auch in das Journal des Savans Einwürfe gegen mein System der vorherbestimmten Harmonie einrücken lassen, als ich dasselbe nach mehrjähriger Überlegung in die Öffentlichkeit brachte; aber der Tod hat ihn verhindert, auf meine Antwort zu erwidern. Er predigte immer, daß man sich vor Vorurteilen hüten und große Genauigkeit anwenden müsse; aber außerdem, daß er selbst es sich nicht zur Pflicht machte, das, was er anderen riet, auszuführen, worin er wohl zu entschuldigen war, schien er mir auch nicht darauf acht zu haben, ob ein anderer es tat, ohne Zweifel voraussetzend, daß niemand es je tun würde. Ihm nun machte ich bemerklich, daß die Wahrheit der sinnlichen Dinge nur in der Verknüpfung der Erscheinungen, die ihren Grund haben müßte, bestände, und daß dieser Umstand sie von den Träumen unterschiede, aber daß die Wahrheit unseres Daseins und der Ursache der Erscheinungen von einer anderen Beschaffenheit sei, weil sie auf die Annahme von Substanzen führe; und daß die Skeptiker das, was sie Gutes behaupteten, dadurch wieder verdürben, daß sie es zu weit trieben und ihre Zweifel selbst auf die unmittelbaren Erfahrungen und bis auf die geometrischen Wahrheiten (was Foucher übrigens nicht tat) und auf die übrigen Vernunftwahrheiten ausdehnen wollten, was etwas zu weit gegangen ist.

Um aber zu Ihnen zurückzukehren, so haben Sie recht zu sagen, daß für gewöhnlich zwischen sinnlichen Empfindungen und Phantasiebildern ein Unterschied sei, aber die Skeptiker werden sagen, daß das Mehr oder Weniger dabei im Wesentlichen nichts ändert. Obgleich übrigens die sinnlichen Empfindungen lebhafter als die Phantasiebilder zu sein pflegen, so weiß man doch, daß es Fälle gibt, wo Personen von starker Einbildungskraft durch ihre Phantasiebilder ebenso oder vielleicht mehr als ein anderer durch die Wirklichkeit gefesselt werden. Ich halte daher für das wahre *Kriterion* hinsichtlich der Sinnengegenstände *den Zusammenhang der Erscheinungen*, d.h. die Verknüpfung dessen, was an verschiedenen Orten und zu verschiedenen Zeiten und in der Erfahrung der verschiedenen Menschen vor sich geht, welche in dieser Hinsicht einander selbst sehr wichtige Erscheinungen sind. Die Verbindung der Erscheinungen aber, welche die *tatsächlichen Wahrheiten* in Hinsicht der sinnlichen Dinge außer uns verbürgt, wird mittels der *Vernunftwahrheiten* bewährt, wie die Erscheinungen der Optik durch die Geometrie ihre Aufklärung erhalten. Allerdings muß man zugeben, daß diese ganze Gewißheit nicht eine des höchsten Grades ist, wie Sie ganz richtig anerkannt haben. Denn es ist, metaphysisch gesprochen, nicht unmöglich, daß es einen so konsequenten und langandauernden Traum geben kann, wie das Leben eines Menschen; aber das ist etwas so Vernunftwidriges, als wenn man sich ein Buch denken wollte, das durch Zufall gebildet würde, indem man die

Drucklettern bunt durcheinander wirft. Übrigens ist, wenn die Erscheinungen nur verbunden sind, wirklich auch nichts daran gelegen, ob man sie Träume nennt oder nicht, weil die Erfahrung zeigt, daß man sich in den um der Erscheinungen willen genommenen Maßregeln nicht täuscht, wenn sie nach Maßgabe der Vernunftwahrheiten genommen werden.

§ 15. *Philalethes.* Übrigens ist die Erkenntnis nicht immer klar, wenngleich die Vorstellungen es sein mögen. Jemand, welcher von den Winkeln eines Dreiecks und dem Gleichsein derselben mit zwei rechten so klare Vorstellungen hat, wie irgend ein Mathematiker in der Welt, kann gleichwohl eine sehr dunkle Erkenntnis ihrer Übereinstimmung miteinander haben.

Theophilus. Wenn die Vorstellungen gründlich verstanden werden, leuchten gewöhnlich auch ihre Übereinstimmungen und Nichtübereinstimmungen ein. Indessen gibt es, wie ich zugestehe, dabei mitunter so zusammengesetzte, daß es viel Mühe macht, das darin Verborgene zu entwickeln; und insofern können gewisse Übereinstimmungen oder Nichtübereinstimmungen noch dunkel bleiben. Was Ihr Beispiel betrifft, so bemerke ich, daß wenn man die Winkel des Dreiecks in der Phantasie hat, man darum noch nicht eine klare Vorstellung davon zu haben braucht. Die Einbildungskraft kann uns kein gemeinsames Bild von spitz- und stumpfwinkligen Dreiecken liefern, und doch ist beiden die Vorstellung des Dreiecks gemeinschaftlich: also besteht diese Vorstellung nicht in den Phantasiebildern, und es ist auch nicht so leicht, wie man denken könnte, die Winkel eines Dreiecks gründlich zu verstehen.

III. Von der Ausdehnung der menschlichen Erkenntnis

§ 1. *Philalethes.* Unsere Erkenntnis geht nicht weiter als unsere Vorstellungen; § 2 auch nicht weiter als die Wahrnehmung ihrer Übereinstimmung oder Nichtübereinstimmung. § 3. Sie kann nicht immer intuitiv sein, weil man die Dinge nicht immer unmittelbar vergleichen kann, z.B. die Größen zweier Dreiecke, welche von gleicher Basis aber sonst ganz verschieden sind. § 4. Unsere Erkenntnis kann auch nicht immer demonstrativ sein, denn man kann nicht immer die vermittelnden

Vorstellungen finden. § 5. Endlich betrifft unsere sinnliche Erkenntnis nur das Dasein derjenigen Dinge, welche tatsächlich unsere Sinne treffen. § 6. So sind nicht allein unsere Vorstellungen sehr beschränkt, sondern ist auch unsere Erkenntnis noch beschränkter als unsere Vorstellungen. Gleichwohl zweifle ich nicht, daß die menschliche Erkenntnis viel weiter gebracht werden kann, wenn die Menschen sich aufrichtig der Auffindung der Mittel zur Vervollkommnung der Wahrheit mit völliger Geistesfreiheit und mit allem dem Fleiß und aller der Emsigkeit widmen wollten, welche sie zur Beschönigung oder Aufrechterhaltung des Falschen und der Verteidigung eines Systems anwenden, für welches sie sich erklärt haben, oder auch einer bestimmten Partei und gewisser Interessen, an denen sie beteiligt sind. Aber trotzdem kann unsere Erkenntnis niemals alles dasjenige umfassen, was wir in Betreff unserer Vorstellungen zu erkennen wünschen können. Wir werden zum Beispiel vielleicht niemals fähig sein, ein einem Kreise gleiches Quadrat zu finden und sicher zu wissen, *ob es ein solches gibt.*

Theophilus. Es gibt verworrene Vorstellungen, bei denen wir uns keine völlige Erkenntnis versprechen können, welcher Art die mancher sinnlicher Eigenschaften sind. Aber wenn die Vorstellungen deutlich sind, so darf man alles davon hoffen. Was das dem Kreise gleiche Quadrat anbetrifft, so hat schon Archimedes gezeigt, daß es ein solches gibt. Es ist nämlich dasjenige, dessen Seite die mittlere Proportionale zwischen dem Halbmesser und dem Halbkreis ist. Er hat sogar auch vermittelst einer geraden Tangente der Spirallinie (wie andere durch die Tangente der Quadratlinie) eine dem Kreisumfange gleiche gerade Linie bestimmt; mit welcher Art von Quadratur Clavius ganz zufrieden war, ohne eines an den Umkreis befestigten und darauf ausgestreckten Fadens oder des Umkreises, welcher eine Cycloïde zu beschreiben sich entrollt und in eine gerade Linie sich verwandelt, zu gedenken. Einige verlangen, daß die Konstruktion nur mittels Lineals und Zirkels gemacht werde; aber die meisten Probleme der Geometrie können durch dies Mittel nicht konstruiert werden. Es handelt sich also viel mehr darum, das Verhältnis zwischen Quadrat und Kreis zu finden. Da nun aber dies Verhältnis sich durch keine endlichen Rationalzahlen ausdrücken läßt, so hat man, um nur Rationalzahlen anzuwenden, dieses selbige Verhältnis durch eine unendliche Reihe solcher Zahlen ausdrücken müssen, wie ich dies auf eine sehr einfache Weise zu tun vorgeschlagen habe. Nun handelt es sich darum, zu wissen, ob es nicht irgend eine endliche Größe gibt, welche diese unendliche Reihe ausdrücken kann, möge sie auch irrational oder mehr als das sein, d.h. wenn man gerade eine Abkürzung dafür finden kann. Aber die endlichen, besonders die irrationalen Ausdrücke können, wenn man zu den allerirrationalsten geht, auf zu viel Arten abgeändert werden, als daß man davon eine Herzählung vornehmen und alle Möglichkeiten dabei leicht bestimmen könnte. Es gäbe vielleicht noch ein Mittel, es zu vollbringen, wenn diese Irrationalität durch eine gewöhnliche oder selbst auch ungewöhnliche Gleichung auszudrücken ist, die das Irrationale oder selbst das Unbekannte in den Exponenten einführte, wozu freilich auch eine weitläufige Berechnung erforderlich wäre, zu welcher man sich nicht so leicht entschließen wird, wenn man nicht einst noch zur Überwindung dieser Schwierigkeit eine Abkürzung findet. Aber alle endlichen Ausdrücke auszuschließen, ist unmöglich; das habe ich erfahren, und gerade den letzten Ausdruck zu bestimmen, ist eine schwierige Sache. – Alles dies zeigt, daß der menschliche Geist sich so sonderbare Probleme setzt, besonders wenn das Unendliche dabei im Spiel ist, daß man sich nicht wandern darf, wenn man damit zustande zu kommen Mühe hat, zumal da oft alles in diesen geometrischen Dingen Ton einer Abkürzung abhängt, auf die man sich nicht immer Rechnung machen kann, gerade wie man nicht immer die Brüche auf kleinste Ausdrücke zurückfahren oder die Divisoren einer Zahl finden kann. Man kann freilich diese Divisoren an sich betrachtet immer haben, weil ihre Zahl endlich ist, aber wenn der Gegenstand der Untersuchung bis ins Unendliche veränderlich ist und von Stufe zu Stufe zeigt, so ist man nicht immer Herr darüber, wenn man es will, und zu mühsam ist es, alle nötigen Versuche zu machen, um auf methodische Weise zu derjenigen Abkürzung oder Progressionsregel zu gelangen, welche der Notwendigkeit, noch weiter zu gehen, überhebt. Und da der Nutzen nicht der Mühewaltung entspricht, so überläßt man die Auflösung davon lieber der Nachwelt, die davon Gebrauch machen wird, wenn diese Mühe oder Weitläufigkeit durch neue Vorbereitungen und Entdeckungen, welche die Zeit liefern kann, verringert sein wird. Damit soll nicht gesagt sein, daß wenn diejenigen, welche sich von Zeit zu Zeit diesen Studien widmen, gerade das Nötige, um weiter zu kommen, tun wollten, man mit der Zeit nicht bedeutend fortzuschreiten hoffen könnte. Man darf sich auch nicht einbilden, daß alles schon getan sei, da man ja selbst in der niederen Geometrie noch keine Methode hat, *die besten Konstruktionen zu bestimmen*, wenn die Probleme ein wenig zusammengesetzt sind. Ein gewisser Fortschritt der Synthese müßte mit unserer Analyse verbunden werden, um einen besseren Erfolg zu erzielen. Wie ich mich erinnere, erfahren zu haben, hatte der Ratspensionär de Wit mit diesem Gegenstand sich beschäftigt.

Philalethes. Eine ganz andere Schwierigkeit ist es, herauszubringen, *ob ein bloß materielles Wesen denken kann oder nicht.* Wir werden das vielleicht niemals auszumachen imstande sein, obgleich wir die Vorstellungen der *Materie* und des *Denkens* haben – aus dem Grunde, weil es uns unmöglich ist, durch die Betrachtung unserer eigenen Vorstellungen ohne die Offenbarung zu entdecken, ob nicht Gott irgend welchen nach seinem Willen geordneten materiellen Massen das *Vermögen* des Bewußtseins und Denkens *verliehen*, oder ob er nicht einer so geordneten Materie eine immaterielle denkende Substanz verknüpft und verbunden hat? Denn was unsere Begriffe angeht, so ist es für uns nicht schwerer, zu begreifen, daß Gott nach seinem Wohlgefallen unserer Vorstellung von der Materie das Denkvermögen hinzufügen kann, als zu fassen, daß er eine andere mit dem Denkvermögen begabte Substanz damit verknüpft hat, weil wir nicht wissen, *worin das Denken besteht*, und welcher *Art* von Substanz dies allmächtige Wesen solch ein *Vermögen zu verleihen* beliebt hat, das sich in einem geschaffenen Wesen nur auf Grund des *freien Willens* und der Güte des Schöpfers finden kann.

Theophilus. Diese Frage ist zweifelsohne unvergleichlich wichtiger als die vorhergehende, aber ich wage Ihnen zu erklären, daß ich wünschen möchte, es wäre ebenso leicht, die Seelen zum Rechttun zu bewegen und die Leiber von ihren Krankheiten zu heilen, als es meiner Ansicht nach in unserer Macht steht, sie zu entscheiden. Hoffentlich werden Sie mir zugeben, daß ich dies wenigstens behaupten kann, *ohne die Bescheidenheit zu verletzen und aus Mangel guter Gründe absprechend zu sein*, denn nicht allein, daß ich nur der angenommenen und allgemeinen Ansicht nachspreche, habe ich der Sache auch eine ungewöhnliche Aufmerksamkeit geschenkt. Zuerst gebe ich Ihnen zu, daß wenn man, wie dies gewöhnlich der Fall ist, nur verworrene Vorstellungen vom *Denken* und von der *Materie* hat, man sich nicht wundern darf, wenn man solche Fragen zu entscheiden außerstande ist. Ebensowenig wird jemand, wie ich schon kurz vorher bemerkt habe, der nur solche Vorstellungen von den Winkeln eines Dreiecks hat, wie man sie gewöhnlich zu haben pflegt, jemals zu der Entdeckung gelangen, daß sie stets zwei rechten Winkeln gleich sind. Man muß in Betracht ziehen, daß die *Materie*, wenn man sie für ein *vollständiges Wesen* nimmt (d.h. die der *ersten* Materie entgegengesetzte *zweite* Materie, welche etwas rein Leidendes und folglich unvollständiges ist), nur eine Zusammenhäufung oder deren Resultat ist, und daß jedes wirkliche Zusammengesetzte *einfache Substanzen* oder *reale Einheiten* voraussetzt. Erwägt man ferner, was das Wesen dieser realen Einheiten ist, nämlich die *Wahrnehmung* und deren Folgen, so wird man sozusagen in eine andere Welt versetzt, nämlich in die *intelligible Welt der Substanzen*, während man vorher nur unter den *sinnlichen Erscheinungen* gewesen war. Und diese Erkenntnis des Inneren der Materie zeigt hinlänglich, wessen sie von Natur fähig ist, und daß, so oft Gott ihr angemessene Organe, die Vernunfttätigkeit auszudrücken, verleiht, die immaterielle Substanz, welche denkt, ihr auch nicht fehlen, sondern gegeben sein wird kraft jener Harmonie, die auch eine natürliche Folge der Substanzen ist. Die Materie kann ohne immaterielle Substanzen d.h. ohne die Einheiten nicht bestehen, daher man nicht mehr fragen darf, ob es Gott frei steht, ihr jenes Vermögen zu geben oder nicht. Und wenn jene Substanzen nicht in sich die Korrespondenz oder Harmonie, von der ich eben gesprochen habe, hätten, so würde Gott nicht nach der Ordnung der Natur handeln. Wenn man ganz einfach vom *Geben* oder *Verleihen* der Vermögen spricht, so kehrt man damit zu den »nackten Vermögen« der Scholastiker zurück und bildet sich kleine für sich bestehende Wesen, die wie die Tauben zum Schlag kommen und wieder daraus gehen können. Das heißt, Substanzen machen, ohne daß man darüber denkt. Die *ursprünglichen Kräfte* machen die Substanzen selbst aus, und die *abgeleiteten* Kräfte oder, wenn Sie wollen. Vermögen sind nur *Arten des Seins*, welche man von den Substanzen ableiten muß; aus der Materie jedoch lassen sie sich nicht ableiten, sofern sie nur etwas Mechanisches ist, d.h. sofern man sie mittels Abstraktion nur als das *unvollständige Sein* der ersten Materie oder das ganz und rein Leidende betrachtet. Das aber, denke ich, werden Sie mir zugeben, daß es nicht in der Macht einer bloßen Maschine steht, die Wahrnehmung, Empfindung, Vernunft entstehen zu lassen. Sie müssen also aus irgend einem anderen substantiellen Dinge hervorgehen. Wollen, daß Gott anders handeln und den Dingen Akzidenzien geben solle, die nicht *Arten des Seins* oder aus den Substanzen abgeleitete Modifikationen sind, heißt zu Wundern und zu dem seine Zuflucht nehmen, was die Scholastik *potentia obedientalis* nannte, durch eine Art übernatürlicher Versteigung, wie wenn gewisse Theologen behaupten, daß das Feuer der Hölle die vom Körper getrennten Seelen brenne, in welchem Falle man sogar bezweifeln kann, ob das Feuer das dabei Tätige ist, und nicht Gott selbst, indem er an Stelle des Feuers tätig ist, diese Wirkung hervorbringt.

Philalethes. Sie überraschen mich ein wenig durch Ihre Aufklärungen und kommen mir in gar manchem zuvor, was ich Ihnen über die Schranken unserer Erkenntnisse sagen wollte. Ich würde Ihnen gesagt haben, daß wir nicht im *Zustande des Schauens* sind, wie die Theologen sich ausdrücken, daß der Glaube und die Wahrscheinlichkeit uns für viele Dinge genügen müssen und besonders hinsichtlich der *Immaterialität der Seele*; daß alle die großen Endzwecke der Moral und Religion auf hinlänglich festem Grunde ohne Hilfe der aus der Philosophie gezogenen Gründe für diese Immaterialität ruhen, und daß offenbar derjenige, welcher uns den Anfang unseres Daseins hienieden als sinnlich-vernünftiger Wesen gegeben und uns eine Reihe von Jahren in diesem Zustande erhalten hat, die Macht und den Willen besitzt, uns im anderen Leben den Genuß eines ähnlichen Zustandes von Empfindung zu verleihen und uns in demselben des Empfanges der Vergeltung fähig zu machen, die er den Menschen gemäß dem, wie sie in diesem Leben sich aufgeführt haben, bestimmt hat; daß man endlich ebendadurch schließen kann, die Entscheidung für und gegen die Immaterialität der Seele sei nicht von entschiedener Notwendigkeit, wie einige für ihre eigenen Meinungen zu leidenschaftlich eingenommenen Leute es haben glauben machen wollen. Alles das wollte ich Ihnen sagen und in diesem Sinne noch mehr, aber jetzt sehe ich, welch ein Unterschied es ist, zu behaupten, daß wir sinnlich empfindend, denkend und unsterblich von Natur, und daß wir es nur durch ein Wunder sind. Allerdings erkenne ich an, daß man ein Wunder annehmen muß, wenn die Seele nicht immateriell ist, aber diese Meinung von einem Wunder ist nicht nur unbegründet, sondern macht auch auf viele Leute keinen besonders guten Eindruck. Auch sehe ich wohl, daß man auf die Art, wie Sie die Sache nehmen, über die vorliegende Frage sich vernünftigerweise entscheiden kann, ohne nötig zu haben, *den Zustand des Schauens* zu Hilfe zu nehmen und sich in die Gesellschaft jener höheren Genien zu begeben, welche in das innere Wesen der Dinge tief eindringen und deren lebhafter und durchdringender Blick und ausgedehntes Erkenntnisgebiet uns vermutungsweise ein Bild des Glückes, dessen sie genießen müssen, verstatten kann. Ich hatte geglaubt, daß es gänzlich über unsere Erkenntnis hinausgehe, die *sinnliche Empfindung mit einer ausgedehnten Materie und das Dasein mit einem Dinge, das durchaus keine Ausdehnung hat, zu verbinden.* Ich war aus dem Grunde überzeugt, daß diejenigen, welche dafür Partei nehmen, die unvernünftige Methode gewisser Leute befolgen, welche sich, nachdem sie erkannt haben, daß die Dinge, von einer gewissen Seite angesehen, unbegreiflich sind, sieh mit geschlossenen Augen zur entgegengesetzten Partei schlagen, obwohl dies nicht weniger unbegreiflich ist. Dies kam meines Erachtens daher, daß die einen, die ihren Geist zu tief in die Materie versenkt haben, dem, was nicht materiell ist, kein Dasein zuerteilen mögen, und die anderen, welche nicht annehmen, daß das Denken in dem natürlichen Vermögen der Materie beschlossen ist, daraus schlossen, daß selbst Gott einer körperlichen Substanz das Leben und die Wahrnehmung nicht geben könne, ohne eine immaterielle Substanz hineinzulegen, während ich jetzt sehe, daß, wenn er es täte, dies durch ein Wunder geschehen müßte, und daß diese Unbegreiflichkeit der Einheit von Seele und Körper oder der *Verknüpfung sinnlicher Empfindung mit Materie* durch Ihre *Hypothese von der zwischen den verschiedenen Substanzen vorherbestimmten Harmonie* zu verschwinden scheint.

Theophilus. In der Tat gibt es in dieser neuen Hypothese nichts Unbegreifliches, weil sie der Seele und dem Körper nur solche Modifikationen zuschreibt, welche wir in uns und in ihnen erfahren, und weil sie dieselben nur in besserer Ordnung und Verbindung, als man es bisher geglaubt hat, aufstellt. Die noch übrig bleibende Schwierigkeit findet nur rücksichtlich derer statt, welche das, was nur *durch den Verstand erkennbar* ist, *mit der Einbildungskraft auffassen* wollen, wie wenn sie die Töne sehen oder die Farben hören wollten; und zwar sind dies diejenigen, *welche allem nicht Ausgedehnten das Dasein absprechen*, was sie eigentlich nötigt, es Gott selbst abzusprechen d.h. den Ursachen und Gründen der Veränderungen und zwar solcher Veränderungen zu entsagen, da diese Gründe nicht von der Ausdehnung und von bloß leidenden Wesen, ja nicht einmal gänzlich von den besonderen und niederen tätigen Wesen ohne den reinen und allgemeinen Akt der obersten Substanz herstammen können.

Philalethes. Hinsichtlich der Dinge, deren Materie dem Gefühlsreize zugänglich ist, bleibt mir noch ein Einwurf übrig. Der Körper, soweit wir ihn uns vorstellen können, ist nur fähig, einen Körper zu treffen und zu affizieren, und die Bewegung kann nichts anderes als Bewegung erzeugen, so daß, wenn wir darin übereinkommen, daß der Körper die Lust oder den Schmerz oder wenigstens die Vorstellung einer Farbe oder eines Tones erzeugt, wir gezwungen zu sein scheinen, unsere Vernunft aufzugeben und, über unsere eigenen Vorstellungen hinausgehend, diese Hervorbringung der bloßen *Willkür* unseres Schöpfers zuzuschreiben. Welchen Grund werden wir also zu dem Schlusse haben, daß es mit der Wahrnehmung in der Materie sich ebenso verhält? Ich sehe ungefähr, was man darauf erwidern kann, und obwohl Sie darüber schon mehr als einmal etwas gesagt haben, so verstehe ich Sie erst jetzt besser als früher. Ich werde mich indessen freuen zu hören, was Sie mir bei dieser wichtigen Gelegenheit darauf zu antworten haben.

Theophilus. Ich werde, wie Sie richtig urteilen, erklären, daß die Materie nicht Lust, Schmerz oder Empfindung in uns erzeugen kann. Die Seele ist es, welche diese selbst für sich erzeugt, entsprechend dem, was in der Materie vorgeht. Und einige tüchtige Männer unter den Neueren fangen an, sich dahin zu erklären, daß sie die Gelegenheitsursachen nur so wie ich verstehen. Dies nun vorausgesetzt, ist nichts Unbegreifliches mehr dabei, außer daß wir nicht allen Inhalt unserer verworrenen Wahrnehmungen, welche selbst vom Unendlichen etwas an sich haben und der Ausdruck, der in den Körpern vor sich gehenden einzelnen Vorgänge sind, uns klar machen können. Was ferner die freie *Willkür* des Schöpfers betrifft, so ist sie, wie man sagen muß, dergestalt den Wesenheiten der Dinge gemäß geordnet, daß sie darin nichts hervorbringt und erhält, als was ihnen zukommt und sich durch ihre Wesenheiten wenigstens im allgemeinen erklären läßt, – denn das Einzelne geht oft über unsere Kräfte, so wie etwa die Arbeit und das Vermögen, die Sandkörner eines Berges nach der Ordnung der Figuren zu legen, obwohl es dabei nichts Schwieriges zu verstehen gibt als die Masse.

Wenn diese Erkenntnis, an sich selbst genommen, uns entginge und wir nicht einmal den Grund der Beziehungen der Seele und des Körpers im allgemeinen begreifen könnten, wenn endlich Gott den Dingen *zufällige, von ihren Wesenheiten abgesonderte* und mithin der Vernunft im allgemeinen fremde Kräfte gäbe, würde dies sonst nur eine Hintertür sein, jene *zu verborgenen Beschaffenheiten*, welche kein Geist verstehen kann, zurückzubringen und jene kleinen, grundlosen Geister von Vermögen

    Et quidquid schola finxit otiosa
    (Und was sonst der müßige Schulwitz erdachte):

die dienstbaren Geisterlein, welche wie die Götter auf dem Theater oder die Feen im Amadis erscheinen und, wenn es nötig ist, alles, was ein Philosoph verlangen kann, ohne Umstände und Werkzeuge verrichten. Aber den Ursprung davon dem freien Belieben Gottes zuzuschreiben, das scheint demjenigen, der die oberste Vernunft ist, bei welchem alles geregelt, alles in Harmonie ist, nicht besonders zu geziemen. Solches freie Belieben würde sogar weder etwas *Gutes* noch etwas *Liebliches* sein, während doch zwischen der Macht und der Weisheit Gottes ein beständiger Parallelismus stattfinden muß.

§ 8. *Philalethes.* Unsere Erkenntnis der *Einerleiheit* und *Verschiedenheit* geht ebensoweit als unsere Vorstellungen, aber die der Verknüpfung unserer Vorstellungen (§ 9 und 10) hinsichtlich des *gleichzeitigen Vorhandenseins* derselben in demselben Subjekt ist sehr unvollständig und fast keine, (§ 11) vor allem hinsichtlich der Eigenschaften zweiten Ranges, wie der Farben, Töne, Geschmäcke, (§ 12) weil wir ihre Verknüpfung mit den ersten Eigenschaften nicht kennen, d.h. wie sie von der Größe der Figur oder der Bewegung abhangen. Ein wenig mehr wissen wir von der Unverträglichkeit dieser Eigenschaften zweiter Klasse miteinander, denn ein Gegenstand kann z.B. nicht zwei Farben zu gleicher Zeit haben, und wenn es scheint, daß man solche in einem Opal oder einem Aufguß von *Lignum nephriticum* sieht, so gilt dies doch nur von den verschiedenen Teilen des Gegenstandes (§ 16). Ebenso verhält es sich mit den tätigen und leidenden Kräften der Körper. In diesem Falle müssen unsere Untersuchungen von der Erfahrung abhangen.

Theophilus. Die Vorstellungen der sinnlichen Eigenschaften sind verworren, und die Kräfte, welche sie hervorbringen sollen, gewähren folglich auch nur Vorstellungen, in denen Verworrenes vorkommt: so kann man denn die Verbindungen dieser Vorstellungen nicht anders als durch Erfahrung erkennen, insofern man sie auf bestimmte, sie begleitende Vorstellungen zurückführt, wie man z.B. hinsichtlich der Farben des Regenbogens und der Prismen getan hat. Und diese Methode führt gewissermaßen in die Analyse ein, welche in der Physik von großem Nutzen ist; durch deren Verfolg, wie ich nicht zweifle, die Medizin mit der Zeit sich bedeutend vorgeschritten finden wird, besonders wenn das Publikum sich ein wenig mehr als bisher dafür interessiert.

§ 18. *Philalethes.* Was die Erkenntnis der Beziehungen betrifft, so ist dies das weiteste Feld unserer Erkenntnisse, und es ist schwer zu bestimmen, wie weit es sich ausdehnen kann. Die Fortschritte hangen von dem Scharfsinn ab, die vermittelnden Vorstellungen zu finden. Diejenigen, welche die *Algebra* nicht kennen, können sich die erstaunlichen Dinge nicht vorstellen, welche man in diesem Felde vermittelst dieser Wissenschaft verrichten kann. Und ich sehe nicht ein, daß sich leicht bestimmen ließe, welche neuen Mittel zur Vervollkommnung der anderen Teile unserer Erkenntnisse durch einen durchdringenden Geist noch erfunden werden können. Wenigstens sind die die Größe betreffenden Vorstellungen nicht die einzigen des Beweises fähigen; es gibt andere, welche vielleicht *den wichtigsten Teil unserer Betrachtungen* bilden, von denen man sichere Erkenntnisse ableiten könnte, wenn die Laster, Leidenschaften und herrschenden Interessen sich der Ausführung einer solchen Unternehmung nicht geradezu widersetzten.

Theophilus. Was Sie da sagen, ist unbedingt wahr. Was gibt es Wichtigeres, – vorausgesetzt, daß es wahr ist, – als das, was wir, so nehme ich an, über das Wesen der Substanzen, über die Einheiten und Vielheiten, über die Einerleiheit und Verschiedenheit, über die innere Bildung der Individuen, über die Unmöglichkeit des leeren Raumes und der Atome, über den Ursprung der Kohäsion, über das Kontinuitätsgesetz und über die übrigen Naturgesetze, vorzüglich aber über die Harmonie der Dinge, die Immaterialität der Seelen, die Einheit der Seele und des Körpers, die Erhaltung der Seelen und selbst des Tieres bis über den Tod hinaus – festgestellt haben. Und in dem allem ist nichts, was ich nicht für bewiesen oder beweisbar halte.

Philalethes. Allerdings scheint *Ihre Hypothese* außerordentlich konsequent und von großer Einfachheit: ein Gelehrter, welcher sie in Frankreich hat widerlegen wollen, gesteht öffentlich, davon überrascht worden zu sein. Und zwar ist die Einfachheit, soviel ich sehen kann, eine äußerst fruchtbare. Es wird sich empfehlen, diese Lehre mehr und mehr ins rechte Licht zu stellen. Aber wenn wir von Dingen reden, *die uns am wichtigsten sind*, so habe ich an die Moral gedacht, für welche Ihre Metaphysik, wie ich zugebe, die vortrefflichsten Stützen gibt: aber ohne soweit vorzugehen, hat die Moral doch hinlänglich sichere Stützen, obschon sie sich vielleicht nicht soweit erstrecken (wie Sie, soviel ich mich erinnere, bemerkt haben), – wenn eine natürliche Theologie, wie die Ihrige, nicht die Grundlage davon bildet. Es dient ja schon die bloße Inbetrachtnahme der Güter dieses Lebens dazu, wichtige Folgerungen für die Anordnung der menschlichen Gesellschaften festzusetzen. Man kann über das Rechte und Unrechte ebenso unbestreitbare Urteile fällen, als in der Mathematik; der Satz z.B.: *Es kann da keine Ungerechtigkeit geben, wo es kein Eigentum gibt*, ist ebenso gewiß wie irgend ein Beweis aus dem Euklid, da das Eigentum das Recht auf eine gewisse Sache ist und die *Ungerechtigkeit* die Verletzung eines Rechts. Ebenso verhält es sich mit dem Satze: *Keine Regierung bewilligt eine unbedingte Freiheit.* Denn die Regierung ist die Festsetzung gewisser Rechte, deren Ausführung sie fordert. Und die unbedingte Freiheit ist die Macht, welche jeder hat, zu tun, was ihm beliebt.

Theophilus. Für gewöhnlich bedient man sich des Wortes *Eigentum* in etwas anderem Sinne, denn man versteht darunter ein Recht des einen auf etwas mit Ausschluß des Rechtes eines anderen. Wenn es also auch kein Eigentum gäbe, wie wenn alles gemeinschaftlich wäre, so könnte es dabei doch Ungerechtigkeit geben. Ferner muß in der Definition von Eigentum unter »*Sache*« auch Handlung verstanden werden, denn wenn man auf die Sachen kein Recht hätte, so würde es doch immer eine Ungerechtigkeit sein, die Menschen zu verhindern, daß sie handeln, wo sie es nötig haben. Allein nach dieser Erklärung ist es unmöglich, daß es kein Eigentum gibt. Was aber den Satz von der Unvereinbarkeit einer Regierung mit der absoluten Freiheit betrifft, so gehört er zu den Folgesätzen d.h. den Sätzen, welche nur anzumerken nötig ist. In der Rechtsgelehrsamkeit gibt es noch zusammengesetzte Wahrheiten, wie z.B. hinsichtlich dessen, was man das *jus accrescendi* nennt, hinsichtlich der Bedingungen und verschiedener anderer Gegenstände. Ich habe dies bei Veröffentlichung der Thesen über die *Bedingungen* in meiner Jugend gezeigt, wo ich einige derselben bewiesen habe. Und wenn ich Zeit hätte, würde ich sie noch einmal überarbeiten.

Philalethes. Dies würde den Wißbegierigen Vergnügen machen und dazu dienen, jemand zu verhindern, sie etwa wieder auflegen zu lassen, ohne daß sie neu bearbeitet wären.

Theophilus. Wie dies meiner *Ars combinatoria* widerfahren ist, worüber ich mich schon beklagt habe. Es war die Frucht meiner frühesten Jünglingszeit, und dennoch druckte man sie lange nachher wieder ab, ohne mich um Rat zu fragen und selbst ohne zu bemerken, daß es eine zweite Auflage sei, was einige Leute zu meinem Schaden glauben machte, daß ich fähig wäre, eine solche Arbeit im vorgerückten Alter zu veröffentlichen; denn obwohl darin Gedanken von einiger Wichtigkeit sind, die ich noch billige, so gab es darin gleichwohl auch solche, die nur einem jungen Anfänger zustehen konnten.

§ 19. *Philalethes.* Ich finde, daß die Figuren ein großes Hilfsmittel gegen die Ungewißheit der Worte sind, was bei den sittlichen Begriffen nicht stattfinden kann. Überdies sind die sittlichen Begriffe zusammengesetzter als die Figuren, welche man gewöhnlich in der Mathematik seinen Betrachtungen zugrunde legt. Daher hat der Geist Mühe, die scharfen Kombinationen dessen, was zu den sittlichen Vorstellungen gehört, auf eine so vollkommene Art zu behalten, als es nötig sein würde, wo lange Deduktionen eintreten müssen. Und wenn man in der Arithmetik die verschiedenen Posten nicht durch Ziffern bezeichnete, deren Bedeutung genau bekannt ist, und die da vor den Augen stehen bleiben, so würde es fast unmöglich sein, große Rechnungen zu machen. (§ 20) Die Definitionen helfen etwas, wenn man sie in der Moral beständig anwendet. Übrigens ist es nicht leicht, vorauszusehen, welche Methoden durch die *Algebra* oder irgend ein anderes Mittel dieser Art dargeboten werden können, um die übrigen Schwierigkeiten zu verbannen.

Theophilus. Der selige Erhard Weigel, ein Mathematiker von Jena in Thüringen, erfand mit vielem Geiste Figuren zur Darstellung moralischer Gegenstände. Und als der selige Samuel von Puffendorf, welcher sein Schüler war, seine mit den Gedanken Weigels viel übereinstimmenden »Grundzüge der allgemeinen Jurisprudenz« veröffentlichte, fügte man denselben in der Jenaischen Ausgabe die »*moralische Sphäre*« dieses Mathematikers hinzu. Aber diese Figuren sind eine Art von Allegorie, etwa wie die der Tafel des Cebes, wenngleich weniger populär, und dienen mehr dem Gedächtnis, um die Vorstellungen zu behalten und zu ordnen, als dem Urteile, um demonstrative Erkenntnisse zu erwerben. Übrigens haben sie darum doch ihren Nutzen, den Geist zu wecken. Die geometrischen Figuren erscheinen einfacher als die moralischen Gegenstände, aber sie sind es nicht, weil das Kontinuierliche die Unendlichkeit in sich schließt, aus dem dabei eine Wahl getroffen werden muß. Ein Dreieck z.B. in vier gleiche Teile durch zwei gerade miteinander perpendikulare Linien zu teilen, ist ein Problem, dessen Lösung einfach scheint und doch recht schwer ist. Mit den moralischen Problemen verhält es sich nicht ebenso, weil sie ganz allein durch die Vernunft bestimmbar sind. Übrigens ist hier nicht der Ort, von der »*Grenzerweiterung der Wissenschaft des Beweisverfahrens*« zu reden und die wahren Mittel anzugeben, die Kunst des Beweisens über ihre alten Schranken auszudehnen, welche bisher fast dieselben geblieben sind, wie die des mathematischen Gebietes. Ich hoffe, wenn Gott mir die dazu nötige Zeit schenkt, einmal darüber eine Anweisung erscheinen zu lassen, indem ich die Mittel dazu in wirkliche Ausübung bringe, ohne mich auf die bloßen Vorschriften zu beschränken.

Philalethes. Wenn Sie diesen Plan, und zwar gehörigermaßen ausführen, so werden Sie alle Philalethen wie mich unendlich verbinden, d.h. diejenigen, welche die Wahrheit zu erkennen aufrichtig begehren. Auch ist sie von Natur für die Geister anmutend; und es gibt nichts so Abstoßendes und so mit dem Verstande Unverträgliches, als die Lüge. Man darf indessen nicht hoffen, daß man sich auf diese Entdeckungen viel legen werde, so lange die Sacht und die Wertschätzung der Reichtümer oder der Macht die Menschen antreiben wird, die von der Mode angenommenen Meinungen zu den ihrigen zu machen und hinterher noch Gründe aufzusuchen, um sie als richtig darzustellen oder sie zu beschönigen und ihre Häßlichkeit zu verdecken. Und so lange die verschiedenen Parteien ihre Meinungen von allen denjenigen angenommen haben wollen, welche sie in ihrer Macht haben können, ohne zu prüfen, ob sie falsch oder richtig sind, was für ein neues Licht kann man in den der Moral zugehörigen Wissenschaften da noch erhoffen? Statt dessen müßte derjenige Teil des menschlichen Geschlechts, welcher unter dem Joch ist, in den meisten Gegenden der Welt ebenso dicke Finsternis, wie die ägyptische war, gewärtigen, wenn das Licht des Herrn nicht selber dem Geiste des Menschen gegenwärtig wäre, jenes heilige Licht, welches alle menschliche Macht nicht gänzlich auslöschen kann.

Theophilus. Ich verzweifle nicht daran, daß zu einer ruhigeren Zeit oder an einem ruhigeren Orte die Menschen sich mehr, als bisher geschehen ist, nach der Vernunft richten werden. Denn man darf in der Tat an nichts verzweifeln, und ich glaube, daß dem Menschengeschlecht große Veränderungen in Gutem und Schlimmem aufbehalten sind, aber schließlich mehr im Guten als im Schlimmen. Gesetzt, daß einmal ein großer Fürst, der wie die alten Könige von Assyrien oder von Ägypten oder wie ein anderer Salomo lange in tiefem Frieden regiert, erscheint, und daß dieser Fürst aus Liebe zur Tugend und Wahrheit und mit großem und tüchtigem Geiste begabt, sich vornimmt, die Menschen glücklicher und unter sich friedfertiger und mächtiger über die Natur zu machen – welche Wunder würde er nicht in wenig Jahren vollbringen? Denn sicherlich würde man in diesem Falle in zehn Jahren mehr ausrichten, als sonst in hundert oder vielleicht in tausend, wenn man die Dinge ihren gewöhnlichen Weg gehen läßt. Ohnehin aber würden, wenn einmal die Bahn ordentlich gebrochen wäre, viele sie beschreiten, wie in der Mathematik, wäre es auch nur zu ihrem Vergnügen oder um Ruhm zu erwerben. Das besser aufgeklärte Publikum wird sich einstens mehr der Förderung der Medizin als bisher zuwenden; man wird in allen Ländern Naturgeschichten wie Musenalmanache oder galante Merkure herausgeben; man wird keine gute Beobachtung vorübergehen lassen, ohne sie zu registrieren; man wird diejenigen unterstützen, welche sich darauf legen werden; man wird die Kunst, solche Beobachtungen zu machen, verbessern und auch die, sie anzuwenden, um Aphorismen zu verfassen. Es wird eine Zeit geben, wo die Zahl der guten Ärzte größer und die Zahl von Leuten eines gewissen Schlages, deren man dann weniger bedarf, im Verhältnis kleiner geworden sein wird, so daß das Publikum imstande ist, der Naturforschung mehr Aufmunterung zu schaffen und vor allem dem Fortschritte der Medizin; und dann wird diese wichtige Wissenschaft sehr bald über ihren jetzigen Standpunkt sich erheben und zusehends wachsen. Ich glaube in der Tat, daß dieser Teil der Staatsverwaltung der Gegenstand größerer Sorge für die, welche regieren, sein sollte, nächst der für die Tugend, und daß einer der größten Erfolge der wahren Sittlichkeit oder Politik die Herstellung einer besseren Medizin sein wird, wenn die Menschen weiser als jetzt zu sein angefangen und die Großen ihre Reichtümer und ihre Macht für ihr eigenes Glück besser anzuwenden gelernt haben werden.

§ 21. *Philalethes.* Was die Erkenntnis des *wirklichen Daseins* – der vierten Art der *Erkenntnisse* – angeht, so muß man sagen, daß wir von *unserem Dasein* eine *intuitive*, von dem *Gottes* eine *demonstrative* und von den *übrigen Dingen* eine *sinnliche Erkenntnis* haben. Davon werden wir in der Folge weitläufig reden.

Theophilus. Nichts kann treffender gesagt sein.

§ 22. *Philalethes.* Nachdem wir jetzt von der *Erkenntnis* gesprochen haben, scheint es passend, daß wir, um den gegenwärtigen Zustand unseres Geistes besser zu entdecken, auch ein wenig seine dunkle Seite in Betracht ziehen und von *unserer Unwissenheit* Einsicht nehmen, welche die Erkenntnis unendlich übersteigt. Folgende sind die *Ursachen* dieser Unwissenheit: 1) daß uns Vorstellungen fehlen, 2) daß wir die Verknüpfung zwischen unseren Vorstellungen nicht zu entdecken wissen, und 3) daß wir ihnen zu folgen und sie genau zu prüfen vernachlässigen. § 23. Was *den Mangel an Vorstellungen* betrifft, so haben wir von einfachen Vorstellungen nur diejenigen, welche uns durch unsere inneren oder äußeren Sinne zukommen. Daher sind wir hinsichtlich einer unendlichen Zahl von Geschöpfen des Weltalls und ihrer Eigenschaften, wie die Blinden hinsichtlich der Farben, nicht einmal im Besitze der zu ihrer Erkenntnis nötigen Geistesvermögen; und allem Anscheine nach nimmt der Mensch unter allen vernünftigen Wesen den untersten Rang ein.

Theophilus. Ich weiß nicht, ob es nicht noch dergleichen gibt, die unter uns stehen. Warum wollten wir uns ohne Not erniedrigen? Vielleicht nehmen mir unter den vernünftigen Wesen einen recht ehrenvollen Rang ein; denn höhere Geister könnten Körper von anderer Beschaffenheit haben, so daß der Name »lebende« Wesen für sie nicht passen würde. Man kann nicht sagen, ob unsere Sonne unter der großen Zahl anderer mehr über als unter sich hat, und wir sind in ihrem System wohl gestellt: denn die Erde nimmt die Mitte unter den Planeten ein und ihre Entfernung scheint für ein denkendes Wesen, das sie bewohnen sollte, wohl gewählt Übrigens haben wir unendlich mehr Grund, uns über unser Los zu freuen, als zu klagen, da die meisten unserer Übel unserer eigenen Schuld zugerechnet werden müssen. Und vor allem würden wir sehr Unrecht haben, uns über die Fehler unserer Erkenntnis zu beklagen, da wir uns ja derjenigen Kenntnisse, welche die liebreiche Natur uns schenkt, so wenig bedienen!

§ 24. *Philalethes.* Indessen entzieht allerdings die außerordentliche Entfernung fast aller uns sichtbaren Teile der Welt sie unserer Erkenntnis, und offenbar ist diese sichtbare Welt nur ein kleiner Teil des unendlichen Weltalls. Wir sind in einem kleinen Winkel des Raumes eingeschlossen d.h. in dem System unserer Sonne, und dennoch wissen wir selbst das nicht, was auf den anderen Planeten sich zuträgt, die ebenso gut, wie unsere Erdkugel, sich um sie drehen.

§ 25. Diese Kenntnisse entgehen uns wegen der Größe und Entfernung, aber andere Körper sind uns ihrer Kleinheit wegen verborgen, und das sind diejenigen, welche zu erkennen uns am wichtigsten wäre, denn aus deren innerer Bildung würden wir den Nutzen und die Wirkungsart derer, welche uns sichtbar sind, erschließen und wissen können, warum der Rhabarber abführt, der Schirling tötet und das Opium einschläfert. So weit also auch immer der menschliche Forschungsgeist die Experimentalwissenschaft über die natürlichen Dinge bringen kann, so bin ich doch zu glauben versucht, daß wir niemals zu einer *wissenschaftlichen Erkenntnis* über diese Stoffe werden kommen können.

Theophilus. Ich glaube gern, daß wir niemals so weit gelangen können, als es zu wünschen wäre; mir scheint es indessen, daß man mit der Zeit einige bedeutende Fortschritte in der Erklärung mancher Erscheinungen machen werde, weil die größte Zahl der Erfahrungen, welche wir zu machen imstande sind, uns mehr als hinlängliche *Data* liefern kann, so daß nur die Kunst sie anzuwenden fehlt. Daß man aber deren kleine Anfänge weiter bringen wird, daran verzweifle ich nicht, seitdem wir in der *Infinitesimalrechnung* das Mittel besitzen, die Geometrie mit der Physik zu vermählen, und die *Dynamik* uns die allgemeinen Naturgesetze geliefert hat.

§ 27. *Philalethes.* Die Geister stehen unserer Erkenntnis noch ferner; wir können uns keine Vorstellungen ihrer verschiedenen Klassen bilden, und dennoch ist sicherlich die *geistige Welt* größer und schöner als die materielle.

Theophilus. Diese beiden Welten sind einander immer parallel, was die bewirkenden Ursachen anbetrifft, aber nicht, was die Endursachen angeht. Denn in dem Maße, als die Geister über die Materie herrschen, bringen sie darin wunderbare Ordnungen hervor.

Dies ist klar aus den Veränderungen, welche die Menschen zur Verschönerung der Erdoberfläche gemacht haben, wie kleine Götter, welche dem großen Baumeister des Weltalls nachahmen, obgleich dies nur durch die Anwendung der Körper und deren Gesetze geschieht. Was kann man nicht über diese unendliche Menge von Geistern, die über uns erhaben sind, vermuten? Und da die Geister alle zusammen eine Art von Staat unter Gott bilden, dessen Regierung vollkommen ist, so sind wir weit entfernt, das System dieser geistigen Welt zu begreifen und die Strafen und Belohnungen zu fassen, welche denen, die sie nach genauester Erwägung verdienen, bereitet sind, sowie uns vorzustellen, was kein Auge gesehen und kein Ohr gehört hat und niemals in des Menschen Herz gekommen ist. Alles dies zeigt indessen, daß wir alle uns nötigen deutlichen Vorstellungen, um die Körper und die Geister zu erkennen, jedoch nicht das hinlängliche Detail der Tatsachen noch so durchdringende Sinne besitzen, um die verworrenen Vorstellungen zu entwickeln, noch soviel Ausdehnung der Erkenntnis, sich ihrer aller bewußt zu werden.

§ 28. *Philalethes.* Was die Verknüpfung anbetrifft, deren Erkenntnis uns bei unseren Vorstellungen fehlt, so wollte ich sagen, daß die mechanischen Körperreize keinerlei Verbindung mit den Vorstellungen der Farben, der Töne, der Gerüche und Geschmäcke, der Lust und des Schmerzes haben, und daß deren Verknüpfung nur vom Belieben und der Willkür Gottes abhängt. Wie ich mich aber erinnere, urteilen Sie, daß dabei eine vollständige *Korrespondenz* stattfindet, obgleich das nicht immer eine vollständige *Ähnlichkeit* ist. Indessen erkennen Sie selbst an, daß das übergroße Detail der dabei vorkommenden Kleinigkeiten uns das darin Verborgene zu entdecken verhindert, wenngleich Sie noch die Hoffnung hegen, daß wir der Sache uns bedeutend nähern werden. Sie werden also nicht, wie mein berühmter Autor, die Behauptung zulassen, daß es (§ 29) *verlorene Mühe sei, sich auf eine solche Untersuchung einzulassen,* aus Furcht, daß dieser Glaube dem Wachstum der Wissenschaft Abbruch tue. Ich würde auch von der Schwierigkeit gesprochen haben, welche man bisher gehabt hat, die Verbindung von Seele und Leib zu erklären, da man nicht begreifen konnte, daß ein Gedanke eine Bewegung im Körper erzeugt oder eine Bewegung einen Gedanken im Geiste; aber seit ich Ihre Hypothese von der vorherbestimmten Harmonie kenne, scheint mir diese Schwierigkeit, an deren Lösung man verzweifelte, mit einem Schlag und wie durch einen Zauber gehoben.

§ 30. Also bleibt noch die *dritte* Ursache unserer Unwissenheit übrig, daß wir nämlich die Vorstellungen, welche wir haben oder doch haben können, nicht gehörig verfolgen und uns der Auffindung der Mittelbegriffe nicht befleißigen; auf diese Weise entgehen uns z.B. die mathematischen Wahrheiten, obgleich dabei weder Unvollkommenheit in unseren Geisteskräften noch irgend eine Unsicherheit in den Dingen selbst stattfindet. Der üble Gebrauch der Worte hat am meisten dazu beigetragen, uns an der Auffindung der Übereinstimmung und Nichtübereinstimmung der Vorstellungen zu verhindern; und die Mathematiker, welche ihre Gedanken unabhängig von den Worten bilden und gewohnt sind, ihrem Geiste *die Vorstellungen selbst* anstatt der Laute vorzustellen, haben dadurch einen großen Teil der Schwierigkeit vermieden. Wenn die Menschen bei ihren Entdeckungen in der materiellen Welt ebenso gehandelt hätten, wie sie es hinsichtlich der die geistige Welt betreffenden gewohnt gewesen sind, und alles in ein Chaos von Ausdrücken unbestimmter Bedeutung eingehüllt hätten, so würden sie ohne Ende über die Zonen, Ebbe und Fiat, den Bau der Schiffe und die Seewege gestritten haben; man würde niemals über die Linie hinausgegangen sein, und die Antipoden wären noch jetzt so unbekannt als damals, wo man erklärt hatte, daß daran zu glauben eine Ketzerei sei.

Theophilus. Diese *dritte* Ursache unserer Unwissenheit ist die allein tadelnswerte. Und Sie sehen, daß die Verzweiflung, weiter zu kommen, darin einbegriffen ist. Diese Mutlosigkeit schadet viel, und gescheite und bedeutende Menschen haben die Fortschritte der Medizin durch die falsche Überzeugung aufgehalten, daß daran zu arbeiten verlorene Mühe wäre. Wenn Sie die aristotelischen Philosophen der vergangenen Zeit von den Meteoren wie z.B. vom Regenbogen reden hören, so werden Sie finden, daß sie glaubten, man dürfe nicht einmal daran denken, diese Erscheinung genau zu erklären, und die Unternehmungen eines Maurolycus und darauf des Marcus Antonius de Dominis erschienen ihnen als ein Ikarusflug. Die Folgezeit hat indessen die Welt darüber aufgeklärt. Allerdings hat der üble Gebrauch der Ausdrücke einen großen Teil der Unordnung verursacht, der sich in unseren Erkenntnissen vorfindet, nicht allein in der Moral und Metaphysik oder in dem, was Sie die geistige Welt nennen, sondern auch in der Medizin, wo dieser Mißbrauch der Ausdrücke mehr und mehr zunimmt. Wir können uns nicht immer durch Figuren wie in der Geometrie helfen, aber die Algebra zeigt, daß man große Entdeckungen machen kann, ohne immer auf die Vorstellungen der Dinge selbst zurückzugehen.

Hinsichtlich der angeblichen Ketzerei der Antipoden wollte ich noch im Vorübergehen bemerken, daß Bonifacius, Erzbischof von Mainz, den Vigilius von Salzburg allerdings in einem über diesen Gegenstand gegen ihn dem Papste geschriebenen Briefe angeklagt hat, und daß der Papst in einer Weise darauf antwortet, die zeigt, daß er nach dem Sinne des Bonifacius dachte; man findet aber nicht, daß diese Beschuldigung Folgen gehabt habe. Vigilius hat sich immer behauptet. Die beiden Gegner galten für Heilige, und die Gelehrten von Bayern, welche Vigilius als einen Apostel Kärntens und der benachbarten Länder betrachten, haben sein Andenken in Ehren gehalten.

417

IV. Über die Realität unserer Erkenntnis

§ 1. *Philalethes.* Wenn jemand die Wichtigkeit des Besitzes richtiger Vorstellungen und des Verständnisses ihrer Übereinstimmung und Nichtübereinstimmung nicht begriffen hat, so wird er glauben, daß wir, wenn wir darüber mit soviel Sorgfalt handeln, Luftschlösser bauen und daß in unserem ganzen System nur Transzendentes und Eingebildetes vorkomme. Ein Phantast von erhitzter Einbildungskraft kann den Vorteil voraushaben, lebhaftere und zahlreichere Vorstellungen zu besitzen, also würde er auch mehr Erkenntnisse haben. In den Visionen eines Enthusiasten würde also ferner auch ebensoviel Gewißheit sein, als in den vernünftigen Erwägungen eines Menschen von gesunden Sinnen, wenn der Enthusiast nur zusammenhängend spricht; und es würde ebenso wahr sein zu sagen, daß eine Harpye nicht ein Zentaur ist, als zu sagen, daß ein Quadrat nicht ein Kreis ist. § 2. Ich antworte darauf, daß unsere Vorstellungen mit den Dingen übereinstimmen. § 3. Aber man wird ein *Kriterium* dafür fordern. § 4. Ich antworte noch einmal, daß 1) diese Übereinstimmung hinsichtlich der einfachen Vorstellungen unseres Geistes offenbar ist, denn da er sie nicht selbst bilden kann, müssen sie durch die Dinge hervorgebracht sein, welche auf unseren Geist wirken; und 2) daß (§ 5) alle unsere zusammengesetzten Vorstellungen, ausgenommen die der Substanzen, da sie Musterbilder sind, welche der Geist selbst gebildet und weder Kopien von irgend etwas zu sein bestimmt noch auf das Dasein irgend eines Dinges, als auf ihre Originale, bezogen hat, sie nicht umhin können, alle diejenige Übereinstimmung mit den Dingen zu haben, die zu einer realen Erkenntnis gehört.

Theophilus. Unsere Gewißheit würde gering oder vielmehr nichtig sein, wenn sie für die einfachen Vorstellungen keine andere Begründung als die von den Sinnen stammende darböte. Sie haben meinen Nachweis vergessen, daß die Vorstellungen ursprünglich unserem Geiste innewohnen und daß selbst unsere Gedanken aus unserem eigenen Innern kommen, ohne daß die übrigen Geschöpfe einen unmittelbaren Einfluß auf die Seele haben können. Übrigens liegt der Grund unserer Gewißheit hinsichts der allgemeinen und ewigen Wahrheiten in den Vorstellungen selbst, unabhängig von den Sinnen, wie auch die reinen Vernunftvorstellungen nicht von den Sinnen abhangen, wie z.B. die des Seins, des Einen, des Selbigen usw. Aber die Vorstellungen der sinnlichen Eigenschaften, wie der Farbe, des Geschmacks usw. (welche in der Tat nur Phantasie-Erscheinungen sind), kommen uns aus der Sinnlichkeit, d.h. von unseren verworrenen Wahrnehmungen. Und der Grund der Wahrheit der zufälligen und einzelnen Dinge liegt in der Aufeinanderfolge, wonach die Erscheinungen der Sinne geradeso verbunden sind, wie die Vernunftwahrheiten es fordern. Das ist der Unterschied, den man dabei machen muß, während der von Ihnen hier zwischen den einfachen und zusammengesetzten, den Substanzen und den Akzidenzien zugehörigen Vorstellungen gemachte mir nicht begründet scheint, weil alle Vernunftvorstellungen ihre Urbilder in der ewigen Möglichkeit der Dinge haben.

§ 5. *Philalethes.* Allerdings brauchen unsere zusammengesetzten Vorstellungen nur dann Urbilder außer dem Geiste, wenn es sich um eine wirklich daseiende Substanz handelt, welche außer uns die einfachen Vorstellungen, aus denen jene zusammengesetzten bestehen, tatsächlich vereinigen muß. Die Erkenntnis der mathematischen Wahrheiten ist eine reale, obgleich sie sich nur an unsere Vorstellungen hält, und man z.B. nirgends vollkommene Kreise findet Man ist indessen überzeugt, daß die daseienden Dinge mit unseren Vorbildern übereinstimmen, in dem Maße, als das, was man dabei voraussetzt, sich als wirklich ausweist. § 7. Dies dient auch noch dazu, die Realität der moralischen Verhältnisse zu rechtfertigen. § 8. Die Offizien Ciceros sind darum nicht weniger mit der Wahrheit übereinstimmend, weil es niemand in der Welt gibt, der sein Leben genau nach dem Muster eines solchen Rechtschaffenen einrichtet, wie ihn Cicero uns beschreibt. § 9. Aber, wird man sagen, wenn die moralischen Vorstellungen von unserer Erfindung sind, welchen sonderbaren Begriff werden wir von der Gerechtigkeit und Mäßigkeit haben? § 10. Ich antworte, daß die Ungewißheit nur in der Sprache ist, weil man nicht immer versteht, was man sagt, oder nicht immer dasselbe darunter versteht.

Theophilus. Sie könnten auch und meiner Ansicht nach viel besser antworten, daß die Vorstellungen der Gerechtigkeit und Mäßigkeit nicht von unserer Erfindung sind, ebensowenig wie die des Kreises oder Vierecks. Ich glaube das hinlänglich gezeigt zu haben.

§ 11. *Philalethes.* Was die Vorstellungen der Substanzen, die außer uns vorhanden sind, anbetrifft, so ist unsere Erkenntnis soweit real, als sie jenen Urbildern entspricht, und in dieser Hinsicht darf der Geist die Vorstellungen nicht willkürlich verbinden, um so weniger, als er nur sehr wenige einfache Vorstellungen hat, von denen wir sicher behaupten könnten, daß sie über das hinaus, was durch sinnliche Beobachtungen klar ist, in der Natur zusammen sein oder nicht zusammen sein können.

Theophilus. Weil, wie ich schon mehr als einmal erklärt habe, diese Vorstellungen, wenn die Vernunft ihre Zusammenstimmung oder Verknüpfung nicht beurteilen kann, verworren sind, ebenso wie die der besonderen Eigenschaften der Sinne.

§ 13. *Philalethes.* Es ist auch empfehlenswert, sich hinsichtlich der daseienden Substanzen nicht auf Namen oder auf Arten, welche man durch die Namen oder bestimmt hält, zu beschränken. Dies läßt mich wieder auf das zurückkommen, was wir schon ziemlich oft hinsichtlich der Definition des Menschen besprochen haben. Denn wenn man von einem *Blödsinnigen* spricht, der vierzig Jahre gelebt hat, ohne das geringste Zeichen von Vernunft zu geben, könnte man nicht sagen, daß er die Mitte zwischen Menschen und Tier einnimmt? Dies würde vielleicht für ein sehr kühnes Paradoxon oder selbst für einen Irrtum von sehr gefährlichen Folgen gelten. Indessen kam es mir sonst vor und kommt es noch einigen meiner Freunde vor, die ich noch nicht eines Besseren belehren kann, daß dies nur infolge eines auf jene falsche Voraussetzung gegründeten Vorurteils geschieht, wonach diese beiden Worte *Mensch* und *Tier* verschiedene, durch wirkliche Wesenheiten in der Natur so wohlbezeichnete Arten ausdrücken, daß keine andere Art zwischen sie fallen kann, wie wenn alle Dinge genau nach der Zahl jener Wesenheiten gleichsam in Formen gegossen wären. § 14. Wenn man diese Freunde fragt, welche Art von lebenden Wesen jene *Blödsinnigen* sind, wenn sie weder Menschen noch Tiere sein sollen, so antworten sie, daß es *Blödsinnige* sind und damit gut. Fragt man noch, was aus ihnen in der anderen Welt werden solle, so antworten unsere Freunde, daß es ihnen nicht darauf ankommt, es zu wissen oder zu erforschen. Daß »*sie stehen und fallen ihrem Herrn*« (Römerbrief Kap. 10, V. 4), der gut und treu ist und über seine Kreaturen nicht nach den engen Schranken unseres Denkens oder unserer besonderen Meinungen bestimmt und sie nicht entsprechend den Namen und Arten, *welche uns auszusinnen gefällt*, unterscheidet; daß es uns genügt, wenn die der Unterweisung Fähigen Rechenschaft von ihrem Wandel abzulegen aufgerufen und ihren Lohn empfangen werden *nach dem, was sie bei Leibesleben getan haben* (2. Corinth. Kap. 5, V. 10). § 15. Ich will Ihnen den Schluß Ihrer Argumentation darlegen. Die Frage, so sagen Sie, *ob man* den Blödsinnigen *dies zukünftige Leben absprechen solle*, beruht auf zwei in gleicher Weise falschen *Voraussetzungen*; die erste davon ist, daß jedes Wesen, das die Form und äußere Erscheinung des Menschen hat, für einen Zustand der Unsterblichkeit nach diesem Leben bestimmt ist, und die zweite, daß alles, was von menschlicher Abkunft ist, dies Vorrecht genießen muß. Nehmt diese Einbildungen weg und ihr werdet sehen, daß diese Art Probleme lächerlich und unbegründet ist. Und ich glaube in der Tat, daß man die erste Voraussetzung aufgeben muß und den Geist nicht so in Materie versenkt haben wird, um zu glauben, das ewige Leben komme irgend einer Gestalt von materiellem Stoffe dergestalt zu, daß der Stoff in Ewigkeit Bewußtsein haben müsse, weil er in eine solche Gestalt geformt worden ist. § 16. Aber *die zweite Voraussetzung* hilft vielleicht. Man wird sagen, jener *Blödsinnige* komme von vernunftbegabten Eltern und müsse deswegen eine vernunftbegabte Seele haben. Ich weiß nicht, auf welche Regel der Logik man eine solche Folgerung gründen kann, und wie man nachher schlecht geformte und monströse Geburten zu *zerstören* wagen darf. O, das sind *Monstra*, wird man sagen. Gut, es sei. Aber wird der Blödsinnige für immer unheilbar sein? Soll denn ein leiblicher Fehler ein Monstrum ausmachen und nicht ein geistiger? Das heißt zu der schon widerlegten *ersten Voraussetzung* zurückkehren, daß das Äußere genügt. Ein wohlgeformter Blödsinniger ist ein Mensch, sofern man glaubt, daß er eine vernünftige Seele hat, mag sie sich auch nicht zeigen. Aber macht die Ohren ein wenig länger und spitzer und die Nase ein wenig platter als gewöhnlich, so fangt ihr schon ungewiß zu werden an. Macht das Gesicht enger, platter und länger – dann seid ihr völlig entschieden. Und wenn der Kopf vollkommen der irgend eines Tieres ist, so ist's ohne Zweifel ein Monstrum, und das ist euch ein Beweis, daß er keine vernünftige Seele hat und *aus der Welt geschafft werden muß*. Ich frage euch, wo das rechte Maß und die letzten Grenzen finden, welche eine vernünftige Seele noch zulassen? Es gibt menschliche *Fötus*, die halb Tier, halb Mensch sind; es haben andere drei Viertel vom Tier, ein Viertel vom Menschen. Wie soll man nun auf gerechte Weise die Charakterzüge bestimmen, welche die Vernunft bezeichnen? Wird ferner ein solches *Monstrum* nicht eine Mittelart zwischen Mensch und Tier sein? Und gerade ein solches ist der *Blödsinnige*, um den es sich handelt.

Theophilus. Ich wundere mich, daß Sie zu dieser Streitfrage zurückkehren, welche wir doch hinlänglich und zwar mehr als einmal untersuchten, und daß Sie Ihre Freunde nicht besser unterrichtet haben. Wenn wir den Menschen vom Tier durch das Vermögen des vernünftigen Denkens unterscheiden, so gibt es kein Mittleres; das lebende Wesen, um das es sich handelt, muß jenes Vermögen haben oder nicht, aber da es sich mitunter nicht zeigt, so urteilt man aus Anzeichen darüber, welche freilich nicht einen strikten Beweis liefern, bis die Vernunft sich zeigt; denn man weiß aus Erfahrung von denen, die sie verloren oder die endlich den Gebrauch derselben erlangt haben, daß ihre Ausübung zeitweise aufgehoben werden kann. Die Abkunft und die Leibesgestalt geben von dem noch Verborgenen ein vorläufiges Urteil. Aber dies von der Abkunft hergenommene Vorurteil wird durch eine von der menschlichen sehr verschiedene Gestalt *entkräftet*, wie eine solche z.B. dasjenige Wesen hatte, welches von einer Frau in Zeeland (bei Levinus Lemnius I. l, Kap. 8) geboren war und das einen krummen Schnabel, einen langen runden Hals, funkelnde Augen, einen spitzen Schwanz und sogleich eine große Fertigkeit besaß, durch das Zimmer zu laufen. Man könnte aber sagen, daß es Monstra oder sogenannte *lombardische Brüder* gäbe (wie die Ärzte sie sonst nannten, auf Grund der Sage, daß die Frauen in der Lombardei solchen Arten von Geburten unterworfen waren), die sich der menschlichen Figur mehr annähern. Gut, es sei. Wie also, werdet Ihr sagen, kann man die Grenzen der Gestalt, welche für eine menschliche gelten muß, gerade so richtig bestimmen? Ich antworte, daß bei einem Gegenstande, der nur Vermutungen zuläßt, man keine genauen Grenzen hat. Und damit ist die Sache zu Ende. Man wirft ein, der Blödsinnige zeige keine Vernunft und gelte dennoch für einen Menschen, aber wenn er eine monströse Gestalt hat, würde er es nicht sein, und nehme man also mehr Rücksicht auf die Gestalt als auf die Vernunft? Aber zeigt denn jenes Monstrum Vernunft? Freilich nicht. Ihr seht also, daß ihm mehr fehlt, als dem Blödsinnigen. Der Mangel in der Anwendung der Vernunft dauert oft eine Zeitlang, hört aber nicht bei denen auf, wo er von einem Hundekopf begleitet ist. Wenn übrigens dies Wesen von menschlicher Gestalt kein Mensch ist, so ist's nicht schlimm, es während der Unsicherheit über sein Schicksal zu erhalten. Und mag es eine vernünftige Seele haben oder eine solche, die das nicht ist, so wird es Gott doch nicht umsonst gemacht haben, und man wird von solchen Menschen, die in einem dem ersten Kindesalter ähnlichen Zustande verharren, sagen, daß ihr Schicksal dasselbe sein möge, als das der Seelen derjenigen Kinder, welche in der Wiege sterben.

V. Von der Wahrheit im allgemeinen

§ 1. *Philalethes.* Viele Jahrhunderte hat man schon gefragt, was die Wahrheit ist. Die Unsrigen glauben, daß es die Verbindung oder Trennung der Zeichen gemäß der Übereinstimmung oder Nichtübereinstimmung der Dinge unter sich ist. Unter der Verbindung oder Trennung der Zeichen muß verstanden werden, was man sonst einen *Satz* (Urteil) nennt.

Theophilus. Aber ein *Beiwort* macht noch keinen Satz, z.B. *der weise Mensch*, obgleich dabei eine Verbindung zweier Ausdrücke stattfindet. Auch ist Negation etwas ganz anderes als Trennung, denn wenn ich sage; Mensch und nach einem kleinen Zwischenraume ausspreche: *weise*, so negiere ich nicht. *Die Übereinstimmung* oder *Nichtübereinstimmung* ist auch nicht eigentlich das, was man durch den Satz ausdrückt. Zwei Eier stehen in Übereinstimmung, zwei Feinde in Nichtübereinstimmung. Es handelt sich hier um eine ganz besondere Art des Übereinkommens oder Nichtübereinkommens. Ich glaube also, daß jene Definition den Punkt, um welchen es sich handelt, nicht erklärt. Aber was mir an Ihrer Definition der Wahrheit am wenigsten gefällt, ist, daß man dabei die Wahrheit in den Worten sucht. Also würde derselbe Sinn, in Latein, Deutsch, Englisch, Französisch ausgedrückt, nicht dieselbe Wahrheit sein, und man würde mit *Hobbes* sagen müssen, daß die Wahrheit vom menschlichen Belieben abhängt, was doch auf eine sehr sonderbare Art sprechen wäre. Man schreibt die Wahrheit sogar Gott zu, welcher, wie Sie mir, glaube ich, zugeben werden, keine Zeichen nötig hat. Endlich habe ich mich schon mehr als einmal über die Grille Ihrer Freunde gewundert, daß sie sich darin gefallen, die Wesenheiten, Arten und Wahrheiten zu etwas *Nominellem* zu machen.

Philalethes. Übereilen Sie sich nicht! Unter den Zeichen verstehen sie die Vorstellungen. Also werden die Wahrheiten entweder *Gedanken-* oder *nominelle* Wahrheiten sein, je nach den Arten der Zeichen.

Theophilus. Wir werden also auch noch *Buchstaben*wahrheiten bekommen, die man wieder in Papier- oder Pergamentwahrheiten, in Wahrheiten gewöhnlicher Schreibtinte oder Druckerschwärze unterscheiden könnte, wenn man die Wahrheiten nach den Zeichen unterscheiden muß. Es ist also vorzuziehen, die Wahrheiten in die Beziehung, welche unter den Gegenständen der Vorstellungen stattfindet, zu setzen, wonach die eine in der anderen enthalten oder nicht enthalten ist. Dies hängt von den Sprachen nicht ab und ist uns mit Gott und den Engeln gemein; und wenn Gott uns eine Wahrheit offenbart, so erlangen wir diejenige, welche seinem Verstande innewohnt, denn obgleich zwischen seinen und unseren Vorstellungen ein unendlicher Unterschied stattfindet, sowohl was Vollendung als was Umfang anbetrifft, so bleibt doch immer wahr, daß wir in derselben Beziehung mit ihm übereinstimmen. Also muß man die Wahrheit in diese Beziehung setzen, und wir können zwischen den von unserem Belieben unabhängigen *Wahrheiten* und zwischen den *Ausdrücken* unterscheiden, welche wir, wie es uns gut scheint, erfinden.

§ 3. *Philalethes.* Es ist nur zu wahr, daß die Menschen selbst in ihrem Innern die Worte an die Stelle der Dinge setzen, besonders wenn die Vorstellungen zusammengesetzt und unbestimmt sind. Aber wie Sie bemerkt haben, ist es auch ebenso wahr, daß der Geist sich alsdann begnügt, nur die Wahrheit zu bezeichnen, ohne sie für den Augenblick zu verstehen, weil er überzeugt ist, daß es, sie zu verstehen, von ihm abhängt, wenn er will. Übrigens ist die Handlung, welche man beim *Bejahen* oder *Verneinen* ausübt, leichter zu begreifen, indem man das, was in uns vorgeht, überdenkt, als es leicht ist, es in Worten klar zu machen. Wollen Sie es darum nicht übel finden, wenn man in Ermangelung eines Besseren von *Zusammenfügen* oder *Trennen* gesprochen hat. § 8. Auch werden Sie zugeben, daß die Sätze wenigstens als *Wortsätze* bezeichnet werden können, und daß, wenn sie wahr sind, sie zugleich Wortsätze und Realsätze sind, denn (§ 9) die *Falschheit* besteht darin, die Worte anders zu verbinden, als die Begriffe davon miteinander übereinkommen oder nicht übereinkommen. Wenigstens (§ 10) sind die Worte wichtige *Förderungsmittel* der Wahrheit. § 11. Auch gibt es eine *moralische Wahrheit*, die darin besteht, von den Dingen unserer Überzeugung gemäß zureden; endlich eine *metaphysische Wahrheit*, welche das reale Dasein der Dinge ist, wie es unseren Vorstellungen davon entspricht.

Theophilus. Die moralische Wahrheit wird von einigen *Wahrhaftigkeit* genannt; und die *metaphysische* Wahrheit pflegen die Metaphysiker gewöhnlich als ein Attribut des Seins zu betrachten, aber es ist ein sehr unnützes und fast sinnloses Attribut. Begnügen wir uns, die Wahrheit in der Übereinstimmung der in unserem Geiste vorhandenen Vorstellungen mit den Dingen, um die es sich handelt, zu suchen. Allerdings habe ich auch die Wahrheit den Vorstellungen beigelegt, indem ich sagte, daß die Vorstellungen wahr oder falsch sind; aber dann verstehe ich das in der Tat von der Wahrheit der Sätze, welche die Möglichkeit des Gegenstandes der Vorstellung bejahen. Und in diesem selbigen Sinne kann man auch sagen, *daß ein Wesen wahr ist* d.h. der Satz, der sein wirkliches oder wenigstens mögliches Dasein bejaht.

VI. Von den allgemeinen Sätzen, ihrer Wahrheit und ihrer Gewißheit

§ 2. *Philalethes.* Alle unsere Erkenntnis betrifft allgemeine oder besondere Wahrheiten. Die ersteren, welche die wichtigsten sind, würden wir niemals zum rechten Verständnis bringen noch selbst (als in den seltensten Fällen) begreifen können, wenn sie nicht in Worte gefaßt und ausgedrückt wären.

Theophilus. Ich glaube, daß auch andere Zeichen noch diese Wirkung haben könnten: dies zeigen die Charaktere der Chinesen. So könnte man eine sehr leicht verständliche und noch bessere *Universalcharakteristik* als die ihrige einführen, wenn man anstatt der Worte kleine Figuren anwendete, welche die sichtbaren Dinge durch ihre Züge und die unsichtbaren durch die sie begleitenden sichtbaren darstellten, wozu man noch gewisse zusätzliche, die Flexionen und Partikeln anzudeuten geeignete Zeichen fügen müßte. Dies würde sofort dazu dienen, mit entfernten Nationen bequem zu verkehren; aber auch wenn man es unter uns einführte, ohne deshalb der gewöhnlichen Schrift zu entsagen, so würde der Gebrauch dieser Schreibweise von großem Nutzen sein, um die Phantasie zu bereichern und weniger taube und weniger leere Gedanken, als man jetzt hat, zu bringen. Da die Zeichenkunst nicht von allen verstanden wird, so folgt daraus allerdings, daß, die auf diese Art gedruckten Bücher ausgenommen, welche jedermann bald lesen lernen würde, man sich derselben nicht anders bedienen könnte, als durch eine Art von Druckverfahren, d.h. indem man alle Figuren geschnitten und vorrätig hätte, um sie auf Papier zu drucken, und nachher mit der Feder die Zeichen der Flexionen oder Partikeln hinzufügte. Aber mit der Zeit würde jedermann das Zeichnen von Jugend auf lernen, um nicht der Bequemlichkeit dieses *Figurencharakterikums* beraubt zu sein, welches in Wahrheit *zu den Augen* sprechen und dem gemeinen Manne sehr angenehm sein würde, wie in der Tat das Landvolk schon gewisse Kalender hat, die ihm ohne Worte einen großen Teil dessen, wonach es fragt, sagen. Auch erinnere ich mich in Stichen gedruckte Satiren, die einigermaßen an Rätsel erinnerten, gesehen zu haben, worin mit Worten untermischte, *an sich selbst bedeutsame Figuren vorkamen*, statt daß unsere Buchstaben und die chinesischen Charaktere ihre Bedeutung nur durch den Willen der Menschen *(ex instituto)* empfangen.

§ 3. Philalethes. Ich glaube, daß Ihr Gedanke einmal zur Ausführung kommen wird, so anmutend und natürlich scheint mir diese *Schrift*; und sie scheint mir von nicht geringer Wichtigkeit zu sein, um die Vollkommenheit unseres Geistes zu vermehren und unsere Begriffe solider zu machen. Aber um auf die allgemeinen Erkenntnisse und ihre Gewißheit zurückzukommen, so ist hier zu bemerken, daß es eine *Gewißheit der Wahrheit nach* und auch eine *Gewißheit der Erkenntnis nach* gibt. Wenn die Worte in den Sätzen dergestalt miteinander verbunden sind, daß sie die Übereinstimmung oder Nichtübereinstimmung, wie sie in Wirklichkeit stattfindet, genau ausdrücken, so ist das eine Gewißheit der Wahrheit nach; und die Gewißheit der Erkenntnis nach besteht darin, sich der Übereinstimmung oder Nichtübereinstimmung der Vorstellungen bewußt zu sein, sofern sie in den Sätzen ausgedrückt ist. Das ist es, was wir gewöhnlich eines Satzes gewiß sein nennen.

Theophilus. In der Tat wird diese letztere Art von *Gewißheit* auch ohne den Gebrauch der Worte genügen, und sie ist nichts anderes als eine vollständige Erkenntnis der Wahrheit, während die letztere Art von Gewißheit nichts anderes als die Wahrheit selbst zu sein scheint.

§ 4. *Philalethes.* Da wir nun von der Wahrheit irgend eines *allgemeinen Satzes* nicht anders versichert sein können, als indem wir die genauen Grenzen der Bedeutung der Ausdrücke, aus denen er besteht, erkennen, so müßten wir notwendigerweise die Wesenheit jeder Art kennen, was hinsichtlich *der einfachen Vorstellungen und der Modi* keine Schwierigkeit hat. Aber bei den Substanzen, wo vorausgesetzt wird, daß eine wirkliche, von der nominellen verschiedene Wesenheit die Arten bestimme, ist der Umfang des Ausdrucks »Allgemein« sehr unbestimmt, weil wir jene wirkliche Wesenheit nicht kennen; und folglich *können wir in diesem Sinne keines allgemeinen Satzes sicher sein,* welcher in Hinsicht solcher Substanzen gebildet wird. Aber wenn man voraussetzt, daß die Arten der Substanzen nichts anderes sind, als die Zurückführung der substantiellen Individuen auf gewisse, unter verschiedenen allgemeinen Namen geordnete Klassen, je nachdem sie mit den verschiedenen abstrakten Vorstellungen, welche wir durch diese Namen bezeichnen, übereinkommen, so kann man nicht zweifelhaft sein, ob ein genugsam wohlbekannter Satz wahr ist oder nicht.

Theophilus. Ich weiß nicht, warum Sie noch einmal auf einen zwischen uns hinlänglich durchgesprochenen Gegenstand, den ich erledigt glaubte, zurückkommen. Schließlich aber freue ich mich darüber, weil Sie mir eine wie mir scheint sehr angemessene Gelegenheit geben, Sie von neuem Ihres Irrtums zu überführen. Ich erkläre Ihnen also, daß wir z.B. von tausend Wahrheiten überzeugt sein können, welche das Gold oder denjenigen Körper betreffen, deren Wesen durch die größte hienieden bekannte Schwere oder durch die größte Dehnbarkeit oder durch andere Zeichen erkannt wird. Denn wir können sagen, daß der Körper von der größten bekannten Dehnbarkeit auch der schwerste aller bekannten Körper ist. Es würde allerdings nicht unmöglich sein, daß alles, was man bis jetzt am Golde bemerkt hat, sich einmal in zwei, durch andere neue Eigenschaften unterscheidbaren Körpern vorfindet, und dies also nicht mehr die unterste Art wäre, wie man es bis jetzt vorläufig so annimmt. Auch könnte man, wenn die eine Art selten bliebe und die andere sehr alltäglich wäre, es für passend erachten, den Namen des wahren Goldes nun für die seltene Art allein zu sparen, um es mittels neuer ihm angemessener Versuche zum Münzgebrauch zu behalten. Man wird alsdann auch nicht mehr zweifeln, daß das innere Wesen dieser beiden Arten verschieden ist, und selbst wenn die Definition einer wirklich vorhandenem Substanz nicht in jeder Hinsicht wohl bestimmt ist, wie in der Tat die des Menschen es hinsichtlich der äußeren Figur nicht ist, so würde man darum doch eine Unzahl allgemeiner Sätze in Hinsicht auf ihn haben, die aus der Vernunft und den anderen bei ihm erkennbaren Eigenschaften folgen würden. Alles, was man über diese allgemeinen Sätze sagen kann, ist, daß man, falls man den Menschen für die unterste Art nimmt und ihn auf die Nachkommenschaft Adams beschränkt, von den Eigenschaften des Menschen alsdann diejenigen nicht haben wird, welche man *in quarto modo* nennt, oder welche man von ihm durch einen Reziprok- oder einfach umkehrbaren Satz aussagen könnte, wenn es nicht bloß vorläufig ist, wie wenn man sagt: *der Mensch ist das einzige vernünftige Naturwesen*. Und indem man als Menschen die Wesen unserer Abstammung nimmt, besteht das *Vorläufige* darin, darunter zu verstehen, daß er von allen uns bekannten das einzige vernünftige Wesen ist, denn es könnten sich einmal andere lebende Wesen finden, denen mit der Nachkommenschaft der Menschen von heute alles das gemeinsam wäre, was wir bis jetzt an ihnen bemerken, aber die von anderer Herkunft wären. Das wäre so, wie wenn die – phantastischerweise angenommenen – Australier unsere Gegenden überschwemmen würden, wo man alsdann, allem Anscheine nach, irgend ein Mittel, sie von uns zu unterscheiden, finden müßte. Aber im Falle dies nicht geschähe, und vorausgesetzt, daß Gott die Vermischung dieser Rassen verboten und Jesus Christus nur die unsrige erlöst hätte, so müßte man den Versuch machen, künstliche Merkmale zu ihrer Unterscheidung voneinander zu finden. Ohne Zweifel würde es einen innerlichen Unterschied geben, aber da dieser unerkennbar sein würde, so wäre man auf das bloße *äußere Kennzeichen* der Abkunft angewiesen, welches man mit einem bleibenden künstlichen Merkzeichen zu begleiten versuchen müßte, das ein *inneres Kennzeichen* und einstehenden Mittel, unsere Rasse von den übrigen in unterscheiden, abgeben würde. Das sind alles erdichtete Fälle, denn wir brauchen nicht auf solche Unterscheidungen zurückzugehen, da wir die einzigen vernünftigen Wesen auf dieser Weltkugel sind. Indessen dienen solche künstlichen Fälle dazu, das Wesen der Vorstellungen von den Substanzen und allgemeinen Wahrheiten hinsichtlich ihrer zu erkennen. Wenn aber der Mensch nicht für die *unterste* Art noch für die der vernünftigen Wesen von adamitischer Abstammung genommen würde und statt dessen ein mehreren Arten gemeinsames Geschlecht bezeichnete, das gegenwärtig einer einzigen bekannten Rasse zukommt, aber auch anderen voneinander entweder durch die Abkunft oder selbst durch andere natürliche Merkzeichen unterscheidbaren zukommen könnte, wie z.B. den vorausgesetzten Australiern – dann, sage ich, würde dieser Geschlechtsbegriff *umkehrbare Sätze* zulassen, und die gegenwärtige Definition des Menschen würde nicht eine vorläufige sein. Ebenso verhält es sich mit dem *Golde*; denn gesetzt, daß man davon einmal zwei unterscheidbare Sorten hätte, die eine seltene und bisher bekannte, und die andere gewöhnliche und vielleicht künstliche, in der Folgezeit etwa gefundene, alsdann gesetzt, daß der Name des Goldes der gegenwärtigen Spezies verbleiben müßte, d.h. dem natürlichen und seltenen Golde, um dadurch die Bequemlichkeit der auf die Seltenheit dieses Stoffes sich gründenden Goldmünze zu erhalten, so würde dessen bis jetzt durch innerliche Kennzeichen bekannte Definition nur eine vorläufige gewesen sein und nunmehr durch neue Merkmale vermehrt werden müssen, die man entdecken würde, um das seltene Gold oder das Gold alter Art von dem neuen künstlichen Golde zu unterscheiden. Wenn aber der Name des Goldes alsdann beiden Arten gemeinschaftlich bleiben sollte, d.h. wenn man unter Gold einen Geschlechtsbegriff verstehen würde, von dem wir bis jetzt keine Unterabteilung kennen und daher gegenwärtig als die unterste Art betrachten (aber bloß vorläufig, bis daß die Unterabteilung bekannt ist), und wenn man davon einmal eine neue Art fände, d.h. ein künstliches leicht zu machendes und leicht allgemein zu verbreitendes Gold – so sage ich, daß in diesem Sinne die Definition dieses Geschlechtes nicht als eine vorläufige, sondern als eine bleibende erachtet werden muß. Und selbst ohne sich um die Namen des Menschen und des Goldes zu kümmern, welchen Namen man auch immer dem Geschlechte oder der untersten bekannten Art gibt, und selbst wenn man ihnen keinen gäbe, so würde doch das eben

Bemerkte immer wahr sein von den Vorstellungen, den Geschlechtern oder den Arten, und die Arten würden mitunter durch die Definition der Geschlechter nur vorläufig definiert werden. Indessen wird es immer erlaubt und vernünftig sein, anzunehmen, daß es eine innere wirkliche, mittels eines umkehrbaren Satzes, sei es dem Geschlecht, sei es den Arten angehörige Wesenheit gebe, welche sich gewöhnlich durch äußere Merkmale erkennen läßt. Ich habe dabei bisher immer vorausgesetzt, daß die Rasse nicht ausartet oder sich nicht ändert; wenn aber dieselbe Rasse in eine andere Art überginge, so würde man um so mehr genötigt sein, auf andere Merkmale und innere oder äußere Klassifikationen zurückzugehen, ohne sich an die Rasse zu halten.

§ 7. *Philalethes.* Die zusammengesetzten Vorstellungen, welche durch die von uns den Arten der Substanzen gegebenen Namen sich rechtfertigen lassen, sind Zusammenstellungen von Vorstellungen gewisser Eigenschaften, welche wir als in einem unbekannten *Träger zusammenbestehend* wahrgenommen haben, den wir Substanz nennen. Aber welche andere Eigenschaften mit solchen Kombinationen notwendig zusammenbestehen, vermögen wir nicht sicher zu erkennen, wir müßten denn ihre Abhängigkeit hinsichtlich ihrer ersten Eigenschaften entdecken können.

Theophilus. Schon früher habe ich bemerkt, daß sich dasselbe bei den Vorstellungen der *Akzidenzien* findet, deren Wesen ein wenig versteckt ist, wie z.B. die Figuren der Geometrie sind; denn wenn es sich z.B. um die Gestalt eines Spiegels handelt, der alle parallelen Strahlen in einen Punkt als Fokus sammelt, so kann man mehrere Eigenschaften dieses Spiegels finden, ehe man die Konstruktion desselben erkennt, aber man wird über viele andere Beziehungen, die er haben kann, in Ungewißheit sein, bis man das in ihm findet, was der inneren Beschaffenheit der Substanzen entspricht, d.h. die Konstruktion jener Gestalt des Spiegels, welche gleichsam den Schlüssel der weiteren Erkenntnis ausmacht.

Philalethes. Wenn wir aber die innere Beschaffenheit dieses Körpers erkannt hätten, würden wir darin doch nur finden, wie die ersten oder die von Ihnen als bekannt bezeichneten Eigenschaften davon abhangen können, d.h. man würde erkennen, welche Größen, Gestalten und bewegenden Kräfte davon abhangen; aber niemals würde man die Verbindung erkennen, welche sie mit den *Eigenschaften zweiter Klasse* oder den verworrenen Eigenschaften d.h. mit den sinnlichen Qualitäten, wie Farben, Geschmäcken usw., haben können.

Theophilus. Sie nehmen also noch immer an, daß diese sinnlichen Qualitäten oder vielmehr die Vorstellungen, die wir davon haben, nicht naturgemäß von den Gestalten und Bewegungen, sondern bloß von dem Belieben Gottes, der uns diese Vorstellungen gibt, abhangen. Sie scheinen also vergessen zu haben, was ich schon mehr als einmal gegen diese Meinung dargetan habe, um Sie vielmehr zu überzeugen, daß diese *sinnlichen Vorstellungen* von dem Detail der Gestalten und Bewegungen abhangen und sie genau ausdrücken, obgleich wir dabei dies Detail in der Verworrenheit einer zu bedeutenden Menge und Kleinheit der mechanischen Wirkungen, welche unsere Sinne treffen, nicht entwirren können. Wenn wir indessen zu der inneren Beschaffenheit einiger Körper vorgedrungen wären, würden wir auch sehen, wann sie diese Eigenschaften haben müßten, die ihrerseits selbst auf ihre vernünftigen Gründe zurückgeführt werden würden – selbst wenn es niemals in unserer Macht stehen würde, sie in diesen sinnlichen Vorstellungen, welche ein verworrenes Resultat der Wirkungen der Körper auf uns sind, sinnlich zu erkennen, wie wir z.B. jetzt, wo wir die vollkommene Analyse des *Grünen* in Blau und Gelb besitzen und in bezug darauf fast nichts mehr zu fragen haben, als hinsichtlich dieser *Ingredienzien*, doch nicht imstande sind, die Vorstellungen des Blauen und des Gelben in unserer sinnlichen Vorstellung des Grünen zu scheiden, eben deswegen, weil es eine verworrene Vorstellung ist. Das ist ungefähr ebenso, als wie man die Vorstellung der Zähne eines Rades d.h. der Ursache in der Wahrnehmung eines *künstlichen Transparentes*, welches ich bei den Uhrmachern bemerkt habe, nicht auflösen kann, das durch die rasche Drehung eines gezahnten Bades entsteht, welche die Zähne desselben verschwinden und an deren Stelle ein kontinuierliches von der Phantasie gebildetes Transparent erscheinen läßt, zusammengesetzt aus den hintereinander folgenden Erscheinungen der Zähne und ihrer Zwischenräume, wobei aber die Aufeinanderfolge so schnell ist, daß unsere Phantasie sie nicht mehr unterscheiden kann. Man findet also wohl diese Zähne in dem deutlichen Begriff dieses Transparents, nicht aber in der verworrenen sinnlichen Wahrnehmung, deren Natur es ist, verworren zu sein und zu bleiben, sonst würde, wenn die Verworrenheit aufhörte (wie wenn die Bewegung so langsam wäre, daß man die einzelnen Teile und deren Aufeinanderfolge unterscheiden könnte), es nicht mehr dasselbe sein, d.h. nicht mehr diese Phantasie-Erscheinung eines Transparentes. Und da man nicht nötig hat, sich vorzustellen, daß Gott durch sein Belieben uns diese Phantasievorstellung gibt, und sie von der Bewegung der Zähne des Bades und ihrer Zwischenräume unabhängig ist, und man im Gegenteil begreift, daß es nur ein verworrener Ausdruck dessen ist, was in dieser Bewegung geschieht, ein Ausdruck, sage ich, der darin besteht, daß die aufeinanderfolgenden Dinge in ein scheinbares Zugleichsein verschmolzen sind, so ist leicht einzusehen, daß es sich hinsichtlich der übrigen *sinnlichen Erscheinungen*, von denen wir noch keine so vollkommene Analyse haben, wie die Farben, Geschmäcke usw. sind, ebenso verhalten werde, denn, um die Wahrheit zu sagen, verdienen sie viel mehr diesen Namen der *Erscheinungen* als den der *Eigenschaften* oder gar der *Vorstellungen*. Und in jeder Hinsicht muß es uns genügen, sie ebensogut wie jenes künstliche Transparent zu verstehen, ohne daß es vernünftig oder möglich ist, davon mehr wissen zu wollen; denn zu verlangen, daß jene Erscheinungen verworren bleiben und man doch die sie bildenden Teile durch die Phantasie selbst analysiere, ist ein Widerspruch, ist, das Vergnügen haben wollen, durch eine angenehme Perspektive getäuscht zu werden und zugleich wollen, daß das Auge den Betrug sehe, was denselben verderben wurde. Kurz, das ist ein Fall, wo

Du nichts anderes tust,
Als mit Vernunft um Unvernunft dich mühn.

Aber es geschieht oft in der Welt, daß man sich Schwierigkeiten schafft, wo keine sind, indem man Unmögliches verlangt und sich nachher über seine Ohnmacht und die Beschränktheit seines Wissens beklagt. § 8. *Philalethes. Alles Gold ist feuerbeständig*: das ist ein Satz, dessen Wahrheit wir auf sichere Art nicht erkennen können. Denn wenn das Gold eine Art von Dingen bezeichnet, die durch eine von Natur ihnen verliehene reale Wesenheit sich von anderen unterscheidet, so weiß man doch noch nicht, welche besondere Substanzen zu dieser Art gehören; man kann es also nicht mit Sicherheit bejahen, obgleich es Gold sein mag. Und wenn man unter Gold einen Körper versteht, der mit einer gewissen gelben Farbe begabt, der hämmerbar, schmelzbar und schwerer als irgend ein bekannter Körper ist, so läßt sich unschwer erkennen, was Gold ist und was nicht; aber bei alledem kann *keine*

andere Eigenschaft mit Gewißheit vom Golde bejaht oder verneint werden, als das, was mit dieser Vorstellung dergestalt verbunden ist, daß man die Verbindung oder die Unverträglichkeit beider entdecken kann. Da nun die Feuerfestigkeit keine bekannte Verbindung mit der Farbe, der Schwere und den anderen einfachen Vorstellungen hat, welche meiner Voraussetzung nach die zusammengesetzte Vorstellung, die wir vom Golde haben, ausmachen, so können wir unmöglich die Wahrheit dieses Satzes, daß alles Gold feuerfest ist, auf sichere Weise erkennen.
Theophilus. Daß der schwerste unter allen uns hienieden bekannten Körpern feuerfest ist, wissen wir fast ebenso gewiß, als daß es morgen Tag werden wird. Denn weil man es hunderttausendmal erfahren hat, ist es eine erfahrungsmäßige oder faktische Wahrheit, obgleich wir die Verbindung der Feuerfestigkeit mit den übrigen Eigenschaften dieses Körpers nicht kennen. Übrigens muß man zwei Dinge, die zusammenstimmen und auf dasselbe hinauskommen, nicht einander entgegensetzen. Denke ich an einen Körper, welcher zu gleicher Zeit gelb, schmelzbar und der Kapelle widerstehend ist, so denke ich an einen solchen, dessen spezifische Wesenheit, wenn sie auch in ihrem Innern unbekannt ist, jene Eigenschaften aus ihrem Schoß hervorgehen und sich wenigstens verworren durch sie erkennen läßt. Ich sehe nichts Unrechtes darin noch was verdiente, daß man so oft darauf zurückkommt, um es anzugreifen.
§ 10. *Philalethes.* Ich begnüge mich jetzt damit, daß diese Erkenntnis der Feuerfestigkeit des schwersten der Körper uns nicht durch die Übereinstimmung oder Nichtübereinstimmung der Vorstellungen bekannt ist. Auch glaube ich für meinen Teil, daß man unter den zweiten Eigenschaften und den sich darauf beziehenden Kräften der Körper nicht zwei nennen kann, deren notwendiges Zugleichsein oder Unverträglichsein sicher erkannt werden könnte, diejenigen Eigenschaften ausgenommen, welche demselben Sinne zugehören und sich einander notwendig ausschließen, wie wenn man sagt, was weiß ist, ist nicht schwarz.
Theophilus. Dennoch glaube ich, daß man dergleichen vielleicht finden könnte; z.B.: jeder fühlbare oder durch den Tastsinn wahrnehmbare Körper ist sichtbar. Jeder harte Körper macht Geräusch, wenn man in der Luft auf ihn schlägt. Die Töne der Saiten oder Fäden stehen in verdoppeltem Verhältnis der Gewichte, welche ihre Spannung verusa-

chen. Allerdings gelingt, was Sie verlangen, nur insofern, als man es von deutlichen Vorstellungen versteht, die mit den verworrenen sinnlichen Vorstellungen sich verbinden.

§ 11. *Philalethes.* Immerhin muß man sich nicht einbilden, daß die Körper ihre Eigenschaften durch sich selbst, unabhängig von anderen Dingen, haben. Ein dem Druck und Einfluß aller anderen Körper entzogenes Stück Gold würde sofort seine gelbe Farbe und seine Schwere verlieren; vielleicht würde es auch oxydierbar werden und seine Dehnbarkeit einbüßen. Man weiß, wie die Pflanzen und Tiere von der Erde, Luft, Sonne abhängig sind; wer weiß, ob die soweit entfernten Fixsterne nicht auf uns noch Einfluß haben.

Theophilus. Eine sehr triftige Bemerkung! Wenn der innere Bau gewisser Körper uns auch bekannt wäre, so würden wir ihre Wirkungen doch nicht hinlänglich beurteilen können, ohne das Innere derer, welche sie berühren und durchdringen, zu kennen.

§ 13. *Philalethes.* Indessen kann unser Urteil weiter reichen, als unsere Erkenntnis. Denn Leute, die Beobachtungen zu machen emsig sind, können weiter dringen und häufig vermittelst irgendwelcher Wahrscheinlichkeiten, einer genauen Beobachtung und gewisser glücklich zusammengestellter Erscheinungen richtige Vermutungen über das anstellen, was ihnen die Erfahrung noch nicht entdeckt hat; aber das heißt doch immer nur vermuten.

Theophilus. Wenn aber die Erfahrung diese Schlüsse auf konstante Weise rechtfertigt, finden Sie dann nicht, daß man durch dies Mittel sichere Sätze erlangen kann? Wenigstens soweit sicher, meine ich, als die, welche z.B. uns darüber vergewissern, daß der schwerste der uns bekannten Körper feuerfest ist und der nach ihm schwerste flüchtig. Es scheint nämlich, daß die *Gewißheit* (versteht sich die *moralische* oder *physische*), nicht aber die *Notwendigkeit* (oder *metaphysische* Gewißheit) derjenigen Sätze, welche man durch die Erfahrung allein und nicht durch die Analyse und die Verknüpfung der Vorstellungen gelernt hat, für uns und zwar mit Recht feststeht.

VII. Von den Sätzen, welche man Maximen oder Axiome nennt

§ 1. *Philalethes.* Es gibt eine Art von Sätzen, welche unter dem Namen von *Maximen* oder *Axiomen* als *Grundsätze* der Wissenschaften gelten, und man hat sich, weil sie *durch sich selbst evident* sind, begnügt, sie *angeborene* zu nennen, ohne daß jemand jemals, *daß ich wüßte,* versucht hätte, die Ursache und den Grund ihrer außerordentlichen Klarheit, die uns sozusagen zwingt, ihnen unseren Beifall zu schenken, anzugeben. Gleichwohl ist's nicht unnütz, auf diese Untersuchung einzugehen und zuzusehen, ob diese große Evidenz jenen Sätzen allein eigen ist, wie auch zu prüfen, inwieweit sie zu unseren übrigen Erkenntnissen beitragen.

Theophilus. Diese Untersuchung ist sehr nützlich und sogar wichtig. Aber man muß sich nicht einbilden, daß sie gänzlich vernachlässigt worden ist. Sie werden an hundert Stellen finden, daß die Schulphilosophen von jenen Sätzen behaupten, sie seien *ex terminis* evident, sobald man die Termini d.h. die Ausdrücke versteht, daß sie also sicher waren, die Kraft der Überzeugung sei auf dem Verständnis der Ausdrücke begründet, d.h. bestehe im Zusammenhang ihrer Vorstellungen. Aber die Geometer haben viel mehr geleistet, sie haben sehr häufig unternommen, die Axiome zu beweisen. Proklus schreibt schon dem Thales von Milet, einem der ältesten aller bekannten Mathematiker, die Absicht zu, die Sätze, welche Euklides nachher als evident vorausgesetzt hat, zu beweisen. Man berichtet, daß Apollonius andere Axiome bewiesen hat, und Proklus tut es auch. Roberval wollte noch, achtzig Jahre oder ungefähr so alt, neue Grundsätze der Geometrie veröffentlichen, wovon ich Ihnen schon einmal geredet zu haben glaube. Vielleicht hatten die »neuen Elemente« Arnaulds, welche damals Aufsehen erregten, dazu beigetragen. Er zeigte etwas davon in der Kgl. Akademie der Wissenschaften vor, und einige machten dagegen Einwendungen, daß er mit Voraussetzung des Axioms: »*Gleiches zu Gleichem hinzugefügt, gibt Gleiches*«, jenes andere Axiom, welches als von gleicher Evidenz angenommen wird, beweisen wollte, daß, *wenn man Gleiches von Gleichem abzieht, Gleiches bleibt.* Man bemerkte, daß man alle beide Sätze voraussetzen oder beide beweisen müßte. Ich aber war nicht dieser Meinung und glaubte, es sei schon immer etwas gewonnen, wenn man die Zahl der Axiome vermindert hätte. Und zweifelsohne geht die Addition der Subtraktion voraus und ist einfacher, weil die beiden Ausdrücke in der Addition, einer wie der andere, gebraucht werden, was bei der Subtraktion nicht der Fall ist. Arnauld tat das Gegenteil von dem, was Roberval tat: er machte noch mehr Voraussetzungen als Euklides. Was nun die *Maximen* anbetrifft, so nimmt man sie mitunter für festgestellte Sätze, mögen sie nun evident sein oder nicht. Für Anfänger mag das gut sein, welche die Bedenklichkeit aufhält, aber wenn es sich um die Begründung der Wissenschaft handelt, ist es etwas anderes. So faßt man sie auch oft in der Moral und selbst in den Topiken der Logiker, wo man einen guten Vorrat derselben findet, wovon aber ein Teil recht unbestimmt und dunkel ist. Übrigens habe ich schon längst öffentlich und privatim gesagt, daß es wichtig sei, alle unsere sekundären Axiome zu beweisen, deren man sich gewöhnlich bedient, indem man sie auf die *ursprünglichen*, die unmittelbaren und unbeweislichen *Axiome* zurückführt, welche ich neulich und sonst die *identischen* nannte.

§ 2. *Philalethes.* Die Erkenntnis ist *durch sich selbst evident*, wenn man der Übereinstimmung oder Nichtübereinstimmung der Vorstellungen sich unmittelbar bewußt ist. § 3. Aber es gibt Wahrheiten, die man nicht als Axiome anerkennt, und welche doch nichtsdestoweniger durch sich selbst evident sind. Wir wollen nun einmal zusehen, ob die vier Arten der Übereinstimmung, von denen wir unlängst gesprochen haben (Kap. 1, § 3 und Kap. 3, § 7), nämlich die Einerleiheit, die Verknüpfung, die Relation und das wirkliche Dasein, uns solche liefern. § 4. Was die *Einerleiheit* und die *Verschiedenheit* betrifft, so haben wir soviel evidente Sätze, als wir deutliche Vorstellungen haben, denn wir können die eine von der anderen verneinen, wie z.B. wenn wir sagen: *der Mensch ist kein Pferd, das Rote ist nicht blau* usw. Übrigens ist es ebenso evident, zu sagen, was *ist, ist*; als zu sagen, *ein Mensch ist ein Mensch.*

Theophilus. Allerdings, und ich habe schon bemerkt, es sei ebenso evident, auf *ekthetische* Weise im besonderen zu sagen: A ist A, als im allgemeinen zu sagen: *Man ist das, was man ist.* Aber man ist nicht immer sicher, wie ich auch schon bemerkt habe, die Subjekte der verschiedenen Vorstellungen eines vom anderen zu verneinen, wie wenn man sagen wollte: *Das Dreiseitige* (oder das, was drei Seiten hat) *ist nicht dreiwinklig*; weil in der Tat die Dreiseitigkeit nicht die Dreieckigkeit ist; ebenso, wenn jemand gesagt hätte: »*Die Perlen des Slusius* (von denen ich vorlängst gesprochen habe) *sind nicht Linien der kubischen Parabel*«, so würde er sich geirrt haben, und dies doch gar vielen evident erschienen sein. Der selige Hardy, Rat am Pariser Châtelet, ein ausgezeichneter Mathematiker und Orientalist und wohl bewandert in den alten Mathematikern, welcher den Kommentar des Marinos zu den *Data* des Euklides veröffentlicht hat, war von der falschen Ansicht, daß der schiefe Kegelschnitt, welchen man Ellipse nennt, von dem schiefen Zylinderschnitt verschieden sei, dergestalt eingenommen, daß der Beweis des Serenus ihm unlogisch schien, und ich ihm durch meine Gegenvorstellungen in dieser Hinsicht nichts abgewinnen konnte. Auch war er damals, als ich ihn besuchte, fast im Lebensalter Robervals, und ich ein noch sehr junger Mann: ein Unterschied, der mir ihm gegenüber keine große Überredungskraft geben konnte, obwohl ich sonst mich sehr gut mit ihm stand. Beiläufig zeigt dies Beispiel, was ein Vorurteil auch bei gescheiten Leuten vermag, denn das war er wirklich; wie denn von ihm in Descartes' Briefen mit Achtung gesprochen wird. Ich habe es aber nur angeführt, um zu zeigen, wie man sich täuschen kann, indem man eine Vorstellung von der anderen verneint, wenn man sie nicht hinlänglich, da wo es nötig war, ergründet hat.

§ 5. *Philalethes.* Hinsichtlich der *Verknüpfung* oder *Koëxistenz* haben wir sehr wenig an sich selbst evidente Sätze; gleichwohl gibt es dergleichen, und solch ein durch sich evidenter Satz scheint der zu sein, *daß zwei Körper nicht zugleich an demselben Orte sein können*.

Theophilus. Das machen Ihnen, wie ich schon bemerkt habe, viele Gelehrte der christlichen Zeit streitig, und sogar Aristoteles und diejenigen, welche mit ihm wirkliche Verdichtungen im eigentlichen Sinne annehmen, wodurch der nämliche Körper in seiner Ganzheit auf einen kleineren Raum, als den, welchen er vorher erfüllt hatte, zurückgebracht werden soll; und diejenigen, welche, wie der verstorbene Comenius in einem kleinen, eigens dazu geschriebenen Buche getan hat, behaupten, die neuere Naturlehre werde durch die mit der Windbüchse gemachte Erfahrung umgestoßen, können auch nicht darin einstimmen. Wenn Sie den Körper für eine undurchdringliche Masse nehmen, so ist Ihr Satz wahr, weil er dann ganz oder fast ganz identisch sein wird, aber man kann es leugnen, daß der wirkliche Körper von solcher Art sei.

Wenigstens kann man sagen, daß Gott ihn anders machen könnte, so daß man nur diese Undurchdringlichkeit, als der natürlichen Ordnung der Dinge entsprechend, zugesteht, welche Gott eingerichtet, und von der die Erfahrung uns überzeugt hat, obgleich man übrigens zugeben muß, daß sie auch der Vernunft ganz entspricht.

§ 6. *Philalethes.* Was die *Relationen* der Modi anbetrifft, so haben die Mathematiker mehrere Axiome bloß über die Relation der Gleichheit gebildet, wie das vorher erwähnte, *daß, wenn man Gleiches von Gleichem abzieht, der Rest gleich bleibt.* Es ist aber, denke ich, nicht weniger evident, *daß eins und eins gleich zwei sind*; und wenn man von den fünf Fingern einer Hand zwei fortnimmt und auch zwei von den fünf Fingern der anderen Hand, wird die Zahl der Finger die gleiche bleiben.

Theophilus. Daß eins und eins zwei macht, ist eigentlich gesprochen nicht eine Wahrheit, sondern die Definition von Zwei. Freilich ist darin das wahr und evident, daß es die Definition eines Möglichen ist. Hinsichtlich des auf die Finger angewendeten Axioms des Euklides will ich zugeben, daß das, was Sie von den Fingern sagen, ebenso leicht zu begreifen, als es von A und B einzusehen ist; aber um nicht dasselbe oft zu wiederholen, bezeichnet man es allgemein und begnügt sich dann, darunter zu subsummieren. Sonst würde es so sein, als wenn man die Rechnung in besonderen Zahlen den allgemeinen Regeln vorzöge, wodurch man weniger erlangen würde, als möglich ist. Denn es ist vorzuziehen, diese allgemeine Aufgabe zu lösen: *Zwei Zahlen zu finden, deren Summe eine gegebene Zahl gibt, und deren Unterschied auch eine gegebene Zahl gibt*, als nur zwei Zahlen zu suchen, deren Summe zehn und deren Unterschied sechs ausmacht. Denn wenn ich bei der zweiten Aufgabe nach der Rechnungsart der niederen Arithmetik zusammen mit der Algebra verfahre, so wird die Berechnung so sein: Es sei $a + b = 10$; $a - b = 6$. Addiert man nun die rechte Seite mit der rechten und die linke mit der linken, so ergibt sich $a + b + a - b = 10 + 6$, d.h. (da $+ b$ und $- b$ einander aufheben) $2a = 16$ oder $a = 8$. Und zieht man die eine rechte Seite von der anderen rechten ab, die eine linke von der anderen linken (da $a - b$ abziehen dasselbe ist, als $- a + b$ dazu zu addieren), so kommt heraus $a + b - a + b = 10 - 6$, d.h. $2b = 4$, oder $b = 2$. So würde ich in Wahrheit die verlangten a und b haben, welche gleich 8 und 2 sind. Diese lösen die Aufgabe, d.h. deren Summe macht 10 und deren Unterschied 6. Aber ich habe dadurch nicht die allgemeine Methode für irgendwelche andere Zahlen, die man an Stelle von 10 oder 6 setzen könnte und wollte, welche Methode ich gleichwohl mit derselben Leichtigkeit, wie die zwei Zahlen 8 und 2, finden könnte, wenn ich x und v an Stelle der Zahlen 10 und 6 setzte. Denn verfährt man ebenso wie vorher, so wird man erhalten 10 a + b - a - b = x + v, d.h. 2a = x + v oder a = 1/2 (x + v); und ferner a + b - a + b = x - v, d.h. 2b = x - v, oder b = 1/2 (x - v). Und diese letztere Rechnung gibt den allgemeinen Lehrsatz oder *Kanon*, daß wenn man zwei Zahlen sucht, deren Summe und Differenz gegeben ist, man für die größere der verlangten Zahlen nur die Hälfte der aus der gegebenen Summe und Differenz gewonnenen Summe, für die kleinere die Hälfte der Differenz zwischen gegebener Summe und Differenz nehmen muß. Man sieht auch, daß ich mich der Buchstaben hätte entschlagen können, wenn ich die Zahlen wie Buchstaben behandelt hätte, d.h. wenn ich, statt 2a = 16 und 2b = 4 zu setzen, geschrieben hätte: 2a = 10 + 6, und 2b = 10 - 6, was gegeben haben würde a = 1/2 (10 + 6) und b = 1/2 (10 - 6). So würde ich in der besonderen Berechnung die allgemeine gehabt haben, indem ich die Zeichen 10 und 6 als allgemeine Zahlen genommen hätte, wie wenn es die Buchstaben a und v gewesen wären – um eine allgemeinere Wahrheit oder Methode zu erhalten; und nehme ich dann wieder dieselben Zeichen 10 und 6 für die Zahlen, welche sie in der Regel bezeichnen, habe ich ein ähnliches Beispiel, das selbst zur Probe dienen kann. Wie nun Vieta die Buchstaben an Stelle der Zahlen gesetzt hat, um mehr Allgemeinheit zu haben, so habe ich die Zahlencharaktere wieder einführen wollen, weil sie sogar in der Algebra brauchbarer sind als die Buchstaben. Ich habe dies bei großen Rechnungen von bedeutendem Nutzen gefunden, um Irrtümer zu verhüten und selbst um Proben anzustellen, wie z.B. die Auslassung der Nenn inmitten der Rechnung, ohne dabei das Resultat abzuwarten, wenn nur Zahlen statt Buchstaben vorkommen, was sich oft anwenden läßt, wenn man bei den Aufstellungen mit Geschick verfährt, so daß die Voraussetzungen sich im besonderen als wahr ausweisen; des Nutzens gar nicht zu gedenken, der darin liegt, daß man dabei Zusammenhänge und Gesetze bemerkt, welche die Buchstaben allein niemals so leicht dem Geiste enthüllen können. Dies habe ich schon anderswo gezeigt, nachdem ich gefunden, daß eine gute *Charakteristik* eines der größten Hilfsmittel des menschlichen Geistes ist.

§ 7. *Philalethes.* Was das *wirkliche Dasein* betrifft, das ich als die vierte Art des bei den Vorstellungen zu bemerkenden Übereinkommens gerechnet hatte, so kann uns dasselbe kein Axiom liefern, denn wir haben nicht einmal eine demonstrative Erkenntnis der Wesen außer uns, Gott allein ausgenommen.

Theophilus. Man kann immerhin sagen, daß der Satz: *ich bin*, da er ein solcher ist, der durch keinen anderen bewiesen werden kann, von äußerster Evidenz oder auch eine *unmittelbare Wahrheit* ist. Und sagen: *ich denke, also bin ich, heißt nicht*, das Dasein durch das Denken beweisen, weil denken und denkend sein dasselbe ist, und sagen: *ich bin denkend*, schon sagen ist: *ich bin.* Indessen können Sie diesen Satz aus der Zahl der Axiome mit einigem Grunde auslassen, denn es ist ein faktischer, auf eine unmittelbare Erfahrung begründeter Satz, nicht aber ein notwendiger, dessen Notwendigkeit in der unmittelbaren Übereinstimmung der Vorstellungen erkannt wird. Im Gegenteil sieht nur Gott allein, wie die beiden Ausdrucke: *Ich und das Dasein*, verbunden sind, d.h. warum ich da bin. Aber wenn man Axiome allgemeiner für unmittelbare oder *unbeweisbare* Wahrheiten nimmt, so kann man sagen, daß der Satz: *ich bin* ein Axiom ist, und auf jeden Fall sicher sein, daß er eine *primitive Wahrheit* ist, oder auch *unum ex primis cognitis inter terminos complexos*, d.h. einer der ersten bekannten Sätze, welcher in der natürlichen Ordnung unserer Erkenntnis sich findet; denn möglicherweise mag jemand niemals daran gedacht haben, diesen Satz ausdrücklich zu bilden, der ihm gleichwohl angeboren ist.

§ 8. *Philalethes.* Ich hatte immer geglaubt, daß die Axiome wenig Einfluß auf die übrigen Teile unserer Erkenntnisse ausüben. Aber Sie haben mich davon zurückgebracht, da Sie mir sogar einen wichtigen Nutzen selbst der identischen Sätze gezeigt haben. Erlauben Sie mir aber doch, Ihnen vorzutragen, was mir über diesen Punkt vorschwebte, denn Ihre Erläuterungen können noch dazu dienen, andere von ihrem Irrtum zurückzubringen. § 8. Es ist eine berühmte Schulregel, daß alle Beweisführung aus schon Bekanntem und Zugegebenem herkommt *(ex praecognitis et praeconcessis)*. Dieser Regel nach scheint man jene Maximen als Wahrheiten nehmen zu sollen, welche dem Geiste vor den übrigen bewußt sind, und die übrigen Teile unserer Erkenntnis als von den Axiomen abhängige Wahrheiten. Ich glaubte gezeigt zu haben (Liv. 1, cap. 1), daß jene Axiome nicht das zuerst Erkannte sind, indem ein Kind viel eher erkennt, daß die ihm gezeigte Rute nicht der

Zucker ist, den es gekostet hat, als irgend ein beliebiges Axiom. Doch Sie haben zwischen den besonderen Erkenntnissen oder faktischen Erfahrungen und zwischen den Prinzipien einer allgemeinen und notwendigen Erkenntnis (wobei man, wie ich anerkenne, auf die Axiome zurückgehen muß), wie auch zwischen zufälliger und natürlicher Ordnung unterschieden.

Theophilus. Ich hatte auch hinzugefügt, daß in der natürlichen Ordnung eher gesagt werden muß: ein Ding ist, was es ist, als: es ist kein anderes, denn es handelt sich hier nicht um die Geschichte unserer Entdeckungen, die bei verschiedenen Menschen verschieden ist, sondern um die Verknüpfung und natürliche Ordnung der Wahrheiten, welche immer dieselbe ist. Ihre Bemerkung aber, daß nämlich, was das Kind sieht, nur eine Tatsache ist, verdient noch weitere Überlegung, denn die Erfahrungen der Sinne geben nach Ihrer eigenen unlängst gemachten Bemerkung keine absolut gewissen Wahrheiten, noch solche, bei denen jede Gefahr einer Täuschung ausgeschlossen ist. Denn wenn es erlaubt ist, metaphysisch mögliche Erdichtungen zu machen, so könnte sich der Zucker auf unmerkliche Weise, um das Kind, wenn es unartig gewesen, zu strafen, in eine Rute verwandeln, wie sich das Wasser bei uns am Weihnachtsabend in Wein verwandelt, wenn es artig gewesen ist. Aber der Schmerz, werden Sie einwerfen, den die Rute verursacht, wird niemals das Vergnügen sein, welches der Zucker gibt. Ich antworte: das Kind wird ebenso spät darauf kommen, einen ausdrücklichen Satz daraus zu machen, als das Axiom zu bemerken, daß man in Wahrheit nicht behaupten könne, das, was ist, sei zu gleicher Zeit nicht, obwohl es des Unterschiedes von Lust und Schmerz sich sehr wohl bewußt sein kann, ebensowohl als des Unterschiedes von Bewußtsein und Nichtbewußtsein.

§ 10. *Philalethes.* Indessen gibt es eine Menge anderer Wahrheiten, welche ebenso wie jene Maximen durch sich selbst evident sind. Z.B. ist der Satz: *Eins und zwei sind so viel als drei*, ebenso evident als das Axiom, das besagt, *daß das Ganze allen seinen Teilen zusammengenommen gleich ist.*

Theophilus. Sie scheinen vergessen zu haben, wie ich Ihnen mehr als einmal gezeigt habe, daß der Satz: *Eins und zwei sind drei*, nur die Definition des Ausdrucks *drei* ist; so daß zu sagen: eins und zwei ist *gleich drei*, ebensoviel ist, als sagen, daß etwas sich selbst gleich ist. Was jenes Axiom betrifft, daß das *Ganze allen seinen Teilen zusammen-*

genommen gleich ist, so hat Euklides sich desselben nicht ausdrücklich bedient. Auch bedarf dieses Axiom der Einschränkung, denn man muß hinzufügen, daß diese Teile selbst keinen gemeinsamen Teil haben dürfen, denn 7 und 8 sind Teile von 12, aber geben zusammen mehr als 12. Büste und Rumpf zusammengenommen sind mehr als ein Mensch, insofern die Brust allen beiden gemeinsam ist. Euklides aber sagt: *das Ganze ist größer als sein Teil*, wobei keine weitere Vorsicht nötig ist. Und zu sagen, daß der Körper größer ist als der Rumpf, macht nur insofern einen Unterschied gegen das Axiom des Euklides, als dieses Axiom sich auf das Notwendige beschränkt; aber indem man exemplifiziert und ihm gleichsam einen Körper gibt, erreicht man, daß das Verstandesmäßige auch sinnlich wird, denn zu sagen, daß dies bestimmte Ganze größer ist als dieser sein bestimmter Teil, ist in der Tat ein Satz, daß ein Ganzes größer ist als sein Teil, dessen Züge aber durch einige Beleuchtung oder Zugabe verstärkt sind, gerade so wie der, welcher A B sagt, auch A sagt. Man muß also hier nicht Axiom und Beispiel als in dieser Hinsicht verschiedene Wahrheiten zueinander in Gegensatz stellen, sondern das Axiom als in dem Beispiel verkörpert und das Beispiel bewahrheitend ansehen. Etwas anderes ist es, wenn die Evidenz im Beispiele selbst nicht bemerkt wird, und die Bejahung des Beispiels eine Folge und nicht bloß eine *Subsumption* des allgemeinen Satzes ist, wie dies auch in Hinsicht der Axiome vorkommen kann.

Philalethes. Unser gelehrter Verfasser sagt hier: Ich möchte diejenigen, welche jede andere Erkenntnis, als die der Tatsachen, von allgemeinen angeborenen und aus sich evidenten Prinzipien abhängig sein lassen, fragen, aus welchem Prinzip sie zu beweisen nötig haben, daß *zwei und zwei vier ist?* Denn seiner Ansicht nach erkennt man die Wahrheit derartiger Sätze ohne die Hilfe irgend welcher Probe. Was sagen Sie dazu?

Theophilus. Ich sage, daß ich wohl vorbereitet diese Frage erwartet habe. Es ist nicht eine ganz unmittelbare Wahrheit, daß zwei und zwei vier sind, vorausgesetzt, daß *vier* soviel bedeutet, als drei und eins. Man kann den Satz also beweisen und zwar folgendermaßen:

Definitionen.

1) Zwei ist eins und eins,
2) Drei ist zwei und eins,
3) Vier ist drei und eins.

Axiom.

Wenn man Gleiches substituiert, bleibt gleiches.

Beweis.

2 und 2 ist 2 und 1 und 1 (nach Def. 1),
2 und 1 und 1 ist 3 und 1 (nach Def. 2),
3 und 1 ist 4 (nach Def. 3).

$$\underbrace{\overbrace{2+2}}_{\underbrace{3+1}_{4}}$$

Also (nach dem Axiom) ist 2 und 2 = 4. Was zu beweisen war. Ich konnte, statt zu sagen, daß 2 und 2 2 und 1 und 1 ist, setzen, daß 2 und 2 gleich ist 2 und 1 und 1, und so das übrige. Aber man kann es durchweg, um leichter davonzukommen, zugleich mitverstehen, und zwar auf Grund eines anderen Axioms, wonach jedes Ding sich selbst gleich oder das, was dasselbe ist, auch gleich ist.

Philalethes. So wenig nötig dieser Beweis auch im Hinblick auf seinen allbekannten Schlußsatz sein mag, so dient er doch zu zeigen, wie die Wahrheiten von den Definitionen und Axiomen abhangen. Ich sehe mithin schon voraus, was Sie auf noch mehrere Einwürfe gegen die Anwendung der Axiome erwidern werden. Man macht den Einwurf, daß es eine zahllose Menge von Prinzipien geben müßte, aber das ist nur der Fall, wenn man die Folgesätze, welche sich mit Hilfe irgend eines Axioms aus den Definitionen ergeben, unter die Grundsätze rechnet und da der Definitionen oder Vorstellungen unzählige sind, so müssen es die Axiome, in diesem Sinne genommen, auch sein, sogar bei der von Ihnen geteilten Voraussetzung, daß die unbeweislichen Grundsätze identische Axiome sind. Sie werden auch durch die Exemplifikation unzählig, aber im Grunde genommen kann man die Sätze: A ist A, B ist B als ein und dasselbe verschieden ausgedrücktes Axiom rechnen.

Theophilus. Zudem verhindert mich diese Verschiedenheit der Grade der Evidenz Ihrem berühmten Autor zuzugeben, daß alle jene Wahrheiten, welche man *Prinzipien* nennt, und welche als von selbst evident gelten, weil sie den ersten, unbeweisbaren Axiomen so nahe stehen, voneinander ganz unabhängig und unfähig sind, voneinander irgend Licht oder Beweis zu empfangen. Denn man kann sie immer entweder auf die Axiome selbst oder auf andere den Axiomen näher liegende Wahrheiten zurückführen, wie jener Satz, daß zwei und zwei vier sind, Ihnen gezeigt hat. Auch habe ich Ihnen eben schon erzählt, wie Roberval die Zahl der euklideischen Axiome verringerte, indem er mitunter das eine auf das andere zurückbrachte.

§ 11. *Philalethes.* Der scharfsinnige Schriftsteller, welcher zu unseren Unterredungen die Veranlassung gegeben hat, gesteht den Nutzen der Maximen zu, aber glaubt, daß er vielmehr darin besteht, den Widerspenstigen den Mund zu stopfen, als die Wissenschaften aufzurichten. Ich würde mich sehr freuen, sagt er, daß man mir eine jener auf die allgemeinen Axiome gegründeten Wissenschaften zeigte, von der man nicht zeigen konnte, daß sie sich ebensogut auch ohne Axiome aufrechterhalten läßt.

Theophilus. Die Geometrie ist ohne Zweifel eine von diesen Wissenschaften. Euklides wendet die Axiome ausdrücklich in den Beweisen an, und jenes Axiom: *daß zwei homogene Größen einander gleich sind, wenn die eine weder größer noch kleiner als die andere ist*, ist die Grundlage der Beweise des Euklides und des Archimedes hinsichts der Größe krummliniger Figuren. Archimedes hat Axiome angewendet, deren Euklides nicht bedurfte, z.B. daß von zwei Linien, von denen jede ihre Krümmung stets an derselben Seite hat, diejenige die größere ist, welche die andere umschließt. Auch kann man in der Geometrie die *identischen* Axiome nicht entbehren, wie z.B. das Prinzip des Widerspruchs oder die indirekten Beweise. Und was die anderen Axiome betrifft, welche sich daraus beweisen lassen, könnte man sich, ganz eigentlich gesprochen, derselben entschlagen und die Folgerungen unmittelbar aus den identischen Sätzen und Definitionen ziehen, aber die Länge der Beweise und die endlosen Wiederholungen, in welche man dann verfiele, würden eine furchtbare Verwirrung verursachen, wenn man immer wieder von vorn anfangen müßte, statt daß man bei Voraussetzung der schon bewiesenen mittleren Lehrsätze leicht weiter kommt. Und zwar ist diese Voraussetzung schon bekannter Wahrheiten besonders hinsichtlich der Axiome nützlich, denn sie kehren so oft wieder, daß die Geometer in jedem Augenblick sich derselben zu bedienen genötigt sind, ohne sie zu zitieren, so daß man sich, wenn man glaubte, daß sie nicht mitwirken, weil man sie vielleicht nicht immer am Bande angeführt sieht, täuschen würde.

Philalethes. Aber er braucht das Beispiel der Theologie zum Einwurf. Aus der Offenbarung, sagt unser Autor, stammt uns die Kenntnis dieser heiligen Religion, und ohne deren Hilfe würden die Maximen niemals fähig gewesen sein, uns mit ihr bekannt zu machen. Die Erleuchtung kommt uns also unmittelbar aus den Sachen selbst oder unmittelbar aus der unfehlbaren *Wahrhaftigkeit* Gottes.

Theophilus. Der Fall ist so, als ob ich sagte, die Medizin gründet sich auf die Erfahrung, also dient die Vernunft dabei zu nichts. Die christliche Theologie, welche die wahre Medizin für die Seelen ist, gründet sich auf die Offenbarung, welche der Erfahrung entspricht; aber um daraus ein vollständiges Ganze zu machen, maß man die natürliche Theologie damit verbinden, welche aus den Axiomen der ewigen Vernunft gewonnen wird. Ist nicht selbst jener Grundsatz, daß *die Wahrhaftigkeit ein Attribut Gottes* ist, auf welchem, wie Sie anerkennen, die Gewißheit der Offenbarung beruht, eine aus der natürlichen Theologie hergenommene Maxime?

Philalethes. Unser Verfasser verlangt, daß man zwischen dem Mittel, die Erkenntnis zu erlangen, und dem, sie zu lehren, oder auch zwischen lehren und mitteilen unterscheide. Nachdem man die Schulen errichtet und Professoren, um die Wissenschaften, welche andere erfunden hatten, zu lehren, angestellt hat, haben diese Professoren sich jener Maximen, um die Wissenschaften dem Geiste ihrer Schüler einzuprägen und sie mittels der Axiome von gewissen besonderen Wahrheiten zu überzeugen, bedient, statt daß die besonderen Wahrheiten den ersten Erfindern dazu gedient haben, die Wahrheiten ohne die allgemeinen Maximen zu finden.

Theophilus. Ich wollte, daß man uns dieses vorgebliche Verfahren durch Beispiele einiger besonderer Wahrheiten gerechtfertigt hätte. Aber wenn man die Sachen recht erwägt, wird man es bei der Gründung der Wissenschaften gar nicht angewendet finden. Und wenn der

Erfinder nur eine besondere Wahrheit findet, ist er nur halb und halb ein Erfinder. Wenn Pythagoras nur die Beobachtung gemacht hätte, daß das Dreieck, dessen Seiten 3, 4, 5 sind, die Eigenschaft habe, daß das Quadrat seiner Hypotenuse denen seiner beiden Katheten gleich sei (d.h. daß 9 + 16 25 mache), würde er deswegen der Entdecker jener großen Wahrheit gewesen sein, welche alle rechtwinklige Dreiecke umfaßt und bei den Geometern zu einer Maxime geworden ist? Allerdings kann häufig ein durch Zufall ins Auge gefaßtes Beispiel einem geistreichen Manne zur Veranlassung dienen, sich des Aufsuchens der allgemeinen Wahrheit zu befleißigen, aber es macht noch oft genug Schwierigkeit, sie zu finden. Außerdem ist dieser Weg des Entdeckens nicht der beste, noch der von denen am meisten angewandte, welche ordentlich und methodisch verfahren, und diese bedienen sich desselben nur bei solchen Gelegenheiten, wo bessere Methoden mangeln.

Das wäre so, wie Archimedes nach dem Glauben einiger die Quadratur der Parabel dadurch gefunden haben soll, daß er ein parabolisch geschnittenes Stück Holz wog und diese besondere Erfahrung ihn die allgemeine Wahrheit finden ließ. Wer aber den Scharfsinn dieses großen Mannes kennt, sieht wohl ein, daß er solche Hilfe nicht nötig hatte. Wäre indessen dieser empirische Weg der besonderen Wahrheiten die Veranlassung gewesen, die Entdeckungen zu machen, so wäre er doch nicht genügend gewesen, sie zu geben; und die Entdecker selbst sind lebhaft befriedigt, die Maximen und allgemeinen Wahrheiten zu bemerken, wenn sie zu denselben haben gelangen können – sonst wären ihre Entdeckungen sehr unvollkommen gewesen. Alles, was man also den Schulen und den Professoren als Verdienst anrechnen kann, ist, die Maximen und die anderen allgemeinen Wahrheiten gesammelt und geordnet zu haben: und wollte Gott, daß man es noch mehr und mit mehr Sorgfalt und Auswahl gemacht hätte, dann würden die Wissenschaften sich nicht in so schlechtem Zusammenhange und so großer Verwirrung befinden. Übrigens gebe ich zu, daß zwischen der Methode, deren man sich zur Unterweisung in den Wissenschaften bedient, und der, durch welche man sie findet, oft ein Unterschied stattfindet; das ist aber nicht der Punkt, um welchen es sich handelt. Wie ich schon bemerkt habe, hat der Zufall mitunter Gelegenheit in Entdeckungen gegeben. Wenn man diese Veranlassungen bemerkt und das Andenken daran der Nachwelt aufbewahrt hätte, was sehr nützlich gewesen wäre, so würden diese Einzelheiten ein sehr wichtiger Teil der Geschichte der Künste gewesen sein, jedoch nicht geeignet, um darauf Systeme zu gründen. Mitunter sind auch die Entdecker zwar vernunftgemäß zur Wahrheit vorgeschritten, aber auf großen Umwegen. Ich finde, daß bei wichtigen Fällen die Schriftsteller dem Publikum einen Dienst geleistet haben würden, wenn sie in ihren Schriften die Spuren ihrer Versuche aufrichtig angemerkt hätten, aber wenn das System der Wissenschaft nach diesem Maße hätte gearbeitet werden sollen, so würde dies so sein, als ob man in einem fertigen Hause das ganze Baugerüst, das der Baumeister zur Aufrichtung desselben nötig gehabt hat, aufbewahren wollte. Die guten Unterrichtsmethoden sind immer diejenigen, welche die Wissenschaft auf ihrem Wege sicherlich hätte finden können; und wenn sie alsdann nicht empirisch sind, d.h. wenn die Wahrheiten durch Gründe oder durch aus den Vorstellungen gewonnene Beweise gelehrt werden, so wird dies immer durch Axiome, Theoreme, Richtsätze (Canones) und andere solche allgemeine Sätze geschehen. Etwas anderes ist es, wenn die Wahrheiten *Aphorismen* sind, wie die des Hippokrates, d.h. faktische Wahrheiten, welche entweder ganz allgemein oder mindestens in den meisten Fällen richtig sind, die durch Beobachtung gewonnen werden oder auf Erfahrung sich gründen, und für die man nicht durchweg überführende Gründe hat. Aber darum handelt es sich hier nicht, denn diese Wahrheiten werden nicht durch die Ideenverknüpfung erkannt.

Philalethes. Die Art, in welcher nach der Ansicht unseres geistreichen Autors das Bedürfnis nach Maximen sich geltend gemacht hat, ist diese. Da die Schulen als Probierstein der Geschicklichkeit der Gelehrten die *Disputierkunst* aufgestellt hatten, so schrieben sie demjenigen den Sieg zu, der den Kampfplatz behauptete und dem das letzte Wort blieb. Um aber die Widerspenstigen zu überzeugen, mußte man als Mittel dazu die Maximen aufstellen.

Theophilus. Die Schulen der Philosophie hätten ohne Zweifel besser daran getan, die Praxis mit der Theorie zu verbinden, wie es die Schulen der Medizin, der Chemie und der Mathematik machen, und lieber demjenigen den Preis zu erteilen, der es am besten gemacht hätte, besonders in der Moral, als dem, welcher am besten gesprochen hätte. Da es indessen Gegenstände gibt, wo die Disputation selbst schon ein Erfolg ist, und mitunter der einzige Erfolg und das Meisterstück, aus dem sich die Geschicklichkeit jemandes erkennen läßt, wie in den metaphysischen Gegenständen, so hat man in einigen Fällen recht gehabt, die Geschicklichkeit der Gelehrten nach dem Erfolg zu beurteilen, welchen sie in Besprechungen gehabt haben. Bekanntlich haben sogar zu Anfang der *Reformation* die Protestanten ihre Gegner herausgefordert, zu Unterredungen und Disputationen zu kommen, und aus dem Erfolg dieser Dispute hat die öffentliche Meinung mitunter einen Schluß auf die Reform gemacht. Man weiß auch, was die Kunst zu reden und den Gründen Licht und Kraft zu verleihen, und wenn man sie so nennen kann, die Disputierkunst in einem Staats- oder Kriegsrate, an einem Gerichtshofe, bei einer ärztlichen Konsultation und selbst in einer Unterhaltung vermag. Man ist auch genötigt, zu diesem Mittel seine Zuflucht zu nehmen und bei dergleichen Vorfällen sich mit Worten statt der Taten eben deswegen zu begnügen, weil es sich dann um eine Begebenheit oder eine Tatsache handelt, wobei die Wahrheit durch den Erfolg zu erfahren zu spät sein würde. Daher ist die Kunst des Disputierens oder des durch Gründe Bekämpfens, unter welche ich hier das Anführen von Autoritäten und Beispielen befasse, von sehr großer Wichtigkeit, aber unglücklicherweise ist sie sehr schlecht auf Regeln gebracht, und darum macht man auch entweder gar keine oder falsche Schlüsse. Aus diesem Grunde habe ich mehr als einmal den Plan gefaßt, Anmerkungen zu den Kolloquien der Theologen zu machen, über welche wir Berichte haben, um die Fehler, welche man darin bemerken kann, und die dagegen anwendbaren Mittel zu zeigen. Wenn bei geschäftlichen Beratschlagungen diejenigen, welche die meiste Macht haben, nicht einen sehr zuverlässigen Verstand haben, so haben gewöhnlich Autorität oder Beredsamkeit die Oberhand, wenn sie gegen die Wahrheit gerichtet sind. Mit einem Worte: die Kunst, zu beraten und zu disputieren, müßte völlig umgearbeitet werden. Was den Vorteil desjenigen anbetrifft, welcher zuletzt spricht, so findet er fast nur in freien Umgangsgesprächen statt, denn bei Beratschlagungen gehen die Stimmen der Ordnung nach, mag man nun mit dem im Range Letzten anfangen oder endigen. Freilich ist es gewöhnlich Sache des Präsidenten, anzufangen und zu endigen d.h. den Vorschlag und den Ausschlag zu geben, aber den letzteren gibt er nach der Mehrheit der Stimmen. In den akademischen Disputationen aber ist der *Respondent* oder Verteidiger derjenige, welcher zuletzt spricht, und er behauptet den Kampfplatz nachstehender Sitte fast immer. Es handelt sich darum, ihn auf die Probe zu stellen, und nicht, ihn zu widerlegen, sonst würde man als Feind auftreten. Und die Wahrheit zu sagen, so handelt es sich bei diesen Gelegenheiten fast gar nicht um die Wahrheit, daher man zu verschiedenen Zeiten entgegengesetzte Thesen auf dem nämlichen Katheder verteidigt. Man zeigte dem Casaubonus einmal den Saal der Sorbonne und sagte ihm: Das ist der Ort, wo man so viele Jahrhunderte lang disputiert hat. Er antwortete: Was hat man nun da herausgebracht?

Philalethes. Gleichwohl hat man verhindern wollen, daß die Disputation bis ins Unendliche gehe, und ein Mittel schaffen, um zwischen zwei gleich erfahrenen Gegnern zu entscheiden, damit der Streit sich nicht in eine *endlose Reihe* von Schlüssen verliere. Dies Mittel nun ist gewesen, gewisse allgemeine, meist durch sich selbst evidente Sätze einzuführen, die von Natur dazu angetan, von allen Menschen mit gänzlicher Übereinstimmung angenommen zu werden, als allgemeine Maßstäbe der Wahrheit betrachtet werden und die Stelle von *Prinzipien* (wenn die Disputierenden keine anderen aufgestellt hatten) einnehmen mußten, über die man nicht hinausgehen durfte und an die man sich beiderseits zu halten verpflichtet war. Nachdem diese Maximen so den Namen von Prinzipien empfangen hatten, die man bei der Disputation nicht, verleugnen durfte, und welche den Streit endeten, so nahm man sie *irrtümlicherweise* – meinem Gewährsmanne nach – für die Quelle der Erkenntnisse und für die Grundlagen der Wissenschaften.

Theophilus. Wollte Gott, daß man sie in Streitigkeiten so gebrauchte; dagegen wäre nichts zu bemerken, denn man würde doch etwas entscheiden. Und was könnte man Besseres tun, als den Streit d.h. die bestrittenen Wahrheiten, auf evidente und unbestreitbare Wahrheiten zurückbringen? Würde man sie dadurch nicht auf demonstrative Weise begründen? Und wer kann zweifeln, daß diese Grundsätze, welche die Streitigkeiten mit Begründung der Wahrheit endigen würden, zugleich die Quellen der Erkenntnisse wären? Denn wenn das logische Verfahren gut ist, bleibt es sich gleich, ob man sie stillschweigend in seinem Studierzimmer zustande bringt oder öffentlich auf dem Katheder begründet. Und selbst wenn diese Prinzipien mehr Heischesätze als Axiome wären, – erstere nicht im Sinne des Euklides, sondern des Aristoteles genommen, d.h. als für so lange zugegebene Voraussetzungen, bis sie zu beweisen Gelegenheit ist, – so würden diese Prinzipien immer den Nutzen haben, daß alle die übrigen Streitfragen dadurch auf eine kleine Anzahl von Voraussetzungen zurückgebracht werden würden. Ich bin also ganz außerordentlich erstaunt aus ich weiß nicht welch einem Vorurteil etwas Löbliches getadelt zu sehen, und dessen machen sich, wie man an dem Beispiel Ihres Autors sieht, die gescheitesten Leute aus Unachtsamkeit schuldig. Unglücklicherweise aber geht es bei den akademischen Disputationen ganz anders zu. Statt allgemeine Axiome aufzustellen, tut man alles Mögliche, um sie durch nichtige und schlecht verstandene Distinktionen zu schwächen und gefällt sich darin, gewisse philosophische Regeln anzuwenden, von denen zwar dicke Bücher gefüllt, die aber recht unsicher und unbestimmt sind, und welchen man durch Distinktionen beliebig ausweicht. Das ist nicht das Mittel, die Streitigkeiten zu schlichten, sondern sie endlos zu machen und den Gegner schließlich zu ermüden. Es ist das so, als wenn man ihn an einen dunklen Ort führte, wo man blindlings darauf losschlägt, und niemand über die Streiche urteilen kann. Das ist eine wundervolle Erfindung für die *Respondenten*, welche sich verbindlich gemacht haben, gewisse Thesen zu verteidigen. Es ist ein Schild des Vulkan, der sie unverwundbar macht, es ist ein *Helm des Orkus* oder Pluto, der sie unsichtbar macht. Sie müssen sehr ungeschickt oder sehr unglücklich sein, wenn man sie trotzdem beim Irrtum ertappen kann. Allerdings gibt es *Regeln mit Ausnahmen*, besonders bei Streitigkeiten, wo viele Umstände mit in Betracht kommen, wie in der Jurisprudenz. Um aber deren Gebrauch sicher zu machen, müssen diese Ausnahmen ihrer Zahl und ihrem Sinne nach soviel als möglich bestimmt sein; und dann kann es kommen, daß die Ausnahme wieder selbst ihre *Unterausnahmen* d.h. ihre *Repliken* hat, und die Replik *Dupliken* usw.; aber beim Rechnungsschlusse müssen alle diese Ausnahmen und Unterausnahmen wohl bestimmt und, mit der Regel verbunden, das Ganze herstellen. Davon liefert die Jurisprudenz sehr bemerkenswerte Beispiele. Allein wenn diese mit Ausnahmen und Unterausnahmen beladenen Arten von Regeln bei den akademischen Disputationen in Anwendung gebracht werden sollten, so müßte man immer die Feder in der Hand disputieren, indem man gleichsam ein *Protokoll* darüber hielte, was von der einen und der anderen Seite gesagt wird. Und dies wurde auch sonst nötig sein, wenn man immer durch mehrere von Zeit zu Zeit mit Distinktionen vermischte Syllogismen hindurch förmlich disputieren wollte, wobei das beste Gedächtnis von der Welt in Verwirrung geraten müßte. Aber man hütet sich, diese Mühe sich zu geben, in *Syllogismen formell* vorwärts angehen und sie zu registrieren, um die Wahrheit zu entdecken, wenn sie ohne Belohnung ist, und man sogar, selbst wenn man wollte, nicht zum Zweck gelangen würde, es sei denn, daß die Distinktionen ausgeschlossen oder besser geregelt wären.

Philalethes. Dennoch ist es wahr, wie unser Verfasser bemerkt, daß die Schulmethode auch in die Unterredungen außerhalb der Schulen eingeführt worden ist, um auch den Nörglern den Mund zu stopfen, und da eine schlimme Wirkung gehabt hat. Denn sobald man die vermittelnden Vorstellungen hat, kann man deren Verknüpfung ohne Hilfe der Maximen, und ehe sie vorgebracht worden sind, erkennen, was für aufrichtige und verträgliche Leute genügen würde. Aber da die Methode der Schulen die Leute berechtigt und ermuntert hat, sich evidenten Wahrheiten zu widersetzen und zu widerstehen, darf man sich nicht wundern, daß sie in der gewöhnlichen Unterhaltung sich nicht schämen zu tun, was ein Gegenstand des Ruhmes ist und in den Schulen als Vorzug gilt. Der Verfasser fügt hinzu, daß vernünftige Leute, welche sonst in der Welt bekannt und durch die Erziehung nicht verdorben worden sind, große Mühe haben werden zu glauben, daß eine solche Methode jemals von Personen befolgt worden sei, die die Wahrheit zu lieben behaupten und ihr Leben im Studium der Religion oder der Natur hinbringen. Ich will hier nicht untersuchen, sagt er, wie diese Unterrichtsweise geeignet ist, den Geist der Jugend von der Liebe und aufrichtigen Verfolgung der Wahrheit abzuwenden, oder sie vielmehr zweifelhaft zu machen, ob es wirklich Wahrheit in der Welt gibt oder wenigstens eine solche, die umfaßt in werden verdient Aber was ich stark glaube, fügt er hinzu, ist, daß, die Orte ausgenommen, welche die peripatetische Philosophie in ihren Schulen zugelassen haben, wo sie viele Jahrhunderte lang geherrscht hat, ohne die Welt etwas anderes als die Disputierkunst zu lehren, man diese Maximen nirgends als die Grundpfeiler der Wissenschaften und als bedeutende Hilfen zur Förderung in der Erkenntnis der Dinge betrachtet hat.

Theophilus. Euer gelehrter Autor behauptet, daß die Schulen allein geneigt sind, Maximen zu bilden und doch ist das der allgemeine und sehr vernünftige Instinkt des menschlichen Geschlechts. Das können Sie aus den Sprichwörtern schließen, welche bei allen Nationen in Gebrauch sind, und die in der Regel nur die Maximen sind, über welche die öffentliche Meinung übereingekommen ist. Wenn indessen urteilsfähige Leute etwas aussprechen, was uns wahrheitswidrig erscheint, so muß man ihnen die Gerechtigkeit widerfahren lassen zu vermuten, daß mehr in ihren Ausdrücken als in ihren Ansichten Irrtum steckt, was sich bei unserem Autor hier bestätigt, dessen ihn gegen die Maximen stimmendes Motiv ich zu verstehen beginne. Dies ist, daß es in den gewöhnlichen Unterredungen, wo es sich nicht bloß, wie in den Schulen, darum handelt, sich zu üben, als eine Schikane erscheint, überzeugt sein zu wollen, um sich zu ergeben. Sonst aber ist es bei weitem gefälliger, die sich von selbst verstehenden Obersätze zu unterdrücken und sich mit Enthymenen zu begnügen; und selbst ohne Prämissen zu bilden, genügt es oft, den einfachen *Medius terminus* oder die Mittelvorstellung vorzubringen, wobei dann der Geist den Zusammenhang auch ohne daß man ihn ausdrückt, hinlänglich faßt. Das geht gut, wenn dieser Zusammenhang unbestreitbar ist; aber Sie werden mir auch zugeben, daß man häufig zu schnell dazu fortgeht, ihn vorauszusetzen, und daraus Paralogismen entstehen, dergestalt, daß man beim Ausdruck besser tut, sich der Sicherheit zu befleißigen, als ihr die Kürze und Eleganz vorzuziehen. Indessen hat die Voreingenommenheit unseres Verfassers gegen die Maximen ihn vermocht, deren Nutzen für die Begründung der Wahrheit gänzlich zu verwerfen; er geht so weit, sie zu Mitschuldigen der Unordnungen in der Unterredung zu machen. Allerdings haben die jungen Leute, welche sich an die akademischen Übungen gewöhnt haben, wo man sich ein wenig zu viel mit der bloßen Übung beschäftigt und nicht genug damit, aus der Übung die größtmögliche Frucht zu gewinnen, – Mühe, sich im praktischen Leben dessen zu entschlagen. Und eine ihrer Schikanen besteht darin, sich der Wahrheit nicht eher ergeben zu wollen, als bis man sie ihnen ganz und gar greifbar gemacht hat, obwohl die *Aufrichtigkeit* und selbst der *Anstand* sie verpflichten sollte, nicht auf dies äußerste zu warten, was sie unbequem erscheinen läßt und eine üble Meinung von ihnen gibt. Man muß freilich zugestehen, daß dies ein Fehler ist, mit dem die Gelehrten sich häufig behaftet finden. Indessen besteht der Fehler nicht darin, daß man die Wahrheiten auf Maximen zurückfahren, sondern daß man dies zu unrechter Zeit und ohne Not tun will. Denn der menschliche Geist übersieht viel auf einmal, und man hemmt ihn, wenn man ihn zwingen will, bei jedem Schritt, den er tut, anzuhalten und alles, was er denkt, auszudrücken. Das ist gerade so, als wenn man bei seiner Berechnung mit einem Kaufmann oder mit einem Wirte ihn nötigen wollte, um sicherer zu gehen, alles an den Fingern herzuzählen. Das zu fordern, müßte man entweder dumm oder eigensinnig sein. In der Tat findet man mitunter, daß Petron recht gehabt hat zu sagen, »*daß die Jünglinge in den Schulen ganz dumm würden*« und bisweilen an den Orten den Verstand einbüßten, welche die Schulen der Weisheit sein sollten. *Corruptio optimi pessima.* (Je besser etwas ist, desto schlimmer sein Verderbnis.) Aber noch öfter werden sie eitel, händelsüchtig und unverschämt, störrig, unbequem; und das hängt oft von der Laune ihrer Lehrer ab. Übrigens finde ich, daß es bei der Unterredung viel größere Fehler gibt, als den, zu viel Klarheit zu verlangen. Denn gewöhnlich fällt man in den entgegengesetzten Fehler und gibt oder fordert nicht Klarheit genug. Ist das eine unbequem, so ist das andere schädlich und gefährlich.

§ 12. *Philalethes.* Das ist mitunter auch die Anwendung der Maximen, wenn man sie mit falschen, schwankenden und unsicheren Begriffen verbindet, denn dann dienen die Maximen dazu, uns in unseren Irrtümern zu stärken und sogar Widersprechendes zu beweisen. Wer z.B. mit Descartes sich eine Vorstellung von dem, was man *Körper* nennt, als einem nur ausgedehnten Dinge bildet, kann mittels der Maxime: *was ist, ist*, leicht zeigen, daß es keinen leeren Raum d.h. Raum ohne Körper, gibt. Denn er erkennt seine eigene Vorstellung, er erkennt, daß sie das ist, was sie ist, und keine andere Vorstellung; da nun Ausdehnung, Körper und Raum bei ihm drei Worte sind, welche dasselbe bedeuten, so ist es für ihn ebenso wahr, zu sagen, daß der Raum Körper ist, als zu sagen, daß der Körper Körper ist. § 13. Ein anderer aber, dem *Körper* ein ausgedehntes solides Ding bedeutet, wird ebenso schließen, daß der Satz: *der Raum ist nicht Körper*, gerade so sicher ist, wie irgend ein anderer Satz, den man durch die Maxime: *Unmöglich kann etwas zugleich sein und nicht sein*, beweisen kann.

Theophilus. Der schlechte Gebrauch der Maximen darf nicht ihren Gebrauch überhaupt tadelnswert machen: diesem Übelstande sind alle Wahrheiten unterworfen, daß man durch Verbindung derselben mit Falschem Falsches und selbst Widersprüche daraus schließen kann. In unserem Beispiele hat man auch nicht jene identischen Axiome nötig, denen man den Grund des Irrtums und des Widerspruchs zuschreibt. Das würde sich zeigen, wenn das Argument derer, welche aus ihren Definitionen schließen, daß der Raum Körper ist, oder daß der Raum nicht Körper ist, förmlich aufgestellt würde. Es liegt sogar etwas zu viel in diesem Schluß: der Körper ist ausgedehnt und solide, folglich ist die Ausdehnung, d.h. das Ausgedehnte, kein Körper und ist die

Ausdehnung kein körperliches Ding, denn ich habe schon bemerkt, daß es *überflüssige Ausdrücke* der Vorstellungen gibt oder solche, die die Sachen selbst nicht vermehren, wie wenn z.B. jemand sagte, unter einem Triquatrum verstehe ich ein dreiseitiges Dreieck, und daraus schlösse, daß nicht jede dreiseitige Figur ein Dreieck sei. So könnte auch ein Kartesianer sagen, daß die Vorstellung des soliden Ausgedehnten von derselben Art ist; sie enthalte nämlich etwas Überflüssiges, wie in der Tat, wenn man die Ausdehnung für etwas Substantielles nimmt, jedwede Ausdehnung solide sein oder auch jede Ausdehnung körperlich sein muß. Was den *leeren Raum* betrifft, so wird ein Kartesianer freilich das Recht haben, aus seiner Vorstellung oder *Vorstellungsweise* zu schließen, daß es keinen solchen gebe, vorausgesetzt, daß seine Idee richtig ist, aller ein anderer wird nicht gleich recht haben, aus der seinigen zu schließen, daß es einen solchen gibt, wie ich in der Tat, obschon ich nicht für die kartesische Ansicht bin, doch glaube, daß es keinen leeren Raum gibt, und finde, man mache in diesem Beispiel einen schlimmeren Gebrauch von den *Vorstellungen* als von den *Maximen*.

§ 15. *Philalethes.* Wenigstens scheint es, daß, wie man auch bei den in Worten gefaßten Urteilen die Maximen gebrauchen mag, sie uns doch von den außer uns befindlichen Substanzen nicht die geringste Erkenntnis geben können.

Theophilus. Ich bin ganz anderer Meinung. Jene Maxime z.B., daß die Natur immer die kürzesten oder wenigstens die bestimmtesten Wege einschlage, genügt allein, um von fast der ganzen Optik, Katoptrik und Dioptrik d.h. von dem, was sich außer uns bei den Lichtwirkungen zuträgt, Rechenschaft zu geben. Ich habe dies früher einmal gezeigt, und Molineux hat es in seiner Dioptrik, welche ein sehr gutes Buch ist, durchaus gebilligt.

Philalethes. Gleichwohl wird behauptet, daß, wenn man sich der identischen Prinzipien bedient, um Sätze zu beweisen, welche Worte von der Bedeutung zusammengesetzter Vorstellungen wie *Mensch* oder *Tugend* enthalten, deren Gebrauch äußerst gefährlich ist und die Menschen veranlaßt, das Falsche wie eine offenbare Wahrheit zu betrachten und anzunehmen. Und zwar, weil die Menschen glauben, daß, wenn man dieselben Ausdrücke beibehält, die Sätze sich auf die nämlichen Dinge beziehen, wenn auch die von diesen Ausdrücken bezeichneten Vorstellungen verschieden sein mögen, so daß dann den Menschen, welche, wie gewöhnlich geschieht, die Worte für die Dinge nehmen, die Maximen in der Regel dazu dienen, widersprechende Sätze zu beweisen.

Theophilus. Welche Ungerechtigkeit, die armen Maximen dafür in tadeln, was dem schlechten Gebrauch der Ausdrücke und deren Doppelsinnigkeiten zugeschrieben werden muß! Man kann die Syllogismen aus demselben Grunde tadeln, weil man bei doppelsinnigen Ausdrücken falsch schließt. Aber der Syllogismus ist daran unschuldig, weil man alsdann in der Tat vier Termini, gegen die Gesetze der Syllogismen, vor sich hat. Aus demselben Grunde könnte man auch die Rechnung der Arithmetiker oder der Algebristen tadeln, weil man, wenn man aus Versehen X für V setzt oder a für b nimmt, falsche und widersprechende Schlußfolgerungen daraus zieht.

§ 19. *Philalethes.* Wenigstens möchte ich die Maximen dann für wenig nützlich halten, wenn man klare und deutliche Vorstellungen hat; und andere wollen sogar, daß sie dann von durchaus keinem Nutzen sind; sie behaupten, daß wer in diesen Fällen das Wahre und Falsche ohne diese Art von Maximen nicht unterscheiden kann, es auch durch ihre Vermittlung nicht werde tun können; und unser Verfasser (§§ 16 und 17) zeigt sogar, daß sie nicht zu entscheiden dienen, ob dieses oder jenes Wesen Mensch ist oder nicht.

Theophilus. Wenn die Wahrheiten sehr einfach und evident und den identischen Sätzen und Definitionen ganz nahe verwandt sind, so hat man nicht nötig, ausdrücklich Maximen anzuwenden, um diese Wahrheiten herauszuziehen, denn der Geist wendet sie unbewußt an und zieht ohne Zwischengedanken sofort seine Schlußfolgerung. Aber ohne die schon erkannten Grund- und Lehrsätze würden die Mathematiker große Mühe haben vorwärts in kommen, denn bei den langen Schlußketten ist es gut, von Zeit zu Zeit anzuhalten und sich gleichsam Meilensteine mitten am Wege zu machen, die auch anderen dazu dienen sollen, ihn zu bezeichnen. Sonst würden diese langen Wege zu unbequem werden und selbst verwirrt und dunkel erscheinen, ohne daß man etwas darin unterscheiden und die Stelle, wo man ist, hervorheben kann. Es würde dann sein, wie wenn man in einer dunkeln Nacht ohne Kompaß aufs Meer ginge, ohne Grund, Ufer oder Sterne zu sehen; wie wenn man auf weiter Steppe wanderte, wo es nicht Bäume, nicht Hügel, nicht Bäche gibt; es wäre auch wie eine zum Längemaß bestimmte Kette mit Ringen, die aus einigen hundert unter sich ganz gleichen Ringen besteht, ohne irgend eine Unterbrechung, wie bei einem Rosenkränze oder durch größere Körner oder größere Ringe oder andere Abteilungen, welche die Füße, die Ruten usw. bezeichnen könnten. Der Geist, welcher die Einheit in der Vielheit liebt, fügt also einige der Folgerungen zusammen, um daraus vermittelnde Schlüsse zu bilden: dies ist der Nützen der Maximen und Lehrsätze. Mittels dessen gibt es dabei mehr Lust, mehr Licht, mehr Erinnerung, mehr Aufmerksamkeit und weniger Wiederholung. Wenn irgend ein Analytiker bei der Rechnung die beiden geometrischen Maximen, daß das Quadrat der Hypotenuse dem der beiden Katheten gleich, und daß die gleichnamigen Seiten ähnlicher Dreiecke proportional sind, nicht voraussetzen wollte; im Glauben, daß, weil man den Beweis dieser beiden Lehrsätze durch die Verknüpfung der in ihnen enthaltenen Vorstellungen gewinnt, er sich derselben leicht entschlagen könnte, indem er an ihre Stelle die Vorstellungen selbst setzte, so würde er schwerlich zu einem Abschluß gelangen. Damit Sie aber nicht denken, daß der nützliche Gebrauch dieser Maximen sich auf die Grenzen der bloßen mathematischen Wissenschaften beschränkt, so können Sie finden, daß er in der Rechtswissenschaft kein geringeres und eins der vorzüglichsten Mittel ist, dieselbe leichter zu machen und deren weiten Ozean wie auf einer geographischen Karte zu überschauen, d.h. eine Menge besonderer Entscheidungen auf allgemeinere Prinzipien zurückzubringen. Man wird z.B. finden, daß eine Menge Gesetze der Digesten, Klagen oder Exzeptionen – von denen, welche man *in factum* nennt – von der Maxime abhangen: *ne quis alterius damno fiat locupletior*, d.h. niemand darf von dem Schaden, der einem anderen daraus entstehen kann, Vorteil ziehen, was man freilich ein wenig genauer ausdrücken müßte. Allerdings muß man unter den Rechtsregeln einen großen Unterschied machen. Ich spreche von denen, die gut sind, und nicht von gewissen durch die Rechtslehrer eingeführten unverständlichen *(brocardica)*, die unbestimmt und dunkel sind, obschon auch diese Regeln oft gut und nützlich werden könnten, wenn man sie verbesserte, statt daß sie mit ihren endlosen Distinktionen *(cum suis fallaciis)* nur dazu dienen, zu verwirren. Die brauchbaren Kegeln sind also entweder Aphorismen oder Maximen, und unter Maximen begreife ich sowohl Grund- als Lehrsätze. Sind es *Aphorismen*, welche durch Induktion und Beobachtung, nicht aber durch Räsonnement *a priori* entstehen, und welche tüchtige Gelehrte nach einer Übersicht des bestehenden Rechtes geschaffen haben, so hat der Satz des Rechtsgelehrten Paulus in dem Titel der Digesten, welcher von den Rechtsregeln handelt, statt: *non ex regula jus sumi, sed ex jure quod est regulam fieri*, d.h. man ziehe die Regeln aus einem schon gekannten Rechte, um sich dessen besser zu erinnern, aber man gründe nicht das Recht auf diese Regeln. Es gibt aber *Fundamentalmaximen*, die das Recht selbst bilden und die Klagen, Exzeptionen und Repliken und so weiter ausmachen, welche, wenn sie durch die reine Vernunft gelehrt werden und nicht von der Willkürmacht des Staats stammen, das Naturrecht bilden; und eine solche ist die eben erwähnte Regel, welche den Vorteil auf anderer Leute Kosten verbietet. Auch gibt es Regeln, wobei Ausnahmen selten sind, und die folglich für allgemeingültig gehalten werden. Solche ist die Regel der Institutionen des Kaisers Justinian im § 2 des Titels von den Klagen, wonach, wenn es sich um körperliche Dinge handelt, der Kläger nicht im Besitze ist, einen einzigen Fall ausgenommen, von dem der Kaiser sagt, daß er in den Digesten angemerkt sei. Aber man ist noch dahinter, diesen zu suchen. Allerdings wollen einige statt *sane uno casu* lesen *sane non uno*, und aus einem Fall kann man zuweilen deren mehrere machen.

Bei den Medizinern behauptet der verstorbene Barner, welcher uns durch Herausgabe seines *Prodromus* Hoffnung auf einen *neuen Sennert* oder ein den neuen Entdeckungen oder Meinungen angepaßtes System der Medizin gemacht hatte, daß die von den Ärzten in ihren Systemen der Praxis gewöhnlich beobachtete Methode darin bestehe, die Heilkunst auseinanderzusetzen, indem man von einer Krankheit nach der anderen handelt, gemäß der Ordnung der Teile des menschlichen Körpers oder sonst wie, ohne allgemeine Vorschriften der Praxis gegeben zu haben, die mehreren Krankheiten und Symptomen gemeinsam sind, und daß sie dies zu unendlich vielen Wiederholungen nötige, dergestalt, daß ihm zufolge man drei Viertel des Sennert aufgeben und die Wissenschaft durch allgemeine Sätze und vor allen Dingen durch solche unendlich abkürzen könne, denen das *katholou prôton* des Aristoteles (das Allgemeine im ersten, eigentlichen Sinne des Wortes) zukomme, d.h. die reziprok sind oder sich dem annähern. Ich glaube, er hat recht, zu dieser Methode zu raten, vor allem hinsichtlich der Vorschriften, *wo die Medizin sich auf Vernunftschlüsse stützt*. Aber in dem Maße, als sie *empirisch* ist, ist es weder leicht noch sicher, allgemeine Sätze zu bilden. Auch kommen ferner in den besonderen

Krankheiten gewöhnlich Komplikationen vor, die gleichsam eine Nachahmung der Substanzen ausmachen, dergestalt, daß eine Krankheit wie eine Pflanze oder ein Tier erscheint, welches eine besondere Geschichte für sich verlangt, d.h. es sind *Modi* oder Arten des Seins, denen das zukommt, was wir von den Körpern oder Substanzen gesagt haben. So ist ein viertägiges Fieber zu ergründen ebenso schwer, wie das Gold oder Quecksilber. Daher ist es unbeschadet der allgemeinen Vorschriften nützlich, für die verschiedenen Arten der Krankheiten Kurmethoden und Heilmittel, die mehreren Symptomen sind Komplikationen von Ursachen genügen, aufzusuchen, und vor allem die zu sammeln, welche die Erfahrung bewährt hat. Dies hat Sennert gar nicht recht getan, denn tüchtige Sachkenner haben die Bemerkung gemacht, daß die Zusammensetzungen der von ihm vorgeschlagenen Rezepte oft mehr *aus dem Kopfe* nach Abschätzung gebildet als durch die Erfahrung bewährt sind, wie es sein müßte, wenn man seiner Sache sicherer sein wollte. Ich glaube also, daß das Beste sein wird, beide Wege zu verbinden, und sich in einem so schwierigen und wichtigen Gegenstande, wie die Medizin ist, nicht über Wiederholungen zu beklagen, wo, wie ich finde, uns gerade das fehlt, was wir meiner Meinung nach in der Jurisprudenz zu viel haben, nämlich Bücher mit besonderen Fällen und Repertorien dessen, was schon beobachtet worden ist. Denn ich glaube, daß der tausendste Teil der Bücher der Rechtsgelehrten uns genügen könnte; daß wir aber in Sachen der Medizin nichts zu viel hätten, wenn wir tausendmal mehr ausführlich dargestellte Beobachtungen hätten, weil sich die Rechtsgelehrsamkeit ganz und gar auf Vernunftgründe hinsichtlich dessen stützt, was nicht ausdrücklich durch die Gesetze oder das Gewohnheitsrecht bestimmt worden ist. Denn man kann es immer entweder aus dem Gesetz oder, wenn dies versagt, aus dem Naturrecht mittels der Vernunft gewinnen. Auch sind die Gesetze jedes Landes fest und bestimmt oder können es werden, während in der Medizin die Erfahrungsprinzipien d.h. die Beobachtungen nicht zu sehr vervielfältigt werden können, um der Vernunft mehr Veranlassung zu bieten, das, was die Natur uns nur halb zu erkennen gibt, zu entziffern.

Übrigens wüßte ich niemand, der die Grundsätze in der Art anwendet, wie der gelehrte Autor, von dem Sie reden, es geschehen läßt (§ 16, 17), wie z.B. als ob jemand, um einem Kinde zu zeigen, daß ein Neger ein Mensch ist, sich des Grundsatzes: Was ist, ist, bedienen würde, indem er sagte: Ein Neger hat eine vernünftige Seele, nun ist die vernünftige Seele und der Mensch ein und dasselbe, und wenn folglich er, der eine vernünftige Seele hat, nicht ein Mensch wäre, so würde es falsch sein, daß das, was ist, ist, oder es würde dann auch das Nämliche zu gleicher Zeit sein und nicht sein. Denn ohne diese Maximen zu brauchen, die hier nicht herpassen und nicht direkt zum Schlußverfahren gehören, wie sie denn auch dabei nichts fördern, wird sich jedermann so zu schließen begnügen: Ein Neger hat eine vernünftige Seele; jeder, der eine vernünftige Seele hat, ist ein Mensch, folglich ist der Neger ein Mensch. Und wenn jemand in der vorgefaßten Meinung, daß es keine vernünftige Seele gibt, wenn sie uns nicht erscheint, schließen wollte, daß die eben erst geborenen Kinder und die Blödsinnigen nicht zum Menschengeschlecht gehören – wie in der Tat der Verfasser berichtet, mit ganz verständigen Personen, die es leugneten, darüber verhandelt zu haben, – so glaube ich nicht, daß der schlechte Gebrauch der Maxime: Unmöglich kann etwas zu derselben Zeit sein und nicht sein, sie zu dieser Annahme verleiten würde, oder daß sie auch nur bei diesem Schlusse daran dächten. Die Quelle ihres Irrtums würde eine Ausdehnung des Prinzips unseres Autors sein, welcher leugnet, daß es in der Seele etwas gibt, dessen sie sich nicht bewußt ist, während jene so weit gehen würden, die Seele selbst abzuleugnen, weil andere dieselbe nicht wahrnehmen.

VIII. Von den inhaltsleeren Sätzen

Philalethes. Ich will gern glauben, daß vernünftige Leute sich hüten werden, die *identischen* Grundsätze in der eben besprochenen Art und Weise anzuwenden. § 2. Es scheint auch, daß jene rein identischen Maximen nur *inhaltsleere* oder *nugatorische* (alberne) Sätze sind, wie sogar die Schulen sie nennen. Und ich würde mich nicht mit der Erklärung begnügen, daß dies ein bloßer Schein ist, wenn Ihr überraschendes Beispiel von dem durch Vermittlung der identischen Sätze vollzogenen Beweise der Urteilsumkehrung mich nicht seitdem zur Behutsamkeit anhielte, sobald es sich darum handelt, etwas gering zu schätzen. Indessen will ich Ihnen vortragen, was man geltend macht, um sie für gänzlich inhaltsleer zu erklären. Dies (§ 3) geschieht, weil man auf den ersten Blick erkennt, daß sie keine Belehrung enthalten, es sei denn, um mitunter jemand die Ungereimtheit, in welche er sich verwickelt hat, klar zu machen.

Theophilus. Rechnen Sie das für nichts, und erkennen Sie nicht an, daß einen Satz ins Ungereimte *(ad absurdum)* zu führen, soviel ist, als sein kontradiktorisches Gegenteil beweisen? Freilich glaube ich, daß man jemand dadurch nicht unterrichtet, daß man ihm sagt, er dürfe nicht das nämliche zu gleicher Zeit leugnen und bejahen, aber man unterrichtet ihn, wenn man ihm durch die Folgerungen nachweist, daß er, ohne daran zu denken, so verfährt. Es ist meines Erachtens schwierig, sich dieser *apagogischen Beweise* d.h. derer, welche aufs Ungereimte *(ad absurdum)* führen, in jedem Falle zu entschlagen, wie alles durch *ostensive* (oder direkte) Beweise, wie man sie nennt, darzutun; und die Mathematiker, welche daran viel Interesse haben, erfahren es hinlänglich. Proklus bemerkt es von Zeit zu Zeit, wenn er sieht, daß gewisse alte Geometer, die nach Euklid gekommen sind, einen vermeintlich direkteren Beweis, als den seinigen, gefunden haben. Das Stillschweigen dieses alten Kommentators zeigt jedoch hinlänglich, daß man es nicht immer gekonnt hat.

§ 3. *Philalethes.* Wenigstens werden Sie mir zugeben, daß man eine Million Sätze mit wenig Mühe, aber auch sehr wenig Nutzen bilden kann, denn ist es nicht z.B. leere Mühe, zu bemerken, daß die Auster Auster ist, und daß dies zu leugnen falsch ist, oder zu sagen, daß die Auster keine Auster ist? Witzig sagt unser Verfasser darüber, daß jemand, der aus dieser Auster bald das Subjekt, bald das Prädikat machen wollte, gerade wie ein Affe sein würde, der sich damit unterhielte, eine Auster aus einer Hand in die andere zu werfen, was seinen Hunger gerade so stillen könnte, als diese Sätze dem Verstande des Menschen genug zu tun imstande sind.

§ 3. *Theophilus.* Ich halte dafür, daß unser ebenso geist- als urteilsvoller Verfasser alle möglichen Ursachen hat, gegen diejenigen sich auszusprechen, welche einen solchen Gebrauch davon machen würden. Aber Sie erkennen wohl, wie man die identischen Sätze anwenden muß, um sie nützlich zu machen, indem man nämlich auf Grund von Folgerungen und Definitionen zeigt, daß andere Wahrheiten, welche man aufstellen will, sich darauf zurückführen lassen.

§ 4. *Philalethes.* Ich erkenne das an und sehe wohl, daß man es mit noch mehr Grund auf diejenigen Sätze anwenden kann, die inhaltsleer zu sein scheinen und es in vielen Fällen auch sind, wo nämlich ein

Teil der zusammengesetzten Vorstellung von dem Gegenstand dieser Vorstellung bejaht wird, wie wenn man sagt: *das Blei ist ein Metall*, und dies zu einem Menschen sagt, der die Bedeutung dieser Ausdrücke kennt und weiß, daß das Blei einen sehr schweren, schmelzbaren und dehnbaren Körper bezeichnet, wobei der Nutzen eben nur darin besteht, daß man ihm, indem man *Metall* sagt, auf einmal mehrere einfache Vorstellungen bezeichnet, statt sie ihm eine nach der anderen aufzuzählen. § 6. Dasselbe findet statt, wenn ein Teil der Definition von dem definierten Ausdruck bejaht wird, wie wenn man sagt: *Alles Gold ist schmelzbar*, vorausgesetzt, daß man das *Gold* definiert hat, daß es nämlich ein gelber, schmelz- und dehnbarer Körper ist. Ebenso dient die Erklärung, daß das Dreieck drei Seiten hat, daß der Mensch ein lebendes Wesen ist, daß ein Zelter (ein altes Wort) ein Tier ist, das wiehert, dazu, die Worte zu definieren, nicht aber außer der Definition etwas zu lehren. Aber wir lernen etwas, wenn man uns sagt, daß der Mensch einen Begriff von Gott hat, und daß das Opium ihn in Schlaf versetzt.

Theophilus. Außer dem, was ich von denjenigen identischen Sätzen gesagt habe, die dies ganz und gar sind, wird man finden, daß die halb identischen noch einen besonderen Nutzen haben. Zum Beispiel: *Ein weiser Mensch ist immer ein Mensch*, gibt zu erkennen, daß er nicht unfehlbar, daß er sterblich ist usw. Jemand hat in einer Gefahr eine Pistolenkugel nötig, ihm fehlt Blei, um solche in die Form, die er hat, zu gießen; da sagt ihm ein Freund: Erinnere dich, daß das Silber, das du in deiner Börse hast, *schmelzbar* ist. Dieser Freund lehrt ihn nicht eine Eigenschaft des Silbers kennen, aber veranlaßt ihn, an einen Gebrauch zu denken, den er davon machen kann, um bei diesem dringenden Bedürfnis Pistolenkugeln zu haben. Ein großer Teil der *moralischen Wahrheiten* und der schönsten *Sentenzen* der Schriftsteller ist von dieser Art. Sie lehren uns sehr oft nichts Neues, aber veranlassen uns, an das, was wir wissen, zur rechten Zeit zu denken. Jener sechsfüßige Jambus der römischen Tragödie:

Cuivis potest accidere, quod cuiquam potest,
Geschehn kann jedem, was dem einen kann geschehn,

(den man, wenngleich weniger hübsch, so ausdrücken könnte:

Was einem mal geschehen kann,
Das kann geschehen jedermann)

bewirkt nur, uns an die menschliche Lage überhaupt zu erinnern:

Quod nihil humani a nobis alienum putare debemus.
(Daß wir nichts Menschliches von uns fern annehmen dürfen.)

Jene Regel der Rechtslehrer: *qui jure suo utitur, nemini facit injuriam* (der, welcher sein Recht gebraucht, tut dadurch niemand unrecht), scheint inhaltsleer; sie hat indessen bei gewissen Gelegenheiten einen sehr wichtigen Nutzen und läßt uns gerade an das denken, woran wir denken sollen. Wenn z.B. jemand sein Haus soweit erhöhte, als es durch statutarisches und Gewohnheitsrecht erlaubt ist, und seinem Nachbar auf diese Weise eine Aussicht nähme, so würde man diesen Nachbar gleich mit eben dieser Rechtsregel abweisen, wenn er sich zu beklagen Lust hätte. Übrigens bringen uns die faktischen Sätze oder Erfahrungen, wie der, daß das Opium schlaferregend ist, weiter, als die reinen Vernunftwahrheiten, die uns niemals einen Schritt über das Gebiet unserer deutlichen Vorstellungen hinaus machen lassen. Was jenen Satz anbetrifft, daß jeder Mensch einen Begriff von Gott hat, so ist das ein Vernunftsatz, wenn unter Begriff Vorstellung zu verstehen ist. Denn nach meiner Ansicht ist die Vorstellung von Gott allen Menschen angeboren, aber wenn dieser Begriff eine Vorstellung, an die man tatsächlich denkt, bedeutet, so ist es ein faktischer Satz, welcher von der Geschichte des Menschengeschlechts abhängt. § 7. Wenn man endlich sagt, daß ein Dreieck drei Seiten hat, so ist das nicht so identisch, als es scheint, denn man hat ein wenig Überlegung dazu nötig, einzusehen, daß eine mehrseitige Figur ebensoviel Winkel als Seiten hat. Es würde also eine Seite mehr darin vorkommen, wenn die mehrseitige Figur nicht als geschlossen vorausgesetzt würde.

§ 9. *Philalethes.* Die allgemeinen, über die Substanzen gebildeten Sätze scheinen größtenteils nichtig zu sein, wenn sie sicher sind. Wer die Bedeutungen der Worte: Substanz, Mensch, Tier, Form, vegetative, empfindende, vernunftbegabte Seele kennt, wird daraus mehrfache zweifellose aber unnütze Sätze, besonders über die Seele, bilden, von der man oft spricht, ohne zu wissen, was sie eigentlich ist. Jeder kann eine zahllose Menge von Sätzen, Vernunftbetrachtungen und Schlüssen dieser Art in den Büchern über Metaphysik, scholastische Theologie und eine gewisse Art Physik ersehen, deren Lektüre ihn über Gott, Geister und Körper nichts mehr lehren wird, als das, was er schon wußte, ehe er jene Bücher durchlaufen hatte.

Theophilus. Allerdings lehren die Kompendien über Metaphysik und andere solche Bücher dieser Art, wie man sie gewöhnlich sieht, nur Worte. Z.B. zu sagen, daß die Metaphysik die *Wissenschaft* des Seins im allgemeinen ist, welche die Prinzipien dieses Seins und die daraus fließenden Affektionen erklärt; daß die Prinzipien des Seins das Wesen und Dasein sind, und daß die Affektionen entweder ursprüngliche sind, nämlich das Eine, Wahre und Gute, oder abgeleitete, nämlich das Selbige und Verschiedene, das Einfache und Zusammengesetzte usw., und bei der Anführung jedes dieser Ausdrücke nur unbestimmte Begriffe und Wortunterscheidungen geben – das heißt mit dem Namen der *Wissenschaft* nur Mißbrauch treiben. Indessen muß man den tieferen Scholastikern, wie Suarez (von dem Grotius so viel hielt), die Gerechtigkeit widerfahren lassen, anzuerkennen, daß bei ihnen mitunter bedeutende Untersuchungen vorkommen z.B. über das Kontinuum, das Unendliche, die Zufälligkeit, die Realität der Abstrakta, über das Prinzip der Individuation, über den Ursprung und das Leere der Formen, über die Seele und deren Vermögen, über die Einwirkung Gottes auf die Kreaturen usw. und selbst in der Moral über die Natur des Willens und die Prinzipien der Gerechtigkeit – mit einem Worte, man muß gestehen, daß es doch noch Gold in diesen Schlacken gibt, aber nur Leute von Einsicht können Nutzen daraus ziehen, und die Jugend mit einem Haufen unnützer Dinge zu belasten, weil hie und da etwas Gutes darin steckt, hieße das kostbarste aller Dinge, die Zeit, schlecht zu Rate halten.

Übrigens gebricht es uns nicht ganz und gar an allgemeinen Sätzen über die Substanzen, welche gewiß sind und gewußt zu werden verdienen. Es gibt große, vortreffliche Wahrheiten über Gott und die Seele, welche unser gelehrter Verfasser entweder auf eigene Hand oder zum Teil nach anderen gelehrt hat. Wir haben dem vielleicht auch etwas hinzugefügt. Und was die allgemeinen Erkenntnisse hinsichtlich der Körper anbetrifft, so hat man recht bedeutende denjenigen hinzugefügt, die Aristoteles hinterlassen hatte, so daß man sagen kann, die Physik, selbst die allgemeine, sei zu größerer Vollendung gekommen, als sie ehemals war. Und was die echte Metaphysik betrifft, so fangen wir eben an, sie herzustellen und finden bedeutende, in der Vernunft gegründete und durch die Erfahrung bestätigte Wahrheiten, welche sich auf die Substanzen im allgemeinen beziehen. Ich hoffe auch, die allgemeine Erkenntnis der Seele und der Geister ein wenig vorwärts gebracht zu haben. Eine solche Metaphysik ist das, was Aristoteles forderte – die Wissenschaft, welche bei ihm *Zêtoumenê* die *ersehnte* oder welche er suchte, heißt, welche hinsichts der anderen theoretischen Wissenschaften das sein muß, was die Wissenschaft der Glückseligkeit für die zu ihrer Herstellung erforderlichen praktischen Disziplinen, und was der Baumeister für die Arbeiter ist. Darum sagte Aristoteles, daß die übrigen Wissenschaften von der Metaphysik, als der allgemeinsten, abhangen und von ihr ihre durch sie bewiesenen Prinzipien entlehnen müßten. Auch muß man wissen, daß die wahre Moral sich zur Metaphysik verhält wie die Praxis zur Theorie, weil von der Lehre der Substanzen die Erkenntnis der Geister und besonders Gottes und der Seele gemeinsam abhängt, welche Erkenntnis der Gerechtigkeit und Tugend den ihnen zukommenden Umfang gibt. Denn wie ich anderswo bemerkt habe, würde der Weise, wenn es weder Vorsehung noch zukünftiges Leben gäbe, in der Ausübung der Tugend beschränkter sein, denn er würde alles nur auf seine gegenwärtige Zufriedenheit beziehen; und selbst diese Zufriedenheit, die schon bei Sokrates, beim Kaiser Mark Antonin, bei Epiktet und anderen Alten vorkommt, würde ohne jene schönen und großen Aussichten, welche die Ordnung und Harmonie des Weltalls uns bis zu einer unbegrenzten Zukunft eröffnen, nicht immer so wohl begründet sein. Sonst wird die Seelenruhe nur das sein, was man erzwungene Geduld nennt, so daß man sagen kann, *die natürliche Theologie* mit ihren zwei Teilen, dem theoretischen und dem praktischen, enthalte zugleich die echte Metaphysik und die vollkommenste Sittenlehre.

§ 12. *Philalethes.* Das sind ohne Zweifel Erkenntnisse, die weit davon entfernt sind, nichtssagend oder bloß aus Worten bestehend zu sein. Es scheint aber, daß diese letzteren diejenigen sind, wo zwei Abstrakta, das eine vom anderen, bejaht werden, z.B. daß das *Sparen Mäßigkeit*, daß die *Dankbarkeit Gerechtigkeit* ist; und blendend solche und andere dergleichen Sätze mitunter auf den ersten Blick erscheinen, so finden wir doch, wenn wir ihren Sinn genau erwägen, daß dies alles weiter nichts besagt, als die Bedeutung der Ausdrücke.

Theophilus. Indessen drücken die Bedeutungen der Ausdrücke d.h. die Definitionen, mit den identischen Axiomen verbunden, die Prinzipien aller Beweise aus, und da diese Definitionen zugleich die Vorstellungen und deren Möglichkeit erkennen lassen, so ist klar, daß das davon Abhängige nicht immer bloß in Worten besteht. Was das angeführte Beispiel betrifft, daß die *Dankbarkeit Gerechtigkeit* oder vielmehr ein Teil der Gerechtigkeit ist, so ist es nicht zu verachten, denn es läßt erkennen, daß das, was man *actio ingrati* oder die Klage nennt, welche man gegen Undankbare anstellen kann, in den Gerichtshöfen weniger vernachlässigt werden sollte. Die Körner ließen diese Klage gegen die Liberti oder Freigelassenen zu, und auch heutzutage sollte sie hinsichtlich des Widerrufs von Schenkungen gelten. Übrigens habe ich schon an einer anderen Stelle gesagt, daß von den abstrakten Vorstellungen die eine von der anderen, der Geschlechtsbegriff vom Artbegriff noch ausgesagt werden kann, z.B. wenn man sagt: *die Dauer ist ein Kontinuum, die Tugend ist eine Fertigkeit, die allgemeine Gerechtigkeit* aber ist nicht allein eine Tugend, sondern ist sogar die ganze sittliche Tugend.

IX. Von der Erkenntnis unseres eigenen Daseins

§ 1. *Philalethes.* Bisher haben wir nur die Wesenheiten der Dinge betrachtet, und da unser Geist sie nur durch *Abstraktion erkennt*, indem er sie von jedem besonderen Dasein ablöst, welches ein anderes ist als das in unserem Verstande vorkommende, so geben sie uns durchaus keine Erkenntnis irgend eines wirklichen Daseins. Die allgemeinen Sätze, von denen wir eine gewisse Erkenntnis haben können, beziehen sich auch nicht auf das Dasein. So oft man übrigens einem Individuum eines Geschlechts oder einer Art etwas durch einen Satz, der nicht gewiß ist, beilegt, selbst wenn dasselbe dem Geschlecht oder der Art im allgemeinen zukommt, so bezieht sich der Satz nur auf das Dasein und zeigt nur eine zufällige Verbindung in diesen besonders daseienden Dingen an, wie wenn man z.B. sagt: dieser oder jener ist gelehrt.

Theophilus. Sehr richtig; in diesem Sinne beziehen die Philosophen, indem sie so oft zwischen dem unterscheiden, was zur *Wesenheit* und was zum *Dasein* gehört, auf das letztere alles, was *akzidentell* oder *zufällig* ist. Sehr oft weiß man nicht einmal, ob diejenigen allgemeinen Sätze, welche wir nur aus Erfahrung wissen, vielleicht nicht auch akzidentell sind, weil eben unsere Erfahrung beschränkt ist; wie in den Ländern, wo das Wasser nicht friert, jener dort etwa gebildete Satz: »Das Wasser ist immer in flüssigem Zustande«, nicht das Wesen ausdrückt, wie man erkennt, wenn man in kältere Länder kommt. Man kann indessen das *Akzidentelle* meinem beschränkteren Sinne nehmen, so daß es ein Mittleres zwischen ihm und dem *Wesentlichen* gibt; und zwar ist dieses Mittlere das *Natürliche* d.h. dasjenige, was dem Dinge nicht mit Notwendigkeit angehört, ihm indessen aber an sich zukommt, wenn kein Hindernis eintritt. So könnte jemand behaupten, daß das Flüssigsein in Wahrheit dem Wasser nicht wesentlich sei, daß es ihm aber wenigstens natürlich ist. Man könnte es, sage ich, behaupten, aber es ist gleichwohl nichts Bewiesenes, und vielleicht hätten die Einwohner des Mondes, wenn es deren gäbe, Grund, sich nicht minder berechtigt zu der Erklärung zu halten, daß es dem Wasser natürlich ist, gefroren zu sein. Indessen gibt es andere Fälle, wo das Natürliche weniger zweifelhaft ist. So geht z.B. ein Sonnenstrahl immer gerade durch dasselbe Medium, wenn er nicht zufällig irgend einer Oberfläche begegnet, die ihn zurückwirft. Übrigens pflegt Aristoteles die Quelle der *zufälligen* Dinge in die Materie zu verlegen; alsdann muß man aber darunter die zweite Materie verstehen, d.h. den Haufen oder die Masse der Körper.

§ 2. *Philalethes.* Ich habe schon, entsprechend dem vortrefflichen englischen Schriftsteller, der die Abhandlung über den Verstand geschrieben hat, bemerkt, daß wir *unser Dasein* durch Intuition, das *Gottes* durch Beweis und das *der übrigen Dinge* durch sinnliche Wahrnehmung erkennen. § 3. Jene Intuition nun, welche uns unser eigenes Dasein erkennen läßt, macht auch, daß wir es mit vollständiger Evidenz erkennen, welche nicht fähig ist und nicht nötig hat, bewiesen zu werden, dergestalt, daß, selbst wenn ich an allem zu zweifeln mich unterfange, selbst dieser Zweifel mir nicht verstattet, an meinem Dasein zu zweifeln. Kurz, hierüber haben wir den überhaupt größtmöglichen Grad der Gewißheit.

Theophilus. Mit allem dem bin ich vollkommen einverstanden und füge noch hinzu, daß das unmittelbare Bewußtsein unseres Daseins und unseres Denkens uns die ersten *aposteriorischen* oder faktischen Wahrheiten d.h. die *ersten Erfahrungen* liefert; wie die identischen Sätze die ersten *apriorischen* oder Vernunftwahrheiten d.h. die ersten *Erleuchtungen* aus dem *Innern* enthalten. Die einen wie die anderen sind keines Beweises fähig und können *unmittelbare* genannt werden, jene, weil zwischen dem Verstande und seinem Gegenstande, diese, weil zwischen dem Subjekt und dem Prädikat Unmittelbarkeit stattfindet.

X. Von unserer Erkenntnis des Daseins Gottes

§ 1. *Philalethes.* Gott, welcher unserer Seele die Vermögen gegeben hat, mit denen sie ausgerüstet ist, hat sich nicht unbezeugt gelassen, denn die Sinne, der Verstand und die Vernunft liefern uns offenbare Proben seines Daseins.

Theophilus. Gott hat nicht allein der Seele, ihn zu erkennen, geeignete Vermögen gegeben, sondern ihr auch Charakterzüge eingeprägt, welche auf ihn hinweisen, obgleich sie dieser Züge sich bewußt zu werden, Vermögen nötig hat. Ich will aber nicht wiederholen, was unter uns über die angeborenen Vorstellungen und Wahrheiten, unter die ich die Vorstellung von Gott und die Wahrheit seines Daseins zähle, verhandelt worden ist; kommen wir lieber zur Sache.

Philalethes. Mag nun auch das Dasein Gottes die durch die Vernunft am leichtesten zu erweisende Wahrheit sein, und deren Evidenz, wenn ich mich nicht täusche, der der mathematischen Beweise gleichkommen, so fordert sie doch Aufmerksamkeit. Es ist zunächst nötig, auf uns selbst und auf unser eigenes unzweifelhaftes Dasein zu reflektieren. § 2. Somit setze ich voraus, daß *jeder erkennt, es gebe etwas wirklich Daseiendes* und also ein wirkliches Wesen. Wenn es jemand gibt, der an seinem eigenen Dasein zweifeln kann, so erkläre ich, mit ihm nicht zu verhandeln. § 3. Wir wissen ferner durch eine Erkenntnis einfacher Art, daß *das bloße Nichts kein wirkliches Wesen hervorbringen* kann. Daraus folgt mit mathematischer Evidenz, daß *von aller Ewigkeit her etwas dagewesen ist,* weil alles, was einen Anfang hat, durch irgend etwas anderes erzeugt worden sein muß. § 4. Nun empfängt jedes Wesen, das sein Dasein von einem anderen erhält, von diesem auch alles das, was es hat, und alle seine Vermögen. Darum ist die ewige Quelle aller Wesen auch das Prinzip aller ihrer Kräfte, dergestalt, daß dies *ewige Wesen auch allmächtig sein muß.* § 5. Weiter findet der Mensch in sich Erkenntnis. Also *gibt es ein mit Verstand begabtes Wesen.* Nun ist unmöglich, daß ein der Erkenntnis und Wahrnehmung gänzlich entbehrendes Ding ein mit Verstand begabtes Wesen hervorbringe, und der Vorstellung des der Empfindung baren Stoffes ist es zuwider, in sich selbst Empfindung hervorzubringen. Darum ist die Quelle der Dinge mit Verstand begabt, und *es hat ein mit Verstand begabtes Wesen von aller Ewigkeit her gegeben.* § 6. Ein ewiges, höchst mächtiges und verständiges Wesen ist das, was man Gott nennt. Sollte sich jemand finden, der unvernünftig genug wäre, vorauszusetzen, daß der Mensch das einzige Wesen ist, das Erkenntnis und Weisheit besitzt, trotzdem aber durch den bloßen Zufall gebildet worden sei, und daß dies nämliche blinde und erkenntnislose Prinzip es sei, welches das ganze übrige Weltall leite, so fordere ich ihn auf, den durchaus begründeten und nachdrücklichen Tadel Ciceros (über die Gesetze, Buch II) mit Muße zu prüfen. Sicherlich, so sagt dieser, darf niemand von so törichtem Stolze sein, sich einzubilden, daß es in ihm einen Verstand und eine Vernunft gibt, und es doch keinen Verstand gebe, der dies ganze weite Weltall regiere. Aus dem eben Bemerkten folgt klar, daß wir von Gott eine sicherere Erkenntnis als von irgend einem anderen Dinge außer uns haben.

Theophilus. Wie ich mit vollkommener Aufrichtigkeit versichere, tut es mir außerordentlich leid, etwas gegen diese Beweisführung sagen zu müssen, ich tue es aber nur, um Ihnen Gelegenheit zu geben, eine Lücke darin auszufüllen. Und zwar besonders an der Stelle, wo Sie schließen, daß etwas von aller Ewigkeit her dagewesen ist. Ich finde darin etwas Zweideutiges, wenn es sagen will, *daß es niemals eine Zeit gegeben hat, wo nichts da war.* Das gestehe ich zu, und es folgt in Wahrheit aus den vorausgehenden Sätzen mittels einer ganz mathematischen Konsequenz. Denn wenn es jemals nichts gegeben hätte, so würde es immer nichts gegeben haben, da das Nichts kein Seiendes hervorbringen kann; wir würden also nicht sein, was gegen die erste Erfahrungswahrheit streitet. Aber die Folge zeigt sofort, daß wenn Sie sagen, es sei etwas von aller Ewigkeit her dagewesen, Sie darunter ein ewiges Etwas verstehen. Das folgt indessen nicht auf Grund dessen, was Sie bis dahin vorgebracht haben, daß, wenn es immer etwas gegeben hat, dies ein gewisses Etwas d.h. ein ewiges Wesen gewesen ist. Denn gewisse Gegner werden sagen, daß das Ich durch andere Dinge hervorgebracht worden sei, und diese Dinge wieder durch andere. Wenn ferner einige die Annahme ewiger Wesen machen, (wie die Epikureer die ihrer Atome), so werden sie sich deswegen noch nicht für verbunden halten, ein ewiges Wesen zuzugestehen, welches allein die Quelle aller übrigen ist. Denn wenn sie auch anerkennen würden, daß das, was das Dasein verleiht, auch die anderen Eigenschaften und Kräfte der Sache verleiht, so können sie doch leugnen, daß ein einziges Ding den übrigen das Dasein gibt, und sogar behaupten, daß zu jedem Dinge mehrere andere beitragen müssen. So werden wir dadurch allein niemals zu *einer* Quelle aller Kräfte gelangen. Gleichwohl ist es sehr vernünftig, anzunehmen, daß es nur eine und dieselbe gibt und das Weltall mit Weisheit regiert wird. Wenn man aber den Stoff für der Empfindung fähig hält, so wird man auch geneigt sein, es nicht für unmöglich zu halten, daß er dieselbe hervorbringen könne. Wenigstens wird es schwer sein, einen Beweis beizubringen, welcher zugleich zeigt, daß sie dazu gänzlich unfähig ist; und gesetzt, daß unser Denken von einem denkenden Wesen ausgebt, kann man, ohne Nachteil des Beweises, als zugestanden annehmen, daß dies Gott sein muß?

§ 7. *Philalethes.* Ich zweifle nicht, daß der ausgezeichnete Mann, von dem ich diesen Beweis entlehnt habe, imstande ist, ihn zu vervollkommnen, und ich will versuchen, ihn dazu zu veranlassen, weil er der Welt keinen größeren Dienst leisten könnte. Sie selbst wünschen es. Dies macht mich glauben, daß Sie nicht annehmen, man müsse, um den Atheisten den Mund zu schließen, alles auf das Dasein der Vorstellung Gottes in uns begründen, wie einige tun, die sich an diese ihre Lieblingsentdeckung allzu stark halten und soweit gehen, alle die übrigen Beweise des Daseins Gottes zu verwerfen oder wenigstens sie abzuschwächen zu versuchen und deren Anwendung zu verbieten, als wenn sie schwach oder falsch wären. Und doch sind im Grunde genommen dies die Beweise, welche uns so klar und auf eine so überzeugende Weise das Dasein dieses höchsten Wesens durch die Erwägung unseres eigenen Daseins und der sinnlich wahrnehmbaren Teile des Universums zeigen, daß meiner Meinung nach kein weiser Mann ihnen widerstehen kann.

Theophilus. Obschon ich für die angeborenen Vorstellungen und besonders die Gottes, eingenommen bin, so glaube ich doch nicht, daß die aus der Vorstellung von Gott hergenommenen Beweise der Kartesianer vollkommen sind. Ich habe hinlänglich anderswo gezeigt (in den *Acta Lipsiensia* und in den Memoiren von Trevoux), daß derjenige, welchen Descartes dem Anselm, Erzbischof von Canterbury, entlehnt hat, in Wahrheit sehr schön und geistreich ist, daß es darin aber noch eine Lücke auszufüllen gibt. Jener berühmte Erzbischof, der ohne Zweifel einer der fähigsten Männer seiner Zeit gewesen ist, wünscht sich nicht ohne Grund Glück, ein Mittel gefunden zu haben, das Dasein Gottes *a priori*, durch seinen eigenen Begriff, gefunden zu haben, ohne auf die Wirkungen zurückzugehen. Folgendes etwa ist der Gang seines Beweises: Gott ist das größte oder, wie Descartes es ausdrückt: das vollkommenste der Wesen oder auch ein Wesen von äußerster Größe und Vollkommenheit, das alle Grade derselben in sich schließt. Dies also ist der Begriff Gottes. Sehen wir nun, wie aus diesem Begriffe das Dasein folgt. Es ist etwas mehr, da zu sein, als nicht da zu sein, oder auch das Dasein fügt der Größe oder der Vollkommenheit einen Grad hinzu, und wie Descartes es ausspricht, das Dasein ist selbst eine Vollkommenheit. Darum ist dieser Grad von Größe und Vollkommenheit oder auch diese Vollkommenheit, welche im Dasein besteht, in diesem höchsten, durchaus großen, ganz vollkommenen Wesen, denn sonst würde ihm ein Grad fehlen, was gegen seine Definition wäre. Und folglich ist dies höchste Wesen da. Die Scholastiker, ohne selbst ihren *doctor angelicus* auszunehmen, haben diesen. Beweis verachtet und ihn als einen Paralogismus betrachtet, worin sie sehr unrecht gehabt haben; und Descartes, welcher die scholastische Philosophie im Kolleg der Jesuiten zu La Flèche lange genug studiert hatte, hat sehr recht gehabt, ihn wieder zu Ehren zu bringen. Es ist nicht ein Paralogismus, sondern ein unvollständiger Beweis, der etwas voraussetzt, was man noch hätte beweisen sollen, um ihm mathematische Evidenz zu verleihen – nämlich, daß man dabei stillschweigend voraussetzt, diese Vorstellung des durchaus großen oder durchaus vollkommenen Wesens sei möglich und enthalte keinen Widerspruch. Und es ist schon etwas, daß man durch, diese Bemerkung beweist: *gesetzt, daß Gott möglich ist, so ist er*, was das Privilegium der Gottheit allein ist. Man hat recht, die Möglichkeit eines jeden Wesens anzunehmen und vor allem die Gottes, bis ein anderer das Gegenteil beweist. Somit gibt dieser metaphysische Beweis schon einen moralischen zwingenden Schluß ab, wonach wir dem gegenwärtigen Stande unserer Erkenntnisse zufolge urteilen müssen, daß Gott da sei, und demgemäß handeln. Es wäre aber doch zu wünschen, daß gescheite Männer den Beweis mit der Strenge einer mathematischen Evidenz vollendeten; ich glaube anderswo etwas ausgesprochen zu haben, was dazu dienen könnte. Der andere Beweis Descartes', welcher das Dasein Gottes darzutun unternimmt, weil dessen Vorstellung in unserer Seele ist, und sie von ihrem Urbild herstammen muß, ist noch weniger bündig. Denn erstlich hat dieser

Beweis den mit dem vorhergehenden gemeinsamen Fehler, vorauszusetzen, daß sich eine solche Vorstellung in uns findet, d.h. daß Gott möglich ist. Denn was Descartes dafür anführt, daß wir, wenn wir von Gott sprechen, wissen, was wir sagen, und folglich die Vorstellung davon in uns haben, ist ein trügerisches Kennzeichen, weil wir, wenn wir z.B. von der immerwährenden mechanischen Bewegung sprechen, auch wissen, was wir sagen, und diese immerwährende Bewegung doch etwas Unmögliches ist, wovon man folglich nur scheinbar eine Vorstellung haben kann. Und zweitens zeigt dieser nämliche Beweis gar nicht, daß die Vorstellung von Gott, wenn wir sie haben, von ihrem Urbilde herkommt. Ich will mich jedoch jetzt nicht damit aufhalten. Sie werden mir sagen, daß wenn wir in uns die angeborene Vorstellung Gottes anerkennen, ich nicht sagen dürfe, es könne zweifelhaft sein, ob es eine solche gibt. Ich lasse aber diesen Zweifel nur zu hinsichtlich einer strikten Beweisführung, die ganz allein auf die Vorstellung begründet ist. Denn man ist auch sonst der Vorstellung und des Daseins Gottes hinlänglich versichert. Auch werden Sie sich erinnern, daß ich gezeigt habe, wie die Vorstellungen in uns sind – nicht immer auf die Art, daß man derselben sich bewußt ist, aber immer so, daß man sie aus seinem eigenen Innern hervorziehen und ins Bewußtsein erheben kann. Und dies glaube ich auch von der Vorstellung Gottes, dessen Möglichkeit und Dasein ich auf mehr als eine Art für bewiesen halte. Und die *vorherbestimmte Harmonie* liefert dazu ein neues unbestreitbares Mittel. Übrigens glaube ich, daß fast alle zum Beweise des Daseins Gottes angewandten Mittel gut sind und dienen mögen, wenn man sie vervollkommnete, und bin keineswegs der Meinung, daß man den aus der Ordnung der Dinge zu gewinnenden Beweis vernachlässigen dürfe.

§ 9. *Philalethes.* Es wird vielleicht angemessen sein, ein wenig bei der Frage stehen zu bleiben, ob ein denkendes Wesen von einem nicht denkenden und aller Empfindung und Erkenntnis baren Wesen, einem solchen, wie die Materie sein könnte, herstammen kann. § 10. Nun ist selbst das klar, daß ein Teil der Materie unfähig ist, aus sich etwas hervorzubringen und sich Bewegung zu verleihen. Also muß seine Bewegung entweder ewig oder ihm durch ein mächtigeres Wesen eingeprägt sein. Wenn nun diese Bewegung ewig wäre, so würde sie doch immer unfähig sein, Erkenntnis hervorzubringen. Man teile sie in so viel kleine Teile, als man will, gleichsam um sie zu spiritualisieren, man gebe ihr alle Gestalten und alle Bewegungen, die man ihr geben kann, man mache daraus eine Kugel, einen Würfel, ein Prisma, einen Zylinder usw., deren Durchmesser nur den millionsten Teil eines *Gry* beträgt, welches der zehnte Teil einer Linie, des zehnten Teiles eines Zolls, des Zehntels eines Fußes ist, der das Drittel eines Pendels ausmacht, von dem jede Schwingung unter dem 45. Breitengrade eine Sekunde dauert. Mag dieses Stoffteilchen noch so klein sein, so wird es auf Körper von einer ihm proportionalen Größe nicht anders wirken, als die Körper von einem Zoll oder Fuß Durchmesser aufeinander wirken. Und man darf mit ebensoviel Grund hoffen, Empfindung, Gedanken und Erkenntnis dadurch hervorzubringen, daß man die groben Stoffteile von gewisser Gestalt und Bewegung zusammenfügt, als mittels der kleinsten Stoffteilchen, die es auf der Welt gibt. Diese letzteren hemmen, stoßen und widerstehen einander gerade wie die groben, und das ist alles, was sie vermögen. Wenn aber die Materie aus ihrem Innern die Empfindung, die Wahrnehmung und die Erkenntnis unmittelbar und ohne Hilfsmittel oder ohne Hilfe der Gestalten und der Bewegungen hervorrufen könnte, so müßte in diesem Falle, sie zu besitzen, eine von der Materie und allen ihren Teilen untrennbare Eigenschaft sein. Dem könnte man hinzufügen, daß auch die allgemeine und besondere Vorstellung, welche wir von der Materie haben, uns von ihr zu reden veranlaßt, als wenn sie ein der Zahl nach Einziges wäre, während die gesamte Materie eigentlich kein individuelles Ding ist, das wie ein materielles Wesen da ist, oder als ein besonderer Körper, den wir kennen oder uns denken können. Ware daher die Materie das erste, ewige denkende Wesen, so würde es nicht ein einziges ewiges, unendliches und denkendes Wesen geben, sondern eine unendliche Zahl ewiger, unendlicher denkender Wesen, die voneinander unabhängig wären, deren Kräfte beschränkt und deren Gedanken voneinander verschieden sein würden, und die folglich niemals diejenige Ordnung, Harmonie und Schönheit hervorrufen könnten, welche man in der Natur bemerkt. Daraus folgt notwendig, daß das erste ewige Wesen nicht die Materie sein kann. Hoffentlich werden Sie von dieser, dem berühmten Urheber der vorhergehenden Beweisführung entnommenen Darstellung mehr befriedigt sein, als Sie von seiner Beweisführung gewesen zu sein schienen.

Theophilus. Ich finde die jetzige Darstellung durchaus triftig und nicht allein scharf, sondern auch tief und ihres Verfassers würdig. Ich bin durchaus seiner Meinung, daß es keine Kombination und Modifikation der Teile der Materie gibt, mögen sie noch so klein sein, die Wahrnehmung hervorbringen könnte, während die großen Teile, wie man offenbar erkennt, sie nicht verleihen können, und daß alles in den kleinen Teilen dem, was in den großen vorgehen kann, proportional ist. Auch ist die vom Verfasser hierbei gemachte Bemerkung über die Materie wichtig, daß man sie nicht für ein der Zahl nach einziges Ding nehmen darf oder wie ich zu sagen pflege, für eine wahre und vollkommene *Monade* oder *Einheit*, weil sie nur eine *Anhäufung* einer unendlichen Zahl von Wesen ist. Hier hätte es für diesen vortrefflichen Schriftsteller nur noch eines Schrittes bedurft, um bei meinem System anzulangen. Denn ich messe in der Tat allen diesen unendlichen Wesen Wahrnehmung bei, von denen ein jedes gleichsam ein Organismus ist, begabt mit einer Seele (oder einem analogen Tätigkeitsprinzip, welches seine wahre Einheit ausmacht) nebst dem, was solch ein Wesen bedarf, um leidentlich und mit einem organischen Körper begabt zu sein. Nun haben diese Wesen ihre teils tätige, teils leidende Natur (d.h. das, was sie Immaterielles und Materielles haben) von einer allgemeinen und obersten Ursache empfangen, weil sie sonst, wie der Verfasser sehr richtig bemerkt, da sie voneinander unabhängig sind, niemals diejenige *Ordnung*, diejenige *Harmonie*, die jenige *Schönheit* hätten hervorbringen können, welche man in der Natur bemerkt. Dieser Beweis aber, welcher uns von moralischer Gewißheit zu sein scheint, wird durch die von mir eingeführte *neue Art von Harmonie*, welche die *vorherbestimmte Übereinstimmung* ist, zu einer durchaus metaphysischen Notwendigkeit gesteigert. Denn da jede dieser Seelen das, was außer ihr vorgeht, auf ihre Art ausdrückt, und diese nicht durch irgend welchen Einfluß der anderen besonderen Wesen erhalten haben kann, vielmehr diesen Ausdruck aus dem eigenen Innern ihrer Natur hervorbringen muß, so maß eine jegliche notwendig diese Natur (oder diesen inneren Grund, das für sie Äußere auszudrücken) von einer allgemeinen Ursache empfangen haben, von der diese Wesen alle abhangen und welche das eine mit dem anderen vollkommen in Übereinstimmung und Korrespondenz setzt. Dies kann nicht ohne unendliche Erkenntnis und Macht und nur durch eine so große Kunst – vor allem hinsichtlich der spontanen Mitwirkung des mechanischen Teils mit den Handlungen der vernünftigen Seele – geschehen, daß ein berühmter Schriftsteller, welcher in seinem bewundernswürdigen Wörterbuch dagegen Einwendungen machte, fast zweifelte, ob es nicht über alle mögliche Weisheit hinausginge, indem er sagte, daß die Weisheit Gottes ihm für eine solche Veranstaltung nicht zu groß erschiene, und so wenigstens anerkannte, daß man von den schwachen Begriffen, die wir von der göttlichen Vollkommenheit haben können, noch niemals einen so erhabenen Ausdruck gegeben habe.

§ 12. *Philalethes.* Wie erfreuen Sie mich durch ihre Übereinstimmung Ihrer Gedanken mit denen meines Autors! Hoffentlich werden Sie mir nicht übel nehmen, daß ich Ihnen noch seine fernere Betrachtung über diesen Gegenstand mitteile. Zuerst prüft er, ob das denkende Wesen, von dem alle übrigen verstandesbegabten Wesen abhangen (und also um so mehr noch alle die übrigen Wesen), materiell ist oder nicht? § 13. Er macht sich den Einwurf, daß ein denkendes Wesen materiell sein könne. Aber er antwortet auch, daß wenn dies auch der Fall wäre, es genug sei, daß dies ein ewiges Wesen ist, welches eine unendliche Wissenschaft und Macht hat. Wein ferner das Denken und die Materie getrennt werden können, so würde das ewige Dasein der Materie nicht die Folge des ewigen Daseins eines denkenden Wesens sein. § 14. Man kann noch diejenigen, welche Gott in einem materiellen Wesen machen, fragen, ob sie glauben, daß jeder Teil der Materie denkt. In diesem Fall würde daraus folgen, daß es so viel Götter gäbe, als Teile der Materie. Wenn aber nicht jeder Teil der Materie denkt, so bekommen wir wieder ein denkendes aus nicht denkenden Teilen zusammengesetztes Wesen, das schon widerlegt worden ist. Sagen, daß nur irgend ein Atom der Materie denkt und die anderen obwohl in gleicher Weise ewigen Teile derselben nicht denken, heißt *ohne Grund* behaupten, daß ein Teil der Materie unendlich über den anderen erhaben ist und denkende, nicht ewige Wesen hervorbringt. § 16. Will man, daß das denkende, ewige und materielle Wesen eine bestimmte, besondere Zusammenhäufung von Materie ist, deren Teile nicht denkende sind, so fällt man in das schon widerlegte zurück: denn die Teile der Materie mögen immerhin verbunden sein, sie können dadurch doch nur eine neue örtliche Beziehung gewinnen, die ihnen die Erkenntnis nicht mitteilen kann. § 17. Es ist dabei gleichgültig, ob diese Anhäufung in Ruhe oder in Bewegung ist. Wenn sie in Ruhe ist, so ist sie nur ein untätiger Haufen, welcher kein Vorrecht vor einem einzelnen Atom hat; wenn sie in Bewegung ist, so müssen, da diese vor anderen Teilen sich auszeichnende Bewegung das Denken hervorbringen soll, alle diese Gedanken zufällig und beschränkt sein, denn jeder Teil für sich ist ohne Gedanken und besitzt nichts, was seine Bewegungen regelt. So würde es also dabei weder Freiheit noch Wahl noch Weisheit geben, ebensowenig als in der einfachen vernunftlosen Materie.

§ 18. Andere mögen glauben, daß die Materie mit Gott wenigstens gleich ewig sei. Aber sie sagen nicht warum; auch ist die Erzeugung eines denkenden Wesens, die sie zugeben, noch weit schwieriger als die der weniger vollkommenen Materie. Und wenn wir uns, sagt der Verfasser, vielleicht ein wenig von den gewöhnlichen Vorstellungen entfernen, unserem Geiste Schwung geben und uns auf eine tiefere Untersuchung, die wir über die Natur der Dinge anstellen könnten, einlassen wollten, *so würden wir so weit kommen, auf eine wenn auch unvollkommene Art zu begreifen, wie die Materie anfänglich geschaffen worden sei, und wie sie durch die Macht dieses ersten ewigen Wesens dazusein angefangen hat.* Aber zugleich würde man sehen, daß, einem Geiste das Sein zu verleihen, eine viel schwerer zu begreifende Wirkung dieser ewigen und unendlichen Macht ist. Aber weil mich dies, (fügt er hinzu), vielleicht zu weit *von den Begriffen* entfernen würde, *auf welche die Philosophie gegenwärtig in der Welt gegründet ist*, so würde es unverzeihlich sein, mich so viel davon zu entfernen und zu untersuchen, so viel als die Grammatik es verstatten mag, ob im Grunde die gewöhnlich angenommene Meinung jener besonderen Ansicht zuwiderläuft; ich würde unrecht haben, sage ich, mich auf diese Untersuchung einzulassen, besonders *auf diesem Fleck der Erde*, wo die angenommene Lehre für meinen Zweck gut genug ist, weil sie als etwas Unzweifelhaftes hinstellt, daß, wenn man einmal die Schöpfung oder das Anfangen irgend einer aus dem Nichts hervorgetretenen *Substanz* setzt, man mit derselben Leichtigkeit die Schöpfung jeder anderen Substanz, den Schöpfer selbst ausgenommen, annehmen kann.

Theophilus. Sie haben mir ein wahres Vergnügen damit bereitet, mir von einem tiefen Gedanken Ihres gelehrten Autors etwas berichtet zu haben, den ganz und gar vorzubringen seine nur zu peinliche Vorsicht ihn verhindert hat. Es wäre sehr schade, wenn er ihn unterdrückte und uns da stehen ließe, nachdem er uns das Verlangen danach so heftig erregt. Ich versichere Sie meiner Überzeugung, daß unter dieser Art von Rätsel etwas Schönes und Bedeutendes verborgen ist. Das groß gedruckte »*Substanz*« läßt mich argwöhnen, daß er die Hervorbringung der Materie sich so wie die der Akzidenzien denkt, welche aus dem Nichts zu ziehen keine Schwierigkeit hat; und wenn er sein besonderes

Denken *von der gegenwärtig in der Welt oder auf diesem Fleck der Erde begründeten Philosophie* unterscheidet, so hat er vielleicht die Platoniker im Auge, welche die Materie für etwas nach der Art der Akzidenzien Flüchtiges und Vorübergehendes nahmen und von den Geistern und Seelen eine ganz andere Vorstellung hatten.

§ 19. *Philalethes.* Wenn endlich einige die *Schöpfung*, durch welche die Dinge aus nichts gemacht sind, weil sie sie nicht begreifen können, leugnen, so hält unser Autor, der eher geschrieben hat, als er von Ihrer Entdeckung hinsichts der Ursache der Einheit von Seele und Leib wußte, ihnen entgegen, daß sie auch nicht begreifen, wie die willkürlichen Bewegungen in den Körpern durch den Willen der Seele hervorgebracht werden, an welche sie, durch die Erfahrung überzeugt, zu glauben nicht umhin können; und mit Recht erwidert er denen, welche antworten, daß die Seele, da sie keine neue Bewegung hervorbringen kann, nur eine neue Bestimmung der Lebensgeister hervorbringt, er erwidert ihnen, sage ich, daß das eine so unbegreiflich ist, als das andere. Und nichts kann besser gesagt sein, als was er bei dieser Gelegenheit hinzufügt, daß Gott in dem, was er tun kann, auf das für uns Begreifliche beschränken wollen, unserer Fassungskraft eine unendliche Ausdehnung geben oder Gott selbst endlich machen heißt.

Theophilus. Wiewohl gegenwärtig die Schwierigkeit hinsichts der Einheit von Leib und Seele meiner Ansicht nachgehoben ist, so bleiben doch noch andere übrig. Ich habe *a posteriori* durch die vorherbestimmte Harmonie gezeigt, daß alle Monaden ihren Ursprung aus Gott gewonnen haben und von ihm abhangen. Indessen kann man das Wie im einzelnen nicht begreifen, und ihre Erhaltung ist im Grunde nichts anderes als eine fortwährende Schöpfung, wie die Scholastiker ganz richtig anerkannt haben.

XI. Von unserer Erkenntnis der übrigen Dinge

§ 1. *Philalethes.* Da also das Dasein Gottes allein in einem notwendigen Zusammenhange mit dem unsrigen steht, so beweisen unsere Vorstellungen, die wir von etwas haben können, nicht mehr das Dasein dieses Dinges, als das Bild eines Menschen sein wirkliches Dasein beweist. § 2. Die Gewißheit indessen, welche ich mittels der *sinnlichen Wahrnehmung* von dem Weißen und Schwarzen auf diesem Papier habe, ist ebenso groß als die meiner Handbewegung, welche aus der Erkenntnis unseres Daseins und der Gottes entsteht. § 3. Diese Gewißheit verdient den Namen der Erkenntnis. Denn ich glaube nicht, daß jemand im Ernst so skeptisch sein könnte, um über das Dasein der Dinge, welche er sieht und empfindet, ungewiß zu sein. Wenigstens wird derjenige, welcher seine Zweifel so weit treiben kann, niemals mit mir in Streit geraten, weil er niemals wird sicher sein können, daß ich irgend, etwas gegen seine Ansicht äußere.

Die Wahrnehmungen der sinnlichen Dinge sind (§ 4) durch äußere Ursachen hervorgebracht, welche unsere Sinne affizieren, denn wir erhalten diese Wahrnehmungen nicht ohne die Organe, und wenn die Organe ausreichen, würden sie dieselben immer hervorbringen. § 5. Ferner mache ich mitunter die Erfahrung, daß ich ihre Hervorbringung in meinem Geiste nicht verhindern kann, wie z.B. das Licht, wenn ich die Augen an einem Orte, wo der Tag hineinscheinen kann, offen halte, während ich die in meinem Gedächtnis vorhandenen Vorstellungen verlassen kann. Also muß es irgend eine äußere Ursache dieses lebhaften Eindrucks geben, deren Wirksamkeit ich nicht überwinden kann.

§ 6. Einige dieser Wahrnehmungen werden von uns mit Schmerz hervorgebracht, obgleich wir uns hinterher ihrer erinnern, ohne die geringste Unbequemlichkeit zu verspüren. Wenn nun auch die mathematischen Beweise nicht von den Sinnen abhangen, so trägt doch die mittels der Figuren auf sie gerichtete Untersuchung viel dazu bei, die Evidenz unseres Blickes darzutun, und sie scheint ihm eine Sicherheit zu verleihen, welche der der Beweisführung selbst nahe kommt.

§ 7. In manchen Fällen legen auch unsere Sinne voneinander Zeugnis ab. Der, welcher das Feuer sieht, kann auch, wenn er daran zweifelt, es fühlen. Und während ich dies schreibe, sehe ich, daß ich die Erscheinung des Papiers ändern und zum voraus sagen kann, welche neue Erscheinung es dem Geiste darbieten wird; wenn aber diese Zeichen niedergeschrieben sind, kann ich nichtmehr vermeiden, sie zu sehen, wie sie da sind. Überdies würde der Anblick dieser Charaktere einen anderen dieselben laute hervorbringen lassen.

§ 8. Wenn jemand glaubt, daß dies alles nur ein langer Traum ist, so mag er auch träumen, wenn es ihm beliebt, daß ich ihm darauf erwidere, unsere auf das Zeugnis der Sinne begründete Gewißheit sei so vollkommen, als unsere Natur es zuläßt und unsere Lebenslage es fordert. Wer eine Kerze brennen sieht und die Hitze der Flamme erfährt, die ihm Schmerz verursacht, wenn er den Finger nicht zurückzieht, wird keine größere Gewißheit fordern, um seine Handlungsweise danach einzurichten, und wenn dieser *Träumer* es nicht so machte, würde er sich bald erweckt finden. Also genügt uns eine solche Sicherheit, die ebenso gewiß ist, wie die Lust oder der Schmerz: zwei Dinge, über welche hinaus wir kein Interesse an der Erkenntnis oder dem Dasein der Dinge haben. § 9. Aber über unsere augenblickliche Sinneswahrnehmung hinaus gibt es keine Erkenntnis, sondern nur *Wahrscheinlichkeit*, wie z.B. wenn ich glaube, daß es in der Welt Menschen gibt: dafür ist die äußerste Wahrscheinlichkeit, obgleich ich jetzt, da ich in meinem Zimmer allein bin, keinen sehe. § 10. Auch würde es eine Torheit sein, für alles einen Beweis zu erwarten und nicht den klaren und *evidenten* Wahrheiten gemäß zu handeln, wenn sie nicht gerade beweisbar sind. Ein Mensch, welcher so verfahren wollte, könnte über nichts anderes sicher sein, als in sehr kurzer Zeit zugrunde zu gehen.

Theophilus. Ich habe schon in unseren früheren Besprechungen bemerkt, daß die Wahrheit der sinnlichen Dinge durch ihren Zusammenhang gerechtfertigt wird, welcher von in der Vernunft begründeten Verstandeswahrheiten und sich gleichbleibenden Beobachtungen an den sinnlichen Dingen selbst, sogar wenn die Gründe nicht einleuchtend sind, abhängt. Und da diese Gründe und Beobachtungen uns das Mittel geben, in bezug auf unser Interesse über die Zukunft zu urteilen, und der Erfolg unserem vernünftigen Urteil entspricht, so kann man eine größere Gewißheit über diese Gegenstände nicht verlangen und selbst nicht einmal erhalten. Man kann sogar auch von den Träumen und ihrem geringen Zusammenhange mit anderen Erscheinungen Rechenschaft geben. Indessen glaube ich, daß man die Bezeichnung der Erkenntnis und Gewißheit über die jedesmaligen sinnlichen Wahrnehmungen hinaus ausdehnen könnte, da die Klarheit und Evidenz darüber hinausgehen, die ich als eine Art der Gewißheit betrachte; und es würde ohne Zweifel eine Narrheit sein, im Ernst daran zu zweifeln, ob es Menschen auf der Welt gebe, weil wir gerade keine sehen. Im *Ernst zweifeln* ist hinsichtlich der Praxis zweifeln, und man könnte die *Gewißheit* für eine Erkenntnis der Wahrheit nehmen, an der man hinsichtlich der Praxis nicht zweifeln kann, ohne närrisch zu sein; und mitunter nimmt man sie noch allgemeiner und wendet sie auf diejenigen Fälle an, wo man, ohne starken Tadel zu verdienen nicht zweifeln darf. Die *Evidenz* aber würde eine lichtvolle Gewißheit sein, d.h. wo man wegen des Zusammenhanges, welchen man unter den Vorstellungen sieht, nicht zweifelt. Dieser Definition der Gewißheit gemäß sind wir sicher, daß Konstantinopel in der Welt ist, daß Konstantin, Alexander der Große und Krösus gelebt haben. Allerdings könnte ein Bauer aus den Ardennen mit Recht daran zweifeln, weil ihm der Unterricht fehlt, aber ein gelehrter und gebildeter Mann könnte es ohne eine große Geistesverwirrung nicht.

§ 11. *Philalethes.* Wir sind in Wahrheit durch unser Gedächtnis von vielem Vergangenen versichert; aber ob es noch vorhanden ist, können wir nicht wohl beurteilen. Ich sah gestern Wasser und eine gewisse Zahl schöner Farben auf den Blasen, welche sich darüber bildeten. Ich bin gegenwärtig gewiß, daß diese Blasen ebensogut als das Wasser dagewesen sind, aber ich erkenne das gegenwärtige Dasein des Wassers auf nicht gewissere Art als das der Blasen, obgleich das erstere unendlich mehr wahrscheinlich ist, und man beobachtet hat, daß das Wasser dauernd ist, die Blasen aber verschwinden. § 12. Außer uns und Gott endlich erkennen wir andere Geister nur durch die *Offenbarung* und haben darüber nur die Gewißheit des *Glaubens.*

Theophilus. Ich habe schon bemerkt, daß unser Gedächtnis uns mitunter täuscht. Und zwar messen wir ihm Glauben bei oder nicht, je nachdem es mehr oder weniger lebhaft und mit den Dingen, von denen wir wissen, mehr oder weniger verknüpft ist. Und oft können wir an den Nebenumständen zweifeln, wenn wir der Hauptsache sicher sind. Ich erinnere mich, einen Menschen gekannt zu haben, denn ich empfinde, daß sein Bild mir ebensowenig neu ist, als seine Stimme, und dies doppelte Zeichen ist mir eine bessere Garantie als eines von beiden; aber wo ich ihn gesehen habe, kann ich mich nicht erinnern. Indessen kommt es, wiewohl selten, vor, daß man jemand im Traume sieht, ehe man ihn leibhaftig gesehen hat. Man hat mich versichert, daß eine wohlbekannte Hofdame den, welchen sie nachher heiratete, im Traume sah und ihren Freundinnen beschrieb, und auch den Saal, wo die Hochzeit gefeiert wurde, und zwar eher, als sie den Mann und den Ort gesehen und gekannt hatte. Man schrieb dies ich weiß nicht welchem geheimen Vorgefühl zu, aber der Zufall kann diese Wirkung hervorbringen, weil es gar selten ist, daß so etwas vorkommt. Außerdem hat man, weil die Traumbilder ein wenig dunkel sind, hinterher mehr Freiheit, sie auf andere Erscheinungen zu übertragen.

§ 13. *Philalethes.* Wir können also damit schließen, daß es zwei Arten von Sätzen gibt, die einen besondere und auf das Dasein bezügliche, wie z.B. daß es einen Elefanten gibt, die anderen allgemeine über die Abhängigkeit der Vorstellungen, wie z.B. daß die Menschen Gott gehorchen müssen. § 14. Die meisten dieser allgemeinen und gewissen Sätze führen den Namen *ewiger Wahrheiten* und sind es in der Tat alle. Nicht, weil es Sätze sind, die von aller Ewigkeit her irgendwo wirklich gebildet oder nach irgend einem Muster, das immer da war, dem Geiste eingeprägt worden wären, sondern weil wir überzeugt sind, daß wenn ein zu diesem Zweck mit Vermögen und Mitteln begabtes Geschöpf sein Denken der Erwägung seiner Vorstellungen zuwendet, es die Wahrheit dieser Sätze findet.

Theophilus. Ihre Einteilung scheint auf die meinige von *tatsächlichen* und *Vernunftsätzen* hinauszukommen. Auch die tatsächlichen Sätze können irgendwie allgemein werden, aber dies geschieht durch Induktion oder Beobachtung, und zwar in der Art, daß dabei nur eine Vielheit gleicher Fälle gegeben ist, wie wenn man beobachtet, daß alles Quecksilber durch die Kraft des Feuers verdunstet, was keine vollkommene Allgemeinheit gibt, weil man die Notwendigkeit davon nicht einsieht. Die allgemeinen Vernunftwahrheiten sind notwendig, obgleich die Vernunft auch solche liefert, die nicht schlechthin allgemein und nur wahrscheinlich sind, wie z.B. wenn wir annehmen, daß eine Vorstellung möglich ist, bis daß das Gegenteil durch eine genauere Untersuchung entdeckt wird. Endlich gibt es *gemischte Sätze,* welche aus Vordersätzen gezogen sind, von denen einige aus Tatsachen und Beobachtungen stammen, andere notwendige Sätze sind: von solcher Art sind viele geographische und astronomische Schlüsse über die Erdkugel und den Sternenlauf, die durch die Kombination der Beobachtungen von Reisenden und Astronomen mit den Lehrsätzen der Geometrie und Arithmetik entstehen. Da aber nach der Regel der Logiker *die Schlußfolgerung dem schwächsten der Vordersätze* folgt und nicht mehr Gewißheit als sie haben kann, so haben diese gemischten Sätze nur die Gewißheit und Allgemeinheit, welche den Beobachtungen zukommt. Was die *ewigen Wahrheiten* anbetrifft, so muß man bemerken, daß sie im Grunde alle bedingt sind und in der Tat besagen: Wenn solches gesetzt ist, findet solches andere statt. Wenn ich z.B. sage: *Jede Figur, die drei Seiten hat, hat auch drei Winkel*, so sage ich nichts anderes als: Gesetzt, daß es eine Figur mit drei Seiten gibt, hat diese *nämliche* Figur auch drei Winkel. Ich sage: diese *nämliche*, und darin unterscheiden sich eben die kategorischen Sätze, welche bedingungslos ausgedrückt werden können, obwohl sie im Grunde auch bedingt sind, von denen, welche man *hypothetische* nennt, wie folgender Satz sein würde: *Wenn eine Figur drei Seiten hat, so sind ihre Winkel zweien Rechten gleich*, wo man sieht, daß der *bedingende* Satz (nämlich, die Figur mit drei Seiten) und der *bedingte* (nämlich, die Winkel der dreiseitigen Figur sind zweien Rechten gleich) nicht dasselbe Subjekt haben, wie sie es in dem vorigen Falle hatten, wo der bedingende Satz war: *diese Figur hat drei Seiten*, und der bedingte: *die genannte Figur hat drei Winkel*. Freilich kann der hypothetische Satz oft in einen kategorischen verwandelt werden, aber indem man die Termini ein wenig verändert, wie wenn ich statt des hypothetischen Vordersatzes sagte: *die Winkel jeder dreiseitigen Figur sind zweien Rechten gleich*. Die Scholastiker haben *de constantia subjecti* (über das Mitbestehen des Subjekts) wie sie es nannten, viel gestritten, d.h. wie ein über ein Subjekt gebildeter Satz wirklich wahr sein kann, wenn dies Subjekt gar nicht existiert. Die Wahrheit ist aber nur eine bedingte und besagt, daß wenn das Subjekt jemals da ist, man es immer so finden wird. Man könnte jedoch noch fragen, worauf diese Verbindung begründet ist, weil darin doch eine Realität steckt, die nicht täuscht. Die Antwort wird sein: sie gründet sich auf den Zusammenhang der Vorstellungen. Aber man wird demgegenüber vielleicht fragen, wo diese Vorstellungen sein würden, wenn es keinen Geist gäbe, und was dann aus der realen Grundlage dieser Gewißheit der ewigen Wahrheiten werden würde? Das führt uns endlich zur letzten Grundlage der Wahrheiten, nämlich auf jenen obersten und allgemeinen Geist, dessen Dasein notwendig und dessen Verstand in Wirklichkeit, wie St. Augustin es anerkannt und auf eine sehr lebhafte Weise ausdrückt, der Ort der ewigen Wahrheiten ist. Und damit man nicht denke, daß darauf zurückzugehen nicht notwendig sei, muß man erwägen, daß diese notwendigen Wahrheiten den Bestimmungsgrund und das Regulativprinzip alles Daseienden selbst und mit einem Worte die Gesetze des Weltalls enthalten. Gehen also diese notwendigen Wahrheiten dem Dasein der zufälligen Wesen voraus, so müssen sie in dem Dasein einer notwendigen Substanz begründet sein. Dort finde ich das Urbild der Vorstellungen und Wahrheiten, welche unserer Seele eingeprägt sind, nicht in Form von Sätzen, sondern wie Quellen, aus deren Anwendung und Gelegenheiten wirkliche Urteile hervorgehen.

XII. Von den Mitteln, unsere Erkenntnisse zu vermehren

§ 1. *Philalethes.* Wir haben von den Arten unserer Erkenntnis gesprochen. Jetzt wollen wir zu den Mitteln übergehen, die Erkenntnis zu vermehren oder die Wahrheit zu finden. – Es ist eine unter den Gelehrten angenommene Meinung, daß die Maximen die Grundlagen aller Erkenntnis sind und jede Wissenschaft im besonderen auf gewisse schon vorher bekannte Dinge *(Praecognita)* sich gründet § 2. Ich gestehe zu, daß die Mathematik diese Methode durch ihren guten Erfolg zu begünstigen scheint, und Sie haben sich auch vielfach darauf gestützt. Aber es ist noch ungewiss, ob es nicht vielmehr die Vorstellungen sind, die durch ihren Zusammenhang dazu gedient haben, viel mehr als zwei oder drei allgemeine Maximen, welche man zu Beginn aufgestellt hat. Ein junger Knabe erkennt, daß sein Körper größer ist als sein kleiner Finger, aber nicht auf Grund jenes Axioms, daß das Ganze größer ist als sein Teil. Die Erkenntnis hat mit besonderen Sätzen angefangen, aber hinterher hat man das *Gedächtnis* mittels der allgemeinen Begriffe von *einem verwirrenden Haufen besonderer Vorstellungen* entlasten wollen. Wenn die Sprache so unvollkommen wäre, daß sie die Relativausdrücke: *Ganzes* und *Teil* nicht besäße, könnte man dann etwa nicht erkennen, daß der Körper größer als der Finger ist? Ich lege Ihnen wenigstens die Gründe meines Autors vor, obgleich ich vorauszusehen glaube, was Sie in Übereinstimmung mit dem schon von Ihnen Bemerkten darüber sagen könnten.

Theophilus. Ich weiß nicht, warum Sie den Maximen, um sie von neuem wieder anzugreifen, so übel begegnen; wenn sie doch dazu dienen, das *Gedächtnis* von einer *Menge besonderer Vorstellungen* zu entlasten, wie Sie es anerkennen, so müssen sie sehr nützlich sein, wenn sie auch sonst keinen anderen Nutzen hätten. Aber ich füge hinzu, daß sie auf die angegebene Weise nicht entstehen, denn man findet sie nicht durch Induktion aus Beispielen. Derjenige, welcher erkennt, daß zehn mehr ist als nenn, daß der Körper größer ist als der Finger, und das Haus zu groß, um durch die Tür davonlaufen zu können, erkennt jeden dieser besonderen Sätze durch denselben allgemeinen Grund, der darin gleichsam verkörpert und klargemacht wird, ganz wie man mit Farben aufgemalte Züge sieht, wo die Proportion und Gestaltung eigentlich in den Zügen besteht, mag die Farbe sein, welche sie wolle. Nun, dieser gemeinsame Grund ist eben der Grundsatz, der sozusagen auf verhüllte Weise (implicite) erkannt wird, obwohl das nicht sofort auf abstrakte und versinnlichte Weise geschieht Die Beispiele ziehen ihre Wahrheit aus dem verkörperten Grundsatz, aber der Grundsatz hat nicht seine Begründung durch die Beispiele. Und da dieser gemeinsame Grand jener besonderen Wahrheiten im Geiste aller Menschen ist, so sehen Sie wohl, daß es für ihn nicht nötig ist, daß sich die Worte *Ganzes* und *Teil* in der Sprache dessen finden, welcher von ihm durchdrungen ist.

§ 4. *Philalethes.* Ist's aber nicht gefährlich, unter dem Verwande von Grundsätzen, Vollmacht zu Hypothesen zu geben? Der eine wird mit einigen Alten die Hypothese machen, daß alles materiell sei, der andere mit Polemo, daß die Welt Gott sei, ein dritter wird als Tatsache aufstellen, daß die Sonne die oberste Gottheit sei. Urteilen Sie, welche Religion wir haben würden, wenn das erlaubt wäre. So wahr ist es, daß es Gefahr bringt, Grundsätze, ohne sie der Prüfung zu unterwerfen, anzunehmen, besonders wenn sie die Moral angehen. Denn mancher würde ein zukünftiges Leben erwarten, mehr dem des Aristipp ähnlich, welcher die Glückseligkeit in die körperlichen Lüste setzte, als dem des Antisthenes, welcher behauptete, daß die Tugend hinreiche, um glücklich zu machen. Und Archelaus, der als Prinzip aufstellt, daß Recht und Unrecht, Ehrbar und Schändlich allein durch die Gesetze und nicht von der Natur bestimmt werden, würde ohne Zweifel andere Maße des moralisch Guten und Bösen haben, als diejenigen, welche den menschlichen Festsetzungen vorausliegende Verpflichtungen anerkennen. § 5. Die Prinzipien müssen also gewiß sein. § 6. Aber diese Gewißheit kommt nur aus dem Vergleiche der Vorstellungen; wir haben also keine anderen Prinzipien nötig und werden, wenn wir dieser Regel allein folgen, weiter kommen, als wenn wir unseren Geist der Willkür eines anderen unterwerfen.

Theophilus. Ich bin erstaunt, daß Sie gegen die Maximen d.h. gegen die evidenten Grundsätze dasjenige geltend machen, was man gegen die *ohne Grund* als Grundsätze betrachteten Sätze sagen kann und muß. Wenn man *Vorhererkanntes* in den Wissenschaften verlangt oder vorausgehende Erkenntnisse, welche dazu dienen, die Wissenschaft zu gründen, so fordert man *bekannte Grundsätze* und nicht willkürliche Aufstellungen, deren Wahrheit nicht bekannt ist; Aristoteles selbst versteht es auch so, daß die niedrigeren und untergeordneten Wissenschaften ihre Prinzipien von anderen, höheren Wissenschaften, in denen sie bewiesen worden sind, entlehnen, ausgenommen die erste der Wissenschaften, welche wir die Metaphysik nennen. Diese verlangt ihm zufolge von den anderen nichts und liefert ihnen die Prinzipien, deren sie bedürfen, und wenn er sagt: *dei pisteuein ton manthanonta*, der Lernende muß dem Lehrer glauben, so ist seine Ansicht dabei die, daß er es nur einstweilen tun solle, weil er in den höheren Wissenschaften noch nicht unterrichtet ist, so daß jenes nur vorläufig geschieht. So bin ich also gar weit davon entfernt, *willkürliche Prinzipien* zuzulassen. Ich muß dem hinzufügen, daß selbst Grundsätze, deren Gewißheit nicht vollständig ist, ihren Nutzen haben können, wenn man nur durch Beweisführung darauf weiter baut. Denn obwohl in diesem Falle alle Schlußfolgerungen nur bedingte sind und allein unter der Voraussetzung gelten, daß jenes Prinzip wahr ist, so würden nichtsdestoweniger dieser Zusammenhang selbst und diese bedingten Urteile wenigstens logisch gültige sein – so daß sehr zu wünschen wäre, wir hätten viele auf diese Art geschriebene Bücher, wobei keine Gefahr zu irren wäre, wenn der Leser oder Lernende von der Bedingung unterrichtet ist. Und die Praxis würde man nach diesen Schlußfolgerungen nur in dem Maße einrichten, als die Voraussetzung sich anderweitig gerechtfertigt findet. Diese Methode dient ferner selbst sehr oft dazu, die Voraussetzungen oder Hypothesen zu rechtfertigen, wenn viele Schlußfolgerungen daraus hervorgehen, deren Wahrheit anderweitig erkannt worden ist, und das gibt mitunter eine vollständige *Umkehrung*, welche die Wahrheit der Hypothese zu beweisen genügt. Conring, von Beruf ein Arzt, aber in jeder Art der Gelehrsamkeit tüchtig, vielleicht die Mathematik allein ausgenommen, hatte einem Freund einen Brief geschrieben, der damit beschäftigt war, zu Helmstädt das Buch des Viottus, eines geschätzten peripatetischen Philosophen, welcher das Beweisverfahren und die beiden letzten Bücher der Analytik des Aristoteles zu erklären sucht, wieder aufdrucken zu lassen. Dieser Brief wurde dem Bach hinzugefügt; Conring tadelte darin den *Pappus*, daß er sagt: Die *Ana-*

lyse beabsichtigt, das Unbekannte zu finden, indem sie es voraussetzt, und von da durch Folgerung zu bekannten Wahrheiten fortschreitet; dies ist gegen die Logik – sagte er – welche lehrt, daß man aus Falschem Wahres schließen kann. Ich zeigte ihm aber später, daß die Analyse sich der Definitionen und anderer reziproker Sätze bedient, welche das Mittel an die Hand geben, die *Umkehrung* zu machen und synthetische Beweise zu finden. Und selbst wenn diese Umkehrung nicht beweisend ist, wie in der Physik, so ist sie nichtsdestoweniger von großer Wahrscheinlichkeit, wenn die Hypothese viele Erscheinungen leicht erklärt, die sonst schwierig und voneinander unabhängig sind. Ich halte in Wahrheit dafür, daß gewissermaßen der Grundsatz aller Grundsätze der richtige Gebrauch der Vorstellungen und Erfahrungen ist, aber wenn man sich darein vertieft, so wird man finden, daß hinsichtlich der Vorstellungen er nichts anderes ist, als die Verknüpfung der Definitionen mittels identischer Axiome. Es ist indessen nicht immer ein leichtes, zu dieser letzteren Analyse zu gelangen, und so viel Lust auch die Mathematiker, wenigstens die alten, bezeigt haben, im damit zustande zu kommen, so haben sie es doch noch nicht vollbringen können. Der berühmte Verfasser der Abhandlung über den menschlichen Verstand würde ihnen viel Vergnügen bereiten, wenn er diese Untersuchung, die bedeutend schwerer ist, als man vielleicht denkt, abschließen wollte. Euklid hat z.B. unter die Axiome eines gesetzt, welches darauf hinausläuft, daß zwei gerade Linien sich nur einmal treffen können. Das von der sinnlichen Erfahrung hergenommene Phantasiebild erlaubt uns nicht, uns mehr als eine Begegnung zweier Graden vorzustellen, aber darauf darf die Wissenschaft nicht begründet werden. Und wenn jemand glaubt, daß dies Phantasiebild den Zusammenhang der bestimmten Vorstellungen gewährt, so ist er über die Quelle der Wahrheiten nicht wohl unterrichtet, und sehr viele Sätze, die nur durch andere Vordersätze beweisbar sind, wurden ihm für unmittelbare gelten. Das haben viele, welche Euklid getadelt haben, nicht gehörig erwogen. Jene Arten von Phantasiebildern sind nur verworrene Vorstellungen, und wer die gerade Linie nur auf diese Weise erkennt, wird nicht imstande sein, etwas von ihr zu beweisen. Aas Mangel einer deutlich ausgedrückten Vorstellung, d.h. einer Definition der Geraden (denn die von ihm vorläufig gegebene ist dunkel und hilft ihm bei seinen Beweisen nicht), ist darum Euklid gezwungen, auf zwei Axiome zurückzukommen, welche ihm statt Definitionen gedient haben, und die er in seinen Beweisen anwendet, das eine, daß zwei Grade nichts miteinander gemein haben, und das zweite, daß sie keinen Raum einnehmen. Archimedes hat eine Art Definition *der geraden Linie* gegeben, indem er sagt, daß sie der kürzeste Weg zwischen zwei Punkten ist. Aber er setzt dabei stillschweigend voraus (indem er in den Beweisen solche Elemente anwendet, wie die des Euklid, welche auf die beiden von mir erwähnten Axiome gegründet sind), daß die Affektionen, von denen diese Axiome reden, der von ihm definierten Linie zukommen. Wenn Sie also mit Ihren Gesinnungsgenossen glauben, daß man unter dem Vorwande der Übereinstimmung und Sichtübereinstimmung der Vorstellungen in der Geometrie das annehmen durfte und noch darf, was die Bilder uns angeben, ohne jene Strenge der Beweise durch die Definitionen und Axiome anzustreben, welche die Alten in dieser Wissenschaft gefordert haben, wie, glaube ich, viele, ohne untersucht zu haben, urteilen durften, so gestehe ich Ihnen, daß man sich damit hinsichtlich derer zufriedenstellen kann, welche sich nur um die gewöhnliche praktische Geometrie bemühen, nicht aber hinsichtlich derer, welche die Wissenschaft, mit der man die Praxis selbst zu vervollkommnen hat, haben wollen. Und wenn die Alten dieser Meinung gewesen und in diesem Punkte lässig gewesen wären, so glaube ich, wären sie nicht vorwärts gekommen und hätten uns nur eine solche praktische Geometrie hinterlassen, wie die der Ägypter augenscheinlich war und die der Chinesen noch zu sein scheint. Dies hätte sie der schönsten physischen und mechanischen Erkenntnisse beraubt, welche die Geometrie sie auffinden ließ und die überall da unbekannt sind, wo es unsere Geometrie ist. Es hat auch den Anschein, daß man, wenn man den Sinnen und deren Bildern gefolgt wäre, in Irrtümer verfallen sein würde, ungefähr so, wie man sieht, daß alle diejenigen, welche nicht in der wissenschaftlichen Geometrie unterrichtet sind, auf das Zeugnis ihrer Einbildungskraft bin als eine unzweifelhafte Wahrheit annehmen, daß zwei sich beständig einander nähernde Linien zuletzt zusammenkommen müssen, während die Mathematiker mit gewissen Linien, welche sie Asymptoten nennen, Beispiele vom Gegenteil geben. Aber wir würden außerdem dessen beraubt sein, was ich in der Geometrie in Absicht der Spekulation am meisten schätze, daß sie nämlich die wahre Quelle der ewigen Wahrheiten und des Mittels, uns deren Notwendigkeit begreiflich zu machen, erblicken läßt, welche die verworrenen Bilder der Sinne nicht deutlich zu zeigen vermögen. Sie werden mir sagen, daß Euklid gleichwohl gezwungen gewesen ist, sich auf gewisse Axiome zu beschränken, deren Evidenz man nur verworren mittels der Bilder erkennt. Ich gebe Ihnen zu, daß er sich auf diese Axiome beschränkt hat, aber es war besser, sich auf eine kleine Anzahl von Wahrheiten dieser Art zu beschränken, die ihm als die einfachsten erschienen, und daraus die übrigen abzuleiten, welche ein anderer von geringerer wissenschaftlicher Schärfe gleichfalls ohne Beweis für sicher angenommen hätte, als viele unbewiesen zu lassen und, was noch schlimmer ist, den Leuten die Freiheit zu lassen, nach eigener Laune ihre Nachlässigkeit weiter zu treiben.

Sie sehen also, daß das, was Sie mit Ihren Freunden über den Zusammenhang der Vorstellungen als wahre Quelle der Wahrheiten bemerkt haben, der Aufklärung bedarf. Wenn Sie sich begnügen wollen, diesen Zusammenhang verworren zu erkennen, so schwächen Sie die Strenge der Beweise, und Euklid hat unvergleichlich besser getan, alles auf Definitionen und eine kleine Zahl von Axiomen zurückzubringen. Wollen Sie aber, daß dieser Zusammenhang der Vorstellungen deutlich gesehen und ausgedrückt werde, so werden Sie genötigt sein, auf die Definitionen und identischen Grundsätze, wie ich es verlange, zurückzugehen, und mitunter werden Sie genötigt sein, sich wie Euklides und Archimedes mit einigen weniger ursprünglichen Grundsätzen zufrieden zu geben, wenn Sie Mühe haben werden, zu einer vollständigen Analyse zu gelangen, – und daran werden Sie besser tun, als schöne Entdeckungen, welche Sie durch deren Vermittlung bereits finden können, zu vernachlässigen oder aufzuschieben. Sonst würden wir in der Tat, wie ich Ihnen schon ein anderes Mal gesagt habe, keine Geometrie (ich verstehe darunter keine demonstrative Wissenschaft) haben, wenn die Alten – bevor sie die Grundsätze, zu deren Anwendung sie genötigt waren, bewiesen hatten, – nicht hätten dazu fortschreiten wollen.

§ 7. *Philalethes.* Ich fange zu verstehen an, was ein bestimmt erkannter Zusammenhang von Vorstellungen ist, und sehe wohl, daß auf diese Art die Grundsätze notwendig sind. Auch sehe ich wohl, wie die Methode, welche wir bei unseren Untersuchungen befolgen, wenn es sich um die Prüfung der Vorstellungen handelt, nach dem Beispiele der Mathematiker geregelt werden muß, die von gewissen sehr klaren und leichten Ausgangspunkten aus, (die nichts anderes als die Grundsätze und Definitionen sind) in kleinen Schritten und mittels einer ununterbrochenen Verkettung von Beweisen zur Entdeckung und zum Beweise der Wahrheiten, die anfangs über die menschliche Fassungskraft hinauszugehen scheinen, emporsteigen. Die Kunst, Beweise und jene bewundernswürdigen Methoden aufzufinden, welche sie zur Auseinandersetzung und Anordnung der Mittelbegriffe erfunden haben, hat so erstaunliche und unverhoffte Entdeckungen hervorgebracht. Ob man aber mit der Zeit nicht irgend eine ähnliche Methode wird erfinden können, welche für die übrigen Vorstellungen so gut als für die zur Größe gehörigen dient, darüber will ich nicht entscheiden. Wenigstens werden wir, wenn andere Vorstellungen nach der den Mathematikern gewöhnlichen Methode geprüft werden, in unserem Denken dadurch weiter kommen, als wir uns vorzustellen vielleicht geneigt sind. § 8. Und dies könnte besonders in der Moral geschehen, wie ich schon mehr als einmal gesagt habe.

Theophilus. Ich glaube, daß Sie recht haben, und bin seit lange geneigt, alles zu tun, um ihre Voraussetzungen zu erfüllen.

§ 9. *Philalethes.* Hinsichtlich der Erkenntnis der Körper muß man einen gerade entgegengesetzten Weg einschlagen, denn da wir keine Vorstellungen von deren wirklichen Wesenheiten haben, sind wir genötigt, auf die Erfahrung zurückzugehen. § 10. Ich leugne indessen nicht, daß wer vernünftige und regelmäßige Erfahrungen zu machen gewohnt ist, fähig ist, richtigere Vermutungen als ein anderer über deren noch unbekannte Eigenschaften aufzustellen. Aber das ist urteilen und meinen, nicht aber erkennen und sicher wissen. Dies veranlaßt mich zu glauben, daß die Physik nicht fähig ist, unter unseren Händen Wissenschaft zu werden. Indessen können die historischen Erfahrungen und Beobachtungen uns hinsichtlich der körperlichen Gesundheit und der Bequemlichkeiten des Lebens Dienste leisten.

Theophilus. Ich stimme dem bei, daß die ganze Physik niemals eine vollkommene Wissenschaft bei uns sein wird, aber wir können nichtsdestoweniger eine physische Wissenschaft besitzen und besitzen davon sogar schon jetzt Proben. Die Magnetologie kann z.B. für eine solche Wissenschaft gelten, denn indem wir wenige in der Erfahrung gegründete Voraussetzungen machen, können wir daraus mit sicherer Folgerung eine Menge Erscheinungen nachweisen, die tatsächlich so vorkommen, wie wir sie durch die Vernunft angegeben sehen. Wir dürfen nicht hoffen, von allen Erfahrungen Rechenschaft abzulegen, wie selbst die Geometer noch nicht alle ihre Grundsätze bewiesen haben, aber wie sie zufrieden sind, eine große Zahl von Lehrsätzen aus einer kleinen Anzahl von Vernunftprinzipien abzuleiten, ist es auch genug, daß die Physiker mittelst einiger Erfahrungsgrundsätze von einer großen Menge von Erscheinungen Rechenschaft ablegen und sie in der Praxis sogar vorhersehen können.

§ 11. *Philalethes.* Weil aber unsere Geisteskräfte nicht dazu angetan sind, uns die innere Bildung der Körper deutlich zu machen, müssen wir es als hinlänglich erachten, daß sie uns das Dasein Gottes und eine genügende Selbsterkenntnis erschließen, um uns über unsere Pflichten und über unsere wichtigsten Interessen hinsichtlich der ganzen Ewigkeit zu unterrichten. Und so glaube ich im Recht zu sein, daraus zu folgern, *daß die Moral die eigentliche Wissenschaft und die große Angelegenheit der Menschen im allgemeinen ist, wie andrerseits die verschiedenen Künste, welche verschiedene Teile der Natur betreffen, einzelnen zukommen.* Man kann z.B. sagen, daß die Unwissenheit im Gebrauch des *Eisens* Ursache ist, daß in den Ländern von Amerika, wo die Natur alle Arten von Gütern ausgebreitet hat, die meisten Bequemlichkeiten des Lebens fehlen. Weit entfernt also, die Wissenschaft der Natur zu verachten (§ 12), halte ich dafür, daß dies Studium, wenn es gehörig geleitet wird, von größerem Nutzen für das Menschengeschlecht sein kann, als alles, was man bisher gemacht hat; und derjenige, welcher die Buchdruckerei erfand, den Gebrauch des Kompasses entdeckte und die Heilkraft der Quinquinarinde zeigte, mehr zur Verbreitung des Wissens und zur Förderung der dem Leben nützlichen Bequemlichkeiten beigetragen und mehr Menschen vom Tode gerettet hat, als die Gründer von Schulen und Hospitälern und anderen mit großen Kosten errichteten Denkmalen rühmlichster Menschenliebe.

Theophilus. Sie können nichts sagen, was mir mehr zusagte. Die wahre Moral oder Frömmigkeit, weit entfernt, die Trägheit gewisser fauler Quietisten zu begünstigen, muß uns dazu treiben, die Künste zu pflegen. Und wie ich vorlängst gesagt habe, würde eine bessere Staatskunst imstande sein, uns dereinst eine viel bessere Medizin, als wie wir jetzt haben, zu verschaffen. Nächst der Sorge für die Sittlichkeit kann man dies nicht genug predigen.

§ 13. *Philalethes.* Obwohl ich die Erfahrung empfehle, verachte ich doch die wahrscheinlichen Hypothesen keineswegs. Sie können zu neuen Entdeckungen führen und sind wenigstens dem Gedächtnis eine große Hilfe. Aber unser Geist ist sehr geneigt, zu schnell fortzueilen und sich mit einigen leichten Wahrscheinlichkeiten zufrieden zu geben, ohne sich die nötige Mühe und Zeit zu nehmen, sie auf viele Erscheinungen anzuwenden.

Theophilus. Die Kunst, die Ursachen der Erscheinungen oder die wirklichen Hypothesen zu entdecken, ist wie die Dechiffrierkunst, wo eine sinnreiche Vermutung ein großes Stück Weges abkürzt. Lord Bacon hat den Anfang gemacht, die Kunst zu experimentieren auf Vorschriften zu bringen, und der Ritter Boyle hat ein großes Talent sie auszuüben gehabt. Aber verbindet man nicht damit die Kunst, die Erfahrungen anzuwenden und Folgerungen daraus zu ziehen, so wird man mit königlichem Kostenaufwande nicht dahin kommen, was ein Mann von großem Scharfsinn sogleich entdecken konnte. Descartes, der dies sicherlich war, hat in einem seiner Briefe bei Gelegenheit der Methode des Kanzlers von England eine ähnliche Bemerkung gemacht, und Spinoza, den zu zitieren ich mich nicht scheue, wenn er etwas Gutes sagt, macht in einem seiner Briefe an den verstorbenen Oldenburg, Sekretär der Royal Society von England, welche unter den nachgelassenen Werken dieses scharfsinnigen Juden gedruckt sind, eine verwandte Reflexion über ein Werk Boyles, der, die Wahrheit zu sagen, sich ein wenig zu lange damit aufhält, aus einer unendlichen Zahl schöner Erfahrungen keinen anderen Schluß zu ziehen, als den, welchen er als Grundsatz hätte annehmen können, daß nämlich in der Natur alles auf mechanische Art geschieht, ein Grundsatz, dessen man sich durch die bloße Vernunft und niemals durch die Erfahrungen, so viel man auch deren mache, versichern kann.

§ 14. *Philalethes.* Nachdem man klare und deutliche Vorstellungen mit bestimmten Namen aufgestellt hat, besteht das große Mittel zur Ausbreitung unserer Erkenntnisse in der Kunst, die Mittelbegriffe zu finden, welche uns die Verknüpfung oder die Unverträglichkeit der einander fernstehenden Begriffe zeigen können. Die Maximen wenigstens dienen nicht dazu, sie uns zu verschaffen. Gesetzt, daß jemand keine genaue Vorstellung von einem rechten Winkel hat, so wird er sich vergeblich quälen, etwas über das rechtwinklige Dreieck zu beweisen, und welche Maximen man auch anwende, man wird Mühe haben, mit ihrer Hilfe dahin zu gelangen, zu beweisen, daß die Quadrate der den rechten Winkel einschließenden Seiten dem Quadrat der Hypothese gleich sind. Es könnte jemand lange über die Grundsätze nachdenken, ohne jemals in der Mathematik klarer zu sehen.

Theophilus. Über die Grundsätze nachzudenken hilft nichts, wenn man nicht sie anzuwenden Gelegenheit hat. Die Grundsätze dienen oft dazu, die Vorstellungen zu verknüpfen, wie z.B. jene Maxime, daß die ähnlichen Strecken zweiter und dritter Dimension sich wie die Quadrate und Kuben der entsprechenden Stücke erster Dimension verhalten, von größtem Nutzen ist. Daraus entsteht z.B. die Quadratur des Möndchens des Hippokrates, wenn man eine Anwendung auf Kreise macht und eine zweckmäßige Anordnung der Figuren damit verbindet.

XIII. Weitere Betrachtungen über unsere Erkenntnis

§ 1. *Philalethes.* Vielleicht wird es noch hinzuzufügen passend sein, daß unsere *Erkenntnis*, wie noch in anderen Dingen mehr, so auch darin mit dem *Gesichte* sich analog verhält, daß sie weder ganz *notwendig* noch ganz *freiwillig* ist. Man kann nicht umhin zu sehen, wenn man die Augen dem Lichte geöffnet hat, aber man kann sie gewissen Gegenständen zuwenden (§ 2) und sie mit mehr oder weniger Aufmerksamkeit betrachten. Ist das Vermögen also einmal in Anwendung gebracht, so hängt es nicht mehr vom Willen ab, die Erkenntnis zu bestimmen, ebensowenig, wie jemand das, was er sieht, zu sehen sich enthalten kann. Man soll aber seine Vermögen gehörig anwenden, um sich zu unterrichten.

Theophilus. Wir haben über diesen Punkt bereits früher gesprochen und festgestellt, daß es vom Menschen nicht abhängt, diese oder jene sinnliche Empfindung in der Gegenwart in haben, aber es hängt von ihm ab, sich darauf vorzubereiten, um sie in der Folge zu haben und nicht zu haben; und somit sind die Meinungen nur auf indirekte Art freiwillig.

XIV. Über das Urteilen

§ 1. *Philalethes.* Der Mensch würde sich in den meisten Handlungen seines Lebens unentschieden befinden, wenn er in dem Falle, wo eine sichere Erkenntnis ihm mangelt, zu seiner Leitung weiter nichts hätte. § 2. Er muß sich oft mit einer einfachen *Wahrscheinlichkeitsdämmerung* begnügen. § 3. Das *Vermögen*, sich ihrer zu bedienen, ist das *Urteil*. Man begnügt sich oft damit aus Notwendigkeit, aber oft auch aus Mangel an Fleiß, Geduld und Geschicklichkeit. Man nennt es *Zustimmung* oder *Verwerfung*, und es findet statt, wenn man etwas *vermutet*, d.h. wenn man etwas vor dem Beweise als wahr *annimmt*. Geschieht dies der Wirklichkeit entsprechend, so ist es ein *richtiges Urteil*.

Theophilus. Andere nennen *Urteilen* diejenige Handlung, welche man allemal vollzieht, wenn man gemäß einer Erkenntnis der Ursache sich entscheidet, und noch andere mag es geben, welche das Urteil von der Meinung unterscheiden, da es nicht so unbestimmt sein dürfe. Ich will aber mit niemand über den Gebrauch der Worte streiten, und es steht Ihnen frei, das Urteil für eine wahrscheinliche Ansicht zu nehmen. Was die *Vermutung(Präsumption)* anbetrifft, so ist das ein Ausdruck der Juristen, bei denen die richtige Anwendung sie von der *Konjektur* unterscheidet. Dann ist sie etwas mehr und soll vorläufig für die Wahrheit gellen, bis das Gegenteil bewiesen ist, statt daß ein *Anzeichen* und eine *Konjektur* oft gegen eine andere Konjektur abgewogen werden muß. So wird von demjenigen, welcher von einem anderen Geld geliehen zu haben gesteht, *vermutet* (präsumiert), daß er es bezahlen müsse, wenn er nicht nachweist, daß er es schon getan habe, oder daß die Schuld aus irgend einem anderen Rechtsgrunde aufhöre. *Vermuten* ist also in diesem Sinne nicht etwas *annehmen*, ehe es bewiesen ist – was nicht erlaubt ist –, sondern es im *voraus annehmen*, aber mit Grund, indem man unterdes einen Beweis des Gegenteils abwartet.

XV. Von der Wahrscheinlichkeit

§ 1. *Philalethes.* Wenn das *Beweisverfahren* den Zusammenhang der Vorstellungen aufzeigt, so ist die *Wahrscheinlichkeit* nichts anderes, als der auf Beweise gegründete Anschein dieses Zusammenhanges von Vorstellungen, bei denen man keine unveränderliche Verknüpfung gewahr wird. Es gibt verschiedene Grade der *Zustimmung* von der *Sicherheit* bis zur *Konjektur*, zum *Zweifel*, zum *Mißtrauen*. § 3. Wenn man *Gewißheit* hat, so ist in allen Teilen des Schlußverfahrens, welche dessen Zusammenhang bezeichnen, klare Erkenntnis vorhanden; was mich aber *glauben* macht, ist etwas *Fremdes*. § 4. Die *Wahrscheinlichkeit* nun gründet sich auf die Gleichförmigkeit mit dem, was wir wissen, oder auf das Zeugnis derer, welche es wissen.

Theophilus. Eher würde ich behaupten, daß sie immer in der Ähnlichkeit oder in der Übereinstimmung mit der Wahrheit begründet ist; und das Zeugnis von anderen ist auch etwas, was die Wahrheit hinsichtlich naheliegender Tatsachen für sich zu haben pflegt. Man kann also sagen, daß die Ähnlichkeit des Wahrscheinlichen mit dem Wahren entweder von der Sache selbst hergenommen wird oder von etwas Fremdem. Die Rhetoriker nehmen zwei Arten von *Beweismitteln* (Argumenten) an: die *künstlichen*, welche durch das Beweisverfahren von den Sachen selbst hergenommen sind, und die *nicht künstlichen*, welche sich nur auf das ausdrückliche Zeugnis entweder eines Menschen oder vielleicht auch der Sache selbst stützen. Aber es gibt auch noch *gemischte*, denn das Zeugnis kann selbst eine Tatsache liefern, welche zur Bildung eines künstlichen Beweises dient.

§ 5. *Philalethes.* Es geschieht aus Mangel an Ähnlichkeit mit dem Wahren, daß wir nicht leicht dasjenige glauben, was sich dem von uns Gesagten nicht anpassen läßt. So antwortete der König von Siam einem Gesandten, als dieser ihm sagte, daß das Wasser sich bei uns im Winter so verhärte, daß ein Elefant darauf hinschreiten könnte, ohne einzubrechen: Bisher habe ich Euch für einen ehrlichen Mann gehalten, aber jetzt sehe ich, daß Ihr lügt. § 6. Wenn aber das Zeugnis der anderen eine Tatsache wahrscheinlich machen kann, so darf die *Meinung* der anderen nicht an ihr selbst für eine richtige Begründung der Wahrscheinlichkeit gelten. Denn unter den Menschen gibt es mehr Irrtum als Erkenntnis, und wenn der Glaube derer, die wir kennen und achten, ein rechtmäßiger Grund für die Zustimmung wäre, so hatten die Menschen recht, in Japan Heiden, in der Türkei Mohammedaner, Papisten in Spanien, Calvinisten in Holland und Lutheraner in Schweden zu sein.

Theophilus. Das Zeugnis der Menschen ist ohne Zweifel von größerem Gewicht als ihre *Meinung*, und man widmet demselben mit Recht auch größere Beachtung. Indessen weiß man, daß der Richter mitunter einen Eid *de credulitate*, wie man es nennt, ablegen läßt, und in den *Verhören* fragt man die Zeugen oft nicht aus nach dem, was sie gesehen haben, sondern nur nach ihrem Urteil, indem man sie zugleich nach den Ursachen ihres Urteils fragt, und stellt dann die gebührende Erwägung desselben an. Auch richten sich die Richter sehr nach den Ansichten und Meinungen der Sachverständigen in jedem Fach; und dasselbe sind die Privatleute nicht minder zu tun verpflichtet, in dem Maße, als es ihnen nicht zu eigener Prüfung zu schreiten paßt. So ist ein Kind und auch sonst jemand, dessen Stand in dieser Hinsicht nicht mehr gilt, selbst wenn er sich in einer gewissen Stellung befindet, genötigt, der Landesreligion so lange zu folgen, als er darin kein Übles sieht, und er nicht imstande ist zu untersuchen, ob es keine bessere gibt Und mag ein Pagenmeister einer Religionspartei angehören, welcher er wolle, so wird er jeden von ihnen in diejenige Kirche zu gehen veranlassen, welche die Angehörigen des von dem jungen Menschen bekannten Glaubens besuchen. Man kann die Streitigkeiten zwischen Nicole und anderen über den *Beweisgrund aus der Mehrzahl* in Glaubenssachen zu Rate ziehen, wobei mitunter der eine ihm zu viel einräumt, und der andere ihm nicht genug Beachtung schenkt. Es gibt andere *Vorurteile*, durch welche die Menschen sich der Untersuchung gern entziehen möchten. Dies nennt Tertullian in einem eigens dazu geschriebenen Traktat *Praescriptiones*, indem er sich eines Ausdrucks bedient, den die alten Juristen, deren Sprache ihm nicht unbekannt war, von verschiedenen Arten fremder und auffallender Exzeptionen und Allegationen gebrauchten, den man aber heutzutage nur von der zeitlichen Präskription (Verjährung) versteht, die man geltend macht, um eines anderen Forderung zurückzuweisen, weil sie nicht innerhalb der gesetzlich festgestellten Zeit gemacht worden ist. Deswegen hat man auch sowohl von Seiten der römischen Kirche als der Protestanten *gesetzliche Vorurteile* bekannt machen können. Man hat darin das Mittel gefunden, sowohl den einen als den anderen in gewisser Hinsicht Neuerungen vorzuwerfen, wie z.B. als die Protestanten größtenteils die Form der alten Weihungen der Geistlichen verließen, oder als die Römischen den alten Kanon der Bücher der Heiligen Schrift Alten Testamentes veränderten. Dies habe ich ganz klar in einem Streit bewiesen, welchen ich schriftlich und in Zwischenräumen mit dem Bischof von Meaux, welchen man nach den vor einigen Tagen angelangten Nachrichten so eben verloren hat, geführt habe. Da diese Vorwürfe also gegenseitig waren, so ist die Neuerung, wenn sie gleich einigen Verdacht des Irrens in diesen Gegenständen zuläßt, doch nicht ein sicherer Beweis davon.

XVI. Von den Graden der Zustimmung

§ 1. *Philalethes.* Was die *Grade der Zustimmung* anbetrifft, so muß man sich hüten, die Wahrscheinlichkeitsgründe, welche man hat, darin nicht über diejenige Stufe des *Anscheins* hinaus wirken zu lassen, welche man darin findet oder bei vorgängiger Prüfung darin gefunden hat. Denn man muß zugeben, daß die Zustimmung nicht immer auf einer wirklichen Einsicht in die den Geist bestimmenden Gründe ruht, und selbst *denen*, welche ein bewundernswürdiges Gedächtnis haben, würde es sehr schwer sein, immer alle die Beweise zu behalten, welche sie zu einer gewissen Ansicht bestimmt haben, und die mitunter einen Band über eine einzige Frage füllen konnten. Es genügt, daß sie die Sache einmal aufrichtig und sorgfältig durchdacht und sozusagen *die Rechnung gezogen* haben. § 2. Sonst müßten die Menschen sehr skeptisch sein oder in jedem Augenblick ihre Ansicht ändern, um sich einem jeden hinzugeben, der die Frage vor kurzem geprüft hat und ihnen neue Gründe vorlegt, auf die sie aus Mangel an Gedächtnis oder Muße zu fleißiger Erwägung nicht gleich vollständig antworten können. § 3. Man muß zugeben, daß dies die Menschen oft *hartnäckig* im Irren macht; der Fehler ist aber, nicht daß sie sich auf ihr Gedächtnis verlassen, sondern daß sie früher falsch geurteilt haben. Denn oft tritt bei den Menschen an die Stelle der Prüfung und der Vernunft die Bemerkung, daß sie niemals anders gedacht haben. Gewöhnlich aber sind diejenigen, welche ihre Meinungen am wenigsten geprüft haben, denselben am meisten zugetan. Während nun löblich ist, dem, was man gesehen hat, zugetan zu sein, ist es nicht immer so mit dem, was man geglaubt hat, weil man irgend eine Erwägung ausgelassen haben kann, die alles umzustoßen imstande ist Und es gibt vielleicht niemand in der Welt, welcher die Muße, die Geduld und die Mittel hätte, alle die Beweise der einen wie der anderen Seite über die Streitfragen, welche seine Meinungen angehen, zu sammeln, um sie zu vergleichen und so sicher zu schließen, daß ihm für eine weitere Kenntnisnahme nichts mehr zu wissen bleibt Die Sorge für unseren Lebensunterhalt und unsere wichtigsten Interessen leidet indessen keinen Aufschub, und es ist durchaus notwendig, daß unser Urteil über diejenigen Punkte, in denen wir zu einer sicheren Erkenntnis zu gelangen unfähig sind, eine Entscheidung treffe.

Theophilus. Alles, was Sie eben sagten, ist durchaus richtig und stichhaltig. Indessen wäre es zu wünschen, daß die Menschen in manchen Fällen *schriftliche Entwürfe* (in Form von Gedächtnisbüchern) der *Gründe* besäßen, welche sie zu irgend einer bedeutsamen Ansicht veranlaßt haben, und welche sie in der Folge noch oft vor sich oder anderen zu rechtfertigen genötigt sind. Obgleich es übrigens in Rechtsangelegenheiten gewöhnlich nicht erlaubt ist, die ergangenen Urteile umzustoßen und die Rechnungen zu revidieren (sonst müßte man immerfort in Unruhe sein, was um so unerträglicher sein würde, als man die Notizen aus der Vergangenheit nicht immer bewahren kann), so wird mitunter auf Grund neuer Entdeckungen zugelassen, daß man sich Gerechtigkeit verschaffe und sogar das erlange, was man *restitutio in integrum* (Wiedereinsetzung in den dem Prozeß vorausgehenden Stand) gegenüber dem nennt, was angeordnet worden ist; ebenso dürfen in unseren eigenen Angelegenheiten besonders bei sehr wichtigen Gegenständen, wo es noch frei ist, sich zu binden oder zurückzuziehen, und es unschädlich ist, die Ausführung aufzuschieben oder wenig zu fördern, die auf Wahrscheinlichkeiten gegründeten Urteilssprüche unseres Innern niemals so in rem judicatam übergehen, wie die Juristen sagen, d.h. als ein für allemal feststehend gelten, so daß man nicht zur *Revision* des Gedankenzusammenhanges geneigt wäre, wenn neue gewichtige Gründe sich dagegen darbieten. Ist es aber keine Zeit mehr, zu überlegen, so muß man dem einmal gefällten Urteil mit so viel Festigkeit folgen, als wenn es unfehlbar wäre, wenn auch nicht immer mit gleicher Strenge.

§ 4. *Philalethes.* Da die Menschen also nicht vermeiden können, sich beim urteilen dem Irrtum auszusetzen und verschiedene Ansichten zu hegen, wenn sie die Sachen nicht von der gleichen Seite betrachten können, so müssen sie in dieser Meinungsverschiedenheit untereinander den Frieden und die Humanitätspflichten bewahren, ohne zu verlangen, daß ein anderer auf unsere Einwendungen hin eine festgewurzelte Meinung sogleich umtauschen solle, besonders wenn er sich vorzustellen Ursache hat, daß sein Gegner aus Interesse oder Ehrgeiz oder aus irgend einem anderen besonderen Motiv handelt. Auch haben sich häufig diejenigen, welche den anderen die Notwendigkeit auferlegen wollen, sich ihren Ansichten zu fügen, die Dinge nicht wohl geprüft. Denn die, welche in die Untersuchung so tief eingedrungen sind, um über den Zweifel hinauszukommen, sind in so geringer Zahl und finden so wenig Veranlassung, andere zu verdammen, daß man sich von ihrer Seite eines gewaltsamen Auftretens nicht zu versehen braucht.

Theophilus. Was man an den Menschen wirklich am meisten zu tadeln das Recht hat, ist nicht ihre Meinung, sondern ihr verwegenes Urteil, die der anderen zu tadeln, als ob man einfältig oder schlecht sein müßte, um andere wie sie zu urteilen; es ist dies bei den Urhebern jener von ihnen im Publikum verbreiteten Leidenschaften und Feindseligkeiten die Wirkung eines hochfahrenden und unbilligen Gemütes, das zu herrschen wünscht und keinen Widerspruch dulden kann. Damit ist nicht geleugnet, daß es nicht in Wahrheit gar oft Gelegenheit gibt, die Meinungen anderer zu kritisieren, aber dies muß man im Geiste der Billigkeit und des Mitleids für die menschliche Schwäche tun. Man hat allerdings recht, gegen die schlimmen Lehren, welche auf die Sitten und die Ausübung der Frömmigkeit Einfluß haben, Vorkehrungen zu treffen, aber ohne weitere Beweise davon zu haben, soll man sie den Leuten nicht zum Verbrechen anrechnen. Wenn die Billigkeit verlangt, die Person zu schonen, so macht es die Frömmigkeit zur Pflicht darzutun, inwiefern ihre Dogmen eine schlimme Wirkung haben, wenn sie schädlich sind, wie z.B. diejenigen, welche gegen die Vorsehung eines vollkommen weisen, guten und gerechten Gottes und gegen die Unsterblichkeit der Seele sind, welche sie für die Wirkungen seiner Gerechtigkeit empfänglich macht, um nicht von anderen hinsichtlich der Moral und Politik gefährlichen Meinungen zu reden. Ich weiß, daß vortreffliche und wohlgesinnte Männer behaupten, diese theoretischen Meinungen hätten in der Praxis weniger Einfluß, als man denkt, und weiß auch, daß es Leute von trefflichem Naturell gibt, die durch ihre Meinungen niemals dahin kommen werden, etwas ihrer Unwürdiges zu tun, wie übrigens diejenigen, welche durch die Spekulation zu dergleichen Irrtümern gekommen sind, von Natur aus den Lasten ferner zu sein pflegen, für welche die große Masse der Menschen empfänglich ist, während sie außerdem noch für die Würde der Sekte, der sie gleichsam als Häupter vorstehen, Sorge tragen müssen; und man kann sagen, daß Epikur und Spinoza z.B. ein ganz exemplarisches Leben geführt haben. Aber diese Gründe hören bei ihren Schülern oder Nachahmern meistens auf, welche, sich von der unbequemen Furcht vor einer wachsamen Vorsehung und einer drohenden Zukunft befreit glaubend, ihren tierischen Leidenschaften den Zügel schießen lassen und ihren Geist darauf richten, andere zu verführen und zu verderben;

und wenn sie ehrgeizig und von etwas hartem Naturell sind, so sind sie imstande, für ihr Vergnügen oder ihren Vorteil die Welt an allen vier Ecken anzuzünden, wie ich Leute dieses Schlages gekannt habe, welche der Tod entfernt hat. Ich finde sogar, daß ähnliche Meinungen, wie sie sich nach und nach in das Gemüt der Männer der vornehmen Welt, welche die anderen regieren und von denen die Geschäfte abhangen, und in die gangbaren Schriften einschleichen, alle Dinge zu der allgemeinen Revolution, mit der Europa bedroht ist, vorbereiten und damit endigen, das zu zerstören, was noch in der Welt von den edlen Gesinnungen der alten Griechen und Römer übrig ist, welche die Liebe zum Vaterland und zur öffentlichen Wohlfahrt und die Sorge für die Zukunft dem Glück und seihst dem Leben vorzogen. Jene *public spirits*, wie die Engländer sie nennen, nehmen außerordentlich ab und sind nicht mehr in der Mode; und sie werden noch mehr aufhören, wenn sie nicht mehr durch die richtige Sittenlehre und die wahre Religion, welche die natürliche Vernunft selbst uns lehrt, unterstützt sein werden. Die Besten von entgegengesetztem Charakter, welcher zu herrschen beginnt, haben kein anderes *Prinzip* mehr als das, was sie das der *Ehre* nennen. Aber das Zeichen des ehrenhaften Mannes und des Mannes von Ehre bei ihnen ist allein, keine Niederträchtigkeit, wie sie dieselbe verstehen, zu begehen. Und wenn jemand für die Größe oder aus Eigensinn Ströme Blutes vergösse, wenn er alles kopfüber stürzte, so würde man das für nichts rechnen, und ein antiker Herostrat oder ein Don Juan der Oper würde als Held gelten. Man spottet ganz laut über die Liebe zum Vaterlande, man verlacht diejenigen, welche für das öffentliche Wohl sorgen, und wenn irgend ein Wohlgesinnter von dem spricht, was aus der Nachkommenschaft werden sollte, so antwortet man: kommt Zeit, kommt Rat. Aber solchen Leuten könnte widerfahren, daß sie selbst die Übel erproben, welche sie anderen aufbehalten wähnen. Wenn man jetzt noch von dieser epidemischen Geisteskrankheit, deren schlimme Wirkungen sichtbar zu werden beginnen, sich heilte, so könnte jenen Übeln vielleicht noch vorgebeugt werden, aber wenn sie immer mehr wächst, so wird die Vorsehung die Menschen durch die Revolution selbst, die daraus entstehen muß, strafend bessern, denn was auch geschehen möge, so wird stets alles am Ende der Rechnung sich zum besten wenden, wenn schon dies nicht ohne Züchtigung derer, welche durch ihre schlimmen Handlungen selbst zum Guten beigetragen haben, geschehen darf und kann. Ich komme jedoch von einer Abschweifung zurück, zu der mich die Betrachtung der schädlichen Meinungen und des Rechtes, sie zu tadeln, geleitet hat. Da nun in der Theologie die *Zensuren* noch viel weiter gehen als anderswo, und die, welche ihre Rechtsgläubigkeit geltend machen, oft die Gegner verdammen, wogegen sich in ihrer Partei selbst diejenigen setzen, welche von ihren Gegnern *Synkretisten* genannt werden, so hat diese Meinung Bürgerkriege zwischen den Strenggläubigen und den Nachgiebigen in einer und derselben Partei erregt. Da indessen denen, welche anderer Meinung sind, die ewige Seligkeit abzusprechen ein Eingriff in die Rechte Gottes ist, so verstehen dies die Weisesten unter den Verdammern nur von der Gefahr, in welcher sie die irrenden Seelen zu sehen glauben, und überlassen der besonderen Gnade Gottes diejenigen, deren Bosheit sie nicht unfähig macht, jene Gnade zu empfangen, und glauben sich ihrerseits verpflichtet, alle erdenkbaren Anstrengungen zu machen, um sie einem so gefährlichen Zustand zu entreißen. Wenn diese Leute, welche so über die Gefahr anderer urteilen, zu jener Ansicht nach einer angemessenen Prüfung gekommen sind, und es kein Mittel gibt, sie ihres Irrtums zu überführen, so kann man ihr Verfahren nicht tadeln, solange sie nur die Woge der Sanftmut wandeln. Aber sobald sie weiter gehen, so heißt das die Gesetze der Billigkeit verletzen. Denn sie müssen bedenken, daß andere, ebenso überzeugt wie sie, gerade soviel Recht haben, ihre Ansichten aufrechtzuerhalten und selbst zu verbreiten, wenn sie dieselben für wichtig halten. Man muß die Meinungen ausnehmen, welche Verbrechen lehren: diese darf man nicht dulden, und man hat das Recht, sie auf dem Wege der Strenge zu ersticken, selbst wenn derjenige, welcher sie vertritt, sich in Wahrheit derselben nicht entschlagen kann, wie man das Recht hat, ein giftiges Tier zu vertilgen, mag es auch ganz unschuldig sein. Ich spreche aber vom Vertilgen der Sekte und nicht der Menschen, weil man sie verhindern kann, zu schaden und Lehrsätze zu verbreiten.

§ 5. *Philalethes.* Um auf den Grund und die Grade der Zustimmung zurückzukommen, so ist es am Platze, zu bemerken, daß es Sätze von zwei Arten gibt: die einen betreffen *Tatsachen*, die, da sie von der Beobachtung abhangen, auf ein menschliches Zeugnis gegründet werden können, die anderen sind *spekulativ* und sind, da sie Dinge angehen, welche unsere Sinne nicht entdecken können, eines ähnlichen Zeugnisses nicht fähig. § 6. Wenn eine einzelne Tatsache unseren stets gleichbleibenden Beobachtungen und den einstimmigen Berichten anderer entspricht, verlassen wir uns so fest darauf, als ob es eine sichere Erkenntnis wäre, und wenn es dem Zeugnis aller Menschen in allen Jahrhunderten, soweit es gekannt werden kann, entspricht, so ist dies der *erste* und höchste Grad der Wahrscheinlichkeit, z.B. daß das Feuer erwärmt, daß das Eisen im Wasser untersinkt. Unser *auf* solchen Gründen ruhender *Glaube* erhebt sich bis zur *Gewißheit*. § 7. *Zweitens*, wenn alle Historiker erzählen, daß dieser oder jener seinen eigenen Vorteil dem öffentlichen vorgezogen hat, so ist, da man beobachtet hat, daß dies die Gewohnheit der meisten Menschen ist, eine solchen Erzählungen gegebene Zustimmung ein *Vertrauensakt*. § 8. *Drittens*, wenn die Natur der Dinge nichts enthält, was dafür oder dagegen ist, so wird eine durch das Zeugnis Unverdächtiger bezeugte Tatsache, z.B. daß ein Julius Caesar gelebt hat, mit einem *festen Glauben* daran aufgenommen. Aber wenn die Zeugnisse dem gewöhnlichen Naturlauf oder untereinander widersprechend sind, so können die Wahrscheinlichkeitsgrade sich bis ins Unendliche vervielfältigen. Daher stammen jene Grade, welche wir *Glauben, Vermutung, Zweifel, Ungewißheit, Mißtrauen* nennen, und da ist denn strenge Prüfung nötig, um ein richtiges Urteil zu bilden und unsere Zustimmung den Graden der Wahrscheinlichkeit anzupassen.

Theophilus. Die Juristen haben bei ihrer Behandlung der Beweise, Präsumptionen, Konjekturen und Merkmale viel Richtiges über diesen Gegenstand gesagt und sind viel auf das einzelne eingegangen. Sie beginnen mit dem *Ortskundigen* (Notorischen), wobei man keinen Beweis nötig hat. Darauf kommen sie zu den *vollständigen Beweisen* oder solchen, die dafür gelten, auf Grund deren man, wenigstens in Zivilsachen, Entscheidungen ergehen läßt, aber bei anderen Fällen in Kriminalsachen zurückhaltender ist. Man hat auch nicht unrecht, *dafür mehr als volle Beweise* und namentlich je nach der Natur der Tatsache das zu verlangen, was man *corpus delicti* nennt. Es gibt also *mehr als volle Beweise* und auch gewöhnlich *volle Beweise*. Ferner gibt es *Präsumptionen* (Annahmen), welche als vorläufig vollständige Beweise gelten d.h. so lange, als das Gegenteil nicht nachgewiesen ist. Ferner gibt es *mehr als halb volle Beweise* (eigentlich zu reden), wo man dem, der sich darauf stützt, zu schwören erlaubt, um sie zu vervollständigen; dies ist das *juramentum suppletorium*. Es gibt dann wieder andere *weniger als halb volle Beweise*, wo man ganz im Gegenteil denjenigen zum Reinigungseid läßt, welcher die Tatsache leugnet; dies ist das *juramentum purgationis*.

Außerdem gibt es noch viele Grade von *Konjekturen* und *Merkmalen.* Und besonders gibt es in Kriminalsachen Merkmale *(ad torturam),* um zur peinlichen Frage zu schreiten (welche selbst wieder ihre durch die Verhaftungsformeln bezeichneten Grade hat); es gibt Merkmale *(ad terrendum),* bei welchen es hinreicht, die Marterinstrumente sehen zu lassen und die Tortur vorzubereiten, als ob man dazu schreiten wollte. Es gibt deren *(ad capturam),* um sich eines Verdächtigen zu versichern, und *(ad inquirendum)* um sich unter der Hand und ohne Aufheben zu unterrichten. Diese Unterschiede können auch bei anderen entsprechenden Gelegenheiten brauchbar sein, und das ganze *Gerichtsverfahren* in der Justiz ist in der Tat nichts anderes als eine auf die Rechtsfragen angewendete *Art Logik.* Auch die Ärzte haben eine Menge Grade und Unterschiede ihrer *Symptome* und *Indikationen,* welche man in ihren Büchern nachsehen kann. Die Mathematiker unserer Zeit haben bei Gelegenheit der Spiele angefangen, die Glückschancen abzuschätzen. Der Ritter de Meré, dessen »*Belustigungen*« und andere Werke gedruckt sind, ein Mann von durchdringendem Geist, der ein Spieler und Philosoph war, gab dazu Veranlassung, indem er Fragen aber die Partien aufstellte, um zu erfahren, was das Spiel, wenn es in diesem oder jenem Punkte unterbrochen würde, wert sei. Er veranlaßte dadurch seinen Freund Pascal, diese Dinge ein wenig zu untersuchen. Die Frage machte Lärm und gab Huygens Gelegenheit, seinen Traktat de *Alea* (über das Würfelspiel) abzufassen. Andere Gelehrte nahmen gleichfalls teil. Man setzte einige Grundregeln fest, die auch der Ratspensionär de Wit in einer Meinen, auf Holländisch geschriebenen Abhandlung über die lebenslänglichen Renten benutzte.

Der Grund, auf welchem man gebaut hat, kommt auf die *Prosthaphaeresis* d.h. darauf zurück, daß man zwischen mehreren gleich annehmbaren Voraussetzungen ein arithmetisches Mittel nimmt, dessen sich unsere Bauern schon lange mit ihrer *natürlichen Mathematik* bedient haben. Wenn z.B. eine Erbschaft oder ein Landgut verkauft werden soll, bilden sie drei Gruppen von Abschätzern; diese Gruppen werden im Niedersächsischen Schurzen genannt, und jede davon macht eine Abschätzung des fraglichen Gutes. Setzen wir, daß die eine es zu dem Werte von 1000 Tlr., die andere zu 1400 Tlr., die dritte zu 1500 Tlr. schätzt, so nimmt man die Summe dieser drei Abschätzungen mit 3900 und davon, weil drei Gruppen gewesen sind, den dritten Teil, der für den verlangten Mittelwert 1300 ist, oder, was dasselbe ist, man nimmt die Summe des dritten Teils jeder Schätzung. Das ist der Grundsatz *aequalibus aequalia* (Gleiches für Gleiches) – bei gleichen Voraussetzungen muß man gleiche Folgerungen machen. Wenn aber die Voraussetzungen ungleich sind, vergleicht man sie miteinander. Vorausgesetzt z.B., daß mit zwei Würfeln der eine Spieler gewinnen soll, wenn er 7 Punkte hat, der andere, wenn er 9 hat, so fragt sich: welches Verhältnis findet zwischen ihren Wahrscheinlichkeiten zu gewinnen statt? Ich antworte, daß die Wahrscheinlichkeit für den letzteren nur zwei Drittel der Wahrscheinlichkeit für den ersteren wert ist, denn mit zwei Würfeln kann der erstere 7 auf drei Arten machen, nämlich mit 1 und 6 oder 2 und 5 oder 3 und 4; und der andere kann 9 nur auf zwei Arten machen, indem er entweder 3 und 6 oder 4 und 5 wirft. Und alle diese Würfe sind gleich möglich. Also werden die Wahrscheinlichkeiten, welche wie die Zahlen der gleichen Möglichkeiten sind, sich wie 3 zu 2, oder wie 1 zu 2/3 verhalten. Ich habe mehr als einmal gesagt, daß eine *neue Art Logik* nötig sein würde, welche die Wahrscheinlichkeitsgrade behandeln müßte, da Aristoteles in seiner Topik nichts weniger als das gemacht, sich vielmehr begnügt hat, gewisse leichtfaßliche, nach den Gemeinplätzen eingeteilte Regeln in eine gewisse Ordnung zu bringen, die in den Fällen dienen können, wo es sich darum handelt, den Vortrag zu erweitern und ihm einige Wahrscheinlichkeit zu geben, ohne sich zu bemühen, den notwendigen Maßstab zur Abwägung der Wahrscheinlichkeiten und zur Bildung eines gründlichen Urteils darüber hinzuzufügen. Gut wäre es, wenn derjenige, welcher diesen Gegenstand behandeln wollte, die Prüfung der *Hazardspiele* fortsetzte, und überhaupt möchte ich wünschen, daß ein geschickter Mathematiker ein großes, weitläufiges und recht gründliches Werk über alle Arten von Spielen machen wollte. Dies würde von großem Nutzen sein, um die Erfindungskunst zu vervollkommen, da der menschliche Geist sich mehr in den Spielen als in den ernsteren Gegenständen zeigt.

§ 10. *Philalethes.* Das Gesetz Englands beobachtet die Regel, daß die Abschrift eines Gesetzesaktes, welche durch Zeugen als authentisch anerkannt worden ist, ein guter Beweis ist, daß aber die *Abschrift einer Abschrift*, möge sie auch noch so beglaubigt sein und zwar durch die glaubwürdigsten Zeugen, vor Gericht niemals als Zeugnis zugelassen wird. Ich habe noch niemand diese weise Vorsicht tadeln hören. Wenigstens kann man die Bemerkung daraus ziehen, daß ein Zeugnis in dem Maße weniger Kraft hat, als es von der *ursprünglichen Wahrheit* sich entfernt, die in der Sache selbst besteht, während freilich bei manchen Leuten man ein schnurstracks entgegengesetztes Verfahren angewendet findet. Die Meinungen erhalten durch das Altwerden Kraft, und was vor tausend Jahren einem vernünftigen Zeitgenossen dessen, welcher es zuerst bezeugt hat, nicht wahrscheinlich vorgekommen sein würde, gilt gegenwärtig für gewiß, weil es mehrere auf jenes Zeugnis hin nacherzählt haben.

Theophilus. Die Kritiker im historischen Fach legen großes Gewicht auf die zeitgenössischen Zeugen der Begebenheiten, indessen verdient selbst ein Zeitgenosse besonders nur hinsichtlich der öffentlichen Angelegenheiten Glauben; spricht er aber von Motiven, Geheimnissen, verborgenen Triebfedern und streitigen Dingen, wie z.B. von Vergiftungen, Mordtaten, so erfährt man wenigstens, was mehrere geglaubt haben. Procopius ist sehr glaubwürdig, wenn er vom Krieg des Belisar gegen die Vandalen und Goten spricht; wenn er aber in seinen Anecdota schlimme Lästerreden gegen die Kaiserin Theodora auftischt, so mag sie glauben, wer will. Man muß im allgemeinen sehr zurückhaltend sein, den Satiren zu glauben; wir kennen deren, welche man zu unserer Zeit veröffentlicht hat, und die, wenngleich aller Wahrscheinlichkeit entgegen, dennoch von den Unwissenden gierig verschlungen worden sind. Und vielleicht wird man noch einmal sagen: Ist's möglich, daß man solche Dinge zu jener Zeit zu veröffentlichen gewagt haben würde, wenn nicht irgend ein Wahrscheinlichkeitsgrund dafür war? Aber wenn man dies einmal sagt, wird man sehr falsch urteilen. Indessen ist die Welt geneigt, sich der Satire hinzugeben, und um nur ein Beispiel davon anzuführen, so haben, nachdem der verstorbene Mr. du Maurier Sohn in seinen vor einigen Jahren gedruckten Memoiren der Wahrheit zuwider in den Tag hinein gewisse schlecht begründete Dinge gegen den unvergleichlichen Hugo Grotius, schwedischen Gesandten in Frankreich, veröffentlicht hat – gegen das Andenken dieses berühmten Freundes seines Vaters durch irgend einen Umstand augenscheinlich aufgebracht – so haben, sage ich, viele Schriftsteller, wie ich bemerkt habe, dies wiederholt, obwohl die Staatshandlungen und Briefe des großen Mannes hinlänglich das Gegenteil zeigen. Man geht sogar so weit, in der Geschichte Romane zu schreiben, und der, welcher zuletzt ein Leben von Cromwell angefertigt hat, hielt es für erlaubt, um den Gegenstand auszuschmücken, indem er von dem damals noch privaten Leben des gescheiten Usurpators sprach, ihn nach Frankreich reisen zu lassen, wohin er ihm in die Wirtshäuser von Paris folgt, als ob er sein Reisemarschall gewesen wäre. Es geht jedoch auch aus der von Carrington geschriebenen Geschichte Cromwells hervor, daß dieser niemals die britischen Inseln verlassen hat; Carrington war aber wohl unterrichtet und mit Cromwells Sohn Richard, als er noch den Protektor machte, vertraut. Vor allem sind Einzelheiten wenig sicher. Man hat fast gar keine guten Beschreibungen von Schlachten; die meisten derselben im Titus Livius scheinen aus der Phantasie geschöpft zu sein, ebenso wie die des Quintus Curtius. Man müßte von beiden Parteien die Berichte genauer und fähiger Männer haben, die sogar Pläne entwerfen müßten, wie diejenigen, welche der Graf Dahlberg, welcher schon mit Auszeichnung unter König Karl Gustav von Schweden gedient hatte und als Generalgouverneur von Livland Riga vor kurzem verteidigt hat, über die Kriegstaten und Schlachten dieser Fürsten stechen ließ.

Man muß indessen nicht gleich einen guten Geschichtschreiber um eines Wortes irgend eines Fürsten oder Ministers willen, der bei irgend einer Gelegenheit gegen ihn auftritt, oder wegen irgend eines Punktes verschreien, der nicht gefällt und allerdings vielleicht irgend einen Fehler enthält. Man erzählt, daß Karl der Fünfte, wenn er sich etwas aus Sleidan vorlesen lassen wollte, sagte: Bringt mir meinen Lügner, und daß Carlowiz, ein in jener Zeit wohl bewanderter sächsischer Edelmann, erklärte, die Geschichte Sleidans zerstöre bei ihm alle die gute Meinung, welche er von den alten Geschichten gehabt habe. Dies, sage ich, darf bei wohlunterrichteten Personen von keinem Gewicht sein, um das Ansehen der *Sleidan*schen Geschichte umzustürzen, deren bester Teil aus den Staatsakten der Reichstage und Versammlungen und aus durch die Fürsten beglaubigten Staatsschriften zusammengesetzt ist. und wenn noch der geringste Zweifel darüber bleiben sollte, so wird er gerade jetzt durch die ausgezeichnete Geschichte meines berühmten Freundes, des verstorbenen *Herrn von Seckendorf*, gehoben, bei dem ich indessen mich nicht enthalten kann, den Ausdruck »Luthertum« auf dem Titel zu mißbilligen, den eine schlechte Gewohnheit in Sachsen zu Ansehen gebracht hat. Dort wird das meiste durch zahllose, aus den sächsischen Archiven gewonnene Beweisstücke, welche er zur Verfügung hatte, gerechtfertigt, mag auch der Bischof von Meaux, der dabei angegriffen wird, und dem ich das Bach schickte, mir antworten, es sei von einer fürchterlichen Weitschweifigkeit. Ich wünschte nur, daß es in demselben Verhältnis zweimal größer wäre. Je weitläufiger es ist, desto mehr müßte es Gelegenheit geben, sich mit ihm zu beschäftigen, da man nur zu wählen brauchte, wo man anfinge; auch gibt es sonst sehr geschätzte historische Werke, welche noch viel größer sind.

Übrigens verachte man nicht immer die Schriftsteller, welche nach der Zeit, von der sie sprechen, gelebt haben, wenn nur, was sie erzählen, auch sonst bestätigt wird. Mitunter kommt es auch vor, daß sie die ältesten Stücke aufbewahren. Man war z.B. in Ungewißheit, aus welcher Familie Suibert, Bischof von Bamberg, nachher Papst unter dem Namen Clemens II., stammte. Ein anonymer braunschweigischer Geschichtschreiber, der im 14. Jahrhundert gelebt hat, hatte seine Familie genannt, aber die in unserer Geschichte bewanderten Gelehrten hatten darauf keine Rücksicht genommen. Ich habe aber eine viel ältere noch ungedruckte Chronik gehabt, wo dasselbe mit mehr Einzelheiten gesagt ist, woraus hervorgeht, daß er von der Familie der alten Feudalherren von Homburg (in der Nähe von Wolfenbüttel) stammte, deren Land durch den letzten Besitzer dem Halberstädter Dom geschenkt wurde.

§ 11. *Philalethes.* Man soll auch nicht von mir glauben, daß ich das Ansehen und den Nutzen der Geschichte durch meine Bemerkung habe herabsetzen wollen. Aus dieser Quelle erhalten wir mit überzeugender Klarheit einen großen Teil der uns nützlichen Wahrheiten. Ich kenne nichts Schätzenswerteres, als die aus dem Altertum us übriggebliebenen Memoiren, und wollte gern, daß wir deren noch eine größere Zahl und weniger verfälschte hätten. Aber es bleibt immer wahr, daß keine Abschrift sich über die Gewißheit der ersten Urschrift erhebt.

Theophilus. Wenn man nur einen alten Schriftsteller als Gewährsmann einer Tatsache hat, so fügen sicherlich alle diejenigen, welche ihn ausgeschrieben haben, demselben kein Gewicht hinzu oder müssen vielmehr für nichts gerechnet worden. Dies muß sich dann ganz ebenso verhalten, als ob das von ihnen Bemerkte zur Zahl der *hapax legomena* gehörte, dessen, was nur einmal gesagt worden ist, worüber Menagius ein Buch verfassen wollte. Wenn hunderttausend kleine Schriftsteller die Schmähreden Bolsecs z.B. wiederholen wollten, würde auch heute noch ein vernünftiger Mensch sich ebensowenig daran kehren als an das Geschrei der Sperlinge. Juristen haben *de fide historica* (über die historische Glaubwürdigkeit) geschrieben, aber dieser Gegenstand verdiente eine tiefer eingehende Untersuchung, und einige von jenen Schriftstellern sind zu nachsichtig gewesen. Was das hohe Altertum betrifft, so sind einige der hervorstechendsten Tatsachen zweifelhaft. Gescheite Leute haben mit Grund gezweifelt, ob Romulus der erste Gründer der Stadt Rom gewesen ist. Man streitet über den Tod des Cyrus, und außerdem hat der Widerspruch zwischen Herodot und Ktesias über die Geschichte der Assyrier, Babylonier und Perser Ungewißheit verbreitet. Die von Nebukadnezar, von Judith und selbst diejenige des Ahasveros aus dem Buch Esther leidet an großen Schwierigkeiten. Die Römer widersprechen mit ihrer Geschichte vom Gold von Toulouse dem, was sie über die Niederlage der Gallier durch Camillus erzählen. Vor allem verdient die eigene und private Geschichte der Völker keinen Glauben, wenn sie nicht sehr alten Quellenschriften entnommen ist und mit der allgemeinen Geschichte übereinstimmt. Darum gilt alles, was man uns von den alten deutschen, gallischen, britischen, schottischen, polnischen und anderen Königen erzählt, mit Recht für fabelhaft. Jener Trebeta, Ninus' Sohn, Gründer von Trier, jener Brutus, der Stammvater der Britonen oder Briten, sind gerade so viel wert als die Amadis. Die aus Romanschreibern hergeholten Erzählungen, welche Trithemius, Aretin und selbst Albin und Sifrid Petri über die alten Fürsten der Franken, Bojer, Sachsen, Friesen aufzutischen sich die Freiheit genommen haben, und das, was Saxo Grammaticus und die Edda uns von den fernsten nordischen Altertümern erzählen, kann nicht mehr Gewicht haben, als was Kadlubko, der erste polnische Geschichtschreiber, von einem ihrer Könige erzählt, welcher Eidam des Julius Cäsar gewesen sein soll.

Wenn aber die Erzählungen verschiedener Völker sich in den Fällen begegnen, wo es keinen Anschein hat, daß der eine den anderen abgeschrieben habe, so ist das ein bedeutendes Zeichen für die Wahrheit Solcher Art ist die Übereinstimmung des Herodotus mit der Geschichte im Alten Testament in vielen Fällen, wenn er z.B. von der Schlacht von Megiddo zwischen dem Könige von Ägypten und den Syriern Palästinas spricht d.h. den Juden, wo nach dem Bericht der Heiligen Schrift, welche wir von den Hebräern haben, der König Josias tödlich verwundet wurde. Auch die Übereinstimmung der arabischen, persischen, türkischen mit den griechischen, römischen und anderen abendländischen Schriftstellern ist denen, welche den Tatsachen nachforschen, sehr willkommen, wie denn auch die Zeugnisse, welche die aus dem Altertum übrigen Münzen und Inschriften den auf uns gekommenen antiken Schriftstellern geben, und die im Grunde Abschriften von Abschriften sind. Was die Geschichte von China uns noch lehren wird, bleibt abzuwarten, bis wir besser imstande sein werden, darüber zu urteilen, und sie sich Glauben verschafft haben wird.

517

Der Nutzen der Geschichte besteht hauptsächlich in dem Genuß, den Ursprung der Völker zu erkennen; daß man ferner denen, welche sich um die übrige Menschheit wohl verdient gemacht haben, Gerechtigkeit widerfahren läßt; in der Gründung einer historischen Kritik und vor allem der heiligen Geschichte, welche das Fundament der Offenbarung bildet, und endlich (wenn wir die Genealogien und Fürsten, wie Potentatenrechte beiseite setzen) in den nützlichen Unterweisungen, welche die Beispiele uns liefern. Ich halte es nicht für überflüssig, die Altertümer bis auf die kleinsten Kleinigkeiten genau zu untersuchen, denn mitunter kann die von den Kritikern daraus gezogene Kenntnis zu den wichtigsten Dingen nützen. Ich stimme z.B. ganz damit überein, daß man sogar die gesamte Geschichte der Kleidungen und der Schneiderkunst von den Anzügen der hebräischen Hohenpriester oder, wenn man will, von den Pelzröcken aus, die Gott den ersten Ehegatten bei ihrem Abschiede aus dem Paradiese gab, bis zu den Fontangen und Falbalas unserer Zeit schreibe, und daß man dem alles hinzufüge, was man aus den alten Skulpturen und den seit einigen Jahrhunderten gemachten Gemälden gewinnen kann. Auf Verlangen würde ich sogar die Memoiren eines Augsburgers aus dem verflossenen Jahrhundert liefern, der sich mit allen den Kleidern, welche er seit seiner Kindheit bis zum dreiundsechzigsten Jahre trug, gemalt hat. Auch hat mir jemand erzählt, daß der verstorbene Herzog von Aumont, ein großer Kenner der schönen Altertümer, eine ähnliche Merkwürdigkeit gehabt hat. Dies würde vielleicht dazu dienen, die wirklichen Altertümer von denen, die es nicht sind, zu unterscheiden, von manchem anderen Nutzen nicht zu reden. Und weil es den Menschen zu spielen erlaubt ist, so würde es ihnen auch erlaubt sein, sich mit dieser Art von Arbeiten, wenn die wesentlichen Pflichten nicht darunter leiden, zu unterhalten. Aber ich wünschte auch, daß es Leute gäbe, die sich besonders darauf legten, das Nützlichste aus der Geschichte zu ziehen, wie z.B. außerordentliche Beispiele von Tugend, Bemerkungen über die Bequemlichkeiten des Lebens, politische und Kriegslisten. Auch möchte ich, daß man eigens eine Art von Universalgeschichte gründete, die nur solche Sachen anmerkte und einige andere von der höchsten Wichtigkeit; denn mitunter kann man ein großes Geschichtsbuch lesen, gelehrt, gut geschrieben, dem Zwecke des Verfassers selbst entsprechend und ausgezeichnet in seiner Art, aber das keine nützlichen Unterweisungen enthält, unter denen ich hier aber nicht bloße Tugendlehren verstehe, von denen das *Theatrum vitae humanae* und andere solche *Blumenlesen* angefüllt sind, sondern Geschicklichkeiten und Kenntnisse, an welche im Notfall niemand gleich denken würde. Auch wünschte ich, daß man aus den Büchern der Reisenden möglichst viele Dinge dieser Art zöge, aus denen man Nutzen gewinnen könnte, und daß man sie nach der Ordnung der Gegenstände mitteilte. Aber erstaunlicherweise vergnügen sich die Menschen, während so viel Nützliches zu tun bleibt, fast immer nur mit dem, was schon getan ist, oder mit bloßem Unnützlichem oder wenigstens mit dem, was am unbedeutendsten ist; und dagegen sehe ich kein Mittel, bis die öffentliche Meinung sich bei ruhigeren Zeiten mehr darein mischen wird.

§ 12. *Philalethes.* Ihre Abschweifungen gewähren so viel Vergnügen wie Vorteil. Von den Wahrscheinlichkeiten der Tatsachen wollen wir aber zu denen der Meinungen über die nicht sinnenfälligen Dinge übergehen. Diese sind keines Zeugnisses fähig; z.B. über das Dasein und Wesen der Geister, Engel, Dämonen usw., über die körperlichen Stoffe, welche auf den Planeten und anderen Wohnplätzen des großen Weltgebäudes vorkommen, endlich über die Wirkungsart der meisten Werke der Natur, und alles dessen, was wir nur mit Vermutungen erfassen können, wobei die *Analogie* die große Wahrscheinlichkeitsregel ist. Denn da sie nicht bezeugt werden können, so können sie nur insofern wahrscheinlich sein, als sie mit den feststehenden Wahrheiten mehr oder weniger übereinkommen. Wenn die starke Reibung zweier Körper Wärme und selbst Feuer hervorbringt, wenn die Refraktionen durchscheinender Körper Farben erscheinen lassen, so schließen wir, daß das *Feuer* in einer heftigen Bewegung unsichtbarer Stoffteilchen bestehe, und daß die *Farben,* deren Ursprung wir nicht bemerken, aus einer ähnlichen Refraktion stammen; und wenn wir finden, daß in allen Teilen der Schöpfung eine *stufenweise Verknüpfung* herrscht, welche ohne irgend eine beträchtliche Lücke unter sich der menschlichen Beobachtung unterworfen sind, so haben wir alle Ursache zu denken, daß die Dinge sich auch nach und nach und in unmerklichem Grade zur Vollkommenheit erheben. Es ist schwer zu sagen, wo das Empfindende und Vernünftige beginnt, und welches die tiefste Stufe der lebenden Wesen ist, gerade wie in einem regelmäßigen Regel die Größe zu oder abnimmt. Zwischen manchen Menschen und manchen Tieren gibt es einen außerordentlichen Unterschied, aber wenn wir den Verstand und die Fähigkeit mancher anderen Menschen und mancher Tiere vergleichen wollten, würden wir darin so wenig unterschied finden, daß es sehr schwer wäre, sich zu vergewissern, ob der Verstand dieser Menschen stärker oder umfassender sei als solcher Tiere. Wenn wir also eine solche unmerkliche Steigerung zwischen den Teilen der Schöpfung vom Menschen bis zu den niedrigsten Teilen, die unter ihm sind, bemerken, so läßt uns die Regel der Analogie als wahrscheinlich betrachten, daß es eine ähnliche Steigerung in den Dingen gibt, die über uns und außerhalb des Gesichtskreises unserer Beobachtungen sind; und diese Art von Wahrscheinlichkeit ist die große Grundlage vernunftgemäßer Hypothesen.

Theophilus. Auf Grund dieser *Analogie* urteilt Huygens in seinem Cosmotheoros, daß der Zustand der anderen Hauptplaneten dem des unsrigen ganz ähnlich sei, ausgenommen, daß der verschiedene Abstand der Sonne Verschiedenheit verursachen muß, und darüber hat Herr von Fontenelle, welcher schon früher seine geistvollen und gelehrten Unterhaltungen über die Mehrheit der Welten herausgegeben hatte, hübsche Dinge gesagt und die Kunst erfanden, einen schwierigen Gegenstand angenehm zu machen. Man möchte beinahe sagen, daß es in Harlekins Mondreiche ganz wie hier zugeht. Allerdings urteilt man von den Monden, welche bloß Trabanten sind, ganz anders als von den Hauptplaneten. Kopier hat ein kleines Buch hinterlassen, das über den Zustand des Mondes eine sinnreiche Erdichtung enthält, und ein Engländer von Geist hat die spaßhafte Beschreibung von einem Spanier (seiner Erfindung) gegeben, den die Zugvögel nach dem Monde entführten, Cyranos nicht zu erwähnen, der diesen Spanier nachher holen ging. Einige geistreiche Leute, die vom anderen Leben ein schönes Bild geben wollten, lassen die seligen Geister von Welt zu Welt herumspazieren, und unsere Einbildungskraft findet darin einen Teil der schönen Beschäftigungen, welche man den Geistern zuschreiben kann. Aber welche Mühe sie sich auch geben mag, so zweifle ich doch, daß sie ihren Zweck erreichen kann, wegen des großen Abstandes zwischen uns und jenen Geistern und deren großer Mannigfaltigkeit. Und bis wir Brillen erfinden, welche Descartes uns in Aussicht stellte, um Teile der Mondscheibe nicht größer als unsere Häuser zu unterscheiden, können wir nicht bestimmen, was auf einer von der unsrigen verschiedenen Weltkugel vor sich geht. Nützlicher und wahrheitsgemäßer würden unsere Vermutungen über die inneren Teile irdischer Körper sein.

Ich hoffe, man wird in vielen Fällen über die bloße Vermutung hinauskommen, und glaube schon jetzt, daß wenigstens die heftige Bewegung der Teile des Feuers, welche wir soeben besprochen haben, nicht unter diejenigen Dinge gerechnet werden darf, die nur wahrscheinlich sind. Schade, daß die Hypothese Descartes' über die innere Bildung des sichtbaren Metalls sich durch die seitdem gemachten Untersuchungen und Entdeckungen so wenig bestätigt hat, oder daß Descartes nicht 50 Jahre später gelebt hat, um uns eine ebenso geistvolle Hypothese auf Grund der jetzigen Kenntnisse zu geben, wie die, welche er auf Grund der Kenntnisse seiner Zeit gab.

Was die gradweise Verknüpfung der Arten anbetrifft, so haben wir darüber in einer früheren Unterredung schon etwas gesagt, wo ich bemerkte, daß schon Philosophen über *Lücken in den Formen* oder Arten Betrachtungen angestellt haben. Alles geht in der Natur stufenweise und nichts sprungweise vor sich, eine Regel hinsichtlich der Veränderungen, die einen Teil meines Gesetzes der Kontinuität ausmacht. Die Schönheit der Natur aber, welche deutliche Wahrnehmungen will, fordert scheinbare Sprünge und sozusagen musikalische Intervalle in den Erscheinungen, und findet ihre Lust daran, die Arten zu vermischen. So hat die Natur, wenngleich es in irgend einer anderen Welt mittlere Arten zwischen Mensch und Tier (je nachdem man den Sinn dieser Worte nimmt) geben mag, und es wahrscheinlich irgendwo vernunftbegabte Wesen, die über uns stehen, gibt, es für gut befunden, sie von uns fernzuhalten, um uns die unstreitige Überlegenheit zu geben, welche wir auf unserem Erdball haben. Ich rede von den Mittelarten und will mich hier nicht auf die menschlichen Individuen, welche sich den Tieren nähern, einlassen, weil dabei offenbar nicht ein Mangel an Vermögen, sondern ein Hindernis der Ausübung ist, dergestalt, daß ich glaube, der einfältigste Mensch (der nicht durch Krankheit oder durch einen anderen, der Krankheit gleichen, dauernden Fehler in einem naturwidrigen Zustande sich befindet) sei unvergleichlich viel vernünftiger und gelehriger als das klügste aller Tiere, obwohl man mitunter aus Scherz das Gegenteil behauptet. Übrigens billige ich sehr die Erforschung der Analogien: die Pflanzen, Insekten und die vergleichende Anatomie der Tiere werden uns deren mehr und mehr liefern, besonders wenn man fortfahren wird, sich des Mikroskops noch mehr als bisher zu bedienen. Und in noch allgemeinerem Sinne wird man finden, daß meine Ansichten über die überall verbreiteten Monaden, über ihre endlose Dauer, über die Erhaltung des lebendigen Wesens mit der Seele, über die in einem gewissen Zustand kaum noch hervortretenden Wahrnehmungen, wie der Tod der einfachen Tiere ein solcher ist, über die der Vernunft gemäß den Geistern zuzuschreibenden Körper, über die Übereinstimmung der Seelen und der Körper, der zufolge ein jeder seinen eigenen Gesetzen vollkommen folgt, ohne durch den anderen gestört zu werden, und ohne daß Freiheit und Unfreiheit dabei unterschieden zu werden brauchen, man wird, sage ich, finden, daß alle diese Ansichten ganz und gar der Analogie der von uns bemerkten Dinge entsprechen, und ich sie nur über unsere Beobachtungen hinaus ausdehne, ohne sie auf bestimmte Teile des Stoffes oder auf bestimmte Arten der Tätigkeit zu beschränken, und daß dabei kein anderer Unterschied obwaltet, als der des Größeren und Kleineren, des Wahrnehmbaren und nicht Wahrnehmbaren.

§ 13. *Philalethes.* Nichtsdestoweniger gibt es einen Fall, wo wir der durch die Erfahrung erkannten Analogie der natürlichen Dinge weniger Glauben schenken, als dem entgegengesetzten Zeugnisse einer auffallenden, sich davon entfernenden Tatsache. Denn wenn übernatürliche Begebenheiten den Zwecken desjenigen, welcher den Lauf der Natur zu verändern die Macht hat, entsprechen, so haben wir keinen Grund, den Glauben daran zu verweigern, wenn sie wohl bezeugt sind, und das ist der Fall bei den *Wundern*, welche nicht allein durch sich selbst Glauben finden, sondern ihn auch anderen Wahrheiten mitteilen, die einer solchen Bestätigung bedürfen. § 14. Endlich gibt es ein Zeugnis, welches über jede andere Zustimmung hinausgeht, das ist die *Offenbarung* also die Bezeugung Gottes, der weder täuschen noch getäuscht werden kann, und die ihr erteilte Beistimmung nennen wir *Glauben*, welcher allen Zweifel ebenso vollständig ausschließt wie die gewisseste Erkenntnis. Aber der Punkt ist, überzeugt zu sein, daß die Offenbarung göttlich ist, und zu wissen, daß wir deren wahren Sinn begreifen, sonst setzt man sich dem Fanatismus und den Irrtümern einer falschen Auslegung aus, und wenn das Vorhandensein und der Sinn der Offenbarung nur wahrscheinlich ist, so kann die Beistimmung keine größere

Wahrscheinlichkeit haben, als die, welche sich in den Beweisen vorfindet. Aber davon wollen wir noch weiter sprechen.

Theophilus. Die Theologen unterscheiden zwischen den *Motiven der Glaubhaftigkeit*, wie sie sie nennen, nebst der natürlichen Zustimmung, die daraus hervorgehen muß und nicht mehr Wahrscheinlichkeit haben kann, als diese Motive, und zwischen der *übernatürlichen* Zustimmung, welche eine Wirkung der göttlichen Gnade ist. Man hat eigene Bücher über die *Analyse des Glaubens* verfaßt, die nicht ganz miteinander übereinstimmen; aber da wir in der Folge davon reden werden, so will ich jetzt nicht vorwegnehmen, was wir an seinem Orte darüber zu sagen haben werden.

XVII. Von der Vernunft

§ 1. *Philalethes.* Ehe wir vom Glauben besonders reden, wollen wir von der Vernunft handeln. Sie bezeichnet mitunter klare und wahrhafte Grundsätze, mitunter aus diesen Grundsätzen gezogene Schlüsse und mitunter die Ursache und insbesondere die Zweckursache. Hier wollen wir sie als ein Vermögen betrachten, durch das, wie vorausgesetzt wird, der Mensch sich von den Tieren unterscheidet und worin er sie offenbar bedeutend übertrifft. Wir haben ihrer nötig, sowohl um unsere *Erkenntnis* zu erweitern, als um unsere *Meinung* zu regeln, und sie bildet wohlverstanden zwei Vermögen, welche da sind der *Scharfsinn*, um die Mittelvorstellungen zu finden, und das Vermögen, Schlüsse zu ziehen oder zu *schließen*. Ferner können wir bei der Vernunft folgende vier Stufen in Betracht ziehen: 1) die Entdeckung der Beweise, 2) die Anordnung derselben, welche deren Verbindung zeigt, 3) das Innewerden der Verbindung in jedem Teile der Beweisführung, 4) das Ziehen des Schlusses daraus. Diese Stufen kann man bei den mathematischen Beweisen beobachten.

Theophilus. Vernunft ist die erkannte Wahrheit, deren Zusammenhang mit einer anderen weniger bekannten bewirkt, daß wir der letzteren beistimmen. Aber besonders und vorzugsweise nennt man das *Vernunftgrund*, was nicht nur die Ursache unseres Urteils, sondern auch der Wahrheit selbst ist, was man auch *Grund a priori* nennt; und die *Ursache* in den Dingen entspricht dem *(Vernunft-) Grunde* in den Wahrheiten. Darum wird die Ursache oft seihst (Vernunft-) Grund genannt, und in diesem Sinne gebrauchen Sie den Ausdruck hier. Dies Vermögen (der Vernunft) nun ist hienieden dem Menschen allein verliehen und kommt bei anderen irdischen Wesen nicht vor, denn ich habe schon früher gezeigt, daß der Schatten der Vernunft, welcher in den Tieren erscheint, nur die Erwartung eines ähnlichen Vorkommens in einem Falle ist, der einem erlebten gleich scheint, ohne daß erkannt wird, ob derselbe Grund stattfindet. Selbst die Menschen handeln in den Fällen, wo sie bloß *Empiriker* sind, nicht anders. Aber insofern erheben sie sich über die Tiere, als sie die Zusammenhänge der Wahrheiten sehen, die Zusammenhänge, sage ich, die selbst noch notwendige und allgemeine Wahrheiten bilden. Diese Zusammenhänge sind sogar notwendig, wenn sie auch nur eine Meinung erzeugen, da wo nach einer genauen Untersuchung das Vorwiegen einer Wahrscheinlichkeit, soweit man urteilen kann, nachgewiesen werden kann; so daß alsdann *Beweisführung* stattfindet, wenn auch nicht hinsichtlich des eigentlichen Sachverhaltes, so doch der Seite, welche die Klugheit zu ergreifen fordert.

Wenn wir dies Vernunftvermögen einteilen, so glaube ich, daß man einer ziemlich allgemein angenommenen Ansicht zufolge nicht übel zwei Teile derselben anerkennt, wonach die *Erfindung* und das *Urteil* unterschieden werden. Was die vier in den Beweisführungen der Mathematiker von Ihnen bemerkten Grade betrifft, so finde ich, daß der erste davon, welcher darin besteht, die Beweise zu entdecken, dabei nicht vorkommt, wie doch zu wünschen wäre. Es sind das Synthesen, welche mitunter ohne Analyse gefunden worden sind, und mitunter ist die Analyse unterdrückt worden. Die Geometer setzen in ihren Beweisen zuerst *den zu beweisenden Satz*, und um zum Beweise zu gelangen, setzen sie das Gegebene durch eine Figur auseinander. Diese nennt man *Ekthesis*. Danach kommen sie zur *Vorbereitung* und ziehen neue Linien, deren sie für die Beweisführung bedürfen; und oft besteht die größte Kunst darin, diese Vorbereitung zu finden. Ist dies geschehen, so geben sie die *Beweisführung* selbst, indem sie aus dem in der Ekthesis Gegebenen und durch die Vorbereitung noch Hinzugefügten die Folgerungen ziehen, und kommen dadurch, daß sie zu diesem Zweck die schon bekannten oder bewiesenen Wahrheiten anwenden, zum *Schlußsatz*. Es gibt aber Fälle, wo man sich die Ekthesis und die Vorbereitung spart.

§ 4. *Philalethes.* Man glaubt allgemein, daß der *Syllogismus* das große Werkzeug der Vernunft und das beste Mittel ist, dies Vermögen auszuüben. Was mich anbetrifft, so zweifle ich daran, denn er dient nur dazu, die Verknüpfung der Beweise *in einem einzigen Beispiele* und nicht darüber hinaus sehen zu lassen; aber dies sieht der Geist leicht auch ohnedies und vielleicht besser. Auch setzen diejenigen, welche sich der Schlußfiguren und Modi zu bedienen wissen, sehr oft den Nutzen derselben aus einem ungeprüften Glauben an ihre Lehrer voraus, ohne den Grund davon einzusehen. Wenn der Syllogismus notwendig ist, so erkannte vor dessen Erfindung niemand das Geringste aus Vernunft; und man müßte sagen, daß Gott, nachdem er eine zweibeinige Kreatur zum Menschen gemacht, dem Aristoteles die Sorge überlassen hätte, ein vernünftiges Wesen daraus zu machen, ich meine aus derjenigen kleinen Anzahl, die er dazu vermögen konnte, die Begründungen der Syllogismen zu prüfen, wobei von mehr als sechzig Arten, die drei Figuren zu bilden, es nur *ungefähr vierzehn* sichere gibt. Gott hat jedoch für die Menschen viel mehr Güte gehabt; er hat ihnen einen des Vernunftgebrauches fähigen Geist gegeben. Ich sage dies nicht, um *Aristoteles* herabzusetzen, den ich als einen der größten Männer des Altertums betrachte, dem wenige an Umfang, Feinheit, Scharfsinn des Geistes und Stärke der Urteilskraft gleichkommen, und der gerade dadurch, daß er jenes kleine System der syllogistischen Formen erfunden hat, den Gelehrten einen großen Dienst gegen diejenigen, welche sich nicht schämen alles zu leugnen, geleistet hat. Jene Formen sind indessen doch weder das einzige noch das beste Mittel zu schließen, und Aristoteles selbst fand sie nicht mittels der Formen selbst, sondern auf dem ursprünglichen Wege der offenbaren Zusammengehörigkeit der Vorstellungen; und die Erkenntnis, welche man dabei durch die natürliche Ordnung in den mathematischen Beweisen erhält, kommt ohne die Hilfe irgend eines Syllogismus besser zum Vorschein.

Schließen heißt: einen Satz aus einem anderen als wahr bereits hingestellten Satz als wahrem ziehen, indem man eine gewisse Verknüpfung von Mittelbegriffen voraussetzt. Daß z.B. die Menschen in der anderen Welt werden gestraft werden, wird man daraus schließen, daß sie sich hienieden selbst bestimmen können. Folgendes ist dabei die Urteilsverknüpfung: *Die Menschen werden gestraft werden, und Gott ist derjenige, welcher sie bestraft, also ist die Strafe gerecht, also ist der Gestrafte schuldig*, also *hätte er anders handeln können*, also *besitzt er Freiheit*, also endlich *hat er das Vermögen, sich zu bestimmen*. Man sieht hier den Zusammenhang besser, als wenn man daraus fünf oder sechs ineinander verschlungene Schlüsse machte, wo die Vorstellungen transponiert, *wiederholt* und in künstliche Formen eingepfercht werden. Es handelt sich darum, zu wissen, welche Verknüpfung eine Mittelvorstellung im Schluß mit den beiden äußeren habe, aber *das ist der Punkt, den kein Schluß zeigen kann*. Der Geist ist es, welcher diese Vorstellungen durch eine Art von *Nebeneinanderstellung* als sich also verhaltende bemerken kann und zwar durch seinen eigenen Blick, Wozu dient also der Schluß? Er ist *in den Schulen* von Nutzen, *wo man sich nicht scheut*, die Übereinstimmung solcher Vorstellungen, die augenscheinlich miteinander übereinkommen, zu leugnen. Woher kommt es, daß die Menschen niemals bei sich selbst Syllogismen machen, wenn sie die Wahrheit suchen oder denen, welche sie aufrichtig zu erkennen wünschen, vortragen? Es ist auch deutlich genug, daß folgende Ordnung natürlicher ist:

Mensch – organisches Wesen – lebendig,

d.h. der Mensch ist ein organisches Wesen und ein organisches Wesen ist lebendig, also ist der Mensch lebendig, als die des Schlusses:

Organisches Wesen = lebendig. Mensch = organisches Wesen.
Mensch = lebendig.

d.h. das organische Wesen ist lebendig, der Mensch ist ein organisches Wesen, also ist der Mensch lebendig. Allerdings können die Schlüsse dazu dienen, eine Falschheit zu entdecken, welche sich unter dem blendenden Glanz eines der Rhetorik entlehnten Flitterstaates verbirgt, und ich habe ehemals geglaubt, daß der Schluß notwendig wäre, um sich wenigstens vor den unter blumigem Vortrage verhüllten Sophismen zu hüten, aber nach einer schärferen Prüfung habe ich gefunden, daß man nur die Vorstellungen, von denen der Schlußsatz abhängt, von den übrigen zu trennen und sie in einer natürlichen Ordnung aufzureihen hat, um deren Nichtzusammenhang zu zeigen. Ich habe jemand gekannt, dem die Regeln des Schlusses vollständig unbekannt waren, der aber sofort die Schwäche und die falschen Folgerungen eines langen, künstlichen und annehmbar klingenden Vortrages bemerkte, von welchem andere, in allen Feinheiten der Logik geübte Leute sich hintergehen ließen, und ich glaube, daß es unter meinen Lesern wenige gibt, die solche Personen nicht kennen. Und wenn dies nicht so wäre, so würden die Fürsten bei den Gegenständen, welche ihre Krone und Würde angehen, nicht verfehlen, in den wichtigsten Verhandlungen Schlüsse zur Anwendung zu bringen, wo es doch nach aller Welt Ansicht sich deren zu bedienen etwas Lächerliches wäre. In Asien, Afrika und Amerika hat unter den von den Europäern unabhängigen Völkern fast niemand jemals davon reden hören. Endlich findet sich, um abzuschließen, daß diese scholastischen Formen nicht weniger dem Irrtum unterworfen sind; und selten werden die Leute durch diese scholastische Methode zum Schweigen gebracht und noch seltener überzeugt und gewonnen. Sie würden höchstens anerkennen, daß ihr Gegner geschickter ist, aber darum bleiben sie nichtsdestoweniger von der Gerechtigkeit ihrer Sache überzeugt. Und wenn man in der Schlußform trügerische Folgen verhüllen kann, so muß der Trug durch irgend ein anderes Mittel als das der Schlußform entdeckt werden können. Indessen bin ich doch nicht der Meinung, daß man die Schlußformen verwerfen noch sich irgend eines Mittels berauben solle, das den Verstand zu unterstützen fähig ist. Es gibt Augen, die Brillen nötig haben; aber wer sich derselben bedient, soll nicht sagen, daß ohne Brille niemand gut sehen kann. Das hieße die Natur zugunsten eines Kunststücks, dem man vielleicht Dank schuldet, zu sehr herabsetzen. Wenn ihnen nicht gerade im Gegenteil begegnet ist, was viele Leute erfahren haben, die sich der Brille zu viel oder zu früh bedienten, so daß sie sich dadurch ihre Augen so verdorben haben, daß sie ohne deren Hilfe nicht mehr sehen konnten.

Theophilus. Ihre Ausführung über den geringen Nutzen des Schlußverfahrens enthält eine Fülle richtiger und schöner Bemerkungen. Man muß es auch zugeben, daß die scholastische Form der Vernunftschlüsse wenig in der Welt angewendet wird, und daß sie zu lang sein und Verwirrung stiften würde, wenn man sie ernstlich anwenden wollte. Und wollen Sie dennoch glauben, daß ich die Erfindung der Schlußform für eine der schönsten und selbst eine der wichtigsten Erfindungen des menschlichen Geistes halte? Sie ist eine Art *allgemeiner Mathematik*, deren Bedeutsamkeit noch nicht hinlänglich erkannt ist, und man kann sagen, daß sie eine *Unfehlbarkeitskunst* enthält, wenn

528 man nur, was nicht immer angeht, sich derselben wohl zu bedienen weiß und versteht. Nun muß man wissen, daß ich unter den *förmlichen Schlüssen* (*Argumenten in forma*) nicht allein jene scholastische Art des Vernunftverfahrens, deren man sich in den Schulen bedient, verstehe, sondern jedes Räsonnement, das kraft der Form erschließt und wobei man kein Glied zu ergänzen nötig hat, dergestalt, daß ein sogenannter *Sorites* (Haufenschluß) eine andere syllogistische Reihe, welche die Wiederholung vermeidet, sogar eine wohl aufgestellte Rechnung, eine algebraische Berechnung, eine Infinitesimalanalyse mir allenfalls auch als »Argumente in Form« gelten, weil die Verfahrungsweise dabei in der Art vorher aufgezeigt worden ist, daß man sicher ist, sich darin nicht zu täuschen. Und fast sind auch die Beweise des Euklides meistens förmliche Argumente, denn wenn er scheinbare *Enthymeme* macht, so wird das unterdrückte Urteil, das zu fehlen scheint, durch Bandverweisung hinzugefügt, wodurch das Mittel geboten wird, jenes Urteil als schon bewiesen zu finden. Dadurch wird eine große Kürze erreicht, ohne daß der Beweiskraft Abbruch geschieht.

Diese Umkehrungen, Zusammensetzungen und Teilungen der Gründe, deren er sich bedient, sind nur Arten von Beweisformen, wie sie den Mathematikern und ihrer Behandlungsweise besonders eigen sind, und sie beweisen diese Formen mit Hilfe der allgemeinen Formen der Logik. Ferner muß man wissen, daß es *richtige nicht-syllo-gistische Folgerungen* gibt, die man durch keinen Syllogismus streng beweisen kann, ohne die Termini ein wenig zu verändern, und selbst diese Veränderung der Termini ist die nicht-syllogistische Folgerung. Es gibt deren mehrere, wie unter anderen *a recto ad obliquum*, z.B.: Jesus Christus ist Gott, also ist die Mutter Jesu Christi die Mutter Gottes. Ebenso diejenige, welche gescheite Logiker *Umkehrung der Beziehung* genannt haben, wie z.B. die Folgerung: Wenn David der Vater Salomons ist, so ist Salomon ohne Zweifel Davids Sohn. Und diese Folgerungen sind ebensogut beweisbar durch die Wahrheiten, von denen die gewöhnlichen Schlüsse abhängen. Diese Schlüsse sind ferner nicht nur kategorisch, sondern auch hypothetisch, wobei die disjunktiven mitinbegriffen sind. Und von den kategorischen kann man sagen, daß sie

529 einfach oder zusammengesetzt sind. Die einfachen kategorischen Schlüsse sind solche, welche man für gewöhnlich aufzählt d.h. nach den Modi der Figuren, und ich habe gefunden, daß die vier Figuren jede sechs Modi haben, so daß es im ganzen 24 Modi gibt. Die vier

gewöhnlichen der ersten Figur sind nur das Resultat der Zeichen: Alle, keiner, irgend einer, und die, um nichts auszulassen, hinzugefügten beiden sind nur die Sabalternationen der allgemeinen Sätze. Denn aus den beiden gewöhnlichen Modi: Jedes B ist C, und jedes A ist B, also ist jedes A, C; ebenso kein B ist C, jedes A ist B, also ist kein A, C, kann man folgende zwei *zusätzliche Modi* machen: Jedes B ist C, jedes A ist B, also ist einiges A, C; ebenso: Kein B ist C, jedes A ist B, also ist einiges A nicht C. Denn es ist nicht nötig, die *Subalternation* zu beweisen und die Folgerungen daraus darzutun: Jedes A ist C, also ist einiges A, C; ebenso kein A ist C, also ist einiges A nicht C, obschon man sie durch die mit den schon angenommenen Modi der ersten Figur verbundenen identischen Sätzen folgendermaßen dartun kann: Jedes A ist C, einiges A ist A, also ist einiges A, C. Ebenso: kein A ist C, einiges A ist A, also ist einiges A nicht C. Dergestalt werden die zwei zusätzlichen Modi der ersten Figur durch die beiden ersten gewöhnlichen Modi der ersten Figur mit Hilfe der Subalternation bewiesen, welche selbst durch die beiden anderen Modi derselben Figur bewiesen werden. Und auf dieselbe Weise empfängt auch die zweite Figur zwei neue Modi. Die erste und zweite Figur haben deren also sechs; die dritte hat deren sechs von jeher gehabt; bei der vierten gab man deren fünf, aber es findet sich, daß auch sie nach demselben Prinzip der Addition deren sechs hat.

Man muß aber wissen, daß die logische Form uns keineswegs zu jener Ordnung der Sätze zwingt, deren man sich gewöhnlich bedient, und ich bin ganz Ihrer Meinung, daß folgende anderweitige Anordnung besser ist: Jedes A ist B, jedes B ist C, also ist jedes A, C, was besonders durch die Soriten, die eine *Kette* solcher Schlüsse sind, geschehen würde. Denn es kam noch einer vor: Jedes A ist C, jedes C ist D, also ist jedes A, D. Man kann aus diesen beiden Schlüssen eine Kette machen, welche die Wiederholung durch folgende Fassung vermeidet: Jedes A ist B, jedes B ist C, jedes C ist D, also ist jedes A, D, wo man sieht, daß der unnütze Satz: jedes A ist C, ausgelassen, und die unnütze Wiederholung dieses nämlichen Satzes, den die beiden Schlüsse forderten, vermieden worden ist, denn dieser Satz ist nunmehr unnütz, und die Kette bildet ein vollständiges und formell richtiges Argument ohne diesen selbigen Satz, wenn die Beweiskraft der Schlußkette ein für allemal mittels dieser beiden Syllogismen bewiesen worden ist. Es gibt noch eine unendliche Menge anderer mehr zusammengesetzter

Schlußketten, nicht allein, weil eine größere Zahl einfacher Schlüsse dazu gehört, sondern auch, weil die sie *bildenden* Schlüsse unter sich verschiedener sind, denn man kann nicht allein kategorische Schlüsse hineinziehen, sondern auch kopulative, und nicht bloß kategorische, sondern auch hypothetische, und nicht bloß förmliche Schlüsse, sondern auch Enthymeme, wobei die für evident gehaltenen Sätze unterdrückt sind. Alles dies nun, zusammengenommen mit nicht-syllogistischen Folgerungen und mit zahlreichen Wendungen und Gedanken, welche durch die natürliche Neigung des Geistes zur Abkürzung und durch die teilweise im Gebrauch der Partikeln erscheinenden Spracheigentümlichkeiten diese Sätze verhüllen, ergibt eine *Kette* des Vertrages, welche selbst die ganze Argumentation eines Redners darstellen würde; aber ihrer Zieraten entkleidet und beraubt und auf die *logische Form* zurückgeführt, nicht auf scholastische Weise, jedoch immer genügend, um die Beweiskraft nach den Gesetzen der Logik zu erkennen. Diese sind keine anderen als die des *gesunden Menschenverstandes*, die man in Ordnung gebracht und aufgeschrieben hat; sie unterscheiden sich davon nicht mehr, als das Gewohnheitsrecht einer Provinz sich von dem früheren unterscheidet, als es aus nicht Geschriebenem ein Geschriebenes wurde, was geschah, damit es sich auf einmal besser übersehen lasse und dadurch mehr Licht gebe, wenn es vorgebracht und angewendet wird. Denn der natürliche gesunde Menschenverstand wird, mit der Analyse eines Räsonnements beschäftigt, ohne Hilfe der Kunst mitunter ein wenig wegen der Geltung der Folgerungen in Verlegenheit sein, wenn er z.B. solche findet, die einen zwar gültigen, aber gewöhnlich minder gebrauchten Modus enthalten. Wenn aber ein Logiker verlangte, man solle sich einer solchen Reihe nicht bedienen, oder sich derselben selbst nicht bedienen wollte unter dem Vorwande, daß man alle zusammengesetzten Beweise stets auf einfache Schlüsse, von denen jene in der Tat abhangen, zurückführen müsse, so würde er nach dem von mir schon Bemerkten wie jemand sein, welcher die Handelsleute zwingen wollte, von denen er etwas kauft, ihm die Zahlen eine nach der anderen vorzuzählen, wie man an den Fingern abzählt oder die Stunden nach der Stadtuhr zählt. Es würde das seine Beschränktheit anzeigen, wenn er nicht anders rechnen und nur an den Fingern finden könnte, daß 5 und 3 8 ausmachen, oder es würde gar seinen Eigensinn zeigen, wenn er diese Abkürzungen kennte und sich derselben nicht bedienen oder nicht erlauben wollte, sie anzuwenden. Er würde auch wie jemand sein, der nicht zulassen wollte, daß man die Grundsätze und schon bewiesenen Lehrsätze anwendete unter dem Vorgeben, man müsse jedes Räsonnement stets auf die ersten Prinzipien zurückführen, wo der unmittelbare Zusammenhang der Vorstellungen, von der in der Tat die Mittelsätze abhängen, erscheint.

Nachdem ich den Nutzen der logischen Formen auf die Art, wie er meiner Ansicht nach gefaßt werden muß, erklärt habe, komme ich zu Ihren Betrachtungen. Da sehe ich nun nicht ein, daß der Schluß, wie Sie wollen, nur dazu diene, die Verknüpfung der Beweise *in einem einzigen Beispiel* zu zeigen. Daß der Geist die Folgerungen stets leicht übersieht, wird man nicht nachweisen können, denn es kommen deren mitunter vor – wenigstens in den Beweisführungen anderer – wo man anfangs zu zweifeln veranlaßt ist, so lange man den eigentlichen Beweis noch nicht durchschaut. In der Regel bedient man sich der Beispiele, um die Folgerungen zu rechtfertigen, das ist aber nicht immer hinlänglich sicher, obwohl es eine Kunst gibt, Beispiele zu wählen, die sich, wenn die Folgerung nicht richtig wäre, als unrichtig ausweisen würden, ich glaube, daß in gut geleiteten Schulen es nicht erlaubt sein wird, *schamloserweise* offenbare Folgerungen aus den Vorstellungen *abzuleugnen*, und man wendet meiner Ansicht nach nicht das Schlußverfahren an, um sie darzutun. Wenigstens ist das nicht sein einziger und hauptsächlicher Gebrauch. Man wird öfter, als man denkt, finden, wenn man die Fehlschlüsse der Schriftsteller prüft, daß sie gegen die Regeln der Logik gefehlt haben, und ich habe es selbst mitunter erfahren, sogar wenn ich schriftlich mit redlichen Männern stritt, daß man sich erst zu verständigen anfing, wenn man in förmlichen Schlüssen argumentierte, um ein Chaos von Räsonnements zu entwirren. Es wäre ohne Zweifel lächerlich, in wichtigen Verhandlungen auf scholastische Art mit Schlüssen zu verfahren, denn die Weitschweifigkeiten dieser Art des Räsonnements sind widerwärtig und verwirrend, und es wäre das, wie an den Fingern zu zählen. Indessen ist es aber nur zu wahr, daß die Menschen in den wichtigsten Verhandlungen, die das Leben, den Staat und die Seligkeit betreffen, sich oft durch das Gewicht der Autorität, durch den Glanz der Beredsamkeit, durch schlecht angebrachte Beispiele, durch Enthymeme, welche fälschlich die Evidenz des von ihnen Nichtausgedrückten voraussetzen, und selbst durch unrichtige Folgerungen verblenden lassen, so daß eine strenge Logik, aber von einem anderen Gepräge als die schulmäßige, ihnen nur zu notwendig wäre – unter anderem, um zu entscheiden, auf welcher Seite die größte Wahrscheinlichkeit ist. Daß übrigens der gemeine Mann die künstliche Logik nicht kennt und trotzdem richtig und mitunter besser, als die in der Logik Geübten zu schließen weiß, beweist deren Überflüssigkeit ebensowenig, als man die der künstlichen Arithmetik damit beweisen kann, daß man manche Leute bei gewöhnlichen Vorfällen gut rechnen sieht, ohne daß sie lesen oder schreiben gelernt haben, und die, ohne die Feder oder Zahlpfennige führen zu können, sogar die Fehler eines anderen, der zu rechnen gelernt hat, sich aber in den Zahlzeichen oder Merkzeichen versehen oder verwirren mag, verbessern können.

Allerdings können die Schlüsse auch sophistisch werden, aber dies zu entdecken dienen dann ihre eigenen Gesetze; auch bekehren und überzeugen die Schlüsse selbst nicht immer, aber es kommt dies daher, daß der Mißbrauch der falsch verstandenen Unterscheidungen und Ausdrücke den Gebrauch derselben so weitläufig macht, daß es unerträglich wird, wenn man es bis zum Ende durchführen sollte.

Mir bleibt jetzt nur übrig, Ihr Argument in Betracht zu ziehen und zu ergänzen, welches Sie angeführt haben, um als Beispiel eines klaren Schlußverfahrens ohne logische Form in dienen. *Gott straft den Menschen* (dies ist eine angenommene Tatsache), *Gott straft den, welchen er straft, gerecht* (dies ist eine Vernunftwahrheit, welche man als bewiesen annehmen kann), also *straft Gott den Menschen gerecht* (das ist eine schlußgemäße Folgerung, welche aber anschlußmäßig *a recto ad obliquum* ausgedehnt wird), also *wird der Mensch gerecht bestraft* (dies ist eine Umkehrung der Relation, welche man aber ihrer Evidenz wegen ausläßt), also *ist der Mensch schuldig* (dies ist ein Enthymem, wobei man folgenden Satz, der in der Tat nur eine Definition ist, ausläßt: der, welchen man gerecht straft, ist schuldig), also *hätte der Mensch anders handeln können* (man läßt den Satz aus: der, welcher schuldig ist, hätte anders handeln können), also *ist der Mensch frei gewesen* (man läßt ferner aus: wer anders hätte handeln können, ist frei gewesen), also (nach der Definition des *Freien*) *hat er die Macht gehabt, sich selbst zu bestimmen.* Dies war zu beweisen. Ich bemerke noch, daß jenes »Also« selbst in der Tat sowohl den mit darunter verstandenen Satz (daß der, welcher *frei* ist, die Macht der Selbstbestimmung hat) einschließt, und die Wiederholung der Begriffe zu vermeiden dient. Und in diesem Sinne ist darin nichts ausgelassen, und könnte das Argument insofern als vollständig gelten. Man sieht, dasselbe ist eine *Schlußreihe*, welche der Logik gänzlich entspricht; denn ich will jetzt nicht den Inhalt dieses Räsonnements in Betracht ziehen, wo es vielleicht Bemerkungen zu machen oder Aufklärungen zu verlangen gibt. Wenn z.B. ein Mensch nicht anders handeln kann, gibt es Fälle, wo er doch vor Gott schuldig sein kann, wie wenn es ihm lieb wäre, seinem Nächsten nicht helfen zu können, um eine Entschuldigung zu haben. Ich gestehe schließlich, daß die scholastische Form des Schlußverfahrens gewöhnlich unbequem, ungenügend, schlecht zu handhaben ist, aber ich behaupte zugleich, daß es nichts Wichtigeres gibt, als die Kunst, der wahren Logik gemäß förmlich zu argumentieren d.h. vollständig dem Inhalt nach und klar der Ordnung und Gültigkeit der Folgerungen nach, mögen sie an sich evident oder vorher bewiesen sein.

§ 5. *Philalethes.* Ich glaubte, daß der Schluß noch weniger nützlich oder vielmehr ohne allen Nutzen bei dem Wahrscheinlichen sei, weil er nur ein einziges *topisches* Argument zutage fördert. Aber jetzt sehe ich ein, daß man das, was im topischen Argument selbst Sicheres ist, d.h. die darin liegende Wahrscheinlichkeit, immer gründlich beweisen muß, und daß die Kraft der Folgerung auf der Form beruht. § 6. Wenn indessen die Schlüsse dem Urteile dienen, so zweifle ich doch, daß sie zur Erfindung dienen können d.h. dazu, Beweise zu finden und neue Entdeckungen zu machen. Ich glaube z.B. nicht, daß die Entdeckung des 47. Lehrsatzes des ersten Buches von Euklid den Regeln der gewöhnlichen Logik verdankt wird, denn zuerst erkennt man, und dann ist man imstande, in syllogistischer Form zu beweisen.

Theophilus. Begreift man unter den Schlüssen auch die Schlußreihen und alles, was ich förmliche Argumentation genannt habe, so kann man sagen, daß die Erkenntnis, welche nicht an sich evident ist, durch die Folgerungen erlangt wird, welche nur richtig sind, wenn sie ihre gebührende Form haben. Beim Beweis des genannten Satzes, welcher das Quadrat der Hypotenuse den beiden Quadraten der Seiten gleich erklärt, teilt man das große Quadrat in Stücke und auch die beiden kleineren, und es findet sich dann, daß die Stücke der beiden kleinen Quadrate gerade ganz auf das große gehen, nicht mehr oder weniger. Das heißt die Gleichheit förmlich beweisen; und die Gleichheiten der Stücke werden auch durch Gründe in gültiger Form bewiesen. Nach Pappus bestand die Analyse der Alten darin, das anzunehmen, was man verlangt, und so lange Folgerungen daraus zu ziehen, bis man zu etwas Gegebenem oder Erkanntem kommt. Ich habe bemerkt, daß zu diesem Zweck die Sätze reziprok sein müssen, damit der synthetische Beweis auf den Spuren der Analyse wieder rückwärts geführt werden könne, aber es ist das immer ein Ziehen von Folgerungen. Indessen wird hier zu bemerken gut sein, daß bei den astronomischen oder physischen Hypothesen die Umkehrung nicht statthat, aber da beweist der Erfolg auch nicht die Wahrheit der Hypothese. Er macht sie allerdings wahrscheinlich, aber weil diese Wahrscheinlichkeit gegen die Regel der Logik zu verstoßen scheint, wonach Wahres aus Falschem erschlossen werden kann, so wird man sagen, daß die logischen Regeln bei den Wahrscheinlichkeitsfragen nicht durchweg Geltung haben. Ich antworte, es sei zwar möglich, daß Wahres aus Falschem geschlossen werde, aber nicht immer wahrscheinlich, besonders wenn eine einfache Voraussetzung den Grund von vielen Wahrheiten angibt; ein freilich seltener und schwer zu findender Fall. Man könnte mit Cardanus sagen, daß die Logik des Wahrscheinlichen andere Folgerungen zieht, als die Logik der notwendigen Wahrheiten. Es muß aber die Wahrscheinlichkeit selbst dieser Folgerungen aus den Folgerungen der Logik des Notwendigen bewiesen werden.

§ 3. *Philalethes.* Sie scheinen die Verteidigung der gemeinen Logik zu führen, aber ich sehe wohl, daß, was Sie vorbringen, einer höheren Logik angehört, zu der sich die gemeine verhält, wie das ABC zur Wissenschaft. Mich erinnert das an eine Stelle des scharfsinnigen Hooker, welcher in seinem Buche, die Kirchenpolitik betitelt, Buch I, § 6, die Überzeugung ausspricht, daß, wenn man *die rechten Hilfsmittel des Wissens und der Kunst des Räsonnements* liefern könnte, welche man im gegenwärtigen für aufgeklärt geltenden Zeitalter nicht besonders kennt und sich auch nicht sehr zu erreichen bestrebt, hinsichts der Gründlichkeit des Urteils zwischen denen, welche sich derselben bedienen würden, und dem, was die Menschen jetzt sind, ein ebenso großer Unterschied sein würde, wie zwischen den jetzigen Menschen und den Schwachsinnigen. Ich wünsche, daß unsere Unterhaltung jemand Gelegenheit gäbe, diese wahren *Hilfsmittel* derjenigen *Kunst* zu finden, von welcher jener große Mann redet, welcher einen so durchdringenden Geist hatte. Das werden nicht die Nachahmer sein, welche wie das Vieh dem betretenen Wege *(imiatores servum pecus)* folgen. Dennoch wage ich zu behaupten, daß es in diesem Jahrhundert Männer von so starkem Urteile und so großem Umfange des Geistes gibt, daß sie behufs des Fortschritts der Erkenntnis neue Wege eröffnen könnten, wenn sie sich die Mühe nehmen wollten, ihre Gedanken diesem Gegenstande zuzuwenden.

Theophilus. Sie haben mit dem verstorbenen Hooker richtig bemerkt, daß die Welt sich gar wenig darum kümmert; übrigens glaube ich, daß es Leute gegeben hat und noch gibt, welche darin etwas zu leisten imstande sind. Man muß indessen gestehen, daß wir gegenwärtig bedeutende Hilfe sowohl seitens der Mathematik als der Philosophie erhalten, wobei der »*Versuch über den menschlichen Verstand*« von Ihrem ausgezeichneten Freunde nicht die kleinste ist. Wir wollen sehen, ob wir nicht daraus Nutzen ziehen können.

§ 8. *Philalethes.* Ich muß Ihnen noch einmal sagen, daß ich geglaubt habe, es sei darin eine sichtliche Mißachtung der syllogistischen Regeln bemerkbar, aber seit unserem Gespräche haben Sie mich wankend gemacht. Gleichwohl will ich Ihnen mein Bedenken dartun. Man sagt, *kein syllogistisches Verfahren könne die Kraft des Schlusses haben, wenn es nicht wenigstens einen allgemeinen Satz enthält.* Nun gibt es aber offenbar nur besondere Dinge, welche der unmittelbare Gegenstand unserer Räsonnements und Erkenntnisse sind; diese beschäftigen sich nur mit der Übereinstimmung und Nichtübereinstimmung der Vorstellungen, von denen jede nur ein besonderes Dasein hat und nur ein einzelnes Ding darstellt.

Theophilus. Indem Sie sich die Ähnlichkeit der Dinge vorstellen, denken Sie sich noch etwas mehr dabei, und nur darin besteht eben die Allgemeinheit Sie werden nimmermehr eines unserer Argumente vorbringen können, ohne dabei allgemeine Wahrheiten anzuwenden. Gleichwohl ist wichtig zu bemerken, daß man hinsichtlich der Form die besonderen Sätze unter die allgemeinen begreift. Denn obwohl in Wahrheit es nur einen Apostel Petrus gegeben hat, so kann man doch sagen, daß wer auch immer der Apostel Petrus gewesen ist, dieser seinen Herrn und Meister verleugnet hat. Man fällt daher das Urteil, daß der Schluß: »Petrus hat seinen Herrn und Meister verleugnet; Petrus ist Jünger gewesen, also hat ein Jünger seinen Herrn und Meister verleugnet«, obgleich er nur besondere Sätze enthält, sie als allgemein bejahende enthält, und unter den Modus *Darapti* der dritten Figur fällt.

Philalethes. Ich wollte Ihnen noch sagen, daß es mir besser schiene, die Prämissen der Syllogismen zu versetzen und zu sagen: Jedes A ist

537   B, jedes B ist C, also ist jedes A, C; als zu sagen: jedes B ist C, jedes A ist B, also ist jedes A, C. Nach dem, was Sie gesagt haben, scheint es aber, daß man sich nicht davon entfernt und das eine wie das andere zu demselben Modus zählt. Allerdings ist, wie Sie bemerkt haben, die davon abweichende Einteilung der gewöhnlichen Logik mehr dazu geeignet, eine Kette von mehreren Syllogismen zu bilden.

Theophilus. Ich bin durchaus Ihrer Ansicht. Man scheint indessen geglaubt zu haben, daß es für den Lehrzweck besser sei, mit allgemeinen Sätzen anzufangen, wie die Obersätze in der ersten und zweiten Figur sind, und es gibt auch Redner, die diese Gewohnheit haben. Aber der Zusammenhang erscheint doch besser so, wie Sie es uns darstellen. Ich habe früher schon bemerkt, daß Aristoteles einen besonderen Grund für die gewöhnliche Einteilung gehabt haben kann. Denn statt zu sagen: A ist B, sagt er gewöhnlich: B ist in A. Und von dieser Art des Urteils ans könnte die von Ihnen verlangte Begriffsverbindung in die gebräuchliche Stellung von ihm eingeführt werden. Denn statt z.B. zu sagen: B ist C, A ist B, also ist A, C, würde er sagen: C ist in B, B ist in A, also ist C in A. Z.B. statt zu sagen: *Das Rechteck ist isogon* (oder hat gleiche Winkel), *das Quadrat ist ein Rechteck, folglich ist das Quadrat isogon*, wird Aristoteles, ohne die Sätze umzustellen, dem Medius terminus durch folgende Art die Sätze auszusprechen, welche die Termini umstellt, die Mittelstelle erhalten und sagen: *Das Isogon ist ein Rechteck, das Rechteck ist ein Quadrat, also ist das Isogon ein Quadrat.* Auch ist diese Art der Urteilsbildung nicht zu verachten, denn in der Tat ist das Prädikat im Subjekt oder auch die Vorstellung des Prädikats in der des Subjekts inbegriffen. Z.B. das Isogon ist ein Rechteck, denn das Rechteck ist diejenige Figur, deren sämtliche Winkel rechte sind; nun sind alle rechten Winkel einander gleich, also ist in der Vorstellung des Rechtecks die einer Figur inbegriffen, von der alle Winkel gleich sind, was eben die Vorstellung des Isogonen ist. Die gewöhnliche Art der Urteilsstellung nimmt mehr auf die Individuen Rücksicht, die des Aristoteles dagegen berücksichtigt mehr die Vorstel-

538   lungen oder Allgemeinheiten. Denn, sage ich: *Jeder Mensch ist ein lebendes Wesen*, so will ich sagen, daß alle Menschen unter die lebenden Wesen fallen, aber ich verstehe zugleich darunter, daß die Vorstellung des lebenden Wesens in der des Menschen inbegriffen ist. Lebendes Wesen umfaßt mehr Individuen als Mensch, aber Mensch umfaßt mehr Vorstellungen oder mehr Formelles; das eine hat mehr Exemplare,

der andere mehr Realitätsstufen; das eine hat mehr Umfang, das andere mehr Inhalt. Man kann auch der Wahrheit gemäß sagen, daß die ganze Lehre vom Schluß durch die Lehre *de continente et contento* d.h. von dem Enthaltenden und dem Enthaltenen, bewiesen werden könnte, welche von der Lehre vom Ganzen und Teil verschieden ist, denn das Ganze ist immer größer als der Teil, aber das Enthaltende und das Enthaltene sind sich mitunter gleich, wie in den reziproken Sätzen der Fall ist.

§ 9. *Philalethes*. Ich fange an, mir eine ganz andere Vorstellung von der Logik zu bilden, als ich früher hatte. Ich nahm sie für ein Schülerspiel, aber sehe jetzt, daß auf die Art, wie Sie sie verstehen, eine allgemeine Mathematik darin enthalten ist. Gebe Gott, daß man sie noch zu etwas mehr mache, als sie jetzt ist, damit wir darin jene *wahren Hilfsmittel der Vernunft* finden können, von denen Hooker sprach, welche die Menschen über ihren gegenwärtigen Zustand hinausheben würden. Und die Vernunft ist ein Vermögen, welches deren um so mehr bedarf, als ihr *Umfang* recht beschränkt ist, und sie uns bei vielen Gelegenheiten im Stich läßt. Dies ist der Fall: 1) weil uns oft schon die Vorstellungen fehlen, (§ 10) und dann 2) sind diese oft dunkel und unvollkommen, während wir da, wo sie klar und bestimmt sind, wie bei den *Zahlen*, keine unübersteiglichen Schwierigkeiten finden und in keinen Widerspruch geraten. § 11. Ferner kommt 3) die Schwierigkeit oft davon, daß uns die Mittelbegriffe fehlen. Man weiß, wie vor der Entdeckung der *Algebra*, dieses großen Werkzeuges und dieser ausgezeichneten Probe des menschlichen Scharfsinns, die Menschen manche Beweise der alten Mathematiker mit Staunen betrachteten. § 12. Auch das kommt vor, daß man auf falschen Grundsätzen fußt, was in Schwierigkeiten bringen kann, wo die Vernunft mehr verwirrt als aufklärt. § 13. Endlich setzen auch die Ausdrücke von unbestimmter Bedeutung die Vernunft in Verlegenheit.

Theophilus. Ich weiß nicht, ob wir so wenig *Vorstellungen* haben, als man glaubt, d.h. *deutliche Vorstellungen*. Was die *verworrenen Vorstellungen* oder vielmehr *Bilder* oder, wenn Sie wollen, *Eindrücke* betrifft, wie Farben, Geschmäcke usw., die ein Resultat mehrerer unbedeutender an sich deutlicher Vorstellungen sind, die man aber nicht deutlich wahrnimmt, so haben wir deren unzählige nicht, die vielmehr anderen Geschöpfen mehr als uns zukommen. Aber diese Eindrücke dienen auch mehr dazu, uns *Triebe* zu erwecken und Erfahrungsbeobachtungen zu begründen, als der Vernunft Stoff zu liefern, es sei denn, daß sie von deutlichen Wahrnehmungen begleitet sind. Also hält uns hauptsächlich die mangelhafte Erkenntnis dieser zwar deutlichen, aber mit den verworrenen vermischten Vorstellungen auf, und selbst wenn unseren Sinnen oder unserem Geiste alles bestimmt dargelegt worden ist, verwirrt uns mitunter die Masse der in Betracht zu ziehenden Dinge. Wenn man z.B. einen Haufen von 1000 Kugeln vor Augen hat, so dient offenbar, um die Zahl und die Eigenschaften dieser Masse zu übersehen, viel dazu, sie in Figuren zu ordnen, wie man in den Magazinen tut, um deutliche Vorstellungen davon zu haben, und sie sogar dergestalt festzustellen, daß man sich die Mühe ersparen kann, sie mehr als einmal zu zählen. Die Menge der Erwägungen gerade macht auch, daß sogar in der Wissenschaft der Zahlen sehr große Schwierigkeiten vorkommen, denn man sucht darin nach Abkürzungen und weiß mitunter nicht, ob die Natur in ihren geheimen Tiefen deren für den Fall hat, um den es sich handelt. Gibt es z.B. dem Anschein nach etwas Einfacheres als den Begriff der *Primzahl*? d.h. der ganzen, durch keine andere, ausgenommen durch die Einheit und sie selbst, teilbaren Zahl. Dennoch sucht man noch immer nach einem positiven und leichten Merkmal, um sie sicher zu erkennen, ohne die Grunddivisoren anzuwenden, welche kleiner sind, als die Quadratwurzel der gegebenen Primzahl. Es gibt eine Menge Merkmale, welche ohne viel Rechnen zeigen, daß irgend eine Zahl keine Primzahl ist, aber man verlangt eines, das leicht und sicher anzeigt, daß eine Zahl eine Primzahl ist, wenn sie eine ist. Aus diesem Grunde ist die Algebra noch so unvollkommen, obgleich es nichts besser Bekanntes gibt, als die von ihr gebrauchten Vorstellungen, weil sie nur die Zahlen im allgemeinen bezeichnen; denn bis jetzt ist noch keine Methode bekannt, die irrationalen Wurzeln irgend einer Gleichung über den 4. Grad hinaus (einen sehr beschränkten Fall ausgenommen) auszuziehen. Auch sind die Methoden, deren sich Diophantes, Scipio, Du Fer und Louis von Ferrara hinsichtlich des zweiten, dritten und vierten Grades bedient haben, um sie auf den ersten zurückzubringen, oder um eine unreine Gleichung in eine reine zu verwandeln, alle untereinander verschieden, d.h. diejenige, welche für einen Grad gilt, ist um einen Grad von der, welche für einen anderen gilt, verschieden. Denn der zweite Grad oder der der quadratischen Gleichung wird dadurch auf den ersten zurückgeführt, daß man nur das zweite Glied aufhebt. Der dritte Grad oder

der der kubischen Gleichung wird dadurch gelöst, daß durch die Zerlegung des Unbekannten in Teile glücklicherweise eine Gleichung des zweiten Grades sich herausbringen läßt. Und im vierten Grad oder bei den biquadratischen Gleichungen fügt man beiden Seiten der Gleichung etwas hinzu, um sie hier und dort ausziehbar zu machen, und glücklicherweise findet sich, daß man, um zu diesem Zweck zu gelangen, nur eine kubische Gleichung nötig hat. Aber dies alles ist nur eine Mischung von Glück und Zufall mit der Kunst oder Methode; und wenn man bei den beiden letzteren Graden einen Versuch anstellt, bleibt es ungewiß, ob er gelingt. Auch ist noch ein anderer Kunstgriff nötig, um im fünften oder sechsten Grade zum Ziel zu kommen, der sich auf die des vierten und die bikubischen Gleichungen bezieht; und obwohl Descartes geglaubt hat, die Methode, deren er sich beim vierten Grade bediente, indem er nämlich die Gleichung als aus zwei anderen quadratischen Gleichungen entstanden betrachtet, (die aber im Grunde nicht mehr leisten kann, als die des Louis von Ferrara), würde auch beim sechsten gelingen, so ist dies doch ein Fehlgriff gewesen. Diese Schwierigkeit zeigt, daß auch die klarsten und bestimmtesten Vorstellungen uns nicht immer alles geben, was man verlangt und daraus gewinnen kann. Und dies begründet auch das Urteil, daß die Algebra weit entfernt ist, die Erfindungskunst zu sein, weil sie selbst einer noch allgemeineren Kunst bedarf; und man kann sogar sagen, daß die Kunst der Zeichen im allgemeinen, d.h. die Kunst der Charaktere, ein ganz außerordentliches Hilfsmittel ist, weil sie die Phantasie unterstützt.

Man kann nicht zweifeln, daß die Alten etwas dieser Art gehabt haben, wenn man die Arithmetik des Diophantes und die geometrischen Bücher des Apollonius und Pappus sieht. Vieta hat ihr eine größere Ausdehnung gegeben, indem er nicht nur das Gesuchte, sondern auch die gegebenen Zahlen durch allgemeine Charaktere ausdrückte und so beim Rechnen es ebenso machte, wie schon Euklid beim Beweisen; und Descartes hat die Anwendung dieser Rechnung auf die Geometrie ausgedehnt, indem er die Linien durch die Gleichungen bezeichnete. Jedoch noch nach der Entdeckung unserer modernen Algebra betrachtete Bouillaud (Ismael Bullialdus), ein ohne Zweifel ausgezeichneter Mathematiker, welchen ich noch zu Paris gekannt habe, nur mit Bewunderung des Archimedes Beweisführungen über die Spirale und konnte nicht begreifen, wie dieser große Mann darauf gekommen war, die Tangente dieser Linie zur Dimension des Kreises zu gebrauchen.

Der Pater Gregor von St. Vincent scheint es durch richtige Vermutung gefunden zu haben, indem er annahm, daß er durch den Parallelismus der Spirale mit der Parabel darauf gekommen sei. Aber diese Methode ist nur eine spezielle, während die neue Infinitesimalrechnung, welche mittels der Differenzen fortschreitet, auf welche ich gekommen bin und welche ich mit Erfolg veröffentlicht habe, einen allgemeinen Weg angibt, dem gegenüber jene Entdeckung durch die Spirale nur ein Spiel und ein ganz leichter Versuch ist, wie fast alles, was man bisher über die Dimensionen der krummen Linien gefunden hatte. Der Vorteil dieser neuen Rechnungsart besteht noch darin, daß sie die Phantasie bei den Problemen aus dem Spiel bringt, welche Descartes unter dem Vorwande aus seiner Geometrie ausgeschlossen hatte, daß sie größtenteils zur Mechanik führten, im Grunde aber, weil sie auf seine Rechnung nicht paßten. Was die Irrtümer anbetrifft, welche aus zweideutigen Ausdrücken entstehen, so hängt es von uns ab, sie zu vermeiden.

Philalethes. Es gibt noch einen Fall, wo die Vernunft nicht angewandt werden kann, aber wo man sie auch nicht nötig hat, und wo der Blick mehr gilt, als die Vernunft. Dies ist bei der *intuitiven Erkenntnis* der Fall, wo der Zusammenhang der Vorstellungen und Wahrheiten unmittelbar angeschaut wird. Eine solche ist die Erkenntnis der unzweifelhaften Grundsätze, und ich bin zu glauben versucht, daß dies derjenige Grad der Evidenz ist, welchen die *Engel* schon jetzt haben, und den die Geister der zur Vollendung gelangten Gerechten in einem *zukünftigen Stande* über Unzähliges, was gegenwärtig unserem Verstande entgeht, haben werden. § 15. Aber das Beweisverfahren, welches sich auf Mittelbegriffe gründet, gibt eine *Vernunfterkenntnis.* Diese vollzieht sich nämlich durch den notwendigen Zusammenhang eines Mittelbegriffs mit den äußeren und wird durch den *Zusatz (Juxtaposition)* einer Evidenz erreicht, ähnlich wie der einer Elle ist, welche man bald an dies Stück Tuch, bald an jenes anlegt, um deren Gleichheit zu zeigen. § 16. Wenn aber der Zusammenhang nur wahrscheinlich ist, so ergibt das Urteil nur eine *Meinung.*

Theophilus. Gott allein hat den Vorzug, *nur* intuitive Erkenntnisse zu haben. Die seligen Geister aber, wenn sie auch von unseren groben Körpern losgelöst sind, und selbst die *Genien*, mögen sie noch so erhaben sein, müssen, trotzdem sie eine unvergleichlich intuitivere Erkenntnis als wir haben und oft mit einem Blicke durchschauen, was wir nur auf Grund von Folgerungen mit der Zeit und mit Mühe finden, doch auch auf ihrem Erkenntniswege Schwierigkeiten finden, ohne welche sie nicht die Lust haben würden, Entdeckungen zu machen, welche zu den größten gehört. Und immer muß man anerkennen, daß es eine unzählige Menge Wahrheiten gibt, die ihnen entweder gänzlich oder zeitweise verborgen sind, zu denen sie mittelst Folgerungen und durch die Beweisführung oder oft selbst durch Vermutung gelangen.

Philalethes. Also sind diese Genien nur Wesen wie wir, bloß vollkommener; es ist, als ob Sie mit dem Kaiser im Monde sagen wollten: *Alles ist so wie hier.*

Theophilus. Das will ich auch sagen, zwar nicht ganz und gar so, aber was *den Grund der Dinge* anbetrifft, denn die Arten und Stufen der Vollkommenheit sind bis ins Unendliche verschieden. Der Grund ist indessen überall derselbe, was in meinem System der *Hauptgrundsatz* ist und meine ganze Philosophie beherrscht. Auch begreife ich die unbekannten oder nur verworren bekannten Dinge nur nach Maßgabe derer, welche deutlich bekannt sind, was die Philosophie leicht macht und meiner Überzeugung nach so gebraucht werden muß; wenn aber diese Philosophie in der Grundlage die einfachste ist, so ist sie auch in den Einzelheiten die reichste, weil die Natur diese ins Unendliche abändern kann, wie sie auch wirklich mit so viel Fülle, Ordnung und Zieraten tut, als man sich nur vorstellen kann. Aus diesem Grunde glaube ich, daß es keinen auch noch so erhabenen Geist gibt, welcher nicht unendlich viel andere über sich hat. Obschon wir nun aber so vielen vernünftigen Wesen nachstehen, so haben wir doch den Vorteil, auf diesem unserem Erdballe, wo wir ohne Widerrede den ersten Rang einnehmen, nicht auf sichtbare Weise überwacht zu werden; wir haben bei aller Unwissenheit, in der wir stecken, immerhin das Vergnügen, nichts zu erblicken, was uns übertrifft. Und wenn wir eitel wären, könnten wir wie Cäsar denken, welcher lieber der Erste in einem Flecken als in Rom der Zweite sein wollte. Übrigens rede ich hier nur von den natürlichen Erkenntnissen dieser Geister, und nicht von dem *beseligenden Gesicht* oder von den übernatürlichen Erleuchtungen, welche ihnen Gott gewähren kann.

§ 10. *Philalethes.* Da ein jeder seine Vernunft entweder für sich allein oder einem anderen gegenüber gebraucht, so wird es nicht überflüssig sein, einige Betrachtungen über *vier Arten von Argumenten* anzustellen, deren sich die Menschen zu bedienen pflegen, um die anderen für ihre Ansicht zu gewinnen oder sie wenigstens in einer Art von Respekt, welcher sie am Widerspruch verhindert, inerhalten. Das erste Argument kann *das des Respekts, Argumentum ad verecundiam,* genannt werden, wenn man die Meinung derer anführt, welche durch ihr Wissen, ihren Rang, ihre Macht oder sonstwie Ansehen gewonnen haben; denn wenn ein anderer sich daraufhin nicht gleich ergibt, so ist man geneigt, ihn als von Eitelkeit erfüllt zu tadeln oder ihn selbst der Unverschämtheit zu zeihen. § 20. Es gibt zweitens ein *argumentum ad ignorantiam* (des *Nichtbesserwissens*), d.h. die Forderung, daß der Gegner den Beweis annehme oder einen besseren vorbringe. § 21. Es gibt 3) ein *argumentum ad hominem* (des *Beimwortnehmens*), wenn man jemand durch das, was er selbst gesagt hat, in die Enge treibt. § 22. Endlich gibt es 4) ein *argumentum ad judicium* (durch *Urteile*), welches darin besteht, Beweismittel anzuwenden, die aus irgend einer Quelle der Erkenntnis oder Wahrscheinlichkeit stammen; und dieses ist das einzige von allen, was uns vorwärts bringt und belehrt, denn wenn ich vor Respekt nicht zu widersprechen wage oder nur nichts Besseres zu sagen weiß oder mir selbst widerspreche, so folgt daraus gar nicht, daß der andere recht hat. Ich kann bescheiden, unwissend, im Irrtum sein, und der andere kann sich dabei doch auch noch täuschen.

Theophilus. Man muß ohne Zweifel zwischen dem, was zu sagen gut ist, und dem, was man als wahr zu glauben hat, unterscheiden. Da indessen die meisten Wahrheiten dreist behauptet werden können, so besteht gegen eine Meinung, die man verhehlen muß, ein gewisses Vorurteil. Das Argument *ad ignorantiam* ist gut in den Fällen, in denen man mutmaßt; wobei es vernünftig ist, sich so lange an eine Meinung zu halten, bis das Gegenteil bewiesen wird. Das Argument *ad hominem* hat die Wirkung zu zeigen, daß die eine oder andere Behauptung falsch ist, und der Gegner, wie man es auch nehme, sich geirrt hat. Man könnte noch andere Argumente anführen, deren man sich bedient, zum Beispiel das, welches man *ad vertiginem* (*das vom Schwindel*) nennen könnte, wobei man so schließt: Wenn dieser Beweis nicht angenommen wird, haben wir gar kein Mittel, über den Punkt, um den es sich handelt, zur Gewißheit zu kommen; was man als eine Ungereimtheit betrachtet. Dieses Argument ist in gewissen Fällen brauchbar, wie wenn jemand die ursprünglichen und unmittelbaren Wahrheiten ableugnen wollte, z.B. daß nichts zu derselben Zeit sein und nichtsein kann; denn wenn er recht hätte, würde es kein Mittel geben, irgend etwas zu erkennen. Aber wenn man sich gewisse Prinzipien gemacht hat und sie aufrechterhalten will, weil sonst das ganze System der einmal angenommenen Lehre zusammenfallen würde, so ist das Argument nicht entscheidend, denn man muß zwischen dem unterscheiden, was zur Aufrechterhaltung unserer Erkenntnisse notwendig ist, und dem, was unseren angenommenen Meinungen oder praktischen Grundsätzen als Stütze dient. Man hat sich bei den Juristen mitunter eines ähnlichen Verfahrens bedient, um die Verurteilung oder Tortur angeblicher Zauberer auf die Aussagen anderer desselben Verbrechens Angeklagter hin zu rechtfertigen, denn man sagte, wenn dies Argument fällt, wie wollen wir sie überführen? Und manche Schriftsteller in Kriminalsachen behaupten, daß bei den Tatsachen, wo die Überführung noch schwerer ist, leichtere Beweise als genügend gelten können. Aber das ist noch kein vernünftiger Grund. Es beweist nur, daß man mehr Sorgfalt anwenden muß, nicht aber, daß man leichter glauben dürfe, ausgenommen in Fällen äußerst gefährlicher Verbrechen, wie in Sachen des Hochverrats, wo diese Erwägung von Gewicht ist, nicht um jemand zu verdammen, sondern um ihn zu verhindern, Schaden anzurichten. Dabei kann es also ein Mittelding, nicht zwischen *Schuldig und Unschuldig*, sondern zwischen *Verurteilung* und *Landesverweisung* in solchen Untersuchungen geben, wo das Gesetz und die Gewohnheit es gestatten.

Eines ähnlichen Argumentes hat man sich seit einiger Zeit in Deutschland bedient, um das Schlagen schlechter Münze zu beschönigen; denn, (sagte man), wenn man sich an die vorgeschriebenen Regeln halten müßte, würde man nicht ohne Verlust Münzen schlagen können. Es muß also erlaubt sein, den Metallgehalt zu verschlechtern. Außerdem aber, daß man nur das Gewicht und nicht den Metallgehalt oder den Münzwert verringern dürfte, um Betrügereien besser zu verhüten, setzt man die Notwendigkeit eines Verfahrens voraus, die gar nicht stattfindet, denn es gibt weder ein göttliches Gebot noch ein menschliches Gesetz, welches diejenigen Geld zu schlagen nötigt, welche weder Bergwerke noch Gelegenheit haben, Silber in Barren zu besitzen, und Geld aus Geld zu schlagen ist ein schlechter Gebrauch, der natürlicherweise die Verschlechterung nach sich zieht. Aber wie wollen wir, (sagen sie), unser Münzregal ausüben? Die Antwort ist leicht. Begnügt euch damit, etwas Weniges in gutem Silber auszumünzen, selbst mit einem kleinen Verlust, wenn ihr glaubt, es sei euch so wichtig, unter den

Prägstock gebracht zu werden, ohne das Bedürfnis oder das Recht zu haben, die Welt mit dem schlechten Gelde zu überschwemmen.

§ 23. *Philalethes.* Nachdem wir ein Wort über die Beziehung unserer Vernunft zu anderen Menschen gesagt haben, wollen wir etwas über ihre Beziehung zu Gott hinzufügen, bei der wir zwischen dem, was *gegen die Vernunft*, und dem, was *über der Vernunft* ist, unterscheiden. Von der ersteren Art ist alles, was mit unseren klaren und bestimmten Vorstellungen sich nicht verträgt; von der zweiten Art jede Ansicht, von der wir nicht einsehen, daß ihre Wahrheit oder Wahrscheinlichkeit aus der Sinnlichkeit oder der Reflexion mit Hilfe der Vernunft abgeleitet werden kann. So ist das Dasein von mehr als einem Gott *gegen* die Vernunft, und die Auferstehung der Toten über der Vernunft.

Theophilus. Über ihre Definition dessen, was *über der Vernunft* ist, wenigstens wenn Sie sie in dem allgemein angenommenen Sinn dieser Phrase wiedergeben, finde ich noch etwas zu bemerken, denn mir scheint, daß auf die Art, wie diese Definition gefaßt ist, sie einerseits zu weit und andrerseits nicht weit genug geht. Wenn wir ihr folgen, würde alles, was wir nicht wissen und in unserem gegenwärtigen Zustand zu erkennen nicht imstande sind, über der Vernunft sein, z.B. daß irgend ein Fixstern größer oder kleiner ist als die Sonne, oder daß der Vesuv in diesem oder jenem Jahre Feuer speien wird; das sind Tatsachen, deren Erkenntnis uns zu hoch ist, aber nicht, weil sie über die Sinne gehen, denn wir könnten sehr wohl darüber urteilen, wenn wir vollkommenere Organe und mehr Kenntnis der Umstände hätten. Es gibt noch Schwierigkeiten, welche über unser gegenwärtiges Vermögen hinausgehen, aber nicht über die Vernunft überhaupt; es gibt z.B. hier auf Erden keinen Astronomen, der eine Sonnenfinsternis im Zeiträume eines Paternosters und ohne die Feder zur Hand zu nehmen, genau berechnen könnte, während es doch Genien geben könnte, denen das nur ein Spielwerk sein würde. So könnten alle diese Dinge durch die Hilfe der Vernunft bekannt oder ausführbar gemacht werden, wenn man mehr Bekanntschaft mit den Tatsachen, vollkommenere Organe und einen erhabeneren Geist voraussetzt.

Philalethes. Dieser Einwurf fällt weg, wenn ich meine Definition nicht allein von unserer Sinnlichkeit oder Reflexion, sondern auch von der eines jeden anderen möglichen geschaffenen Geistes verstehe.

Theophilus. Wenn Sie es so nehmen, haben Sie recht. Aber es wird dann noch eine andere Schwierigkeit übrig bleiben, daß nämlich dann

Ihrer Definition zufolge nichts mehr über die Vernunft geht, weil Gott immer Mittel gewähren könnte, durch die Sinnlichkeit und Reflexion irgend eine Wahrheit zu erwerben, wie in der Tat die größten Mysterien uns durch das Zeugnis Gottes bekannt werden, was man durch die *Beweggründe der Glaubwürdigkeit,* auf denen unsere Religion ruht, anerkennt. Und diese Beweggründe hangen ohne Zweifel von der Sinnlichkeit und der Reflexion ab. Die Frage scheint also zu sein, nicht ob das Vorhandensein einer Tatsache oder die Wahrheit eines Satzes aus Grundsätzen abgeleitet werden kann, deren sich die Vernunft bedient, d.h. aus der Sinnlichkeit und der Reflexion oder aus dem äußeren und inneren Sinne, sondern ob ein erschaffener Geist das Wie dieser Tatsache oder *den apriorischen Grund* dieser Wahrheit zu erkennen fähig ist; so daß man sagen kann, das, was *über der Vernunft* ist, könne wohl auf Wegen und durch Künste der geschaffenen Vernunft *ergriffen,* aber nicht *begriffen* werden, mag sie auch noch so groß und erhaben sein. Gott allein ist es vorbehalten, es zu verstehen, wie es ihm allein zu kommt, es auszuüben.

Philalethes. Diese Betrachtung scheint mir triftig, und auf diese Weise will ich meine Definition genommen wissen. Und zwar bestärkt mich diese Betrachtung selbst auch in meiner Meinung, daß die Ausdrucksweise, wonach die Vernunft dem Glauben entgegengesetzt wird, obgleich sie sich auf große Autorität stützt, ungehörig ist, denn durch die Vernunft eben verifizieren wir das, was wir glauben müssen. Der Glaube ist eine feste Zustimmung, und eine wohlbegründete Zustimmung kann nur auf gute Gründe hin gegeben werden. So kann derjenige, welcher, ohne irgend eine Ursache zum Glauben zu haben, glaubt, in seine Einbildungen verliebt sein, aber die Wahrheit sucht er darum doch sicherlich nicht, noch leistet er seinem göttlichen Meister den angemessenen Gehorsam, nach dessen Willen er die ihm zum Schutz gegen den Irrtum verliehenen Vermögen gebrauchen muß. Sonst ist es aus Zufall, wenn er auf dem rechten Wege ist, und ist er auf dem falschen, so ist er Gott dafür verantwortlich.

Theophilus. Ich stimme Ihnen durchaus bei, wenn Sie verlangen, daß der Glaube auf der Vernunft begründet sei: warum sollten wir sonst die Bibel dem Koran oder den alten Büchern der Brahmanen vorziehen? Dies haben unsere Theologen und andere Gelehrte auch richtig erkannt, und dieser Umstand hat uns auch so schöne Werke über die Wahrheit der christlichen Religion und so viel schöne Beweise zuwege gebracht, welche man den Heiden und anderen alten und neuen Ungläubigen gegenüber geltend gemacht hat. Auch haben die verständigen Leute stets diejenigen für verdächtig gehalten, welche vorgegeben haben, daß, wo es sich um den Glauben handele, man sich um Gründe und Beweise nicht zu bemühen brauche; etwas in der Tat Unmögliches, wenn *Glaube* nicht Nachsprechen oder Wiederholen und Hingehenlassen, ohne sich zu bemühen, bedeutet, wie bei vielen Leuten der Fall und selbst der Charakter einiger Nationen mehr als anderer ist. Als einige aristotelische Philosophen des 15. und 16. Jahrhunderts, deren Spuren noch lange nachher vorhanden gewesen sind, (wie man aus den Briefen des verstorbenen Naudé und den *Naudeana* urteilen kann), zwei einander entgegengesetzte Wahrheiten, eine philosophische und eine theologische behaupten wollten, hat das letzte lateranische Konzil unter Leo X. sich dem mit Recht widersetzt, wie ich schon bemerkt zu haben glaube. Auch erhob sich früher ein ganz ähnlicher Streit zu Helmstädt zwischen dem Theologen Daniel Hoffmann und dem Philosophen Cornelius Martin, jedoch mit dem Unterschiede, daß der Philosoph die Philosophie mit der Offenbarung vereinigte, und der Theolog den Nutzen davon ableugnen wollte. Der Herzog Julias aber, der Gründer der Universität, erklärte sich für den Philosophen. Allerdings hat zu unserer Zeit ein Mann von sehr hoher Stellung erklärt, daß man in Glaubenssachen sich die Augen ausreißen müsse, um klar zu sehen, und Tertuilian sagt irgendwo: es ist wahr, denn es ist unmöglich; man muß es glauben, denn es ist eine Ungereimtheit. Aber wenn die Absicht derer, welche sich auf diese Weise aussprechen, gut ist, so sind doch immerhin ihre Ausdrücke übertrieben und können Unheil stiften. St. Paul redet viel richtiger, wenn er sagt, daß die Weisheit Gottes vor den Menschen Torheit ist, weil nämlich die Menschen die Sachen nur nach ihrer Erfahrung, die äußerst beschränkt ist, beurteilen, und alles damit nicht Übereinstimmende ihnen als eine Ungereimtheit erscheint. Aber dies Urteil ist sehr verwegen, denn es gibt sogar in der Natur unendlich vieles, was für ungereimt gelten würde, wenn man es uns erzählte, wie das Eis dem König von Siam erschien, von welchem man ihm sagte, daß es unsere Flüsse bedecke. Aber die Ordnung der Natur selbst, da sie nicht von metaphysischer Notwendigkeit ist, ist nur auf der Willkür Gottes begründet, so daß er aus höheren Ursachen der Gnade sich davon entfernen kann, obgleich man dies nur auf gültige Beweise hin annehmen darf, die nur von Gottes Zeugnis selbst herrühren dürfen. Ist dies gehörig bewährt, so muß man sich ihm völlig unterwerfen.

XVIII. Vom Glauben, von der Vernunft und deren bestimmten Grenzen

§ 1. *Philalethes.* Wir wollen uns indessen der angenommenen Sprechweise fügen und in einem gewissen Sinne leiden, daß man den Glauben von der Vernunft unterscheidet. Dann ist es aber billig, daß man diesen Sinn ganz genau erklärt und die Grenzen zwischen beiden festsetzt, denn die Ungewißheit über diese Grenzen hat sicherlich in der Welt große Streitigkeiten hervorgerufen und vielleicht sogar große Unordnungen verursacht. Es ist wenigstens offenbar, daß, bis man sie bestimmt hat, alles Streiten vergeblich ist, weil man, wenn man über den Glauben streitet, die Vernunft anwenden muß. § 2. Ich finde, daß sich jede Sekte mit Vergnügen der Vernunft bedient, so lange sie daraus einigen Nutzen ziehen zu können glaubt; sobald indessen die Vernunft zu versagen angefangen hat, ruft man: das ist ein Glaubensartikel, welcher über der Vernunft steht. Aber der Gegner könnte sich derselben Entschuldigung bedienen, wenn man gegen ihn mit Vernunftgründen zu streiten versuchen wollte, falls man ihm nicht wenigstens bemerkt, warum ihm das in einem gleichscheinenden Falle nicht erlaubt wäre. Ich setze dabei voraus, daß die Vernunft hier die Entdeckung der Gewißheit oder Wahrscheinlichkeit der Sätze ist, welche wir aus den von uns durch den Gebrauch unserer natürlichen Fähigkeiten d.h. durch Sinnlichkeit und durch Reflexion erworbenen Erkenntnissen gewonnen haben, und daß der Glaube die Zustimmung ist, welche man einem auf die *Offenbarung* d.h. auf eine außerordentliche Mitteilung Gottes, welche er die Menschen zu wissen getan hat, gegründeten Satze gibt. § 3. Aber ein von Gott inspirierter Mensch kann den übrigen keine neue einfache Vorstellung mitteilen, weil er sich nur der Worte oder anderer Zeichen, welche in uns einfache, durch die Gewohnheit damit verbundene Vorstellungen erwecken, oder deren Verbindung bedient. Mochte auch St. Paul noch so viel neue Vorstellungen empfangen haben, als er in den dritten Himmel entrückt wurde, so ist doch alles, was er davon sagen konnte, nur: *es sind Dinge, die kein Auge gesehen, kein Ohr gehört und die nie in eines Menschen Herz gekommen sind.* Gesetzt, es seien auf dem Jupitersballe mit sechs Sinnen versehene Geschöpfe, und Gott gebe einem Menschen unter uns die Vorstellungen dieses sechsten Sinnes auf übernatürliche Weise, so würde er sie doch nicht durch Worte im Geiste der übrigen Menschen entstehen lassen können. Man muß also zwischen *ursprünglicher* und *überlieferter* Offenbarung unterscheiden. Die erstere ist ein Eindruck, welchen Gott unmittelbar auf den Geist macht, und diesem können wir keine Schranken setzen; die andere kommt uns nur auf den gewöhnlichen Wegen der Mitteilung zu und kann keine neuen einfachen Vorstellungen geben. § 4. Allerdings können noch die Wahrheiten, welche man durch die Vernunft entdecken kann, uns durch eine überlieferte Offenbarung mitgeteilt werden, wie wenn Gott den Menschen geometrische Lehrsätze hätte mitteilen wollen, aber dies würde nicht mit ebensoviel Sicherheit geschehen, als wenn wir den aus dem Zusammenhang der Vorstellungen gewonnenen Beweis davon hätten. So hatte auch Noah eine sicherere Erkenntnis der Sündflut, als die wir durch das Buch Mosis erhalten, und so war die Gewißheit dessen, welcher sah, daß Moses wirklich schrieb und die Wunder tat, welche seine göttliche Eingebung rechtfertigen, größer als die unsrige. § 5. Daher kann die Offenbarung nicht gegen die klare Evidenz der Vernunft gehen, weil man selbst dann, wenn die Offenbarung unmittelbar und ursprünglich ist, mit Evidenz wissen muß, daß wir uns nicht irren, indem wir sie Gott zuschreiben und den Sinn davon fassen; und diese Evidenz kann niemals größer sein, als die unserer intuitiven Erkenntnis, und folglich kann kein Satz als göttliche Offenbarung angenommen werden, wenn er dieser unmittelbaren Erkenntnis kontradiktorisch entgegengesetzt ist. Sonst würde in der Welt kein Unterschied zwischen der Wahrheit und Falschheit, kein Maßstab des Glaubhaften und des Unglaubhaften übrig bleiben. Auch ist nicht zu begreifen, daß von Gott, diesem wohltätigen Urheber unseres Daseins, etwas komme, was, wenn es als wahrhaft angenommen ist, die Grundlagen unserer Erkenntnisse umstürzen und alle unsere Geistesvermögen unnütz machen muß. § 6. Auch haben diejenigen, welche die Offenbarung nur mittelbar oder durch Überlieferung von Mund zu Mund oder auf schriftlichem Wege haben, die Vernunft noch nötiger, um sich dessen zu versichern. § 7. Indessen ist es immer wahr, daß diejenigen Dinge, welche über das von unseren natürlichen Fähigkeiten möglicherweise zu Entdeckende hinausgehen, die eigentlichen Gegenstände des Glaubens sind, wie der Fall der aufrührerischen Engel, die Auferstehung der Toten. § 9. Darin muß man allein die Offenbarung hören, und selbst hinsichtlich der wahrscheinlichen Sätze wird eine evidente Offenbarung uns gegen die Wahrscheinlichkeit entscheiden.

Theophilus. Wenn Sie den Glauben nur für das nehmen, was auf den *Motiven der Glaubwürdigkeit* (wie man sie nennt) beruht, und Sie ihn von der inneren Gnade, welche den Geist unmittelbar dazu bestimmt, trennen, so ist alles von Ihnen Gesagte unbestreitbar. Man muß zugestehen, daß es viel evidentere Urteile als die von diesen Motiven abhängigen gibt. Die einen gehen dabei weiter als die anderen, und es gibt sogar eine Menge von Leuten, welche niemals erkannt und noch weniger erwogen haben, was für ein *Motiv der Glaubwürdigkeit* gelten könnte. Aber die innere Gnade des H. Geistes tritt dabei als unmittelbare Ergänzung auf übernatürliche Weise ein, und dies ist es, was die Theologen eigentlich einen göttlichen Glauben nennen. Allerdings gibt ihn Gott stets nur, wenn das, was er glauben macht, auf der Vernunft begründet ist, sonst würde er die Mittel zur Erkenntnis der Wahrheit zerstören und dem Enthusiasmus die Tür öffnen, aber es ist nicht nötig, daß alle diejenigen, welche diesen göttlichen Glauben haben, diese Gründe erkennen, und noch weniger, daß sie sie immer vor Augen haben. Sonst würden die Einfältigen und die schwachen Köpfe, wenigstens heutzutage, niemals den wahren Glauben haben, und die Aufgeklärtesten würden ihn auch nicht haben, wenn sie dessen am meisten bedürfen könnten, denn sie können sich nicht immer der Gründe des Glaubens erinnern. Die Frage vom Gebrauch der Vernunft in der Theologie ist eine der am meisten verhandelten gewesen, sowohl zwischen den Sozinianern und denen, welche man in einem allgemeinen Sinne Katholiken nennen kann, als zwischen den Reformierten und Evangelischen, wie man in Deutschland vorzugsweise diejenigen nennt, welche manche sehr unpassend als Lutheraner bezeichnen. Ich erinnere mich einmal eine Metaphysik eines Sozinianers Stegmanus gelesen zu haben (eines von Josua Stegmann, der sogar gegen die Sozinianer geschrieben hat, wohl zu unterscheidenden Schriftstellers), welche noch nicht, daß ich wußte, gedruckt worden ist; auf der anderen Seite hat ein sächsischer Theolog, Kessler, eine Logik und einige andere philosophischen Disziplinen ausdrücklich gegen die Sozinianer abgefaßt. Man kann im allgemeinen sagen, daß die Sozinianer zu hastig in der Verwerfung alles dessen sind, was der Ordnung der Natur nicht entspricht, selbst wenn sie die Unmöglichkeit davon nicht beweisen können. Aber auch ihre Gegner gehen mitunter zu weit und treiben das Geheimnisvolle bis zu den Grenzen des Widerspruchs, worin sie der Wahrheit, welche sie zu verteidigen trachten, Abbruch tun. Ich war einmal überrascht, in der *Summa theologiae* des Pater Honoré Fabry, der sonst einer der gescheitesten seines Ordens gewesen ist, zu sehen, daß er in göttlichen Dingen – wie noch einige andere Theologen gleichfalls – jenes Prinzip leugnete, wonach *die Dinge, welche mit einem dritten identisch sind, unter sich selbst identisch sind.* Das heißt den Gegnern gewonnenes Spiel geben, ohne es zu denken, und jeder vernünftigen Überlegung alle Sicherheit nehmen. Man müßte lieber sagen, daß dieses Prinzip schlecht dabei angewendet worden ist. Derselbe Schriftsteller verwirft in der Philosophie die virtuellen Unterschiede, welche die Scotisten in den erschaffenen Dingen annehmen, weil sie, sagt er, das Prinzip des Widerspruchs umstoßen würden; und wenn man ihm einwirft, daß man diese Unterscheidungen in Gott annehmen muß, so antwortet er, daß der Glaube es befiehlt. Wie kann aber der Glaube irgend etwas befehlen, was ein Prinzip umwirft, ohne das jeder Glaube, jede Bejahung oder Verneinung eitel wäre? Unmöglich können also zwei wahre Sätze zu gleicher Zeit ganz einander widersprechen, und wenn A und C nicht dasselbe sind, so muß wohl B, welches mit A identisch ist, als etwas anderes genommen werden als das B, welches mit C identisch ist.

Nicolaus Vedelius, Professor in Genf und später in Deventer, hat ehedem ein Buch geschrieben unter dem Titel *rationale theologicum* (Über den Gebrauch der Vernunft in der Theologie), dem Johann Musaeus von Jena, (welches eine evangelische Universität in Thüringen ist), ein anderes Buch über denselben Gegenstand d.h. *über den Gebrauch der Vernunft in der Theologie* entgegensetzte. Ich erinnere mich, sie ehedem in Betracht gezogen und bemerkt zu haben, daß die Hauptstreitfrage durch die einschlägigen Nebenfragen verwickelt gemacht worden war, wie z.B. wenn man fragt, was ein theologischer Schluß ist, und ob man darüber aus den Begriffen, welche ihn bilden, oder aus dem Beweismittel urteilen solle, und folglich, ob Occam recht gehabt habe oder nicht, zu sagen, daß das Wissen einer und derselben Folgerung dasselbe ist, als das dazu angewendete Beweismittel. Sie halten sich auch bei noch viel anderen noch unbedeutenderen Nebensachen auf, die nur die Ausdrücke betreffen. Indessen gab Musaeus selbst zu, daß die zu einer logischen Notwendigkeit nötigen Vernunftprinzipien d.h. die, deren Gegenteil auf Widerspruch führt, in der Theologie mit Sicherheit angewendet werden müssen und können, aber er hatte Grund zu leugnen, daß das, was bloß mit physischer Notwendigkeit notwendig d.h. begründet ist auf einem Schluß aus dem, was in der Natur geschieht, oder auf den Naturgesetzen, die sozusagen von göttlicher Einsetzung sind, den Glauben an ein Mysterium oder an ein Wunder zu widerlegen hinreicht, weil es von Gott abhängt, den gewöhnlichen Lauf der Dinge zu verändern. So kann man der Naturordnung gemäß versichern, daß nicht dieselbe Person zu gleicher Zeit Mutter und Jungfrau sein, oder daß ein menschlicher Körper nicht umhin kann, sinnenfällig zu sein, obgleich das Gegenteil des einen oder anderen Gott möglich ist. Auch Vedelius scheint mit dieser Unterscheidung einverstanden zu sein. Man streitet aber mitunter über gewisse Prinzipien, ob sie logisch oder nur physisch notwendig sind. Solches ist der Streit mit den Sozinianern, ob die Substanz vervielfältigt werden kann, wenn die einzelne Wesenheit nicht vervielfältigt wird, und der Streit mit den Zwinglianern, ob ein Körper nur an einer Stelle sein kann. Nun muß man zugeben, daß allemal, wenn die logische Notwendigkeit nicht bewiesen ist, man in einem Satz nur eine physische Notwendigkeit annehmen kann. Aber es bleibt meiner Meinung nach noch eine Streitfrage übrig, welche die von mir eben erwähnten Schriftsteller nicht genug geprüft haben. Es ist folgende: Gesetzt, es findet sich auf der einen Seite der wörtliche Sinn eines Teiles der Heiligen Schrift und auf der anderen eine starke Wahrscheinlichkeit einer *logischen Unmöglichkeit* oder wenigstens einer anerkannten *physischen Unmöglichkeit*, ist es dann vernünftiger, dem wörtlichen Sinn zu entsagen oder dem philosophischen Prinzip? Sicherlich gibt es Stellen, wo man ohne Schwierigkeit den Wortsinn verläßt, wie z.B. wo die Schrift Gott Hände gibt und ihm Zorn, Reue und andere menschliche Affekte zuschreibt; sonst müßte man sich zu den Anthropomorphisten schlagen oder zu gewissen englischen Fanatikern, die da glaubten, daß Herodes tatsächlich in einen Fuchs verwandelt worden war, als Jesus Christus ihn mit diesem Namen nannte. Hier müssen die Auslegungsregeln eintreten; und wenn sie nichts bieten, was den buchstäblichen Sinn bestreitet, um den philosophischen Grundsatz zu begünstigen, und wenn der wörtliche Sinn übrigens nichts enthält, was

Gott eine Unvollkommenheit beimißt oder in der Ausübung der Frömmigkeit Gefahr bringt, so ist es sicherer und sogar vernünftiger, ihm zu folgen.

Diese beiden eben genannten Schriftsteller streiten noch über das Unternehmen Kekermanns, welcher die Trinität durch die Vernunft nachweisen wollte, wie Raimundus Lullus dies zu tun auch früher versucht hatte. Aber Musaeus erkannte mit großer Billigkeit an, daß wenn der Nachweis des reformierten Schriftstellers gut und richtig gewesen wäre, nichts darüber zu sagen gewesen wäre, und er recht gehabt hätte, hinsichtlich dieses Punktes zu behaupten, das Licht des heiligen Geistes könne durch die Philosophie entzündet werden.

Sie haben auch die berühmte Frage verhandelt, ob diejenigen, welche ohne Erkenntnis von der Offenbarung des Alten oder Neuen Testaments zu haben, in den Gesinnungen einer natürlichen Frömmigkeit gestorben sind, dadurch gerettet werden und Vergebung ihrer Sünden erlangen könnten? Man weiß, daß Clemens von Alexandria, Justinus Martyr und der h. Chrysostomus sich einigermaßen dazu hingeneigt haben; und ich selbst habe einst Pelisson gezeigt, daß viele ausgezeichnete Lehrer der römischen Kirche, weit entfernt, die nicht hartnäckigen Protestanten zu verdammen, sogar die Heiden von der Seligkeit nicht haben ausschließen und behaupten wollen, daß die eben erwähnten durch einen Akt der *Zerknirschung*, d.h. der auf *die Liebe zum Guten* gegründeten Reue, hätten gerettet werden können, der gemäß man Gott über alle Dinge liebt, weil diese Vollkommenheiten ihn höchst liebenswert machen. Man wird dadurch von ganzem Herzen getrieben, sich nach seinem Willen zu richten und seine Vollkommenheiten nachzuahmen, um sich mit ihm besser zu vereinigen, weil es gerecht erscheint, daß Gott seine Gnade denen nicht versage, die solche Gesinnungen hegen. Und ohne von Erasmus und Ludovico Vives zu sprechen, führte ich die Ansicht des Jakob Payva Andradius, eines sehr berühmten portugiesischen Lehrers seiner Zeit an, welcher einer der Theologen des Tridentiner Konzils gewesen war und sogar gesagt hatte, daß diejenigen, welche nicht damit übereinstimmten, Gott im höchsten Grade grausam sein ließen *(neque enim, inquit, immanitas deterior ulla esse potest)*. Pelisson hatte Mühe, dies Buch in Paris zu finden, zum Zeichen, daß die zu ihrer Zeit geehrten Schriftsteller später oft vernachlässigt werden. Dies veranlaßte Bayle zu dem Urteil, daß viele den Andradius nur auf Treu und Glauben seines Gegners

Chemnitius anführen. Dies mag wohl so sein; was aber mich betrifft, so hatte ich ihn gelesen, ehe ich ihn anführte. Sein Streit mit Chemnitius hat ihn auch in Deutschland berühmt gemacht, denn er hatte für die Jesuiten gegen diesen Autor geschrieben, und man findet in seinem Buche einige Spezialitäten über den Ursprung dieses berühmten Ordens. Ich habe bemerkt, daß einige Protestanten diejenigen *Andradier* nannten, welche über den erwähnten Gegenstand seiner Meinung waren. Es hat Autoren gegeben, welche eigens über die Seligkeit des Aristoteles auf Grund dieser nämlichen Prinzipien unter Billigung der Zensoren geschrieben haben. Auch sind die Bücher des Collins in Latein und La Mothe le Vayers im Französischen über die Seligkeit der Heiden sehr bekannt. Ein gewisser Fr. Puccius aber ging zu weit. Der h. Augustin, so gescheit und scharfsinnig er gewesen ist, hat sich auf ein anderes Extrem geworfen und sogar die ohne Taufe gestorbenen Kinder verdammt, und die Scholastiker scheinen recht gehabt zu haben, ihn zu verlassen. Freilich haben einige sonst gescheite Männer und darunter solche von großem Verdienst, aber in dieser Hinsicht ein wenig menschenfeindlich gestimmt, diese Lehre jenes Kirchenvaters wieder aufbringen wollen und haben sie vielleicht noch übertrieben.

Auch kann dieser Geist einigen Einfluß in der Streitigkeit zwischen mehreren allzuheftigen Lehrern gehabt haben; und als die Jesuiten als Missionare Chinas berichtet hatten, daß die alten Chinesen die wahre Religion ihrer Zeit und der wahren Heiligen gehabt hätten, und daß die Lehre des Konfuzius nichts Abgöttisches oder Atheistisches enthielte, scheint man in Rom richtiger gehandelt zu haben, daß man eine der größten Nationen nicht verdammen wollte, ohne sie gehört zu haben. Wohl uns, daß Gott mehr Menschenliebe besitzt als die Menschen. Ich kenne Leute, welche im Glauben, ihren Eifer durch Härte der Ansichten zu beweisen, sich einbilden, man könne die Erbsünde nicht glauben ohne ihrer Meinung zu sein; aber darin irren sie sich. Auch folgt nicht, daß diejenigen, welche die Heiden oder andere der gewöhnlichen Heilsmittel Entbehrenden retten, es den bloßen Naturkräften zuschreiben müssen, (obwohl vielleicht einige Kirchenväter dieser Ansicht gewesen sind), weil man behaupten kann, daß wenn Gott ihnen die Gnade schenkt, einen Akt der Zerknirschung zu erwecken, er ihnen auch stets, sei es tatsächlich, sei es der Anlage nach, aber immer übernatürlich vor dem Tode, wenn es auch nur in den letzten Augenblicken wäre, das ganze Licht des Glaubens und die ganze Glut der Liebe, welche ihnen zur Seligkeit nötig ist, gibt. So erklären auch die Reformierten bei Vedelius die Ansicht Zwinglis, welcher sich über diesen Punkt der Seligkeit tugendhafter Heiden ebenso deutlich ausgedrückt hatte, als die Lehrer der römischen Kirche es nur immer tun konnten. Auch hat diese Lehre darin nichts mit der besonderen Lehre der Pelagianer oder Semipelagianer gemein, von der, wie man weiß, Zwingli weit entfernt war. Und da man im Gegensatz zu den Pelagianern bei allen denen, welche den Glauben haben, eine übernatürliche Gnade lehrt (worin die drei anerkannten Religionen übereinstimmen, ausgenommen vielleicht die Schüler Pajons) und sogar entweder den Glauben oder wenigstens ähnliche Bewegungen den die Taufe empfangenden Kindern zugibt, so ist es nicht sehr außerordentlich, dasselbe – wenigstens in der Todesstunde – Leuten von gutem Willen zuzugestehen, die nicht das Glück gehabt haben, auf die gewöhnliche Weise im Christentum unterrichtet zu sein. Aber das Weiseste ist, über so wenig bekannte Punkte nichts zu bestimmen und sich im allgemeinen mit dem Urteil zu begnügen, daß Gott nichts tun könne, was nicht voller Güte und Gerechtigkeit ist: *melius est dubitare de occultis, quam litigare de incertis.* Besser über das Verborgene ungewiß sein, als über das Ungewisse hadern. (Augustin L. 8. Gen. ad litt. c. 5.)

XIX. Vom Enthusiasmus

§ 1. *Philalethes.* Wollte Gott, daß alle Theologen und der heil. Augustin selbst immer den in diesem Satze ausgedrückten Grundsatz ausgeübt hätten. Die Menschen glauben aber, daß der Geist des Dogmatismus ein Zeichen ihres Eifers für die Wahrheit sei, und doch findet ganz das Gegenteil statt. Man liebt sie wahrhaft nur im Verhältnis, wie man die Beweise zu prüfen liebt, welche sie als das zeigen, was sie ist. Und wenn man sein Urteil überstürzt, so wird man immer durch weniger reine Beweggründe getrieben. § 2. Die Herrschsucht ist einer der gewöhnlichsten, und ein zweiter ist eine gewisse Vorliebe für eigene Träumereien. Daraus geht der *Enthusiasmus* hervor. § 3. Mit diesem Namen bezeichnet man den Fehler derjenigen, welche sich einbilden, sie hätten eine unmittelbare Offenbarung, wenn diese nicht auf der Vernunft begründet ist. § 4. Und da man sagen kann, daß die *Vernunft* eine natürliche Offenbarung ist, deren Urheber Gott ist, sowie er der der Natur ist, so kann man auch sagen, daß die *Offenbarung* eine übernatürliche Vernunft ist d.h. eine durch eine neue Summe von unmittelbar von Gott ausgegangenen Entdeckungen erweiterte Vernunft. Aber diese Entdeckungen setzen voraus, daß wir das Mittel, sie als solche zu erkennen, haben, und dies ist die Vernunft selbst: sie verbannen wollen, um der Offenbarung Platz zu machen, hieße sich die Augen ausreißen, um die Trabanten des Jupiter besser durch ein Teleskop zu sehen. § 5. Die Quelle des Enthusiasmus ist der Umstand, daß eine unmittelbare Offenbarung bequemer und kürzer ist, als ein langes und mühsames Vernunftverfahren, welches auch nicht immer von glücklichem Erfolge begleitet ist. Man hat zu allen Zeiten Menschen gesehen, deren mit Frömmigkeit gemischte und mit Selbstgefälligkeit verbundene Schwermut sie hat glauben machen, daß sie eine ganz andere Vertrautheit mit Gott hätten, als die anderen Menschen. Sie setzen voraus, daß er sie den Seinigen verheißen hat, und glauben vorzugsweise vor den übrigen sein Volk zu sein. § 6. Ihre Phantasie wird eine Erleuchtung und göttliche Autorität, und ihre Pläne sind eine unfehlbare Lenkung des Himmels, welcher sie zu folgen verpflichtet sind. § 7. Diese Meinung hat große Wirkungen hervorgebracht und große Übel verursacht, denn ein Mensch handelt kräftiger, wenn er seinen eigenen Antrieben folgt, und die Annahme einer göttlichen Autorität durch unsere Neigung aufrechterhalten wird. § 8. Es ist schwer, ihn davon loszumachen, weil diese angebliche Gewißheit ohne Beweis der Eitelkeit und Lust am Ungewöhnlichen schmeichelt. Die Fanatiker vergleichen ihre Meinung mit dem Blick und der Empfindung. Sie sehen das göttliche Licht, wie wir das der Sonne am hellen Mittag sehen, ohne nötig zu haben, daß die Dämmerung der Vernunft es ihnen zeigt. § 9. Sie sind überzeugt, weil sie überzeugt sind, und ihre Überzeugung ist recht, weil sie stark ist, denn darauf läßt sich ihre bilderreiche Sprache zurückfuhren. § 10. Wenn es nun aber zwei Arten des Erkennens gibt, die des logischen Urteilens und die der Offenbarung, so kann man sie fragen, wo die Klarheit ist. Ist diese ein Auffassen des logischen Urteils, wozu dient dann die Offenbarung? Sie muß also in dem Empfinden der Offenbarung sein. Wie können sie aber bemerken, daß es Gott ist, welcher offenbart, und nicht ein Irrlicht, das sie in jenem Zirkel herumführt: Das ist eine Offenbarung, weil ich sie fest glaube, und ich glaube daran, weil es eine Offenbarung ist? § 11. Gibt es etwas, was mehr dazu gemacht ist, sich in Irrtum zu stürzen, als wenn man die Einbildung zum Führer nimmt? § 12. St. Paul hatte einen großen Eifer, als er die Christen verfolgte, und täuschte sich darum doch. Man weiß, daß der Teufel seine Martyrer gehabt hat, und wenn es hinreicht, fest überzeugt zu sein, so kann man die Täuschungen Satans nicht mehr von den Eingebungen des heiligen Geistes unterscheiden. § 14. Also ist es die Vernunft, was uns die Wahrheit der Offenbarung erkennen macht. § 15. Wenn aber unser Glaube sie bezeugen sollte, so würde der eben erwähnte Zirkel eintreten. Die Heiligen, welche von Gott Offenbarungen empfingen, hatten *äußere Zeichen*, welche sie von der Wahrheit des inneren Lichtes überzeugten. Moses sah einen brennenden Busch, der sich nicht verzehrte, und hörte eine Stimme aus der Mitte des Busches, und Gott gebrauchte, um ihn im voraus seiner Sendung zu vergewissern, als er ihn zur Befreiung seiner Brüder nach Ägypten schickte, dabei das Wunder des in eine Schlange verwandelten Stabes. Gideon ward durch einen Engel gesendet, das Volk Israel vom Joch der Midianiter zu befreien. Gleichwohl forderte er ein Zeichen, um überzeugt zu sein, daß ihm dieser Auftrag von seiten Gottes gegeben wäre. § 16. Ich leugne indessen nicht, daß nicht mitunter Gott den Geist der Menschen erleuchte, um ihnen gewisse wichtige Wahrheiten begreiflich zu machen oder um sie durch unmittelbaren Einfluß und Beistand des h. Geistes ohne irgend welche außerordentliche, diesen Einfluß begleitende Zeichen zu guten Handlungen zu bewegen. Aber auch in diesen Fällen haben wir die Vernunft und die Schrift, zwei untrügliche Regeln, als Richterinnen dieser Erleuchtungen, denn wenn sie mit diesen Regeln stimmen, laufen wir wenigstens keine Gefahr, wenn wir sie als von Gott eingegeben ansehen, auch wenn dies vielleicht keine unmittelbare Offenbarung ist.

Theophilus. Enthusiasmus war anfangs ein Name von guter Bedeutung. Und wie Sophisma eigentlich eine Weisheitsübung bedeutet, so bezeichnet Enthusiasmus, daß eine Gottheit in uns walte. *Est Deus in nobis* (In uns waltet ein Gott). Sokrates behauptete auch, daß ihm ein Gott oder Dämon innere Kundgebungen mache, so daß *Enthusiasmus* ein göttlicher Instinkt wäre. Nachdem aber die Menschen ihre Leidenschaften, Phantasien und Träume, ja sogar ihren Wahnsinn als etwas Göttliches heilig gesprochen hatten, begann Enthusiasmus eine Geistesstörung zu bezeichnen, welche man der Wirksamkeit einer in den davon Befallenen angenommenen Gottheit zuschrieb, denn die Wahrsager und Wahrsagerinnen zeigten eine Geistesstörung, wenn ihr Gott sich ihrer bemächtigte, wie die Sibylle von Cumae bei Vergil. Seitdem schreibt man sie denen zu, welche ohne Grundglauben, daß ihre Bewegungen von Gott kommen. Nisus bei demselben Dichter, da er sich durch einen fremdartigen Antrieb zu einer gefährlichen Unternehmung fortgerissen fühlt, in der er mit seinem Freunde umkommt, schlägt ihm diese in folgenden, von vernünftigem Zweifel erfüllten Worten vor:

Dine hunc ardorem mentibus addunt,
Euryale, an sua cuisque Deus fit dira cupido?

Pflanzten die Götter, o Freund, mir die treibende Glut in die Seele,
Oder wird jedem zum Gott nur die eigene wilde Begierde?

Er folgte dennoch seinem Trieb, von dem er nicht wußte, ob er von Gott oder einer unglücklichen Lust, sich auszuzeichnen, herrührte. Aber wenn es ihm geglückt wäre, würde er nicht ermangelt haben, sich in einem anderen Falle für auserwählt und durch irgend eine göttliche Macht getrieben zu glauben. Die Enthusiasten heutzutage glauben auch von Gott Lehrsätze zu ihrer Erleuchtung zu empfangen. Die Quäker sind dieser Überzeugung, und Barclay, ihr erster methodischer Gründer, behauptet, daß sie in sich ein gewisses Licht fänden, das sich durch sich selbst zu erkennen gäbe. Aber warum das *Licht* nennen, was nichts sehen macht? Ich weiß wohl, daß es Leute von solcher Geistesbeschaffenheit gibt, welche Funken und selbst noch Leuchtenderes sehen, aber dies Bild des körperlichen Lichts, das sich bei der Erhitzung ihrer Lebensgeister zeigt, gibt dem Geiste kein Licht. Manche einfältige Personen von aufgeregter Phantasie bilden sich Vorstellungen, die sie vorher nicht hatten: sie sind imstande, sich in ihrem Sinne schon oder wenigstens sehr lebhaft auszudrücken; sie bewundern sich selbst und lassen von anderen diese Fruchtbarkeit bewundern, welche als Eingebung gilt. Dieser Vorteil kommt für sie zum guten Teile von einer starken, durch die Leidenschaft belebten Phantasie her und von einem glücklichen Gedächtnis, welches die Redeweise der prophetischen, durch Lesen oder Vortrag anderer ihnen vertraut gewordener Bücher gut behalten hat.

562 Antoinette de Bourignon bediente sich ihrer Rede- und Schreibfertigkeit als eines Beweises ihrer göttlichen Sendung. Auch kenne ich einen Schwärmer, welcher den seinigen auf sein Talent gründet, ganz laut fast einen ganzen Tag, ohne zu ermüden oder heiser zu werden, zu reden und zu beten. Es gibt Menschen, welche nach durchgemachter harter Lebensweise oder nach einem Zustand des Trübsinns in ihrer Seele einen entzückenden Frieden und Trost schmecken, und darin finden sie so viel Süßigkeit, daß sie es für eine Wirkung des h. Geistes halten. Allerdings ist die Befriedigung, welche man in der Betrachtung der Größe und Güte Gottes, in dem Vollbringen seines Willens, in der Ausübung der Tugenden findet, eine Gnade Gottes und zwar eine der größten, aber es ist nicht immer eine Gnade, welche einer neuen übernatürlichen Hilfe bedarf, wie viele dieser guten Leute es behaupten. Es hat vor noch nicht langer Zeit ein sonst ganz kluges Mädchen gegeben, welches von seiner Jugend an mit Jesus Christus zu reden und auf eine ganz besondere Weise seine Gattin zu sein glaubte. Die Mutter desselben war, wie man erzählte, ein wenig zum Enthusiasmus geneigt gewesen, aber die Tochter, welche früh angefangen hatte, noch viel weiter gegangen. Ihre Befriedigung und Freudigkeit war unaussprechlich, ihre Tugendhaftigkeit zeigte sich in ihrem Wandel und ihr Geist in ihren Gesprächen. Indessen ging das Ding doch so weit, daß sie Briefe entgegennahm, welche man an unseren Herrn adressierte, und welche sie versiegelt, wie sie sie empfangen hatte, mit der Antwort zurückschickte, die mitunter ganz angemessen und immer vernünftig abgefaßt war. Aber endlich hörte sie auf, deren anzunehmen, aus Furcht, zu viel Aufsehen zu erregen. In Spanien würde sie eine zweite heilige Theresa gewesen sein. Aber nicht alle Personen, welche ähnliche Gefühle haben, haben einen gleichen Wandel. Es gibt deren, welche Sekten zu stiften und selbst Unruhen zu erregen suchen, und davon hat England schlimme Beweise gehabt. Wenn diese Leute in gutem Glauben handeln, ist es schwer, sie zur Vernunft zu bringen; mitunter führt der Umsturz aller ihrer Pläne sie zur Besserung, aber häufig ist es dann zu spät. Es gab einen vor kurzem gestorbenen Schwärmer, welcher sich für unsterblich hielt, weil er sehr alt war und sich wohl befand, und ohne das vor kurzem veröffentlichte Buch eines Engländers

563 gelesen zu haben, (welches glauben machen wollte, daß Jesus Christus auch deswegen in die Welt gekommen wäre, um die wahren Gläubigen vom körperlichen Tode zu befreien), war er seit langen Jahren ungefähr

derselben Ansicht; als er aber den Tod fühlte, ging er so weit, nun die ganze Religion anzuzweifeln, weil sie seiner Chimäre nicht entsprach. Der Schlesier Quirinus Kulman, ein unterrichteter Mann von Geist, der aber nachher in zweierlei gleich gefährliche Schwärmereien geraten war, in die der Enthusiasten und die der Alchimisten, und welcher in England, Holland und bis nach Konstantinopel Aufsehen gemacht hatte, endlich aber auf den Gedanken gekommen war, nach Rußland zu gehen und sich in gewisse Intriguen gegen das Ministerium zu mischen zu der Zeit, als die Prinzessin Sophie dort regierte, wurde zum Feuer verdammt und starb nicht wie ein von dem, was er gepredigt hatte, Überzeugter.

Die Meinungsverschiedenheiten dieser Leute untereinander müßten sie auch überführen, daß ihr vorgebliches *inneres Zeugnis* nicht göttlich sei, und daß andere Zeichen dazu gehören, es zu rechtfertigen. Die Labbadisten z.B. verstehen sich nicht mit Antoinette Bourignon, und obwohl William Penn bei seiner Reise nach Deutschland, von der man einen Bericht veröffentlicht hat, den Plan gehabt zu haben scheint, eine Art von Einverständnis zwischen denen herbeizuführen, welche auf diesem Zeugnis fußen, so scheint es ihm doch nicht geglückt zu sein. Es wäre in Wahrheit zu wünschen, daß die redlichen Menschen sich miteinander verständen und einträchtig handelten; nichts wäre mehr imstande, das menschliche Geschlecht besser und glücklicher zu machen, aber sie müßten dann selbst in Wahrheit redliche Menschen sein d.h. rechtschaffen und außerdem gelehrig und vernünftig, statt daß man die, welche man heutzutage Fromme nennt, der Härte, Herrschsucht und des Eigensinns anklagt. Ihre Mißhelligkeiten zeigen wenigstens, daß ihr inneres Zeugnis einer äußeren Beglaubigung bedarf, um geglaubt zu werden, und sie hätten Wunder nötig, um mit Recht für Propheten und Inspirierte zu gelten.

Gleichwohl gibt es einen Fall, wo diese Inspirationen ihren Beweis mit sich bringen würden. Das wäre, wenn sie in der Tat den Geist durch die bedeutsame Entdeckung irgend einer außerordentlichen Erkenntnis aufklärten, welche über die Kräfte desjenigen hinausginge, der sie ohne äußere Hilfe erworben hätte. Wenn der berühmte Lausitzer Schuster Jakob Böhme, dessen Schriften unter dem Namen des *Philosophus teutonicus* in andere Sprachen übersetzt sind, die in der Tat etwas Großartiges und Schönes für einen Mann dieser Lebensstellung haben, hätte Gold machen können, wie einige es sich einreden, oder

wie der Evangelist Johannes es konnte, wenn wir das glauben, was ein
zu seiner Ehre gemachter Hymnus sagt:

Inexhaustum fert thesaurum,
Qui di virgis fecit aurum,
Gemmas de lapidibus.

Unermeßnen Schatz besitzt,
Der aus Ruten Gold gemacht
Und aus Kieseln Edelstein.

so würde man Anlaß haben, diesem außerordentlichen Schuster mehr
Glauben zu schenken. Und wenn Antoinette Bourignon dem französischen Ingenieur Bertrand La Coste in Hamburg das Licht in den
Wissenschaften, welches er von ihr empfangen zu haben glaubte, geliefert hätte, wie er es in seiner Dedikation des Werkes über die Quadratur
des Zirkels bemerkt (wo er auf Antoinette und Bertrand anspielend,
sie das A in der Theologie nannte, wie er sich selbst als das B in der
Mathematik bezeichnet), so würde man nicht wissen, was man dazu
sagen sollte. Aber man sieht keine Beispiele eines bedeutenden Erfolges
dieser Art noch auch wohl detaillierte Voraussagungen, die solchen
Leuten geglückt wären. Die Prophezeiungen der Poniatovia, des Drabitius und anderer, welche der gute Comenius in seiner *Lux in Tenebris*
(Licht in der Finsternis) veröffentlichte und welche zu Unruhen in den
kaiserlichen Erblanden beitrugen, erwiesen sich als falsch, und diejenigen, welche ihnen Glauben schenkten, machten sich unglücklich. Der
Fürst von Siebenbürgen Ragozky wurde von Drabitius zur Unternehmung gegen Polen angetrieben, in welcher er sein Heer und infolgedessen seine Staaten mit dem Leben verlor, und dem armen Drabitius
wurde lange nachher im Alter von 80 Jahren endlich auf Befehl des
Kaisers der Kopf abgeschlagen. Indessen zweifle ich nicht, daß es jetzt
Leute gibt, welche diese Voraussagungen zu übler Stunde in der gegenwärtigen Konjunktur der Unruhen in Ungarn wieder beleben wollen,
indem sie nicht in Betracht ziehen, daß diese angeblichen Propheten
von Ereignissen ihrer Zeit sprachen, worin sie es ungefähr machten
wie der, welcher nach der Beschießung von Brüssel ein fliegendes Blatt
veröffentlichte, worin eine aus einem Buche der Antoinette Bourignon
genommene Stelle vorkam, die nicht in diese Stadt kommen wollte,

weil – wenn ich mich recht erinnere – sie geträumt hatte, dieselbe in Feuer gesehen zu haben; aber jene Beschießung erfolgte lange Zeit nach ihrem Tode. Ich habe einen Menschen gekannt, welcher während des durch den Frieden von Nymwegen geendeten Krieges nach Frankreich ging, um die Herren von Montausier und von Pomponne wegen der angeblichen Wahrheit der von Comenius veröffentlichten Prophezeiungen zu belästigen, und ich glaube, er wäre sich selbst als inspiriert vorgekommen, wenn er seine Gedanken in einer Zeit wie die unsrige hätte vorbringen können. Hieraus läßt sich nicht nur die Unbegründetheit, sondern auch das Gefährliche solcher Einbildungen erkennen. Die Geschichte ist voll von der üblen Wirkung falscher oder unrichtig verstandener Prophezeiungen, wie man in einer gelehrten und scharfsinnigen Abhandlung *de officio viri boni circa futura contingentia* (über die Pflicht des Rechtschaffenen hinsichtlich zukünftiger Ereignisse) ersehen kann, welche der verstorbene Jakob Thomasius, ein berühmter Leipziger Professor, vormals veröffentlicht hat. Mitunter haben diese Glaubensartikel eine gute Wirkung und dienen zu großen Dingen, denn Gott kann sich des Irrtums bedienen, um die Wahrheit aufzurichten oder aufrechtzuerhalten. Aber ich glaube nicht, daß es uns so leicht verstattet ist, frommen Betrug zu einem guten Zweck anzuwenden. Und was die Lehrsätze der Religion anbetrifft, so haben wir keine neuen Offenbarungen nötig; es reicht hin, daß man uns die Heilsgesetze vorlegt, damit wir verpflichtet seien, ihnen zu folgen, mag auch der, welcher sie vorlegt, kein Wunder tun; und obgleich Jesus Christus damit ausgerüstet war, verweigerte er mitunter doch, solche zu verrichten, um einem verkehrten Geschlecht, das Zeichen verlangte, zu willfahren, während er nur die Tugend und das, was schon durch die natürliche Vernunft und die Propheten gelehrt worden war, predigte.

XX. Vom Irrtum

§ 1. *Philalethes.* Nachdem wir genugsam von allen den Mitteln, welche uns die Wahrheit erkennen oder ahnen lassen, gesprochen haben, wollen wir noch etwas von unseren Irrtümern und unrichtigen Urteilen sagen. Die Menschen müssen sich wohl oft irren, weil es so viele Mißhelligkeiten unter ihnen gibt.

Die Ursachen davon können auf folgende vier zurückgeführt werden: 1) den Mangel an Beweisen, 2) die geringe Geschicklichkeit, sich derselben zu bedienen, 3) den Mangel an gutem Willen, davon Gebrauch zu machen, 4) die falschen Wahrscheinlichkeitsregeln.

§ 2. Wenn ich von dem Mangel an Beweisen spreche, so begreife ich auch noch diejenigen darunter, welche man finden könnte, wenn man dazu die Mittel und die bequeme Gelegenheit hätte; aber deren gerade entbehrt man am häufigsten. Der Zustand der Menschen ist so, daß ihr Leben im Aufsuchen dessen, wovon sie leben müssen, hingeht; sie sind von dem, was in der Welt vorgeht, so wenig unterrichtet, wie ein Lasttier, welches immer denselben Weg geht, auf der Landkarte bewandert werden kann. Sie müßten Sprachen, Lektüre, Unterhaltung, Naturbeobachtungen und technische Erfahrungen haben.

§ 3. Da nun aber dies alles ihre Lebensverhältnisse nicht angeht, können wir da leugnen, daß der große Haufe der Menschen zum Glück und zum Unglück nur durch einen blinden Zufall geführt wird? Müssen sie sich den herrschenden Meinungen und den in ihrem Vaterlande autorisierten Führern überlassen selbst hinsichtlich ihres ewigen Glücks oder Unglücks? Oder soll man ewig unglücklich sein, weil man, statt in diesem, in einem anderen Lande geboren ist? Gleichwohl muß man zugeben, daß niemand von der Sorge für seinen Unterhalt so sehr in Anspruch genommen ist, daß er nicht eine gewisse Ruhezeit hätte, um an seine Seele zu denken und sich in dem, was die Religion betrifft, zu unterrichten, mag er auch noch so sehr mit unwichtigeren Sachen beschäftigt sein.

Theophilus. Angenommen, daß die Menschen nicht immer imstande sind, sich selbst zu unterrichten, und daß sie, da sie die Sorge für den Unterhalt ihrer Familie aus Fürsorge nicht aufgeben können, um schwierige Wahrheiten aufzusuchen, genötigt sind, den in ihrer Heimat autorisierten Meinungen zu folgen, so müßte man doch immer urteilen, daß bei denen, welche die wahre Religion, auch ohne sie erwiesen zu haben, besitzen, die innere Gnade den Mangel der Motive zur Gläubigkeit ersetzt; und die Liebe heißt uns ferner urteilen, wie ich Ihnen schon bemerkt habe, daß Gott für die Menschen von gutem Willen, wenn sie auch in der dichten Finsternis der gefährlichsten Irrtümer groß geworden sind, alles tut, was seine Güte und Gerechtigkeit erheischen – obwohl vielleicht auf eine uns unbekannte Weise. Es gibt in der römischen Kirche mit Beifall aufgenommene Geschichten von

Leuten, die besonders auferweckt worden sind, um heilbringender Hilfe nicht zu entbehren. Aber Gott kann den Seelen durch die innere Wirksamkeit des heiligen Geistes zu Hilfe kommen, ohne ein so großes Wunder nötig zu haben, und das Beste und Tröstlichste für das Menschengeschlecht besteht darin, daß um sich in den Stand der Gnade Gottes zu setzen, man nur guten Willen nötig hat, aber aufrichtigen und ernsten. Ich erkenne an, daß man selbst auch diesen guten Willen nicht ohne Gottes Gnade hat, sofern alles natürliche oder übernatürliche Gute von ihm kommt: aber es ist immer genug, daß man nur den Willen zu haben braucht, und Gott unmöglich eine leichtere und vernünftigere Bedingung verlangen könnte.

§ 4. *Philalethes.* Es gibt Menschen, welche *gut genug gestellt sind*, um alle geeigneten Bequemlichkeiten zur Aufklärung ihrer Zweifel zu haben, aber sie werden davon durch allerlei künstliche Hindernisse abwendig gemacht, die zu bemerken leicht genug ist, ohne daß es notwendig wäre, sich an dieser Stelle über sie zu verbreiten. Ich will lieber von denen reden, welchen es an Geschicklichkeit fehlt, um die Beweise, welche sie sozusagen an der Hand haben, geltend zu machen, und welche weder eine lange Reihe von Folgerungen behalten noch alle Umstände abwägen können. Es gibt Leute, die nur einen Schluß, und es gibt deren, die nur zwei machen können. Es ist hier nicht der Ort festzustellen, ob diese Unvollkommenheit von einer natürlichen Verschiedenheit der Seelen selbst oder der Organe herrührt, oder ob sie vom Mangel an Übung, welche die natürlichen Fähigkeiten schärft, abhängt. Es genügt uns hier, daß sie ersichtlich ist, und man nur vom Palast oder von der Börse in die Hospitäler oder Irrenhäuser zu gehen braucht, um sie wahrzunehmen.

Theophilus. Es sind die Armen nicht allein in der Not; manchen Reichen mangelt mehr als ihnen, weil solche Reiche zuviel verlangen und sich freiwillig in eine Art von Dürftigkeit versetzen, welche sie wichtigen Erwägungen obzuliegen verhindert. Das Beispiel tut dabei viel. Man bemüht sich, dem von seinesgleichen zu folgen, das man auszuüben verpflichtet ist, wenn man sich nicht als Querkopf zeigen will; und dies bewirkt leicht, daß man ihnen ähnlich wird. Es ist gar schwer, zugleich der Vernunft und der Sitte zu genügen. Was diejenigen anbetrifft, denen Fähigkeit fehlt, so gibt es deren vielleicht weniger, als man denkt; ich glaube, daß der gesunde Menschenverstand mit Fleiß verbunden für alles ausreichen kann, was nicht gerade Schlagfertigkeit erfordert. Ich stelle den gesunden Menschenverstand voran, weil ich nicht glaube, daß Sie die Untersuchung der Wahrheit von den Bewohnern der Irrenhäuser verlangen wollen. Allerdings gibt es deren nicht viele, welche nicht wieder zu sich kommen könnten, wenn wir die Mittel dazu kennten; und welcher ursprüngliche Unterschied zwischen unseren Seelen auch stattfinden mag, (wie ich in der Tat an einen solchen glaube), so könnte sicherlich immerhin die eine so weit kommen, wie die andere (aber vielleicht nur nicht so schnell), wenn sie nur richtig geleitet würde.

§ 6. *Philalethes.* Es gibt eine andere Art von Menschen, denen es nur am guten Willen fehlt. Eine heftige Sucht zum Vergnügen, eine beständige Beschäftigung mit dem, was ihr Vermögen betrifft, eine allgemeine Trägheit oder Nachlässigkeit, eine besondere Abneigung gegen das Stadium und Nachdenken verhindern sie, ernstlich an die Wahrheit zu denken. Es gibt sogar solche, welche fürchten, daß eine von jeder Parteilichkeit freie Untersuchung den Meinungen, welche sich am besten mit ihren Vorurteilen und ihren Plänen vertragen, nicht günstig sei. Man kennt Personen, welche einen Brief nicht lesen wollen, von dem sie vermuten, daß er schlechte Neuigkeiten bringe, und viele Leute vermeiden, ihre Rechnungsbilanz aufzustellen oder sich von dem Zustande ihres Vermögens zu unterrichten, aus Furcht zu erfahren, was sie lieber für immer nicht wissen möchten. Es gibt Leute, welche große Einkünfte haben und sie alle auf Genußmittel für den Leib wenden, ohne an die Mittel zu denken, den Verstand zu vervollkommnen. Sie geben sich große Mühe, immer in einer schönen und glänzenden Equipage zu erscheinen und dulden es unbekümmert, daß ihre Seele mit schlechten Lumpen des Vorurteils und des Irrtums bedeckt sei und die Blöße d.h. die Unwissenheit durchscheine. Ohne von dem Interesse zu sprechen, welches sie am zukünftigen Leben nehmen sollten, vernachlässigen sie nicht weniger das, was in dem auf dieser Welt zu führenden Leben zu erkennen ihr Interesse ist. Auch ist es etwas Seltsames, daß sehr oft diejenigen, welche die Macht und das Ansehen als eine ihrer Geburt oder ihrem Vermögen zukommende Berechtigung betrachten, sie nachlässigerweise Leuten von niedrigerer Stellung, als die ihrige ist, welche sie aber an Wissen überragen, preisgeben; denn die Blinden müssen freilich durch die Sehenden geführt werden, sonst fallen sie in den Graben, und eine schlimmere Knechtschaft gibt es nicht, als die des Verstandes.

Theophilus. Es gibt keinen deutlicheren Beweis von der Nachlässigkeit der Menschen hinsichtlich ihrer wahren Interessen, als ihre geringe Sorge für die Erkenntnis und Ausübung dessen, was der Gesundheit, einem unserer größten Güter, zuträglich ist, und obwohl die Großen ebenso und noch mehr als die übrigen die schlimmen Wirkungen dieser Versäumnis empfinden, kommen sie doch nicht davon zurück. Was den Glauben anbetrifft, so betrachten manche das Denken, was sie zur Untersuchung bringen könnte, als eine Versuchung des Teufels, welche sie nicht besser überwinden zu können glauben, als indem sie den Geist auf jedwedes andere richten. Die Menschen, welche nur die Vergnügungen lieben oder sich irgend einer Beschäftigung widmen, pflegen die übrigen Dinge zu vernachlässigen. Ein Spieler, ein Jäger, ein Trinker, ein Lüstling und selbst ein Liebhaber von Kleinigkeiten wird eher sein Vermögen und sein Gut einbüßen, als daß er sich die Mühe gibt, einen Prozeß anzustrengen oder mit sachverständigen Leuten Rücksprache zu nehmen. Es gibt Leute, wie der Kaiser Honorius war, der, als man ihm die Nachricht brachte, daß Rom verloren sei, glaubte, es wäre sein Huhn, das diesen Namen trug, was ihn mehr schmerzte, als die Wahrheit. Es wäre zu wünschen, daß diejenigen, welche Macht haben, in gleichem Verhältnisse auch Erkenntnis hätten, aber wenn sie auch das einzelne in den Wissenschaften, den Künsten, der Geschichte und den Sprachen nicht besäßen, so würde doch ein solides und geübtes Urteil und eine Kenntnis des zugleich Großen und Allgemeinen, mit einem Wort eine *summa rerum* (Summe des Wissenswertesten) genügen können. Und wie der Kaiser Augustus einen kurzen Abriß der Kräfte und Bedürfnisse des Staates hatte, welchen er *breviarium imperii* (Reichsbrevier) nannte, so könnte man einen Abriß der Interessen des Menschen haben, welcher *enchiridion sapientine* (Handbuch der Weisheit) genannt zu werden verdiente, wenn die Menschen für das, was ihnen am wichtigsten ist, Sorge tragen wollten.

§ 7. *Philalethes.* Endlich kommen unsere meisten Irrtümer von dem *falschen Wahrscheinlichkeitsmaße* her, welches man dadurch erhält, daß man entweder sein Urteil trotz offenbarer Bestimmungsgründe zurückhält oder es trotz entgegengesetzter Wahrscheinlichkeiten fällt. Dieses falsche Maß besteht 1) in zweifelhaften, als Prinzipien angenommenen Sätzen, 2) in angenommenen Hypothesen und 3) in der Autorität. § 8. Wir urteilen gewöhnlich über die Wahrheit aus der Übereinstimmung mit dem, was wir als unzweifelhafte Grundsätze betrachten, und dies läßt uns das Zeugnis anderer und selbst unserer Sinne verachten, wenn sie dem entgegengesetzt sind oder scheinen; aber ehe man sich mit so viel Sicherheit darauf verläßt, sollte man sie mit der äußersten Strenge prüfen. § 9. Die Kinder nehmen Sätze in sich auf, welche ihnen von Vater und Mutter, Wärterinnen, Lehrern und anderen Personen ihrer Umgebung eingeflößt werden, und wenn diese Sätze einmal Wurzel gefaßt haben, so gelten sie für heilig wie ein *Urim* und *Thummim*, das Gott selbst ihnen in die Seele gelegt hätte. § 10. Man kann das, was gegen diese inneren *Orakelsprüche* verstößt, kaum ertragen, während man die größten Abgeschmacktheiten, wenn sie sich damit vertragen, verdaut. Man ersieht dies aus der unendlichen Hartnäckigkeit, die man bei verschiedenen Personen hinsichtlich des festen Glaubens an schnurstracks entgegengesetzte Meinungen als Glaubensartikel wahrnimmt, obwohl sie sehr oft gleich sehr abgeschmackt sind. Nehmen Sie einen Menschen von gesundem Verstande, aber von demselben Grundsatz durchdrungen, *daß man glauben muß, was in der Kirchengemeinschaft geglaubt wird*, sowie man in Wittenberg oder in Schweden lehrt – welche Neigung hat derselbe nicht, ohne Mühe die Lehre von der Konsubstantialität anzunehmen und zu glauben, daß ein und dasselbe Ding zugleich Fleisch und Brot ist?

Theophilus. Sie scheinen von den Lehrsätzen der Evangelischen nicht gehörig unterrichtet zu sein, welche die reale Gegenwart des Leibes unseres Herrn im Abendmahl annehmen. Tausendmal haben sie sich darüber erklärt, daß sie keine Konsubstantialität des Brotes und des Weines mit dem Fleisch und Blut Jesu Christi geglaubt haben wollen und noch weniger, daß eine und dieselbe Sache zusammen Fleisch und Brot ist. Sie lehren nur, daß man durch den Empfang des sinnlichen Symbols auf eine unsichtbare und übernatürliche Weise den Leib des Heilands empfängt, ohne daß er in dem Brote eingeschlossen ist. Und die von ihnen gemeinte Gegenwart ist nicht eine lokale oder sozusagen räumliche d.h. eine durch die Ausdehnung des gegenwärtigen Körpers bestimmte, so daß, was die Sinne dagegen haben können, sie nichts angeht. Und um zu zeigen, daß die aus der Vernunft möglicherweise gezogenen Schwierigkeiten sie nicht berühren, erklären sie, daß das, was sie unter der Substanz des Körpers verstehen, nicht in der Ausdehnung oder Dimension besteht, und es macht ihnen keine Schwierigkeit zuzugestehen, daß der verklärte Leib Jesu Christi eine gewisse regelmäßige und örtliche, aber seinem Zustand in dem erhabenen, von ihm eingenommenen Platze angemessene Gegenwart behauptet, die von derjenigen sakramentalen Gegenwart, um welche es sich hier handelt, oder von seiner wunderbaren Gegenwart, mit welcher er die Kirche regiert, verschieden ist, durch welche er zwar nicht wie Gott überall ist, aber da, wo er sein will. Dies ist die Ansicht der Gemäßigsten, so daß, um den Widersinn ihrer Lehre zu zeigen, man erst zeigen müßte, daß jede Wesenheit des Körpers nur in der Ausdehnung und dem, was einzig und allein durch sie gemessen wird, besteht, was meines Wissens noch niemand getan hat. Auch trifft diese ganze Schwierigkeit nicht weniger die Reformierten, welche der gallikanischen und niederländischen Konfession, ferner der, der sächsischen Konfession entsprechenden, für das Konzil von Trient bestimmten, von Männern beider Konfessionen, der Augustanischen und Helvetischen abgefaßten Erklärung der Versammlung von Sendomir, dem Glaubensbekenntnis der unter der Autorität des Königs Wladislas von Polen zum Kolloquium nach Thorn gerufenen Reformierten und der stehenden Lehre des Calvin und Beda folgen, welche auf das Bestimmteste und Stärkste erklärt haben, daß die Symbole tatsächlich das, was sie darstellen, gewähren, und daß wir der eigenen Substanz des Leibes und Blutes Jesu Christi teilhaftig werden. Calvin, nachdem er diejenigen widerlegt hat, welche sich mit einer metaphorischen Teilnahme des Gedankens oder der Besiegelung und einer Glaubenseinheit begnügen, fügt noch hinzu, es gäbe keinen noch so starken Ausdruck, um die Realität festzustellen, den er nicht zu unterzeichnen bereit sei, wenn man nur alles vermeide, was die Umschreibung der Orte oder die Verbreitung der Ausdehnung betreffe: es scheint im Grunde also seine Lehre die Melanchthons und sogar Luthers gewesen zu sein (wie Calvin es selbst in einem seiner Briefe voraussetzt) ausgenommen, daß er außer der Bedingung der Wahrnehmung des Symbols, mit welcher Luther sich begnügt, noch die Bedingung des Glaubens fordert, um die Teilnahme der Unwürdigen auszuschließen. Ich habe Calvin an hundert Stellen seiner Werke und selbst in seinen Briefen, wo er es nicht nötig hatte, über diese reale Gemeinschaft so bestimmt gefunden, daß ich keine Veranlassung sehe, ihn hier eines bloßen Kunstgriffs zu verdächtigen.

§ 11. *Philalethes.* Ich bitte um Verzeihung, wenn ich von diesen Herren der gewöhnlichen Ansicht gemäß geredet habe. Auch erinnere ich mich jetzt bemerkt zu haben, daß hervorragende Theologen der anglikanischen Kirche für diese reale Teilnahme gewesen sind.

Gehen wir nun aber von den festgestellten Prinzipien *zu den angenommenen Hypothesen* über. Diejenigen, welche anerkennen, daß es nur Hypothesen sind, halten sie dennoch oft hitzig aufrecht, fast als ob es gesicherte Grundsätze wären, und übersehen die entgegengesetzten Wahrscheinlichkeiten. Es würde für einen gelehrten Professor unerträglich sein, seine Autorität in einem Augenblick durch den ersten besten, der seine Hypothesen verwirft, umgestürzt zu sehen, seine Autorität, sage ich, die seit 30 bis 40 Jahren in der Mode ist, durch so viele Nachtwachen erworben, mit so viel Griechisch und Latein aufrechterhalten worden ist, welche die allgemeine Tradition und ein ehrwürdiger Bart bekräftigt. Alle Gründe, welche man anwenden könnte, um ihn von der Falschheit seiner Hypothese zu überzeugen, sind ebensowenig fähig, auf seinen Geist zu wirken, als die Anstrengungen des Boreas den Reisenden zwingen konnten, seinen Mantel fahren zu lassen, den er nur um so fester hielt, mit je mehr Heftigkeit der Wind blies.

Theophilus. In der Tat haben die Kopernikaner an ihren Gegnern erfahren, daß auch Hypothesen, die als solche anerkannt werden, doch um nichtsdestoweniger mit brennendem Eifer aufrechterhalten werden. Und die Kartesianer sind nicht weniger ihrer kanelierten Stoffteilchen und kleinen Kugeln des zweiten Elementes sicher, als wenn es Lehrsätze des Euklid wären. Es scheint, daß der Eifer für unsere Hypothesen nur eine Wirkung unserer Leidenschaft ist, Achtung für uns einflößen zu wollen. Allerdings haben diejenigen, welche Galilei verurteilten, den Stillstand der Erde für mehr als eine Hypothese gehalten, denn sie hielten ihn fürschrift- und vernunftgemäß. Aber hinterher hat man bemerkt, daß die Vernunft wenigstens diese Lehre nicht stützte, und was die h. Schrift anbetrifft, so hat der P. Fabry, Pönitentiarius von St. Peter, ein ausgezeichneter Theolog und Philosoph, in einer zu Rom selbst veröffentlichten Apologie der Beobachtungen des berühmten Optikers Eustachio Divini sich nicht gescheut zu erklären, daß die wirkliche Bewegung der Sonne in dem heiligen Texte nur vorläufig zu verstehen sei, und daß, wenn die Ansicht des Kopernikus sich bewahrheiten sollte, man es ohne Schwierigkeit so erklären dürfte, wie jene Stelle des Vergil:

terraeque urbesque recedunt,
es entweichen die Länder und Städte.

Indessen fährt man in Italien und Spanien und selbst in den Erbstaaten des Kaisers unaufhörlich fort, die Lehre des Kopernikus zum großen Schaden jener Völker zu unterdrücken, deren Geist sich zu den schönsten Entdeckungen erheben könnte, wenn sie eine vernünftige und philosophische Freiheit genössen.

§ 12. *Philalethes.* Die herrschenden Leidenschaften scheinen, wie sie sagen, in der Tat die Quelle unserer Liebe für die Hypothesen zu sein, aber sie erstrecken sich noch viel weiter. Die größtmögliche Wahrscheinlichkeit wird nicht dazu dienen, einem Geizigen oder Ehrsüchtigen sein Unrecht begreiflich zu machen, und ein Liebender wird sich mit der größten Leichtigkeit von der Welt von seiner Geliebten anführen lassen, so wahr ist der Satz, *daß wir leicht glauben, was wir wünschen,* und nach der Bemerkung des Vergil:

qui amant, sibi somnia fingunt,
erschaffen sich Träume, die lieben.

Man bedient sich aus diesem Grunde zweier *Mittel,* um *den augenscheinlichsten Wahrscheinlichkeiten,* wenn sie unsere Leidenschaften und Vorurteile bekämpfen, *auszuweichen.* § 13. Das erste ist der Gedanke, daß in dem uns entgegengehaltenen Beweisgründe irgend ein Trugschluß verborgen sei. § 14. Und das *zweite* ist die Voraussetzung, daß wir ebenso gute und selbst bessere Gründe, um den Gegner zu schlagen, auf die Bahn bringen könnten, wenn wir die bequeme Gelegenheit, Geschicklichkeit oder Hilfe hätten, die sie aufzufinden nötig ist. § 15. Diese Mittel, sich gegen das Überzeugtwerden zu wehren, sind mitunter gut, aber mitunter auch Sophismen, wenn der Gegenstand hinlänglich klargemacht worden ist, und man alles in Rechnung gezogen hat; denn nachdem dies geschehen ist, kann man im ganzen erkennen, auf welcher Seite die Wahrscheinlichkeit sich findet. Auf diese Art ist z.B. keine Veranlassung zu zweifeln, daß die organischen Wesen viel mehr durch die von einem vernünftigen Agens geleiteten Bewegungen als durch das zufällige Zusammentreffen der Atome gebildet worden sind, so wie es niemand gibt, welcher im allergeringsten darüber ungewiß ist, ob die vom Druck herrührenden Buchstaben, welche eine verständige Rede bilden, durch einen aufmerksamen Menschen oder durch eine verworrene Mischung so zusammengebracht worden sind. Ich möchte also annehmen, daß es nicht von uns abhängt, bei solchen

Gelegenheiten unsere Zustimmung aufzuschieben, aber wir können das, wenn die Wahrscheinlichkeit weniger ersichtlich ist, und mögen uns dann selbst mit den schwächsten Beweisen begnügen, die mit unserer Neigung sich am besten vertragen. § 16. Es scheint mir sogar wirklich nicht ausführbar, daß ein Mensch sich auf die Seite neigt, wo ihm die geringste Wahrscheinlichkeit erscheint; die Wahrnehmung, die Erkenntnis und Zustimmung sind nicht willkürlich, wie es nicht von mir abhängt, die Übereinstimmung zweier Vorstellungen zu sehen oder nicht zu sehen, wenn mein Geist darauf gerichtet ist. Gleichwohl können wir den Fortschritt unserer Untersuchungen freiwillig aufhalten, sonst könnten Unwissenheit und Irrtum in keinem Fall eine Sünde sein. In dieser Hinsicht üben wir also unsere Freiheit aus. Allerdings nimmt man in den Fällen, wobei kein Interesse obwaltet, die allgemeine Meinung oder die Ansicht des ersten besten an, aber in den Punkten, wo unser Glück oder Unglück im Spiel ist, läßt sich unser Geist ernstlicher darauf ein, die Wahrscheinlichkeiten zu wägen, und ich meine, daß in diesem Falle, d.h. wenn wir Aufmerksamkeit haben, wir nicht die Wahl haben, uns für diejenige Seite zu entscheiden, welche wir wollen, wenn zwischen den beiden Parteien ganz und gar sichtbare Unterschiede vorhanden sind, und dann wird vielmehr die größte Wahrscheinlichkeit unsere Zustimmung bestimmen müssen.

Theophilus. Ich bin im Grunde ihrer Ansicht; auch haben wir uns in unseren früheren Gesprächen, als wir von der Freiheit redeten, hinlänglich darüber erklärt. Damals habe ich gezeigt, daß wir niemals das glauben, was wir wollen, sondern vielmehr das, was wir als das Wahrscheinlichste erblicken, und daß wir nichtsdestoweniger uns indirekt dasjenige können glauben machen, was wir wollen, indem wir nämlich die Aufmerksamkeit von einem mißliebigen Gegenstande abwenden, um sie auf einen anderen zu richten, der uns gefällt, wodurch es geschieht, daß wir durch fortgesetztes Erfassen der Gründe für einen Lieblingssatz endlich an ihn als den wahrscheinlichsten glauben. Was die Meinungen anbetrifft, welche uns nicht interessieren, und die wir auf oberflächliche Gründe hin annehmen, so geschieht dies, wenn man beinahe nichts bemerkt, was dem widerspricht, und wir finden, daß die uns im günstigen Lichte dargestellte Meinung die entgegengesetzte Ansicht, welche in unserer Auffassung nichts für sich hat, ebensoviel und mehr übertrifft, als wenn für die eine und andere Seite viele Gründe vorhanden gewesen wären. Denn der Unterschied zwischen 0 und 1 oder zwischen 2 und 3 ist ebenso groß, wie der zwischen 9 und 10, und wir bemerken dieses Übergewicht, ohne an die Prüfung zu denken, welche zum Urteilen noch nötig sein würde, aber wozu uns nichts einladet.

§ 17. *Philalethes.* Das letzte falsche Wahrscheinlichkeitsmaß, an das ich zu erinnern die Absicht habe, ist die *falsch verstandene Autorität*, welche mehr Menschen in der Unwissenheit und im Irrtum hält, als alle die übrigen zusammen. Wieviel Leute sieht man, die für ihre Ansicht keinen anderen Grund haben, als die unter ihren Freunden und unter ihren Standes- oder Partei- oder Landesgenossen angenommenen Meinungen? Irgend eine Meinung ist von dem ehrwürdigen Altertum gebilligt gewesen, sie kommt mir unter dem Freibrief der früheren Jahrhunderte zu; andere gehen sich ihr hin, darum bin ich vor dem Irrtum geschützt, wenn ich sie annehme. Es wäre ebenso begründet, das Los zu werfen, um seine Meinungen zu fassen, als auf solche Regeln hin sie zu wählen. Außer dem, daß alle Menschen dem Irrtum unterworfen sind, würden wir, glaube ich, wenn wir die geheimen Triebfedern sehen könnten, welche die gelehrten und Parteihäupter in Bewegung setzen, oft etwas ganz anderes finden als die reine Liebe zur Wahrheit. Es gibt wenigstens sicherlich keine so abgeschmackte Meinung, welche nicht auf diesen Grund hin angenommen werden könnte, da es keinen Irrtum gibt, der nicht seine Parteigänger hat.

Theophilus. Man muß indessen zugeben, daß man in vielen Fällen nicht umhin kann, sich der Autorität hinzugeben. St. Augustinus hat ein recht hübsches Buch *de utilitate credendi* (über den Nutzen des Glaubens) geschrieben, welches über diesen Gegenstand gelesen zu werden verdient: und was die angenommenen Meinungen angeht, so haben sie etwas Ähnliches für sich, als das, was die Juristen *Präsumption* (günstiges Vorurteil) nennen. Obgleich man nicht genötigt sein mag, ihnen immer ohne Beweis zu folgen, so ist man doch ebensowenig berechtigt, sie im Geiste eines anderen zu zerstören, ohne gegenteilige Beweise zu haben. Es ist nämlich nicht erlaubt, ohne Grund etwas zu verändern. Man hat viel über den *Beweis* gestritten, welcher *von der großen Zahl* der Bekenner einer Ansicht hergenommen wird, seitdem der verstorbene Nicole sein Buch über die Kirche veröffentlicht hat, aber alles, was man aus diesem Beweis ziehen kann, wenn es sich darum handelt, einen Grund anzuerkennen, nicht aber eine Tatsache zu beglaubigen, kommt nur auf das, was ich eben bemerkt habe, zurück.

Und wie hundert Pferde nicht schneller laufen als ein Pferd, obwohl sie mehr ziehen können, so ist es ebenso mit hundert Menschen, verglichen mit einem; sie können nicht schneller gehen, aber erfolgreicher arbeiten, sie können nicht besser urteilen, aber sie werden imstande sein, mehr Stoff zu liefern, an dem das Urteil geübt werden kann. Das ist der Sinn des Sprüchworts: *plus vident oculi quam oculus* (vier Augen sehen mehr als zwei). Man bemerkt das in den Versammlungen, wo in Wahrheit viele Betrachtungen auf die Bahn gebracht werden, die vielleicht einem oder zweien entgehen; man läuft aber die Gefahr, indem man über alle diese Zweifel beschließt, nicht das beste Teil zu ergreifen, wenn nicht gescheite Leute dabei sind, welche mit dem Durcharbeiten und Erwägen derselben betraut werden. Darum haben verschiedene urteilsvolle Theologen der römischen Glaubenspartei in

578 der Einsicht, daß die Autorität der Kirche d.h. die der an Würde höchsten und von der großen Masse am meisten gestützten, in Sachen der Vernunft auch unsicher sein könne, dieselbe auf die bloße Bezeugung von Tatsachen unter dem Namen der Tradition zurückgeführt. Dies war die Meinung Heinrich Holdens, eines Engländers und Lehrers an der Sorbonne, Verfassers eines »*Analyse des Glaubens*« betitelten Werkes, worin er gemäß den Prinzipien des *Kommonitoriums* Vincents von Lerina den Satz aufstellt, daß man in der Kirche keine neuen Entscheidungen geben dürfe, und daß alles, was die im Konzil versammelten Bischöfe tun können, darin besteht, die Tatsache der in ihren Diözesen allgemein angenommenen Lehre zu bezeugen. Das Prinzip ist ansprechend, solange man bei den Allgemeinheiten bleibt, aber wenn man zur Sache kommt, so findet sich, daß verschiedene Länder verschiedene Meinungen seit langer Zeit angenommen haben, und daß man noch dazu in den nämlichen Ländern von dem einen zum entgegengesetzten anderen – trotz der Arnauldschen Argumente gegen die unmerklichen Veränderungen – übergegangen ist; daß man sich überdies oft, ohne sich auf die bloße Beglaubigung zu beschränken, in das Urteilen selbst eingemischt hat. Im Grunde ist's auch die Meinung des gelehrten bayerischen Jesuiten Gretser, Verfassers einer von den Theologen seines Ordens anerkannten Glaubensanalyse, daß die Kirche über die Streitpunkte richten kann, indem sie neue Glaubenssätze gründet, da ihr der Beistand des heiligen Geistes verheißen ist, obwohl man diese Ansicht meistens zu verhüllen trachtet, besonders in Frankreich, wie wenn die Kirche nur die schon aufgestellten Lehren

zu erläutern hättet. Aber die Erläuterung ist ein schon angenommener Satz oder ein neuer, den man aus der angenommenen Lehre zu gewinnen glaubt. Die Praxis widersetzt sich meistens dem ersteren Sinn, und was kann im zweiten Sinne der aufgestellte neue Satz anderes als ein neuer Glaubenssatz sein?

Ich bin indessen nicht der Ansicht, daß man das Altertum in Religionssachen verachten dürfe, und glaube sogar, man dürfe sagen, daß Gott die wirklich ökumenischen Konzilien bisher vor jedem Irrtum, welcher der Heilslehre zuwider läuft, bewahrt hat. Übrigens ist Parteivorurteil ein wunderliches Ding. Ich habe Leute mit Eifer eine Meinung umfassen sehen, allein aus dem Grunde, daß sie in ihrem Stande angenommen war oder selbst allein deshalb, weil sie der eines Mitgliedes einer Religionsgemeinschaft oder eines Volkes, die sie nicht liebten, zuwider war, wenn auch die betreffende Frage mit der Religion und dem Volksinteresse fast nichts gemein hatte. Sie kannten vielleicht nicht einmal die wahre Quelle ihres Eifers, aber ich merkte, daß sie auf die erste Nachricht, daß der oder jener dies oder jenes geschrieben habe, in den Bibliotheken herumwühlten und sich aufstachelten, um etwas zur Widerlegung zu finden. Dies geschieht auch oft von denen, welche auf den Universitäten Thesen verteidigen und sich gegen ihre Gegner auszuzeichnen suchen. Was sollen wir aber von den in den symbolischen Büchern selbst unter den Protestanten vorgeschriebenen Lehren sagen, welche man oft zu beschwören genötigt ist? Und von denen einige glauben, sie bedeuteten bei uns nur die Verpflichtung zu dem Bekenntnis dessen, was diese Bücher oder Formulare von der heiligen Schrift enthalten, worin wieder andere ihnen widersprechen. Und in den religiösen Orden der römischen Kirche schreibt man, indem man mit den in der Kirche geltenden Lehren sich nicht begnügt, den Lehrern noch engere Schranken vor, wie die von dem General der Jesuiten Claudius Aquaviva, wenn ich mich nicht irre, in deren Schulen verbotenen Lehrsätze es bezeugen. Gut wäre es – (um dies im Vorübergehen zu bemerken) – wenn man eine systematische Sammlung der durch Konzilien, Päpste, Bischöfe, Oberen, Fakultäten entschiedenen und verworfenen Sätze machte, welche der Kirchengeschichte zum Nutzen sein würde. Man kann zwischen Lehren und Annehmen einer Ansicht unterscheiden. Es gibt auf der ganzen Welt keinen Eid und kein Verbot, welches jemand bei derselben Ansicht zu verbleiben zwingen könnte, denn die Überzeugungen sind an sich unwillkürlich;

aber eine Lehre zu lehren, welche für gefährlich gilt, kann und muß man sich enthalten, wenn es nicht gegen die Gewissenspflicht läuft; und im letzteren Falle muß man sich aufrichtig erklären und, falls man zu lehren berufen ist, seine Stelle niederlegen, immer vorausgesetzt, daß man es tun könne, ohne sich einer äußersten Gefahr auszusetzen, die einen zwingen könnte, sich ohne Aufsehen zu entfernen. Ein anderes Mittel aber, die Rechte des Publikums und des einzelnen zu vereinigen, gibt es nicht, da das eine verhindern muß, was es für schlimm erachtet, und der andere der von seinem Gewissen geforderten Pflichten sich nicht entschlagen kann.

§ 18. *Philalethes.* Dieser Gegensatz zwischen dem Publikum und dem einzelnen und selbst zwischen den öffentlichen Meinungen der verschiedenen Parteien ist ein unvermeidliches Übel. Aber oft sind eben diese Gegensätze nur scheinbar und bestehen nur in den Formeln. Ich bin auch zu erklären verpflichtet, um dem menschlichen Geschlechte Gerechtigkeit widerfahren zu lassen, daß es nicht so viel im Irrtum verstrickte Leute gibt, als man gewöhnlich voraussetzt, nicht daß ich glaube, sie besitzen die Wahrheit, sondern weil sie in der Tat über die Lehren, von denen man soviel Aufhebens macht, absolut keine feste Meinung haben und, ohne etwas zu prüfen und nur mit den oberflächlichsten Vorstellungen über die betreffende Angelegenheit im Kopfe, entschlossen sind, sich fest zu ihrer Partei zu halten, wie Soldaten, welche die von ihnen verteidigte Sache nicht prüfen; und wenn das Leben eines Menschen zeigt, daß er keine aufrichtige Rücksicht auf die Religion nimmt, so genügt es ihm, Hand und Zunge zur Behauptung der gemeinsamen Meinung bereit zu halten, um sich denen, welche ihm Unterstützung gewähren können, zu empfehlen.

Theophilus. Diese von Ihnen dem menschlichen Geschlechte zugestandene Gerechtigkeit gereicht ihm nicht zum Lobe, und die Menschen wären eher zu entschuldigen, wenn sie aufrichtig ihren Meinungen folgten, als wenn sie sie aus Interesse erheucheln. Indessen ist in ihrem Ton vielleicht doch noch mehr Aufrichtigkeit, als Sie zu verstehen zu geben scheinen. Denn sie können ohne irgend welche Erkenntnis des Grundes zu einem *blinden Glauben* gekommen sein, indem sie sich allgemein und bisweilen blindlings aber häufig ohne Arg dem Urteile anderer unterwerfen, deren Autorität sie einmal anerkannt haben. Allerdings trägt das Interesse, das sie darin finden, zu dieser Unterwerfung bei, aber das hindert nicht, daß sich endlich die Meinung bildet. In der römischen Kirche begnügt man sich fast mit diesem dunklen Glauben, da es in ihr keinen aus der Offenbarung herstammenden Lehrsatz gibt, der in ihr für absolut *grundlegend* erachtet wird und für notwendig gilt »*necessitate medii*«, d.h. an den zu glauben eine zur Seligkeit notwendige Bedingung ist. Sie sind es aber alle »*necessitate praecepti*«, durch die Notwendigkeit, daß darin gelehrt wird, der Kirche zu gehorchen, wie man es nennt, und der darin aufgestellten Lehre alle gebührende Aufmerksamkeit zu widmen, alles unter der Strafe der Todsünde. Aber diese Notwendigkeit erheischt nur eine vernünftige Neigung sich belehren zu lassen und verpflichtet nach den gelehrtesten Kirchenlehrern nicht unbedingt zur Zustimmung. Indessen glaubte selbst der Kardinal Bellarmin, daß nichts besser wäre als dieser Kinderglaube, der sich einer geltenden Autorität unterwirft; und mit Genugtuung erzählt er die Anrede eines Sterbenden an den Teufel, welchen er durch diesen, von ihm oft wiederholt gehörten Zirkelspruch verscheuchte:

Ich glaube, was die Kirche glaubt;
Die Kirche glaubt, was ich glaube.

XXI. Von der Einteilung der Wissenschaften

§. 1. *Philalethes.* Da sind wir nun am Ende unseres Weges: alle die Verrichtungen des Verstandes sind erläutert. Unsere Absicht ist nicht, auf das einzelne unserer Erkenntnisse selbst einzugehen. Indessen wird es hier vielleicht vor dem Schluß eine allgemeine Übersicht von ihnen zu geben passend sein, indem wir die Einteilung der Wissenschaften in Betracht ziehen.

Alles, was in den Umkreis des menschlichen Verstandes eintreten kann, ist entweder das Wesen der Sachen an sich, oder an zweiter Stelle der Mensch in seiner Eigenschaft als handelndes Wesen, der auf sein Ziel und besonders auf sein Glück ausgeht, oder es sind drittens die Mittel, Erkenntnis zu erlangen und mitzuteilen. So wird also die *Wissenschaft in drei Fächer* geteilt §. 2. Das erste ist die *Physik* oder die Naturphilosophie, welche nicht allein die Körper und deren Affektionen umfaßt wie Zahl, Gestalt, sondern auch die Geister, selbst Gott und die Engel. § 4. Das zweite ist die *praktische Philosophie* oder die

Moral, welche die Mittel lehrt, das Gute und Nützliche zu erlangen, und nicht allein die Erkenntnis der Wahrheit, sondern auch die Ausübung der Gerechtigkeit zum Vorwurf hat. § 4. Das dritte endlich ist die *Logik* oder die Zeichenkunde, denn Logos bedeutet Wort. Wir haben nämlich *Zeichen* unserer Vorstellungen nötig, um uns einander unsere Gedanken mitzuteilen, ebensogut, wie um sie zu unserem eigenen Gebrauch zu verzeichnen. Und wenn man deutlich und mit aller möglichen Sorgfalt in Betracht zöge, daß dieses letztere Fach der Wissenschaft sich auf die Vorstellungen und Worte bezieht, so würden wir vielleicht eine von der bisher bekannten verschiedene Logik und Kritik erhalten. Diese drei Fächer nun, Physik, Moral und Logik, sind wie drei große Gebiete in der intellektuellen Welt, gänzlich voneinander geschieden und getrennt.

Theophilus. Diese Einteilung ist schon bei den Alten berühmt gewesen, denn unter der *Logik* umfaßten sie noch alles wie Sie, was sich auf die Worte und die Auslegung unserer Gedanken bezieht, die »*artes dicendi*« (d.h. Künste der Rede). Indessen liegen darin noch Schwierigkeiten, denn die Wissenschaft, das Schlußverfahren anzuwenden, zu urteilen und zu erfinden, scheint sehr verschieden von der Erkenntnis der Etymologien, der Worte und des Sprachgebrauches, der etwas Unbestimmbares und Willkürliches ist. Man ist ferner bei der Auslegung der Worte genötigt, in den Wissenschaften selbst sich umzusehen, wie aus den Wörterbüchern erhellt, und kann auf der anderen Seite die Wissenschaft nicht treiben, ohne zugleich die Definition der Ausdrücke zu geben. Die hauptsächlichste Schwierigkeit aber, welche sich bei dieser Einteilung der Wissenschaften findet, ist, daß jeder Teil das Ganze zu verschlingen droht: zunächst werden Moral und Logik mit der Physik zusammenfallen, wenn man sie so allgemein nimmt, wie eben geschehen ist; denn indem man von den Geistern spricht, d.h. von den mit Verstand und Willen begabten Substanzen, und diesen Verstand gründlich erörtert, muß man die ganze Logik mit hineinziehen, und wenn man in der Lehre vom Geiste das, was den Willen betrifft, auseinandersetzt, müßte man von dem Guten und Schlimmen, von dem Glück und dem Unglück reden, und es hängt nur von der Darstellung ab, diese Lehre so weit auszudehnen, um die ganze praktische Philosophie dabei unterzubringen. Wiederum könnte alles in die praktische Philosophie hineingezogen werden, als zu unserem Glück dienend. Sie wissen, daß man die Theologie mit Recht als eine praktische Wissenschaft betrachten kann, und die Jurisprudenz sowohl wie die Medizin sind es nicht weniger, so daß die Lehre vom menschlichen Glück oder dem für uns Guten und Schlimmen alle diese Kenntnisse in sich aufnehmen muß, wenn man alle die Mittel, welche zu dem von der Vernunft vorgesetzten Zwecke dienen, genügend erklären wollte. Auf diese Art hat Zwinger in seiner methodischen Schaubühne des menschlichen Lebens, die Beyerling durch Einführung alphabetischer Anordnung verunstaltet hat, alles umfaßt. Und behandelt man wieder alle Gegenstände in Wörterbüchern nach alphabetischer Ordnung, so wird die Sprachwissenschaft, (welche Sie mit den Alten in die *Logik* stellen), d.h. bei diskursiver Darstellung, sich ihrerseits des Gebietes der beiden anderen bemächtigen. So sind denn also Ihre drei großen Gebiete der Enzyklopädie in beständigem Kriege, weil das eine immer Anspruch auf die Rechte der anderen erhebt. Die Nominalisten haben geglaubt, daß es so viel besondere Wissenschaften als Wahrheiten gebe, welche sie nach Gruppen, je nachdem man sie anordnete, zusammensetzten, und andere vergleichen wieder das ganze Korpus unserer Erkenntnisse einem Ozean, welcher ganz aus einem Stücke ist, und der in ein Kaledonisches, Atlantisches, Äthiopisches, Indisches Meer nur durch willkürliche Linien eingeteilt wird. Es kommt gewöhnlich vor, daß die nämliche Wahrheit an verschiedene Stellen gebracht werden kann, je nach den Ausdrücken, welche sie enthält, und selbst nach den Mittelbegriffen oder Ursachen, von denen sie abhängt, und nach den Folgen und Wirkungen, welche sie haben kann. Ein einfaches kategorisches Urteil hat nur zwei Begriffe, aber ein hypothetisches Urteil kann deren vier haben, ohne von den zusammengesetzten Urteilen zu sprechen. Eine merkwürdige Begebenheit kann in die Annalen der allgemeinen Geschichte und in die besondere Geschichte des Landes, wo sie geschehen, und endlich in die Lebensgeschichte dessen, welcher daran beteiligt ist, gesetzt werden. Und gesetzt, es handle sich dabei um irgend eine schöne Sittenvorschrift, um irgend eine Kriegslist, um irgend eine Erfindung in den Künsten, welche der Bequemlichkeit des menschlichen Lebens oder der Gesundheit dienen, so kann diese nämliche Geschichte passend bei der Wissenschaft oder der Kunst, welche sie betrifft, angeführt werden, und man kann selbst an zwei Stellen dieser Wissenschaft ihrer erwähnen, nämlich in der Geschichte der Wissenschaft, um ihr wirkliches Wachstum zu erzählen, und auch bei den Vorschriften, um sie durch die Beispiele zu bestätigen oder zu erläutern. Was man z.B. ganz passend im Leben des Kardinals Ximenes erzählt, daß ihn ein maurisches Weib bloß durch Einreibungen von einer fast hoffnungslosen Brustkrankheit heilte, verdient noch eine Stelle in einem System der Medizin sowohl beim Kapitel vom hektischen Fieber, als wo es sieh um die medizinische; Diät mit Einschluß der körperlichen Übungen handelt, und diese Bemerkung wird dann dazu dienen, die Ursachen dieser Krankheit besser zu entdecken. Man könnte aber noch in der medizinischen Logik davon reden, wo es sich um die Kunst handelt, die Heilmittel zu finden; und in der Geschichte der Medizin, um zu zeigen, wie die Heilmittel zur Kenntnis der Menschen gelangt sind, was sehr häufig mit Hilfe einfacher Empiriker und selbst von Scharlatans der Fall war. Beverovicius würde mit seinem hübschen Buche über die antike Medizin, welches fast ganz aus nichtmedizinischen Schriftstellern gezogen ist, noch etwas viel Besseres geleistet haben, wenn er bis auf die neueren fortgegangen wäre. Man sieht daraus, daß eine und dieselbe Wahrheit nach ihren verschiedenen Beziehungen viele Stellen einnehmen kann. Auch wissen diejenigen, welche eine Bibliothek ordnen, sehr häufig nicht, wo sie dies und jenes Buch hinstellen sollen, indem sie zwischen zwei oder drei gleich passenden Stellen hin und her schwanken. Sprechen wir aber jetzt nur von den allgemeinen Wissenschaften mit Beiseitesetzung der besonderen Tatsachen, der Geschichte und Sprachen.

585 Ich nehme zwei Hauptanordnungen aller Lehrwahrheiten an, von denen eine jede ihren Vorzug hat und welche miteinander zu verbinden gut sein würde. Die eine würde *synthetisch* und *theoretisch* sein, indem sie, wie die Mathematiker, die Wahrheiten nach der Ordnung der Beweise aneinanderreiht, so daß jeder Satz hinter die zu stehen kommt, von denen er abhängt. Die andere Anordnung wurde *analytisch* und *praktisch* sein, indem sie mit dem menschlichen Zweck anfängt d.h. mit den Gütern, deren oberstes die Glückseligkeit ist, und der Reihe nach die Mittel aufsucht, welche diese Güter zu erlangen oder die entgegengesetzten Übel zu vermeiden dienen. Und zwar gehören diese beiden Methoden in die Enzyklopädie im allgemeinen, wie auch einige sie in den besonderen Wissenschaften angewendet haben, denn selbst die von Euklid als eine Wissenschaft synthetisch behandelte Geometrie ist von einigen anderen als eine Kunst behandelt worden und könnte nichtsdestoweniger unter dieser Form demonstrativ behandelt werden, die sogar ihre Entstehung zeigen würde, wie wenn jemand alle Arten

ebener Figuren zu messen sich vornähme und mit den geradlinigen beginnend davon ausginge, daß man sie in Dreiecke teilen kann, daß jedes Dreieck die Hälfte eines Parallelogramms ist, und die Parallelogramme auf Rechtecke zurückgeführt werden können, deren Messung leicht ist. Schreibt man aber die Enzyklopädie nach beiden Anordnungen nieder, so könnte man, um die Wiederholungen zu vermeiden, sich der Verweisungen bedienen.

Mit diesen beiden Anordnungen müßte man noch *die dritte den Ausdrücken gemäß* verbinden, die in der Tat nur eine Art von *Repertorium* sein würde, sei es ein systematisches, wenn man die Ausdrücke nach gewissen Kategorien, die allen Nationen gemeinsam sind, anordnet, sei es alphabetisch nach der unter den Gelehrten allgemein angenommenen Sprache. Dies Repertorium nun würde nötig sein, um alle die Sätze zusammenzufinden, worin der Ausdruck sich als solcher besonders bemerkbar macht, denn nach den beiden vorherbesprochenen Weisen, wobei die Wahrheiten nach ihrem Ursprung oder Gebrauch geordnet sind, können diejenigen Wahrheiten, welche denselben Ausdruck betreffen, sich nicht zusammenfinden. Beispielsweise ist dem Euklid nicht erlaubt, wo er die Hälfte eines Winkels zu finden lehrt, das Mittel hinzufügen, den dritten Teil desselben zu finden, weil er dann von den Kegelschnitten hätte sprechen müssen, deren Kenntnis man an jener Stelle noch nicht empfangen haben konnte. Das Repertorium aber kann und muß die Stellen anzeigen, wo sich die wichtigen Sätze, die ein und denselben Gegenstand betreffen, finden. Es fehlt uns noch ein solches *Repertorium* für die Geometrie, welches ein großes Hilfsmittel wäre, um selbst die Erfindung zu erleichtern und die Wissenschaft vorwärts zu bringen, denn es würde das Gedächtnis unterstützen und uns oft die Mühe sparen, das schon einmal Gefundene von neuem zu suchen. Und diese Repertorien würden mit noch mehr Grund in den anderen Wissenschaften von Nutzen sein, wo die Kunst des Schließens weniger Macht hat, und wäre besonders in der Medizin von äußerster Wichtigkeit. Aber die Kunst, solche Repertorien anzufertigen, würde keine geringe sein.

Betrachte ich nun diese drei Anordnungen, so finde ich dabei das merkwürdig, daß sie der alten Einteilung entsprechen, welche Sie erneuert haben; die nämlich die Wissenschaft oder Philosophie in theoretische, praktische und diskursive scheidet oder auch in physische, moralische und logische. Denn die synthetische Anordnung entspricht der theoretischen, die analytische der praktischen und die des Repertoriums den Ausdrücken gemäß der logischen, so daß diese alte Einteilung sehr wohl paßt, wenn man sie nur so versteht, wie ich jene Anordnungen eben erklärt habe, d.h. nicht als verschiedene bestimmte Wissenschaften, sondern als verschiedene Weisen der Anordnung derselben Wahrheiten, sofern man sie zu wiederholen für angemessen erachtet.

Es gibt auch noch eine *bürgerliche Einteilung* der Wissenschaften nach den Fakultäten und dem Lebensberufe. Deren bedient man sich auf den Universitäten und beim Anordnen von Bibliotheken; und Draudius mit seinem Fortsetzer Lipenius, die uns den weitschichtigsten, wenn auch nicht besten Bücherkatalog hinterlassen haben, haben, statt der ganz systematischen Methode der Gesnerschen Pandekten zu folgen, sich damit begnügt, ähnlich wie die Bibliothekare, sich der großen Einteilung der Gegenstände nach den sogenannten vier Fakultäten, der Theologie, der Jurisprudenz, der Medizin und der Philosophie zu bedienen. Sie tun dies nach der alphabetischen Ordnung der hauptssächlichsten Ausdrücke, welche in den Aufschriften der Bücher vorkommen, was für jene Schriftsteller eine Erleichterung war, weil sie nicht nötig hatten, das Buch zu sehen oder den Inhalt zu verstehen, von welchem es handelt; aber anderen Leuten hilft das nicht, wenn man nicht wenigstens Rückweisungen der Titel auf andere von ähnlicher Bedeutung gibt; denn um von vielen durch sie begangenen Fehlern nicht in reden, sieht man, daß oft dasselbe unter verschiedenen Namen vorkommt, wie z.B. *observationes juris, miscellanea, conjectanea, electa, semestria, probabilia, benedicta* und eine Menge ähnlicher Aufschriften; solche juristischen Bücher bedeuten nur vermischte Gegenstände aus dem römischen Recht. Darum ist die systematische Anordnung der Gegenstände ohne Zweifel die beste, und man kann damit hinlänglich umfassende alphabetische Anzeiger nach den Ausdrücken und den Autoren verbinden. Die allgemein angenommene bürgerliche Einteilung nach den vier Fakultäten ist also nicht zu verachten. Die *Theologie* handelt von der ewigen *Glückseligkeit* und allem, was sich darauf bezieht, soweit es von der Seele und dem Gewissen abhängt. Sie ist gleichsam eine Jurisprudenz, die das betrifft, was man dem *Forum internum* (dem des Gewissens) zuschreibt, und was sich auf die unsichtbaren Substanzen und Geister bezieht. Die *Jurisprudenz* hat die Regierung und die Gesetze zum Gegenstand, deren Zweck das Glück der Menschen insofern ist, als man durch das Äußere und Sinnliche dazu beitragen kann, aber sie betrifft nicht vorherrschend das, was von der Natur des Geistes abhängt, und läßt sich auch bei den körperlichen Dingen nicht besonders auf das einzelne ein, dessen Natur sie voraussetzt, um es als Mittel anzuwenden. Sie entledigt sich also gleich von vornherein eines wichtigen Punktes, welcher die Gesundheit, Kraft und Vollkommenheit des menschlichen Körpers betrifft, wofür zu sorgen der Fakultät der *Medizin* zugewiesen ist. Einige haben mit einem gewissen Grunde geglaubt, daß man eine *ökonomische Fakultät* den übrigen hinzufügen könnte, welche die mathematischen und mechanischen Künste und alles, was den Unterhalt der Menschen und die Lebensbequemlichkeiten im einzelnen angeht, worin der Ackerbau und die *Baukunst* mit inbegriffen sein würden, enthielte. Aber man überläßt der *philosophischen* Fakultät alles, was nicht in den drei Fakultäten, die man die höheren nennt, enthalten ist. Dies hat man schlecht genug gemacht, da man den Mitgliedern dieser vierten Fakultät nicht die Mittel gegeben hat, sich durch die Praxis zu vervollkommnen, wie die Lehrer der übrigen Fakultäten es können. Man betrachtet also mit vielleicht alleiniger Ausnahme der Mathematik die philosophische Fakultät nur als eine Einführung zu den übrigen. Darum will man, daß die Jugend die Geschichte, die sprachlichen Künste und einige Anfangsgründe der natürlichen Theologie und Jurisprudenz, welche, von göttlichen und menschlichen Gesetzen unabhängig, unter dem Titel der Metaphysik oder Pneumatik, der Moral und Politik begriffen werden, mit noch etwas Physik lerne, was für die jungen Mediziner dienen soll.

Das wäre aber die bürgerliche Einteilung der Wissenschaften nach den Korporationen und Berufsständen der sie lehrenden Gelehrten, ohne von den Professionen derer zu reden, welche für das Publikum anders arbeiten als durch ihre Rede und welche, wenn die Maßregeln des Wissens richtig getroffen würden, durch die wahren Gelehrten geleitet werden müßten. Und selbst bei den edleren Handwerken ist das Wissen sehr gut mit der Ausübung verbunden worden und könnte es noch mehr werden. Wie man in der Tat bei der Medizin beides vereinigt, nicht allein ehemals bei den Alten (wo die Ärzte noch Chirurgen und Apotheker waren), sondern auch heutzutage noch bei den Chemikern. Diesen Bund der Praxis und der Theorie sieht man auch im Kriege und bei den Lehrern dessen, was man die Übungen nennt, wie auch bei den Malern oder Bildhauern und Musikern und bei einigen anderen Klassen ausübender Künstler *(Virtuosi)*. Und wenn die Grundsätze aller dieser Berufsarten und Künste und selbst der Handwerke praktisch in der philosophischen oder in irgend einer beliebigen anderen Fakultät von Gelehrten gelehrt würden, so würden diese in Wahrheit die Lehrer des menschlichen Geschlechts sein. Aber man müßte in vielen Dingen den gegenwärtigen Zustand der Literatur und Jugenderziehung und folglich der Staatsverwaltung verändern. Und wenn ich erwäge, wie seit einem oder zwei Jahrhunderten die Menschen in der Erkenntnis vorgeschritten sind, und wie leicht es ihnen wäre, unvergleichlich weiter zu kommen, um sich glücklicher zu machen, so verzweifle ich nicht daran, daß man in einer ruhigeren Zeit unter irgend einem großen Fürsten, welchen Gott zum Besten des menschlichen Geschlechtes erwecken kann, zu einer bedeutenden Verbesserung gelange.

Biographie

1646 *1. Juli:* Gottfried Wilhelm Leibniz wird in Leipzig geboren. Sein Vater ist Professor für Moralphilosophie an der Leipziger Universität.
Der junge Leibniz besucht die Nicolaischule und erwirbt historische und philologische Kenntnisse, dann widmet er sich der Philosophie und vor allem der Logik. Er studiert Luthers Buch über die Sklaverei des Willens (»De servo arbitrio«) und andere theologische Schriften

1661 Leibniz nimmt das Studium der Rechtswissenschaft an der Universität Leipzig auf. Jedoch beschäftigt er sich hauptsächlich mit Philosophie: Platon, Aristoteles, Plotin, die Scholastiker. Besonders beeinflusst wird er durch seinen Professor Thomasius; bei ihm studiert er Geschichte der Philosophie und Mathematik.

1663 Mit der Dissertation »De principio individui« erwirbt Leibniz den untersten akademischen Grad. Auf den Rat von Strauch begibt er sich zu einem Kurzaufenthalt an die Jenaer Universität. Dort studiert er Mathematik unter der Leitung Weigels.

1664 Leibniz kehrt nach Leipzig zurück.
Mit der Abhandlung »Specimen difficultatum in jure seu quaestiones philosophicae amoeniores es jure collectae« erwirbt er den Magistergrad in der Philosophie. Außerdem schreibt er »Meditationes de cognitione, veritate et ideis«.

1666 *7. März:* Für die Berechtigung, in der philosophischen Fakultät einen Platz einzunehmen, qualifiziert sich Leibniz mit der Abhandlung »Disputatio arithmetica de complexionibus«. Es handelt sich hierbei um einen Teil des größeren Werkes »De arte combinatoria«.
Leibniz verläßt Leipzig, da er wohl auf Grund seines jugendlichen Alters auf Widerstände bei der Erlangung des Doktorgrades der Jurisprudenz stößt.
Er wechselt auf die Nürnbergische Universität Altdorf. Dort wird er zur Prüfung zugelassen und verteidigt seine Abhandlung »De casibus perplexis in iure« (Über verwickelte

Rechtsfälle).

Leibniz wird Doktor der Jurisprudenz. Ihm wird eine Professur an der Hochschule angeboten, die er aber ausschlägt.

1667 Begegnung mit dem Baron Johann Christian von Boineburg (ehemaliger Minister des Kurfürsten Johann Philipp von Mainz) in Nürnberg. Boineburg zieht Leibniz in kurmainzische Dienste und veranlaßt ihn, nach Frankfurt zu gehen.

Die Schrift »Nova methodus discendae docendaeque iurisprudentiae« (Neue Methode, die Jurisprudenz zu lernen und zu lehren) wird dem Kurfürsten gewidmet. Leibniz bekleidet die Stelle eines Kurfürstlichen Rats in Mainz.

1670 Leibniz gibt die Schrift des Nizolius »De veris principiis et vera ratione philosophandi« von 1553 neu heraus.

1672 Leibniz reist nach Paris, um Ludwig XIV. den Plan eines Feldzugs der Franzosen nach Ägypten zu unterbreiten, um ihn von Holland und Deutschland abzulenken. Der Plan scheitert jedoch.

Er nimmt Kontakt zu den von Descartes beeinflußten Philosophen Malebranche, Arnauld u.a. und zu Mathematikern und Naturforschern auf.

Er vertieft sich in die durch Descartes, Pascal u.a. auf den Weg gebrachte höhere mathematische Analysis. Sein eigentlicher Lehrer in der Mathematik ist jedoch Huygens.

1673 Erste Reise nach London. Dort macht Leibniz Bekanntschaft mit Newton, Boyle, Oldenburg u.a. Er wird in die Royal Society aufgenommen.

Der Antrag seitens des Kurfürsten von Hannover Johann Friedrich, in seine Dienste zu treten, wird zunächst abgelehnt.

1675 Wieder in Paris betreibt Leibniz intensive Studien zur Infinitesimalrechnung.

Er konstruiert eine Rechenmaschine.

1676 Zum zweitenmal reist Leibniz nach England. Dort macht er die Bekanntschaft Collins.

Johann Friedrich erneuert seinen Vorschlag und macht Leibniz das berufliche Angebot eines Bibliothekars und Mitgliedes des Ratskollegiums. Dieser nimmt an und reist über Holland, wo er Spinoza in Den Haag aufsucht, nach

	Deutschland zurück. Ende des Jahres trifft Leibniz in Hannover ein.
1677	»Über das Hoheits- und Gesandtschaftsrecht der deutschen Fürsten«.
1678	Leibniz wird Hofrat, später Geheimer Justizrat.
1679	Kurfürst Johann Friedrich stirbt, Ernst August tritt die Regierung an. Während der nächsten Jahrzehnte arbeitet Leibniz an der Geschichte des Braunschweigischen Fürstenhauses.
1684	»Nova methodus pro maximis et minimis«.
1686	»Discours de métaphysique« (Metaphysische Abhandlung). »De geometria infinitorum«.
1687	Fast drei Jahre lang reist Leibniz durch Deutschland und Italien, um Quellenstudien zu treiben. In Rom macht er die Bekanntschaft des Missionars Grimaldi, der ihm später über die Philosophie der Chinesen reichliche Aufschlüsse zukommen läßt.
1688	In Wien wird ein kaiserliches Kriegsmanifest gegen Ludwig XIV. aufgesetzt.
1689	Leibniz besucht Neapel und begibt sich über Florenz und Bologna zum zweiten Mal nach Modena, wo er die Verwandtschaft zwischen dem welfischen Fürstenhaus und den Herzögen von Este in Urkunden entdeckt.
1690	Leibniz kehrt über Venedig und Wien nach Hannover zurück.
1691	Er wird Bibliothekar in Wolfenbüttel.
1692	Hannover wird zur neunten Kurwürde erhoben.
1693	Der erste Band der Urkundensammlung (»Codex gentium diplomaticus«) erscheint; es folgen die zwei Bände der »Historischen Zugaben« (»Accessiones historicae«). Zu Beginn des neuen Jahrhunderts erscheint die zweite Quellensammlung. Das Hauptwerk allerdings, die »Annales rerum Brunsvicensum« oder »Annales imperii occidentis Brunsvicensis«, ist nicht vollendet worden.
1695	»Système nouveau de la nature«.
1697	Leibniz beteiligt sich erfolglos an den Verhandlungen betreffs der Vereinigung der Lutheraner und der Reformierten. »De rerum originatione radicali«.

1698	Kurfürst Ernst August stirbt. Georg Ludwig, später Georg I. von Großbritannien, tritt die Regierung an. Über die seit 1684 mit dem Kurprinzen Friedrich von Brandenburg vermählte Prinzessin Sophie Charlotte nimmt Leibniz fortan Einfluß auf den preußischen Staat. »De ipsa natura«.
1700	Leibniz wird Präsident auf Lebenszeit bei der »Societät der Wissenschaften«, der nachherigen Akademie der Wissenschaften in Berlin, zu deren Gründung er maßgeblich beigetragen hat. L. ruft verschiedene Zeitschriften ins Leben, z.B. die »Acta eruditorum« in Leipzig und den »Monatlichen Auszug« in Hannover.
1704	»Nouveaux essais sur l'entendement humain« (Neue Abhandlungen über den menschlichen Verstand) entsteht als Gegenschrift zu Lockes Werk »An essay concerning human understanding« (Versuch über den menschlichen Verstand), wird aber erst 1765 gedruckt.
1705	Königin Sophie Charlotte stirbt. »Considérations sur le principe de la vie et sur les natures plastiques«.
1710	Es erscheinen »Miscellanea Berolinensia«, ein Sammelband gelehrter Abhandlungen, und »Essais de Théodicée«, die gegen Bayle gerichtet und aus den Gesprächen mit Sophie Charlotte hervorgegangen sind.
1711	Leibniz macht die Bekanntschaft Peters des Großen, des Zaren von Rußland. Er nimmt die Gründung einer Akademie in Rußland in Aussicht, welche später dann auch in Petersburg zustande kommt. Er verfaßt eine Reihe von Denkschriften, z.B. über die Reform der russischen Gerichtsordnung.
1712	Leibniz wird vom deutschen Kaiser zum Reichshofrat ernannt.
1712-14	Leibniz lebt in Wien.
1714	»La Monadologie« (»Monadologie«). »Principes de la nature et de la grace«, verfaßt für den Prinzen Eugen.

1716 Leibniz fällt beim Braunschweigischen Hof in Ungnade.
14. November: Leibniz stirbt in Hannover.

Lektürehinweise

K. Müller, G. Krönert, Leben und Werk von Gottfried Wilhelm Leibniz. Eine Chronik, Frankfurt a.M. 1969.

H. Poser, Gottfried Wilhelm Leibniz, in: Klassiker der Philosophie, hg. v. O. Höffe, Bd. 1, München 1981.